KB069860

한국고대사 학술총서 ❷

임기환 | 박장배 | 이천석 | 김현숙
조법종 | 송호정 | 박준형 | 조영광
정원철 | 김종복 | 홍승현

중국의 동북공정과 한국고대사

주류성

간 행 사

우리 학회가 동북아역사재단과 공동으로『중국의 동북공정과 한국고대사』란 단행본을 간행하게 된 것을 기쁘게 생각합니다. 우리 학회는 7월 20일~21일 양일간 대구의 팔공산온천관광호텔에서 "동북공정 이후 중국의 변강정책과 한국고대사 연구동향"이란 주제로 공동 세미나를 개최하였습니다. 이제 그 결과물을 모아 '한국고대사 학술총서' 제2권으로 발행하게 되었습니다.

2012년은 중국이 동북공정을 공식적으로 시작한 지 10년이 되고, 또 종료한 지 5년이 되는 해입니다. 잘 아시다시피 중국의 동북공정은 여러 가지 목적으로 추진되었는데, 그 가운데에는 고구려사와 발해사, 나아가 고조선사와 부여사 등 한국 고대의 북방사를 중국사로 편입하려는 의도가 포함되어 있었습니다.

우리 학회에서는 2002년 12월에 중국학계의 고구려사 연구동향을 분석한 학술회의를 비롯하여, 중국학계의 연구동향이나 동북공정의 추진상황을 검토하는 학술회의를 여러 차례 개최하여 다양한 학술적 대응책을 모색하였습니다. 동북공정은 처음 시작 무렵부터 국내 학자들에 의해 크게 비판되었고, 중국의 의도나 연구의 실상을 분석한 글들이 많이 나오고, 상당한 성과도 거두었습니다. 그러나 이런 노력에도 불구하고 여전히 미진한 부분들이 적지 않았습니다.

이에 이번 공동 세미나에서는 중국의 동북공정 추진 기간에 이루어진 연구성과와 그 이후의 새로운 동향을 11개의 주제로 나누어 종합적으로 분석하였습니다. 한국고대사 분야의 원로·중진학자뿐 아니라 중국고대사, 중국현대사, 국제정치학 등 여러 분야의 저명한 학자들을 초빙하여 중국의 최신 동향을 다각도로 검토하였습니다. 그리하여 시류에 영합하거나 지엽적인 문제에 집착하기보다는, 학문적 정도를 지키면서 옳고 그른 것을 판단하는 냉철한 대응이 필요함을 절감하였습니다.

이번 세미나 개최에는 많은 분들의 도움이 있었습니다. 먼저 심혈을 기울여 원고를 작성해주신 11분의 선생님께 감사드립니다. 또한 사회, 토론을 맡아주신 여러 선생님, 특히 긴 시간 동안 진행된 종합토론 좌장을 맡아주신 경성대학교 한규철 선생님과 서울대학교 노태돈 선생님께 심심한 감사의 말씀을 올립니다.

또한 이번 세미나를 공동으로 개최하면서 재정적 행정적으로 아낌없는 성원을 보내주신 동북아역사재단 정재정 전임 이사장님과 현 김학준 이사장님을 비롯한 관계자 여러분, 그리고 이 세미나를 후원해주신 (주)시공테크 관계자 여러분께도 감사드립니다.

모쪼록 이 단행본이 중국의 동북공정의 의도를 바르게 파악할 수 있는 중요한 계기가 되고, 한국고대사 연구 활성화에도 도움이 되기를 기원합니다. 그래서 이 방면을 공부하려는 많은 분들에게 유익한 길잡이가 되기를 간절히 바랍니다.

2012년 12월 25일

한국고대사학회 회장 이 영 호

축 사

2012년은 우리나라와 동아시아, 나아가 세계 전체에 많은 변화가 있었던 한 해였습니다. 때문에 그러한 변화가 향후 국내외 정세에 어떤 영향을 미치게 될지 여러 분야에서 관심을 기울이고 있습니다. 그 가운데서도 인접한 중국과 우리나라는 한중 수교 20주년을 맞이한 가운데, 모두 새로운 지도자를 결정했기 때문에 두 나라의 미래를 두고 다양한 전망들이 나오고 있습니다.

역사분야에서 중국과의 관계를 바라본다면, 2012년은 이른바 '동북공정'이 시작된 지 10년째 되는 해라는 점에 관심의 초점이 맞추어지게 됩니다. 2002년에 시작되어 5년간 진행된 이 프로젝트는 연구기간이 종료되었음에도 불구하고, 지금도 계속 진행되고 있다고 보고 있습니다. 프로젝트는 끝났지만 이를 계기로 양산된 중국의 자의적인 한국사인식이 소멸되지 않았을 뿐 아니라 오히려 확산되어가고 있기 때문입니다. 이 문제는 현재 학문적인 범위를 넘어, 두 나라 국민들이 서로에 대해 부정적인 감정을 품게 될까 우려하게 되는 상황까지 초래하고 있습니다.

잘 알려져 있듯이 우리나라와 중국은 오랫동안 역사적으로 밀접한 관계를 맺어왔습니다. 때때로 아픔을 주고받기도 했지만, 더 많은 기간 동안 상호 발전을 위한 우호협력의 역사를 구축해 왔습니다. 지금도 한중 두 나라는 정치, 경제, 문화, 사회 등 전 분야에 걸쳐 밀접한 관계를 맺고 있습니다. 두 나라의 발전 및 동아시아의 평화와 안정을 위해 한중 두 나라의 교류는 더욱 더 확대되어야 할 것입니다.

그러나 '동북공정'으로 인해 야기된 서로에 대한 의구심이 한중 두 나라 관계에 바람직하지 못한 영향을 미치고 있습니다. 자의적인 인식과 비학문적인 역사해석은 과거 역사를 왜곡할 뿐 아니라, 오늘날의 두 나라의 현재와 미래 관계를 위해서도 바람직하지 않습니다. 학문 분야에서 일어난 갈등은 두 나라 학자들이 함께 학문적인 측면에서 연구와 토론을 통해 해결해나가는 것이 가장 바람직합니다. 그러자면 먼저 '동북공정' 프로젝트가 끝난 이후 중국에서 관련 상황이 어떻게 전개되고 있는지를 정확히 파악할 필요가 있습니다.

이에 2012년 7월 우리 재단과 한국고대사학회가 공동으로 ＜동북공정 이후 중국의 변강정책과 한국고대사 연구동향＞이란 제목으로 학술세미나를 개최했었습니다. 이 세미나에서는 '동북공정' 이후 중국의 연구현황을 상세히 분석한 11개 주제 발표와 그에 대한 심도있는 토론이 진행되어 각계로부터 많은 관심과 호평을 받은 바 있습니다. 이번에 한국고대사학회에서 그 내용을 정리하여 한권의 단행본으로 발간하게 되었습니다. 이 책은 '동북공정' 이후 중국의 변강정책과 한국사 연구 관련, 최신 동향 파악에 많은 도움을 줄 것입니다.

학술세미나의 개최의미와 중요성을 정확하게 살리는 수준높은 발표와 토론을 해주신 여러 선생님들과, 종합토론 사회를 맡아 관련 문제의 현황과 전망을 정확하게 짚어 성과있는 토론으로 이끌어주신 한규철 교수님과 노태돈 교수님께 깊이 감사드립니다. 그리고 세미나 결과물을 훌륭한 학술서적으로 정리, 발간해주신 한국고대사학회 이영호 회장님을 비롯한 학회관계자 여러분께 감사드리며, 아울러 한국고대사학회가 앞으로도 계속 발전하기를 기원합니다.

감사합니다.

2012년 12월

동북아역사재단 이사장 김 학 준

차 례

1부

'동북공정' 이후 중국의 변강정책과 한국인식

- 동북공정과 그 이후, 동향과 평가
- 중국의 동북변경연구공정 이후 주요 역사·지역 연구항목
- 중국 변강정책의 변화와 동북지역
- 2007년 이후 한·중 언론의 동북공정 관련 보도양상
- 동북공정 이후 한국의 역사교육

동북공정과 그 이후, 동향과 평가

임 기 환
서울교육대학교 교수

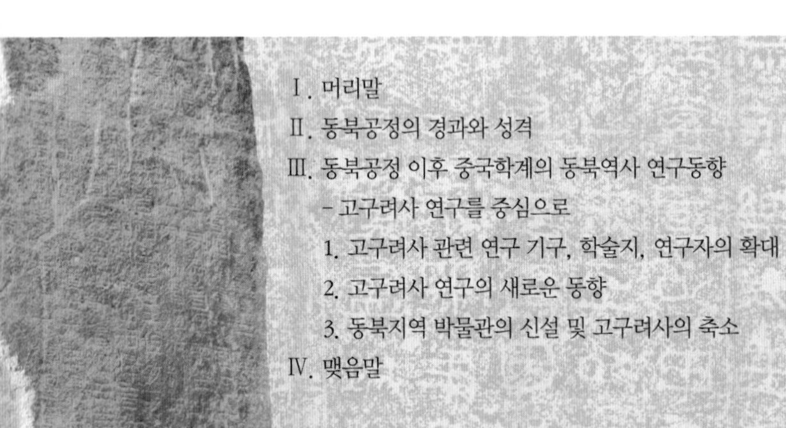
Ⅰ. 머리말
Ⅱ. 동북공정의 경과와 성격
Ⅲ. 동북공정 이후 중국학계의 동북역사 연구동향
- 고구려사 연구를 중심으로
1. 고구려사 관련 연구 기구, 학술지, 연구자의 확대
2. 고구려사 연구의 새로운 동향
3. 동북지역 박물관의 신설 및 고구려사의 축소
Ⅳ. 맺음말

동북공정과 그 이후, 동향과 평가

Ⅰ. 머리말

중국의 '동북공정[東北邊疆歷史與現狀系列硏究工程]'은 2002년 2월에 시작되어 2007년 2월에 종결되었다. 2012년인 올해는 동북공정이 시작된지 10년이 되었으며, 동북공정이 완료된지 5년이 된 시점이다. 즉 동북공정 5년, 동북공정 이후 5년이라는 현 시점에 동북공정과 그 후의 변화상에 대한 점검은 꼭 필요하다고 생각한다.[1] 물론 중국의 동북공정 자체에 대한 검토는 2003년 이후 한국학계에서 지속적으로 이루어졌으며, 특히 동북공정이 완료된 시점을 전후해서 동북공정 및 이에 대한 한국의 대응양상에 대해서도 이미 다수의 논고를 통해 검토가 이루어진 바 있다.[2]

1) 가장 최근에 동북공정 이후의 문제를 다룬 논고로는 송기호, 2012 「중국의 동북공정, 그 후」『한국사론』 57를 들 수 있다.

2) 임기환, 2006 「중국의 동북공정과 한국 역사학계의 대응-고구려사 인식을 중심으로」『사림』 26
이희옥, 2007 「동북공정의 정치적 논란에 대한 비판적 해석」『동아연구』 53
서길수, 2007 「중화인민공화국 동북공정 5년의 성과와 전망」『고구려연구』 28
윤휘탁, 2007 「한중 역사논쟁과 역사화해」『중국사연구』 51
윤휘탁, 2008 「포스트 동북공정 : 중국 동북변강전략의 새로운 패러다임」『역사학보』 197

그러나 그 후 한국 역사학계에서 동북공정 이후의 중국측 동향에 대한 관심은 그 이전에 비해 상대적으로 저조하였다. 또한 여전히 한국 역사학계의 주된 관심은 고구려사를 중심으로 발해사, 고조선사, 부여사 등 중국학계의 동북지역 역사이해에 초점을 맞추고 있다.[3] 물론 이러한 연구 동향은 역사문제가 한국과 연계되는 동북공정의 핵심적 내용이기 때문에 타당한 방향이지만, 보다 외연을 넓혀 중국의 동북변강정책이나 동북아 전략과 연관하여 접근하는 연구로 확대되지 못하였던 점도 사실이다. 이로 인해 동북공정 이후 중국측의 동향에 대해 지속적으로 관심을 갖지 못하였다.

동북공정 자체는 중국 사회과학원의 중국변강사지연구중심(中國邊疆史地研究中心)과 동북3성(東北三省)에서 추진한 역사중심의 학술연구프로젝트이지만, 중국의 동북변강통합정책과 동북아전략의 윤곽을 수면 위로 드러냈다는 점에서 주목된다. 즉 중국의 동북공정 추진은 중국의 소수민족정책, 변강정책, 동북아전략과 등과 연동하여 그 맥락을 이해할 필요가 있다. 동북공정은 기본적으로 변강통합정책이라는 성격을 내면에 갖고 있기 때문이다.

다만 중국의 통일적다민족국가론이나 중화민족론으로 대변되는 소수민족통합정책이나 변강통합정책의 이데올로기가 역사이해의 영역에서 고구려사를 비롯하여 발해사, 고조선사 등 한국 고대사의 영역을 침범하게 되면서, 한국사회의 거센 반발을 불러일으키게 되었고, 이후 한·중관계에 다양한 측면에서 부정적인 영향을 끼치게 되었다.

이러한 외적 제약에 따라 한국과의 외교적인 충돌을 의식한 중국 정부가 소극적인 태도를 취하게 되었고 또한 중국학계 내부에서도 동북공정과 관련

---

3) 『선사와 고대』 29호 특집 : 동북공정 전후 중국의 한국고대사 인식, 2008
『사총』 66호 특집 : 중국 동북공정의 연구현황과 분석, 2008
조인성 외, 2010 『중국 동북공정 고구려사 연구논저 분석』, 동북아역사재단

된 연구 역량의 부족 등 인하여 동북공정은 표면적으로는 애초의 목표를 달성하는데 일정한 한계를 보였다고 짐작된다. 그러나 내부적으로 동북공정기에 추진된 연구의 방향 및 정책 등은 그 이후에도 지속되고 있고, 동북공정기에 마련된 학술적 기반의 확대에 따라 다양한 형태로 바뀌어 재생산되고 있다고 판단된다.

이에 이 글에서는 다음과 같은 점에 주목하고자 한다. 먼저 동북공정의 성격과 관련하여 한국학계와 한국사회에서 흔히 거론하는 '동북공정'의 개념과 범주를 어떻게 설정할 것인가의 문제이다. 동북공정이 역사문제 및 학술적 측면을 넘어서 현실 정치·정책적 성격을 갖고 있다고 하더라도, 중국의 동북변강정책을 모두 동북공정 코드로만 해석하여 전선의 대립을 형성하거나 강조하는 태도도 그리 바람직하지 않다고 생각하기 때문이다.

다음으로 동북공정 이후 중국학계의 동북지역 역사연구가 어떠한 형태로 재생산되고 있는지 살펴보고자 한다. 이 문제는 종합적으로 탐색되어야 하지만, 필자 능력의 한계로 인해 주로 고구려사 연구동향에 초점을 맞추도록 하겠다. 그러나 전체적으로 동북지역의 역사인식이라는 점에서는 동일한 구조와 논리를 갖고 있기 때문에 동북공정 이후 동북지역 역사연구의 전반적인 동향을 짐작하기에는 부족하지 않으리라고 본다.

Ⅱ. 동북공정의 경과와 성격[4]

'동북공정'은 중국사회과학원 중국변강사지연구중심(中國邊疆史地研究

4) 아래의 서술은 임기환, 2006, 앞의 논문의 내용을 요약 정리하고, 일부 새로운 문제 제기를 포함하여 서술하였다.

中心)이 동북변강지역(만주)의 역사와 현실 문제를 연구하기 위해 2002년 2월 28일에 공식적으로 출범시킨 국가 비준 프로젝트로서, 5년간의 사업기간을 거쳐 2007년 1월에 완료되었다.

'동북공정'의 예산은 중국정부의 재정부에서 1,000만 위안, 중국사회과학원 125만 위안, 동북3성에서 375만 위안 등을 출연하여 조성하였으며 5년 동안 총 1,500만 위안(약 19억 원)이다.[5] 동북공정을 추진하는 5년 동안 사용한 1,500만 위안의 예산은 2002년 당시 중국의 국가사회과학기금이 1년에 5000만 위안 정도였던 실정을 감안하면 결코 적지 않다.

'동북공정'의 연구 영역은 중국의 강역이론 연구, 동북지방사 연구, 동북민족사 연구, 고조선·고구려·발해사 연구, 한·중관계사 연구, 중국 동북국경지역과 러시아 극동지역 관계사 연구, 한반도 정세변화와 중국 동북 국경지역 안정에 미치는 영향 등으로 전통적인 한국역사 또는 한반도와의 관련 연구가 이 사업의 대부분을 차지하고 있다. 5년 동안 진행된 동북공정의 과제 규모는 110개 과제였다.[6] 아직 그 전모가 공개되지는 않았는데, 이는 한국측과의 역사 논쟁이 주된 요인일 것이다.

이러한 '동북공정'의 추진 배경에 대해서는 중국측 스스로가 자신의 입장

---

5) 동북변강공정의 비용은 「중앙일보」에서 5년 동안 200억 위안(3조원)이라고 했지만 근거가 부족하다. 이희옥은 동북변강공정의 경비를 1,500만 위안으로 추산하였고 중국변강사지연구중심의 주임 厲聲도 5년 동안 1,500만 위안이라고 언급하고 있다. 이희옥, 2005 「중국의 '동북공정' 추진현황과 참여기관 실태」『중국의 동북공정과 중화주의』, 서울 : 고구려연구재단, p.87; 厲聲, 2004 「"동북공정"과 "고구려역사연구"에 대한 몇 가지 견해」『고구려역사문제연구논문집』, 서울 : 고구려연구재단, p.23
물론 일부 연구자들은 동북공정의 예산을 200억 위안으로 보고 있는 경우도 있는데, 여기에는 예를 들어 중국의 세계문화 유산 등재 신청 과정에서 환인과 집안 지역의 고구려유적 정비 사업 등에 투입된 금액 등 이른바 동북공정과 관련한 경비 등을 포함시켜 파악하고 있다.

을 표명한 바가 있으며,[7] 2003년 이래 한국학계에서도 동북공정의 현실적·정치적 의도가 무엇인지에 대해 촉각을 세우고 그동안 다양한 시각에서 분석과 문제 제기가 이루어진 바가 있다.[8] 이런 논의를 통해 동북공정의 추진 배경은 대략 다음과 같이 정리될 수 있다. 우선 역사적·문화적·민족적·지리적 입장에서 한반도와 중국 동북지역과의 연관성을 차단함으로써 동북지역의 국민적·영토적 통합을 확고히 하려는 목적이 있으며, 이와 연관하여 장차 간도 등 영토분쟁에 대비하는 의도도 지적되고 있다. 또한 동북지역에서 한국사의 귀속 문제가 몽골[元史]이나 신강위구르족[西域史], 베트남[百越·南越史] 등에 영향을 줄 가능성을 차단하기 위한 점, 서부대개발과 비견되는 중국의 변강지역 개발이라는 목적에 주목하기도 한다. 이렇듯 대부분의 연구가 중국의 국가주의 역사관, 애국주의 역사관, '통일적 다민족국가론', 신중화주의 문명사관을

6) 동북공정의 연구과제는 역사지리 관련 연구과제인 '기초연구'와 정치, 전략문제를 다루는 '응용연구'를 포괄하고 있다. 동북공정의 구체적인 연구과제 현황에 대해서는 윤휘탁, 2006『신중화주의』, 서울 : 푸른역사, pp.264~266 및 서길수, 2007, 앞의 논문 참조. 총 과제수는 연구자들마다 약간의 편차가 있는데, 동북공정 관계자의 언급에 의하면 동북공정의 총 과제는 110개이고, 그 중 기초연구 과제는 73개이다.

7) '동북공정'의 중심 역할을 하고 있는 중국사회과학원 산하 중국변강사지연구중심의 홈페이지(www.chinaborderland.com) 참조. 여기에 나타난 중국 측의 주장을 살펴보면, 기본적으로 '동북공정'의 의도는 단순히 고구려사를 둘러싼 과거의 '학술문제'에만 국한되어 있지 않고, 현실의 '정치문제'라는 점을 확인할 수 있다.

8) 주요 논문은 다음과 같다.
윤휘탁, 2006, 앞의 책
윤휘탁, 2003「현대 중국의 변강·민족의식과 동북공정」『역사비평』65
조병한, 2004「국사 상의 국가·세계 인식과 주변 민족」(47회 전국역사학대회 공동주제 발표문)
박장배, 2005「현대 중국학계의 고구려사 연구사업의 등장 배경」『역사와 현실』55호
이개석, 2005「현대중국 역사학 연구의 추이와 동북공정의 역사학」『중국의 동북공정과 중화주의』, 고구려연구재단 연구총서12
박장배, 2005「중국의 소수민족정책과 지역구조-지역 재구성 및 서부 대개발과 관련하여」『중국의 동북공정과 중화주의』, 고구려연구재단 연구총서12

중국의 전 지역으로 확산시키고, 소수민족 문제를 궁극적으로 해결하여 '국민적 통합'과 '영토적 통합'을 확고히 하려는 의도에 주목하고 있다.

또한 동북공정과 관련해서는 근래 중국정부가 국가주의 고양의 일환으로 추진하고 있는 대표적인 역사 프로젝트인 하상주단대공정(夏商周斷代工程)과 중국고대문명탐원공정(中國古代文明[中華文明]探源工程)[9] 등도 염두에 둘 필요가 있다. 현재 중국에서 추진하는 이러한 역사연구 프로젝트의 배경에는 전근대적인 중화주의를 근대의 중화민족주의로 변용시키려는 중국 역사학계의 동향이 깔려 있음을 간과할 수 없다.[10]

'통일적 다민족국가론'과 '신중화주의 문명사관'에 입각한 동북공정의 추진과 그 역사 연구의 목표도 본질적으로는 이와는 크게 다르지 않다. 따라서 동북공정이란 연구사업이 비록 역사문제를 주 대상으로 삼고 있다고 하더라도, 단지 역사관의 문제가 아니라 현재의 정세변화에 대한 대응의 성격이 짙다. 즉 개혁 개방 정책과 국토균형 발전전략은 물론 향후의 동북아 정세변화, 특히 한반도 정세변화에 대한 정치적 판단과 정책적 목표가 국가주의적 역사관과 결합하여 나타난 결과이다.[11] 따라서 '동북공정'은 학술 문제인 동시에 정치문제이며, 현실 문제를 해결하기 위한 논리로 역사문제가 활용되고 있는 사례라는 지적은 타당할 것이다.

이처럼 중국의 동북공정은 비록 역사연구의 외피를 쓰고 있지만 그 내면에서는 현실 전략적 차원에서 진행되었다. 그럼에도 불구하고 동북공정에 대

9) 1996년 5월~2000년 9월에 추진된 '하상주단대공정'은 중국 상고사의 뿌리를 위로 더 끌어올리려는 일종의 '중국역사 늘리기 작업'이다. 그리고 2003년에 시작된 '중국고대문명탐원공정'은 기원전 3000년부터 기원전 2000년 사이의 '용산(龍山)시대'에 해당되는 이른바 전설시대를 역사시대로 전화시켜 중화문명의 유구함을 강조하고 있다.

10) 이개석, 2005, 앞의 논문 참조

11) 윤휘탁, 2006, 앞의 책, pp.201~202

한 한국측 대응의 범주와 수준은 고구려사를 중심으로 하는 역사의 귀속문제, 즉 역사분쟁의 틀에서 크게 벗어나지 못하였다. 여기에는 동북공정에 대응하는 방식이 한국 역사학계 자체의 문제 의식에서 시작되지 못한 점도 일정하게 작용하고 있다고 본다.

2003년에 한국사회에 동북공정의 추진 사실을 소개한 것은 언론이었으며,[12] 이후 동북공정에 대한 비판의 사회 분위기를 주도하였던 것도 언론과 시민단체였다. 이렇게 애초에 언론을 통해 동북공정의 실체가 부각되는 과정에서 그 초점이 '고구려사 지키기'에 맞추어졌다. 물론 동북공정 자체의 주요한 내용이 고구려사 문제임은 틀림없지만, 당시의 분위기는 고구려사 문제만이 선정적으로 부각되는 상황이었다.

한편 한국 정부는 처음부터 이 문제를 역사문제를 중심으로 학술차원에서 해결하려고 하였으며, 한국사회의 여론이 비등해 짐에 따라 중국 정부도 이에 동의하면서, 점차 양국의 공식적인 입장은 고구려사 문제를 학술적으로 해결하는 방향으로 정리해 갔다.[13] 이러한 과정에서 정부와 학계가 주도하여 학술연구기구로서 '고구려연구재단(高句麗研究財團)'이 설립되었다(2004. 3). 고구려연구재단은 동북공정의 학술적 대응기관으로 그 성격을 한정하여 출범하였으며, 주요한 학술적 과제도 당시 주된 관심사였던 고구려사 연구에 초점이 맞추어지게 되었다.

특히 2004년 8월말 중국 외교부 부부장인 우다웨이(武大偉)가 한국을 방문

12) 2003년 7월 중앙일보에서 '중국의 역사 빼앗기 대규모 프로젝트'라는 이름으로 동북공정의 추진을 보도한 이래, 같은 해 10월 KBS 일요스페셜(한·중역사전쟁－고구려사는 중국사인가)의 방영으로 국민적 관심이 급속도로 확산되었다.

13) 한국학계의 초기 대응과정에 대해서는 여호규, 2004「중국의 고구려사 왜곡에 대한 대응과정과 향후전망」『중국의 고구려 유적 정비 현황과 고구려사 왜곡에 대한 대응방안』(한국고대사학회 2004년도 기획발표문) 및 임기환, 2006, 앞의 논문 참조

해 한국정부와 5개항의 구두합의를 이룬 이후에 한국 정부의 외교적 대응은 소극적인 형태로 바뀌었고, 일반 시민들의 열기도 점차 수그러들면서 고구려사 귀속문제를 중심으로 하는 학술적 쟁점만이 주요 현안으로 남게 되었다. 그 결과 지금까지도 동북공정에 대한 대응은 역사귀속 문제 즉 고구려사를 중심으로 발해사와 고조선 등 한국 고대사의 문제로 제한되게 되었다.

그리고 고구려연구재단의 활동이 본격화되면서, 동북공정에 대한 학술적 대응은 고구려연구재단을 중심으로 점차 일원화되는 경향이 나타났다. 이후 한·중 양국은 고구려사 관련 학술회의를 공동으로 개최하기 시작하였다.[14] 중국측도 이러한 학술교류의 결과에 비교적 긍정적인 입장을 보였다.[15] 그리고 2006년 8월 이후에는 동북아역사재단이 고구려연구재단의 기능을 수렴하여 동북공정 대응 기구로서의 역할을 수행하였다. 이 과정에서 동북공정에 대한 직접적 대응 이외에 한·중간의 역사분쟁을 동북아 역사 분쟁의 큰 틀에서 다루려는 변화의 양상도 나타났다. 다만 한국고대사 영역 중심의 대응이라는 초기의 기조는 그다지 변함이 없었다.

그런데 2006년 여름 중국사회과학출판사에서 『발해국사(渤海國史)』를 포함한 3권의 동북공정 성과물을 출판하면서 동북공정 문제가 다시 대두되었다. 결국 2006년 9월 10일 한·중정상회담에서 노무현 대통령은 중국의 원자바오 총리에게 동북공정 등에 관해 유감을 표시했고 원자바오총리가 이를 수용했

14) 고구려연구재단과 중국변강사지연구중심은 2004년 12월 21~22일 중국 북경에서 "고구려 문화의 역사적 가치"라는 주제로 한·중 공동학술회의"를 개최했고, 2005년 10월 11~12일 한국에서 "고구려문화의 역사적 의의"라는 주제로 공동학술회의를 개최하였다. 동북아역사재단과 중국변강사지연구중심은 2007년 12월 17~18일에 중국 베이징에서 "초기 고구려 역사연구"라는 주제로 공동학술회의 개최하였고, 2008년 11월 11~13일에는 "졸본시기 고구려 역사 연구"라는 주제로 한국에서 공동학술회의를 개최하였다.

15) 「"高句麗文化的歷史價值"中韓學術討論會綜述」『中國邊疆史地硏究』 2005-1期

다. 원 총리는 이에 대해 "양국간 합의사항을 존중한다"며 "정부 차원에서 필요한 조치를 취하겠다"고 밝혔다.

이처럼 동북공정이 한·중 양국 사이에 역사분쟁의 대상이 되면서 2004년과 2006년 2차례에 걸쳐 한·중간의 외교문제로 비화하게 되었는데,[16] 비록 학술적인 차원에서 양국의 입장을 논의하는 자리가 몇차례 이어졌지만, 역사분쟁의 본질적 성격이 바뀌지 않았기 때문에 동북공정은 한·중간에 언제든 터질 수 있는 폭발성을 항상 내재하고 있다.

동북공정이 중국의 동북지역에 대한 대내외 정책과 전략의 연장선상에서 기획·운용되고 전개된 성격이라는 점에서는 큰 이견이 없을 것이다. 다만 앞서 지적하였듯이 한국사회와 한국학계의 대응의 방향이 고구려사 귀속 등 역사문제로 한정된 점은 한국사회에서 동북공정의 실체에 대한 인식의 불균형을 초래하는 결과가 되었다.

필자가 이점을 지적하려는 이유는 동북공정에 대한 한국역사학계의 대응방향이 잘못되었다는 뜻은 결코 아니다.[17] 비록 동북공정이 동북아 지역과 연관된 중국의 정치 전략적 프로젝트라고 하더라도, 한국측에서 동북공정에 대

16) 이희옥은 이를 1차동북공정과 2차동북공정으로 구분하고 있다. 이희옥, 앞의 논문 참조

17) 윤휘탁은 동북공정에 대한 한국의 대응과 인식이 잘못되었다고 지적하면서, 첫째 동북공정을 '고구려사 빼앗기 프로젝트' 수준으로 이해하는 점, 둘째 역사문제 연구로 이해하는 점, 셋째 중앙정부와 무관하게 지방차원에서 추진하는 것으로 이해하는 점, 넷째, 학술차원의 프로젝트로 이해하는 점 등 4가지 측면에서 비판하고 있다(2008, 앞의「포스트 동북공정」). 윤휘탁의 이러한 지적은 타당한 면이 있다. 하지만 동북공정의 전략적 성격에 대한 이해와 이에 대한 한국측의 대응 양상은 일정한 차이가 나타날 수밖에 없다. 무엇보다 한국측의 대응 방향 설정에는 실제로 대응과 비판이 가능한 영역에 한정될 수 밖에 없다는 점도 감안할 필요가 있다고 본다. 다만 윤휘탁이 지적한 바와 같이 동북공정에 대한 총체적인 연구가 결여된 점은 향후 보완해야할 면이다.

해 비판과 문제제기할 수 있는 영역은 역시 한·중간의 역사분쟁 문제에 한정될 수 밖에 없으며, 그 비판의 논점도 학술문제를 기조로 할 수 밖에 없기 때문이다. 다만 처음부터 역사문제에 한정하다보니, 중국의 동북지역에 대한 다양한 성격의 정책을 단순히 역사문제와 관련하여 투영하게 되는 문제점을 드러냈기 때문에, 이에 대해 지적하고자 한다.

예를 들어 2006년 하반기에 소위 중국의 '백두산공정', '인삼공정'을 비판하는 한국 언론의 보도 태도를 들 수 있다.[18] 당시 다수의 언론은 중국이 백두산을 세계자연유산, 세계지질공원으로 등재하기 위한 작업을 추진하면서 백두산을 관광코스로 적극적으로 개발하기 시작하였다고 보도하면서 이를 동북공정과 연결시키고 있다. 언론의 일부는 이를 '백두산공정'이라고 이름붙이기도 하였는데, 이러한 태도에서 역사분쟁으로서의 동북공정의 그늘을 엿볼 수 있다. 당시 언론은 백두산 문제를 간도 문제나 백두산 영유권 확보 문제와 주로 연관시켜 보도하였다. 그 결과 2007년 1월 동계아시안게임에서 이른바 '백두산 세리머니'가 펼쳐져 한·중간에 갈등이 불거지기도 하였다. 또한 길림성이 백두산 일대의 인삼재배를 중요 산업으로 육성한다는 내용을 '인삼공정'으로 보도하기도 하였다. 이러한 보도 내용은 중국의 정책 중 한국의 역사 및 문화와 연관될 단서가 있는 경우 곧바로 모든 것을 역사 귀속문제로 환원하여 인식한 결과라고 할 수 있다.

2012년 최근에 불거진 이른바 중국의 '장성보호공정'의 경우도 마찬가지이다. 아직 구체적인 내용을 확인할 수 없는 상황이지만, 일단 장성보호공정의 동북지역의 사업은 고구려사와 발해사 등 만주지역의 고대사를 중국역사화하려는 것으로, 이른바 '동북공정'의 연장선에서 파악된다는 것이 모든 언론보도

---

18) 동북공정과 관련된 한국의 언론보도의 양상에 대해서는 김종성 외 3인, 2008「동북공정에 관한 한, 중 언론의 보도태도」『사림』30 참조

의 주장이었다. 중국의 '장성보호공정' 역시 일련의 역사프로젝트로서 중국문명 프로젝트의 일환으로 추진되었음은 분명하다. 그런 점에서 동북지역의 장성 조사가 역사연구 및 이 지역을 중국역사화하려는 목표와 밀접히 연관되지만, 그것이 그대로 고구려사 등의 역사귀속문제로 환원되는 것은 아니라고 생각한다. 현재까지 알려진 것으로도 중국의 '장성보호공정'의 내용이 실증적으로나 학술적으로 적지 않은 문제점을 갖고 있는 역사왜곡임이 분명하지만, 이에 대한 우리의 대응과 비판 역시 과도한 해석을 전제로 이루어져서는 곤란하다. 그런 점에서 최근 이에 대한 동북아역사재단의 입장 표명은 적절한 수준이었다고 생각한다.[19]

이미 충분히 밝혀져 있는 바와 같이 중국의 동북공정을 변강정책의 맥락에서 보면 결코 2002년에 갑자기 돌출한 연구프로젝트가 아니다. '하나의 중국'을 유지하기 위해서 중국정부가 일관되게 추진한 것은 '변강' 지역과 소수민족에 대한 중국화 전략이었다. 특히 개혁개방 이후 중국 정부는 그 이전보다 적극적인 변강통합 정책을 수립해 나갔다. 1983년에 설립된 사회과학원 산하 '변강사지연구중심'이 그 주체이다. 이 기관에서 1996년에 고구려연구를 공식적으로 동북변강문제의 범주로 설정하였으며, 고구려사를 중국역사로의 편입하는 작업이 그때부터 단계적으로 추진되었다.

그 결과가 2002년 2월의 변강사지연구중심이 주도한 '동북공정'이었으며, 주로 동북지역의 역사문제를 중심으로 추진되었고, 고구려사 귀속문제가 핵심을 이루고 있었다. 그런 점에서 2002년의 동북공정은 일종의 '동북역사공정'이라고 할 수 있다. 특히 역사분쟁의 당사자인 한국측의 입장에서 보면 역사공정으로서의 성격이 더욱 부각될 수 밖에 없다.

---

19) 2012. 6. 12에 동북아역사재단이 개최한「중국의 역대 장성발표 관련 전문가 토론회」발표문 참조

이러한 점에서 중국의 동북공정에 대한 성격과 개념, 용어의 사용에 있어서 층위를 나눌 필요가 있다고 생각한다.[20] 첫째, 그동안 한국측에서 대응한 주된 측면인 '동북역사공정'의 성격이 있다. 고구려사를 중심으로 발해사, 고조선사, 그리고 이와 연관된 기타 역사문제 등을 포함하는 개념이다. 둘째, 동북역사공정의 이념적·현실적·정치적 배경으로서의 '동북변강정책·전략공정'이다. 여기에는 중국의 동북변강연구, 소수민족정책, 주변국가(북한, 한국, 러시아 등)에 대한 전략적 측면 등이 포함된다.

이 양자의 개념은 서로 중첩하고, 서로 긴밀한 연관 관계를 갖고 상호 연동하고 있다.[21] 따라서 양자를 구별하지 않는 것도 문제가 있지만, 양자를 분리시켜 전자나 후자에만 무게 중심을 두는 것도 역시 바람직하지 않다고 생각한

20) '동북공정'이란 용어의 사용 범위와 개념, 그리고 용어 타당성 등에 대해서도 합리적인 설명이 필요하다. 본 논문을 발표한 2012년 7월 20일~21일의 '한국고대사학회 하계세미나'에서 김현숙도 「'동북공정' 이후 한·중 언론의 보도양상」의 발표문에서 동북공정의 용어 문제를 제기하고 있다.
본래 '동북공정'은 2002년 2월~2007년 2월에 진행된 연구프로젝트이다. 따라서 '동북공정'이란 용어는 이 프로젝트에 한정하여 사용하는 것이 타당하다. 그러나 이 '동북공정'이 한국사회에서는 중국의 역사왜곡 문제 전체를 포괄하는 개념으로 사용되어 왔다. 즉 중국의 '동북공정'과 한국에서 사용하는 '동북공정'은 범주를 달리하는 개념이 되었다. 따라서 굳이 중국의 '동북공정'의 개념 그대로 사용할 필요는 없다고 본다. 이미 한국사회에서 굳어진 개념을 사용하는 것이 오히려 타당하다고 본다.
다만 '동북공정'이라는 용어 자체가 중국 측의 입장을 대변하는 용어이기 때문에, 이에 대한 한국측의 평가와 성격 규정을 담는 별도의 용어로 규정하는 것이 바람직하다. 예를 들어 '중국의 한국사 왜곡 연구사업' 등으로 지칭할 수 있을 것이다. 그런데 이미 '동북공정'이라는 용어 자체가 한·중간의 역사분쟁 등을 포괄하는 하나의 독자적인 용어와 개념으로 굳어져 있는 현실도 부정할 수 없다. 따라서 본 논문에서는 '동북공정'이라는 기왕의 용어를 활용하여 그 안에서 개념의 층위를 나누는 용어를 사용하도록 하겠다. 물론 이러한 용어도 잠정적으로 사용한다.

21) 박장배는 협의의 동북공정과 광의의 동북공정으로 구분하고 있으며, 윤휘탁은 미시적 관점에서의 동북공정과 거시적 관점에서의 동북공정으로 나누어보고 있다(2008, 앞의 「포스트 동북공정」).

다.[22] 앞서 지적한 사례처럼 후자에 해당되는 측면을 전자로 환원하여 문제를 제기하는 방식은 부적절하다. 반대로 후자의 개념과 범주만을 강조할 경우 우리측의 대응과 비판의 범주가 축소될 수 밖에 없는 점도 지적하고 싶다.

사실 '동북공정'을 바라보는 중국와 한국의 시각 차이는 매우 클 수 밖에 없다. 중국측에서는 동북공정이 현 중국의 현안 문제인 변강정책이나 다민족통일국가 만들기 정책 등과 긴밀하게 연관된다. 그러나 한국측에서는 주로 한국사의 체계에서 역사귀속이나 역사왜곡 문제에 초점이 맞추어져 있다. 이러한 양측의 입장 차이를 고려하면 이른바 '동북공정'을 둘러싸고 양측의 입장이 조정되거나 합의될 가능성은 거의 없다고 보아도 좋을 것이다.

따라서 우리 측에서도 이에 대하여 전략적으로 대응 방식을 중층적으로 구성할 필요가 있다. '동북역사공정'의 측면은 보편적인 역사인식이나 학술의 측면에서 문제제기나 비판이 가능한 영역이다. 실제로 동북공정 초기에 한국측의 거센 비판과 외교상의 문제 제기는 동북공정의 추진력을 일정하게 약화시킨 측면이 있으며, 중국정부로 하여금 주변국과의 역사분쟁으로 나타난 부정적인 측면을 경험하게 하였다. 이러한 점에서 앞으로도 우리는 타당하고 합리적인 수준에서 중국의 역사왜곡에 대해 강력하고 지속적으로 문제를 제기할 필요가 있겠다.[23]

그러나 '동북변강정책·전략공정'이라는 측면은 이러한 문제 제기가 그리

22) 윤휘탁은 동북공정이 마무리된 이후 동북공정은 새로운 패러다임으로 지속되고 있다고 지적하면서, 다음과 같은 점을 지적하고 있다. 1. 연구중점이 역사귀속론 개발에서 변강이론체계 구축으로 변화, 2. 동북공정 추진 주체가 중앙에서 지방으로 변화, 3. 역사문화유적은 학술논쟁에서 관광지원화, 생활화로 변화 등이다(2008, 위의 「포스트 동북공정」). 이러한 지적 역시 타당하지만, 이러한 중국측 동향에 대한 한국의 대응이라는 측면에서 보면, 역시 '동북역사공정'과 '동북변강정책·전략공정'을 구분해서 이해할 필요가 있다고 생각한다.

쉽지 않은 영역이다. 왜냐하면 이는 중국내의 국가 정책의 문제이기 때문이다. 물론 이러한 측면에 대해서도 다양한 학문분야에서 중국의 동향을 분석하고 이에 대비하는 연구가 진행되어야 함은 물론이다. 그동안 한국학계에서는 '동북공정'의 이러한 측면에 대해 종합적인 분석 방식이나 관점을 확보하려는 노력이 미흡하였다고 판단된다. 단순히 '중화주의', '중국위협론'이나 '패권주의'와 같은 추상적이고 포괄적인 정치적 개념으로 중국의 정책을 비판하는 수준에서 벗어나지 못하였다. 따라서 중국학계의 역사왜곡에 대한 비판 못지않게, 한국학계도 중국의 동북공정이나 동북아전략에 대한 거시적인 분석의 시각과 틀을 확보하기 위해 노력해야 할 것이다.[24]

그리고 앞서 '동북공정' 개념의 층위를 나누어보고자 하였는데, 중국의 동북공정을 '동북변강정책·전략공정'의 차원에서 보더라도, 현실적인 목표의 변화에 따라 시기에 따라 상당한 변화가 나타나게 되리란 점도 염두에 둘 필요가 있다. 즉 동북공정의 기본 줄기가 지속된다고 하더라도, 중국측의 정책과 전략이 어디에 비중을 두느냐에 따라 그 내용은 달라질 수 밖에 없기 때문이다. 예를 들어 2003~2004년에 추진된 환인과 집안의 고구려유적의 세계문화유산 등재사업과 2006~2007년 이후 추진되고 있는 환인과 집안의 고구려문화관광도시 진흥사업을 비롯한 동북3성의 관광개발 진흥전략 사이에는 그 성격에 상당한 차이가 나타나기 마련이다. 이러한 편차들을 정확하게 분석하고 이에 대한 대응책을 마련하는 방향이 앞으로 더욱 중요하다고 생각한다.

---

23) 특히 중국의 중앙에서 주도하여 전개한 동북공정의 역사연구의 방향에 대한 평가에서는 중국학계의 내부에서도 다양한 편차가 있다고 보인다. 따라서 실증적이고 학술적인 문제제기는 중국학계 내에서 소위 동북공정에 참여한 학자들의 입지를 축소시킬 가능성도 없지는 않다.

24) 동북공정의 정치성에 대한 한국 내의 논란에 대한 비판적 검토는 이희옥, 앞의 논문이 참고된다.

Ⅲ. 동북공정 이후 중국학계의 동북역사 연구동향 - 고구려사 연구를 중심으로

동북공정이 마무리된 후 그 성과에 대한 중국학계의 자체 평가는 다음과 같이 두 방향으로 요약되고 있다.[25] 첫째, 동북공정 자체의 연구성과이다. 즉 동북공정 관련 학술성과 방면에서 다수의 연구물이 완성되고, 관련된 외국저작물이 번역 출간되었으며, 일정한 규모의 자료와 정보 데이터가 구축되었다는 점이 평가되고 있다. 이는 110건에 이르는 동북공정 연구과제의 성과에 대한 평가라고 할 수 있다. 동북공정의 결과물이 일부를 제외하고는 아직 공개되지 않은 것이 많기 때문에 그 내용을 파악하기는 어렵지만, 일단 중국학계에서 자평하듯이 동북공정 이전과는 비교할 수 없을 정도로 상당히 풍부한 연구성과를 거두었다고 볼 수 있다.

둘째, 향후의 연구 기반이 확보되었다는 점이다. 즉 동북변강역사와 동북민족관계학 연구의 인력이 대거 배출되었고, 또한 동북3성의 대학과 연구소 등에 관련 전문 연구기관이 다수 설립되었으며, 이와 관련한 학과체계가 형성되었다는 점이 높이 평가되고 있다. 사실 우리가 현시점에서 특히 주목할 점은 바로 이 부분이다. 중국학계가 스스로 자평하고 있듯이 동북공정의 주요 성과는 동북변강과 관련된 역사연구를 위한 인적 기반이 확충되고 이를 꾸준히 추진할 학술기구 및 학과체계가 형성되었다는 점이다. 다시말해서 동북공정을 지속할 수 있는 시스템이 마련되었다. 이는 동북공정 이후에도 동북공정에서 제기한 연구 방향이 지속적으로 추진되고 있고, 또 추진될 수 있음을 잘 보여준다.

---

25) 중국학계의 동북공정에 대한 평가에 대해서는 김승일, 2010「동북공정 이후 중국학계의 한국사 연구동향」『한국근현대사연구』55, pp.276~281을 참고하여 정리하였다.

동북공정 이후 중국학계의 동북지역 역사 연구와 관련된 방향 모색은 2009년 7월 24~25일, 길림성 장춘에서 열린 「2009년 동북변강역사여문화학술연토회(東北邊疆歷史與文化學術硏討會)」에서 확인할 수 있다.[26] 이 학술회의는 중국사회과학원과 길림성사회과학원이 연합하여 주최하였고, 요녕성사회과학원, 흑룡강성사회과학원이 협조하여 거행되었다. 이 연토회에서 중국학자들은 중국정부가 한국과의 역사분쟁으로 인해 동북변강 역사와 문화 연구의 분위기를 제한하고 있다고 비판하면서, 고구려사·발해사 귀속문제를 해결하기 위해 관련 연구를 강화하고, 자유로운 출간 환경을 보장해야한다는 입장 등을 논의하였다.

이 연토회는 동북공정이 마무리된 이후 관련 연구의 중심이 변강사지연구중심에서 동북3성의 사회과학원과 다수의 연구기관으로 넘어갔음을 보여주고 있으며, 그에 따라 중앙의 통제를 벗어나 동북3성 지역 단위의 연구기반을 강화하려는 분위기를 반영하고 있다. 그리고 이러한 향후 연구의 방향이 동북공정의 맥락을 지속하는 방향임은 물론이다. 다만 이 과정에서 고구려사의 경우 제한된 범위에서 '일사양용(一史兩用)'론 등이 다시 등장하는 등 연구 관점의 다양화가 모색될 가능성도 엿볼 수 있다.

중국의 동북지역 역사 연구에는 많은 주제와 영역이 있지만 무엇보다도 한국에서 문제로 삼은 대상은 고구려사 문제이다. 중국이 동북공정을 추진하면서 중요 논점을 고구려사로 잡았던 배경과 이유에 대해서는 그동안 적지 않은 연구가 있기 때문에, 여기서 이를 장황하게 거론하지는 않겠다. 그런데 고구려사 문제에 한정해서 보더라도 1990년대 이후 동북공정의 마무리 시점에 이르기까지 고구려사 귀속 문제를 둘러싼 중국학계의 논리가 변화되면서 점차

26) 김승일, 위의 논문, pp.277~281. 본 연토회에서 언급된 한국고대사 관련 논의에 대한 정리는 김승일의 논문을 요약하였다.

정교화 되어가고 있음을 주목해야 한다.[27] 다양한 측면에서 중국측 자신의 논리를 개발하고 있으며, 각각의 논거 사이에는 논리적 구조에서 서로 상이한 비중을 갖고 있다는 점에서 보면, 이에 평면적으로 접근해서는 곤란하다.

2002년 동북공정의 시작은 사실상 고구려사 부분에서만 본다면 새로운 시작이라기 보다는 오히려 최종 정리해가는 단계라고 해도 과언이 아니다. 그리고 동북공정기 이후에는 고구려사의 귀속을 기초로 다시금 전사(前史)로서 고조선이나 후사(後史)로서의 발해사 등 고구려사와 관련된 역사적 맥락에 대한 본격적인 재구성 작업이 이루어지고, 이들 역사를 중국사로 완전히 귀속시키기 위한 새로운 문제제기와 논리개발 작업이 진행되고 있는 실정이다.[28]

중국의 동북공정은 2007년에 종결되었지만, 그것을 추진케한 중국의 변강통합정책이나 소수민족통합 정책이라는 정치적 배경과 조건이 변화하지 않은 현실에서, 동북공정의 내적 논리는 다양한 형태로 변형되어 지속될 수 밖에 없다. 추진 주체도 변강사지연구중심에서 동북 3성의 다수 연구기관으로 옮겨지고 있으며, 고구려사 중심에서 고조선사, 발해사로의 연구 영역의 확장, 동북지역 박물관의 다수 신설, 동북지역 역사유적에서 고구려와 발해사 지우기 등등

---

27) 이러한 중국측 논리의 변화과정에 대해서는 여호규, 2004 「중국의 동북공정과 고구려사 인식체계의 변화」『한국사연구』 126가 참고된다.

28) '통일적 다민족국가론'으로는 영역론의 관점에서 427년 고구려가 평양으로 천도한 이후에는 고구려와 중원왕조와의 관계를 설명하기 어렵다. 이에 역사상의 귀속문제는 모든 역사를 전반적으로 검토하여 그것이 주로 어떻게 귀속하였나 하는 것을 기준으로 삼아야한다는 대세론이 등장하였다(여호규, 위의 논문 참조). 이러한 논리 기반 아래 동북공정에서는 고구려의 전사(前史)로서 기자조선과 한군현의 연구에도 집중하고 있다. 이러한 주장은 통일적다민족국가론의 '현재의 영토'라는 기준을 부정하는 논리로, 동북공정 내에서의 이론 탐색이 중국 역사학계 일반의 기준인 통일적다민족국가론의 내용을 변화시킬 가능성을 보여주었다는 점에서 유의된다. 이러한 논리의 변화가 중국의 동북 정책과 어떠한 연관이 있는지에 대해 향후 심화된 학제간 연구가 필요하다. 이점에 대해서는 본 논문의 발표(2012. 7. 20~21)시에 여호규 교수가 토론을 통하여 문제 제기한 바 있다(여호규, 종합토론 참조).

의 형태로 나타나는 동향에 주목해야 한다. 이 점에 대해 살펴보도록 하겠다.

1. 고구려사 관련 연구 기구, 학술지, 연구자의 확대

동북공정이 진행되는 과정에서 중국은 고구려사·발해사와 동북변경사 분야에 대한 연구 기능을 강화하였다. 이는 주로 신규 연구기관을 설립하거나 기존 연구기관을 확대 개편하는 형태로 나타났다. 그 결과 사회과학원의 변강사지연구중심이 주체가 된 동북공정이 2007년에 마무리된 이후, 고구려사 등 동북고대사 연구의 중심이 동북3성이 주축이 되어 진행할 수 있는 학술적 기반을 마련할 수 있었다.[29]

먼저 길림성은 2004년 8월에 '길림성고구려연구중심(吉林省高句麗硏究中心)'을 신설했다. 길림성 내의 고구려 연구 및 협조기구로 신설한 고구려연구중심은 고구려 등 변강사지 연구의 중요 문제 기획 및 중점과제 확정 등의 업무를 수행하고 있다. 이 연구중심은 중국공산당 길림성위원회 선전부 부부장인 장푸유(張福有)를 사장으로 내세운 '동북사지(東北史地)' 잡지사를 운영하고 있으며, 이 잡지를 통해 동북공정과 맥을 같이하는 고구려사 관련 연구성과를 적극적으로 선전·보급하고 있다. 그리고 또한 길림성사회과학원은 2003년 7월에 통화사범학원 내에 '고구려연구기지(高句麗硏究基地)'를 설립하였다.

한편 통화사범학원(通化師範學院)은 2006년 1월 기존의 고구려연구소를

29) 여호규는 본 발표논문에 대한 토론에서 동북공정 이후 관련 연구기관의 성격이나 연관 관계, 역할 등에 대한 심화된 검토의 필요성을 제기하였다. 타당한 지적이지만, 필자로서는 이들 연구기관에 대한 구체적인 정보를 얻기 어려웠기 때문에 개괄하는 수준에서 정리할 수 밖에 없었다. 구체적인 검토는 후일을 기대해 본다.

'고구려연구원(高句麗硏究院)'으로 확대 개편하고, 연구 방향에서도 기존의 고구려사와 동북민족강역사에 발해사를 추가했다. 고구려연구원의 연구요원은 경테화(耿鐵華) 교수 등 통화사범학원 교수진 12명으로 구성되어 있다. 확대 개편된 통화사범학원 고구려연구원은 2006년 10월에 전문사학 분야의 길림성 중점학과로 지정됐다.

한편 통화사범학원은 2006년 10월에 고구려·발해사와 동북민족강역사 등을 집중 연구하기 위한 '고구려·동북민족연구중심(高句麗·東北民族硏究中心)'을 신설하였는데, 이 기관은 길림성의 대학인문학연구기지의 하나로 지정됐다. 길림성고구려연구기지와 고구려연구원 및 신설된 고구려·동북민족연구중심의 연구진들은 대부분 중복되어 있다.

한편 요녕성사회과학원은 2002년 11월 대련대학(大連大學)에 '중국동북사연구중심'을 설립하였는데, 이 기구는 중국동북사 및 만학(滿學) 연구기지이자 동북변강공정을 추진하는 중심 연구기지로서 중국의 동북사 학술연구센터, 정보자료센터, 인재배양센터, 국내외 학술교류센터를 지향하고 있다. 중국공산당 요녕성위원회 선전부는 2007년 5월에 이 연구중심의 동북변강사연구를 요녕성 철학·사회과학 중점건설 분야로 지정했다. 이 연구중심은 중국 동북지역의 고고발굴 및 문화재, 고구려사, 발해사, 동북민족사 등을 주제로 하는 중국 동북변강역사 학술세미나를 여는 등 활발하게 활동을 하고 있다.

그리고 요녕성사회과학원 변강연구소에 '고구려연구중심'을 설치하였다고 한다.[30] 이외에도 요녕성, 길림성, 흑룡강성에 소재한 다수의 동북역사 및 민족학 관련 연구기관들이 동북공정 이후에 고구려사 연구의 기반으로서 새로 설립되거나 확대 개편되어 운영되고 있다.

30) 송기호, 2012, 앞의 글, p.391

이러한 연구기관의 동향에서 알 수 있듯이 동북공정 이후 중국에서 고구려사 연구를 진행하는 중심은 길림성에 집중되어 있으며, 그 중에서도 통화사범학원이 핵심 위치를 차지하고 있다. 통화사범학원 자체에서 설립하여 확대 개편한 '고구려연구원'은 물론 새로이 2006년에 설립한 '고구려·동북민족연구중심'이 있으며, 여기에 길림성사회과학원이 '길림성고구려연구기지(吉林省高句麗硏究基地)'를 통화사범학원에 둠으로서, 통화사범학원은 명실공히 현재 중국의 고구려 연구의 전초 기지 역할을 하고 있다. 이는 어쩌면 당연한 결과이다. 왜냐하면 고구려사 연구의 기반은 고구려의 고고 물질 자료가 집중되어 있는 집안시와 그 일대에 대한 현지 조사와 연구가 필수이고, 이러한 점에서 집안시가 소속되어 있는 통화시가 그 중심적 역할을 할 수 밖에 없기 때문이다.

한편 발해사 연구와 관련된 연구 기구의 확장도 주목할 만하다. 발해 유적의 세계문화유산 등록을 추진하는 핵심기구인 변강사지연구중심을 길림대학교에, 발해문화연구기지를 연변대학교에 설치하는 조치를 내렸다고 한다.[31]

한편 동북공정을 추진하는 시점을 전후하여 고구려사 관련 연구자들의 수적 증대가 이루어진 점도 주목할 만하다. 이와 관련해서는 2006년도에 출간된 이낙영·이숙영 편저 『중국고구려학자여연구종술(中國高句麗學者與硏究綜述)』(길림문사출판사)이 주목된다. 이 책은 상·하 2편으로 구성되어 있는데, 상편에는 「중국학자 고구려연구 종술」, 하편은 「중국 고구려연구 학자명록」이다. 즉 하편에서 현재 중국의 고구려사 관련 연구자에 대한 신상과 연구의 주요 논점에 대해 상세하게 기술하고 있어, 현 중국의 고구려 연구자의 현황을 이해하는데 큰 도움이 된다. 이 책에는 사망자 12인을 포함하여 총 130인을 기술하고 있어 전체적으로 고구려사 연구 인력의 기반이 양적으로 상당히 확대

31) 송기호, 위의 글

되었음을 짐작할 수 있다. 물론 이들 중에는 동북공정 기간 중에 처음으로 고구려사 관련 논문을 발표한 연구자도 적지 않다는 점도 고려해야 한다. 그러나 그들 중에는 본래 중국 고대사 전공자로서 고구려사를 비롯하여 고조선사나 부여사, 혹은 백제사 등 한국고대사 영역에 대해 연구논문을 발표하고 있다는 점에서, 그 연구 역량을 가볍게 생각할 게 아니다. 아마도 이들이 향후에도 여전히 동북역사 연구의 중심으로 활동하리라 예상된다.[32] 그리고 이 책의 출간 이후에도 고구려사 등 동북사 전공자들이 계속 늘어나고 있다는 점도 유의해야 한다.

그리고 동북공정과 관련된 학술성과를 게재하는 학술지의 동향도 유의할 필요가 있다. 왜냐하면 한시적인 동북공정의 추진과는 별도로 이러한 학술지는 동북공정의 연장선에서 고구려사를 비롯한 동북고대사의 연구를 지속할 수 있는 기반이 되기 때문이다. 『동북사지(東北史地)』·『중국변강사연구(中國邊疆史地硏究)』·『북방문물(北方文物)』·『사회과학전선(社會科學戰線)』·『통화사원학보(通化師院學報)』 등 정기 간행물이 고구려사 연구 활동의 기반이 되고 있다. 이외에 『장춘통화사원학보(長春通化師院學報)』·『동강학간(東疆學刊)』·『박물관연구(博物館硏究)』 등 동북사 관련 정기간행물과 논문집에도 다수의 고구려사·발해사·고조선사 관련 연구논문이 게재되어 있다.

이러한 학술지 중에서도 길림성사회과학원에서 발행하는 『동북사지』가 동북공정기에 고구려사 연구를 주도하였으며, 특히 동북공정이 마무리된 이후에는 『동북사지』가 고구려사 연구 분위기를 활성화하는 구심적 학술 매체로 적

---

32) 여호규는 본 발표논문에 대한 토론을 통하여 중국 길림대학의 양쥔(楊軍)을 예로 들면서, 동북공정 추진 기간 동안 연구자의 수적 증가와 함께 여러 분야의 연구 역량이 한국 고대 북방사 연구에 집중 투입되었음을 지적하였다. 여호규 교수의 적절한 조언에 감사드린다. 여호규, 2010 「楊軍의 『고구려 민족 및 국가의 형성과 변천』에 대한 비판적 검토」 『중국 동북공정 고구려사 연구논저 분석』, 동북아역사재단 참조.

극적으로 활용되고 있다는 점이 주목된다. 『동북사지』는 '길림성고구려연구중심'의 일종의 기관지로서의 성격을 갖고 있기 때문에, 길림성사회과학원 차원에서 진행되고 있는 고구려사 연구의 방향을 짐작하는데 매우 유용하다고 볼 수 있다.

2. 고구려사 연구의 새로운 동향

전체적으로 중국학계의 고구려사 관련 연구논문의 발표 상황을 보면, 중국내 고구려사 연구는 2004년이 하나의 전기가 되어 크게 증가하고 있다. 이는 2002년에 동북공정이라는 연구프로젝트가 시작되는 분위기 속에서 고구려사 연구가 출발하여 2004년 무렵에 그동안의 연구성과가 속속 제출되어 나타난 현상으로 추정할 수 있다. 이를 보면 동북공정 자체의 연구과제에서 고구려사 관련 과제는 비록 얼마 되지 않지만, 동북공정의 외곽에서 고구려사 연구의 활성화 기반을 마련한 점은 틀림없는 사실이다.

또한 전체적으로 2004년을 기점으로 고구려사의 귀속논의가 일차 완결되고 한층 심화된 연구가 진행되고 있음도 엿볼 수 있다. 그러한 점에서 볼 때 동북공정이 시작되는 시점부터 동북공정의 목표와는 별개로 새로운 고구려사 연구 방향을 모색하는 측면도 나타나고 있음짐작할 수 있다. 이에 대해서 살펴보자.[33)]

첫째, 중국학계에서 고구려사 귀속 문제를 둘러싼 연구 방법론에 대한 모

33) 이하 중국 측 연구 성과는 그 수가 매우 많으므로 구체적으로 관련 연구성과물을 제시하지 않겠다. 동북공정기와 그 이후에 진행된 고구려사에 대한 구체적인 중국 측 연구 동향은 본 논문집의 조영광, 「동북공정과 그 이후 중국의 고구려사 연구 동향」 및 정원철, 「동북공정 이후 중국의 고구려·발해 고고학 연구 동향」을 참조하기 바란다.

색이 활발해지고 있다는 점이다. 아울러 한국학계가 제시하는 동북공정 비판론에 대한 대응 차원의 논문도 점점 늘어나고 있는데, 한국학계의 주된 논거인 고구려사의 혈통적 민족관에 입각한 계승론에 대한 비판이 시도되고 있다. 또한 민족공동체와 국가공동체를 구분하여 고구려는 '독립'성을 갖는 민족공동체이지만, 중국이라는 하나의 국가공동체에 속한다는 논지는 앞으로 또 다른 이론적 전개 가능성을 시사하기도 한다.

그리고 중국학계의 대부분 학자가 고구려사가 중국사라는 논지를 견지하고 있지만, 일부에서는 여전히 '일사양용론(一史兩用論)'이 제기되고 있다. 쑨진지(孫進己)를 비롯하여 조선족 학자들인 박찬규·이종훈·박진석 등이 대표적인 학자이다. 특히 중국에서 대표적인 '일사양용론'자인 쑨진지는 최근에는 '다향계승론(多向繼承論)'을 주장하고 있으며, 일부 학자는 역사의 공유론을 제기하고 있다. 물론 '일사양용론'자도 역사의 범위와 귀속의 근거로는 강역론(疆域論)을 주장하고 있다. 강역론은 사실상 중국의 역사이론인 "통일적다민족국가론"의 핵심적인 내용으로, 기본적으로는 오늘날의 강역 범위가 역사의 귀속을 결정짓는 핵심 이론임을 부정하지 않고 있다.

그리고 필자가 중국내의 학자로부터 개인적으로 얻은 정보에 의하면, 내부적으로 고구려를 '소수민족지방정권'으로 규정하는 동북공정 초기의 입장이 학술적으로 문제가 많다는 점을 인식하고, 일단 '소수민족정권'의 수준으로 정리하는 분위기라고 한다. 그러나 '소수민족'이라는 개념 역시 현재의 개념이기 때문에 이를 역사적 개념으로 적용할 수는 없다. 그런 점에서 여전히 동북공정의 본질적 성격은 바뀌지 않았다고 할 수 있다.

둘째, 고구려의 종족 구성에 대한 연구가 꾸준히 진행되고 있다는 점이다. 사실 중국학계가 고구려사를 한국사와 완전히 단절하기 위해서 가장 많은 비중을 둔 것은 족원(族源) 문제였다. 즉 '통일적다민족국가론'이 영토를 근간으로하는 중화민족의 역사적 구성에 관한 이론이라는 점을 고려하면 당연한 결과라고 할 수 있다. 즉 고구려인의 족원에 대해서 상인(商人)설·고이족(高夷族)설·염제족(炎帝族)계통설 등 중원 족원설로 시작하였는데, 그동안의 주장은 실증적으로 많은 문제점을 노출하고 있기 때문에 근자에는 예맥족(濊貊族)을 포함하여 여러 종족이 결합된 것으로 보는 다민족 기원설이 일종의 정설로 자리잡고 있는 분위기이다. 이러한 다민족기원설은 아래에서 살펴보듯이 중국문명론에 입각한 다문화융합론과 맥을 같이 하는 것이다.

그런데 이러한 강역론에 입각한 역사귀속론이나 영토 이론 자체는 그동안 한국사학계가 간과하고 있던 부분이다. 중국과는 다른 역사적·현실적 환경에서 한국역사학계가 그동안 영토론에 관심을 가질 수 있는 계기는 거의 없다고 할 수 있다. 하지만 동북공정으로 촉발된 현실은 그렇지 못하다. 중국학계의 논리가 비역사적인 맥락이 적지 않다고 하더라도, 이를 비판할 수 있는 논리체계 역시 아직 한국학계가 갖추고 있지 못한 점도 반성해야 할 것이다.

셋째, 고구려 초기사에 대한 관심이 높아지고 있다는 점이다. 이는 고구려의 종족 기원이나 한군현과의 관계를 통해 중국사로 귀속시키려는 의도에서 전개되고 있지만, 한편으로는 고구려 초기의 정치제제나 5부에 대한 연구가 증대되고 있음을 알 수 있다. 그동안 5부 문제나 초기 정치체제에 대한 중국학계의 논의는 매우 취약하였는데, 점차 중국의 고구려사 연구 밀도가 높아지면서 핵심적인 연구 주제를 파악해가는 동향을 보여주는 좋은 예이다. 더욱 한국학계가 5부와 정치체제에 대한 연구성과가 매우 두텁다는 점을 의식하고 있는 것으로 보인다.

넷째, 역사 자료에 대한 연구가 서서히 증대되고 있다는 점이다. 그런데 대부분의 중국학자가 중국측 사서의 자료적 가치를 높이 평가하면서, 『삼국사기(三國史記)』 고구려 본기의 사료적 가치는 매우 부정적으로 보고 있다. 이는 고구려사 귀속 문제의 최대 걸림돌이라고 할 수 있는『삼국사기』고구려본기 자료에 대한 검토가 새로이 진행되고 있음을 보여준다. 특히 연구 방법론의 핵심인 사료적 가치 평가에 대한 중국학자의 태도에 유의할 필요가 있다. 동북공정 초기까지만 하여도 중국학계에서『삼국사기』고구려본기의 기사를 사료로 활용한 논문은 거의 찾아보기 어려웠는데, 근자에는 다수의 논문에서 고구려본기 기사를 매우 적극적으로 활용하고 있다는 점에서,『삼국사기』자료의 이용에서 중국학계의 태도 변화를 엿볼 수 있다. 다만『삼국지(三國志)』등 중국계 사서의 내용에 대해서는 거의 전적으로 신뢰하는 태도와는 달리 기본적으로『삼국사기』기사의 신빙성을 의심하는 태도를 견지한다는 점에서 일정한 정치적 의도가 드러나고 있다. 즉 고구려본기에 대한 합리적 이해를 추구하기보다는 오로지『삼국사기』가 후대에 만들어진 역사서로서 그 사료적 가치를 부정하려는 데에 초점을 맞추고 있을 뿐이다. 이와 같이 사료에 대한 이중적인 자세는 중국학자들의 연구결과물이 갖는 1차적인 한계가 되고 있다.

다섯째, 중국의 고구려사 관련 고고학 자료의 정리가 체계적으로 이루어지고 있으며, 이러한 물질 자료를 활용하여 중원문화와의 연관성을 밝히려는 데 초점을 맞추고 있는 연구 동향도 충분히 유의할 필요가 있다. 중국내에 있는 벽화고분이나 성곽 자료, 기타 유물 자료는 한국학계의 접근이 어려운 부분으로 이에 대한 본격적인 연구에는 그만큼 취약할 수밖에 없다. 이들 자료가 중국측의 관점에서 정리되고 있는 현상에 대해 심각성을 느끼고 한국측도 새로운 대응 방안을 마련하지 않으면 안 될 것이다. 예컨대 현재 중국에 산재해 있는 고구려 성곽이나 고분 유적 등에 대해 최소한 지표조사 수준에서나마 한국측의 입장에서 조사 정리하여 독자적인 유적 데이터 자료를 확보하고 있어야 한다. 그리고 현재 중국에서 고구려 유적 등에 대해 관광지 개발 등 여러 형태의 현상 변화가 진행되고 있기 때문에, 이러한 조사는 빠른 시일내에 이루어져야 한다.

여섯째, 중원문화의 동북지역 전파에 초점을 맞춘 연구가 증가하고 있다. 이러한 연구는 종족론이나 조공책봉론을 보완하는 새로운 논리로서, 문화전파를 매개로 고구려사를 중국사로 귀속시키는 논리로 확대되는 양상이다. 중원문화와 고구려문화의 상관성은 이미 고구려의 귀속문제에서 중국측의 중요한 논리의 하나였지만, 동북공정 이후 이 논거가 보다 강화되고 있다고 생각된다. 특히 중화문명의 확장이라는 논리는 주로 현재 중국내 소수민족의 문화와 역사에 적용되어 이들을 중화민족으로 수렴하여 '중국화'하는 중국학계의 일반적인 연구 방향과 일치하고 있다. 더욱 한국학계의 비판이 종족론과 조공책봉론에 집중되자, 이에 대한 새로운 귀속이론으로 중원문화의 전파론이 강조된 것으로 보인다. 특히 이 점은 아래에서 살펴보듯이 동북3성 지역에서 새로 개관하고 있는 박물관의 전시의 맥락에서 두드러지게 나타나고 있다.

이러한 연구는 곧 중국문명론과 연관되는 것인데, 이와 관련하여 2004년 요녕성 박물관의 기획전시로 촉발된 '요하문명론(遼河文明論)'이 주목된다. 요하문명론은 중국문명의 기원인 상고문명을 다수의 문명으로 구성케하는 핵심 논거의 하나로, 동북지역의 독자적인 문명을 중화문명으로 통합시키고 있다. 또한 동북공정기에 등장한 '장백산문화론(長白山文化論)'도 주목할 필요가 있다.[34] 장백산문화의 기원에 대해서는 여러 견해 차이가 있지만, 기본적으로 장백산문화가 역사상 한(漢)문화를 중심으로 북방의 각 소수민족의 문화가 융합된 일체다원화한 문화로서 중국문명의 일부로 규정하는 논리 구조는 동일하다. 이점에서 동북공정과 같은 맥락에서 이해될 수 있는데, 무엇보다 동

34) 장백산문화론과 이에 대한 비판을 다룬 논고로는 조법종, 2006「중국의 장백산문화론과 고구려」『백산학보』76; 윤휘탁, 2006「중국의 동북 문화강역 인식 고찰–장백산문화론을 중심으로」『중국학보』55 등이 참고된다.

북지역을 문화론의 입장에서 일원적인 통시대적 체계로 구성하는 논리라는 점에서, 고구려사와 발해사의 중국역사 귀속론보다 더 거시적인 논리라고 할 수 있다. 또한 장백산문화론은 숙신–여진–만주족을 동북지역의 역사주인공으로 부각함으로써 고구려 등 예맥족의 활동을 축소시키는 논리로도 이어질 수 있기 때문에, 앞으로도 지속적으로 관심을 갖고 지켜보아야할 대목이다.

3. 동북지역 박물관의 신설 및 고구려사의 축소

동북공정이 마무리된 이후 동북3성 지역에서는 다수의 박물관이 신설되었으며, 현재에도 다수의 지역박물관이 개관을 준비하고 있다.

2008년에 개로 개관한 환인 오녀산박물관은 이전에 있었던 오녀산전시관을 대신하는 시설이지만, 규모나 전시 내용으로 보아 전혀 새로운 박물관이라고 할 수 있다. 오녀산박물관은 가장 최근에 개관한 중국 동북지역의 박물관으로서, 동북공정 이후 중국측의 입장 변화나 동향을 읽어낼 수 있는 적절한 박물관이라고 할 수 있다. 전시의 기본적인 방향은 '동북공정'에서 강조하는 바 고구려문화와 역사가 중국 동북지역문화의 중심이라는 점이다. 물론 전시 판넬 등에서는 과거 전시관에서 보였던 '고구려는 중국동북지역의 소수민족 지방정권'이라는 표현은 보이지 않지만, 그렇다고 '동북공정'의 논리를 변화시켰다고 볼 수는 없다. 아울러 환인시에서는 이곳이 고구려의 발상지라는 역사 이외에 오히려 만족(滿族)의 역사적 터전으로서의 지위와 청왕조의 발상지라는 의미를 점차 강조하고 있다. 이점에서 '장백산문화론'과의 연결지점이 유추되며, 앞으로 고구려사의 역사귀속에 초점을 맞추었던 기왕의 동북공정 단계와는 다른 방식으로 동북지역의 역사를 구성하려는 의도도 읽어볼 수 있다.

2009년 5월에 개관한 요양시박물관은 한(漢)문화, 요금(遼金)문화, 후금(後

金)문화를 중심으로 구성되어 있으며, 고구려 관련 전시는 매우 소략하다. 연(燕) 진개의 진출, 공손씨(公孫氏)정권, 당태종의 진출 등이 요양의 역사에서 강조되고 있다. 2010년 1월에 개관한 본계시박물관은 환인에서 고구려의 흥기, 삼연(三燕)의 진출, 후금(後金)문화 등을 주제로 전시를 구성하고 있으며, 이 지역의 역사와 문화의 특징으로 고구려족, 만주족(滿洲族) 등 "다민족(多民族) 문화의 융합성"을 강조하고 있다. 2010년 2월에 개관한 단동시박물관은 '압록강문화'라는 컨셉으로 이 지역의 역사를 구성하고 있는데, 연(燕)의 진출과 요동군, 한(漢)문화의 확산, 중국 장성(長城)문화, 명(明)장성 등이 주요 전시 테마이다. 고구려 관련 유물도 다수 전시되어 있으나, 전시 맥락에서 보면 이 지역에서의 고구려의 역사는 제한적이다.

이들 요양시박물관, 본계시박물관, 단동시박물관 등 동북3성 신축 박물관들의 전시 방식은 서로 비슷한 점이 많다. 전시 주제는 각 지역의 역사와 문화적 특성을 드러내는 것이지만, 주로 중원왕조의 진출이나 공손씨정권, 모용씨(慕容氏) 연(燕)왕국의 진출, 중국 장성(長城) 문화 등이 강조되고, 상대적으로 고구려사와의 연관성은 소략하게 다루고 있다. 이러한 공통점에서 한국 고대사와 밀접한 관련이 있었던 지역의 지방 박물관의 전시 주제 및 방향 등에서 일정한 기준이 어느 정도 정해져 있음을 읽어볼 수 있다. 그리고 한편으로는 '동북공정'의 논리가 각 지역이 갖는 특수한 상황에 의해 지역적으로 변화되어 나타나고 있다는 점에도 유의할 필요가 있다.

전체적으로 이들 박물관의 전시 맥락에서 고구려사의 위상이 그다지 드러나지 않고 있음을 무조건 고구려사를 축소하려는 의도로 단정하기는 어렵다. 박물관의 특성상 전시 유물의 성격 등도 고려해야하기 때문이다. 그러나 중원문화의 영향이나 중원세력의 진출, 중원문화를 중심으로 하는 문화 복합성 등이 강조되고 있는 점에서 통합된 '중국문명론'의 틀에서 전시가 기획되었음을 충분히 짐작할 수 있다.

동북공정의 본래 목적의 하나는 고구려사를 비롯하여 고조선사·발해사를 중국사로 편입하려는 것이었다. 그럼에도 불구하고 이들 박물관에서 고구려사 전시 영역이나 역사적 맥락이 축소된 것은 고구려사를 중국사로 편입하는 작업이 그리 용이하지 않았음을 반영한 결과로 추정된다. 여기에는 한국측의 학술적 비판과 거센 문제제기가 크게 작용하였음은 물론이다. 따라서 앞으로는 동북지역 고대사를 고구려사를 중심으로 체계화하기 보다는 반대로 고구려사 범주를 제한하려는 의도가 아닐까 추정된다. 사실 이들 박물관만이 아니라 요령성이나 길림성 일대에 산재하고 있는 고구려 유적의 표지판에도 그 주체가 고구려임을 밝히고 있는 사례는 환인과 집안 지역의 고구려 유적을 제외하고는 거의 찾아보기 어렵다. 다시 말해서 고구려사와 발해사를 축소하거나 아예 그 역사적 흔적을 지우려는 흐름을 읽어볼 수 있다. 따라서 동북공정기와는 다른 또다른 형태의 역사왜곡이 진행되고 있음을 계속 주목해야할 것이다.

Ⅳ. 맺음말

한때 주몽, 광개토왕, 연개소문, 대조영 등 고구려의 영웅들이 안방극장을 점령한 적이 있었다. 고구려에 대한 기억들을 끊임없이 환기시키는 이런 드라마들이 등장하게 된 계기는 다름아닌 중국의 '동북공정'이다. 그만큼 중국의 동북공정은 한국사회와 시민들에게 커다란 파문을 던졌던 것이다. 2003년 7월 동북공정의 추진 소식이 한국에 알려진 이후 한국사회와 한국의 역사학계가 보였던 '고구려사 지키기' 열풍은 유례가 없을 정도였다.

2007년 9월에 다시금 중국의 동북공정과 고구려사·발해사를 두고 한국의 언론이 시끌벅적했다. 단지 동북공정만이 아니라 '백두산공정'이니 '인삼공정'이니 하면서 한층 위기의식을 부각시켰다. 그런데 사회적 반향은 예전같지 않았다. 특히 학계의 반응은 냉담했다고 할 정도였다. 어느 언론 기자가 이 중요한 시점에 왜 학계가 두손 놓고 가만히 있는지 도대체 알 수 없다고 불평할 정도였다. 이는 몇년 전에 조금은 부끄러울 수 있는 움직임을 보였던 역사학계가 자기 성찰한 결과였다고 생각한다.

어쨌든 동북공정은 별관심없이 묻혀 있던 고구려사를 대중들 눈앞에 소환해왔고, 그 고구려를 통해 새삼스레 민족의식을 뜨겁게 환기시키고 확장시킨 바이다. 이제 우리 사회에서 고구려는 단지 삼국시대의 역사에 그치지 않는다. 한차례 전사회적 차원에서 민족적 정서와 결합한 역사이기 때문에, 앞으로도 계속 그러한 성격에서 쉽게 벗어나지 못할 것이다. 이렇게 '고구려사 지키기'로 환원된 동북공정은 우리의 민족의식을 지속적으로 환기시키는 매우 유용한 자극제였던 셈이다. 이점은 한국 역사학계가 깊이 성찰해야할 부분이라고 생각한다. 물론 동북공정이 한국 사회에 불러온 그 소란한 움직임의 배경에는 많은 정치적 견해들과 관점들, 그리고 현실의식이 교차되어 있다.[35] 그런데도 아직 이에 대한 본격적인 분석들이 나오지 않았다는 점은 의외이다. 뒤늦었지만 지금에라도 이런 역사 분쟁의 경험에 대한 진지한 성찰이 필요한 시점이다.

중국의 동북공정이 한국 사회, 좁게는 한국 역사학계에 불러온 파문은 적지 않지만, 이에 대응하는 과정에서 한국의 역사학계가 한국사에 대한 인식의 기반을 다원화할 수 있는 계기를 마련하였다는 점에서 긍정적인 성과를 거두기도 하였다. 하지만 몇가지 점에서 반성의 여지도 없지 않다. 먼저 동북공정

35) 동북공정기 및 그 이후 중국의 역사왜곡에 대한 한국학계의 대응 양상에 대해서는 임기환, 2006, 앞의 논문 및 송기호, 2012, 앞의 논문에 정리되어 있다. 본 글에서는 별도로 정리하지 않겠다.

에 대한 대응이 한국 고대사, 그중에서도 고구려사의 귀속문제로 집중되었다는 점이다. 그 자체가 동북공정에 대응하는 중요한 논점이지만, 한편으로는 '고구려사 붐'이라는 사회적 분위기에 편승하는 안이한 태도도 읽혀지고 있기 때문이다.

다음 중국학계의 주장이 갖는 학술적 취약성을 비판하는데 집중하였을 뿐, 정작 종족론과 역사계승론의 차원에서 이루어져 왔던 한국사의 구성 틀인 '민족사'를 구성하는 이론적 기반에 대한 성찰이 이루어지지 않았다. 앞으로 '민족사'를 합리적으로 구성할 수 있는 이론적 탐색을 추진하는데 역사학계가 보다 많은 힘을 기울여야 할 것이다.

마지막으로 중국의 역사인식에 대한 비판과 아울러 한국의 민족주의 역사관에 대한 비판으로서 탈민족주의론과 동아시아론 등이 등장하면서, 한국사 인식의 지평을 넓히는 계기가 마련되기도 하였지만, 이러한 새로운 역사관에 입각하여 구체적인 역사기술의 대안을 만들어내지 못하고 단지 담론의 수준의 논의에 그쳤다는 점도 매우 아쉬운 면이다. 이미 충분히 드러났듯이 '민족사'에 입각한 역사인식과 역사교육은 '지구사' 등이 논의되는 현 시점에서는 이미 그 한계가 드러나고 있다. 따라서 동아시아사 및 세계사와 연계하여 '한국사'를 체계적으로 구성할 수 있는 합리적인 대안을 마련해야 할 것이다.

사실 중국의 '동북공정'에 대한 비판의 관점에서 볼 때 우리 역시 결코 자유롭지 못하다고 생각한다. 왜냐하면 동북공정에 대응하는 과정에서 여실히 드러나듯이 한국의 역사인식의 기본 골격 역시 한민족과 국민국가를 위한 역사관으로 기능하는 면모가 두드러지고 있기 때문이었다. 더구나 중국의 동북공정이 갖는 중화민족주의나 팽창주의적 면모가 부각되면서 한국에서도 민족주의적 역사관의 강화라는 입장이 더욱 힘을 얻기도 하였다. 따라서 향후 한·중 역사분쟁은 피차 민족주의·애국주의의 과잉으로 치닫게 될 가능성이 높아지게 되었다.

중국의 '동북공정'이라는 연구 사업은 비록 2007년에 종결되었지만, 중국의 동북지역 역사 연구는 앞으로도 지속될 것이며, 현재의 중국의 상황을 고려하면 '동북공정'에서 제시된 연구 방향을 새삼 바꾸리라고 기대하기도 어렵다. 그렇다면 한·중간의 역사갈등은 단시일 내에 서로 해결되기 어려울 것이다. 앞으로도 이런 저런 계기로 쉽게 폭발할 수 있는 인화성을 갖은 채로 단지 잠복하고 있을 뿐이다. 동북공정 이후 10년의 과정을 성찰하면서, 이러한 역사분쟁으로 다시 폭발하지 않도록 지속적으로 이에 대한 경계심을 늦추지 않는 것이 앞으로 한국 역사학계가 담당해야 할 몫의 하나이다.

중국의 동북변경연구공정 이후 주요 역사·지역 연구항목

박 장 배
동북아역사재단 연구위원

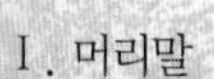

중국의 동북변경연구공정 이후 주요 역사·지역 연구항목

Ⅰ. 머리말

한국학계에서는 주로 동북변경연구사업에[1] 대한 비판과 대응의 관점에서 상당히 많은 연구성과가 나왔다. 이 과정은 실질적으로 국가나 지역을 넘는 문제를 자기중심적으로 연구하는 경우에 국제적인 반향을 일으킬 수 있다는 의미에서 연구의 국제성을 확인하는 과정이었다. 중국학계는 동북변경연구사업 이후에도 다양한 역사연구사업과 지역연구사업을 진행하였다. 이러한 작업은 중국 변강학의 견지에서[2] 파악할 필요가 있으며, 동시에 특별 연구사업이 아니라 정부의 일반연구지원 속에 진행된다는 측면에서 중국사회의 지식구조의 변화에도 유의할 필요가 있다.

이런 관점에서 접근하는 이 글은 중국의 동북변경연구사업(2002~2007) 이

1) 현재 언론계·학계에서는 '동북공정'이라는 용어를 많이 쓰기 때문에 이 글에서도 이 관행에 따른다. 그러나 '동북'은 '둥베이(동북)변강'의 줄임말이고 '공정'은 연구공정의 줄임말로서 연구사업을 말한다. 이 글에서는 '동북[둥베이] 변경[변강] 연구 사업[공정]'을 함께 사용한다.

2) 박장배, 「중국 변강학(邊疆學) 관련 동향」『동북아역사문제』, 동북아역사재단, 2011년 5월호 참조. 이하에서 인용할 경우 따로 출처를 표시하지 않는다.

후 주요 역사·지역 연구항목의 개황과 그 특징을 개관함으로써 향후 중국의 학술연구의 방향을 가늠해보고자 하는 작업이다. 동북변경연구사업은 제9차 5개년계획(2001~2005)과 제10차 5개년계획(2006~2010) 사이에 걸친 사업으로, 한국·한국사와 관계가 깊은 이 사업의 추진 이후 중국 학계에는 일정한 변화가 있었다고 생각된다. 이 실질적 내용에 대해서는 국내외에 조사된 내용이 충분하지는 않은 것으로 보인다.

한국학계의 동북변경연구사업에 대한 연구는 주로 한국사의 관점에서 비판을 가한 것들이라고 생각된다. 이중에서 『동아시아의 역사분쟁』(송기호, 솔, 2007)은 관련 사항을 포괄적으로 정리한 대표적인 성과이다.[3] 이 책은 단순히 동북변경연구사업 자체에만 초점을 맞추지 않고 역사와 영토 관련 분쟁을 넓고도 정치하게 다뤘다. 정치학계에서는 「중국동북공정에 관한 연구」(이천석, 영남대학교 대학원 정치외교학과 박사학위논문, 2008.12) 등이 있다. 그러나 동북변경연구사업 종결 이후의 상황에 대해서는 별도의 조사와 연구가 필요하다.

중국학계에서는 시기별·학과별 학술연구사업에 대한 기초적 분석은 진행되었으나, 현재 진행되고 있는 학술연구사업에 대한 조사와 분석은 초보적으로 진행된 것으로 보인다. 이의 대표적인 성과는 중국사회과학원변강연구중심 주임인 리성(厲聲)의 「8년 동안의 중국 변강연구학과의 중대 항목(近八年中国边疆研究学科的重大项目, 2010.7.1 발표)」이다.[4] 리성은 둥베이공청(东北工程), 신장항목(新疆项目), 서남항목, 시짱항목(西藏項目), 북강항목(北疆項目) 등 5개 연구사업의 개황을 소개하면서 북강항목의 개시로 전체 변경지대 연구학

3) 제1장 민족주의와 역사교육, 제2장 영토분쟁과 역사, 제3장 한국사의 관점 논쟁, 제4장 중국의 동북공정과 한국사 체계, 제5장 중국의 영토관과 민족관, 제6장 중국의 인식1—한민족, 고조선, 부여, 발해, 제7장 중국의 인식2—고구려, 제8장 분쟁의 해법 찾기, 제9장 한국사의 정체성

과(육지변경)에는 모두 국가사회과학기금 전담항목이 설정되었다고 평가했다.

이를 통해 볼 때, 중국의 주요 연구사업의 개황을 파악하기 위해서는 먼저 전국철학사회과학규획영도소조의[5] 활동에 대해 파악해볼 필요가 있을 것이다. 그리고 주요 연구사업의 개황과 내용에 대해 조사하는 것이 그 다음으로 필요한 작업일 것이다. 이를 통해 중국의 동북변경연구사업 이후 주요 역사·지역 연구항목의 특징과 방향성을 가늠해볼 수 있을 것이다.

Ⅱ. 21세기 첫 10년기의 중국 학술연구의 특징

1. 시대사조와 학술지형

아Q의 정신승리법은 현실계에서는 패배했지만 상상계에서는 승리하여 심리적 균형을 확보하려는 심리작용을 말한다. 이는 심리적 안정을 복원하려는 많은 사람들의 심리적 방어기제를 잘 보여준다. 아Q와는 달리 현실계에서 주도권을 가지고 있거나 공세적 입장에 있을 경우 개인도 그렇지만 하나의 국가

4) 필자는 현재 이 글의 요약본만을 확인했다(http://news.163.com/10/0706/17/6AU5AHGE000146BD.html 검색일 2011.5.2). '서남항목' 부분은 신장항목으로 되어 있는데 오기로 보인다. 이 글은 원래 중국장학연구중심(中國藏學硏究中心)과 타이완 문화대학이 공동으로 주최하여 베이징의 중국장학연구중심에서 열린 〈제2회 해협 양안 티베트학 연구토론회〉('10.7.6~8)에 중국사회과학원 변강사지연구중심 주임 리성(厲聲) 연구원이 발표한 글(근 8년 동안의 중국 변강연구학과의 중대 항목)이다.

5) 1991년 6월 중국 공산당 중앙은 全国哲学社会科学规划领导小组(www.npopss-cn.gov.cn) 산하에 전국철학사회과학규획판공실(规划办公室)을 설치하도록 결정했다. 그것은 전국철학사회과학규획영도소조의 사무기구다(http://baike.baidu.com/view/3441063.htm/ 검색일 2012.7.9).

적 실체는 현실계의 승리를 상상계에까지 확장하여 지속가능한 발전을 추구하고자 한다. 인간사회의 가장 역동적인 현상 중의 하나인 국가의 탄생에는 신화의 탄생이 수반된다. "완벽한 지리적 원형 감옥(파놉티콘)"인 지도 제작과[6] 함께 역사편찬은 국가적 신화 탄생의 튼튼한 기반이 된다. 지리적 가공과 역사적 가공은 공간과 시간을 장악하려는 국가의 노력을 잘 보여준다.

현실국가는 급박한 위기 국면에서는 위기 수습에 급급하지만 급박한 시기를 비껴선 위기 국면에서는 위기의식의 힘을 대규모 토목사업이나 문화학술사업으로 돌리기도 한다. 현대 중국의 경우도 그러하였다. 1989년 톈안먼 사태는 무엇보다도 동유럽 사회주의권의 붕괴와 구소련의 해체(1991.12.25)의 충격을 배경으로 하고 있다. 외부 충격은 경제발전과 함께 나타난 빈부격차, 부정부패 등 내부 문제를 연료로 하여 중국 사회를 흔들고 있었다. 게다가 티베트 등 변경 비한족 지역의 분위기도 심상치 않았다. 당시 중국지도부 내에는 시위로 표출된 대중의 불만을 해결하는 방안을 놓고 강경파와 온건파로 나뉘어 있었다. 당시 대규모 시위는 군대가 개입하는 강경 진압으로 해산되었지만, 사회분위기는 매우 무기력하고 침울했다. 이것은 사회주의 이념과 체제의 취약성을 전방위적으로 드러낸 문화대혁명의 상흔을 채 치유하기도 전에 닥친 정치적·사회적 위기였다.

당시 중국지도부가 이 위기를 돌파하기 위해 선택한 수단은 경제적으로 대외개방을 지속하면서도[7] 사상적·제도적으로 내부 단속을 강화하는 것이었다.

6) 피터 C. 퍼듀 지음, 공원국 옮김, 2012 『중국의 서진-청의 중앙유라시아 정복사』, 도서출판 길, p.576

7) 1992년 10월 제14차 당대회에서 장쩌민 주석은 '사회주의시장경제 건설'을 선언하였고, 1993년 3월 전국인민대표자대회에서 개정된 헌법에 그것을 명시했다. 중국은 또 1986년 가입 신청 이후 15년여 만인 2001년 11월 10일 카타르 도하 세계무역기구 각료회의에서 143번째 회원국으로 WTO에 가입하였다.

이 수습 과정은 사실상 기존의 체제 통합 논리인 사회주의 사상과 제도를 전면적으로 해체한다는 측면에서 대단히 거대한 변화였다. 중국 주류세력은 사회주의 사상과 제도를 유지하면서 자본주의 요소와 현대조류를 절충하는 방안을 만들어갔다. 중공중앙은 「애국주의 교육 실시 요강」을 작성해 1994년 8월 23일 반포했다. 그 내용에는 "현재의 중국에서 애국주의와 사회주의는 본질적으로 일치하며, 중국 특색을 가진 사회주의를 건설하는 것은 새로운 시기의 애국주의의 주제다"[8]라는 것이 있다. 사회주의와 같은 비중으로 언급된 애국주의 교육은 역사교학 대강 등에도 강조되었다. '중화민족 대가정 만들기'로 이어지는 이러한 '중화민족주의'의 강화는 대단히 수습하기 어려운 체제 통합 과제를 해결해나가는 중국 집권세력의 해결책이었다.

여기에서 주목되는 점은 경제와 사회 발전을 위한 국가기획인 '5개년 계획'에서 학술문화 관련 예산을 지속적으로 늘렸다는 것이다. 국가사회과학기금 2006~2010년분은 해마다 2.27억 위안, 2.3억 위안, 3.06억 위안, 3.84억 위안, 5.99억 위안을 투입하여, 5년 누계로 17.46억 위안을 투입했다. 이것은 "10.5" 기간보다 11.87억 위안이 증가했고 2배 남짓 증가한 것이다.[9] 학술문화 관련 예산은 단기적 위기타개 방안과 외래문화가 물밀 듯이 들어오는 상황에서 학술문화의 포용성과 주도성을 동시에 확보하려는 방안을 마련하는 것에 투입되

8) 후난성 교육청 홈페이지(http://gov.hnedu.cn/web/0/200506/07113610234.html) 등 참조. '중화 애국주의' 교육의 영향 탓도 있고 한국측 인사들의 부주의도 있겠지만, 사이버공간의 민족주의 정서는 선명하다. 중국의 트위터격인 웨이보에 중국 고대화폐에 한글이 있다는 주장에 대한 비난성 댓글이 4일 하루만에 2,000만건이 넘게 달렸다(주현진 특파원, 「韓中수교 20년에 바라보는 '역사 갈등'」『서울신문』 2012.7.7(26면)).

9) "11.5" 기간에 중국의 국가사회과학기금은 모두 11,684항을 지원했다. 이것은 "10.5" 기간에 지원한 5044항보다 1.32배 늘어난 것이다(黃華偉, 2012 「"十一五"期間我國高校社科研究現狀－基于國家社科基金項目的統計分析」『情報科學』 30권-4기, p.554).

었다. 이점은 특별위탁 기금 등 우선 지원 사업의 존재를 통해 확인할 수 있는 사항이다.

1990년대 이후 중국의 지식 구조는 문화보수주의가 주류 담론으로 등장했다는 지적이 있을 만큼 크게 변화했는데,[10] 현실국가가 지식 구조의 변화를 가속화해가고 있다는 점을 짐작할 수 있다. 국가사회과학기금항목은 중국 최고급의 철학사회과학류 연구항목으로 중국 철학사회과학연구의 전부라고 할 수는 없지만 그 방향과 수준을 대표한다. "11.5" 기간(2006~2010) 국가사회과학기금 각성구 입항(立項) 상황 (앞의 10위까지)을 보면, 6개 지역이 경제가 발달한 동남지역이다.[11] 그리고 "11.5" 기간에 국가사회과학기금항목은 연도 항목을 주체로 하고 중대항목을 용두로 하며 서부항목, 후기 자조(資助)항목 등을 보충으로 하는 6대 항목 자조체계다. 그것은 응용경제, 법학, 중국문학, 언어학, 철학, 경제이론, 교육학, 사회학, 민족문제, 중국역사, 정치학, 체육학, 도

10) "1990년대 이후는 문화보수주의가 주류 담론으로 부상하는 지식 구조가 등장하였다." "문화보수주의가 확산된 것도 중국의 대국화와 연동된 지식 구조의 변동이 근저에 흐르고 있었기 때문이었다."(전인갑, 2008 「현대 중국의 지식구조 변동과 '역사공정'」『역사비평』 통권 82호(봄), p.272)

11) 黃華偉·楊端光, 2011 「"十一五"湖南省社科硏究現狀−P−@−P基于國家社科基金項目的實證分析」『雲夢學刊』 32卷−2期, p.85

"11.5" 기간(2006~2010) 국가사회과학기금 각성구 입항(立項) 상황 (앞의 10위까지)

순위	소재 성시	총수	점유율
1	베이징	1471	17.53%
2	상하이	732	8.72%
3	후베이	618	7.36%
4	장수	547	6.52%
5	후난	453	5.40%
6	광둥	409	4.87%
7	저장	375	4.47%
8	산둥	339	4.04%
9	쓰촨	288	3.43%
10	허난	266	3.17%

정(圖情)문헌, 과학사회주의(馬列科社), 예술학, 중대초표(重大招標), 신문학, 외국문학, 관리학, 국제문제, 종교학, 당사당건(黨史黨建), 세계역사, 통계학, 인구학, 고고학 등 26개 영역을 포함한다.[12)]

중국 정부의 연구경비 지원액은 대폭 상승되는 추세에 있으며, 중국학계는 여러 학문분야에서 세계를 선도하는 학술역량을 구축하기 위한 원대한 계획을 구상하고 있는 것으로 보인다. CCTV의 〈백가강단〉 등이 대중적인 인기를 끌고 있는 등 사회적 분위기도 매우 호전된 것으로 보인다. 관방의 연구 경비 지원에 따라 학계에 대한 영향력이 높아진 대표적인 학술영역에는 중국 변강학이 있다. 중국 변강학계는 학술연구를 담당하는 일련의 연구기관과 함께 학과를 설치하여 학문후속세대를 양성하는 체계를 구축하였다.

2. 중국 변강학의 부상

중국 변강학(Borderland Studies)은[13)] '동북변경연구사업'과 그 후속사업의 학술적 기반이자 동반자다. 그것은 마다정(馬大正) 등 중국 변경지역 연구자들이 적극 제기한 신흥학과다. 그 내용은 변강 이론과 변강 역사, 변강 현실 문제 연구를 망라하는 종합적인 학과다. 변강학은 학과분류상 역사학이라는

12) 黃華偉, 2012 「"十一五"期間我國高校社科研究現狀-基于國家社科基金項目的統計分析」『情報科學』 30권-4기, p.553

13) 중국어 단어 '변강'은 '국경선에 근접한 영토'라는 의미지만, 보다 구체적으로 '영토변강'은 국제법상으로 공인된 주권국가가 대내적으로 최고 관할권을 행사하는 지역적 범위다. 중국학계에서 '변강', '변경', '변계(邊界)'라는 세 용어를 사용할 때는 그 지칭하는 폭이 변계선에 이를 때까지 점차 축소되고 있으며, 때로는 '변경'이라는 말이 바로 '변계'를 의미한다. 또한 중국의 55개 '소수민족'들이 대부분 변경지대에 거주하며 자신들의 민족 종교를 통해 정체성을 유지하는 경우가 많다. 중국의 변강 문제는 단순히 영토변강의 문제가 아니라 민족문제와 종교문제 등과 겹친다. 변강학은 이러한 문제에 대응하는 학술적 도구이자 정책수단의 하나다.

일급학과에 속하며 그 역사학 아래 신설된 이급학과에 속한다. 이 변강학 구축 운동은 1급학과인 역사학 아래에 2급학과를 건성하는 것이 당면 목표이고, 1급학과로의 승급이 장기목표다.

2000년대 이전에도 쓰이던 용어인 '변강학'은 2000년대에 들어와 부쩍 강조된다. 변강 개념이 확장되고, 대학과 사회과학원에 변강역사학과가 설치되었다. 중국사회과학원 변강사지연구중심에는 2003년에 중국변강학 과정이 설치되고, 2008년 실제로 대학원생이 모집되었다. 이러한 움직임을 '변강학 구축 운동'으로 지칭할 수 있고, 그 특징의 하나는 교육기능을 장착하고 있다는 점이다. 이 운동은 중국 정부가 추진하는 각종 대형 학술연구사업과 연동하고 있다. 2003년에서 2008년 사이는 '동북공정(東北工程)'과 '신장항목(新疆項目)'이 추진된 시기다.

변강학이 부상한 배경은 중국의 지정학적 위치와 국제관계에서 나온다. 중국은 현재 14국가와 국경을 맞대고 있고, 한국 이외에 6개 국가와 해양경계를 나누고 있다. 육상 국경의 경우 동[동북]쪽은 ①북한과, 북쪽으로는 ②러시아, ③몽골, ④카자흐스탄, ⑤키르기스스탄, ⑥타지크스탄, 남서쪽으로는 ⑦아프가니스탄, ⑧파키스탄, ⑨인도, ⑩네팔, ⑪부탄, 남쪽으로는 ⑫미얀마, ⑬라오스, ⑭베트남이다. 6개국은 북한, 일본, 필리핀, 브루나이, 말레이시아, 싱가포르 등이다. 중국에서 영토와 국경에 대한 관심과 연구는 국가적으로 중요한 문제다. 그러나 이러한 일반적인 배경 이외에 1980년대 말과 1990년대 베를린 장벽과 동유럽 사회주의권 붕괴, 그리고 구소련 해체의 충격을 수습하는 과정에서 중국 내에서 중화 애국주의 사조의 급부상 현상이 보다 현실적인 영향력을 발휘하고 있었다.

변강학의 대두는 중국학계 내적인 발전과도 연결되어 있다. 근대 이래 중국사에서는 3차례의 '변강 연구 붐'이 일어났다.[14] 19세기 후엽과 1930~40년대,

1980년대 이래 현재까지의 3차례의 연구 붐 가운데 현재의 것은 전문연구기관을 설립함으로써 국가적으로 강한 추진력을 가졌다. 1983년 중국사회과학원 산하에 중국변강사지(史地)연구중심을 설립함으로써 중국의 변강 연구는 체계적인 연구기능을 구비하게 되었다. 제3차 변강 연구 붐의 발전 과정에서 1988년부터 현재까지 세 차례의 전국적인 규모의 중국변강사지학술토론회가 개최되었다. 회의 일정은 1988년 10월 22일에서 26일까지, 1999년 9월 12일부터 16일까지, 2006년 8월 6일부터 9일까지다.

이 시기에 중국 학계에는 매우 의미 심장한 두 종의 책이 출간되었다. 루이란(呂一燃)이 책임편집인 『중국근대변계사(中國近代邊界史)』(四川人民出版社, 2007)와 린룽구이(林榮貴)가 책임편집인 『중국고대강역사(中國古代疆域史)』(黑龍江敎育出版社, 2007)가 그것이다. 이 책은 중국의 고대 강역과 근대 변계를 종합적으로 고찰한 이정표가 되는 책이다. 2010년 1월 15일 중국변강사지연구중심에서 개최된 '중국 변강 연구의 회고와 전망 좌담회'에서도 이 두 책은 비중있게 거론되었다.

현재의 변강 연구 붐에서 주목할 점은 우선 변강 개념의 확장 현상이다. 이에 따라 현재의 세계화시대는 '다변강 시대'라는 시대규정도 등장했다.[15] 기존의 영토변강에 더해 이익변강과 전략변강 개념이 부각되었다. 또한 영토가 전통적인 유형의 지리적 강역에서 무형의 '정보강역'으로 확장되었다. '이익변강'과 우선적으로 관련되는 분야는 경제변강과 정치변강이다. 국가의 안보변강은 영토변강보다 크게 마련이다. 다변강의 시대에는 정보변강의 안보를 지키는

14) 馬大正, 劉逖 지음; 조세현 옮김, 2007 『중국의 국경·영토 인식 : 20세기 중국의 변강사 연구』, 동북아역사재단, 서론

15) 于沛, 2005 「從地理邊疆到"利益邊疆"—冷戰結束以來西方邊疆理論的演變」『中国边疆史地研究』 15-2, p.32

일이 국가안보의 핵심이 된다고 지적되기도 했다.

여기서 또 주목할 일은 국가사회과학기금 과제 가운데 변강문제와 관련된 과제가 차지하는 비중이 매년 증가하는 추세를 보이고 있다는 점이다. 대학계통의 변강연구 영역의 학술 활동도 매우 활발하다. 이런 상황에서 변강학 연구의 성과가 교육영역에 반영되는 부분이 늘어나고 있다. 변강학은 교육 무대에 진출함으로써 영향력을 상대적으로 확대해 가고 있다. 여기에는 상하이의 푸단대학처럼 대학에 연구 전통이 있는 경우도 있고, 지정학적 위치상 변경 연구가 활발하게 진행되는 대학도 있다. 현재 중국에는 국가의 정책적 지원에 따라 대학과 사회과학원에 변강역사학과 등이 설치되어 유지되고 있다. 현재 윈난(雲南)대학, 윈난사범대학, 난징대학, 중국 사회과학원 변강사지연구중심[16] 등에 변강학과 대학원 과정이[17] 운영된다.

이렇게 변강학이 부상하는 상황에서 민족학의 지위와 역할은 일정한 변경을 요구받고 있다. 그 동안 중화인민공화국 수립 이래 변경과 소수민족 문제에 대응하는 분야에서 민족학은 중심적인 지위를 차지했다고 볼 수 있다. 1978년 12월 개혁개방 노선을 채택한 이후 민족학보다 변강학이 점차 기세를 떨치고 있다. 그러나 각각 고유 영역이 있으므로 변강학이 민족학을 대체할 것으로 보이지는 않는다.

중국 변강학 학계는 과거든 현재든 중국의 영역에 속했다면 변강연구의 연구 대상으로 인식한다. 대표적인 변강 이론가인 마다정(馬大正)은 현대 중국

16) 〈중국사회과학원 변강사지(邊疆史地)연구중심〉의 변강역사과[邊疆歷史系]는 2003년에 설치되었고, 2008년부터 현재까지 석사과정에 6명, 박사과정에 1명의 대학원생이 학습하고 있다. 중국변강역사과에는 현재 박사지도교수 4명, 석사지도교수 9명이 있으며, 현재의 학과 주임은 李國强 교수다. 박사지도교수는 厲聲·邢廣程·于逢春·李芳, 석사지도교수는 厲聲·邢廣程·于逢春·李芳·李國强·畢奧南·李大龍·許建英·孫宏年이다. 이들은 위의 연구중심의 연구원·부연구연·편집위원들이다(http://bjzx.cass.cn/news/129982.htm 검색일 2011.4.19).

의 강역범위를 가지고 역사상의 변강지구를 확정해야 한다고 하면서, 당대에 변강지구에 속하면 고대에도 중국강역의 일부에 속하고 어떤 부분이 원래 중국영토의 변강지구에 속했다면 당연히 변강연구의 연구범위 안에 포함된다고 규정한다. 변강학의 가장 큰 논리적인 맹점은 중심과 주변지역(변강)의 '일체성'을 전제로 한 중원 중심의 접근법이라는 점이다. 변강·주변의 독자성과 다원성은 중앙의 주도성이 수사적 표현으로 존재할 가능성이 상존한다. 이와 같이 변강학은 인접국과의 역사인식과 경계 인식에서 충돌할 여지는 안고 있으나, 일차적으로 내부관리용이자 방어논리로 판단된다.

그러나 변강학 동향은 충분히 주의를 기울여야 할 것이다. '변강'은 뿌리 깊은 개념으로 지속적으로 파생개념을 만들어내며 정책 무대와 학술 무대에서 영향력을 발휘한다. '변강'·'변강학' 개념과 관련 연구, '중화민족'·'소수민족' 개

17) 〈변강사지중심의 변강역사과의 과정 설치(課程設置)〉

번호	과정명칭	개설학기	과정 종류	수강대상	수업시수	학점	강의담당교수
1	중국邊疆역사학통론	1학기	전공기초과	석·박사	80	4	厲聲 등
2	중국역대변강사연구	1학기	전공기초과	석·박사	80	4	厲聲 등
3	근대중국邊界문제	2학기	전공기초과	석사생	80	4	厲聲 등
4	當代중국변계문제	2학기	전공기초과	석·박사	80	4	厲聲 등
5	중국변강민족관계사	2학기	전공과	석사생	80	4	李方·李大龍
6	중국역대邊事와 邊政연구	2학기	전공과	박사생	80	4	厲聲 등
7	중국역대변강정책과 정치제도	2학기	전공과	석·박사	60	3	厲聲 등
8	중국海疆史개론	2학기	전공과	석·박사	80	4	李國强
9	漢唐변강민족사	2학기	전공과	석사생	60	3	李大龍
10	元明淸변강政區연구	2학기	전공과	석사생	60	3	畢奧南
11	西域史	2학기	전공과	석사생	60	3	李方
12	漢唐변강軍政제도	2학기	전공과	석사생	60	3	李大龍
13	근대西藏史	2학기	전공과	석사생	80	4	孫宏年
14	漢唐변강官府문서제도	3학기	전공과	석사생	60	3	李方
15	영국과 중국변강	3학기	전공과	석·박사	60	3	許建英
16	南沙群島 史地문제의 종합연구	3학기	전공과	석사생	60	3	李國强
17	元明淸변강史料學	3학기	전공과	석·박사	80	4	畢奧南
18	근대중앙정부와 西藏지방관계	3학기	전공과	석사생	60	3	孫宏年

념과 관련 연구는 '다원일체' 개념의 엄호를 받고 있다. 1954년 헌법에 규정된 이래 '통일적 다민족 국가'론은 법적·정치적 개념에서 역사적 개념으로 확장되었다. 또한 페이샤오통(費孝通)의 제안으로 1988년 이래 '중화민족 다원일체' 론(나아가 중화문명 다원일체론)과 결합되었다. 변강학은 국경문제, 영토문제 측면과 지정학적 측면을 아울러 가지고 있다. 그것은 학문의 외피를 입으려는 관방지식사업이라고 볼 수도 있다.

변강학의 부상에는 학계 내적 요인 뿐만 아니라 학문외적인 요인이 크게 작용했다. '동북공정'과 '신장항목'은 변강학의 부상에서 두 날개 역할을 했다. 또한 위의 국책연구사업은 변강학의 다양한 세부 주제를 연구하는 실험실 역할을 하였다는 점이다. 이들 국책사업은 중국정부의 5개년 계획 상에서 수행되는 것이다. 10차 5개년 계획(2001~2005) 기간에는 동북공정이 추진되었고, 대체로 11차 5개년 계획 기간 동안에는 신장 항목과 서남변강항목이 추진되었으며, 현재 12차 5개년 계획 기간에는 '북부 변강 항목'이 추진되고 있다. 중국의 민족사 연구에서 남방 소수민족 연구는 '북강남약(北强南弱)'이라는 용어가 있을 정도로 북방에 비해 뒤쳐졌다. 12·5 규획 기간(2011~2015) 동안 국가사회과학 지원금 항목 2만 개 중에서 서부 항목은 2,500항이 될 정도로 상당한 연구비가 투입될 예정이다.

앞으로도 중국 변강학계는 정규 국가 연구사업 지원과 대규모 국책 연구사업을 통해 변강학의 존재감을 유지할 것으로 판단된다. '변강학'이 홍학(홍루몽학)이나 돈황학처럼 국제적인 시민권을 얻을 수 있는지는 미지수이다. 그러나 현실적 필요에서 일정한 영향력을 유지할 것으로 보인다. 현재는 특히 교육기능을 구비함으로써 연구진의 자체 재생산 구조까지 확립했다. 변강학은 현실적으로 소외되어 왔던 변경지대와 중국 주변 지역에 대한 연구를 활성화하는 측면도 있다. 이 경우에도 연구의 우선순위는 중국의 일체성을 부각시켜야 할 현실적 필요가 있는 지역과 주제에 있다. 변강학은 현재는 대체로 방어적이지만 향후 공세적으로 나가 서구의 지정학과 국제관계학 등과 결합하여 중국형 지정학이 될 가능성도 있다.

Ⅲ. 주요 대구역 연구항목

1. 주요 역사·고고학 건설공사

중국정부가 막대한 예산을 투입하여 진행하는 학술연구 사업은 일반적으로 '연구공정'으로 통칭된다. 그러나 주로 건설공사를 의미하는 '공정'은 기술공학적 의미에서 자유로울 수 없는데, 이것은 국가 이념의 재구성까지 초래하는 '연구공정'의 실질적 의미를 왜곡할 수 있다. 이런 점과 관계가 있겠지만 최근에는 중국학술계에 '공정'보다는 '항목'이라는 용어가 자주 등장한다. 그래도 여전히 '공정'이라는 용어가 쓰이는 대목은 역사고고문화 영역의 공사들이다.

'하상주단대공정(夏商周斷代工程, 1996~2000)', '중화문명탐원공정(中國古代文明探源工程,[18] 예비연구 2001~2003, 본연구 2004~2015)', '국가청사찬수공정(國家淸史纂修工程)', '장성보호공정(长城保护工程, 2005~2014)', '전국문화정보자원공향공정(全国文化信息资源共享工程(문화공향공정, 10.5규획-))' 등 굵직굵직한 역사고고문화 공사들이 경제와 사회 발전을 위한 국가 5개년 계획에 편성되어 추진되었거나 추진 중에 있다.

이들 '공정'들은 말 그대로 샤샤댐 건설공정 등 토목건축 사업에서 차용한

18) 박양진, 2008 「중국 역사공정의 비판적 검토」 『역사비평』 통권82호 참조

개념을 연구사업에 적용한 것이다. 1999년부터 추진된 '서부대개발전략'은 명칭에서 내용까지 '공정'이 단순히 건설사업인 것이 아니라 모종의 국가전략적 의미를 갖는다는 것을 보여주었다. 그런 의미에서 '동북공정'과 '동북진흥전략'은 하나의 시야에 놓고 봐야 한다는 견해도 일면 타당할 것이다. '동북공정' 이후에 '공정' 개념에 대한 논란 때문인지 대구역 연구사업들은 대개 '연구항목'이라는 용어로 지칭되었다.

이들 역사문화공사들에 대한 국내외의 연구들은 사업별로 차이가 있다. '단대공정'이나 '탐원공정', '청사공정' 등에 대해서는 기본적인 학술적 검토가 이루어졌고, '장성보호공정'에 대해서는 중국측의 조사결과 발표와 국제 학계의 검토가 이루어지고 있는 것으로 보인다. 이들 사업은 대개 학술적 외양을 띠고 있기 때문에 검토가 비교적 용이하고 자료도 비교적 소상히 나와 있다. 물론 층위를 달리하는 구체적인 사업지침들은 외부에 공개된 바가 없기 때문에 그 세부내용을 파악하기는 어렵다. 최근 한국사회에까지 관심을 불러일으킨 장성보호사업의 경우는 성과를 홍보하는 과정에서 국제적인 관심거리가 된 것이라고 할 수 있다. 문화공향사업(http://www.ndcnc.gov.cn/)의 경우에는 중국 내부의 도서관 문화관 등의 시설을 개선하는 등 일종의 역사문화 복지사업의 일종이기 때문에 중국 국내적 사안으로만 이해되고 있다고 생각된다. 중국 문화부의 사업 가운데 국제적인 관심사가 되는 것은 문화공향사업보다는 유네스코 세계문화 유산 등재 문제 등과 같은 것이다.

이들 역사문화공사들의 특징은 우선 단대공사나 탐원공사 등이 다소 지역적으로 집중되어 있으나, 대부분 '전국'을 대상으로 하는 공사라는 것이다. 지속가능한 제국을 건설하고자 했던 청 제국의 역사를 정리하는 청사 관련 공사도 자료가 집중적으로 존재하는 곳이 베이징, 난징, 선양 등 몇 군데로 한정되어 있지만 실질적으로 전국을 대상으로 하는 것이다. 14개 성·자치구가 관련된 장성 조사보호 사업의 경우에는 칭하이성과 같이 장성과 관계를 갖기 쉽지 않은 지역까지 포함되었다. 그것은 이런 사업들이 순수 학술사업이라기보다는 지역개발사업의 측면이 있기 때문에 벌어진 일이라고 할 수 있을 것이다. 중국 학계의 인식에 의하면, 장성은 통상 중국 역사상 모두 20여 개의 제후국과 봉건 왕조들이 2,500여 년 동안 수축한 것이다.[19] 시간대도 길거니와 공간대도 넓다. 이러한 역사문화공사들은 일견 동시다발적으로 추진되는 것 같지만, 영역을 넘어 조망해 보면 대규모 연구항목들은 레가토 주법처럼[20] 하나가 종결 되면 다시 다른 것이 시작되는 식의 자가 발전을 계속하고 있다.

앞의 역사문화사업들이 가진 특징은 대개 전국적 단위의 사업이라는 점과 함께 경제와 사회 발전을 위한 국가 5개년 계획에 포함되어 추진된다는 점이다. 이들 사업들이 정규 국가사업에 포함되어 진행되는 관계로 통상적인 국가사업과 문제성 있는 사업을 구분하여 파악하기가 어렵다. 이들 대규모 역사문화 사업들이 미치는 영향과 그 의미는 일국 차원에 머물지 않는다. 지속가능한 제국을 건설하고자 했던 청 제국의 역사 정리 사업도 중국만의 것이 아니라 세계역사유산이라는 관점에서 봐야 할 것이다. 여기에서도 "우리는 헤게모니적 기획과 실제를 혼동해서는 안 된다"[21]는 지적은 타당하다. 또한 중국학계가 모든 것을 할 수 있을 것이라고 기대하고 모든 조사와 연구를 맡겨두는 것도 타당하지 않다. 이런 역사문화사업들에 대한 조사와 분석은 어떤 내부적 필요에 의해서 추진되고 있는가 하는 점을 파악하고 그 실제적·잠재적 효과에 대해서 보다 장

---

19) http://news.timedg.com/2012-07/11/content_11073369.htm "内蒙古致力加强历代长城保护 民众意识渐提高" 검색일 2012.7.12

20) 작가 권여선은 "앞선 음이 아직 끝나지 않았는데 다음 음은 이미 시작되는, 그렇게 음과 음 사이를 이어서 연주하는 '레가토' 주법은 시간에 대한 인식에서도 유효하다"는 지적에 덧붙여 '레가토 독법'을 언급한 적이 있다(권여선, 2012 『레가토』, 파주시 : 창비, p.429).

21) 피터 C. 퍼듀 지음, 공원국 옮김, 2012, 같은 책, p.530

기적이고 체계적으로 분석하는 작업이 필요하다. 또한 공동연구와 학술교류의 접촉면을 넓혀 상호 인식을 개선하고 이해를 증진하는 기제가 필요하다.

2. 주요 대구역 연구항목의 개황과 특징

중국의 대규모 연구항목들은 국가 차원의 5개년 계획으로 편성되며 '동북공정' 이후에는 주로 '항목'이라 불리는데, 전국 규모의 역사문화사업과는 구분될 필요가 있다. '동북공정', 즉 동북변경연구사업은 주로 역사연구사업으로 이해되고 있으나, 사업추진 기관이나 사업 내용으로 봐서 중국의 대구역 연구사업으로 분류하는 것이 타당할 것이다. 중국의 주요 역사고고학 연구사업들이 중원 지역이나 그 외곽지역을 중심으로 하는 것이라면, 대구역 연구사업들은 변경지대를 중심으로 한다는 점에서 자칫 소외될 수 있는 변경의 역사와 문화를 부각시키는 균형잡기 효과도 있다고 생각된다.

앞서 지적했듯이, 중국사회과학원 변강사지연구중심의 주임 리성은 '동북공정', 신장항목, 서남항목, 시짱항목, 북강항목 등을 거론하며 중국 전체 육지변경지대에 대해 모두 국가사회과학기금 전담항목이 설정되었다고 평가했다. 여기에는 2008년에 이미 연구항목 또는 연구과제군으로 설정되었으나 2010년까지는 추진하지 못했다는 '해강(海疆)항목'과 공식적으로 항목으로 지정되지는 않았지만 실제로는 대규모 연구가 진행되는 것으로 보이는 '타이완항목'도[22] 지적될 수 있을 것이다. 이들 사업들은 '동북공정', '서북공정', '서남

22) 張海鵬, 陶文釗 主編, 『臺灣簡史』, 南京 : 鳳凰出版社, 2010. 전체 서문에는 "타이완과 대륙의 통일문제는 중국 최대의 국가안전문제이며 국가의 핵심이익과 관련된다"고 명시하고 있다. 학술연구기능 수행 여부에 대해서는 충분히 확인하기 힘들지만, 중국사회과학원 대만사연구중심은 2002년 9월에 설립되었다.

공정' 식으로 처음부터 일사분란하게 추진된 것이 아니었다. 현재는 처음부터 그런 식의 구도가 완성되어 언론의 예언적 분석을 충족시켰다. 그렇지만 여전히 그런 대구역 연구사업들은 체계적으로만 진행되는 것이 아니라 일단 경비부터 책정해 놓고 위탁과 신청 방식으로, 개방적으로 진행되고 있다.

물론 '중국변강경략사'(2000년 출판), '중국해강통사', '동북통사'(2003년), '북강통사'(2003), '서역통사'(2003), '서장통사'(2003년), '서남통사'(2003년)로 구성된 《중국변강통사총서》의 존재는 중국 변강학계의 연구청사진을 보여준다는 의미에서 주목할 만하다. '중국변강통사총서'는 1996~1997년에 출판된 《국시논형》총서와[23] 여러 가지로 비교가 된다. 《국시논형》총서 중에서 니젠민(倪健民)·쑹이창(宋宜昌)이 책임편집한 『국가지리 : 지리판도에서 문화판도까지의 역사적 고찰』(중국국제광파출판사, 1997)를 보면, 변강연구체계가 체계적으로 제시되지는 않았다. 그러나 마다정(馬大正)이 주도한 《중국변강통사총서》는 중국변강연구체계를 일목요연하게 드러내고 있다. 거기에서 주목할 점은 나중에 '신장항목'으로 표현된 것이 '서역'이라는 전통적인 개념이라는 점이다. 곧 중국의

23) 여기에는 『국가안전 : 중국의 안전공간과 21세기의 국략(國略) 선택』, 『해양중국 : 문명중심 동이(東移)와 국가이익공간』, 『국가지리 : 지리판도에서 문화판도까지의 역사적 고찰』, 『풍폭 제국 : 세계사상 최대 판도의 몽골왕조를 해독한다』, 『수도중국 : 천도와 중국 역사 대동맥의 유향(流向)』, 『인문대국 : 세계역사에 영향을 준 대국과 인문정신』, 『인문소국 : 소국의 지정학 지점과 인문정신』, 『인문중국 : 중국의 남북 정모(情貌)와 인문정신』, 『대국제후 : 중국중앙과 지방 관계의 맺음』, 『남북춘추 : 분열될 수 있는가 없는가』, 『동서논형 : 저울 위의 중국』, 『대양계절풍 : 두 세계대국의 도박 규칙』, 『세기의 도박 : 근대 중국 중앙과 지방의 변화』, 『초하한계(楚河漢界) : 중국정부와 기업 관계 연구』, 『국가 용마루(屋脊) : 중국 국유경제 백년 성쇠의 궤적』, 『반벽(半壁) 강산 : 중국 비국유 경제 300년 성패 분석』, 『타이완 화복 : 대륙과 대양의 역사적 변화를 빗질하다』, 『영국령 홍콩을 이별하다 : 두 세기 교체기의 홍콩의 운명』, 『백년의 은혜와 원수 : 두 동아시아 대국 현대화 비교의 병자(丙子) 보고』, 『존망의 시간 : 중국이 시장경제로 가는 맥락』, 『혁명을 제조하다 : 정보 사회의 용량 고찰과 인류의 원거리 선택』 등이 있다.

변강연구체계는 1990년대말에 획기적으로 재구성되었다고 판단할 수 있을 것이다. 그 중심에는 마다정 등 동북공정을 주도한 연구자들이 있었다.

이런 구도 하에서 추진된 개별 대구역 연구사업으로 먼저 거론할 항목은 '동북공정'이다. 잘 알려진 것처럼, 동북변경연구사업은 사회과학원 산하 중국변강사지연구중심이 헤이룽장, 지린, 랴오닝성의 사회과학원, 대학 등과 함께 동북변강지역의 역사와 현실 문제를 체계적으로 연구하기 위해서 추진한 연구프로젝트군이다. 이 사업은 앞의 송기호 교수의 개괄 등 이미 국내외에서 방대한 분석 작업이 이루어졌다. 연구의 공백지대는 일반적으로 대규모 사업마다 설정되는 연구 관련 규정집과 지침서 등의 실태와 내용에 대한 충분한 분석은 아직 나오지 않았다는 것이다. 유물과 유적에 대한 국제적인 공동연구가 진행되지 않았다는 것은 차치하고, 국제적인 논란이 발생한 이후에 비공개성은 더욱 강화되었다. 그렇기 때문에 사실 이런 비공개성이 연구사업에 대한 다양한 추측과 예단을 낳은 측면도 크다고 하겠다.

리성의 「8년 동안의 중국 변강연구학과의 중대 항목」에 따라 동북변경연구사업을 간략히 표로 정리해 보면 다음과 같다. 1년에 5,000만 위안 정도였던

약칭	연구사업 명칭	사업기간	사업경비	사업분류	하위분류항목
동북공정	동북변강 역사와 현황 계열 연구공정(東北邊疆歷史與現狀系列研究工程)	2002~2007	매년 300만 위안	5대분류항목 ① 기초연구류 ② 당안문헌류 ③ 번역류 ④ 정보데이터베이스 구축 ⑤ 보급서적 집필	110항 하위항목 ① 73항 ② 『훈춘부도통아문당(琿春副都統衙門檔)』(2006, 238권), 『청대동북변강당앙선집(淸代東北邊疆檔案選輯)』(2007, 151권) 등 총489권 ③ 노문·한국문과 일문 자료 번역서 20여 부 (상당수는 내부자료) ④ 동북삼성의 역사연구정보 데이터베이스 구축 ⑤ 보급판 서적의 출간

2002년 당시 중국의 철학사회과학기금 규모를 생각해 보면, 이 사업에 5년 동안 투입된 1,500만 위안(한화 약 19억원)은 적은 규모가 아니었다. 이와 같은 대형 연구사업이 지역단위로 설정될 수 있었던 사실 자체가 매우 흥미로운 일이다. 이 연구사업의 체계와 핵심내용은 이후 중요한 의미를 갖는다.

이런 사업체계는 이후에 변강사지연구중심이 추진하는 여타 대형 연구사업에도 그대로 적용될 정도로 이정표적인 역할을 한 것으로 보인다. 다음의 신장항목을 보면 이점을 볼 수 있다. 신장항목은 앞의 연구사업에 "당대(當代) 중국변강 전형백촌(典型百村) 조사" 정도를 추가했다고 할 수 있을 정도로 사업구조가 닮았다.

약칭	연구사업 명칭	사업기간	사업경비	사업분류	하위분류항목
신장항목	신장 역사와 현황 계열연구(新疆歷史與現狀系列研究)	2004~2009	매년 600만 위안	6대항목분류 ① 기초연구류 ② 당안문헌류 ③ 번역류 ④ 정보데이터베이스 구축. ⑤ 일부 보급용 서적 집필 ⑥ 당대(當代)중국변강전형백촌(典型百村)조사	약 80항의 하위항목 ① 60여 하위항목 ②『만문변강당안(滿文邊疆當案)』(약6만여 건) (2010년 출간예정), 『청대당안선집(淸代檔安選輯)』(약6만여 건) (2011년 출간예정) ③ 영문·노문 자료의 번역(내부자료로 출간) ④ 신강의 역사연구 디지털정보에 대한 결집 ⑥ 첫번째 뭉치로 20종 출판(2010.07)

그리고 중국 교육부는 신장항목의 종결 이후 신장 지역의 학계를 중심으로 대대적으로 신장 연구사업군을 추진하였다.[24] 이 사업은 2010년에 교육부인문사회과학연구사업으로 추진하는 것이다. 신장항목이 사회과학원 중국변강사지연구중심을 중추로 한 연구에서 지역거점 대학과 연구소의 연구로 확산된 셈이다.

24) 이에 대해서는 다음의 글을 일부 참고할 수 있다. 박선영, 2012 「신강의 중요성과 '신강항목'」『동북아역사문제』(2012년)10월호

리성의「8년 동안의 중국 변강연구학과의 중대 항목」이라는 발표문에는 '동북공정'과 '신장항목' 이외의 다른 연구과제군에 대해서는 보다 자세한 내용을 밝히지 않았다. 서남변강항목(西南邊疆歷史與現狀系列硏究, 2008~2012)은 매년 400만 위안의 연구비를 지출하며 2008~2009에는 110여 항을 추진하였다. 티시짱항목(西藏項目, 2010~2014)은 매년 400만 위안을 받았고, 북강항목(北部邊疆歷史與現狀系列硏究, 2010~2014)은 아직 연구경비의 총액을 확인하지 못했다.[25]

서남항목의 경우도 외부에 그 내용이 공개된 내용이 많지 않다. 그 과제는 주로 서남변강 3성구(省區)를 대상으로 한다.[26] 과제 지원비는 6~8만元이다. 여기서 말하는 서남변강 3성구는 윈난, 구이저우, 시짱을 말한다. 서남에는 넓은 의미와 좁은 의미의 구별이 있다. 좁은 의미의 서남은 쓰촨성, 총칭시, 윈난성, 구이저우성에 상당하고, 넓은 의미는 시짱자치구와 광시좡족자치구를 포함한다. 선정된 과제는 매우 다양한 범위에 걸쳐 있는 것으로 보인다.[27]

시짱항목(西藏历史与现状综合研究项目)의 구체적인 체계와 내용에 대해서는 외부에 공개된 것이 많지 않다. 東南大學의 알림판에 의하면, 신청서 양식은 일반 국가사회과학기금항목과 다소 다른 점이 있다. 항목당 경비 지원액

25) 북강항목에 대해서는 다음 글을 일부 참고할 수 있다. 이천석, 2010「정체성의 정치 : 중국 북방공정과 몽골사에 대한 재해석을 중심으로」『대한정치학회보』 17-3

26) http://tech.uoh.edu.cn/ReadNews.asp?NewsID=1280 검색일 2012.7.9 성과 감정비는 300~800元

27) 国际关系研究院院长 刘稚 研究员, 东南亚所所长 李晨阳 研究员, GMS研究中心副主任 毕世鸿 副教授는 中国社会科学院科研局 "西南边疆工程" 办公室로부터 "西南边疆跨境民族与中国地缘安全研究"(7만元), "缅甸问题现状、发展趋势及其对西南边疆的影响和对策研究"(6만元), "日本的GMS政策及其对GMS五国对华政策的影响研究"(5만元) 등이 "西南边疆工程" 2008年度 연구과제로 선정되었다고 통보를 받았다(http://www.news.ynu.edu.cn/jxky/2008-11-14/0-8-4413.html 검색일 2012.7.9).

은 10만 위안을 한도로 하고 연구 주기는 5년을 넘지 않는다. 연구방향은 한장문화교류역사(汉藏文化交流历史), 장전불교연구(藏传佛教研究), 한장문헌정리와 번역(汉藏文献整理与翻译), 서장발전 현황연구(西藏发展现状研究, 예컨대 특색 산업, 관광개발, 문화전승, 유산보호, 민족관계, 경제민생, 사회조화, 공공복무능력) 등의 다방면이다.[28]

구체적인 과제의 사례를 몇 개 들자면 다음과 같다. 시짱자치구 사회과학원에서는 2011년 9월 16일에 "2008년 국가사회과과기금 중대특별위탁항목 세부과제"인 "시짱의 현대 경제사회발전 중의 제도 공급 연구"가 순조롭게 종결되었다고 밝혔다.[29] 이 연구사업이 '시짱항목'에 해당되는지는 확실치 않다. 내몽골대학에서는 2010년 10월 "몽골학학원(蒙古学学院) 에르덴바얀(额尔敦白音) 교수가 주관하여 신청한 《몽장시학 관계 연구(蒙藏诗学关系研究)—뀐가걔첸(贡嘎坚赞)〈지자입문(智者入门)〉과 아왕뗀다르(阿旺丹达)〈가언일광(嘉言日光)〉의 비교연구》 항목(8만 위안)이 선정되었다고 밝히고 있다.[30] 시짱민족학원의 "2011 국가사회과학기금 중대특별위탁항목 "시짱항목(西藏项目)" 입항(立项) 일람표"에는 「짜르러시아, 소련과 소련 해체 후의 러시아의 티베트에 대한 정책(沙俄、苏联和苏联解体后俄国的对藏政策)」(师建军, 9萬元)과 「저우취 짱한민족 경제문화 교융 상황 조사(舟曲藏汉民族经济文化交融情况调查)」(马宁, 8萬元)가 실려 있다.[31] 베이징연합대학(北京聯合大學)에서는 "2010

28) http://skc.seu.edu.cn/s/168/t/281/a/23902/info.htm 검색일 2012.7.9

29) 2008년 国家社科基金 重大特别委托项目 子课题(批准号 : A080045)인 西藏当代经济社会发展中的制度供给研究 http://www.xzass.org/html/news1728.html 검색일 2012.7.9

30) http://ndnews.imu.edu.cn/zh/201010/Article_20101027153654.html 검색일 2012.7.9

31) http://www1.xzmy.edu.cn/kyc/getcontent?id=5127&url=show 검색일 2012.7.9

년도 국가사회과학기금 특별위탁항목"에 "응용문리학원(应用文理学院) 양지탕(杨积堂) 교수가 주관한 「시짱 장치구안의 법치 대책 연구(西藏长治久安的法治对策研究)」가 선정되었다.[32] 시짱농목학원(西藏農牧學院)에서는 "2010년도 국가사회과학기금 특별위탁항목"에 "식물과학기술학원 왕젠린(王建林) 교수가 주관하는 "짱한 농목 과학기술문화 교류사 연구(藏汉农牧科技文化交流史研究)" 항목이 선정되었다.[33] 난징대학(南京大學) 신문전파학원(新闻传播学院)에서는 "국가사회과학기금 특별위탁항목"인 "중국 티베트어 신문매체의 영향력 문제 연구(我国藏语新闻媒体影响力问题研究)"(30万元)에 대한 과제연구 개시 회의가 2011년 12월 15일에서 18일에 열렸다.[34] 이들 세부주제들은 티베트에 대한 매우 광범위한 문제를 다루고 있으며, 적어도 공개된 내용에 국한하여 본다면, 중앙의 기본계획도 계획이지만 전국의 연구단위들의 응모가 중요한 역할을 한다는 것을 알 수 있다.

이러한 점을 염두에 두고 이하에서는 가장 최근에 개시된 북강항목(전체 명칭 : 北部邊疆歷史與現狀研究)에 대해 개관하여 그 특징을 살펴보고자 한다. 그것은 중국사회과학원 중국변강사지연구중심과 내몽골자치구 사회과학원이 공동으로 주관하는 연구프로젝트로서 2010년 1월 개시되어 2014년까지 진행될 예정이다. 북강항목은 내몽골을 중심지역으로 하는 북강의 역사와 현황을 종합적으로 다루는 연구프로젝트이다. 이것은 '동북공정'과 신강항목, 서남변강 역사와 현황 종합연구 항목의 뒤를 이은 또 하나의 중대한 변강계열연구공정이다.

---

32) http://218.107.191.40/w11417/articleView.do?articleId=457 검색일 2012.7.9

33) http://www.xza.cn/news/onews.asp?id=615 검색일 2012.7.9

34) http://news.nju.edu.cn/show.php?id=24429 검색일 2012.7.9 我国藏语媒体的媒介环境研究；我国藏语媒体的受众研究；我国藏语媒体从业人员调查研究；我国藏语媒体影响力评估、我国藏语媒体应对突发事件研究、我国藏语媒体的媒介融合问题研究、我国藏语媒体的发展战略研究、高端访谈 等 8个 子项目

북강항목의 추진으로 일련의 변경지역 연구프로젝트군은 중국의 육지변경지대 전체를 포괄하게 되었다. '동북공정'은 중국 동북지역을, 신강항목은 신강을, 서남 항목은 윈난과 구이저우성 지역을, 시짱항목은 티베트를, 북강항목은 내몽골을 중심지역으로 하는 북강을 다룬다. 따라서 이들 변강연구프로젝트군은 중국 부상의 방향과 전망을 가늠할 수 있는 바로미터 역할을 할 수 있다. 특히 가장 나중에 수립된 북강항목은 단순히 내몽골의 역사와 현황만을 다루지 않고 내몽골 민족문제 연구와 원대 유산의 재활용 시도를 포함한다. 또 현재 중국학계에서 추진하고 있는 '청사공정'에서 다루는 청은 단순히 동아시아 국가가 아니라 세계국가였던 원의 계승국가로 자처하고 있었다. 북강항목의 중심지역인 내몽골은 황사발원지, 희토류 생산지, 원제국 관련 등으로 한국·한국사와 상당한 관계를 맺고 있다.

북강항목 주관측은 2010년 12월에서 2012년 12월까지 수행할 주제를 공표했다. 2010년 12월 20일에 변강사지연구중심은 기초과제계열 9개 항목과 전문주제 조사연구 4개 항목을 게시했다.[35] 공모과제의 내용은 교육·문학·비물질문화·이민사·부락사·무역과 함께 변강정책·군사사·관계사 연구 등이다.

최근 내몽골사회과학원과 중국사회과학원 변강사지연구중심의 11월 5일과 15일자 공고에 의하면, 북강공정 제1차, 제2차로 입항한 기초연구류 다년도과제는 단계별 성과를 냈고 제1차의 응용대책연구류 연간과제는 연구결과물이 나

35) 중국변강사지연구중심의 과제공모 세부항목(2010.12.20 공고). (1) 기초연구과제 계열 (저서) 1. 100년 동안 내몽골 민족교육사 연구 2. 20세기 내몽골 문학 연구 3. 역대 북부변강 정책 연구 4. 북부변강과 주변관계사 연구 5. 근현대 국제시야 속의 내몽골 6. 몽골족 군사사 7. 몽골초원이민사 8. 청대 북강 軍府制度 연구 9. 몽골부락사(부락마다 1부의 부락사를 씀). (2) 내몽골 경제사회 발전과 안정 전문주제 조사연구 (연구보고). 1. 목축업경제 전통보호와 정부투입 및 보조 관계 조사연구 2. 내몽골민족 특색의 비물질문화유산의 입법보호 연구 3. 중·몽 정치와 무역관계 연구 4. 중·러 정치와 무역관계 연구

왔다고 밝히고 있다. 그리고 2012년도(제3차)) 입항 과제에 대한 응모공고를 냈다. 과제 응모공고는 기초연구과제와 응용대책연구과제로 구성되었다. 여기에서는 경제발전류와 생태문명류 등의 응용대책연구가 대폭 강화된 것을 볼 수 있다.[36)]

36) 그 내용은 다음과 같다. 1. 기초연구과제 (1) 述評類 ① 중·몽 양국 역사학계 역사관 논술(몽골족의 族源 및 형성을 포함) ② 몽골 할하부와 清朝 관계사 연구綜述 ③ 청조와 준가르부 관계사 연구종술. (2) 계열논문류 ① 청대 我國 북부변계선 형성 및 변천 概述 ② 내몽골 근대농업화 연구 ③ 중·몽 양국 관계역사와 현황연구. (3) 專著類 ① 回紇族의 契丹族·몽골족 문화에 대한 영향 ② 말등의 중국-大漠游牧문명과 중국강역안정(底定) 관계 연구 ③ 布特哈衙门 军政制度 沿革 ④ 국제공산주의운동과 중·몽 양당 관계사 연구. (3) 部落史類 ① 할하史 ② 고르로스(郭爾羅斯)史 ③ 나이만史 ④ 우짐친(烏珠穆沁)史. 2. 응용대책연구과제 (1) 경제발전류 ① 내몽골자치구 성립 이래 歷屆 黨委 주요경제발전思路 연구 ② 2012년 내몽골 경제발전 수준평가 ③ 내몽골 산업건설 및 신흥산업 발전 문제 ④ 내몽골 근년래 경제쾌속발전의 성공경험 및 그 교훈 의의 ⑤ 러시아 원동지구 개발과 내몽골의 向北 개방전략 연구 ⑥ 내몽골 도시화 발전수준 제고 연구 ⑦ 蒙東지구의 동북경제구 유입 발전 연구 ⑧ 내몽골 문화산업 건설대책 연구 ⑨ 당의 18대 정신을 관철하여 실행에 옮겨서 내몽골 경제사회의 좋고도 빠른 발전의 思路를 추동하는 대책 연구 ⑩ 오르도스市 轉型발전 연구 ⑪ 내몽골 초국경 관광합작모형 연구 ⑫ 초원 承包到戶을 완벽하게 하는 정책 연구. (2) 사회건설(민생개선 포함)류 ① 2012년 내몽골 사회사업 발전과 전국 평균 수준의 차이 ② 민생을 한 단계 개선하여 인민 행복지수를 높이는 연구 ③ 城鄉 주민의 수입을 높이는 대책 연구 ④ 촌급 관리를 강화하는 문제 연구 ⑤ 내몽골의 인구가 비교적 적은 민족(三少民族) 발전정책 연구 ⑥ 내몽골의 軟실력을 높이는 주요 착안점 연구 ⑦ 몽골족 문화의 전승보호와 발전 문제 연구. (3) 변강 조화안정류 ① 내몽골 변경지구 관리와 防務 연구 ② 내몽골자치구 성립 이래 종교사무관리의 성공적 경험 및 교훈 의의 ③ 내몽골 공업화 도시화 과정 중 유목구 사회발전 문제 연구 ④ 새로운 형세하 내몽골 사회관리의 두드러진 모순과 문제 연구 ⑤ 중·몽 관계를 더 좋게 발전시키도록 추동하는 대책 연구 ⑥ 몽골국 동태 연구 ⑦ 내몽골 민족융합의 역사 연구 (4) 생태문명류 ① 내몽골 생태문명 건설 思路 대책 연구 ② 내몽골에서 농목업 발전과 생태보호 관계를 정확하게 처리하는 연구 ③ 沙草 산업 발전을 완벽하게 하는 정책과 생태보호 건설을 촉진하는 연구 ④ 黑河 유역 생태환경 관리 연구(http://bjzx.cass.cn/news/590803.htm : 검색일 2012.11.30).

그리고 북강항목과 직접 관계가 있는지 확실하지는 않으나, 2010년 12월 11일 장자커우(張家口) 장베이(張北)에서 몽원역사전문박물관(元中都博物館)이 개관했다. 이것은 단일 왕조를 주제로 한 첫 번째 박물관이며, 전체 박물관의 구조설계는 원 중도의 구조를 모방한 것이다. 또한 난카이대학, 중앙재경대학, 허베이사범대학과 연합하여 몽원문화, 몽한문화, 초원문화라는 3개의 연구중심주제를 설정했다. 이것은 중국이 몽골학의 중심지임을 보여주고자 하는 사업이라는 점에서 의미있는 연관성이 있다고 생각된다.

북강항목은 추진과정에서 북강연구의 정합성과 전체성을 높일 수 있도록 설계되었다고 한다. 이를 위해 항목 주관측은 변강 역사와 현황에 대한 계통적인 연구 체계를 완비했다. '동북공정'과 마찬가지로, 「북강항목」의 연구계통은 연구계통(기초연구·응용연구 포함), 문헌번역정리 계통, 디지털 데이터베이스 구축 등이다. 이를 통해 역사와 현황 양 측면에서 이론창신·학과건설·인재배양을 촉진하고자 한다. 이런 기술적인 측면과 함께 이런 항목을 추진하는 공식적인 목적 중의 또 하나는 사회발전에 따라 발생하는 새로운 난제와 도전에 대응하고자 하는 것이다. 북부변강은 북아시아와 동북아시아를 연결하는 문호이며 중국 관방의 견지에서 보면 국가전략방어의 일선지대이다. 이 연구과제 수행을 통해 주관측은 북부변강의 사회안정·경제발전과 민족단결을 촉진하고자 한다. '동북공정' 이후에 현지조사 항목이 포함된 것에서 보듯이, 체계와 내용이 거의 동일하면서도 일부 새로운 내용이 담긴 것을 알 수 있다.

'동북공정'의 종결 이후에 중국동북지역의 연구과제는 정규연구사업으로 발주된다. 2010년 국가사회과학기금 중대 초표(招標)항목 중에는 5항의 지역문화연구항목이 있다. 그중에 3항은 중국변강민족지역문화연구과제로, '신장카스 지역문화연구'(新疆大學, 60만元), '동북지역문화연구'(吉林大學, 60만元)와 '구이저우 산지문화연구'(贵州省민족연구소, 60만元) 등이다.[37] 이중에

'동북지역문화연구' 항목은 5년 주기로, 수석전문가는 장푸구이(張福貴)이고, 세부 항목 책임자는 길림대학 철학사회학원 빙정(邴正), 톈이펑(田毅鵬), 문학원 뤼밍천(呂明臣) , 자오잉란(趙英蘭)교수, 동북아연구센터 천징옌(陳景彦) 및 심양사범대학 중국문화문학연구소 멍판화(孟繁華)교수가 맡았다. 이 연구는 배경연구, 이론연구, 주제연구, 관계연구, 자료 집성 등 50개의 영역으로 구성되며, 6개의 하위 과제가 있다.[38] 길림대학에는 이밖에도 두 개의 중점항목이 있다. "고구려·발해 문화발전 및 그 관계 연구(高句丽、渤海文化发展及其关系研究)"는 "2010년 제2피(第二批) 국가사회과학기금 중대초표항목(国家社科基金重大招标项目)"이고 수석전문가는 웨이춘청(魏存成)이며 연구지원비는 60만 위안이다.[39] 또 "중국 동북아전략과 정책 연구(中国东北亚战略与政策研究)" 항목은 "교육부 2009년도 철학사회과학 중대과제 공관항목(攻关项目)"이다. 이 항목의 연구지원비는 70만 위안이고, 수석전문가는 지린대학(吉

83 발해국 역사문화연구 (渤海国历史文化研究)	류샤오둥 (刘晓东)	헤이룽장성박물관 (黑龙江省博物馆)	헤이룽장 (黑龙江)	일반항목 전저(专著) 2014.6.30 (중국역사)
108 발해와 신라의 역사관계 (渤海与新罗的历史关系)	리둥후이 (李东辉)	옌볜대학 (延边大学)	지린 (吉林)	일반항목 전저 2014-12-30(중국역사)

13 고전중조이민사연구(古代中朝移民史研究)	순훙 (孙泓)	중국사회과학원 (中国社科院)	사회과학원(社科院)	일반항목 전저 2015.3.1(세계역사)
18 중일한 개항과 도시사회 변천 연구(中日韩开港与城市社会变迁研究 (1840~1900))	장샤오강 (张晓刚)	다롄대학(大连大学)	랴오닝 (辽宁)	일반항목 전제논문집 (专题论文集) 연구보고 2014-12-31 (세계역사)
46 한반도 긴장국면과 한미 신임위기 연구(朝鲜半岛紧张局势与美韩信任危机研究 (1953~1976))	량즈 (梁志)	화동사범대학 (华东师范大学)	상하이 (上海)	청년항목 전저 2014-9-30(세계역사)

37) http://www.tjbdlib.cn/lilunguandian/20111219/18671.html / 검색일 2012.7.9
38) http://news.jlu.edu.cn/new/?mod=article&act=show&id=17555 검색일 2012.5.17
39) http://news.jlu.edu.cn/new/?mod=article&act=show&id=17599 검색일 2012.5.17

林大学) 행정학원 류칭차이(刘清才) 교수가 맡았다.[40]

2012년도 국가사회과학기금 자조(資助)항목 명단에 오른 과제는 모두 3291항인데, 그중 중점항목은 160항이고, 일반항목은 1806항, 청년항목은 1325항이다. 그중 중국역사 영역의 한국관련 내용은 5개 항이다.[41] "2012년도 국가사회과학기금중대항목(第三批)"에는 "51.청사지도집(清史地图集)" 등이 포함되어 있다.

'동북공정'의 후속연구의 경우에도 신장항목의 후속연구과 마찬가지로 지역의 거점대학을 중심으로 기왕의 대규모 국책연구사업의 내용이 그대로 담겨 있다. 이러한 점은 변강학 연구가 관방의 적극적 지원 하에서 중국 학계에서 하나의 큰 흐름을 형성하고 있다는 점을 보여준다.

Ⅳ. 맺음말

'중화민족 다원일체'나 '중화민족 대가정' 또는 '통일적 다민족국가' 등 다양한 용어로 '하나의 중국'을 강조하는 중국학술계는 2002년부터 '변강학 구축 운동'을 통하여 '동부'와 '서부'라는 경제지리적 구분보다 더욱 전통적인 구분선을 제시하였다. 그것은 기존의 양안구분 이외에 중국대륙을 사실상 내강(內疆)과 '변강(邊疆)'으로 구분하는 기획사업들이다.

앞서 살펴보았듯이, '동북변강연구공정'(2002~2007)은 중국의 동북3성을 '동북변강'이라고 규정하였고, 신장항목(2004~2009)은 신장위구르자치구 지역

40) http://www.chinajilin.com.cn/lilun/content/2010-06/11/content_1979767.htm 검색일 2012.5.17

41) http://www.npopss-cn.gov.cn/GB/219469/17942372.html / 검색일 2012.7.9

을 변강의 대표주자로 내세웠고, '서남변강항목'(2008~2012)은 윈난성, 구이저우성 등을 '서남변강'으로 규정하였고, '시짱항목'(2009~2013)은 시짱자치구를 변강의 또다른 대표주자로 내세웠으며, 북강항목(2010~2014)은 내몽골을 '북부변강'으로 규정했다. 여기에 '남해변강연구항목(海疆項目)'이 설정되어 있는 것으로 보인다.

이로써 '오직 하나의 중국'이어야 하는 공간은 타이완 또는 해강, 내강, 변강으로 이루어진 '중화천하 삼분지계'를 통해 일체화되어야 할 공간으로 이해되었다고 할 수 있다. 여기서 '내강'은 물론 과거의 내지(內地)나 본부(本部)에서 차용한 편의적인 용어이다. 제갈량의 '천하 삼분지계'는 삼국정립의 구도를 형성하는 것이었다면, 현재의 중화천하 삼분지계는 '하나의 중국'을 완성하기 위한 매우 학술적·정책적인 가상구역 설정이라고 할 수 있다. 물론 이것은 결과론적인 이야기지만, 하나의 개념 설정은 불가피하게 연관개념에까지 영향을 미친다.

현재 다섯 개의 대구역 연구사업 중에서 동북변강연구사업과 신장항목은 종결되었고, 나머지 세 개가 진행중이다. 이들 연구과제군에 대한 정보는 충분히 공개되지도 않았지만, 완전히 비공개로 진행되는 것도 아니다. 이들 특별한 중점 과제들이 처음부터 완전한 계획이 수립된 상태에서 진행되는 것으로 보이지는 않는다. 지속적으로 학계의 주제 추천과 과제 신청을 받아서 진행되는 징후를 보여준다.

중국의 역사·지역 연구항목들이 모여서 어떤 중국의 과거상을 구성해낼 것이며 나아가 미래상을 구축할 것인가 하는 점은 현재로서는 유동적이라고 말할 수 있다. 헤게모니적 기획과 실제는 다르기 때문이다. 현재 본격적으로 추진되는 중국의 역사·지역 연구사업들은 가시적인 성과를 쏟아내고 있으며, 이전에 완결된 사업들의 성과에 대한 평가도 진행되고 있다. 이들 성과들은 주로 변경지대라는 연구의 소외 지대에 막대한 기금을 투입하여 연구를 활성화한다는 측면에서 매우 생산적인 의미가를 가질 것이다. 다른 한편으로는 지역과 역사를 "덧쓰인 흔적으로 가득한 양피지",[42] 곧 팔림세스트(palimpsect)로 만들었다는 평가가 가능한 측면도 없지 않다. 이에 대한 우려는 중국 안팎에서 나오고 있고 개선되는 측면도 있다.

역사문화유산의 관리주체는 물론 그 소재지 정부이고, 관리주체는 그 사용설명서를 작성할 수 있다. 청사공정이나 장성보호공정 등은 중국이 현재 유구한 문화유산에 대한 사용설명서를 새로 작성하는 것이라고 할 수 있다. 황해를 기준으로 서안대륙지역과 동안고지대(한국)는 몇몇 쟁점을 두고 있기도 하다. 생산적 의견 교환은 오남용 방지 설명서를 작성할 수 있는 기회를 제공할 것이다. 페이샤오통(費孝通)은 일찍이 일본에서 열린 한 학술회의, 또 80세 수연(壽宴)상에서 "각기 자신의 아름다움을 빛내고 남의 아름다움을 북돋우며 아름다움과 아름다움이 함께 어우러지면, 천하의 대동이 이루어진다"는 16자 잠언을 말했다.[43] 연구의 아름다움은 절차탁마와 깊은 학문적 대화에서 나온다고 해야 할 것이다.

---

42) 피터 C. 퍼듀 지음, 공원국 옮김, 2012, 앞의 책, p.426

43) "各美其美, 美人之美, 美美与共, 天下大同" http://www.mmzy.org.cn/mmzt/fxt/jnyuzs/31047.aspx 검색일 2012.7.9

중국 변강정책의 변화와 동북지역

이 천 석
영남대학교 강사

중국 변강정책의 변화와 동북지역

Ⅰ. 머리말

중국 동북공정이 2002년 시점으로 한국민들의 관심이 집중되었고, 연구기한이 2007년에 종료된 시점에서 5년이라는 시간이 지나갔다. 그러나 2007년 이후 최근에 중국의 만리장성 확대와 문화유산 갈등으로 동북공정에 대한 우려와 의구심이 다시금 부각되고 있다. 이웃한 한·중 양국은 교역의 확대와 경제적 기대가 한층 고조해 왔음에도 불구하고, 동북공정은 한중 양국 간에 학술적 차원을 넘어 외교적 마찰로 빚어졌으며, 언론과 대중들의 반중감정으로 흘렀던 것도 사실이다. 특히 고구려사를 둘러싼 첨예한 의견대립이 있었다. 그러나 동북공정을 바라보는 양국 간의 시각 차이는 좁혀지지 않고 있다. 역사해석은 단순히 중국 영토내의 다원적 요소를 억압하는 것에 그치지 않고 패권주의 경향을 띠면서 인접국과의 민족적, 역사적, 영토적 갈등과 함께 정치적 대립을 발생시킬 우려가 있다.[1)]

동북공정을 이해하기에 앞서 변강의 인식과 변강정책에 대한 논의가 필요

1) 박상수, 2007「중국 근대 민족국가의 창조와 변강문제-청말~민국시기 변강인식의 변천」『중국의 변강 인식과 갈등』, 서울 : 한신대학교, p.221

하다. 최근 중국은 변강의 인식이 날로 높아지고 있다. 변강정책은 육강(陸疆) 뿐만 아니라 해강(海疆)에 이르기까지 영토분쟁과 지역 내 중국의 영향력을 보여주고 있다. 중국이 추구하고 있는 변강정책은 다음과 같다. 첫째, 변강의 위기에 근원을 두고 있다. 변강의 위기는 소수민족의 분열을 낳을 수 있는 점이다. 변강의 안정을 위해서 변강지역에 대한 연구가 필요하다.

둘째, 지금까지 소수민족에 대한 민족정책에는 한계점에 이르렀다. 중국은 기존의 소수민족정책으로는 소수민족에 대한 근본적 처방에는 미치지 못하였다. 따라서 중국정부는 특성에 맞는 변강정책을 강구하게 되었다.

셋째, 중국정부는 '하나의 중국' 원칙에 따른 '통일된 다민족 국가'의 건설에 두고 있다. 이러한 통일적 다민족국가 원리는 역사를 근거로 고대사에서 오늘날에 이르기까지의 중국의 모든 역사를 재해석하는 원리로 삼고 있다. 다시 말해서 중국은 '통일적 다민족국가론'을 내세워 고대사에서부터 한족과 주변 소수민족 간에는 융화와 동화를 지속적인 반복을 거쳐 오늘날 중국으로 탄생했다고 주장한다.

중국은 한족을 포함한 많은 소수민족들로 이루어진 국가이다. 소수민족은 비록 한족보다 수적으로 적지만 60% 이상의 땅을 차지하고 있다. 청을 이은 한족중심의 중화인민공화국은 처음부터 복합 민족으로부터 출발하였다. 과거 중국사를 보면 항상 소수민족과 한족 간의 대립과 분열을 겪어 왔었고, 소수민족의 문제는 중국의 안보와 정치안정에 영향을 미치고 있다. 이런 소수민족의 분열과 통제의 실패는 중국의 분열을 초래할 수 있다. 그래서 소수민족에 대한 관리와 통제는 변강의 안정에도 영향을 미칠 수 있고, 변강의 안정은 곧 중국 국가의 안정으로 이어진다.

중국은 예로부터 변강의 위기를 겪어 왔었다. 19세기 말과 20세기 초기 제국주의의 위협으로 변강의 위기를 초래하였고, 이는 중국 국가안보의 위기로 받아들인 중국은 변강의 안정이 최우선시 되어 왔다. 변강지역의 안정은 무엇보다 중국의 안정으로 이어진다는 명제를 확인한 중국은 변방 소수민족에 대한 민족정책을 추구하였고, 이러한 소수민족정책으로만 통제하기에는 한계를 느낀 중국은 당(黨)과 학계를 중심으로 소수민족의 역사관과 민족관을 정립하기 위한 역사작업으로 이루어졌고, 그것은 변강정책의 하나인 '공정'(일명 프로젝트)이라는 이름으로 이루어졌다.

중국은 '하나의 중국'이라는 원칙을 내세우고 있다. '하나의 중국'은 대내외의 위기를 극복할 수 있고, 하나의 중국을 추구하는 방법은 여러 지역의 변강정책을 관리하는 방법이다.

최근 장성논란과 세계유네스코 문화유적의 논란은 그동안 변강정책의 결과에서 비롯되었고, 동북공정의 연장선상에서 논의되어야 할 것이다. 이처럼 변강정책의 변화는 동북공정에만 국한된 것이 아니라 동북진흥전략, 청사공정, 문화공정으로 다양하게 전개되고 있다.

이 글은 2007년 동북공정 이후 달라진 변강정책의 이해와 변강정책의 여러 형태를 중심으로 변강정책을 파악하는데 있다. 먼저 변강정책의 여러 형태 가운데 동북공정, 동북진흥전략, 청사공정, 문화공정들이 내세운 추진배경, 각 공정의 내용과 성격, 그리고 변강정책의 각 전략의 검토가 먼저 선행되어야 한다. 둘째, 중국의 변강정책은 서로 배타적이지 않고 상호 연결된 보완적인 성격을 지니고 있기 때문에 중국이 내세우고 있는 변강정책의 전체적인 흐름을 이해하는데 역점을 두고, 이들 변강정책들이 추구하는 전략에 대한 분석이 뒤따라야 한다. 마지막으로 변강정책이 추구하는 전략에 대한 철저한 분석을 통해서 각 변강정책이 지닌 진단과 처방이 뒤따라야 할 것이며, 또한 우리의 전략적 대책수립도 강구되어야 할 것이다.

Ⅱ. 소수민족과 변강정책

1. 변강에 대한 인식

중국은 지리적으로 보아 어느 국가보다도 많은 나라와 국경선을 마주하고 있으며, 이러한 국경선 주변은 소수민족이 많이 산재하고 있으며, 이 지역은 변강지역으로 불리어진다. 중국은 이 지역에 대한 높은 관심과 민감한 지역에 해당하며, 영토에 대한 강한 집착을 하고 있다. 근대 중국의 위기는 변강위기에서 비롯되었다. 이러한 변강위기는 어디에서 나온 것일까? 하나는 외국열강의 침략으로 야기될 수 있는 위기이고, 또 다른 하나는 자국 내에서 찾아볼 수 있다. 변강 소수민족의 분리 독립으로 인해 일어날 수 있는 위기이다. 이 양자는 불가분의 관계를 이룬다.

변강연구에서 변강은 무엇인가? '변강'개념은 일반적으로 '국계(國界)에 가까이 있는 지방 혹은 영토'로 해석되고 있는데, 사전적 의미는 '나라의 경계가 되는 변두리 땅'이다. 중국의 변강은 크게 지리적 개념과 역사적 개념으로 구분된다. 지리적 개념으로서 변강은 육강과 해강으로 구분된다. 현재 중국의 육강이란 '국계 내에 있는 일정 넓이의 지구'로서 인접국과 맞닿은 국경선뿐만 아니라 자연·역사·문화 등 다방면의 특성을 지니고 있어야 한다.[2]

변강에 대한 논란은 역사적 개념에서 보는 변강을 의미한다. 변강이란 현대 중국의 역사관과 밀접하게 맞물려 있다. 중국 해석에 따르면, 중국은 진시황이 중앙집권국가를 수립한 이후 여러 차례의 대일통(大一統) 국면을 출현시킨 적이 있으며, 청조 때는 전국의 대일통을 실현시켰고, 정책상으로 내지와

2) 윤휘탁, 2003「현대 중국의 변강·민족인식과 동북공정」『쟁점』, pp.187~188

변강지구를 구분시켰는데, 청조의 지배구조는 직접통치 이외에 간접통치를 실시하는 '번(藩 : 몽고·티베트·위구르)'이 변강에 해당한다.[3)]

중국이 변강에 대한 인식으로는 세 가지를 들 수 있다. 첫째는 영토문제와 관련지을 수 있다. 변강에는 육강과 해강이 있으며, 먼저 육강은 중국의 국경선을 따라 국경선 안에 거주하는 소수민족이 있으며, 현재는 국경선이 정비되어있다. 그러나 장래에 한반도가 통일한 이후 간도협약으로 인한 무효를 주장하게 된다면 중국으로서는 영토분쟁을 겪지 않을 수 없을 것이다. 따라서 동북지역의 모든 역사를 중국사로 만드는 작업이 필요하다. 이것이 중국이 변강에 의한 영토문제에 대한 인식이다. 최근 영해의 영유권 분쟁 또한 변강의 일환이다. 리성(厲聲)에 따르면, "해강은 중국변강의 중요한 부분이다. 우리나라 해강연구는 상당히 장기간 내 중요하게 여기지 못했다. … 해강역사의 종합적인 연구와 남해문제, 조어도 문제, … 국제법, 해양법 등을 이용하여 중국해양권익을 옹호하고, 우리나라와 이웃 국가를 탐구하고 토론하는 해역경계문제방면 역시 중요한 성과를 발표했다."[4)]

둘째는 국내 정치경제의 불안정한 상황을 극복할 필요성이 제기된다. 경제성장에서 오는 국내의 사회경제적 불균형과 지역 간의 차별로 인한 체제위협을 느낀 중국은 국가이데올로기의 전개할 필요성을 느끼고 있다. 바로 애국주의 교육의 중요성과 교육 캠페인을 실시하였다.

셋째는 변강지역은 소수민족들이 대부분 거주한 관계로 이 지역에 대한 분열을 막고, 장래 발생할 개연성 있는 위협을 사전에 방지하고, 그 대응책으로 소수민족을 다민족 국가로 통합할 필요가 있다. 중국 정부는 다민족 통일국가

3) 변강과 번속, 번부에 대한 자세한 내용은 안병우 외, 2007『중국의 변강 인식과 갈등』, 서울 : 한신대학교, 참조 바람

4) 厲聲, 2008「改革開放30年來 中國邊疆史地硏究學科的繁榮與發展」『中國邊疆史地硏究』2008-4, p.5

론을 내세워 국가의 통합과 '하나의 중국' 원칙을 내세워 변강지역에 안정화를 도모하고자 한다. 변강에는 주변국가와 맞닿아 있어 언제든 분쟁지역으로 연결될 수 있다는 점이다.

이러한 변강에 대한 인식에 기인하여 변강정책을 강구하게 된다. 중국은 예로부터 국경지대의 안전과 안정에 민감한 반응을 하고 있다. 특히 국경지대의 안정은 주변국가와의 안정이며 결국은 변강지역의 안정을 가져온다. 현재 북한과 중국의 관계는 순망치한(脣亡齒寒)처럼 잇몸이 없으면 이가 시린 것과 같은 관계일 것이다. 중국은 북한의 안정이 곧 중국의 변강에 영향을 미치기 때문에 이에 대비한 대응방안으로 동북공정과 그 외 동북지역 관련공정을 준비하였던 것이다. 다시 말하면 소수민족의 분열을 막고 변강지역의 안정을 비롯하여 북한을 안전판으로 삼아 북한에 영향력 확대를 꾀한다.

따라서 동북지역에 대한 불안 요소와 장래의 한반도의 상황에 대한 연구의 필요성이 제기되었다. 그렇다면 중국이 만주(동북지구)에 대한 인식은 어떠한지? 역사적으로 만주는 지정학적으로 중요한 지역이다. 만주는 침략과 방어의 관문 역할을 하기도 한다. 모택동 역시 중국을 통일하게 된 기반근거를 제공한 지역도 만주를 거점으로 삼았다. 만주는 우리나라 독립운동의 근거지로 활동한 지역이기도 하다. 근대에 와서 한족의 대규모 이주로 만주는 '중국화' 혹은 '내지화' 되었다.[5] 청의 혼란을 틈타 일본은 만주를 지배하였고, 만주의 지배를

5) 이민실변(移民實邊)이란 청조정부가 변강지구의 국방을 강화할 목적으로 이민을 끌어들여 변방을 건설하기 위해 제정한 정책이다. 청조가 동북에서 봉금정책을 실시하였기 때문에 동북변강지역은 오랫동안 황폐화되어 엄중한 변방위기가 초래되었다. 특히 도광 년간에 영국, 미국, 프랑스 침략세력이 남으로부터 북으로 뻗치고 짜리로씨야의 침략세력이 북으로부터 남으로 뻗침에 따라 동북의 변방위기는 날로 우심해져 변방을 개발하고 국방을 강화할 필요성이 절박하였다. 이리하여 청조정부에서는 200여 년간이나 지속되어오던 봉금을 폐지하였다. 윤휘탁, 2001 「변지에서 내지로 : 중국인 이민과 만주(국)」『중국사연구』 제16집, pp.37~80

공고화하기 위한 작업이 이루어졌는데, 이는 만주와 한국을 연결한 '만한일체' 작업의 일환으로 역사작업을 실시한 바 있다. 오늘날 중국학자들이 일본의 만한일체 작업을 거울삼아 만주를 중국화하기 위한 작업이 동북공정을 낳게 한 것이다.

2. 소수민족과 변강정책

소수민족문제는 중국이 안고 있는 문제를 해결해야 하는 국가의 우선순위에 해당한다. 소수민족문제의 해결이야 말로 중국이 앞으로 지속적인 발전을 보장받을 수 있다. 따라서 중국역사의 해석 방법을 새롭게 정리함으로서 소수민족의 지배와 안정을 도모하고자 했다. 그 결과 중국은 '통일적 다민족국가'에 근거해서 새로운 역사해석 시도는 소수민족 변방의 불안정을 해소하고자 하였다.

이런 국가의 안정과 국가 내부의 안정 추구는 중국의 발전과 밀접한 관련이 있다. 2004년 4월 보아오 포럼 강연에서 후진타오는 평화발전으로 중국의 외교정책을 설명했다. 이는 중국이 흥기 자체가 강대국과 주변국가를 자극한다는 점이다.[6] 분열된 내분을 통합된 국가건설을 위해서는 내부적 안정을 유지하기 위한 통제력이 바탕이 되어야 한다. 레인(Layne)은 이를 '내부적 응집력(internal cohesion)'으로 보았고, 월츠(Waltz)는 '정치적 단합(political unity)'으로 보았다.[7] 안정을 추구하려는 중국 정부의 다각적 노력이 필요했다. 그 다각적 노력은 변강의 안정을 위한 변강정책을 가져왔다.

그렇다면 동북지역의 변강정책은 어떻게 실시하고 있는지? 중국정부는 동

6) 조영남, 2006『후진타오 시대의 중국정치』, 서울 : 나남, pp.203~204
7) 이장원·홍우택, 2008「중국의 문화적 팽창주의 : 동북아질서에 대한 중국의 의도 분석」『國際政治論叢』 제48집 2호, pp.44~45

북 변강정책을 동북공정과 동북진흥전략으로 발판삼아 동북지역의 새로운 변화를 위한 새로운 정책조치가 필요했다. 하나는 새롭게 등장하게 될 동북지역 국경에 대한 예방적 연구이고, 또 다른 하나는 동북진흥을 통해 낙후된 동북경제를 재건함으로서 국토의 균형개발과 지역 간의 격차를 해소함으로서 지역안정을 도모하는 것이었다.[8)]

이처럼 중국 정부는 소수민족과 이들 지역에 대한 사전 정지작업을 수행하고자 학술과 학계의 참여를 이끌어 진행한 작업이다. 이러한 일련의 공정들은 변강지역에서 일어나고 있는 현상이며 소수민족의 정책과 관련성이 많다. 중국은 변강지역의 불안요소를 보다 적절히 제거하고 변강지역의 안정적 관리를 보다 강조하기 시작하였다. 중국이 변강문제에 보다 높은 관심을 가지게 된 계기는 1990년대 초 소련과 동구권의 몰락에 따른 중앙아시아에서 대(對)이슬람주의가 확대되고 소련연방의 해체와 더불어 변방지역 소수민족들의 분리 독립 때문이다. 이러한 분리 독립 움직임은 신장-위구르지역에 영향을 줄 수 있다는 판단에서 이 지역에 불안정한 정세를 사전에 통제하고자 하는 것이 변강정책의 목표이며 소수민족정책의 일환이기도 하다.

중국의 전통적인 민족정책은 민족 자치 실현과 더불어 강제와 강압정책이 적용되는 정책을 구사하고 있다. 기본적으로는 자율성의 부여와 동화정책이라 할 수 있다. 즉 당근과 채찍이라는 수단을 통해 소수민족을 통제하고자 한다. 또 다른 방식은 한족을 소수민족지역으로 보내어 소수민족의 비율을 낮추는 방법을 구사하기도 한다. 이 역시 소수민족 정책의 일환이다. 그러나 이러한 소수민족정책의 실시에도 불구하고 효과적이지 못했다. 그래서 보다 적극적으로 소수민족의 국가정체성을 부여하는 방식을 찾고자 하였다.[9)] 소수민족의 역

8) 정환우, 2007「동북3성 지역의 발전여건과 동북진흥정책」『중국연구』38권, pp.395~397
9) 이희옥, 2007「동북공정의 정치적 논란에 비판적 해석」『동아연구』제53집, p.24

사관·민족관·국가관의 재정립이 필요하다는 판단 하에 중국정부는 소수민족의 역사를 중국사로 편입함으로써 '통일적 다민족국가'의 완성도를 높이려는 것이다. 현행 중국 헌법의 전문(前文)에도 "중화인민공화국은 전국 각 민족의 인민이 공동으로 건설한 다민족 통일국가이다"라고 강조되어 있다.[10]

이와 같이 중국의 소수민족정책은 곧 변강정책이며, 변강의 안정과 번영은 중국의 안정이고 중국의 번영발전이다. 변강지역의 안정은 중국의 분열을 막고 중국의 안보에 중대한 영향을 미친다. 변강지역의 불안정으로 인한 분열과 외부의 분열획책은 절대로 용납하지 않는다는 것이 중국의 입장이다. 그 결과 변강지역의 안정에 대한 정책이 나오게 되었으며, 동북지역에 있어서 동북공정과 동북진흥전략, 그리고 문화유산의 보호 및 강화정책(가칭 '문화공정')을 가져왔다.

윤휘탁은 중국정부가 동북공정 논리를 주입해 조선족의 민족정체성 혼란을 예방하고 중화민족 논리를 재확립 내지 강화해 동북지역에서 소수민족 문제의 돌출을 막으려 하고 있다고 주장한다. 이것은 다민족 통일국가인 중국의 체제 안정과 직결된 중차대한 정책 차원에서 비롯되었음을 뜻한다.[11]

Ⅲ. 동북공정 이후 학술이론과 관련한 중국학계의 입장

동북공정은 역사문제를 기초연구분야에서 다루었다. 2007년 이후는 동북공정의 연구과제 실적이 지속적으로 나오고 있다. 중국의 동북지역 연구논문들은

10) 이시바시 다카오, 홍성구 역, 2009『대청제국 : 1616~1799』, 서울 : 휴머니스트, p.40
11) 윤휘탁, 「만주와 조선족을 다시 보자」『한겨레신문』 2003. 11. 26; 김인성, 2004「역사적 진실 왜곡에 대한 비판과 반성」『민족연구』 13권, p.132 재인용

흑룡강성(黑龍江省)에서 출판된 『흑룡강사지(黑龍江史志)』, 길림성(吉林省)에서 출판된 『동북사지(東北史地)』, 연변대학 간행물 『연변대학학보(延邊大學學報)』, 중국사회과학원 변강사지연구중심에서 발간된 『중국변강사지연구(中國邊疆史地硏究)』 등에서 다루고 있다. 그리고 동북공정과 관련지어 연구논문의 흐름이 중앙정부에서 지방정부로의 이관된 출판물이 나오고 있으며, 그 가운데 많은 양을 싣고 있는 지역 연구논문 『동북사지』를 살펴보았다. 2007년 상반기 1기에서 2012년 상반기 2기까지 『동북사지』 논문을 검토한 바, 총 668편 가운데 고구려관련 논문은 67편이며, 대략 10%만을 다루고 있다. 그 외 발해논문 17편, 부여 8편, 고려 5편, 토문강 1편, 고조선 1편, 장백산 12편을 싣고 있다.

일반적으로 2007년 이후 동북변강 가운데 한국관련 연구부문을 크게 5개 부문으로 나눠서 살펴보았다. 민족기원 부문, 고구려 부문, 발해 부문, 장백산 부문, 조선족 부문으로 나눠서 볼 수 있다.

첫째, 민족기원 부문을 보면, 『조선(한)민족원류과 민족의식 천견(朝鮮(韓)民族源流與民族意識淺見)』(林堅, 2010년 2기)에서 "조선(족) 민족의 기원에 관해서 여러 견해가 있다. 즉 시베리아 알타이어 민족, 동이민족, 백월민족, 북적민족 등이 있다. 역사적 견해에 따르면, 조선(한) 민족은 다민족 융합이 형성되었다. 조선민족은 역사상 일찍이 맥, 발, 북발, 맥이, 예맥, 예맥, 백민, 부여, 고이, 고구려, 고려 등 여러 종족을 지니고 있다. 현대 조선(한)민족은 강렬한 민족정신을 가지고 있고, 문화 심리적으로 일치된 공동체의식, 조상을 존경하는 가족의식을 표현한다. 문화전통을 이끌어 뛰어나게 되는 자각보호의식에 대해 독특한 독립의식 등이 있다. 조선민족은 수천 년에 걸쳐 중국대륙에서 한반도로 이주해온 수많은 각 민족의 융합체가 한민족의 기초라고 보았다."[12] 조

12) 林堅, 2010 「朝鮮(韓)民族源流與民族意識淺見」 『延邊大學學報(社會科學版)』 2010-2, p.80

병림(趙炳林)은 『기씨조선 및 상관문제 재고증(箕氏朝鮮及相關問題再考證)』(2010년 3기)에서 "중국정사에는 모두 기씨조선을 고조선의 최초의 왕조로 생각한다. 이는 일리가 있다는 것이다. 그는 실제 그 사람이다. 허구는 결코 아니다. 기(箕)는 국명, 자(子)는 작위에 해당, 미자, 기자, 실은 기내채지(畿內采地)의 작위이며, 기외치민(畿外治民)의 군(君)은 아니다. 고로 운자(云子)이다. 『상사』(《尚史·箕子》)에서 언급하기를, 기자는 서여(胥余)라 부른다. 주의 친척(紂之親戚), 혹은 여러 아버지 혹은 서형(庶兄)으로 여기다. 『사기』(《史記·宋微子世家》)에서 기자(箕子)는 주의 친척이다. 그것은 상나라 주왕 때의 중신, 관료최고 부원군(官至太師), 위지삼공(位至三公). 공자가 말하기를, 상나라에는 세 가지 어진 것이 있다. 기자가 그 하나요, 그는 조선에 있어 중대한 영향이 있는 역사적 인물이 나타난 적이 있다. 여러 대 조선인민의 존중과 추대를 받았고, 고구려인은 사령성신(事靈星神), 태양신(日神), 가한신(可汗神), 기자신(箕子神)이며. 상세기 90년대 이전의 조선반도에서는 또한 기자의 사당(祠廟)에 제사지낸다.…상왕조를 멸하고 주왕조 이후 주 무왕은 소공에게 기자의 죄를 풀라(釋箕子之囚)고 명하였다. 기자는 상나라의 고통을 인내하지 못하고, 멀리 요동으로 도망가서 고조선 나라를 수립한다. 기자는 언제 요동으로 멀리 도망 왔는지? 이 문제를 해결해야한다. 우선 상나라를 멸한 주나라 시기를 분명히 제고해야 한다."[13)]

둘째, 고구려 부문의 연구로서 유문건(劉文健)은 『고구려와 남북조 조공관계 변화 연구(高句麗與南北朝朝貢關係變化研究)』(2010년 2기)에서 "남북조시대, 고구려의 조공활동은 매우 빈번하며, 조공사 연구 가운데 대표성을 지닌다. 남북조에 대해 고구려 조공활동은 세 시기로 나눈다. 413~475년은 균등한

13) 趙炳林, 2010 「箕氏朝鮮及相關問題再考證」 『黑龍江史志』 2010-3

조공단계, 476~519년은 일변도 조공단계, 520~589년은 변화의 기복이 있는 조공 단계로 분류한다. 고구려는 자신의 안전의 필요에 있어서, 외부 환경적 압력 및 남북조의 실력대비 정황이 남북조에 대해 조공을 하였다. 따라서 남북조에 대해 다른 시기의 조공횟수와 비중있는 차이를 나타내다"[14]라고 주장하였다. 이처럼 중국은 고구려를 조공사례를 들어 중국의 지방정권으로 인식하고 있다. 고구려는 중국의 남북조시대를 정도의 차이는 있으나 조공을 해왔다고 주장한다. 『고구려 주몽신화 연구(高句麗朱蒙神話研究)』(楊軍, 2009년 6기)에서 "고구려 주몽신화는 5세기에 이르러 다른 판본이 존재하는데, 그의 신화적 색채가 제거된 후 발견된다. 그중 주몽의 신분내력과 주몽이 남쪽으로 내려왔다는 사실과 관계있는 모호한 기록들이 포함되어 있다. 주몽의 생부는 우부루(于夫婁)가 죽고 난 후, 부여의 내란에 사망했을 가능성이 있고, 주몽은 그의 유복자로서 금와(金蛙)의 양자가 되었으며, 주몽의 모친은 당지의 토착인(土著大族)출신이며 부여인은 아니다. 주몽이 남으로 내려올 때 그 모친의 도움을 받았다"고 한다.…주몽은 그 주체가 부여인이 아니라 토착 예인(濊人)과의 혼혈아였음을 알 수 있다. 그가 건립한 고구려는 족원 상에서 볼 때 부여와는 명확히 구별되는 것이다. 이러한 것은 그가 먼저 칭했던 졸본부여를 고구려로 개칭하는 원인의 하나였다."[15] 『약론 고구려와 중원왕조의 관계(略論高句麗與中原王朝的關係)』(王成國, 2007년 1기)에서 "고구려는 중국 동북 고대의 중요한 민족가운데 하나이며, 그 민족과 그 정권은 수세기 존재했으며, 더욱이 중원왕조의 영향아래 있었다. 중원 역대왕조와 정치적으로 통일관계, 경제적으로 상호보완관계, 문화적으로 융합적인 특수관계이다. 고구려민족과 중원한족 그리고 동북 여러 민족의 우호적인 왕래는 관계발전의 주류를 형성하였

14) 劉文健, 2010「高句麗與南北朝朝貢關系變化研究」『東北史地』 2010-2
15) 楊軍, 2009「高句麗朱蒙神話研究」『東北史地』 2009-6, pp.54~58

다"[16]고 한다.

셋째, 발해 부문에서, 상추걸·고복순(桑秋傑·高福順)은『발해정권 천도 고술(渤海政權遷都考述)』(2008년 2기)에서 "발해정권은 속말말갈을 주체로 하는 지방민족정권이다. 모두 229년 존속하여 이 기간에 발해도성은 여러 차례 천도를 경험하였다. 이것은 발해발전과 다른 단계와 동북아 형세변화에 밀접한 상관관계가 있다. 첫 수도(初都)는 옛 도읍, 주로 고려한 것은 수도를 세우고 나라를 건설하는 안전성, 중경으로 천도하는 것은 주로 신라와의 관계를 처리에 나가는 것이다. 그리고 경제발전, 국력증강, 상경으로 개도(改都)하는 것은 발해정권을 위한 장치구안(長治久安)과 흑수말갈을 두려움에 떨게 하다, 동경에 옮기는 것은 일본무역의 편리에서 나오게 되었다. 발해정권의 근거는 국내외적 형세변화, 적시에 도성소재지를 조정한다. 그렇게 함으로서 안을 바로잡고, 밖을 통제하는 목적을 달성하는 것이다"[17]고 한다. 정영진(鄭永振)은『논 발해국의 종족구성과 주체민족(論渤海國的種族構成與主体民族)』(2009년 2기)에서 "발해 건국에 참여한 집단은 주로 백산말갈인(白山靺鞨人), 속말말갈인(粟末靺鞨人), 고구려 유민 등이다. 건국 후 발전하는 가운데 대조영의 개국시기, 대무예(발해2대)의 대외확장, 대흠무(발해3대)의 문치와 대인수(발해10대)의 중흥, 발해는 여러 종족으로 구성된 국가이다. 발해사회에서 통치지위에 있는 종족은 말갈족이고, 피통치자 역시 말갈족 위주이었다. 말갈족은 발해국의 주체민족이다. 발해국의 역사발전에 소위 발해족을 형성할 수 없고, 이미 발해족을 형성할 수 없다. 발해국의 주체 민족을 발해족이라고 하는 것은 불가능하다"[18]고 주장한다.

넷째, 장백산 부문에서는 묘위(苗威)는『"장백산"고변("長白山"考辨)』(2009

16) 王成國, 2007「略論高句麗與中原王朝的關系」『東北史地』2007-1, p.14
17) 桑秋傑·高福順, 2008「渤海政權遷都考述」『東北史地』2008-2
18) 鄭永振, 2009「論渤海國的種族構成與主體民族」『北方文物』2009-2, pp.71~77

년 4기)에서 "장백산 명칭을 분석하여 본 글은 불함산으로 인식하는 것은 장백산이 최고 오래된 명칭이다. 그것이 포함하는 의미는 색깔이 흰색이나 소금과 같으나 짜지는 않다. 도태산(徒太山), 태백산(太白山) 등은 장백산의 별칭이고, 개마대산(盖馬大山), 단단대령(單單大嶺)은 다른 산맥을 가리키는 말이고 장백산은 관계가 없다. 『삼국사기』 중의 '태백산(太白山)'과 『삼국유사』중의 '태백산(太伯山)'이 가리키는 것은 모두 장백산이 아니다. '백두산'과 '장백산'은 조선 문헌 가운데 비교적 복잡한 의미를 함축하고 있다. 다만 중국경내의 장백산을 지칭할 때, 양자는 구별이 없다"[19]고 하면서 백두산의 명칭 자체를 부정하고 있다. 최근 장백산 문화에 대한 논의가 열리고 있다. 순봉서(荀鳳栖)는 『계동장백산문화건설공정(啓動長白山文化建設工程—在長白山文化硏討會上的書面講話)』(2010년 5기)에서 "2010년 7월 19일 금일, 길림성 제6차 장백산문화 연구토론회를 개최하였다. 중국은 회의 소개에 대해 축하를 표시하는 동시에 다년간 리더, 전문가와 동지들 여러분 길림성 문화건설에 대한 관심과 지지. 성위원회, 성정부는 장백산 문화건설을 주시한다. 장백산 문화건설공정을 실시하여 2010년 성위원회 상임위원회 공작 거점에 들어간다. 장백산 문화건설공작은 길림성에게 있다"[20]고 언급하였다. 이것은 장백산 문화공정을 보여주는 단적인 사례이다.

다섯째, 조선족 부문에서는 유지문(劉智文)은 『변강민족관계범례해독(邊疆民族關係范例解讀—中國朝鮮族聚居區民族和睦成因探析)』(2007년 2기)에서 "우리나라 조선족 거주지역 민족관계의 화목적인 원인에 대해 조사를 진행하였다. 과계민족에 대해 말하면, 조선족 거주지역 민족과 화목의 가장 중요

19) 苗威, 2009 「'長白山' 考辨」 『中國邊疆史地硏究』 2009-4, pp.109~116
20) 荀鳳棲, 2010 「啓動長白山文化建設工程—在長白山文化硏討會上的書面講話」 『東北史地』 2010-5

한 원인은 국가와 민족 간의 피차 동일시하는 것이다. 즉 중국조선족은 중국을 자기의 국가로 동일시한다. 중국은 재중 입적한 조선인을 중국인으로 인정, 조선족을 중국의 하나의 소수민족으로 삼아서 조선족과 중국 간 피차 기본적으로 부합하다. 연변조선족자치주는 전국 30여 자치주 가운데 유일한 국무원 3차가 밝힌 "민족단결사회진보 모범자치주"이다. 장백조선족 자치현 역시 국무원과 국가민족위원회가 각각 "민족단결사회진보 모범 자치현"을 수여한다"[21]고 언급하면서 중국은 조선족을 하나의 소수민족으로 삼아 자기 국가와 동일시한다는 점을 분명히 밝히고 있다.

이상과 같이 동북공정 이후의 후속 연구결과물을 보면 동북공정 진행시기의 역사적 시각을 크게 벗어나지 못하고 있으며, 자신들의 연구와 분석은 과학적이고 분석적인 해석으로 자신들의 주장을 내세우고 있다. 물론 시각의 차이는 발생할 수 있지만, 일방적인 주장을 내세우기 위해 지나친 논리적 오류와 자의적인 해석 방법은 문제해결에 도움이 되지 않는다. 과거를 현재적 관점으로 재단하는 것은 역사의 몰이해에서 나왔다.

Ⅳ. 동북변강정책의 전략적 함의

동북변강지구는 근대 이후 중국(청제국)의 국력이 약해지자 열강의 침략과 패권쟁탈의 대상이 되었다. 일본의 만주침략의 정당성을 확보하기 위해서 일부 일본 제국주의 학자가 만주를 중국과 분리시키기 위해 동북지구에 대한 연구를 하게 된 것이 후에 동북공정의 시발점이 되었다. 즉 동북지역(만주)을 침략하기

21) 劉智文, 2007「邊疆民族關系範例解讀—中國朝鮮族聚居區民族和睦成因探析」『中國邊疆史地研究』2007-2

위한 '역사적 근거'를 마련하기 위한 것이다. 윤명철은 중국의 '동북공정'에서 제기되는 역사관을 일본의 식민사관과 유사한 것으로 파악한다.[22] 1930년대 일본의 '동북변강'에 침략에 대한 대응을 강조했던 우공(禹貢)학회의 연구중심을 필두로 변정공론(邊政公論), 신아세아 등 변강관련 잡지들을 통해 변강의 중요성을 인식했다. 왕뤄린(王洛林)의 주장에 따르면, 남북한 학자들은 고구려, 발해, 등 고대 중국 동북지방 속국정권이 고대 조선인의 독립국가였고, 오늘날 동북변강이 고대 조선의 영토였다고 주장한데 대해 반박을 하고 있다.[23] 또한 그는 일부 러시아 학자도 중·러 관계사를 왜곡하고 있다고 주장하고 있다.

실제로 변강중심이 작성한「조선반도 형세의 변화가 동북지구 안정에 미치는 충격」이라는 문건에서는 '한반도 정세변화 추이가 중국 동북지구의 안정에 미칠 영향, 특히 길림성 연변조선족 자치주와 요녕성 단동(丹東)지구의 안정에 미칠 충격파'가 동북공정으로 생성하게 된 계기가 되었다고 보고 있다. 동북변강정책은 아래와 같은 도식을 보면 다음과 같다. 특히 전통문화에 대한 양국 간의 갈등은 새로운 형태로 이어지고 있다. 조선족의 전통문화를 한국의 문화로 인정하지 않고, 서둘러 중국문화로 인식하는데 있다. 이러한 양국 간의 문화에 대한 갈등은 문제에 대한 근본 인식 차이와 이해의 부족에서 비롯되었다고 보여 진다.

22) 김인성, 위의 글, p.129

23) 王洛林, 2003「加强東北邊疆硏究, 促進科學建設」『중국동북변강연구』, 북경 : 중국사회과학출판사, pp.4~5

1. 동북공정

흔히 동북공정이라는 의미만으로도 한국민의 정서에 반향을 불러일으켰다. 동북공정의 연구과제가 마무리된 것은 아니다. 최근에 2011년 11월에 중국 관영 CCTV 6부작 다큐멘터리 '창바이산(한국명 백두산)'에서 발해를 당나라 군정기구이자 지방정권이었다고 주장하고 있다. 또한 2012년 6월 중국 국가문물국이 발표한 만리장성의 총 길이를 기존의 2배가 넘는다고 발표하였다. 2009년 4월 기존 호산장성(虎山長城)을 발표하였으나, 확대하여 고구려 및 발해 산성을 연결하는 만리장성을 발표하였다.

문제는 중국의 기존 만리장성의 인식의 변화이다. 원래 만리장성은 북방이민족의 침입을 막기 위한 방어적인 전략의 필요성에서 만들어졌다. 하지만 만리장성의 범위를 연장하게 된다면 북방 이민족은 만리장성 안에 갇혀 있는 민족에 불과하다. 이러한 만리장성 연장의 의도는 현재 중국 영토 안에 있는 모든 소수민족은 중화민족의 성원이며, 이들 소수민족의 정권(정부)을 '하나의 중국' 또는 '통일적 다민족국가'의 형성과정으로 본다는 주장이다.

이러한 만리장성 확대논란의 의도는 동북공정의 연장선에서 파악해야 한다. 고구려와 발해가 중국의 지방정권으로 보았듯이 고구려 산성과 발해 산성의 영역까지 중국의 만리장성의 연장선상에 연결함으로서 이 지역에 사는 모든 민족정권의 역사는 중국의 역사 범위에 포함된다. 그리고 청대공정 또한 이와 같은 논리에 근거하고 있다.

우선 우리가 동북공정을 이해하기 위해서는 동북공정의 추진배경과 목적을 이해할 필요가 있다.[24] 또한 중국이 동북공정을 통해 무엇을 얻을 것인지?

---

24) 이천석, 2008 『중국 동북공정에 관한 연구』 영남대학교 대학원 박사학위논문, pp.21~28

그리고 동북공정을 추진하게 된 중국의 전략을 파악하는 것도 중요하다. 이러한 중국의 전략은 주변국과의 관계형성에도 영향을 미치게 마련이다.

그럼에도 불구하고 동북공정을 바라보는 우리의 잘못된 인식을 검토해 보면, 첫째, 우리는 동북공정을 '고대사' 문제, 특히, 고구려사에게만 관심이 집중되어 흔히 '고구려사 빼앗기 프로젝트'로 이해하는 수준이다. 동북공정은 단순한 '고구려사 빼앗기'를 넘어 한국의 동북아 중심국가론에 대응하는 중국의 동북아 국가전략 프로젝트라는 견해가 있다.[25)]

둘째, 첫째와 관련해서 우리가 동북공정을 이해하는데 있어 흔히들 기초연구인 "역사문제 연구"정도로 이해하고 있다는 점이다. 그러나 동북공정은 동북지역의 역사지리학을 연구하는 기초연구뿐만 아니라 사회과학 성격이 농후한 응용연구가 있다. 응용연구는 한반도 정세변화가 중국의 동북지역에 안정에 위협이 된다는 인식하에 정치상황 문제와 한반도의 지정학적인 전략을 주로 다루는 포괄적인 연구과제이다.

셋째, 동북공정의 범주를 '학술차원의 프로젝트'의 성격으로만 파악하고 있다는 점이다. 학술연구 성과물을 기초로 해서 유적문화에 대한 정비와 복원작업을 서두르고 있다. 개발 논리를 앞세우기 위해서 대규모 상징 조형물, 박물관 조성, 공원 건설하여 관광자원으로 활용되고, 이를 홍보하고 선전하는 효과를 가져 온다. 흔히 동북공정은 2007년 상반기 연구과제의 선정이 종료와 함께 종결되었다는 성급한 판단을 내렸다.[26)] 비록 2007년 상반기 연구과제의 종료에도 불구하고, 연구과제의 결과물은 풍부하게 연구들이 쏟아지고 있다. 동북공정 종결 발표 이후 동북공정의 새로운 변화의 조짐이 지속되리라 예측된다. 동

25) 소치형, 2004「중국의 동북공정과 정치적 의도」『중국연구』 23집, p.65
26) 윤휘탁, 2008「포스트(post) 동북공정 : 중국 동북변강전략의 새로운 패러다임」『역사학보』 제197집, pp.99~101

북공정의 전·후 시기로 나누어 보면, 몇 가지 특징을 살필 수 있다.

첫째, 연구 방향의 변화를 들 수 있다. 다시 말하면, '역사 귀속론' 논의에서 '변강 이론체계'의 연구방향으로 전환이다. '고구려·발해 정권은 중국의 소수민족 정권 내지 중국의 지방정부이라'는 논리를 전개하는 데 있었으나 동북공정 연구과제가 끝난 이후에는 변강이론, 변강민족, 변강체계 중심으로 연구 과제를 전환하고 있다. 변강중심의 제11차 5개년(2006~2010) 중심에서는 향후의 연구방향을 "중국 변강사지 학과체계의 완비를 핵심으로 중국 변강학의 이론틀(frame)을 만들고 역사상 다원일체(多元一體)로 형성된 중화민족 변강지구의 정치·경제·인문의 발전과 변천을 위한 이론체계를 구축"하는데 역점을 두고 있다.[27]

둘째, 사후작업이 작금에 와서 중국은 중앙정부의 연구 성과물을 지방정부로 이관되어 지방정부 중심의 연구과제 성과물이 상당수 출간되어 나오고 있다. 동북공정의 연구물은 중국사회과학원 중국변강사지연구중심에서 벗어나 지방정부 연구기관에서 많은 연구물이 나오고 있다. 특히, 길림성 사회과학원에서 『동북사지』와 흑룡강성지방지판공실·흑룡강성지방사지학회·당대(當代) 흑룡강연구소에서 발행한 『흑룡강사지(黑龍江史志)』 등에서 연구 내용들이 발표되고 있다.

셋째, 고구려사 왜곡의 후속 작업으로 '창바이산 문화론'을 제기하고 있다. 백두산을 '창바이산'이라 명칭을 사용해 가면서 2011년 11월에서 12월까지 중국관영 CCTV 6부작 다큐멘터리 '창바이산'을 중심무대로 삼아 발해를 당나라의 군정기구이자 지방정권이었다고 소개하고 있다. 조법종은 "중국으로서는 고구려와 발해 등 한국의 고대사를 중국의 역사로 편입해야 여진족, 만주족,

27) 윤휘탁, 앞의 글, p.112

청에 이르는 역사가 자연스럽게 중국으로 연결된다"며 중국이 고구려사 왜곡의 후속 작업으로 '창바이산 문화론'도 만주 일대의 모든 역사가 중국사로 편입을 강조하고 있다고 보고 있다.[28]

넷째, 2012년 6월 5일 중국의 국가문물국에서 장성 길이를 2만 1196.18㎞라고 발표하였다.[29] 기존 만리장성의 범위를 확대하여 처음에 호산장성(고구려 옛산성 박작성)으로 바꾸면서 또다시 호산장성에서 동북삼성 등 고구려와 발해의 영역으로 확장된 엄청난 규모의 장성을 새로 제시하였다.

다섯째, 최근 해강에 대한 관심도가 날로 높아가고 있다. 중국은 서사군도, 남사군도에 대한 베트남과 필리핀 간의 영유권분쟁, 조어도(일본명 센카쿠)를 둘러싼 중·일 영유권 분쟁의 가속화, 그리고 한반도 최남단 해양과학기지 이어도(離於島)를 둘러싼 영유권 분쟁의 가시화를 들 수 있다. 양국은 배타적 경제수역(EEZ)을 둘러싼 견해차이로 발생하고 있다. 이 지역은 광물자원과 어장이 있으며, 해양으로 진입하는 전략적 요충지로 인식되고 있다. 중국사회과학원 변강사지연구중심에서 해강을 중심으로 연구를 진행하고 있다. 이 연구중심에서 이 지역 여러 도서에 대한 역사적 주장을 통해 지배권을 강화하려고 하고 있다.

동북공정은 동북변강정책의 일환이다. 동북변강정책은 동북지역에 살고 있는 소수민족의 정책이며, 소수민족의 불안정을 해소하여 소수민족의 중국정체성을 지니도록 한다. 특히 조선족에 대한 중국정부의 삼관교육(三觀敎育)[30]도 동북변강정책에 해당한다. 나아가 동북지역의 안정은 중국의 정치적 안정에 귀결된다. 이 지역 소수민족 이탈을 방지하는데 있어 중국 역사관을 심어주

28) '중 "올해 청사공정 마무리" … 고대사 왜곡 결과물 쏟아낼 듯', 『중앙일보』 2012. 1. 12. http://news.donga.com/3/all/20120111/43253174/1 (검색일: 2012. 6. 19)

29) 中國文物信息網, 長城認定工作完成(圖), http://www.ccrnews.com.cn/102788/88436.html (검색일: 2012. 6. 26)

어 소수민족의 역사는 중국 역사라는 인식을 갖게 하는 것이다. 고대 동북지역에 살고 있는 소수민족은 장기적·점진적 동화를 거쳐 '중화민족 대가정'을 만들어 나가는 것이다. 아울러 중국이 내세운 역사논리는 통일적 다민족국가론을 전개해서 중국 고대왕조에서 오늘날까지 중국역사를 오로지 '통일적 다민족국가'라는 형식으로 전개하고 있다.

오늘날 중국의 통일적 다민족국가론은 바로 북방민족의 문제를 해결하지 못하는 화이사상을 버리고 북방민족들을 통합하려고 만들어낸 주장이다.[31] 북방민족 청(淸)은 만한(滿漢)일체를 주장하기 위해 화이의 차별을 없애고 한족의 문화를 적극적으로 수용하며 내적 통일을 추진하고자 도입되었다.

이처럼 통일적 다민족국가론은 변강정책의 이론적 토대가 되고, 통일적 다민족국가론 그 자체는 동북공정의 기초연구의 토대를 이루게 되었다. 그리고 동북공정이 끝난 이후에도 동북공정 관련 프로젝트는 끝나는 것이 아니라 형태를 달리하더라도 그 내용은 지속될 것으로 예측된다. 앞으로 고구려 이외 동북지역을 경영했던 발해 역사, 고조선 역사의 연구가 거세질 것으로 예상된다.

2. 동북진흥전략

국유기업의 구조조정과 낡은 공업기지의 발전에 대한 문제를 제기하면서

30) 삼관교육(三觀敎育)은 여타 소수민족과 달리 조선족에만 시행을 강요하였다. 삼관교육은 자신이 중국 국민이라는 조국관을 비롯하여 역사관, 그리고 민족관을 의미한다. 중국정부는 조선족에게 조선족의 역사는 중국에 살고 있는 소수민족으로서의 역사라고 가르친다. 조선족은 중국의 다양한 민족들 가운데 하나의 민족에 불과하며, 조선족의 조국은 중국이라는 것이다. 자세한 것은 장세윤, 2004「중국의 조선족 문제 연구 동향」『중국의 동북변강 연구동향 분석』, 서울 : 고구려연구재단, p.172

31) 노기식, 2007「입관전 만주의 몽골 지배」『중국의 변강 인식과 갈등』, 서울 : 한신대학교, pp.192~193

동북진흥전략이 나오게 되었다. 동북진흥전략의 공식명칭은 '동북지역 등 노후 공업기지 진흥전략'이다.[32] 동북 개발은 근본적으로 한반도와 국경을 맞대고 있는 지역의 경제 사업이고, 한국의 대중국 투자가 늘어날 경우 동북지역에 산재한 조선족의 정체성 약화를 가져오게 될 것이고, 더 나아가 영토분쟁의 빌미를 제공할 개연성이 있기 때문에 동북개발이 필요하다.

중국정부는 서부지역 내 소수민족의 분열을 해소하기 위해 '서부 대개발'이라는 경제정책을 실시한 것처럼, 동북지역에도 경제정책의 일환으로 '동북진흥전략'을 실시함으로써 소수민족의 문제 해결을 도모하고 있다. 지난 중국은 덩샤오핑의 선부론(先富論)원칙에 따라 동남 연해 중심의 발전전략을 구사한 결과 중국은 비약적인 경제 발전을 가져온 동시에 모순도 낳았다. 변강지역은 주로 소수민족 거주지에 산재함으로서 경제적 빈곤, 도농 간의 불균형 발전, 그리고 지역 간의 심한 불균형적인 발전을 가져왔다.

이러한 경제발전 전략에 따라 동북진흥 정책이 제기되었으며, 그 배경에는 두 가지 요인이 있다.[33] 첫째, 중국은 1990년대 초 WTO 출범과 시장경제화로 인해 국유기업 개혁이 무엇보다도 절실하였다. 이 과정에서 동북지구 공업에는 '기업경영의 곤란, 경제효과의 저하, 체제전환의 어려움' 이라는 환경 부적응 증상이 출현했다.[34]

---

32) 동북진흥전략의 추진과정에 대해서는 國務院振興東北地區等老工業基地領導小組辦公室, "振興東北老工業基地戰略決策、有關政策及東北經濟發展情況", http://www.chinaneast.gov.cn/static/e11315 /11315.htm (검색일: 2012. 6. 25)

33) 江振昌, 2004 「중국의 동북진흥정책 분석－찬스와 과제」 『민족연구』 13집, pp. 181~182

34) 낡은 공업기지의 공업생산의 현저한 쇠퇴는 다음과 같은 특징이 있다. 첫째, 경제의 발전 속도가 완만하고, 둘째, 공업생산의 하강, 셋째, 자원의 고갈과 대체산업의 부족, 넷째, 인프라의 미정비가 공업의 발전을 제약, 다섯째, 사회효율의 저하와 노동자의 임금수입의 격감, 여섯째, 생태환경의 경시와 환경오염의 악화 등이 있다.

둘째, 개혁 개방 이래 형성되어온 지역 간의 불균형 경제발전을 조정할 필요가 있다. 지난 20여 년간 걸쳐 동부 연해지역을 중심으로 한 정책이 동서 지역 간의 빈부의 차를 발생시켰다.

중국정부는 동북진흥전략의 주요 목표를 내세워 체제와 메카니즘의 혁신을 통한 과거 경제개발 방식을 지양하고, 시장기능과 정부직능과의 관계를 조정함으로써 자원의 배분과 구조조정, 기술혁신, 기업구조 조정 등에 있어 시장의 역할이 충분히 발휘될 수 있도록 하는 것에 초점을 두었다.[35] 다시 말하면 산업경쟁력을 강화시켜 지역경제의 활로를 모색하는데 있다.

국가발전과 개혁위원회(國家發展和改革委員會)에 따르면, "동북진흥의 계획은 국가전략의도(國家戰略意圖)를 천명하고, 정부공업중점을 명확히 하고, 시장주체 행위를 지도하고, … 국유기업의 개조를 중점적으로 하는 체제구조를 얻고, 대외개방 수준을 현저히 제고하며, … 구조조정의 속도를 빠르게 하는데 있다."[36]

동북진흥전략은 '전면적 샤오캉(小康)사회' 건설이라는 중장기 국가목표를 실현하기 위한 후진타오-원자바오 지도부의 '경제발전전략'에 해당하며, 지역 간의 격차 해소를 통해 정치사회적 안정을 도모하는 '균형전략'이다. 하지만 2005년 기점으로 동북진흥전략은 국가차원의 균형전략에서 사회 인프라 시설을 통한 '대외개방'으로 전환 혹은 확대해 나갔다.

이러한 지역균형 차원에서 전개되고 있는 낙후지역 개발과 변경지역의 '공정사업'은 어떠한 상관관계를 갖고 있는 것인가? 실제로 동북공정과 동북진흥

35) 원동욱, 2009「동북공정의 내재화, 중국 동북지역 인프라개발의 전략적 함의」『국제정치논총』 제49집 1호, p.237

36) 國家發展和改革委員會 國務院振興東北地區等老工業基地領導小組辦公室, "東北地區振興規劃", 『振興東北網』, 2007. 8. 20. http://chinaneast.xinhuanet.com/2007-08/20/content_10905015.htm (검색일: 2012. 7. 2)

전략은 정치사회적 안정이라는 측면과 중앙정부의 주도하에 추진되고 있는 국가전략이라는 점에서는 유사점이 있으나 그 내용과 방식에서는 차이를 보이는데 각각 역사적 측면과 경제적 측면을 강조하고 있다. 이처럼 양자관계에서 보면, 국가전략의 측면에서 상호보완적인 관계를 이루며, 서로가 밀접하게 연계되어 동북지역의 안정을 도모하고, 나아가 한반도 및 동북아 지역에 대한 중국의 영향력 확대를 도모한다는 점에서 유사하다.

그동안 동북공정을 통해 역사논리 만으로 동북지역 소수민족의 지역적 불만과 경제적 박탈감을 해소하기에 역부족이다. 따라서 동북진흥전략은 국내적으로 지역 간 불균형으로 오는 불만과 경제적 박탈감을 해소하고, 지역 간 격차로 인해 야기되는 사회불안 요소를 해소하는 동시에 조선족의 정체성 동요를 막고, 궁극적으로 국민적 통합을 이루는 전략이기도 하다. 대외적으로 동북아 국가들 간의 경제 합작을 이끌고 국제관계를 공고하려는 동북아전략이라 할 수 있다.

동북진흥전략의 하위구조에 해당하는 중국의 대북 접경지역 개발사업은 북한을 배려하고 한반도의 이익을 고려하면서 추진된 사업이 아니라 자국의 장기 계획에 따라 전략적 추진되고 있는 사업이다. 이 사업은 국경선을 따라 압록강 중심의 사업과 두만강을 사이에 두고 나진과 훈춘 지역을 중심으로 이루어지고 있다. 첫째 사례는 압록강 중심 사업을 들 수 있다. 2009년 7월 1일 중국 국무원은 '랴오닝성 연해경제발전계획'을 국가전략의 하나로 정식 비준했다. 발해연안과 대련에서 단동으로 이어지는 황해연안을 양 날개로 개발한다는 구상이다. 발해만을 통해 해양으로 진출해서 동북아 경제권을 장악하겠다는 중국의 장기 전략이다. 또한 단동에서 통화로 이어지는 '통단(通丹)경제벨트'가 구축되면 중국 동북내륙도시와 북한으로 연결된다. 북한 역시 2002년 신의주 경제특구를 지정한 바 있는 위화도와 황금평의 개발권을 중국에 양도하기로 결정했다. 그 이외 동변도철도 구축사업이 있다. 11차 5개년 계획기간 동안 동북지역 철도건설 중점 프로젝트의 하나로 설정되었다.[37]

둘째 사례는 두만강 접경지역 개발을 들 수 있다. 중국 국무원은 2009년 8월 30일 북한-러시아-몽골 간의 발전전략을 담은 '장길도 개발개방선도구를 위한 중국의 두만강구역 합작개발 계획강요' (이하 창지투개발로 약칭)을 국가전략으로 채택했다. 이 사업은 장춘, 길림, 두만강 일대를 핵심으로 하고, 중국에서 몽골을 이어주는 동북지역과 두만강경제권, 나아가 동북아 경제벨트를 형성하려는 야심작이다. 특히 훈춘을 기착점으로 해서 북한을 통해 바다로 진출하는 사업이기도 하다. 이 사업의 주도권은 중국에게 넘겨주게 되었다.[38] 현재 중국은 두만강을 이용한 동해로의 진출을 하게 되었고 남한, 일본으로 이어지는 물류의 중심기지로 활용하고 있다. 창지투개발 사업은 향후 지정학적으로 유리한 위치를 점하고자 한다.

중국정부는 서부지구 발전에 이어 동북지구 발전의 필요성에 따라 '동북진흥전략'을 통해 이 지역의 물질적 향상 기대 그리고 최근 조선족의 대규모 한국유입과 불법체류에서 나타나는 조선족의 한반도 경사현상(傾斜現狀)을 차단하고 조선족의 이탈을 방지하려는 데에서도 기인했다.[39]

3. 청사공정

최근 동북지역의 또 하나의 역사공정인 '청사찬수공정(清史纂修工程)'(이

37) 권오국, 2011「중국의 대북 접경지역 개발전략이 갖는 지정학적 함의」『통일문제연구』 제55호, pp.246~249

38) 권오국, 앞의 글, pp.255~258

39) 윤휘탁, 2005「현대중국의 동북변강정책 -동북진흥전략을 중심으로」『중국의 민족·변강문제 연구 동향』 서울 : 고구려연구재단, p.224

하 '청사공정'으로 약칭)[40]이 주목을 받고 있는 이유는 다음과 같다. 첫째, 학술적 측면에서 전통시대 정사편찬의 역사적 경험을 계승하면서도 시대의 변화를 반영할 체례(體例)[41]와 서술방식에 관심이며, 둘째, 청사를 편찬하더라도 이전 『청사고(淸史稿)』[42]이거나 『청사고교주(淸史稿校注)』[43]를 대신하면서 정사의 지위를 확보할 수 있는가? 셋째, 서술관점 측면에서 청과 역사적 경험을 부분적으로 공유한 주변국가와 민족에 관련된 사항을 어떻게 기록할 것인가 하는 문제의 여부이다.[44]

그러나 청사편찬 과정 역시 학술이 정치의 영향을 받는 일은 불가피할 것으로 보인다. 동북공정과 마찬가지로 청사편찬에서 학술과 정치가 어떻게 결합할 것인가? 하는 문제가 있다. 청사공정의 출발점은 '역대수사(易代修史)'와 '성세수사(盛世修史)'[45] 전통의 역사편찬의 배합과 '지도사상'에 입각해서 청사를 편찬한다. 중국공산당중앙은 청사를 편수할 때 '지도사상'을 반영토록 요구

40) '청사찬수공정' 혹은 '청사편찬공정'에 대한 개괄적인 설명은 청사찬수위원회의 홈페이지 http://www.qinghistory.cn/을 참조할 것.

41) 체례(體例)와 체재(體裁)는 사서의 전체 구성방법에 해당한다. 구성방법에 따라 내용을 결정한다. 체재는 기전체로 할 것인지의 여부이며, 체례는 기전체가 아닌 표, 본, 기, 지, 열전을 사용하는 방법이다. 자세한 것은 이준갑, 2011 「중국의 청사공정 연구상황」『중국의 청사 편찬과 청사연구』 서울 : 동북아역사재단, pp.34~36

42) 『청사고(淸史稿)』는 중화민국시기 위안스카이 정부에서 편찬을 지시, 후원했음에도 불구하고 완성되었을 때 정사로 인정을 받지 못하고 배포 금지되는 운명을 맞았다.

43) 『청사고교주(淸史稿校注)』는 1954년 대만에서 100여 명의 공동제안으로 정부가 국사관을 재건하여 청사를 편찬할 것을 요구하였고, 1978년부터 고궁박물원과 국사관의 주관으로 『청사고(淸史稿)』의 전면적인 수정작업에 착수하여 약 15년간의 걸쳐 『청사고교주(淸史稿校注)』 편찬작업과 출판이 진행되었다. 자세한 내용은 허혜윤, 2008 「청사공정의 배경과 현황」『중국근현대사연구』 제42집, pp.107~108

44) 이준갑, 앞의 책, p.21

45) 역사편찬에는 두 가지 방식이 있다. '역대수사'와 '성세수사'가 있다. 자세한 것은 이준갑, 앞의 책, p.24

했다. 국무원 부총리 리란칭(李嵐淸)은 2003년 1월 청사편찬공작좌담회 에서 언급하기를 "청사편찬공작은 마르크스-레닌주의, 모택동사상, 등소평이론과 '3개 대표사상' 중요사상을 지도로 삼아 유물주의 변증과 역사유물주의의 기본 관점 및 방법을 견지하고 역사를 거울로 삼아 옛날은 현재에 쓰임새가 있어야 한다는 원칙에 근거를 두고 역사사실을 존중해야할 뿐만 아니라 시대정신도 반영해야 한다."[46] 그러나 청사공정의 출발점에서 중국공산당이 '지도사상'으로 유물사관을 견지하도록 요구한 것은 오히려 청사의 학술적 수준을 떨어뜨릴 수도 있다는 우려를 낳을 수 있다.

청사공정의 주도자 다이이(戴逸)는『청사고』의 학술상 결점을 조목조목 지적하면서 청사 편찬의 학술적 당위성을 강조하였다. 한편 역대수사·성세수사의 전통을 끌어내어 정치적 당위성도 주장하였다. 정부의 재정지원도 적극 요청하여 비준을 얻었다. 청사공정은 국책사업으로서 국가예산 10억 위안(1300억)이 투입되며 2012년에 완성될 예정이다. 청사공정은 주제별로 백여 개 항목으로 나눴고, 각 항목별 전문가가 책임을 맡는다. 청사공정의 핵심인물은 고구려사를 주도했던 마다정이 참여, 동북공정의 전문위원 청충더(成崇德), 동북 국경문제 전문가인 리즈팅, '백두산이 중국영토이다'라는 이론적 토대자 류호우성,『고구려사 총론』의 완결자 이다롱 등이 참여자에 속한다. 이들이 내세운 주장은 동북공정에서 논란이 된 간도 귀속문제와 조선족 이주(이민)문제, 백두산 영유권 문제 등이 청사공정에 그대로 반영될 것이라는 조심스런 전망을 내려 본다. 또한 청나라 시대 확보했던 변강지역 역사를 중국역사로 편입시키는 문제가 남아있다.

청사공정의 연구주제는 청대변강과 지역, 해외청사연구, 근대화, 비밀사회,

---

46) 이준갑, 앞의 책, pp.27~28

전청사(前靑史), 청말신정, 정치사, 인물연구, 수리재해(水利災害), 사상문화, 중외(中外)관계, 홍콩·마카오·대만 주제, 청사연구총론, 사회사, 경제사, 사학이론과 사학사, 태평천국, 무술변법, 신해혁명, 양무운동, 의화단 등 주제, 전면적 드러내는 청사연구 논문 성과를 모색하고, 청사연구를 위해 수집제공, 저장, 검소한 복무를 진일보하게 발전한다.[47] 청사공정 이후 출판물은 주로 당안(檔案), 문헌, 연구, 도록(圖錄), 편역(編驛) 등 5종을 출간(叢刊)하였다.[48]

청사공정에 대한 반박을 주장하는 사례도 있다. 위잉스(餘英時)에 의하면, "청사공정은 3대공정(三代工程 : 하상주단대공정을 지칭)과 마찬가지로 황당한 일이며 6억 위안을 써서 10년간 3천만 자를 써서 출간해보았자 폐지가 될 것이라고 단언하고 있다. 그리고 공산당은 왜 이렇게 청사편찬을 하려고 하는가에 대해 공산당은 마르크스주의가 사실상 폐지된 이후 계승할 만한 것이 없자 중국의 오랜 전통을 계승하려고 하는데, 삼대공정이 그 중 하나이고 청사편찬도 그 중 하나이다"[49]라고 반박하고 있다. 또한 펑얼캉(馮爾康)에 의하면, "청사 연구는 시작하면서부터 정치 분쟁과 함께 하여, 반만(反滿)혁명, 반제(反帝)애국, 반수정주의, 혁명과 영구혁명 등의 정치적 상황이 모두 청사 연구에 영향을 주었다는 것이다. 정치는 학술연구에 대해 긍정과 부정에 모두 작용하여 학술연구를 진전시키는 조건을 만들어 주기도 했지만, 학술연구가 궤도를 이탈하게도 하였다"[50]고 언급했다. 이들의 주장은 청사공정의 반박 논의를 하고 있다.

---

47) 清史纂修工程 網頁http://www.qinghistory.cn/ (검색일: 2012. 7. 3)을 참조할 것.
48) 자세한 내용은 홈페이지 http://www.qinghistory.cn/qszx/xwzx/2012-01-18/32980.shtml (검색일: 2012. 7. 2) 참조하기
49) 餘英時, "重修請史 : 沒心要且荒謬", http://www.rfa.org/mandarin/pinglun/2004/10/12/yys/; 노기식, 앞의 글, p.49 재인용
50) 馮爾康, 2005「清史研究與政治」『史學月刊』2005-3; 노기식, 앞의 글, pp.49~50 재인용

청사 연구는 동북공정과 마찬가지로 '통일적 다민족국가' 관점에 따라 쓰고 있다. 중국학계는 입관 전 만주족과 한족의 전쟁관계를 마르크스 유물사관에 따라 민족 간의 전쟁이 아니라 만주족과 한족의 두 민족의 통치계급 사이의 이해충돌 내지 계급투쟁으로 보고 있다. 이는 국가 내부의 통치계급 간의 이해대립일 뿐이고, 만주족과 한족은 문화적으로 융합해서 이루어지고 있다는 주장이다. 이 부분에 대해서도 당과 고구려의 전쟁관계를 보는 관점 역시 동북공정의 논리와 같은 맥락이다.

우리사회가 중국의 '청사공정'에 관심을 기울이는 이유는 청과 조선의 관계를 편의대로 재단할 것이라는 우려 때문이다. 조·청(朝淸) 국경문제, 간도문제, 조공-책봉론에 입각한 조선 속국에 따른 문제가 있다는 점이다. 청사공정 역시 통일적 다민족 국가론이라는 중국의 역사인식과 성세의식을 바탕으로 중화민족의 역사를 재해석하고 재구성하는 점에서 역사공정의 일환이라 볼 수 있다.

4. 중국의 고구려 역사문화와 조선족 문화유산

문화유산은 민족의 삶과 지역성을 함축하고 있는 역사적 상징이다. 한중 경계에는 압록강과 두만강 유역에 다양한 민족의 문화유산이 분포하고 있다. 중국은 동북3성에 존재해 있는 고구려 문화유산과 조선족 문화유산을 활용하여 문화적 가치를 높이고, 관광자원으로 활용도를 높이기 위한 노력을 하고 있다. 특히 고구려 유적과 발해 유적을 대형조형물 설치와 박물관 설립, 대규모 공원 조성을 통해 관광산업을 유도하고, 이들 각각의 유물에 대해 '고구려·발해 문화유산'은 중국이라는 인식을 갖게 하는 것이다. 그러한 인식을 갖도록 지방정부와 학술계는 대외 홍보와 선전에 만전을 기하고 있다.

문제는 조선족의 민속문화를 중국의 문화유산으로 취급함에 따라 한·중 간의 문화유산을 둘러싼 갈등을 초래하고 있다. 한민족 문화유산은 남북한과 중국 조선족에 공통적인 문화유산이 공유하고 있다. 최근 한국 언론보도에 의하면 부채춤, 탈춤, 각종 춤 형태, 단오제와 같은 전통명절, 전통가요 형태의 아리랑 등을 둘러싼 문화유산 지키기 캠페인 및 문화유산 연구를 진행하고 있다. 중국 역시 이들 문화유산을 보호하고 육성한다는 명목으로 문화유산에 많은 심혈을 기울이고 있고 정부의 보호아래 문화유산 보호 계획을 진행하고 있다.

문화유산은 민족의 긍지를 내세워 국가통합에 일조하고 있다. 중국은 찬란하고 유구한 문화유산의 전통을 내세워 중국의 위대함을 보여주면서 궁극적으로는 중국의 국가통합을 내세우고 있다. '하나의 중국' 또는 '통일된 다민족국가의 완성'을 문화 차원에서도 진행하고 있다고 보여 진다. 최근 중국은 비약적인 경제성장을 바탕으로 하여 세계와 주변국가에 대한 화평굴기(和平崛起)의 모습을 드러내 보이고 있다. 중국은 많은 인원과 자금을 동원하여 세계문화유산에 지원하고 있다. 이는 세계문화유산에 영향력을 갖게 되어 보다 많은 문화유산 등재에 우위를 점하고자 한다.

궁극적으로 중국은 이러한 역사문화를 정비하여 역사관광 자원을 활용해서 경제적 이익을 얻는 동시에 세계인들에게 역사문화를 중국문화로 인식케 하려는 전략이며, 궁극적으로 전통문화의 선점과 홍보를 통해서 중국 조선족과 한반도의 연관성을 사전에 차단하기 위한 정치 전략이기도 하다.

1) 중국의 고구려 역사문화와 관광개발

중국은 고구려·발해 문화유산을 잘 활용해서 중국 문화유산으로 삼고자하며, 이에 따른 중국의 전략은 다음과 같다. 첫째, 고구려 발해 유물 발굴과 전시효과를 내세워 국내외에 홍보하거나 선전을 하고 있다. 한 사례로 2009년 3

월 10일 랴오닝성 박물관 요하문명전 안내문에 '고구려 등이 중국 역사상 매우 큰 규모의 민족 대융합을 이뤘다'고 설명하고 있으며, 또 다른 사례로 길림성 정부는 '용담산개발건설공정(龍潭山國家考古遺址公園)'을 개발하면서 2억 위안(약 370억) 이상의 예산을 투입한 대형 프로젝트이다. 부여·고구려·발해사를 비롯해 여진족 금나라, 만주족 청나라에 이르기까지 모두 포괄하는 역사 프로젝트를 담고 있다.[51] 이러한 책봉외교 관례는 발해가 중국의 지방정권이자 속국으로 부각하려는 속셈이다.

둘째, 고구려 유적을 세계 유네스코[52] 등재를 들 수 있다. 북한과 한국 보다 먼저 신청함으로서 고구려의 유적을 중국의 유적으로 선취하겠다는 의도이다. 동북공정 진행 중에 북한이 고구려 고분군을 세계 유네스코에 등재 신청을 하자 이에 자극을 받아 대응 차원에서 중국은 고구려 유적을 2003년 1월 신청하

51) 이 공원의 계획도 안내문을 보면, 공원 정문은 한나라 양식으로, 부여유적지 박물관은 당나라 양식으로 조성한다는 사실이다. 문제가 되는 것은 '발해군왕접지처(渤海郡王接旨處)'라고 적힌 동상이다. 발해왕이 당나라 사신 앞에 무릎을 꿇은 채 조서를 받는 조형물이다. 자세한 내용은 "지린성 '용담산개발건설공정' 들여다보니…", 『세계일보』 2012. 6. 18. http://www.segye.com /Articles /Main.asp (검색일: 2012. 6. 17)

52) 세계유산을 선정하는 기구는 세계유산위원회인데, 세계유산협약 가입국 가운데 21개국 정부 대표로 이루어지는 정부간 위원회이다. 세계유산위원회는 전문성을 보완하기 위해 자문기구를 두고 있다. 문화유산 분야는 크게 3부문으로 첫째, 문화유산 분야는 국제기념물 유적협의회(ICOMOS)와 둘째, 국제문화 재보존 복원센터(IC-CROM), 셋째, 자연유산 분야는 세계자연보전연맹(WCU)으로 나눠 담당한다.
각국은 세계유산 정식 신청서를 제출하기에 앞서 가능한 1년 전에 세계유산 잠정목록에 후보지를 등록하고, 매년 2월 1일 기준으로 정식 신청서를 제출한다. 신청서가 접수되면 자문기구들은 현지 실사와 서면 검토를 통해 유산의 가치를 평가한 뒤 세계유산위원회에 보고서를 제출한다. 이때 이 후보지를 세계유산목록에 등재해도 좋을지를 '등재', '보류', '반려', '등재 불가'로 나누어 세계유산위원회에 '권고'한다. 그러나 큰 문제가 없는 경우 자문기구의 의견을 수용하므로 자문기구의 평가는 세계유산 등재에 큰 영향을 미친다. 자세한 내용은 신미아, 2011 「북한과 중국내 고구려 유적 세계유산 등재 관련 주요 쟁점 연구」『고구려발해연구』 제40집, pp.83~105

게 되었다. 중국은 세계유산 신청서 첫머리에서 '고구려는 중국의 지방 세력이자 소수민족의 하나'라고 규정하고 있다. 고구려 문화유산은 중국의 것으로 인식케 하려는 의도이다.

셋째, 고구려 문화유산과 백두산을 활용한 관광산업전략을 들 수 있다. 중국은 각 지방정부로 하여금 박람회를 유치해 관광수입을 자원화 하도록 하고 있다. 중국은 동북공정에서 역사정리 작업과 함께 고구려의 유물과 보물자원을 발굴하고 기록함으로써 학술적 자원은 물론 경제적 자원으로써 활용도를 높이고 있다. 실례로 요녕성 정부는 심양에서 '세계문화와 자연유산 박람회'를 개최하여 고구려 장군총과 오녀산성(五女山城)을 중국문화유산으로 전시하고 있다. 또 다른 실례로, 11차 5개년 계획기간 동안 중국 지방정부 길림성은 '세계문화유산 집안 고구려 유적', '중화명산 장백산' 등을 활용한 관광산업 발전을 중점사업의 하나로 지목하였다.[53] 또 다른 실례로, 흑룡강성은 발해역사 유적이 많이 분포된 지역으로서 발해 역사문화 유적을 발굴·소개하면서 관광자원화에 많은 노력을 기울이고 있다. 성 정부는 국가계획 11차 5개년 방침에 따라 유적의 발굴, 정비, 보호, 전시를 진행하고 있다. 이밖에 백두산 생태환경, 조선족의 생활풍속 등을 접목시켜 유적지 개발, 스키장 및 온천 휴양촌 건설, 조선족 민속촌 건설 등 특색이 있는 관광 상품으로 개발하려는 것이다.

2011년 12월, 길림성위원회 9기 12차전회에서 통과한 省위원회는 "장백산 문화 브랜드를 조성하고, 『장백산문화건설계획요강』을 실시하고, 장백산문화자원을 재통합하며, 길림문화를 대표하는 상징성표기로 한다. 또한 2012년 5월 6일 폐막한 성(省)10차당대회 제출을 요구하였다. 길림지역 역사문화 건설을 강화하고, '장백산 문화'상품을 조성한다.[54] 관광산업에 대한 12차 5개년

53) "關於吉林省國民經濟和社會發展 第十一個五年規劃綱要的報告" http://www.gov.cn/test/2006-03 /03/content_216859.htm (검색일: 2012. 6. 27)

(2011~2015년)에 따르면, 여행상품의 다양화를 들 수 있다. 특히 여행상품을 자연관광, 도시관광, 역사유적관광, 민족·민속관광, 그리고 국경관광으로 나누고 있다.[55]

이와 같이 고구려와 발해유적이 많이 분포된 동북3성은 관광자원으로 활용하여 경제적 효과를 가져 오는 동시에 고구려 문화유산을 중국 문화유산으로 홍보하는 선전·전시효과를 동시에 누릴 수 있는 이점이 있다. 다시 말해, 동북공정에서 고구려사·발해사는 중국역사이고, 고구려·발해 문화유적은 중국의 문화유적이라는 논리를 대내외 관광객들에게 선전하는 문화적 효과와 경제적 특수를 누릴 수 있는 목적도 있다.

2) 조선족 문화유산과 한·중 갈등

최근 한·중 간의 문화적 갈등이 첨예하게 대립되고 있다. 한·중 간은 문화적 공통성을 지닌 관계로 오랜 기간 문화적 교류가 빈번하였다. 이러한 최근의 문화갈등은 주로 유형, 무형의 전통 문화유산의 귀속을 둘러싸고 벌어지고 있다.[56] 중국은 동북공정에서 보여주었듯이, 통일적 다민족국가론을 내세우고 있다. 현재적 강역에 속해 있는 소수민족의 역사와 문화를 중국사 내지 중국문화로 보고 있다는 점에서 갈등의 원인이 내재해 있다.

그렇다면 한·중 간의 문화갈등은 왜 일어나는가? 직접적 계기는 2004년 중

54) "大美長白山 文化顯風韻——聚焦我省長白山文化建設", 『中國吉林網』, 2012. 6.27. http://www.chinajilin.com.cn/content/2012-06/27/content_2565100.htm (검색일: 2012. 7. 4)

55) 자세한 내용은 "吉林省旅遊業發展十二五規劃", http://wenku.baidu.com/view/750c50146c175 f0e7cd13782.html### (검색일: 2012. 6. 27)

56) 정재서, 2011 「오래된 미래, 동아시아 문화공동체를 향하여」 『中國語文學誌』 제37집, p.541

국사회과학원이 내세운 '동북공정'으로 인한 갈등으로 말미암아 고구려 역사를 중국사에 편입시킨다는 구상은 한국사 체계를 근본적으로 뒤흔드는 계기가 되었고, 중국 역시 2005년 한국의 강릉 단오제 유네스코 세계무형 문화유산 등록한 사실은 중국인들에게는 문화강탈로서 인식하고 있다. 안후이성(安徽省) 굴원기념관장 쉬위(徐蔚)는 "이천여 년 이어지는 단오절은 국내외 중국 혈연관계, 혈연적 문화유대 뿐만 아니라 중화문화를 전승하는 중요 운반체로 되어야 한다"고 밝히고 있다.[57] 그 이후 중국은 문화유산 보호 강화를 내세워 중국내 조선족의 문화를 새로 정비하여 중국의 국가 문화유산으로 등재하게 된다. 연변 조선족 자치주와 국무원 문화부 산하 「중화애국공정연합회」를 내세워 조선족은 물론 북한의 문화와 역사를 포함하는 대규모 문화단지를 조성했고, '고구려 고분군'과 '농악무'를 자국 문화재로 지정한 뒤, 이어 세계 유네스코 무형문화유산에 등재하였다. 그리고 2011년 '아리랑'을 국가 중요무형문화재로 등재하기에 이른 것이다.[58] 그 외 농악과 환갑잔치, 장구춤, 학춤, 널뛰기 등이 중국의 비물질 문화유산(일명 무형문화재)로 등재됐다. 뿐만 아니라 농악무, 상모무, 그네타기, 퉁소 음악, 전통혼례, 민속악기 제작 기예, 전통복식도 문화유산에 포함시켰다. 앞으로 한민족의 전통문화가 유네스코 세계무형유산에 중국 전통문화로 둔갑할 여지를 배제할 수 없다. 이 중 조선족과 몽고족은 여타 소수민족과 달리 모국이 존재하고, 두 민족이 중국에서 유지·보존해 온 전통문화가 모국에 존재한다는 사실을 무시한다는 점이다.[59] 또한 중국 국무원은 제1조

57) "中國端午節 : 在世代交替中活化傳承", 『安徽農網』 2012. 6. 23. http://www.ahnw.gov.cn/2006nwkx/html/201206/%7BA9F12A87-3015-42A7-A60FEE92C9CB91C2%7D.shtml (검색일: 2012. 6.29)

58) "중국, 왜 아리랑 도둑질 기도하나", 『뉴시스』 2012. 6. 16. http://www.newsis.com/ar_detail/view.html? ar_id=NISX20120615_0011195361&cID=10102&pID=10100 (검색일: 2012. 6. 17)

에 "비(非)물질문화유산 보호공작을 강화하기 위하여 국가급 비(非)물질문화유산 대표작의 서면보고와 평가결정을 규범한다." 중화인민공화국헌법 제 22조에 근거하여 "국가보호명승고적, 진귀한 문물과 기타 중요한 역사문화유산 및 관련법률, 법규, 근본 방식을 제정한다."[60] 전인대 상무위원회에서도 비(非)물질문화유산법을 제정하였다.[61] 장래에 세계문화유산 지정문제에 있어 유네스코에서의 중국의 영향력은 더욱 증가할 것이다.

중국은 경제성장과 함께 우수한 전통과 문화를 과시하고 있다. 지난 2006년 중국 공산당 정치국에서 열렸던 '중국경제외교공작회의'에서 상무위원들은 외교부가 전면에 나서서 문화외교를 강화해 나갈 것을 지시하였다. 또한 2007년 중국공산당 제17차 전국대표대회에서 후진타오(胡錦濤) 총서기가 중화문명의 창달과 보급, 그리고 문화유산의 보호를 강조하였다.[62] 문화외교는 곧 유네스코에 대한 영향력이다. 중국은 유네스코 영향력 증대를 위한 매년 15만 달러를 출자하고, 유네스코 직원을 늘리고 있으며, 집행위원회 선출문제에도 참가한다. 이렇게 유네스코 외교에 집착하는 것은 중국문화의 선점과 중화문명의 우수성을 과시하는 동시에 주변국의 문화를 사전에 중국문화로 귀속시키기 위한 전략이다.

이처럼 문화적 가치가 국가 브랜드로 직결되고 경제적으로는 문화산업에 막대한 영향을 미치는 현실에서 누가 문화표준(cultual standard)을 선점하느

---

59) "농악 장구춤까지 중국 무형문화재라고?" http://www.siddham.kr/board3/942 (검색일: 2012. 6. 25)

60) 國務院辦公廳, "關於加強我國非物質文化遺產保護工作的意見," http://www.110.com/fagui /law_3387.html (검색일: 2012. 6. 25)

61) 전국인민대회상무위원회, "中華人民共和國非物質文化遺產法," http://www.110.com/fagui /law_376656.html (검색일: 2012. 6. 25)

62) 이장원·홍우택, 앞의 글, pp.41~44

냐는 국가 경제력을 좌우하는 중요한 사안이 되었다.[63]

V. 맺음말

중국은 한족을 포함한 많은 소수민족들이 이루어진 국가이다. 소수민족은 중국에서 가장 중요한 국가이익에 해당한다. 중국의 정치경제는 안정의 바탕 위에 발전을 추구해 나가고 있다. 과거 중국은 서양제국주의의 침략과 외압을 받은 아픈 기억이 있는 중국은 새로운 전략으로 '대국굴기'를 지향하고 있다. 중국은 국력을 바탕으로 해서 자국의 위상을 높이고 있다. 최근 변강의 하나인 육강에 비해 해강에서 조어도, 남사·서사군도를 비롯하여 이어도에 대한 영유권 주장이 제기되어 주변국가를 긴장시키고 있다. 특히 최근에 조어도(일본명 센카쿠)에 대한 중·일 간의 긴장과 대립이 일촉즉발의 국면으로 치닫고 있다. 이러한 중국의 모습은 '중국 위협론' 주장을 인정하는 셈이다. 그럼에도 불구하고 중국은 자국 내의 위기 역시 도사리고 있다. 공산당의 일당체제에 대한 도전과 한계, 경제성장에서 오는 후유증으로 인해 중국은 국가 발전에 내재적 불안요소를 가지고 있다. 이러한 총체적 불안을 잠재우고 국가의 기틀을 다지는 데 있어 주변 지역을 단속할 필요성이 생겨났다. 이것이 변강정책을 낳았다.

그렇다면 중국이 변강정책을 하게 된 계기는 소수민족 정책의 근본적 재수립이 필요하다는 인식이 제기되었다. 첫째, 변강지역에 주로 살고 있는 소수민족에 대한 차별적 대우와 불만은 중국사회의 발전에 걸림돌로 작용할 수 있다.

63) 김기덕, 2009「미디어 속의 한중일 젊은이들-인터넷에서는 지금 무슨 일이 일어나고 있는가?」『제2회 한중일 문화 국제 심포지엄 발표논문집』, 서울 : 한중일 비교문화연구소, p.70; 정재서, 앞의 글, p.539 재인용

이처럼 소수민족 지역의 불안정과 사회적 불균형을 해소하는데 무엇보다 경제적 측면의 변강정책을 들고 나왔다. 둘째, 타이완 수복을 위한 국가통일의 기대도 높다. 반면에 통일에 대한 불신은 중국 국가의 붕괴를 가져올 수 있기 때문에 국가 통합을 위한 '통일적 다민족국가론'를 제기함으로서 소수민족과 한족은 하나라는 인식을 심어주고 있다. '통일적 다민족국가론'을 내세워 중국 역사의 재정립을 주장하는 변강정책인 동북공정 내지 청사공정을 들 수 있다. 셋째, 사회적 불신과 혼란, 부패의 만연은 중국인들의 정신적 나태함을 가져와 중국의 민주화와 같은 사태가 재현되지 않을까 우려하고 있다. 이는 공산당의 정통성에 위협이 되는 것이다. 따라서 중국은 당과 국가를 위해서 애국주의 교육과 캠페인 운동을 실시하였다. 특히 민족의 긍지와 자부심을 불어넣을 수 있는 문화정책을 언급할 수 있다. 이와 같이 변강정책은 여러 형태를 달리하고 있다.

이처럼 중국은 필요에 따라 변강정책을 추진하고 있다. 물론 여러 가지 동인(動因)이 있지만, 그 가운데 중요한 계기는 소수민족에 대한 근본적인 대책이었다. 소수민족을 한족과 하나로 통합하기 위해서는 역사공정이 필요하였다. 소수민족의 역사와 민족을 중국의 역사와 중화민족으로 묶는 방법인 것이다. 여기에는 하나로 묶는 방법은 '통일된 다민족국가' 형식으로 하는 방법이다. 현재의 중국의 범위 안에 있는 소수민족의 역사와 민족을 중국사 또는 중화민족으로 하는 것이다. 현재의 역사와 마찬가지로 과거의 소수민족의 역사와 민족은 융화를 거쳐 '통일된 다민족국가'를 완성한다는 논리이다. 이러한 방식으로 청사공정, 문화공정을 연계시키고 있다.

최근 만리장성 논란과 세계유네스코 문화유적의 논란은 그동안 변강정책의 결과에서 비롯되었고, 특히 무형무화재(중국명 非物質文化)의 갈등의 논란은 거세질 것이다. 장성 확대와 문화유적에 대한 한·중 간의 갈등의 증폭은 동북공정의 연장선상에서 논의되어야 할 것이다. 이처럼 변강정책의 변화는 동북공정에만 국한한 것이 아니라 동북진흥전략, 청사공정, 문화공정으로 다양하게 전개되고 있다.

궁극적으로 중국은 동북지역의 역사와 문화를 재정립하여 중국화하기 위한 노력을 하고 있다. 이러한 역사문화에 대한 중국의 전략으로는 첫째, 동북지역의 한민족 역사문화를 재정비하여 대내외에 중국의 역사문화를 알리고 이를 중국화 한다. 다시 말해서 동북아 지역의 역사유적과 문화유적을 세계인들에게 중국의 역사와 문화를 알리는데 있다.

둘째, 고구려·발해 유적을 연구하는 이론적 토대를 마련하고, 이러한 토대를 바탕으로 관광문화 사업을 전개한다. 이 지역의 역사유적단지를 조성하고 역사 유적과 연계된 관광 상품을 세계인들에게 팔고 있다.

셋째, 역사와 관광을 매개로 해서 낙후된 동북지역의 개발을 조성하여 동북지역을 무역 중심지로 삼아 동북아시아를 하나의 경제권으로 활용하고자 한다.

넷째, 전통문화의 선점과 홍보를 통해서 중국 조선족과 한반도의 연관성을 사전에 차단하기 위한 정치 전략적 포석이기도 하다.

이 글은 동북공정 이후 중국의 변강정책의 변화 추이를 살피고, 동북변강지역 내에 벌어지고 있는 변강정책의 여러 형태를 살펴보고, 그 추진배경과 내용 그리고 전략적 측면을 살피는 데 있다. 장래에 이러한 공정들은 어떤 형태로 더욱 진행할 것인지? 그 진행과정을 눈여겨 볼 필요가 있다. 마지막으로 이들의 공정에 대한 우리의 대응방안과 향후 전망을 살펴보는 것이다.

특히 이 연구의 성과는 최근에 벌어지고 있는 변강정책의 향후 방향의 흐름을 이해하는데 도움이 될 것이며, 변강정책의 후속 연구들이 어떠한 진행으로 될 것인지, 그리고 역사적 연구와 더불어 국제정치의 연구도 함께 논의되어야 할 것이다.

2007년 이후 한·중 언론의 동북공정 관련 보도양상

김 현 숙
동북아역사재단 책임연구위원

2007년 이후 한·중 언론의 동북공정 관련 보도양상

Ⅰ. 머리말

중국사회과학원(中國社會科學院) 산하 중국변강사지연구중심(中國邊疆史地硏究中心)의 주도 아래 랴오닝(遼寧), 지린(吉林), 헤이룽장(黑龍江) 등 동북3성(省)의 사회과학원이 참여하여, 2002년 2월부터 실시한 '동북공정'은 5년 계획의 연구사업이었으므로 2007년에 이미 종료되었다. 그러나 2007년 이후에도 중국이 한국사를 왜곡하는 사안이 발생하는 경우, 우리나라 언론이나 방송계, 그리고 사회일반에서는 이를 모두 동북공정이라고 통칭하고 있다. 엄밀한 의미에서 '동북공정' 기간이 만료되었으므로, 혼동을 피하기 위해 그 이후 발생한 중국의 통일적 다민족국가론에 의한 역사 왜곡 문제는 적절한 다른 용어로 표현할 필요가 있을 것 같다. 역사학 분야의 사안이라면 '동북공정' 대신 '동북공정식 인식', 혹은 '한중역사갈등 문제'라고 하는 것도 혼동을 피하는 길이 될 수 있겠다.

그런데 문제는 '동북공정'이 원래 중국 동북 3성 지역의 역사, 지리, 민족 등에 관한 문제를 집중적으로 연구하는 국가적 중점 사업으로서, 이 지역의 과거와 현재, 그리고 그로부터 파생될 미래의 일까지 모두 연구대상으로 한다는 점이다. 즉 역사 뿐 아니라 정치, 경제, 문화, 군사, 국제관계 등 다른 분야까지 대상이 될 수 있다. '동북공정'의 범위가 광범위하다는 것은 그간의 과정을 통해 확인되었지만, '동북변강역사여현상계열연구공정(東北邊疆歷史與現狀系列硏究工程)'이란 명칭 자체에도 이미 나타나 있다. 따라서 '한중역사갈등 문제'라는 용어도 정확한 표현이라 하기는 어렵다.

현재 우리나라에서는 한중간 갈등이 있는 사안에 대해 모두 동북공정이라 칭하고 있다. 마치 보통명사처럼 사용되고 있는 것이다. 이 때문에 2007년으로 '동북공정'은 모두 종료되었다고 하는 중국측과 한국측 사이에 혼동이 생기고 있다.[1] 이를 두고 한국 내 일부 세력이 자신의 이해관계에 따라 '동북공정'을 활용하기 위해 문제를 더 확대시키고 있다고 보는 비판적인 시각도 있다. 이런 점들을 통해 볼 때, 동북공정이란 용어 문제에 대해 본격적인 논의가 있어야할 것 같다.

그러나 용어사용에 대한 논의는 본고에서 다룰 사안이 아니므로, 다음 기회로 미루도록 하겠다. 그리고 이 글에서는 혼란을 피하기 위해 2002년부터 5년간 지속된 프로젝트 이름은 '동북공정'이라 칭하고, 그 외 중국과의 역사갈등과 그로부터 파생된 제반 문제에 대해 언급할 경우에는 인용기호없이 동북공정이라고 표현하기로 하겠다.

학계, 특히 고구려사 연구자들의 경우, 그 이전에 접했던 몇몇 중국학계의 연구서적에서 "고구려는 중국 고대 소수민족 지방정권"이라고 쓴 부분을 발견했었다. 그리고 1993년 고구려의 두 번째 수도였던 지금의 지린성 지안시에서

---

1) 최근 한중간 이슈로 떠오른 장성 문제와 관련해서도 한국과 중국학계, 한국언론과 중국언론, 한국인과 중국인 사이에 '역대 장성'과 '장성', '만리장성'의 의미를 두고 혼선을 빚은 적이 있다. 일각에서는 이러한 용어의 혼동 자체가 중국측의 의도적인 이중성에서 비롯된 것이라 보기도 한다.

한국, 북한, 중국학자가 참석한 가운데 열린 최초의 고구려 국제학술회의에서, 훗날 '동북공정' 진행시 활발하게 활동을 한 쑨진지(孫進己)와 껑톄화(耿鐵華)가 고구려사 관련 발표를 할 때에도 같은 내용의 발언을 한 적이 있다. 이에 북한의 원로학자인 박시형이 현재의 시각으로 과거 역사를 규정하는 것에 대해 단호한 어조로 비판을 했고, 참석한 한국학자들도 항의를 했었다. 그러나 학문적으로 문제가 있는 시각이라 여길 뿐, 그 문제가 이토록 크게 확대되리라고 생각한 학자는 거의 없었다.

'동북공정' 소식이 국내에 전해진 것은 2003년 중앙일보의 보도로부터였다. '동북공정'에서 고구려사가 집중적으로 다루어지고 있다는 것을 중앙일보에서 감지를 하고, 이를 중국의 고구려사 왜곡이라는 시각에서 대대적으로 보도했다. 우리 민족에게 있어서 고구려가 가지는 의미가 상당히 컸고, 사안 자체가 민감했으므로, 이 보도는 엄청난 파장을 불러일으켰다. 관련 소식은 사회 전반에 빠른 속도로 퍼져 나갔다. 이후 언론사, 방송계, 시민단체, 학계 등에서 대응활동이 다양하게 전개되었다.

이러한 초창기 전래 요인으로 인해, 한국 내에서의 동북공정 관련 사안은 언론의 보도→한국 내 민족주의 여론의 환기→한국 정치권의 자의적 해석과 수용→외교문제화→협상을 통한 문제해결이라는 경로를 밟았다.[2] '동북공정' 초창기 가장 직접적인 당사자였던 한국고대사학계에서는 학계의 속성에 비해 비교적 발 빠르게 대처를 했다고 볼 수 있으나 언론의 속도에는 미치지 못했다.

이처럼 언론이 '동북공정'과 관련, 한국 내 여론을 주도하는 입장에 있었으므로, 이후의 진행방향을 결정짓는 데에도 중요한 역할을 했다. '동북공정' 연

2) 이희옥, 2007「동북공정의 정치적 논란에 비판적 해석」『동아연구』53집, p.10

구기간이 공식적으로 종료된 2007년 이후의 상황도 마찬가지였다. 동북공정 관련 문제에서 언론은 직접적인 당사자로서의 위치에 있었다고 해도 과언이 아니다. 따라서 동북공정 관련 연구에 있어 언론의 역할과 보도양상에 대한 분석 작업은 빼놓을 수 없는 부분이다.

본고에서는 2007년 연구프로젝트 기간 종료 이후 동북공정 관련 한국과 중국의 언론보도 양상에 대해 살펴보고자 한다. 한국 언론에서는 연합뉴스, 조선일보, 동아일보 등의 보도 기사를 주요 분석 대상으로 삼고 그 외 다른 언론보도 매체와 인터넷 뉴스를 참조했다. 하지만 중국 언론의 경우, 인민일보 등 대표적인 신문사에서는 처음부터 이 문제에 대해 의도적인 무관심으로 일관해왔고, 기사를 낼 경우에도 사실만 간략하게 보도해왔다. 따라서 인터넷상의 기사 검색을 통해 동북공정 관련 내용을 찾아 분석하는 방법을 택했다. 그리고 2007년 이후 동북공정의 진행 중심이 동북 3성 지역으로 완전히 넘어간 것을 고려, 그 지역 뉴스매체도 주요 검색대상으로 삼았다. 또한 국제적인 문제, 특히 한국 뉴스에 관심을 많이 보이는 환구망과 봉황망 등의 인터넷 사이트에서 관련 기사를 찾았다. 분석 대상 기간은 2007년 1월부터 금년 6월까지로 잡았다. 그리고 검색한 기사들을 통해 시기별 변화상, 주요 관심의 대상이 된 주제들, 한중 두 나라의 동북공정 관련 보도양상 등에 대해 살펴보았다.

검토대상으로 삼은 한국과 중국 언론의 보도내용이 주요 일간지 기사 대 인터넷 뉴스로서 서로 비중이 같지 않고, 전체 언론보도 내용을 대상으로 분석하지 못했다는 점에서 본고는 한계를 안고 있다. 그럼에도 불구하고 프로젝트 시작 후 10년이 지난 현재 동북공정과 관련된 사안들이 어떻게 진행되고 있으며, 그에 대해 한중 양국 언론이 어떤 양상으로 보도하고 있는지 개략적으로라도 파악하고자 이 글을 작성했다.

Ⅱ. 2007년 이후 한국 언론의 동북공정 관련 보도

먼저 동북공정 관련 기사의 양적변화를 파악하기 위해 양대 일간지인 조선일보와 동아일보 아카이브를 검색해보았다. 2007년 1월 1일부터 2012년 6월 30일까지를 기간으로 잡고 언론사의 기사 DB에서 동북공정을 검색어로 넣어 본 결과, 조선일보에서는 모두 210건, 동아일보에서는 204건의 기사가 검색되었다. 연도별로 보면 조선일보의 경우, 2007년 82건, 2008년 35건, 2009년 37건, 2010년 21건, 2011년 24건, 2012년 11건이 검색되었다. 동아일보의 경우에는 2007년 85건, 2008년 40건, 2009년 17건, 2010년 20건, 2011년 22건, 2012년 20건이 검색되었다.[3]

두 신문사 모두 전체 기사건수는 거의 비슷했다. 연도별로 보면, '동북공정' 연구기간이 종료된 2007년의 기사건수가 그 이후 년도들에 비해 두 배에서 네 배 정도 많았다. 프로젝트 종료시점이므로 전체를 마무리하고, 현황 및 향후 전개방향을 점검하는 기사들이 나왔으므로 당연한 결과라고 할 수 있겠다. 이해 4월 10일에 있었던 원자바오 총리의 방한도 기사량 증대의 한 원인이었다. 원자바오는 한국 방문 전 중국에서 한국 기자들을 만나 인터뷰시간을 가졌는데, 그 자리에서 동북공정과 관련하여 간단히 언급했다.[4] 또한 방한 중 노무현

---

3) 동북공정 단어 포함 기사의 게재 연도 및 일자, 그리고 주제별 건수는 첨부한 별표 참조

4) 한국에 대한 정식 방문을 앞둔 중국 국무원 원자바오(温家宝) 총리가 2007년 4월 5일 한국 각 신문사 북경 주재기자 연합취재팀과 인터뷰를 가졌는데, 이 자리에서 기자들의 질문을 받고 한중 사이의 역사문제, 정치 문제 등에 대한 의견을 밝혔다. 기자들은 한중 사이에 고구려 역사 문제로 분규가 끊이지 않고, 중국이 고구려사를 중국사로 편입시킨 점과 백두산 문제로 미묘한 긴장관계가 있는데, 이런 점들로 인해 한중 우호관계의 추이가 어떠할지에 대해 질문을 했다. 이에 대해 원자바오총리는 민족 및 강역 변천의 역사 연구에 대해서 마땅히 학술과 정치 그리고 현실과 역사를 분리해야한다는 원칙을 지키면, 양국 관계에 영향을 미치지 않을 것이라고 밝혔다. 温총리는 또 이 자리에서 한중 사이에 영토문제는 없다며, 이는 양국 관계 발전의 중요한 정치적 기초라고 분명히 밝혔다(中国新闻网, 2007.04.06, 人民网, 2007-04-06).

대통령과의 회담에서도 고구려사를 둘러싼 문제가 두 나라의 관계 발전에 장애가 되지 않도록 노력하기로 했다. 이로 인해 각 언론사에서 동북공정 및 고구려사 관련 기사를 일제히 내보냈다.[5]

조선일보와 동아일보 아카이브에서 검색한 기사를 주제별로 나눈 결과 ①고구려, ②고조선, 상고사, ③역사교육 및 교과서, ④발해, ⑤장성, ⑥아리랑, 단오, 김치, 농악무, 한글 등의 무형문화유산 ⑦한중외교관련, ⑧드라마, 영화, 소설, 게임 및 혐한 관련, ⑨백두산, ⑩간도, ⑪조선족, ⑫북한 및 북중 국경문제 등으로 분류할 수 있었다. 다른 언론사들의 경우도 큰 차이가 없었다.

해당 시기 조선일보와 동아일보의 동북공정 관련 기사를 보면, 기사날짜가 서로 겹치는 경우가 극소수에 불과했다. 비슷한 시기에 기사가 나온 경우도 생각보다 많지 않았다. 동북공정이란 단어가 들어간 기사를 두 신문사에서 동시에 내보낸 것은 2007년 원자바오 방한 당시와 2009년 고구려의 박작성(泊灼城)이었던 호산산성(虎山山城)을 중국 장성의 동단 기점으로 만들어 장성의 길이가 연장되었다고 보도한 것, 그리고 2012년 6월 중국의 역대 장성 총길이 발표 관련 기사 등 몇몇 경우에 지나지 않았다. 이것은 이 시기에 동북공정에 관한 폭발성 강한 뉴스가 많지 않았다는 것을 의미한다.

가장 주목되는 점은 이 기간에 나온 동북공정 용어가 들어간 기사 가운데 중국과의 역사 관련 문제 뿐 아니라 정치, 외교, 경제무역, 기타 전통문화와 대중문화 등 전반적인 면에서 한중간 갈등의 소지가 있는 부분에 대해서는 여지없이 동북공정을 거론한다는 것이었다. (붙임 별표 참조) 주제별 기사 건수를 보아도 단편적, 보조적으로 동북공정을 언급한 경우가 가장 많았다. 그 다음이

5) 이에 대해 국민일보는 "그 정도로는 충분하지 않으며 한중간 역사문제가 존재하지 않는다는 중국 측의 선언이 필요하다. 그래야 양국 간 진정한 신뢰가 싹틀 것이다"라고 지적했다(국민일보 인터넷판 2007.04.07).

위에 제시한 12개 주제의 순으로 검색이 되었다.

이것은 곧 동북공정이란 단어가 고구려사를 비롯한 한국고대사에만 관련이 있는 용어도 아니고, 역사 분야에만 국한된 용어도 아니게 되었다는 것을 보여준다. 동북공정은 이제 중국과 관련된 모든 사안에서 거론되는 단어가 되었다. 사용분야도 광범위해져서 심지어 '게놈 동북공정',[6] '한글 동북공정',[7] '중국의 스포츠 동북공정'[8]처럼 원래의 '동북공정'과 상당히 거리가 있는 분야의 기사에서도 동북공정이란 용어를 사용하고 있다. 다시 말해 동북공정은 이제 역사상의 문제를 떠나 중국과 관련된 여러 분야에서 일종의 '트러블메이커'같은 존재로 거론되고 있다. 이는 곧 동북공정이 한중간의 경제교류나 문화교류, 정치적 우호협력 등 여러 면에서 걸림돌로 작용할 가능성이 많다는 것을 보여준다.

한국 언론의 동북공정 관련 보도는 기본적으로 다음 세 가지 인식에 바탕

---

6) 조선일보 2010.3.26, 〈'아시안 게놈 로드'프로젝트 이끄는 서정선교수, '게놈동북공정(중국인이 아시아 게놈의 표준 주장)'막아〉 기사

7) 2010년 한글날을 즈음해 중국 정부가 스마트폰·태블릿 PC와 컴퓨터 키보드용 한글 입력 등의 국제표준 제정을 추진 중이라는 보도가 나가자, 우리 네티즌들은 중국의 표준화 시도에 대해 한글의 '동북공정'이라며 이제 중국이 한글까지 빼앗아가려한다고 흥분했다. 이에 대해 중국에서는 "북한이 사용하는 한국어는 보다 전통적이고, 한국에서 유행하는 한국어는 보다 서구화되었으며 중국조선족의 언어는 통일된 기준이 없다. 예를 들어 조선어로 표기된 리모콘과 컴퓨터자판기는 천태만상이라 국내 조선족의 생활에 매우 불편함을 가져오고 있다. 조선어는 중국소수민족의 법정언어 중의 하나이므로, 중국은 그 입력방식을 국제표준으로 신청할 권리가 있다"고 했다. 이와 관련한 내용은 环球时报, 2010.10.13, http://world.huanqiu.com /roll/2010-10/1164888.html, 〈驳斥所谓"霸占韩文"说 称朝鲜语是中国法定语言〉기사 및 조선일보, 2010.10.26, 〈'한글 동북공정'을 거꾸로 생각하자〉는 곽경(한글미등록발음등록추진회 홍보위원·건축사)의 기고문 참조

8) 조선일보 2007.3.30. 중국은 골프의 자국 기원주장에 이어 태권도의 중국기원을 주장할 가능성이 예견되므로 중국의 스포츠 동북공정에도 적극 대비할 필요가 있다고 한 독자 기고문 참조

하고 있다. 첫째, 동북공정이 고구려사, 고조선사, 발해사 등의 한국고대사에 한정하지 않고, 한국사 전반을 대상으로 하며, 여기에는 백두산·간도 및 북한, 조선족, 조중국경 문제 등도 포함된다는 것이다. 둘째, "'동북공정' 연구기간은 종료되었으나, 한국의 역사·영토에 대한 중국의 동북공정식 인식과 침탈은 계속된다"고 보는 것이다. 셋째, 중국이 '동북공정'을 시작한 궁극적인 목적은 잘못 서술된 과거 역사를 수정하겠다는 것이 아니라, 현재의 중국 영토와 중국 국민을 안전하게 유지하고, 나아가 북한 영토에 대한 영유권 주장을 위한 역사적 명분 마련에 있다는 것이다. 즉 동북공정은 중국에서 자주 거론하는 것과는 달리[9] 역사문제이고 학문분야에만 속하는 문제가 아니라, 현실 문제이자 정치분야에 속하는 문제라고 보는 것이다. 2007년 이래 지금에 이르기까지 동북공정 관련 기사가 신문 지상에서 지속적으로 다루어지고 있고, 그 기사들의 범위가 한국고대사를 넘어 중국 관련 거의 전 분야에 걸쳐 있는 것은 이 때문이다.

동북공정에 대한 한국 언론의 이러한 인식은 '동북공정'의 내용에 대한 이해가 깊어진 때문이라고 할 수 있다. '동북공정' 관련 소식이 국내에 알려진 2003년 후반기~2004년 단계에서는 이를 '중국의 고구려사 빼앗기', 혹은 '중국의 고구려사 왜곡'사업으로 인식했다. 그러나 이후 '동북공정'의 주도자, 참가자, 입항과제의 내용, 출간물 등 관련 내용이 상세하게 알려지게 되자, 고구려사 귀속문제는 '동북공정'의 일부에 지나지 않는다는 것을 알게 되었다. 이런 점에서 '동북공정'에 대한 이후의 한국 언론의 성격 분석은 비교적 정확했다고 할 수 있다.

그러나 중국 관련 분야에서 일어나는 갈등을 모두 동북공정과 연결시키는

9) 앞의 주 4) 및 조선일보, 2007.04.06, 종합 A1 면, "韓·中 영토분쟁 없다"는 제하의 기사 참조. '학술과 정치를 구분해야 하며, 역사와 현실을 구분해야 한다'는 원자바오 총리의 언급은 2002년 '동북공정' 시작 이래, 중국 연구자들이 자주 인용해왔던 구절이다.

것은 자칫 개별 사안들의 구분을 모호하게 만들고 실체를 흐릿하게 만들어 버릴 우려가 있다. 특히 역사 분야 사안의 경우, 충분한 근거없이 바로 동북공정과 연결지어 역사왜곡 또는 역사침탈이라 표현하는 경우가 적지 않았다. 때로는 동북공정과 정치현실 문제를 직결시켜 중국 위협론을 제기하거나,[10] 정권의 친중외교를 비판하고 한미우호 강화의 필요성을 강조하는 식으로 비약하는 경우도 있었다.[11] 이런 경향으로 인해 중국측에서는 역사문제나 기타 문제로 인해 한국측에서 항의를 하고 시정을 요구할 경우, 학술적인 차원에서 시정을 하기보다는 한국인들이 강한 민족의식 또는 피해의식 때문에 자국의 과거 역사와 문화를 과대포장하는 것으로 치부하고 넘어가버리려고 하는 경향이 있다.[12] 요컨대 동북공정이 보편화, 일반화된 용례로 사용되고 있는 것을 이용, 한국측의 정당한 지적에도 두루뭉수리하게 응대하면서 마땅히 시정해야 할 부분도 그냥 넘어가는 경우가 있다는 것이다. 이런 점을 통해 볼 때, 향후에는 한중간 문제를 사안별로 철저히 구분하여 적절한 단어로 표현할 필요가 있을 것 같다.

10) 김종성·권택규·이현주·강성봉, 2008 「동북공정에 관한 한·중 언론의 보도태도」『사림』 제30호, pp.361~363

11) 동아일보, 2007.01.02, 〈[배인준 칼럼] 實利의 중국, 失利의 한국〉

12) 이런 점은 심지어 중국 어민이 한국의 배타적 경제수역에 들어가 조업함으로써 발생한 어업분규에 대해서도 그 원인이 한국의 강한 민족주의 성향에 있는 것으로 분석하는 기사를 발표한 것에서도 잘 나타나 있다. 즉 어업분규에 대해 "이는 한국이 강대국의 지위를 확보하려는 의지의 표현으로 볼 수 있다. 중국에 대해 강력한 외교정책의 표명을 통해 한국의 실력과 지위를 드러내 보이기 위한 것"라며, "孫麗萍 길림대학 국제관계연구소 부교수에 의하면 근대 이전 한반도는 동아시아 조공체제 안에 있었고, 중화제국의 邊緣地帶에 위치하였다. 번속국의 역사는 한국인에게 '주변의식'을 갖게 하였다. 근대에 들어서 한반도는 일본의 식민지가 되었다. 굴욕적인 근대사는 한국의 '피해의식'을 강화하였다. 한국 민족주의의 배경에는 自卑와 自大라는 서로 다른 정서가 혼재되어 존재한다. 이는 한국 국민의 뿌리 깊은 '주변자'의 심리상태를 반영하고 있다"라고 논평하기도 했다. 凤凰网, 2011.12.23, http://news.ifeng.com/mil/4/detail_2011_12/23/11526474_0.shtml, 〈渔业风波中的韩国民族主义暗影也警示中国〉

이상에서 보았듯이 '동북공정'의 진행과정에서 한국 언론은 점화와 선언, 파장확산 및 여론조성의 기능을 확실히 수행했다. 그러나 그 과정에서 예산이나 내용 등에 대해 부정확한 보도를 하거나 확대해석해서 중국과의 갈등을 증폭시키기도 했다.[13] '동북공정' 관련 보도를 시작할 단계부터 학술적인 문제라기보다는 정치현실적인 문제라는 측면에서 접근했기 때문에 처음부터 '동북공정'의 확대, 변용은 불가피했다고 볼 수도 있다.[14]

그런 반면 문제해결의 방향을 제시하는 역할은 하지 않았다. 이 과제는 역사학계로 넘겨졌지만 '동북공정'에 내포되어 있는 정치성으로 인해 역사학계가 전체를 책임지기도 어려운 측면이 있었다. 이 과정에서 동북공정 문제는 학계의 범위를 넘어서고, 주류 언론의 범위도 벗어나게 되었다.

이에 따라 한중 네티즌들 간에 전혀 엉뚱한 사안을 두고 소모적이고 의미없는 논쟁을 이어가다가, 결국은 주제 자체를 상실한 채 감정섞인 비방전을 해나가는 경우가 발생하기도 했다. 이러한 네티즌들의 공방전은 일종의 해프닝으로 끝나버릴 수도 있지만, 사소한 감정싸움도 반복되면 결국 상호간 불신으로 이어지게 된다. 다음 장에서 살펴보겠지만 이전에 비해 중국인들의 한국과 한국인에 대한 호감도가 약해져 가고 있을 뿐 만 아니라 더 나아가 혐한 여론이 점차 커져가고 있다. 여기에는 동북공정으로 인한 갈등도 주요한 요인 중의 하나로 작용하고 있다. 이런 점에서 여론 조성에 큰 힘을 발휘하는 언론사의 역할이 상당히 중요하다고 할 수 있다.

---

13) 이에 대해 금년 7월20일~21일, 개최된 제14회 한국고대사학회 하계세미나에서 지정토론을 맡은 성균관대학의 김지훈교수는 "2012년 '동북공정'의 예산은 5년 동안 1500만 위안 정도(2003년 당시 환율로 23억원)였다. '동북공정'의 실제 예산이 확인된 이후에도 언론은 '동북공정'과 고구려 유적 복원 정비 등을 포함하여 200억 위안을 사용하고 있다고 주장했으나, 그 근거가 무엇인지 밝힌 적은 없다"(발표문, p.109)고 지적했다.

14) 김희교, 2004「한국 언론의 동북공정 보도 비판」『역사비평』69, pp.39~44

Ⅲ. 2007년 이후 중국 언론의 동북공정 관련 보도

중국 언론에서는 처음부터 '동북공정' 관련 기사를 많이 보도하지 않았다. 2004년~2006년까지도 관련 보도 건수가 매우 적었고 보도내용도 간단한 사실 보도에 치중하는 편이었다.[15] 이 프로젝트가 2007년에 종결된 하나의 연구사업에 지나지 않는다고 보는 입장이므로 2007년 이후에는 당연히 관련 뉴스를 전혀 보도하지 않았다. 따라서 검색어를 가지고 기사를 찾는 것은 불가능했고, 중국 인터넷상에서 한국 관련 기사들을 찾고 그 가운데 한국 언론에서 동북공정과 연결짓는 사안들에 관한 기사들을 추출하는 방식을 취할 수밖에 없었다. 그리고 이 기사들을 주제별로 분류한 결과 ①고구려사, 발해사 및 유물·유적 관련 기사(고구려, 발해유적지의 관광산업 관련기사, 제3차 전국문물조사[16] 및 장성 조사 관련 포함), ②무형문화유산 관련 기사(단오절, 조선족 농악무, 아리랑, 그네타기, 회갑연, 매사냥, 김치 등), ③고조선 관련 기사(단군신화, 곰 토템 관련 신화를 둘러싼 논쟁 기사), ④한중 양국민의 서로에 대한 인식 관련 기사(한중 국민의 상대방에 대한 인식 여론조사, 한중 네티즌들 상호 비방, 혐한 관련 기사 포함), ⑤간도 관련 기사(한국의 고토회복 주장 관련 기사), ⑦북한관련 기사(북한지역 관광, 위화도와 황금평 개발건, 나진항관련, 압록강신대교 착공 및 북한 고고학 발굴 소식 등), ⑧백두산 관련기사(장백산문화 및 관광산업, 화산폭발설 관련기사), ⑨한국 성씨 관련기사, ⑩한중외교 관련 기사(동북아협력,

---

15) 동북공정 문제에 대해 중국 언론이 소극적인 반응을 보인데 반해 일부 중국 네티즌들은 상당히 적극적으로 반응을 표출했다. 이에 대해서는 김종성·권택규·이현주·강성봉, 2008, 앞의 논문, pp.367~368 참조

16) 중국 国务院에서는 〈国家"十一五"时期文化发展规划纲要〉에 근거, 2007년부터 제3차 전국 문물 일제조사를 전개하기로 결정하였다. 国家文物局, 2007년 4월 12일자 통지문 참조(http://www.sach.gov.cn) 이 사업은 2012년에 마무리되었다.

한중일 협력 관련기사), ⑪역사교육 및 교과서 관련 기사, ⑫동북공정 후속 연구프로젝트 관련 기사, ⑬조선족 관련기사(연길지역 상황)로 대략 나누어졌다.

이 분류는 중국에서 발표된 기사 전체를 파악할 수 없는 상태에서 한국에서 접근 가능한 기사만을 대상으로 한 것이다. 따라서 각 주제별 기사건수의 상호 비교를 통한 정보 파악은 크게 의미가 없고, 다만 대체적인 경향성만 파악할 수 있을 뿐이다.

중국의 언론보도를 통해 알 수 있는 내용을 정리해보면 다음과 같다.

먼저, 2007년 이후 역사·문화 관련 기사들 가운데 가장 많은 비중을 차지한 것은 전국적으로 실시된 장성 조사사업 및 제3차 전국문물조사사업과 관련한 각 지역 유적조사 소식이었다. 그 가운데 고구려와 발해 유적기사도 포함되어 있다.

특히 2009년에 고구려의 박작성을 만리장성의 동단(東端)이라고 발표함으로써 파란을 일으켰다.[17] 우리 언론에서는 이를 동북공정의 연장선상에서 파악해야한다고 지적했다. 2010년에는 그동안 옛 한군현 치소 유지로 보고해왔던 자안산성과 적백송고성을 진한대 장성의 동쪽 끝이라고 발표했다.[18]

그리고 2012년 6월 5일, 베이징시 외곽의 쥐융관(居庸關) 장성에서 '길고 긴 장성과 중화(中華)의 혼(魂)'이란 제목 아래 열린 장성의 보호와 선전 및 장성 자원의 조사와 확정 성과 발표회에서 중국 국가문물국 부국장 퉁밍캉(童明康)이 역대 장성의 총 길이가 21,196.18킬로미터에 달한다고 공포했다.[19] 이 역

17) 人民日報, 2009.05.04, http://www.sach.gov.cn/tabid/297/InfoID/18391/Default.aspx.

18) 인터넷 길림신문, 2010.06.07, http://www.jlcxwb.com.cn/articleview/2010-06-07/article_view_39152.htm.

19) 中国政府网, 2012.06.05, 来源：新华社, http://www.gov.cn/jrzg/2012-06/05/content_2153766.htm, 〈国家文物局：历代长城总长度为21196.18千米〉

대 장성 안에는 요동지역에 조성되었던 천리장성 유적과 연변지역 장성 등 고구려와 발해의 장성까지 모두 포함되어 있다.[20] 역대 장성과 세계문화유산으로 등재된 만리장성은 서로 별개의 내용이지만, 한중 두 나라 국민들에게는 서로 동일한 내용으로 인식하게 하는 면이 있다. 이에 따라 우리 언론에서는 고구려와 발해의 장성까지도 모두 중국의 장성으로 정리함으로써 빚어지는 역사왜곡 문제를 집중적으로 보도했다. 그리고 한중 양국 언론 및 네티즌들은 중국의 만리장성 연장발표를 두고 다시 상호 공방을 벌였다.[21]

장성 조사사업과 제3차 전국문물조사사업을 계기로 중국 전역에서 역사유적 조사가 대대적으로 진행되었다. 이 사업들은 지역개발 및 관광자원 확보라는 현실적인 목적과 맞물려 있다. 고구려, 발해 유적지의 관광지화 작업이 적극적으로 이루어진 것도 같은 맥락인데, 이 과정에서 잘못된 유적복원이 이루어지기도 했고, 안내문, 패널 등에 왜곡된 내용이 실려 한국으로부터 비판을 받기도 했다. 어쨌든 중국측 보도를 보면 지린성(吉林省) 지안(集安)시의 고구려 유적 발굴 조사는 역사적인 면보다 그 지역 전체의 관광지화에 더 목적이 있는 듯 보이는 것이 사실이다. 지안시는 고구려유적의 세계문화유산 등재 이후 비중이 높아져 국가적으로 보호하는 대형 유적지에 포함되었다.[22] 또한 시 전체 차원에서 관광육성 작업에 몰두한 결과 관광산업 활성화에 성공한 대표적인 도시로 손꼽히게 되었다.

2007년 이래 한국 역사와 문화 관련 중국인들의 보도 가운데 두 번째로 빈도가 높았던 것은 무형문화유산 등재 관련 기사였다. 중국 언론은 2009년 10월

20) 華迅財經, 2012.06.12, http://fxb.591hx.com/article/2012-06-12/0000039016s.shtml.
21) 이에 대한 한국언론의 보도내용과 그에 대한 중국의 반응에 대한 상세한 정리는 环球网 2012.06.08, 来源 : 环球时报, http://world.huanqiu.com/exclusive/2012-06/2797693.html?bsh_bid=98951270, 〈韩媒笑中国长城是橡皮筋 专家称韩无事生非〉 참조

4일 강릉 단오제를 세계무형문화유산으로 등록한 것과 관련, 중국의 전통 명절인 단오절을 한국에서 빼앗아가려 한다며 격렬한 반응을 보였다. 단오제를 둘러싼 공방전은 네티즌들의 상호 비방전으로까지 확대되었다. 이 문제는 강릉 단오제와 중국 단오절과의 차이점에 대해 우리 언론이 보도를 하고, 중국학계의 전문가가 설명을 함으로써, 중국인들의 오해를 불식시킬 수 있게 했다.[23] 그리고 이후 한 중국 유학생이 직접 강릉 단오제 축제에 참여해 보고 느낀 점을 보도하는 등 한중 양국의 노력으로 인해 갈등이 잦아들게 되었다.[24] 단오제 관련 한중 언론과 한중 국민들의 갈등 해결 방식은 언론보도와 관계된 양국의 갈등해소의 좋은 사례로 남게 되었다.

---

22) 중국에서는 2005년부터 정식으로 대형 유적지 보호를 위한 전문적인 자금을 마련, 20억 위안을 투입하여 대형 유적지 보호 공정을 시작했다. 2006년 9월의 『국가 제11차 5개년 계획 시기의 문화발전기획요강』은 대형 유적지의 보호와 관리를 강화할 것이라고 밝히고, 100곳에 이르는 중요 대형 유적지에 대한 총체적 보호 요강을 제시했다. 같은 해 국가문물국은 『제11차 5개년 계획 시기 대형 유적지 보호를 위한 총체적 기획』을 발표하고 중요 대형유적지 보호사업을 시작했다. 이 계획 기간 동안 대형 유적지 보호 사업은 풍성한 성과를 거두었고 초보적인 관리체계와 보호 상태를 확립했다. 漢의 長安城, 隋唐의 洛陽城, 偃師의 商代 성곽 등이 그 성과인데, 그 중에서 고구려 유적과 殷墟 유적이 세계 문화유산에 등록되었다. 和讯网, 2012.03.29, "何为大遗址保护 国家投20亿启动大遗址保护工程" (http://news.hexun.com.) 기사 참조

23) 북경대학 중문학과 陳連山교수는 2011년 5월 27일 오후 북경대학에서 개최된 '2011년 중한문화산업포럼'에서 한국의 단오제를 중국의 단오절과 비교하는 것은 적절하지 않다고 지적했다. 진교수는 중국과 한국의 단오절 논쟁이 일어난 심층적인 원인으로 양국 국민의 자국문화중심주의를 들고, 문화유산은 상품이 아니며, 발명에 대한 독점적 소유권을 갖는 것도 아니라고 역설했다. 그는 현재 중국인은 한국문화에 대해서 매우 이상한 태도를 취하고 있다고 지적했다. 즉 자신의 문화가 한국에 수용된 사실에 대해 자랑스럽게 생각하면서도, 다른 한편 한국이 이를 무형문화유산으로 등재한 사실에 대해 중국의 문화발명권을 침해했다고 생각한다는 것이다. 그러면서 그는 이는 약소국의 심리며, 가까운 장래에 중국이 발전함에 따라 이러한 심리상태도 조정될 것으로 보인다고 했다. 中國文物網, 2011.05.30, http://www.wenwuchina.com/heritage, 〈学者：韩国端午祭不是端午节 文化遗产非发明专利〉

두 나라의 전문가와 언론에서 적극적으로 나섬으로써 문제가 해결된 또 다른 사안은 한글 입력표준화를 둘러싼 갈등이었다. 중국이 조선어입력표준화를 추진하려고 한다는 소식이 국내에 전해지자, 한국에서 이를 '한글공정'이라 이름붙이고 '동북공정 이후 새로운 도발'이라며 정부가 대책을 수립할 것을 요구했다.[25] 그러자 2010년 10월 13일 중국 환구시보(環球時報)에서는 한국 언론이 과도한 상상을 불러일으키고 있다고 비판하며, 한 중국 전문가가 한국어는 국제 언어로 어느 국가의 독자적인 재산이 아니라고 했다고 보도했다.[26] 이에 따라 양국간 감정이 고조되어가는 상황이었는데, 한국일보에서 원희룡 한나라당 사무총장의 당 최고위원회 회의에서의 발언을 보도하면서 분위기가 바뀌었다.[27] 즉 중국 조선정보학회가 이전에 한국 국내기업과 국내 한글정보학회에 최대한 빨리 한글입력법 국내표준을 제정해 달라고 요구하였는데, 한국기업들 간의 이해관계가 복잡하게 얽혀있어 아직까지 제정하지 못한데서 기인한 일이었다는 것이 알려지게 된 것이다. 중국은 현재 56개 소수민족 언어입력법 표준

24) 이 여학생은 강릉 단오제의 내용을 소개하며, 한국의 단오제와 중국의 단오절은 날짜가 음력 5월 5일이라는 것이 같지만 제사의 대상과 활동이 완전히 다르다고 지적했다. 그리고 한국은 중국의 선진문화를 받아들이고 이를 다시 자신의 문화와 융합시켰다며, 최근 들어 반한, 반중 정서가 실제로 존재하지만, 이러한 정서는 서로에 대한 오해에서 비롯된 것이므로 빠른 시일 안에 해소되어야 할 것이라고 했다. 北方网, 2011.06.07, http://edu.enorth.com.cn/system/2011/06/07/006701623.shtml, 〈留韩女生：亲历韩国别样的端午节〉

25) 국민일보는 2010년 10월 12일자에 관련 소식을 전하며, 우리나라 네티즌이 '한글공정' 반대 서명운동을 전개하고 있다며, '동북공정 이후 새로운 도발'이므로 정부가 대책을 수립할 것을 주장하고 있으며, 소설가 이외수는 '중국이 한글을 자신의 문화유산이라고 우기는 것은 한국이 만리장성을 한국의 문화유산이라고 주장하는 것과 무엇이 다를까? 천안문 삼국지 홍콩을 우리 것이라고 하면 어떨까?'라고 했다는 기사를 실었다.

26) 环球时报, 2010.10.13, http://world.huanqiu.com/roll/2010-10.

27) 한국일보, 2010.10.14, 한글입력법표준 관련 기사 참조

을 제정하고 있는데, 더 이상 기다릴 수 없어 금년 말까지 한글입력법표준을 제정할 예정이라는 것이다. 그리고 "중국의 조치에 대하여 배척감을 불러일으키는 사람들이 있지만 이것은 오해이며, 우리는 중국측의 입장을 확인하였는데, 한국이 표준을 제정하기만 하면 협력할 것이라고 하였다"고 했다.[28] 이로써 또 한 차례 부딪힐 뻔 했던 한중간 갈등이 해결되었다.

하지만 내연성이 강한 문제들은 아직도 여전히 남아 있다. 중국에서는 2005년 이후 각지 소수민족의 풍습과 음악, 춤 등의 고유한 문화를 국가급 무형문화유산 목록에 등재하는 작업을 지속적으로 진행하고 있다.[29] 따라서 이와 관련, 한중간 갈등이 다시 빚어지고 있는데, 이 문제는 앞으로도 수시로 터져 나올 수밖에 없을 것이다.

2009년 9월 중국에서 조선족 농악무를 세계무형문화유산에 등재함으로써 우리나라에서 이 문제를 두고 여론이 들끓은 적이 있었다. 조선족 농악무는 2006년에 중국의 무형문화유산에 등재되었고, 3년 뒤에 세계무형문화유산으로 등재되었다. 이를 두고 한국 언론에서는 우리의 고유문화까지 중국 것으로 만들고 있다고 분개하며, 이러한 문제를 둘러싼 인근 국가간 갈등을 '문화전쟁'으로 표현하기도 했다.[30]

2009년 6월 15일 길림성에서 제2기 성급(省級) 무형문화유산목록을 확정,

---

28) 环球网, 2010.10.14, http://world.huanqiu.com/roll/2010-10/1170892.html, 〈韩媒臆测中国欲"霸占韩文" 韩议员称是误会〉

29) 2004년 우리나라가 강릉단오제의 유네스코 무형문화유산 등록을 준비하고 있다는 소식이 알려지자 중국 언론은 일제히 한국의 문화 약탈이라며 격분했다. 그리고 2005년 11월 강릉단오제가 유네스코 무형문화유산에 등재되자 바로 한 달 뒤인 2005년12월22일, 중국 국무원은 문화유산에 대한 전국적인 조사와 등록을 선포하였고, 문화유산 보호를 위한 '문화유산일' 제정을 결정했다. 문화촌뉴스, 2010.01.16, http://www.ucnnews.com/news/articleView.html?idxno=136, 〈중국이 먼저 등재한 조선족 농악무〉

발표했는데 여기에 조선족의 아리랑, 그네뛰기, 돌잡이풍습, 화갑연, 장례식, 추석풍습 등이 포함되었다. 그 뒤 2011년 6월 10일 중국 국무원에서 제3차 국가급무형문화유산목록을 발표했다. 이때 모두 191개 목록이 선정되었는데, 그 가운데 옌볜 조선족 자치구의 '아리랑'이 전통음악 분야에, 조선족 회혼례가 민속분야에 수록되었다. 그리고 랴오닝성 톄링(鐵嶺)시와 연길시의 조선족 씨름, 옌볜 조선족 자치구의 추석, 헤이룽장성 무단장(牧丹江)시의 조선족 환갑례 등 총 여섯 가지의 조선족 전통문화가 포함되었다.

성급-국가급 무형문화유산 목록에 등재하는 것은 세계무형문화유산에 등재하기 위한 전 단계 작업이다. 따라서 조선족 농악무 등재시의 충격을 잊지 못하는 우리로서는 이 소식에 긴장할 수밖에 없었다. 조선족의 문화와 풍습은 그 자체가 우리 민족 고유의 문화유산과 동일한 것이므로 조선족의 일상생활, 통과의례, 민속놀이 등의 전통문화는 모두 우리 것과 그대로 일치한다. 중국에서는 소수민족의 문화와 풍습을 보호하기 위해 이를 국가 무형문화유산 목록에 넣고, 나아가 세계무형문화유산에도 등재하려고 한다는 명분을 내세우고 있다. 하지만 우리나라와 몽골처럼 모국이 존재하고 있는 경우에는 인근 국가의 전통문화까지 중국 것으로 모두 만들려한다는 비난을 받을 수밖에 없는 것이다.[31]

우리 민족에게 다른 무엇보다 특별한 의미를 가지고 있는 아리랑의 경우, 만에 하나 중국 문화유산으로 등재된다면 충격이 적지않을 것이다. 이런 점에서 한국 언론에서도 깊은 관심을 보였다.[32] 반면 중국에서는 이도 역시 한국측

30) 경향신문, 2009.11.09, http://www.khan.co.kr/kh_news/art_view.html?artid=200911091737475&code=960201, 〈농악무, 중국이 먼저 유네스코 문화유산 등록〉 기사참조

31) http://www.siddham.kr/board3/942, 〈"농악 장구춤까지 중국 무형문화재라고?"〉

32) 조선일보, 2011.06.23, 종합 A2면, 〈中, 국가문화유산에 '아리랑' 등재 논란〉 기사

의 확대해석이라고 반응했다.[33] 우리 문화재청에서는 2009년에 이미 정선아리랑을 세계무형문화유산으로 등재하기 위해 신청을 해 둔 상태였으나, 이를 계기로 정선아리랑, 밀양아리랑 등 전국의 아리랑을 모두 세계문화유산으로 등재하기 위해 노력하고 있다는 보도가 나오기도 했다. 아리랑의 세계문화유산 등재건은 폭발성이 강할 수밖에 없었으므로 한국 내에서 큰 반향이 일어났다. 각계에서 아리랑을 지키자며 들고 일어난 것이다.

이런 분위기를 모아 금년 4월에는 경기도문화의 전당에서 '천지진동—아리랑 아리리요 페스티벌'을 개최하기도 했다.[34] 또한 문화부에서는 아리랑 문제와 관련, 여론이 비등하자, 유네스코 세계무형문화유산에 아리랑의 남북 공동 등재를 추진하려는 계획을 세웠다. 하지만 남북 관계의 경색으로 애초 북한의 아리랑까지 포함해 남북이 함께 신청하려던 계획은 성사되지 않았고, 2012년 6월 6일, 정선 아리랑 외 남한 내 다른 지역 아리랑만 포함해 재신청을 했다. 중국측에서는 아직까지 유네스코에 등재 신청을 하지 않았다고 한다.[35]

2007년 이래 중국 언론의 관심을 끌었던 또 다른 주제는 바로 단군신화였

---

33) 环球网, (2011.06.24, http://world.huanqiu.com/roll/2011-06/1777728.html)에서는 環球時報 6월 24일 보도에 의거, 길림성 연변조선족자치주의 전통음악인 '아리랑'이 중국의 국가무형문화재에 지정되었다는 소식에 한국여론이 들끓고 있다는 것을 전했다. 이 기사에서는 많은 한국 언론들과 민간 인사들이 '한국의 민요가 중국에 강탈당하였다' 는 것에 놀라움과 함께 분노를 표시하고 있다고 하고, '한민족아리랑연합회'에서 중국이 '아리랑'을 문화유산에 지정한 것은 한국고대사를 침해하는 동북공정의 일환으로 금후에 유네스코세계무형문화유산 신청으로 발전할 가능성이 있다고 발언한 것도 보도했다. 그러면서 한국문화재청에서 22일 논평을 통하여 아리랑이 무형문화재에 지정되면 한국의 문화재보호법과 마찬가지로 중국 국내에서 보호하고 정부의 지원을 받는데 유리하기 때문에 확대해석할 필요가 없다고 했다는 내용도 함께 소개했다.

34) 중앙일보, 2012.04.24, 〈또 하나의 애국가 '아리랑'을 지키자〉 기사

35) 이데일리, 2012.06.17, http://www.edaily.co.kr/news, 〈'아리랑' 남북 공동 유네스코 등재 신청 무산〉

다. 한국에서 최근 고고학적 성과를 반영하여 청동기 시대의 시작 시점을 올리고 단군신화를 고조선의 역사로 교과서에 서술하게 되었다는 것을 언론에 보도하면서 "신화를 역사로 바꾸었다"는 제목을 달아 주의를 환기시켰다.[36] 즉 2007년 2월 23일 한국 교육인적자원부가 신학기부터 채용할 신편 중학교, 고등학교 역사교과서의 내용을 발표했는데, 개정 내용은 두 가지로, 하나는 한국 청동기 시대를 종래의 '기원전 1000년'에서 '기원전 2000년에서 1500년'으로 개정한 것이고, 다른 하나는 신화형식으로 기록했던 '단군의 고조선 건국'을 정식 역사로 바꾼 것이라는 소식을 전했다. 그리고 역사교과서 개정 배경 및 논란 등을 소개했다.

중국의 대표적인 신화학자인 예수셴(葉舒憲)이 "한민족의 기원을 담은 단군신화는 중국 황제족(黃帝族)의 곰 토템신화에서 나왔다"는 주장을 담은 저서인 『곰토템—중화조선신화탐원(中華祖先神話探源)』을 2007년에 발표했다는 보도가 나오면서,[37] 이번에는 한국에서 "이제 중국이 단군신화와 고조선사까지 빼앗아가려 한다"며 '신화공정'이란 표현을 쓴 기사들이 나왔다. 신화를 둘러싼 양국 간 공방도 상당히 많이 이루어졌다.[38] 그 과정에서 네티즌들 간에 상호 비방전의 강도도 더 강해져갔다.

이외에 백두산 관광지화 관련 기사, 북중 관계 기사, 한중외교 관계 기사 등도 있었다. 중국의 우려를 잘 보여주는 간도와 백두산 관련 기사도 2007년 이래 간헐적으로 나오고 있다.[39]

그러나 중국 언론보도에서 가장 주목해야할 기사는 다음 두 가지일 것이

36) 世界知识杂志, 2007.05.23, http://news.sina.com.cn/w/2007-05-23/141313057591.shtml.
37) 조선일보, 2009.09.16, 〈대표적 神話학자 "중국 황제족의 곰 토템신화에서 유래" 주장〉 기사
38) 新浪, 2010.06.04, 正义网－检察日报, http://news.sina.com.cn/o/2010-06-04/020017606615s.shtml, 〈熊神：被遗忘的信仰与神话〉 기사

다. 하나는 2007년 이후 한국 관련 역사·영토분야 연구가 어떻게 진행되고 있는가를 보여주는 기사이다. '동북공정'은 한국측의 강한 반발에 따라 처음 계획대로 순조롭게 진행되지 못했다. 그래서 연구비와 번역비 등의 지원도 정상적으로 이루어지지 못했고, 연구과제 중 초창기에 나온 결과물의 일부만 주최측에서 출판을 할 수 있었다. 중국사회과학원에서 출판되지 않은 연구결과물들은 자비로 출판을 하거나, 다른 지역에서 책 제목을 바꾸어 출판하거나 했다. 사업의 마무리 작업 역시 조용히 진행했다. 따라서 '동북공정' 종료문제에 대해 중국 언론에서는 전혀 보도한 바가 없다. 관계기관들에서도 역시 공식적으로 공정종료를 발표하지 않았다.

다만 일본과 우리나라 연합뉴스에서 관련 기사를 내보냈다. 아사히 신문은 2007년 4월 3일, 중국이 한국측의 반발을 고려, 당초 예정했던 보고서 정리도 하지 않고 '동북공정'을 종료했다고 전했다.[40] 이후 연합뉴스에서 중국 학계의 한 소식통의 전언을 기초로 '동북공정'이 5월말에 종료되었으며, 6월부터는 중앙 정부의 연구비 지원이 중단된다고 보도했다.[41] 그리고 동북공정 보고서 출

39) 聯合早報에서는 중국이 수년간 지속적으로 선린외교정책을 추진하여 주변국가와의 관계를 개선하였으나, 주변국가와의 사이에 중국의 안정적 발전에 영향을 미칠지도 모르는 불안정 요소가 여전히 남아 있다며, 월남과의 남사군도 문제, 일본과의 조어도 문제, 러시아와의 종족 문제, 한국과의 고구려 역사문제와 장백산 귀속문제 등을 들었다. 聯合早報, 2007.04.12, http://www.zaobao.com/zg/zg070412_503.html, 〈中国周边外交－风平浪静底下暗潮汹涌〉

40) 아사히신문 2007년 4월 3일자 기사에서는 "원자바오 수상의 방한을 앞두고 중국 측이 연구 성과를 공표하지 않음으로서 한국과의 외교관계 악화를 피하려는 의도"라고 하며, "그러나 정부의 다른 관계자는 성과를 선전하지 않을 뿐이지 이번 프로젝트를 긍정적으로 받아들이는 자세에는 변함이 없다고 강조했다"고 전했다. 이 기사에서는 "중국은 동북지방의 소수민족에 대한 구심력을 유지하기 위해 이 지역의 역사를 중국사로 규정하고 있다. 중국 측의 기본적인 입장은 변하지 않은 채 외교적 마찰을 피하려는 의도일 뿐이다"라고 했다.

41) 연합뉴스, 2007.04.25, 〈中 '동북공정' 5월말 종료, 정부 재정지원도 중단〉

간과 관련, 연구 성과를 공개 보고서 형태로 출간할 계획을 갖고 있었던 것은 사실이지만 한국의 반발을 감안해 내부보고서 수준에서 마무리하는 쪽으로 방침이 바뀌고 있다고 전했다. 이 기사에서는 또 "하지만 중국 정부는 북한경제, 북중 접경지역 안전문제, 동북 3성의 대북(對北) 변경무역, 탈북자, 북핵문제, 동북아경제협력, 대(對)러시아 변경무역 등 7개 핵심과제 연구는 동북공정과 분리해 계속 추진할 방침인 것으로 알려졌다"고 밝혔다.

'동북공정' 보고서는 아직까지 공개되지 않고 있다. 하지만 '동북공정' 마무리는 프로젝트 주관기관과 관계학자들이 모두 참여한 가운데 학술연토회 형태로 이루어졌다. 2009년 7월 24일부터 25일까지 길림성 창춘시에서 개최된 '2009 동북변경 역사와 문화 학술연토회'가 그것으로, 이 연토회가 동북공정의 실질적인 마무리였다고 판단된다. 이 회의는 길림성사회과학원과 중국사회과학원이 공동주최하고, 요녕성·흑룡강성 사회과학원이 후원했다. 여기에는 중국공산당길림성위원회 상무위원 겸 선전부장인 쑨펑치(荀鳳栖), 중국사회과학원 부원장 우인(武寅), 중국사회과학원 중국변강사지연구중심 주임 리성(厲聲)을 비롯한 60여 명의 요녕성·길림성·흑룡강성 사회과학원 간부들과 전문가, 학자들이 참석했다.

회의에서는 개혁·개방 이후 30년간 중국학계의 동북변경 역사와 문화 연구에 대한 회고를 주제로 향후 연구방향을 심도있게 논의했다고 하며, 논문 40여 편을 수합했다. 회의 제목에 구체적으로 드러내지는 않았지만, 발표주제와 참석자들의 면면을 살펴보면, '동북공정'의 성과를 평가·정리하고, 향후 전망을 짚어보는 회의였음을 알 수 있다. 길림성사회과학원에서는 이 학술회의 발표문을 이 해 12월에 『동북변강역사여문화연구(東北邊疆歷史與文化硏究)』란 제목으로 출판했다.[42]

요컨대 중국 언론에서는 이른바 '동북공정'의 종료와 후속작업 관련 기사를 전혀 보도하지 않았다. 하지만 연합뉴스에서도 지적했듯이 '동북공정'은 끝났지만, 관련 사업이 이후에도 계속 진행되고 있다는 것을 알 수 있다. 2010년 이후 '동북공정'에서 대상으로 했던 분야에 집중적으로 연구비를 지원하여 관련 연구를 진행하고 있다는 것을 길림대학신문망(吉林大學新聞网) 등에 실린 연구프로젝트 관련 기사를 통해 확인할 수 있기 때문이다.

그 하나가 길림대학이 주도적으로 진행하고 있는 국가사회과학기금 중대 프로젝트인 『동북지역문화연구(東北地域文化研究)』사업이다. 여기에는 여러 대학 연구자들이 함께 참여하고 있다.[43] 이 프로젝트는 지원금액이 60만 위안이고 연구주기는 5년이다.[44] 기사에 따르면, 이 과제는 지역문화이론을 기초로 하여 동북문화 거시연구를 틀로 하고, 사회발전 중 동북문화의 본질정신과 그 표현형식의 역사적 가치와 당대의 의의를 중점적으로 조사한다. 연구는 ①배경연구 : 동북지역문화의 기원, 발전, 형성, 변화의 역사과정 조사, ②이론연구 : 동북지역문화정신과 본질에 대한 이론상의 간결함과 개괄 진행, ③주제연구 : 동북구역의 문화 사례 분석을 통하여 동북문화의 내재정신과 사회적 역사적 효과 탐구, 주로 동북문화와 동북민족과 역사, 동북문화와 이인전(二人轉) 소품, 샤머니즘, 동북아구역문화, 영화예술 등 동북문화 연관 사례 연구 포함, ④관계연구 : 동북문화와 동북사회, 민족, 역사, 경제, 정치의 발전과 진화의

42) 이 학술회의 발표문은 邴正 主編, 2009.12『東北邊疆歷史與文化研究』, 吉林人民出版社로 발간되었다.

43) 吉林大學新聞網, 2012년 5월 14일 http://news.jlu.edu.cn/new에 관련 기사가 실려 있다.

44) 이 프로젝트의 수석전문가는 길림대학 장푸구이(張福貴)교수이고, 하위 프로젝트 책임자는 길림대학 철학사회학원 빙정(邴正), 톈이펑(田毅鵬), 문학원 뤼밍천(呂明臣), 자오잉란(趙英蘭), 동북아연구센터 천징옌(陳景彦) 및 심양사범대학 멍판화(孟繁華)교수가 맡고 있다. 과제팀은 길림대학, 동북사범대학, 흑룡강대학, 길림성사회과학원, 길림사범대학 등 대학과 연구기관의 관련학자들로 구성되었다(吉林大學新聞網, 2012.05.14, http://news.jlu.edu.cn/new).

내재적 관계 조사, 동북지역문화 내부의 다른 문화형태와의 관계, 이미 연구한 기초 위에 동북지역문화와 기타지역문화사이의 차이성과 공통성 조사, ⑤자료의 집성 등 5개 영역으로 구성되어 있다.

이 프로젝트에서는 ①동북민족의 변천과 동북문화의 역사적 변화 발전의 연구,[45] ② 동북 문화의 특질과 그 외면에 나타나는 특징 및 형태 연구, ③동북문화와 동북문학예술연구, ④동북문화와 동북아구역문화의 융합과 비교 연구, ⑤동북문화와 동북지구 사회경제발전연구 ⑥동북방언문화연구 등 6개의 하위 과제가 있다. 기사에 따르면 『동북지역문화연구』가 국가사회과학기금 중대프로젝트에 선정된 후, 과제팀은 과제연구와 분업토론회, 학술검토회를 열었고, 한국 상명대학 한중문화정보연구소와 함께 주관한 '중국동북지역문화특징연구' 국제학술대회 및 길림성 방송학회, 길림성 신문학회와 공동 주관한 '동북민속문화의 당대의 형태와 그 전승'이란 제하의 학술대회도 개최하였다고 한다. 2012년 5월 현재 이 과제는 이미 16편의 논문 성과를 발표하였다. 그 중 8편은 CSSCI 학회지에 실렸고, 4편은 외국의 학회지에 게재되었으며, 그 외 3편의 원고가 6월에 출판될 예정이라고 한다.

길림대학 철학사회학원 빙정(邴正) 교수가 책임을 맡고 있는 『동북고대방국속국사(東北古代方國屬國史)』도 국가 사회과학기금 주요 위탁 과제로 선정되어 현재 연구를 수행하고 있다.[46] 『동북고대방국속국사』는 2010년 4월 전국 철학·사회과학 기획실(全國哲學社會科學規劃辦公室)의 승인을 거쳐 정식으

45) 이 과제에서는 주로 동북지역문화의 역사구성과 주체의 특징을 탐구한다고 한다. 즉 동북민족의 계보와 문화의 형태, 다민족구성과 종교문화, 동북민족과 문화변천의 역사적 특징, 동북민족과 문화변천의 자료 발굴 등 4가지 측면에서 동북문화의 발전, 역사와 본질, 특색에 대하여 전체적인 파악을 하고, 그 중 표현되는 동북문화정신의 본질과 그 사회역사적 기능에 대하여 분석한다고 한다(吉林大學新聞網, 2012.05.14, http://news.jlu.edu.cn/new).

로 국가 사회과학기금 주요 위탁 과제에 선정되었다. 보도에 따르면 중국정부에서는 동북 변강역사연구에 대해 매우 관심이 있으며, 이 과제의 승인은 이러한 정부의 관심을 구현하는 것이라고 한다. 또한 2010년 7월 7일자 『광명일보(光明日報)』에서 「우리나라 지방사 연구의 거작」이라는 제목으로 이 과제에 대해 자세하게 소개하였으며, 이런 종류의 주요 위탁 과제는 중국 내에서 처음으로 신설된 것이며, 제1기에 5개 과제만을 지원하고 있으며, 과제 신청과정에서 성(省) 정부의 적극적인 지지와 승인을 받았다고 한다.[47]

이처럼 동북지역의 문화, 민족, 역사에 대한 연구 외에 고구려·발해에 대한 연구에도 여전히 지원을 아끼지 않고 있다. 길림대학의 웨이춘청(魏存成) 교수가 연구책임을 맡고 있는 『고구려, 발해문화의 발전과 그 관계 연구』도 2010년 제2차 국가사회과학기금 중대공모과제로 선정되어 60만 위안을 지원받았다.[48] 연구팀의 주축은 길림대학 교수들이고, 여기에 동북 3성의 문물고고 분야와 중국사회과학원과 길림성 내 일부 기관의 연구자들도 참여했다. 관련 기사에 따르면, "이로써 고고학과 역사학, 민족학, 체질인류학 등 학과를 포함, 지역적 한계와 분야별 한계를 뛰어넘어 여러 단위가 합작하는 학제간 융합을 실현"하였다고 한다. 이 과제는 고구려, 발해고고 유적 중 문화적인 면모를 반영할 수 있는 자료를 위주로 하고, 문헌의 기록과 여러 학문의 방법을 결합하여 고구려 발해문화와 그 관계에 대해 체계적으로 연구를 하는 것이 목적

46) 이에 대해서는 吉林省社会科学院, 2011.01.26, http://www.jl-ss.com, 〈『东北古代方国属国史』作者会第一次会议在院(会)召开〉 기사 참조

47) 吉林省社会科学院, 2011.01.26, http://www.jl-ss.com, 〈『东北古代方国属国史』作者会第一次会议在院(会)召开〉

48) 이에 대해서는 吉林大學新聞网 2012.05.16, http://news.jlu.edu.cn, 〈边疆考古研究中心,『高句丽、渤海文化发展及其关系研究』项目 力争加强吉大在该研究领域的国内领先地位〉 기사 참조

이라고 한다.

연구과제의 전체적인 틀은 고구려 문화의 발전연구, 발해 문화의 발전, 즉 그 주체민족인 말갈족의 문화발전 연구, 고구려와 발해의 문화적 관계 및 고구려와 발해의 역사적 위치 설정에 관한 연구 등 세 가지 중요한 부분으로 구성되었으며, 5개의 하위 연구과제가 있다고 한다. 하위 연구과제의 책임자는 각각 길림대학의 왕페이신(王培新), 펑산궈(彭善国), 펑언쉐(冯恩学), 길림성 문물고고연구소 송위빈(宋玉彬), 길림대학 청니나(程妮娜)이다. 연구과제는 5년 완성을 계획하고 있으며, 저서, 논문과 자문보고서를 포함한 수준 높은 연구성과를 내놓을 예정이라고 한다. 이 연구과제팀은 2011년에 학술검토회와 편찬제요 및 연구주제토론회를 개최하였으며, 하위 연구과제의 자료수집과 정리작업도 계획대로 진행하고 있다고 한다. 현재까지 『길림대학 사회과학학보』, 『변강고고연구』 등 간행물에 약 10편의 논문을 발표하였고, 길림성 당위원회의 위탁을 받아 자문보고서 2편도 저술했다고 한다.[49]

이외에 『중국역대변강통치관리연구(中國歷代邊疆治理研究)』 과제[50]도 현재 진행 중이다. 이 과제는 청니나(程妮娜)가 연구책임을 맡고 있는데, 2011년도 교육부중대과제연구(연구비 : 80万元) 프로젝트에 선정된 이후 『중국동북민족지구건치사(中國東北民族地區建置史)』, 『부여사연구』, 『중국학자고구려연구사』 등 3권의 저서와 30여 편의 논문을 발표하였고, '요금사(遼金史)국제학술대회'도 개최했다. 이 프로젝트는 변강지구를 몇 개의 구역으로 구분하고, 그 중 하나의 변강지구를 중심으로 하여 역사상 중대한 영향을 미친 어느 변강민

49) 하계세미나에서 토론을 맡아준 김지훈선생님이 청니나(程妮娜)의 『中国东北民族地区建置史』가 2011년 7월 中華書局에서 『古代中国东北民族地区建置史』로 출판되었음을 알려주었다. 이 기회를 빌어 토론을 맡아 부족한 부분을 보완해주신 김선생님께 감사드린다.

50) 吉大新聞网, 2012.05.23, http://news.jlu.edu.cn/new.

족에 대하여 연구하던 기존의 틀에서 벗어나, 중국의 전체 변강지구를 공간으로 하여 중국 역대변강통치관리를 '중화일체'의 발전궤도 속에 포함시켜 전체적으로 고찰하고 연구하였다고 한다. 이 프로젝트는 고대 중국의 변강이 어떻게 오늘날의 중국변강으로 발전하였으며, 고대의 수많은 변강민족이 어떻게 하여 오늘날의 중화민족을 이루었는가라는 중대한 명제에 대하여 역대 변강통치관리사라는 각도에서 역사의 실제에 부합하는 해답을 찾으려고 하는 과제라고 한다. 또한 역대 왕조의 변강통치관리의 경험과 교훈을 전반적으로 총결하고, 다른 각도에서 오늘날 국가 변강의 안정유지, 민족단결, 사회조화를 위하여 변강역사의 실제에 부합하는 실행 가능한 방안을 제시하기 위한 프로젝트라고 한다.[51]

지금까지 보았듯이 동북지역의 역사, 문화, 민족문제, 고구려와 발해 관련 연구, 변강통치 연구 등 '동북공정'에서 대상으로 했던 연구과제들이 국가의 지원 아래 심화연구를 지속하고 있는 것이다. 이런 점에서 볼 때 보도를 통해 파악한 이 프로젝트들 외에 북한 관련 과제도 현재 진행 중일 가능성이 높다. 이밖에 중국에서 진행했던 장성프로젝트 및 3차 문물조사를 통한 유적발굴조사와 각지의 박물관 건설, 무형문화유산 등재 추진, 지역특색연구소 건설, 조선족 관련 사업 등이 사실상 모두 과거 '동북공정'과도 연관이 있는 사업이라고 할 수 있다.[52] 즉 '동북공정'은 종료되었지만 각 분야별로 나누어 관련 사업들을 모

---

51) 『중국역대변강통치관리연구』 프로젝트는 역대 변강통치관리 중 가장 중요한 분야 7개를 선정하여 주제연구방식을 취하여 진행하고 있다. 즉 역대 변강의 통치관리사상과 정책, 역대 변강민족의 지방 설치와 변강통치관리, 역대 변강민족의 이동과 변강통치관리, 역대변강민족의 관계와 변강통치관리, 역대 변강의 사건과 변강안정, 역대 변강의 경제개발과 변강통치관리, 역대 변강의 교육조치와 변강통치관리 등 7개 분야를 선정, 중국 전체 변강의 각도에서 출발하여 역대 변강통치관리에 대하여 전체를 관통하는 방식으로 주제연구를 진행하고 있다고 한다(吉大新聞网, 2012.05.23, http://news.jlu.edu.cn/new.).

두 진행하고 있다는 것을 알 수 있다. 이와 함께 중국변강사지연구중심과 길림성사회과학원과의 협력과 교류도 지속되고 있고, 그를 통해 동북 변강의 역사와 문화에 대한 연구도 계속 진행하고 있다.[53)]

한편, 우리가 중국 언론의 한국 관련 보도에서 주목해야할 다른 하나는 '동북공정' 이후 한국에 대한 인식 변화에 관한 기사다. 중국 포털 사이트 환치우왕(環球网)에서는 2011년 말부터 중국 네티즌을 상대로 세계 각국의 인상을 상징하는 단어를 묻는 투표를 진행했는데, 한국의 인상을 상징하는 단어로서 제1위는 7.6%를 차지한 '역사표절'이었고, 제2위는 '잘난 체'로서 7.3%를 차지하였다고 한다. 한국드라마(3.7%)의 유행과 함께 '성형'(6.6%)이 3위, 미녀가 2.1%, 김치는 6.1%를 차지하였다. 이 조사에서는 한국인의 성격을 나타내는

52) 朱泓教授가 연구책임을 맡고 있는 2011년도 国家社会科学基金 重大项目인『汉民族历史形成过程的生物考古学考察』팀에서는 漢민족 역사 형성 과정 중에 연관되었던 고대 민족의 이동과 융합 모델 등 중요 학술문제에 대하여 학제간 종합적인 연구를 진행, 漢민족을 핵심으로 하는 중화민족 다원일체화 격국의 역사형성과정을 탐색하고, 각 형제 민족 사이의 전통적 우의와 혈육적 연관성을 증대시켜 다민족 사회주의 국가의 통일 유지에 중요한 과학적 자료와 이론적 지원을 제공하는데 그 목적이 있다고 한다. 이 사업도 길림대학이 주도적으로 이끌어가고 있는 것으로 보아, 동북 지역의 고대 민족들이 漢族과 결합하여 중화민족으로 일체화되어 갔다고 정리하는 작업임을 알 수 있다. 그렇게 보면 이 과제 역시 광의의 면에서 동북공정에 속한다고 볼 수 있다. 관련 내용은 吉林大學边疆考古研究中心, 2012년 6월 1일자(http://news.jlu.edu.cn.) 참조

53) 2011년 12월 14일 길림성 사회과학원, 중국 사회과학원, 중국변강사지연구중심 전문가들이 공동으로 참가한 '동북변강역사와 문화' 좌담회를 길림성 사회과학원에서 개최했다. 여기에는 厲聲(중국사회과학원 중국변강사지연구중심 주임)과, 付百臣(길림성위원회 강사단 주임), 邵漢明(길림성 사회과학원 부원장), 그리고 길림성 사회과학원 과연처,『사회과학전선』,『동북사지』, 역사연구소, 고구려연구센터 등 관련 대표와 전문가들이 참가하여, '동북변강역사와 문화'의 연구현황과 향후 연구방향에 대해 교류하고 토론했다. 이 좌담회를 통해 동북변강역사와 문화 연구의 경험을 결산했으며, 이후 진행할 동북변강역사와 문화 연구의 시각과 방법을 논의했다고 한다.

단어들이 상위권을 차지하여 상당한 관심을 끌었는데, '옹졸함'(6.1%), '과격'(5.6%), 열등(4.6%), 민족주의(3.8%), '민감(3.1%)' 등의 순서로 나타났다. 한국 드라마의 영향으로 남존여비(2.9%), 주사(2%) 등도 네티즌에게 깊은 인상을 준 것으로 나타났다. 남북대치와 관련하여 한국전쟁(3.5%), 3.8선(2.5%) 등도 인상적인 단어에 포함되었다. 그 외 한국의 현대적인 특징을 반영하는 것으로서 태권도(2.3%), 한국요리(2.0%), 고려인삼(1.9%), 가전과 디지털제품(1.8%)도 있었다. 북한의 인상을 상징하는 첫 번째 단어로는 빈곤(8.3%)이 선정되었으며, 항미원조(抗美援朝) 즉 한국전쟁이 7.6%를 차지하여 2위에 선정되었다. 그 밖에 낙후, 폐쇄, 신비, 식량부족 등이 북한의 전형적인 인상인 것으로 나타났다.[54]

이와 관련, 동아일보와 채널A, 일본 아사히신문, 중국 베이징스옌(北京世硏) 정보컨설팅회사에서도 한중일 공동여론조사를 실시했는데, 한국인의 중국에 대한 호감도가 2005년 20%에서 12%로 줄었고, 중국을 좋아하지 않는다는 응답이 같은 기간 24%에서 40%로 크게 늘었다고 하는 기사가 나왔다. 한중수교 20주년을 맞이하여 한중관계를 여러 방면에서 살펴본 신년 기획기사였다.[55] 이것은 정식 여론조사 기관에서 실시한 조사내용으로서 네티즌을 대상으로 한 환치우왕의 투표와는 성격이 다르지만, 한중 양국민의 서로에 대한 인식이 몇 년 사이에 호감에서 비호감으로 돌아서고 있다는 것을 보여준다는 점에서는 공통점을 찾을 수 있다.

요컨대 1997년부터 한류바람이 불어 지금까지도 K-POP과 한국드라마를 즐기고, 한국화장품을 비롯하여 다양한 한국산을 즐기는 중국이지만, 다른 면

54) 环球网, 2012.01.17, http://world.huanqiu.com, 〈网友票选中国周边11国印象词 韩小心眼巴基斯坦好哥们〉
55) 동아일보, 2012년 1월 6일자 신년기획기사

에서는 부정적인 인식도 커져가고 있음을 알 수 있다. 더 나아가 혐한 정서를 가진 사람들도 늘어나고 있다. 이런 변화에는 '동북공정'으로 인해 조성된 역사 갈등도 요인 중의 하나로 작용했다. 우리나라 사람들의 강한 민족주의 및 자국 역사와 문화에 대한 자부심을 두고 비판적인 시각으로 보는 사람들도 많다. 신화나 백두산영유권을 둘러싼 논쟁, 농악무나 아리랑을 두고 갈등이 빚어지면서, 중국인들은 한국인들이 무엇이든 자기들이 원조이고, 무엇이든 자기들 것이라 하며, 누구든 자기들의 선조라고 한다는 식으로 냉소적인 반응을 보이고 있다. 2007년 1월 창춘에서 열렸던 동계아시안게임에서 은메달을 딴 우리 청소년 빙상팀이 '백두산은 우리 것'이란 세리머니를 벌인 것을 비꼬아 중국의 네티즌들이 '화성도 우리 것(火星也俄們的)'이라고 패러디한 이미지를 인터넷에 올린 것도 같은 맥락이다. 이런 사건들이 모여 서로에 대한 불신을 쌓아가게 되므로 주목할 필요가 있는 것이다.

지금까지 2007년 이후 중국 인터넷상에서 검색한 동북공정 관련 내용들에 대해 정리해보았다. 인민일보 등 주요 일간지에서는 동북공정 관련기사가 거의 나오지 않았으므로 이를 분석 대상으로 삼지는 못했다. 따라서 이를 통해 중국 언론의 동북공정 관련 보도양상을 정확하게 분석해내기는 사실상 어렵다. 하지만 주요 일간지에 동북공정 관련 기사가 나오지 않는다는 것 자체가 중국 언론에서 차지하는 비중을 의미하는 동시에, 다른 면으로 보면 의도적인 회피라고 볼 수 있기 때문에 거기에 담긴 의미를 읽을 수도 있다고 본다.

그것은 여하튼 가능한 범위에서 검색한 관련 기사들을 살펴본 결과 동북공정 관련, 중국 언론의 경우, 중국측의 보도→한국측의 즉각적이고 대대적인 반응→양국 네티즌들의 상호 공방→전문가 인터뷰나 논평을 통한 방향정리의 수순을 밟는 경우가 많았다. 이것은 발화의 기능에는 충실하되 긍정적인 문제해결의 도출에는 다소 소홀한 우리 언론과 다른 차이점이라고 볼 수 있다. 중국 언론에서는 2002년부터 5년간 진행된 '동북공정'을 순수한 학술사업이라고 보는 입장이므로[56] 이 프로젝트가 2007년에 이미 완료되었다고 본다. 따라서 한국과의 역사 관련 갈등에 대해 보도할 때 이 프로젝트의 명칭을 전혀 사용하지 않는다. 이것도 우리나라 언론과 다른 점이다.

그런 한편 한국측의 입장이나 설명에도 불구하고 오불관식으로 동어반복만 계속하는 경우와 중국측의 자의적인 역사해석에 대한 우리의 비판에 대해 한국은 민족주의가 너무 강해서 지나치게 과민반응을 보인다는 식의 반응을 보이며 그냥 넘어가려는 경우가 많다.[57] 이런 접근방식은 '동북공정'으로 인해 야기된 한중 양국의 갈등을 해소하는 데에도, 중국 언론에서도 강조하는 학술적인 면에서의 진실추구에도 전혀 도움이 되지 않는다.

Ⅳ. 맺음말

지금까지 '동북공정'이 종료된 2007년 이후 한국과 중국 언론의 동북공정 관련 보도에 대해 살펴보았다. 한국 언론보도들을 통해 이제 동북공정은 한국고대사나 역사분야의 범위를 넘어 광범위한 분야에서 '중국과의 갈등'을 대변하는 단어로 사용되고 있다는 것을 확인했다. 또한 중국 언론 보도들을 통해 '동북공정'이 공식적으로 기간 만료되었지만, 관련 연구 프로젝트들은 주제별로 분리되어 지금도 진행되고 있다는 것을 알 수 있었다.

이외에 한중 양국의 언론보도를 통해 '동북공정' 실시 이전에 비해 고구려,

56) 백선기·김강석, 2009「동북공정 보도와 담론 및 이데올로기 : 기호네트워크 분석방법 (SNA)를 중심으로」『기호학연구』2009, 한국기호학회, pp.474~477
57) 백선기·김강석, 2009, 앞의 논문, pp.475~476

발해에 대한 중국인들의 관심이 고조되었다는 것, 중국학계에서도 고구려사를 시민들에게 알리려는 노력을 하고 있다는 것 등을 확인할 수 있었다.[58] 긍정적으로 보면 '동북공정'이 시작된 2002년 이래 양국이 서로 견제하는 가운데 고구려사와 발해사 연구가 확대되고 많은 사람들이 관심을 갖게 된 것은 분명하다. '동북공정' 이후 한국학계에서 관련 연구를 폭넓게 집중적으로 실시함에 따라 중국학계의 연구도 다양화되고 심화, 확대되었다고 볼 수 있다는 것이다. 상호간에 자극을 주면서 학문적으로 상호 발전하는 것은 무의미하지 않은 일이다.

문제는 고구려, 발해 유적의 발굴 현장이나 유물 등의 자료공개와 한중 고구려, 발해사 연구자간 자유롭고 활발한 학술토론이 지금도 잘 이루어지지 않고 있다는 점이다. 또한 연구의 양적 확대에 비례해 질적 심화가 이루어지지 않고 있다는 것이다. 이는 '동북공정'이 처음부터 학문외적인 면을 포함하고 있었고, 어느 순간부터 그 자체가 다소 엉뚱한 방향으로 자기분열을 계속해갔기 때문이다. 여기에는 '동북공정'으로 인한 논란 초기부터 언론에서 학술적인 면보다 정치적인 측면으로 문제를 부각시켰던 것에서 기인한 바 크다.[59]

이처럼 학문적인 차원에서 해결되어야할 역사논쟁이 학문의 범위를 넘어서 일반인들에게로 넘어가 본질은 사라지고 피상적인 감정싸움에만 매몰되어 서로 불신만 키우는 것은 한중 어느 나라에도 바람직하지 않다. 동북아 각국의

58) 东亚讯 2007년 4월 13일자 기사에 의하면, 길림성 도서관 5층에서 매주 일요일 13시 30분에 길림성문물고고연구소 소장 김욱동(金旭东)이 〈길림 고구려 유적의 발굴과 연구〉란 제목으로 시민 대상 무료강좌를 통해 고구려 문화 및 역사를 소개했다고 한다(http://www.dyxw.com). 중국에서도 대중강의를 통해 일반인들에게 고구려에 대한 역사인식을 심어 주고자 노력하고 있다는 것을 알 수 있다.

59) 이와 관련, 안병직 교수도 "역사문제가 국가간 외교적 갈등으로 부상하는 데에는 무엇보다도 언론과 정치의 역할이 두드러지고, 전문가로서의 역사가의 견해보다는 사회 일반 여론의 영향이 지배적이다"라고 우려를 표한 바 있다. 安秉稷, 2008「동아시아의 역사 갈등과 한국사회의 집단기억」『歷史學報』第197輯, p.199

협력을 통해 상호발전을 이룩해 나가야할 현 시점에서 역사문제로 인해 발목이 잡혀 정치·경제 분야에서의 공동발전에 어려움을 겪게 된다면 대단히 유감스러운 일이다. 언론계와 학계에서 모두 이런 점에 주목하고 발전적인 방향으로 논의가 진행될 수 있도록 선도하는 역할을 할 필요가 있다. 예컨대 한중 언론이 보도한 사안과 관련하여 양국 네티즌들이 사안을 벗어난 소모적인 공방을 계속할 경우, 그 속도와 정도를 조절할 수 있게끔 충분한 정보와 관련 전문가들의 객관적인 견해들을 다양하게 제공하는 등의 노력을 기울인다면 합리적인 방향으로 전개되는데 많은 도움이 될 것이다.

동아·조선일보의 동북공정 단어 포함 기사게재 일자 및 주제별 분류[60](2007. 1. 1~2012. 6. 30)

주 제	연도	동아일보	기사건수	조선일보	기사건수
고조선(단군신화, 요하문명론 등 포함)	2007	6.2, 5.29, 5.26, 4.14, 3.3, 2.24	6	11.17, 10.3, 10.2, 8.7, 6.8, 4.14, 4.13, 3.8, 2.26, 2.24	10
	2008	7.7, 3.10, 1.14	3	4.12, 3.21	2
	2009	12.21, 2.21	2	9.16, 5.29, 5.19, 3.31, 3.24	5
	2010	8.27, 1.15(2)	3		0
	2011	6.30, 3.3(2)	3		0
부여	2008		0	1.29	1
고구려	2007	8.18, 6.6, 3.30, 1.31, 1.30, 1.26	6	11.10, 10.26, 10.23, 10.3, 9.13, 9.11, 6.13, 6.7, 6.5, 6.4, 5.1, 2.1, 1.25	13
	2008	6.19	1	12.15, 3.7	2
	2009	8.27	1	4.21	1
	2010	10.9	1	5.15, 5.8, 1.27	3
	2011		0	7.20	1
	2012		0	3.27	1

60) ( )은 같은 날 게재된 기사건수

발해	2007		0	9.3, 7.21, 2.8,	3
	2009		0	12.30, 12.19, 10.14, 8.26, 7.13, 5.21, 4.1	7
	2010		0	3.13	1
	2012	1.13, 1.12, 1.11, 1.11	4		0
동북공정 (일반론)	2007	7.31, 5.29, 4.13, 2.8, 2.7, 1.31, 1.31, 1.27, 1.26	9	12.18, 12.4, 12.3, 11.13(2), 11.6, 11.5, 9.19, 9.11, 9.6, 9.4, 9.1, 8.30, 8.18, 8.14, 8.2, 7.13, 6.12, 6.9, 6.2, 5.23, 5.16, 4.11, 3.29, 3.28, 3.27, 3.26, 3.9, 2.24, 2.13, 1.30, 1.29, 1.27, 1.16	34
	2008	8.12, 7.31	2	8.11, 3.24, 1.30	3
	2009		0	10.30, 10.19, 9.17, 9.7, 3.7	5
	2010		0	12.22, 8.24, 5.8, 4.15, 3.1	5
	2011	10.25, 9.20	2	9.19, 9.5, 9.3, 8.31, 7.26, 5.7, 6.7	7
	2012	6.16, 1.17	2	2.23, 2.18, 1.14, 1.9	4
무형문화유산 한글, 침, 뜸, 한의학	2009	10.2	1	8.7	1
	2010		0	10.26, 9.16, 3.26	3
	2011		0	6.23(2)	2
	2012	4.26	1	5.28	1
백두산	2007	7.25	1		0
	2008		0	1.15	1
	2009		0	8.28	1
간도	2007		0	3.8	1
	2008		0	8.13	1
장성	2008		0	3.21	1
	2009		0	11.3, 10.7, 9.28, 5.2	4
	2012	6.13, 6.8		6.18, 6.13, 6.12, 6.9	4
청사공정	2012	1.12	1	1.9	1
조선족문제	2009		0	3.28	1
	2012	4.24	1		0
북한, 북중 국경문제	2007		0	1.20	1
	2009	7.8	1		0

역사교육 (교과서)	2007	9.5, 5.28, 5.23, 5.23, 3.7	5	10.27, 3.7	2
	2008	3.31, 3.27. 3.21, 3.5, 3.5, 2.18	6	8.13, 6.16	2
	2009		0	12.12, 10.14, 2.14, 2.2, 1.15	5
	2010		0	12.7, 8.21, 5.21	3
	2011		0	5.11, 5.11, 4.23, 3.26, 2.16	5
중국과의 역사일반 문제관련	2007	12.20, 8.25, 5.16, 4.11, 4.9, 4.7, 2.5, 1.2	8	2.27	1
	2008	5.2, 3.21	2	12.16, 5.2, 1.22	3
	2009	12.4, 9.29, 9.28, 9.10, 8.26, 8.16, 8.12, 6.1	8	12.18, 10.5, 8.4, 7.15, 2.28	5
	2010		0	12.27, 8.16	2
	2011	8.4	1	2.9, 1.8, 1.1	3
드라마, 영화, 소설, 게임 및 혐한	2007	3.7	1	11.3, 10.18, 9.29, 3.30	4
	2008		0	11.3, 10.27, 7.10, 3.8	4
	2009		0	11.4, 1.8,	2
	2010		0	2.13	1
	2011		0	1.27, 1.10	2
만주관련	2007		0	5.19	1
	2011		0	7.1	1
한중외교관련	2007		0	4.11, 4.9, 4.6, 4.4, 2.21	5
	2008		0	8.23, 7.24, 6.28, 5.28, 2.13, 1.3, 1.1	7
티벳, 위구르, 신장 문제와의의 관련	2007		0	10.22, 10.18	2
	2008		0	5.10, 4.1, 3.20, 3.19	4

동북공정 이후 한국의 역사교육

- 교육과정 및 교과서, 기관 활동을 중심으로 -

조 법 종
우석대학교 교수

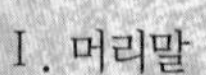

동북공정 이후 한국의 역사교육

- 교육과정 및 교과서, 기관 활동을 중심으로 -

Ⅰ. 머리말

2002년 1월부터 2007년 2월까지 진행된 중국의 동북공정의 여파는 한국역사교육에 여러 형태의 영향을 미쳤다. 특히, 일본의 독도영유권주장 및 역사교과서 왜곡문제와 맞물려 동북공정으로 제기된 고구려 및 고조선, 발해 등 우리민족과 현재의 중국 동북3성지역 즉, 과거 만주로 통칭되었던 역사공간과의 관계에 대한 강화된 역사인식이 형성되었다.

이 같은 분위기는 7차교육과정에서 진행된 국사교육 위축에 대한 문제제기와 역사교육강화조치가 2005년 이후 추진되어 2006년 역사교육강화방안을 확정하여 2007년 개정교육과정이 마련되었다. 특히, 역사교과 독립 및 역사교육강화를 위한 새로운 과목의 신설이 추진되었다. 그런데 역사교육에 대한 정부의 입장이 정권교체에 따라 수정되어 2009 개정교육과정으로 내용이 변화되고 다시 2011년 이념논쟁이 가미된 새로운 역사교육 강화 방안 등 2년 간격으로 역사관련 교육방침이 변화되는 문제가 발생하였다. 한편 교육현장에서는 동북공정과 일본역사 왜곡문제 등이 포괄된 역사갈등문제가 사회적 문제로 확산되자 각 교육청과 개별 학교 단위의 대응이 진행되었다. 특히, 교사연수과목으로 동북공정문제와 독도, 영토문제 등이 진행되었고 학생들은 학교별 역사갈등관련 행사를 진행하였다. 그러나 이는 단기적 현상이었고 역사교육에 구체적 영향을 미친 것은 관련내용이 교과서에 수록되어 학교수업현장에 나타나게 된 것이다. 또한 관련 행사와 자료가 공적으로 제시되어 역사교육의 보조적 역할을 수행하였다. 본고에서는 이같은 동북공정이 한국역사교육에 미친 영향과 변화상황을 교육과정개편 내용 및 교과서변화와 관련기관의 활동 등을 중심으로 논의를 진행하고자 한다.

Ⅱ. 교육과정 개편

1. 역사교육강화와 2007 개정교육과정[1)]

동북공정과 일본역사왜곡 등에 기인한 역사교육 강화는 2005년 기왕의 7차교육과정 개정시 역사과목과 시수축소에 대한 보완을 중심으로 추진되었다. 이를 위해 다음과 같은 방안이 마련되었다.

① 교육과정개정전

– 고1 「국사」의 '한국근현대사' 교육강화

– 교과서 보완 자료 「(가칭)재미 있는역사」개발·보급('05.5.~12)

② 교육·과정개정시 추진내용

– 중등 「사회」교과내 '세계사'와 '국사'를 통합하여 '역사' 과목으로 독립운영

1) 신선호, '동아시아사'무엇을 어떻게 가르칠 것인가?, 2010학년도 동계 동아시아사 교원연수교재.
박중현, 〈동아시아사〉 무엇을 어떻게 가르칠 것인가?

– 새로운 형태의 역사교과서개발

③ 기타 추진내용

– 각 대학에 수능 '국사' 과목의 입학전형요소 활용권장

– 각 대학에 역사관련강좌의 교양필수지정 권장

– 각종 공무원연수시 역사관련 과목의 필수개설 권장

이러한 방안에 근거해 2006년 역사교육 강화방안이 다음과 같이 마련되었다. 이 방안에서는 동아시아사가 대응과목으로 신설되고 역사교사의 전공일치도 저하에 대한 대응안 등이 논의된 점이 주목된다.

2006 역사교육강화방안

o 내용(5영역22과제)

① 교육과정개정 : 중등 '역사' 과목독립, 역사과 시수확대

② 교육내용재구조화 : 교과서검정전환, 역사탐구교실설치

③ 왜곡대응기반마련 : 고교선택과목 '동아시아사' 개설

④ 각종시험역사반영 : 대학신입생선발시 '국사' 필수권장

⑤ 역사교육지원시스템구축 : '역사교과발전협의회' 구성 등

2006 역사교육강화방안에 근거해 마련된 2007 개정교육과정은 다음과 같은 특징을 보여준다. 즉, 사회과에 통합되었던 국사 세계사를 역사과목으로 독립하는 것이다. 기존 7차교육과정을 개편한 2007년 개정교육과정에 의해 확정된 중등학교 역사교육은 중등역사과목이 사회과 체제에서 벗어나 독립과목이 되었고 새로운 역사과 과목으로 역사, 한국문화사, 동아시아사, 세계역사의 이해라는 과목이 설정되어 기존의 '국사', '세계사'를 보완, 대치하게 되었다.[2] 이들 새롭게 신설된 과목 중 역사, 한국문화사, 세계역사의 이해의 경우 국사

와 세계사과목의 내용 조정적 성격의 과목[3]인 것에 비해 동아시아사는 우리의 교육과정 뿐만 아니라 동아시아 어느 나라에서도 시도된 적이 없는 새로운 과목이란 점에서 공간적 범위와 성격에 대해 많은 논의가 집중되었다.[4]

2. 2009 교육과정 개정

2007 개정교육과정은 2008년 출범한 이명박정부의 '미래형 교육과정' 개정 작업에 의해 학교현장에 적용되지 못하고 바로 개편되었다.[5] 개편 명분은 "세계 환경과 국가 위상의 변화와 인재 육성 전략의 재조정 요청", "국가교육과학기술자문회의에서 '하고 싶은 공부, 즐거운 학교'를 지향하는 미래형 교육과정 구상을 제안"한 것이 근거였다. 이같은 개정은 선택과 집중이란 원칙으로 학습부담 경감을 내세워 고교 2·3학년 선택과목 8개 축소를 골자로 하여 역사과목의 경우 선택과목 2개로 제한하는 내용이 제시되었다. 이에 대해 역사학계의 강한 비판이 제기[6]되었으나 결국 2009 개정 교육과정이 고시되었다('09. 12. 23).

핵심은 국민공통기본교육과정 조정과 고등학교 교육과정 혁신인데 내용은 다음과 같다.

o 추진 내용

– 국민공통기본교육과정을 10년에서 9년으로 단축

2) 교육인적자원부, 2007. 2. 23 「초중등학교 교육과정 개정 고시(안)관련자료」, p.2
3) 양원택, 2006 「사회과 교육과정 개정(안)」『사회과 교육과정 개정안 토론회』, p.4
4) 안병우외, 2007 『동아시아사 교육과정 시안 개발』 2006년 동북아역사재단 학술연구과제연구결과보고서
5) 김한종, 2011 「중등 역사교과서 개편의 과정과 성격」『한국고대사연구』 64, pp.20~21
6) 역사(교육)학계 36개 단체, '2009 개정교육과정 졸속 추진에 대한 역사(교육)학계의 입장' 성명서 발표('09. 10. 13)

– 국민공통기본교육과정10개 교과군을 7개로 조정

– 사회과와 도덕과를 통합하여 '도덕·사회과'로 변경

– 고교 2~3학년 선택과목 수를 4개영역(역사, 지리, 일사, 도덕)에 각각 2개씩 할당

2011 교육과정총론의 사회과(역사/도덕포함) 교과목

현 행		개편 시안
사회, 도덕		폐지
한국사, 동아시아사, 세계사		한국사, 동아시아사, 세계사
생활과 윤리, 윤리와 사상	⇒	생활과 윤리, 윤리와 사상
한국지리, 세계지리		한국지리, 세계지리
경제, 법과 정치, 사회 문화		경제, 법과 정치, 사회 문화
총 12과목		총 10과목

2014학년도 수능체제 개편 시안[7]

현 행		개편 시안
윤리		윤리(생활과 윤리+윤리와 사상)
한국지리, 세계지리, 경제지리		지리(한국지리+세계지리)
국사, 한국근현대사, 세계사	⇒	한국사, 세계사(세계사+동아시아사)
법과사회, 정치, 경제, 사회·문화		일반사회(법과 정치+사회·문화), 경제
총 11과목(최대 4과목 선택)		총 6과목(최대 1과목 선택)

역사과 교육과정의 변화

o 기본 방향

– 10학년(고1)까지 '역사' 과목 유지

– 11~12학년(고2·고3) 선택과목 수 3과목에서 2과목으로 축소

o 선택과목 조정 : 동아시아사, 세계역사의 이해(세계사), (한국문화사 폐지)

7) 국가교육과학기술자문회의, 미래형교육과정구상(안), 제8차 국민대토론회 자료, 2009. 7. 24

2007 개정교육과정, 2009 개정교육과정, 2011 개정교육과정의 내용에서 동북공정과 관련된 구체적 역사교육의 내용을 포함한 것은 '동아시아사'과목 신설로 집약되었다. 즉, 2006년 역사교육강화방안에서 확정된 중고등학교의 국사, 세계사가 '역사'로 통합되고 새롭게 동아시아사를 신설해 중국과 일본 등의 역사왜곡 대응기반을 마련하고 한중일 공동역사인식을 함양하기 위한 구체적인 교과를 설정하게 된 것이다. 결국 '동아시아사'라는 인식틀은 실상은 일본과의 오랜 역사 갈등에 추가된 중국과의 역사 갈등을 포괄적으로 해결하려는 의지가 반영된 개념이다. 그런데 '동아시아사 시안'에 나타난 내용은 한국사의 대외관계성을 전제한 역사이해라는 점에서 국사로 파악되었던 우리 역사에 대한 인식의 지평과는 별개의 역사인식 틀과 내용을 담아야 한다는 명분이 강하게 작용되어 설정되었음을 보여준다. 그리고 또한 한국-중국-일본으로 연결되는 '동북아시아'로 지칭된 역사갈등의 당사자만을 대상으로 삼는 좁은 범위의 역사범주를 넘어선 개념이란 점에서 향후 역사포섭 방식과 인식의 방향을 설정하는 것이 쉽지 않은 과목으로 부각되었다

2009 개정교육과정의 경우[8] 역사교육과 관련된 이념논쟁과 집중이수제라는 효율성강조 수업방식에 의해 교과서 내용과 수업방법이 개편된 것으로 여러 문제를 안고 있어[9] 또 다시 교육과정의 개편을 예고하고 있다. 2009 초중등학교 개정교육과정 총론을 발표하면서 고등학교 역사를 한국사로 바꾸고 선택과목으로 하고 2007 개정교육과정 고등학교 선택과목중 '한국문화사'를 없

8) 최준채, 2011 「2009년 개정 교육과정과 고등학교 국사 교육」『역사교육』 118, 역사교육연구회
이문기·남한호, 2011 「2009년 개정 교육과정과 역사교육, 그리고 이후의 변화」『역사교육논집』 47, 역사교육학회
윤재운, 2011 「고등학교 검정 '한국사'교과서와 역사부도의 전근대 서술과 문제」『한국사연구』 152, 한국사연구회
9) 양호환, 2011 「한국 역사교육의 연구동향」, 책과함께

애고 '동아시아사'와 '세계역사의 이해'만을 남겼고 이는 세계사로 과목명이 정해졌다. 이후 2011년 11월 다시 '자유민주주의' 문제로 역사교육의 이념논쟁으로 연결된 역사교과서개발위원회의 지침이 발표되면서 2009 개정교육과정이 또 다시 개편되어 새로운 역사관련 교과서를 집필케 되었다.[10]

이 같은 2년마다 3차례나 반복된 교육과정 개편 및 이념 논의는 기왕의 역사교육 강화와는 거리가 먼 소모적 논쟁으로 한중일 역사갈등이 오히려 국내 역사이념갈등으로 변환되는 심각하고도 한심한 상황을 야기하였다.

Ⅲ. 동아시아사 교과서와 교육현장

1. 동아시아사 교과 개설

중국의 동북공정은 2002년 고구려사의 중국귀속을 중심으로 고조선, 부여 및 발해 등의 역사체계를 중국사적체계로 재정립하려는 역사공정으로 한중역사 갈등이 표면화된 계기를 마련하였다.[11] 이후 동북공정이 진행되면서 중국의 고구려유적의 세계문화유산 등재와 고구려관련 유적에 대한 왜곡설명, 요

10) '역사교과서 집필기준 개발 공동연구위원회(한국사분과 6인, 동아시아분과 6인, 세계사분과 6인)
2011년 8월 23일 구성, 10월 17일 집필기준안 마련
이같은 최근 일련의 과정은 김한종교수의 논고에 잘 정리되어 있다.
김한종, 2011「중등 역사교과서 개편의 과정과 성격」『한국고대사연구』64, 한국고대사학회, pp.5~42

11) 최광식, 2004「'東北工程'의 배경과 내용 및 대응방안 -고구려사 연구동향과 문제점을 중심으로-」『韓國古代史硏究』33, 한국고대사학회
余昊奎, 2004「중국의 東北工程과 高句麗史 인식체계의 변화」『韓國史硏究』126, 韓國史硏究會

하문명론[12]에 의한 한국 청동기문화의 성격, 고조선문제 등이 문제되면서 한중역사갈등은 한국고대사 전반으로 확대되었다. 또한, 백두산문제를 중국적 입장으로 재정립하는 장백산문화론[13] 및 장백산개발사업[14]이 후속되었고 간도문제[15]와 연결되어 연변 조선족문제 등이 다양한 형태로 제기되었다.

이 같은 한중역사갈등은 앞절에서 설명한 것처럼 역사교육강화로 결실되었고 그 결과중의 하나가 '동아시아사'의 개설이었다.[16] 따라서 '동아시아사'는 이 같은 한중역사갈등의 핵심적 내용에 대한 이해와 중국의 동북공정을 비롯한 각종 역사공정 즉, 서북공정, 북강공정, 하상주단대공정, 중화문명탐원공정 등 중국선사 및 고대사, 몽골, 신강, 티벳 등 주변 민족과의 관계를 정립한 관련 역사공정에 대한 이해와 문제점 극복을 위한 역사인식의 바탕되어 진행되어어야 함을 보여주고 있다.[17]

---

12) 우실하, 2007 『동북공정 너머 요하문명론』 소나무

13) 조법종, 2006 「中國의 '長白山文化'論과 高句麗」 『白山學報』 第76號, 白山學會

14) 조법종, 2007 「'장백산문화론'의 비판적 검토」 『白山學報』 第79號, 白山學會

15) 이일걸, 2004 「동북공정 간도영유권 분쟁」 『한국사론』 41, 國史編纂委員會

16) 정연, 2008 「고등학교 〈동아시아사〉의 성격과 내용 체계」 『동북아역사논총』 19, 동북아역사재단
조법종, 2008 「'동아시아사' 교과서시안과 한중일 역사갈등 -고대사관련 쟁점을 중심으로」 『白山學報』 제82호, 백산학회
박원호, 2009 「〈동아시아사로서의 한국사〉 구성을 위한 再論」 『韓國史學報』 제34호, 고려사학회
이성제, 2011 「『동아시아사』 교과서의 「지역간 인구이동과 전쟁」 단원 서술에 대한 시론(試論) -지역국가들의 전략적(戰略的) 의지(意志)와 동아시아세계의 형성」 『역사교육논집』 제47권, 역사교육학회
정연, 2011 「〈동아시아사〉 교과서의 한국사 서술 검토 - 대단원 Ⅰ, Ⅱ를중심으로」 『역사교육연구』 14, 한국역사교육학회

17) 조법종, 2008 「'동아시아사' 교과서시안과 한·중·일 역사갈등- 고대사관련 쟁점을 중심으로 -」 『백산학보』 82
중국변강사지 연구중심 중대항목, 东北工程, 新疆项目, 北部边疆项目
http://bjzx.cass.cn/news/140589.htm

그런데 이 같은 사실은「'동아시아사' 시안」에 대한 현장교사의 평가에서 나타나고 있듯이 동아시아사의 공간적 범위 및 내용성격에 대한 검토의견에서 다음의 사항들이 주요 논점으로 부각되면서 이 같은 문제인식이 미흡함이 지적되고 있다.[18)]

또한 동북공정에서 제기된 중국측의 논리는 '동아시아사'라는 새로운 역사체계를 구성하는 데 있어서 심각한 문제를 야기하게 된다. 즉, 한국사를 구성하는 고구려 등의 종족적 계통과 역사적 귀속성에 대한 문제를 야기하고 동아시아적 공존 공영이 아닌 통일적 다민족 국가 중국의 역사외연 확대로 나타나고 있을 뿐이었다.

따라서 한중역사갈등의 핵심인 중국의 현재적 역사관점에 대한 적극적 대응논리 개발과 북방 유목세계 중원 농업세계 한반도-만주세계로 대별되는 새로운 역사상의 구성과 체계확립이 필요하다. 한편, 동아시아사 교과서의 한국사 서술은 서술 분량이나 내용 구성의 측면에서 〈국사〉 교과서에 비해 빈약하지만, 서술 방식의 측면에서는 그동안 한국사 교육의 문제점으로 지적되어 온 세계사와의 단절, 배타적 민족주의, 편견과 우월의식, 재미없고 어려운 수업 등을 보완할 수 있는 몇 가지 장점인 동아시아적 범주의 유지, 연관과 비교의 방법, 상대주의적 관점과 상호 교류의 시각 등을 가지고 있다는 점에서 역사갈등의 극복을 위한 토대를 마련할 수 있다. 동아시아사의 이런 특징적 서술방식은 학생들로 하여금 나와 세계의 관계성을 자각하게 하여 폐쇄적이고 배타적인 역사 인식을 극복하고, 교류의 중요성과 문화의 상대성을 이해하게 하여 패배 의식, 우월 의식 등에 기초한 타자 인식과 이로 인한 이웃과의 대결 의식을 해소할 수 있게 해 줄 것으로 파악[19)]되어 역사교육의 균형잡힌 인식틀을

18) 안병우외, 2007, 전게서, pp.16~55, Ⅳ.동아시아사 교육과정 시안의 현장 적합성 검토
19) 정연, 2011「〈동아시아사〉 교과서의 한국사 서술 검토 - 대단원Ⅰ, Ⅱ를중심으로」『역사교육연구』14, 한국역사교육학회

마련할 수 있다고 사료된다.

2. 동아시아사 교과서 내용에 나타난 동북공정문제

현행 '동아시아사' 교과서는 교학사 및 천재교육의 동아시아사 2종이 간행되어 사용되고 있다. 각 교과서 모두 간행지침에 따라 '6단원 오늘날의 동아시아' 말미에 한중일 역사갈등에 대한 내용을 구체적으로 기술하고 있다. 관련 단원 항목을 보면 다음과 같다.

교학사	천재교육
Ⅵ. 오늘날의 동아시아	Ⅵ. 오늘날의 동아시아
1. 전후 처리와 국교회복	1. 전후처리와 국교회복
2. 냉전속의 열전	2. 냉전과 전쟁
3. 경제성장과 지역내 교류	3. 경제성장과 역내 교역 활성화
4. 동아시아 각국의 정치와 사회	4. 민주화와 사회변화
5. 동아시아의 역사갈등과 화해	**5. 동아시아의 갈등과 화해**

교학사	천재교육
5. 동아시아의 역사갈등과 화해	**5. 동아시아의 갈등과 화해**
1. 21세기의 세계와 동아시아 – 세계화와 지역화 시대가 열리다 – 동아시아, 새로운 국제 관계를 모색하다	영토를 둘러싼 대립 〈역사의 현장〉센카쿠 열도(댜오위다오)에서 일본과 중국이 충돌하다
2. 동아시아의 역사 문제 – 역사 교과서 문제를 중심으로 동아시아 역사 갈등이 확대되다 **– 중국의 동북공정** 〈열린자료, 연린 생각〉 일본 우익의 중학생용 역사교과서 속 역사왜곡 **〈탐구활동〉동북공정에 대한한국과 중국의 인식 차**	역사 문제로 인한 갈등 〈더 알아보기〉히노마루와 기미가요 〈이야기속으로〉백두산 천지를 걸어서 한바퀴?

3. 영토를 둘러싼 문제 – 영토를 둘러싼 복잡한 문제들 – 한국의 독도지배 – 러시아와 일본의 영토분쟁 – 중국과 일본의 영토분쟁 – 남중국해의 영토분쟁	화해를 위한 노력
4. 화해와 협력을 향하여 – 다양한 공동의 노력이 진행되고 있다. – 함께 해결해야 할 환경문제 〈열린 자료, 열린 생각〉미래지향적인 한·일 관계의 설계도를 제시하다. 〈탐구활동〉화해와 협력의 가능성 찾기–한·중·일 역사대화〉	※ 동아시아의 이주민과 갈등, 재일 한국인의 삶 ※ 자신을 바쳐 동아시아를 사랑하다 (이수현, 후쿠도메 노리야키)

한중일 역사갈등과 관련된 교과서를 통한 공식적 언급은 동아시아사 교과서에 제시된 내용이 유일하다는 점에서 이들 내용이 동북공정관련 역사갈등에 대한 우리 학계의 공식입장이자 교육관련 입장이라 할 수 있다. 먼저 두 교과서의 내용을 목차항목과 내용구성부분을 중심으로 정리하면 표와 같다.

동북공정과 관련된 내용만을 표시하면 교학사의 경우「2. 동아시아의 역사 문제」단원에서 1쪽을 '중국의 동북공정'을 명시적으로 표현하고 관련 내용을 서술하고 있다. 또한 '〈탐구활동〉동북공정에 대한 한국과 중국의 인식 차'를 통해 고구려와 발해에 대한 중국측과 한국측의 주장을 대비시켜 제시하고 있다.[20] 한편, 천재교육의 경우 2쪽에 걸친 '역사 문제로 인한 갈등' 내용에서

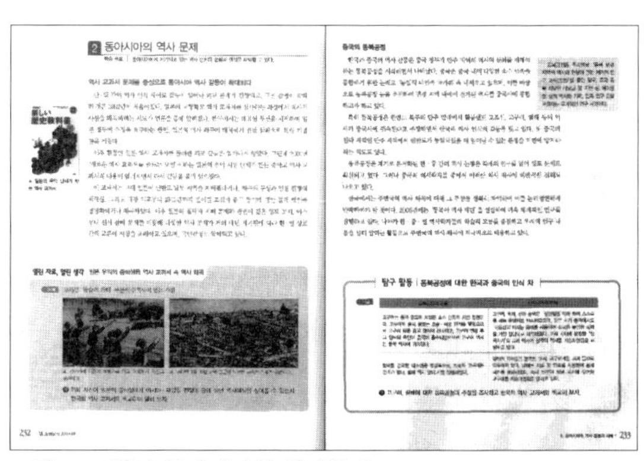

그림 1. 교학사 동아시아의 역사문제

그림 2. 천재교육 '역사문제로 인한 갈등

대부분의 내용을 일본과의 역사갈등에 대해 기술하고 중국과의 갈등의 경우 4줄에 걸친 내용만을 서술하고 있다. 또한 '〈이야기속으로〉백두산 천지를 걸어서 한바퀴?'에서 백두산 천지가 중국과 북한에 의해 양분되어 있는 사실을 설명하고 있다. 양 교과서의 내용분량만을 비교한다면 천재교육의 동북공정 관련 내용소개는 양이 매우 적고 극히 개설적으로 일본과의 갈등양상에 집중되고 있음을 보여준다.

따라서 현행 교육체계속에서 한중일 역사갈등 문제에 대한 역사교육 차원의 대응내용은 교육과정 내용과 교과서에 국한할 때 동아시아사 교과서에서만 이 문제가 공식적으로 논의되고 있으며 각 교과서에 따라 내용구성 비중에 많은 편차가 있음을 보여준다.

이같은 내용은 편찬기준에 있는 항목요소를 구체적으로 어느 정도 포함시킬 것인가는 집필자의 재량이란 점에서 이해될 수 있지만 역사교육 요소의 비중성을 감안할 때 일정한 지침에 대한 합의와 기준이 필요하다고 생각된다.

그런데 문제는 고등학교에서 동북공정 등 역사갈등 문제를 다루는 동아시아사가 문과의 선택교과로서 이과학생은 아예 접할 수 없고 문과 고등학생에서도 수능에 유리하다는 입장에서 대부분 사회문화를 택한다는 점에서 전체 고등학생의 20% 내외가 교육받는 교과목이라는 점이 문제이다. 이는 고등학

20) 손승철 외, 2012『고등학교 동아시아사』, 교학사, p.233

교 수준의 인지능력에 근거해 역사갈등의 문제를 파악하고 객관적 사실에 대한 역사적 판단력과 통찰력 등이 함양되어야 한다는 점에서 실제 교육에서는 심각한 문제상황임을 보여주고 있다.

Ⅳ. 교육기관 및 관련기관 활동

1. 교육청 및 교사의 활동

동북공정에 대응하는 내용으로 동아시아사 교과서 등을 통한 교육과 함께 교육청별 교육도 주목된다. 각 교육청은 기존 교사연수프로그램에 동북공정 및 독도, 영토관련 교육을 실시하였다. 그 가운데 대표적으로 경기도 교육청은 2012년 4월 4일 동북아역사재단과 '역사교육 및 동북아 평화교육 활성화 MOU'를 체결한 후 첫 활동으로 독도 영유권의 역사적 근거에 대한 이해 및 바른 역사관을 정립하고 동북아 평화교육으로 나라사랑 정신과 평화공존 실천 태도 함양 등을 위해 4월 17일 '독도 및 동북아평화교육 연수'를 실시하였다. 또한 이를 확대하여 경기도 교육청은 2012년 6월 19일 동북아 평화교육 자료집 '동북아 평화를 꿈꾸다!'를 발간했다. 이 자료집은 주변국의 역사 왜곡 및 동북아 지역의 갈등에 대한 정확한 이해와 이를 통한 올바른 역사관 확립 및 평화정착을 위해 발간한 것으로 〈동북아 평화를 꿈꾸다!〉는 모두 3부로 구성되어 있다. (제1부 동북공정과 동북아 평화교육)은 동북공정의 개념, 동북공정의 내용과 의도, 동북공정에 대한 대응, 동북공정과 동북아 평화교육 등 이론적인 내용을 수록하였다. (제2부 동북아 평화교육을 위한 학습자료)는 고대사부터 현대사까지 모두 7장에 걸쳐 교수.학습과정안, 학생활동지, 참고자료를 수록하여

그림 3. 경기도교육청간행 동북아 평화를 꿈꾸다.

역사를 전공하지 않은 교사들도 쉽게 사용할 수 있도록 하였다.

(제3부 동북아 평화교육을 위한 행사 프로그램)은 단위 학교 실정에 맞는 동북아 평화교육 위한 행사 프로그램을 계획 단계부터 운영 단계까지 상세한 플랜과 함께 제공, 학교현장에서 쉽게 활용할 수 있도록 하였다.

이 자료집은 경기도내 역사담당 교사 17명이 각종 연구자료 등을 참고해 제작한 것으로 동북아역사재단을 비롯한 민간학회와 역사학자들이 펴낸 논문 등 60여 가지가 넘는 문헌을 참고로 했다. 140쪽 분량의 자료집은 우리나라 역사에 대한 중국의 왜곡된 주장과 그에 대한 반박으로 꾸며졌다. 국내 역사교과서에서는 간단히 언급했거나 생략한 내용들을 자세히 담았다.

특히, 학생들의 이해도를 높이기 위해 토론, UCC 제작, 동아리 학습 등 각각의 주제마다 다양한 참여학습 매뉴얼도 첨가했는데 교육청 관계자는 "학생 스스로 역사왜곡에 대한 반박 논리를 찾아 이해하도록 하는 데 초점을 맞췄다"고 설명하고 있다.[21]

도 교육청 교수학습과의 한 관계자는 "중국 등에서는 거부반응을 일으킬지 모르지만 학생들이 이 자료를 통해 올바른 역사인식을 확립하고 동북아 평화에 이바지하는 학생 육성을 목적으로 하였다.[22] 이 같은 활동은 현재 교육현장에서 역사갈등 관련 주제가 중고등학교 교육과정에 투입되기 어려운 현실에 대한 보완방안으로 강구된 것이다. 특히, 집중이수제에 따른 학습량의 과

21) 동북공정에 맞서는 이 작은 책 [중앙일보] 2012. 06. 21
22) 경기교육청, 동북아 역사왜곡 맞선다〈세계일보〉 2012. 6. 19

도화와 시험에 들어가지 않는 교과 또는 항목의 경우 학생 및 학부모에 의해 외면되는 현재의 교육풍토속에 상당히 어려운 결단과 구체적 노력을 펼쳤다는 점에서 매우 의미있고 중요한 내용이라고 파악된다.

또한 현장교사들이 동북공정 등에 대한 문제의식을 바탕으로 개별적 연구작업을 진행하여 나름의 성과를 이룩하고 있다. 대부분 현장교사에 의해 작성된 역사교육 관련 학위논문 가운데 동북공정 관련 논문이 매년 유지되고 있다.[23] 이러한 현상은 교사들의 지속적인 관심과 참여속에 이들 문제가 학생들

23) 한용수, 2012『고등학교 국사교과서의 '대외항쟁사' 서술비판 : 자국사중심 서술의 비판과 대안』, 서강대학교 교육대학원

신혜민, 2012『社會科 統合論議와 敎育課程 變遷에 따른 歷史敎育 硏究 : 제 7차, 2007개정, 2009개정 교육과정을 중심으로』, 한양대학교 교육대학원

최승배, 2011『고등학교 국사 교과서의 민족주의적 역사 인식에 대한 비판적 연구 : 제7차 교육과정을 중심으로』, 대구대 대학원

최준명, 2011『중국 중등 역사교과서상의 애국주의 서술분석 : 현행 실험교과서『중국역사』8년급 상책을 중심으로』, 이화여대 교육대학원

최송희, 2011『동아시아사 관점에서의 초등 사회과 역사 영역 분석 : 7차 및 개정 7차 교육과정 교과서의 전쟁과 교류 서술을 중심으로』, 서울교육대 교육대학원

조혜민, 2011『유목 세계를 고려한 동아시아사 교육 방안』, 연세대 교육대학원

우정희, 2010『동북공정에 대응한 고등학교 국사교육 활용 방안』, 숙명여대 교육대학원

현태영, 2009『중국의 동북공정과 역사왜곡에 대한 초등학생 인식에 관한 연구』, 춘천교육대 교육대학원

전명숙, 2009『제7차 및 2007 개정 교육과정의 중학교 한국사 영역 비교·분석』, 군산대 교육대학원

고아라, 2009『중국의 동북공정과 한국의 역사교육 : 제7차 교육과정 고등학교『국사』교과 교사용지도서 분석을 중심으로』, 중앙대 교육대학원

김미숙, 2009『'동북 공정'에 대한 고등학생들의 인식과 수업안』, 원광대 교육대학원

조기임, 2008『동북공정과 1990년대 이후 중국 중등 역사교과서 한국사 관련 서술 변화에 관한 연구』, 인하대 교육대학원

박지영, 2007『동북공정의 실태 분석을 통한 초등학교에서의 역사교육 방안』, 서울교육대 교육대학원

김미진, 2006『한·중 고대사 '분쟁'의 쟁점과 과제 : '동북공정'과 그에 대한 대응을 중심으로』, 연세대 교육대학원

에게 전파되고 학습될 수있다는 점에서 중요한 사항이라고 파악된다. 특히, 학생들의 동북공정에 대한 인지경험에 대한 연구[24]를 통해 메스컴에 영향받는 인지상황을 검토했고 고등학생도 동북공정내용 자체에 대한 인식이 미약함 등이 검토되었다.[25] 이러한 역사교육 현장의 검토[26]는 현장역사교육의 한계와 문제점을 보완하고 극복할 수 있는 적극적 노력의 일환으로 평가된다. 그러나 역사현장교육의 강화 등은 어디까지나 역사교사 및 관심있는 학교운영 결정권자의 판단과 실천에 의해 가능하다는 현실적인 문제와 한계가 여전히 전제된 상황이란 점에서 역사교육의 실질적 변화는 국가의 교육정책과 현실적 방법에 의해 가능하다고 파악된다.

즉, 현재의 교육체제가 유지되는 상황에서 동북공정 등 역사갈등문제에 대한 체계적 이해와 대응은 학습이 가능한 교과단원이 중학교 역사 및 고등학교 한국사 단원에 포함되어야 하며 수능체제가 유지되는 상황에서 한국사가 수능필수 또는 각 대학 선택과목으로 선정되어 모든 고등학교 학생이 이를 학습할 수 있도록 정책적 결정이 요청된다.

---

24) 현태영, 2009『중국의 동북공정과 역사왜곡에 대한 초등학생 인식에 관한 연구』, 춘천교육대 교육대학원
박지영, 2007『동북공정의 실태 분석을 통한 초등학교에서의 역사교육 방안』, 서울교육대 교육대학원
이기헌, 2005『중국의 역사왜곡 실태 분석을 통한 초등 역사교육에의 적용-고구려 역사왜곡을 중심으로-』, 전주교육대학교 석사학위논문

25) 박재영 외, 2009,「역사교과서·이미지·스테레오타입 -한·중 역사교과서에 나타난 상호 이미지의 비교분석을 중심으로」『慶州史學』제30집, 경주사학회

26) 최용, 2011, 8장 동아시아 역사분쟁과 역사교육, 양호환편,「한국역사교육의 연구동향」, 책과함께

2. 동북아역사재단 및 관련기관

동북공정 및 일본과의 역사갈등 등 동북아역사갈등 및 현안해결을 위한 동북아역사재단의 학생 및 교사들을 위한 교육프로그램과 관련 교재 등을 간행하고 역사체험발표회 등을 통해 학교역사교육관련 역할을 수행하였다. 우선 주목되는 것은 동북아역사재단에서 청소년 역사체험발표대회를 2006년이래 매년 개최하여 교사, 학생의 역사동아리활동과 특별주제에 대한 경연을 진행하여 학생과 교사의 동북공정문제 등 역사갈등 문제에 대한 참여확대를 진행하고 있는 점이다. 이는 역사갈등 문제에 대한 학생들의 참여를 유도하여 문제를 인식하고 적극적으로 해결하기 위한 노력을 강구하는 프로그램이란 점에서 의미깊다.[27]

관련 내용을 보면 전국의 초, 중, 고등학교 역사동아리 200개가 자신들의 활동사항과 특정 주제에 대한 조사발표 등의 형식으로 역사체험프로그램이 진행되었다.[28] 이같은 방식은 단순암기과목으로서의 역사가 아닌 추체험, 역사적 상황인식 등을 통해 역사갈등 문제를 내면화할 수 있을 것이란 점에서 긍정적 프로그램이었다고 평가된다. 다만 이같은 행사가 참가규모가 제한되어 많은 참가자들을 유입할 수 없었다는 점과 일부 특정학교를 중심으로 진행되었다는 점에서 참가범위의 확대가 요청된다. 또한 주된 내용범위가 일본관련부분이 대부분이란 점에서도 관련교사 및 자료의 지원 등을 통한 다양화도 필요하다고 생각된다. 또한 이와 관련된 자료를 개발하고 공개하여 관련 자료의 다양한 활용

27) 2006년 한, 중, 일 청소년 역사체험 발표대회 2006. 12. 21. 이후 2011년까지 총 6회 진행 동북아역사재단 홈페이지 자료마당 참조

28) 총6회 진행된 내용을 주제별로 나눠보면 일본관련 내용이 47개에 해당하고 중국관련 주제는 5개, 그리고 지역사 및 통합적 관련내용은 36건이다. 일본관련 주제가 상대적으로 매우 많음을 알 수 있다.

을 높이고 있어 주목된다. 우선 공개된 관련자료 내용을 보면 다음과 같다.

교육행사자료리스트

제목	주제	일시	장소	대상
기념 역사콘서트	청소년의달 기념 역사콘서트 독도를 지키는 사람들 – 안용복, 김장훈을 만나다!	2012.5.26	서울무역 전시관 제2관	역사 및 독도에 관심 있는 청소년 500명
역사 아카데미	제10기 시민대상 한국·일본, 1965년 한일협정으로 끝나지 않은 이야기	2012.5.10 ~6.30 매주 화요일	재단 대회의실	교사 및 청소년, 시민 등 90명
동아시아사 교원 현장 연수	동아시아사 교원 현장 연수	2012. 2. 13 ~ 17	중국 상해 및 남경 일대	동아시아사 교원 연수 이수자 및 학습연구년 교사 등 31명
동아시아사 수업 참고자료	고등학교 각급 학교로 배포된 동아시아사 수업 참고자료	2012.01.13		고등학교
제3회 국제 역사교육 전문가 심포지엄	지역사연구와 교육 –유럽과 동아시아 비교–	2011.8.21 ~22	연세대 외솔관	
9기 동북아 역사재단 역사아카데미	동아시아를 이해하는 실마리, 관계	2011.5.12 ~6.30	재단 대회의실	시민, 교사중
교원연수	2011년도 하계 동아시아사 교원 연수(서울) 1, 2기	2011.7.25 ~29 / 2011.8.1~5		고등학교교사
제6회 청소년 역사체험 발표대회	제6회 청소년 역사체험 발표대회	2011.06.11 (토)	국립중앙 박물관 소강당	전국15개 동아리지도교사및청소년, 관계자 등 100여명
동아시아사 교원 연수	2011년도 동계 동아시아사 교원 연수(대구)	2011.1.24 ~28	대구은행연수원	대구 경북지역 역사과 교원
동아시아사 교원 연수	2011년도 동계 동아시아사 교원 연수(서울)	2011.1.10 ~14 (서울1기), 1.17~21 (서울2기)	재단 대회의실	전국 중등 역사과 교원

동아시아사 교과서 학술 회의	제2회 동아시아사 교과서 학술회의	2010.11.25	바비엥III 제3교육장	
역사 아카데미	제8기 직장인을 위한 역사 아카데미	2010.10.19 ~11.30 (매주화요일)	경기도 박물관 강당	
제2회 국제역사교육 전문가 심포지엄	박물관과 기념관을 통한 역사교육 : 유럽과 동아시아의 비교	2010.8.10 ~11	국립중앙 박물관 소강당	
동아시아사 교원 연수	2010년도 하계 동아시아사 교원 연수(광주)	2010.8.16 ~20	광주과학기술연수원	중등 역사과 교원
동아시아사 교원 연수	2010년도 하계 동아시아사 교원 연수(서울)	2010.8.2. ~6(서울1기), 8.9~13 (서울2기)	재단 대회의실	중등 역사과 교원
청소년역사체험발표대회	5회청소년역사체험발표대회	2010.6.12 ~13	국립중앙 박물관	
	제1회 동아시아사 교과서 학술회의	2010.5.27	재단 중회의실	
동아시아사 교원 연수	2010년도 동계 동아시아사 교원 연수(부산)	2010.1.18 ~22	부산대 상남국제회관 문창홀	
	2010년도 동계 동아시아사 교원 연수(서울)	2010.1.4 ~8 (서울1기), 1.11~15 (서울2기)	재단 대회의실	중등 역사과 교원 80명
	교육자료집 – 일본 교과서 역사왜곡 편과거를 넘어 미래로	2009년		
	4회청소년역사체험발표대회	2009.6.13 ~14	서울 유스호스텔	
	3회청소년역사체험발표대회	2008.10.10 ~12	올림픽파크텔등	
	2회청소년역사체험발표대회	2007.9.15	한국관광 공사대강당	
	1회한중일청소년역사체험발표대회	2006.12.20	서울역사 박물관강당	

그림 4. 동북아역사재단 동북아역사이슈

한편 공개자료 가운데 동북아역사재단의 '디지털 역사'의 구성을 보면 디지털 고구려(강서대묘, 덕흥리벽화고분, 안악3호분벽화)와 위안소지도, 한일회담외교문서, 온라인역사강좌(7대주제 : 야스쿠니신사, 일본군 위안부, 일본교과서문제, 동북공정, 백두산, 독도, 동해표기), 역사영상(7대주제 동영상), 디지털 독도전시회로 구성되어 있다.

이 가운데 역사현안 7대주제의 내용을 보면 야스쿠니신사, 일본군 위안부, 일본교과서문제, 동북공정, 백두산, 독도, 동해표기 등 총 7가지이다. 이중 중국 관련 주제가 2개로 일본관련 5개 주제와 비중성에서 문제를 보여준다. 특히, 동북공정의 핵심사안인 고구려와 발해를 각각 독립시켜 논의를 전개해야 했음에도 이를 하나의 틀속에서 설명하고 있는 점은 문제이다. 더욱이 고구려 유적 공간에 대한 설명자료에서 단지 고분벽화내용만을 소개하여 고구려의 실체 파악에 한계가 있다.[29] 또한 백두산문제의 경우도 백두산에 대한 우리역사와 백두산정계비문제와 간도문제 등 으로 세분할 필요가 있다.

한편, e-book의 경우 총 5권이 소개되고 있는 데 "일본은 독도를 이렇게 침탈했다.", "The History of Dokdo", "日本はこうして獨島を侵奪した", "The truth of the Japanese military 'Comfort Women'", "동북공정 바로알기-중국의 역사만들기 프로젝트-" 5종류이다.

---

29) 동북아역사재단 홈페이지 자료마당/ 디지털역사
http://www.nahf.or.kr/?sidx=94&stype=1

또한 역사교사를 위한 동아시아사 연수를 2008년부터 매년 동계, 하계 120명씩 실시하여 동아시아사에 대한 역사교사의 토대를 구축하였다. 2009년 개정교육과정에 따라 2012년부터 고등학교 현장에 적용되는 '동아시아사'에 대해 전국 중등 사회과 교원들의 전문성 향상을 위해 2008년부터 '동아시아사 교원 연수'를 시행하였다. 또한 2010년에 사이버 연수 프로그램을 개발하여 교육과학기술연수원에 위탁하여 2011년부터 연간 10개 기수(기수당 100명)를 운영하고 있다. 2012년부터는 기수당 150명으로 증원하였다. 이 밖에도 동아시아지역 현장을 방문할 수 있는 현장 연수를 진행하여 역사현장 인식의 확대를 추진하였다.[30] 연수내용을 검토해보면 동아시아 역사 구성체계 중심의 교육이 중심으로 진행되었다.

그림 5. 동북아역사재단 동북공정바로알기

또한 역사교사 해외교환 방문수업을 2009부터 한중일 학교별 8-10개교 실시하였고, 한중일 공통교재개발, 청소년 역사체험

그림 6. 국사편찬위원회 디지털 한국사이야기

30) 동북아역사재단 홍보실에서 제공한 재단 6주년 기념 백서자료 중 일부를 활용하였음.

발표회를 개최하였다.

한편 국사편찬위원회에서는 한국사연수프로그램 가운데 국사전문교육과정을 5급(상당) 이상 국가직 공무원을 대상으로 한국사의 정체성 인식과 주변국의 역사 왜곡에 대한 대응 능력을 강화하기 위해 운영하였다. 이 연수는 연 5회 이상으로 2005년부터 2010년까지 총 1,044명이 수료하는 연수교육을 진행하였다. 또한 2002년부터 초·중·고등학교 교원을 대상으로 교원연수과정을 진행하였다. 이 연수는 역사 교과서 내용의 정확한 이해 및 새로운 교과지도방법을 연구하기 위해 운영하는 것을 목적으로 한 것으로 이 연수과정중에 한중일 역사갈등의 내용이 연수주제로 제시되었다. 교사연수는 연 5회로 운영되어 2002년부터 2010년까지 고등학교 841명, 중학교 430명, 초등학교 239명이 연수과정을 통해 역사갈등문제에 대한 이해를 확대하였다.

또한 재미있는 디지털 한국사이야기 II에 역사바로알기항목에'우리 땅 독도이야기'와 '누구를 위한 동북공정인가?'[31]라는 항목을 개설하여 동북공정문제를 정리, 소개하고 있다. 내용구성 및 성격상 간략한 정보이기는 하지만 학생들을 대상으로 한 내용물로 역사교육을 위한 자료로서 기능을 하고 있다. 국사편찬위원회라는 기관의 위상에 걸 맞는 콘텐츠 확대가 요망된다.

V. 맺음말

2002년 동북공정 진행 이후 기존의 한일 역사갈등이 한중일 3국간 역사갈등으로 확대 전환된지 10년이 되었다. 이사이 많은 논의와 노력이 있었지만

31) http://contents.history.go.kr/ky/Index.jsp

2012년 현재 오히려 문제가 더욱 복잡화, 다기화하고 있다. 그동안 이들 문제에 대해 우리 사회는 다방면의 대응방안을 마련하였다. 그 가운데 역사교육과 관련된 부분만을 한정하여 보면 중국, 일본의 경우 역사교육의 강화, 체계화가 진행된 것에 비해 우리의 대응양상은 오히려 후퇴하거나 정책 혼선에 의한 갈등이 부각되었다. 역사교육의 경우 2007 개정교육과정이 역사갈등에 대한 강화된 대응방안을 마련했음에도 오히려 정권교체에 따른 교육정책변화가 이를 후퇴시키고 역사교육 강화의 효과를 볼 수 없게 만들었다. 특히, 정권교체에 따른 한중일 외교방안의 차이와 중국, 일본의 공세적 역사 갈등 부각에 대해 수세적이고 현안대처형의 대응만이 주로 나타났다. 이 사이 중장기적 계획과 체계적인 정책실천이 필요한 역사교육은 2007 개정교육과정, 2009 개정교육과정, 2011 개정교육과정 등, 2년마다 교육과정이 3차례나 변하고 성격이 바뀌면서 혼란을 야기하였다. 이 와중에 '동아시아사' 교과가 새롭게 탄생, 유지되어 역사 과목 중 유일하게 동북공정 등 역사갈등 문제를 공식적으로 언급하고 다룰 수 있어 그나마 다행이었다. 그러나 관련서술에 대한 지침과 교사 및 학생이 충분히 활용할 수 있는 자료 및 내용 보강이 필요하다.

한편, 교사와 일부 교육청의 적극적 노력 및 동북아역사재단 등 관련기관의 여러 활동은 이같은 역사갈등의 해결책 모색과 미래 비전을 고민할 수 잇는 터전을 제공하였다는 점에서 의미가 있다. 그러나 역사교육 현장은 여전히 수능과목에서 한국사가 서울대 진학생만을 위한 과목으로 전락해 극히, 일부분 학생의 선택과목으로 제한되어 있고 동아시아 및 서계사 등 역사과목도 극히 미미한 학생이 선택하여 사실상 학생들로부터 외면받거나 형식적 수업에 참가하는 수준으로 처해있다.

동북공정 이후 우리 역사교육은 형식적으로 강화되고 체계가 확대된 것 같지만 현실적으로는 내실있는 역사교육으로 정착하지 못하였다. 이를 극복하기 위해서는 적어도 2007 개정교육과정에서 제시되었던 역사교육방안의 정착이 가장 급선무라고 생각된다. 특히, 현 정부가 효율성을 강조해 실시한 집중이수제는 역사적 통찰력과 판단력을 길러야 하는 역사교육을 단순 학원 주입식 교육으로 변질시켜 파행으로 몰아버린 대표적 실책으로 시급히 폐기해야할 정책이라고 파악된다. 특히, 역사전공자에 의한 역사교육을 통해 학생들에게 역사적 사고력과 역사에 대한 흥미를 부여할 수 있는 제도적 정비가 시급하다.

2부

'동북공정' 이후 중국의 한국고대사 연구동향

중국 동북지방 문명의 형성

송 호 정
한국교원대학교 교수

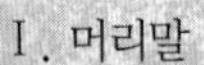

중국 동북지방 문명의 형성

Ⅰ. 머리말

동북공정이 마무리 된 2007년 이후에도 중국 학계에서는 여전히 중화문명의 원류를 탐구한다는 목적 하에 중국 동북지방 문명의 형성에 대한 연구와 이를 대외적으로 알리기 위한 활동을 강화하고 있다.

중국 정부와 고고학계에서 중국 동북지역에서 펼쳐진 고대문명을 '요하문명'이라 강조하는 것은 기본적으로 지역문화를 강조함으로써 해당 지역을 선양하려는 분위기와 같은 맥락에 있다.[1)]

중국 동북지방에서 '문명의 형성'에 대한 논의의 요체는 '요하문명론(遼河文明論)'에 있다. 요하문명론(遼河文明論)은 좁게는 요하(遼河) 일대에서 일어난 선사(先史) 문명을 핵심 내용으로 하며, 넓게는 청대(淸代) 문화까지 포괄하는 시·공간적으로 대단히 폭넓은 의미를 지니고 있다.[2)] 일부 연구자는 요하문명을 기원전 4천년~기원전 3천년기의 고고학문화만을 가리키는 것으로

1) 김병준, 2008「중국의 고대 지역문화 연구와 문제점」『중국의 '지역문명 만들기'와 역사 고고학 자료 이용 사례 분석』, 동북아역사재단연구총서 42, p.184
2) 요령성박물관 요령성문물고고연구소, 2006『遼河文明展』, 文物出版社

보기도 한다.[3]

중국 고고학계에서는 요하문명론에 대해 그것이 요하 지역 독자의 문화가 아니라 중국 문명 원류의 하나라는 점을 강조한다. 결국 요하문명론은 중화민족의 우월성과 유구성을 강조하려는 '중화문명탐원공정(中華文明探源工程)'의 논의 과정 속에서 등장한 개념이라 할 수 있다.[4]

이른바 '중화문명탐원공정(中華文明探源工程)'은 중화인민공화국 영토 내에서 형성 발전한 문명(文明)의 기원(起源)을 탐색하고 주요 지역의 문명화(文明化) 과정을 밝히는 연구 프로젝트라고 할 수 있다. 이러한 이론적 배경과 연구 공정을 실천하는 과정에서 중국 동북지방 문명의 형성에 대한 논의가 진행되었다. 따라서 중국 동북지방 문명의 형성 문제를 잘 이해하기 위해서는 중국 문명기원 연구에 대한 중국학계의 입장을 먼저 살펴보는 것이 필요하다.

1950년대 이후 전개되었던 몇 차례의 고고학 논쟁들과 중국문명기원의 다원적 시각이 내포하고 있는 고고학 연구의 이념성(理念性)과 국가주의적 경향은 중국 동북지방 문명의 형성 문제를 이해하는 데 선행적으로 검토되어야 할 과제이다.

한편 2006년 요하문명론(遼河文明論)이 우리 학계에 소개된 후 그 개념은 '동북공정(東北工程)'을 대신하는 새로운 중국의 동북아 전략으로 인식되어 왔다. 일반 시민이나 아마추어 학자들은 요하문명론을 동북공정의 후속 작업으로 인식한다. 그곳에는 중화문명을 세계 최고(最古)의 문명으로 위치시키고자 하는 중국의 국가 전략이 배경으로 자리하고 있다고 주목한다.[5] 그리고 그것을

3) 이청규, 2011「고조선과 요하문명」『한국사시민강좌』49집, pp.78~80
4) 박양진 외, 2008『중화문명탐원공정과 중국 선사고고학 연구현황 분석』, 동북아역사재단 연구총서 46
5) 우실하, 2007『동북공정 넘어 요하문명론』, 소나무

고조선과 관련하여 해석하려고 한다. 그러나 중국 동북지방 문명의 기원에 대한 논의는 어느 하나의 시각으로만 바라보는 것은 문제가 있다.

요하문명의 형성과 관련해서는 그것이 고고학 자료를 중심으로 고고학자들이 주도하던 논의가 정부 정책담당자의 눈길을 끌어 비학술적 논의, 즉 정치적 목적에 의해 끌려가고, 지역문화 만들기의 계기로 활용되고 지역 경제발전에 적극적으로 이용되고 있는 점을 주목해야 한다.[6]

본고는 이러한 점을 염두에 두고 주로 2000년대에 들어와 중국 동북지방 문명의 기원과 관련하여 등장한 이른바 '요하문명론'에 대해 전반적으로 검토하고자 한다. 고고학계에서의 논의는 물론 지방 정부에 의해 지역문화 활성화 작업이 어떤 식으로 이루어지고 있는지를 살펴보고자 한다.

Ⅱ. 중화문명탐원공정(中華文明探源工程)과 요하문명론(遼河文明論)의 등장

1. 국가주의 역사관의 확대

중국 동북지방 문명의 형성에 대한 내용을 살펴보려면 기본적으로 중국 학계의 국가주의적인 입장, 구체적으로 말하면 '통일적 다민족국가론(統一的 多民族國家論)'에 대한 이해가 전제되어야 한다.

최근 중국은 중국 내 모든 민족의 융합과 통일을 표방하며, 이른바 '중화민족(中華民族)'이라는 새로운 민족 개념을 내세우고 있다. '통일적 다민족국가

6) 김진우 외, 2008 『중국의 '지역문명 만들기'와 역사·고고학자료 이용 사례 분석』, 동북아역사재단 연구총서 42

론'이란 주장이 나타나게 된 배경이다.

사회주의 체제가 이완되고 소수민족의 정체성이 동요하는 상황에서, 중국 정부는 '애국주의 교육'을 강화하고 '국민적·영토적 통합'을 강화해서 사회 안정과 중국 국민으로서의 소수민족의 정체성을 확립시키려고 애써 왔다.

중국 정부의 그러한 노력은 소수민족의 역사관에도 투영되어 중화인민공화국 수립 초기 선언적 의미를 띠었던 '통일적 다민족국가론(統一的 多民族國家論)'[7]이 중국의 국민적·영토적 통합을 강화시키기 위한 국가 이데올로기로 강화되기 시작했다. 이러한 중국의 국가주의 역사관인 '통일적 다민족국가론'이 동북지구에 적용되면서 추출된 역사적 산물이 동북공정(東北工程)이라고 할 수 있다.

그런데 동북공정의 출현과 추진과정에는 중국 정부의 또 다른 역사 프로젝트들도 한몫했다. 그 대표적인 프로젝트가 '하상주단대공정(夏商周斷代工程)'[8]과 '중화문명탐원공정(中華文明探源工程)'[9]이다.

중국 정부는 2001년부터 과기부와 국가문물국 등 유관 기관의 연합으로 "중화문명탐원공정(中華文明探源工程)"을 개시했고, 중화문명 형성의 시간, 지역, 과정, 원인과 기제 등 기본 문제에 대한 연구를 진행하였다. 아울러 중화문명과 주변지구 문명화 과정의 상호관계를 탐구하고, 세계 기타 고대문명과 비

7) 1980년 전반에 일반화된 '통일적 다민족 국가론'은 "중국은 현재뿐 아니라 2000년 전부터 통일적 다민족 국가를 형성했기 때문에, 현재 중국 영역 내에 위치한 소수민족은 다민족 국가인 중국의 구성원으로, 중원 대륙의 통일과 분열에 관계없이 중원 왕조와 항상 정치·경제·문화적으로 밀접한 연계를 가지며, 중국 영역의 일부를 구성하고 중국사에 공헌했다"는 주장이다. 그런데 이 주장은 '현재(現在)의 논리'를 '과거(過去) 역사의 해석'에 적용함으로써 심각한 역사 왜곡의 폐해를 낳게 되었다.

8) 김경호 외, 2008『하상주단대공정—중국 고대문명 연구의 허와 실』, 동북아역사재단 연구총서 44

9) 박양진 외, 2008『중화문명탐원공정과 중국 선사고고학 연구현황 분석』, 동북아역사재단 연구총서 46

교연구를 통해 이른 시기 중화문명의 특징 및 인류문명발전상의 위치를 종합하고자 노력하였다.[10]

기존의 중국문명 기원연구는 주로 중국문명의 개념과 특징에 대한 논의를 비롯하여, 문명형성과정의 시공간적 범위, 지역단위의 문명형성과정 및 성지(궁전), 능묘, 청동기, 문자, 체제건축을 비롯한 개별 문명요소의 출현과 발전과정을 중심으로 연구가 진행되었다.

'중화문명탐원공정(中華文明探源工程)'은 중국고고학계의 풍부한 경험과 자료 및 연구 성과, 그리고 확고한 이데올로기를 바탕으로 하여 중국고고학계의 전반적인 입장 통일에 따라 계획, 진행되었다고 할 수 있다.[11] 여기에는 중국 사회과학원 고고연구소의 전문연구자와 2단계에는 북경대학 고고학과의 전문연구자까지 대거 참여하여 국가적인 후원 하에 진행되었다.

중국 정부는 2000년대에 들어 '고대문명연구중심(古代文明研究中心)'이 중국사회과학원(中國社會科學院) 산하에 설립(2000년 8월)된 것을 계기로 2002년부터 '중화문명탐원공정(中華文明探源工程)'을 본격화하여 중국 전설(傳說)에 대한 연구 및 화하족(華夏族 : 漢族의 선조)의 활동 중심지역에 대한 고증, 화하족(華夏族)의 기원과 중화민족(中華民族)의 형성과정에 대한 고증 등을 통해 중국 고대문명의 뿌리를 찾는다는 명분을 내세우고 있다.

중국문명의 기원과 형성과정에 대한 연구는 처음 하내(夏鼐)[12]와 소병기(蘇秉琦)[13]에 의해 제안되었으며, 현재까지 중국문명기원 연구의 전형으로 인

10) 본 내용은 王巍, 2010「中華文明探源工程的主要收穫」『光明日報』2010년 2월 23일자 내용과 동북아 역사재단의 박양진 외, 2008『중화문명탐원공정과 중국 선사고고학 연구현황 분석』, 동북아역사재단 연구총서 46에 잘 정리되어 있다.

11) 박양진, 2008「'중화문명탐원공정'과 고고학문화 계보 연대의 연구현황과 문제점」『중화문명탐원공정과 중국 선사고고학 연구현황 분석』, 동북아역사재단 연구총서 46

12) 夏鼐, 1985『中國文明的起源』, 文物出版社

식되고 있다. 특히 소병기(蘇秉琦)의 "구계유형(區系類型)"설[14]은 중국문명 기원에 대한 다원론적(多源論的) 시각으로 "중화민족다원일체격국(中華民族多源一體格局)" 이론을 원형으로 삼고 있어 최근까지 이와 관련한 논쟁의 중요한 의제가 되고 있다.

"중화문명탐원공정(中華文明探源工程)"은 국가(國家) "10차 5개년" 중점과기공관항목(重點科技攻關項目)(2001~2005년)으로 지정된 연구과제이며 '9차 5개년계획'(1996~2000년) 시기의 "하상주단대공정(夏商周斷代工程)"과 함께 중국고대사(中國古代史)와 문명기원연구(文明起源硏究)의 학제 간 종합연구와 집체연구를 표방하고 있는 대표적인 국가 중점연구 과제이다.

연구과제의 특징은 기존 문명기원(文明起源) 연구들이 도시(都市), 문자(文字), 청동기(靑銅器) 및 예제(禮制)의 개별 문명요소의 기원과 발전과정,[15] 문명형성시기에 대한 연구들이 중심이었다면, "탐원공정(探源工程)"에서는 주로 문명형성(文明形成)의 시기(時期) 문제를 비롯하여 자연환경(自然環境) 배경과 동인 및 취락구조(聚落構造)의 변화(變化)에 기초한 사회경제(社會經濟) 구조(構造)의 기제에 대한 연구가 중점으로 부각되었다.

---

13) 蘇秉琦, 1997『中國文明起源新探』, 香港商務印書館; 蘇秉琦·殷瑋璋, 1981「關于考古學文化的區系類型問題」『文物』5

14) 蘇秉琦, 1983「關于考古學文化的區系類型問題」『蘇秉琦考古學論述選集』文物出版社

15) 1989년과 1991년의 좌담회와 토론회를 주관하였던 徐苹芳은 中國 早期城市 출현의 정치적 측면을 강조하면서 宮室과 宗廟의 존재를 都市 출현의 기본적인 지표로 설정하였다. 그는 문명형성과정에 대한 고고학적 논의는 단순한 城郭의 출현만으로 城市 출현의 결정적 지표로 삼을 수 없음을 강조하면서 이러한 인식에 기초하여 개별 文明 요소(城址, 陵廟, 靑銅器, 文字, 禮制建築)의 출현과 文明의 形成은 서로 다른 개념의 문제이며 문명은 개별 문명요소의 총화형태로 형성된 새로운 사회발전 단계를 지칭하는 개념임을 주장하였다(徐苹芳, 1995「中國文明起源考古學硏究的回顧與展望」『炎黃文化硏究』2).

이 사업은 2001년 예비연구를 시작하여, 2008년 말 제2단계 사업이 종료되었으며, 전체적으로 3단계, 즉 탐원공정을 위한 예비연구(2001~2003년), 탐원공정 제1단계(2004~2005년)와 탐원공정 제2단계(2006~2008년)를 거쳐, 지금 3단계 공정(2009~2011년)을 진행하고 있다.

제1단계의 과제가 '기원전 2500~기원전 1500년 중원지구의 취락형태가 반영하는 사회구조연구'인 만큼 기존의 충분한 발굴 및 연구 성과를 토대로, 공정의 기초를 다지는 단계라 할 수 있다.

제2단계(2006~2008) 연구 계획의 가장 중요한 차이와 변화는 "탐원공정(探源工程)"의 연구대상 시기를 기원전 3500~기원전 1500년으로 설정하여 1000년을 소급하여 확대하였으며, 연구대상 지역도 중원지구에 한정하지 않고 장강(長江) 유역 및 중국 동북(東北) 지구의 요하유역(遼河流域)까지 포함하게 되었다는 점이다.

2006년 10월 중국의 국가문물국박물관사(國家文物局博物館社)에서 발간한 "중화문명탐원공정(中華文明探源工程)" 제2단계의 과제 신청지침에 따르면, 기원전 3500~기원전 1500년 기간의 중국 각지 고고학문화의 절대연대를 수립하고, 황하(黃河), 장강(長江), 요하(遼河) 유역에서의 환경변화와 문명형성 및 발전과의 상호관계를 규명하여, 각 지역의 문명형성 및 발전과정에서 사회구조 및 정신문화의 발전과 변화 및 다원적 특징을 밝히는 것을 주요 목표로 하고 있다.

'탐원공정(探源工程) 제2단계'에서는 대체로 다음과 같은 단계적 인식을 얻었다.[16]

기원전 2000년 이전에 요서(遼西)·해대(海岱)·장강(長江) 중하류 등지의

16) 王巍, 2007 「中國文明起源研究的新動向與新進展」『社會科學管理與評論』 2; 王巍, 2010 「中華文明探源工程的主要收穫」『光明日報』 2010년 2월 23일자

요하(遼河) 중류 일대

문화는 각자 자체적인 기원과 전통을 지니고 있으면서, 서로 교류하며, 대체로 독립적으로 변화·발전하였다. 각 지역의 선진 문화요소들은 중원(中原)으로 모여들어 중원문화(中原文化)와 사회(社會)를 발전시켰다. 이러한 추세는 기원전 2000년 전후 중대한 변화를 맞이하여, 점차 중원지구(中原地區)의 화하문명(華夏文明)만이 홀로 발전하는 상황이 되었다. 중원지구 하(夏)·상(商) 왕조(王朝)의 문화가 주위로 전파되었고, 각지의 문화와 사회 발전은 점차 중원(中原) 왕조(王朝)를 중심으로 이루어졌으며, 중화문명(中華文明)이라는 커다란 틀로 융합되었다.

이상과 같은 "중화문명탐원공정(中華文明探源工程)" 제2단계 연구 가운데 고고학문화 계보연대 연구의 구체적 과제를 살펴보면, 이 단계 "탐원공정(探源工程)"의 관심이 제1단계의 황하 중류 중원지구에서 주변 지역으로 크게 확대되면서 동시에 중원지구와 주변지역 사이의 불가분의 문화적 관계 및 중원지구의 핵심적 역할을 강조하고 있는 것을 짐작할 수 있다.

이와 같은 시도는 중국 정부의 최대 관심이 예전의 "화하(華夏)"에 대한 제한적 초점을 확대하여 이른바 모든 지역과 민족을 포괄하는 "중화민족(中華民族)"으로 확대되고 있음을 단적으로 보여준다.

이상의 중화문명 기원 연구 프로젝트들은 과학적 근거에서 시작되었다기보다는 중국 민족주의(中國 民族主義)에서 비롯되었다는 비판을 받을 수밖에 없다. 그 내용의 핵심을 보면 전설시대(傳說時代)를 역사시대(歷史時代)로 바꿔 중국 역사를 늘리려는 것에 불과하기 때문이다. 이 프로젝트들은 모두 중화문명의 유구함과 찬란함을 밝혀 중국 민족의 자긍심과 역사적 자부심을 고취시켜 중국 국민의 결속력을 강화시키려는 목적을 가지고 있다.

2. '요하문명(遼河文明)'의 명명과 시대적 배경

중국학계에서 제기하는 '요하문명론(遼河文明論)'의 핵심은 요하(遼河) 일대에서 발원한 모든 고대 민족을 황제족(黃帝族)의 후예로 삼고, 이 지역의 고대 민족들이 이룬 모든 역사를 중국의 역사로 편입시키는 것이다. 나아가 황하문명(黃河文明)보다도 앞서고 발달된 요하문명(遼河文明)을 중화문명(中華文明)의 시발점으로 삼는 것이다.[17]

중국 학계의 시각은, 기본적으로 중화민족의 기원을 〈중원의 염제 신농씨 화족(華族) 집단〉, 〈동남 연해안의 하족(夏族) 집단〉, 〈동북 연산(燕山) 남북의 황제족(黃帝族) 집단〉으로 재정립하여, 기존의 동이(東夷), 서융(西戎), 남만(南蠻), 북적(北狄)을 모두 중화민족 범주에 포괄하여 설명하는 것이다. 기존의 네 오랑캐[四夷]가 사라지고 '5제(帝) 시대의 3대(代) 집단'으로 재편한 것이다. 이러한 시각 하에 중국 학계에서는 요하문명(遼河文明)이 구석기시대부터 청나라 시기의 역사 문명에 이르기까지 요하(遼河) 일대를 중심으로 발전했다는 점을 부각시키고 있다.

요하문명론(遼河文明論)의 서장(序章)은 손수도(孫守道)·곽대순(郭大順)에 의해 시작되었다. 홍산문화 후기(기원전 3500~기원전 3000년)의 우하량(牛河梁) 유적이 발굴되고 곧바로 발표된 논문에서는 홍산문화 시기에 이미 사회적 등급이 나뉘고 일종의 권력 개념이 탄생했다고 보았다. 그리고 요하(遼河)

17) 遼寧省博物館, 2006『遼河文明展』도록 序言

유역을 최초로 새로운 문명권으로 볼 수 있다고 주장하고, 요하 유역에서 5000여년 이전에 '문명시대의 서광'이 비추기 시작했다고 보았다.[18)]

1990년대에 들어서 소병기(蘇秉琦)는 중국 전역의 초기 문명을 정리하면서 "중화문명 서광(曙光)의 상징은 바로 홍산문화의 단(壇)·묘(廟)·총(塚)이다. (중략) 5천 년 전 혹은 5~6천 년간의 역사 과정에서 홍산문화의 영향은 넓고 시간의 연속에서 기이한 흔적을 남겼다. 따라서 홍산문화의 단, 묘, 총은 중화문명 서광의 상징이라 할 수 있다"[19)]고 하였다.

중국 학계에서 요하문명권을 세계 최고의 문명권으로 인식한 것은 1990년대 중반부터이다. 곽대순(郭大順)은 1995년도 『요해문물학간(遼海文物學刊)』에서 '요하문명'이라는 용어를 처음 사용하였다. 이후 홍산문화에 대한 많은 글이 나오면서 '요하문명권'이 그동안의 '홍산문화(紅山文化)'라는 개념 대신 주목되기 시작하였다.

특히 문명기원의 다원성이 강조되고, 문명의 표지적 요소로서 금속기 발명, 문자(文字) 사용, 도시(都市) 출현 외에 옥기(玉器) 등을 부장하는 예제(禮制) 출현이 더해지게 되었다. 이것은 홍산문화의 발굴과 연구 결과에 따른 것이다. 그리고 소병기가 제시한 고국(古國), 방국(方國), 제국(帝國)의 국가발전 모델에 따라 홍산문화(紅山文

적봉 홍산후 유적지 전경

18) 孫守道·郭大順, 1984「論遼河流域的原始文明與龍的起源」『文物』1984-6, pp.11~17

19) 蘇秉琦, 1997『中國文明起源新探』, 香港商務印書館

化)를 고국(古國)의 문화로 인식하게 되었다.[20]

이후 2004년 7월 24일부터 28일까지 내몽고 적봉(赤峰)에서 홍산문화 명명 50주년을 기념한 '제1회 홍산문화 국제학술대회'가 개최되었는데, 이 학술대회는 요하문명론을 본격적으로 부각시키는 데 중요한 전기가 되었다. 이 대회에서는 중국학자 100여명과 외국학자 15명을 초대하여 66편의 논문을 발표하였다.[21] 학술대회에서 중국학자들은 홍산문화의 주인공이 황제족의 후예이고 전욱(顓頊)과 제곡(帝嚳)의 후예라고 주장하였다. 그리고 학술대회를 통해 홍산문화(紅山文化)를 주도한 '황제족의 후예들인 예(濊)·맥족(貊族)'들이 부여, 고구려, 발해 등을 세웠다는 논리를 전파하였다.

적봉박물관 홍산문화 전시와 토기

그 동안 홍산문화에 대한 지속적인 연구 성과는 전광림(田廣林)의 『중국동북서요하지구적문명기원(中國東北西遼河地區的文名起源)』Ⅰ(2004년)으로 종합 되었다. 그리고 2006년에 출간된 『중화문명사(中華文明史)』(전5권, 北京大學出版社)에서는 요하문명을 「중화문명(中華文明)의 서광」을 밝힌 중요한 문명으로 서술하고 있다.[22] 곽대순은 '요하문명전(遼河文明展)' 도록의 서언(序言)

20) 1986년의 고문화고성고국론에서 고문화는 신석기시대의 제홍산문화, 고성은 하가점하층문화, 고국은 연문화로 대표되며 단계적인 발전과정으로 파악하였으나, 1990년대 이후 홍산문화를 고국, 하가점하층문화를 방국단계로 파악하고 있다. 때문에 자연히 고성단계는 실체가 모호하게 되었다.

21) 토론회에 실린 논문은 다음 책에 소개되어 있다(『紅山文化國際學術硏討會論文滙編』Ⅰ, 中國·赤峰學院, 2004年 7月).

22) 嚴文明 主編, 2006「中華文明의 曙光」『中華文明史』第一卷, 北京大學出版社, pp.74~87

에서 중화문명은 요하 일대의 '사해문화(査海文化)'와 '홍산문화(紅山文化)'에서 시작되었다고 강조하였다.[23]

요하문명론 주장의 가장 핵심은 홍산문화(紅山文化) 연구이다. 중국 학계에서는 홍산문화의 발견 이후 이것이 상문화(商文化)의 원류이고, 따라서 상족(商族)이 요하(遼河) 유역에서 발원하였다는 주장이 강하게 대두하고 있다.

홍산문화의 초기 단계에 용신(龍神)을 믿던 시기는 대체로 전설상의 '삼황(三皇)'시대 말기로 추정한다. 홍산문화의 중기와 후기 이래 문화가 가장 번성했던 시기에는 묘장(墓葬)에서 계층화(階層化)가 보이며 사람들은 지모신(地母神)과 천신(天神), 게다가 조상숭배(祖上崇拜) 전통이 확립된 것으로 보고 있다. 이 시기는 사마천의 『사기(史記)』「오제본기(五帝本紀)」의 기록 가운데 '오제(五帝)' 전설과 연관시켜 해석하고 있다. 시기상으로는 '오제(五帝)' 활동의 전기 단계에 해당한다고 본다.[24] 이후 오제 시대 말기에 이르면 용신숭배와 조상숭배, 그리고 천신지지(天神地祇) 숭배 등의 예속(禮俗) 관념이 인구의 이동을 따라 중원지역(中原地域)으로 흘러 들어간 것으로 본다. 그리고 이것은 나중에 중국 예제(禮制) 전통의 핵심을 이루었다고 한다.

요하문명론의 요체와 특징은 2011년 〈중원문명 기원전〉 전시 도록에 실린 곽대순(郭大順) 선생의 글에 잘 나타나 있다.

근래 요하문명의 기원과 관련하여 중국 고고학계에서 집중적으로 탐구한 문제는 우하량(牛河梁) 유적을 중화5천년문명의 하나의 상징으로 만드는 것이라고 한다.

"우하량과 부근 유지는 새로운 제사(祭祀)와 관련된 자료가 누적되었는데,

23) 郭大順, 2006『遼河文明展』도록 序言

24) 田廣林, 2004『中國東北西遼河地區的文明起源』中華書局, pp.244~273; 郭大順, 2007『龍出遼河源』, 百花文藝出版社, pp.127~130

이는 당시에 "중사불중생(重死不重生)"의 관념이 성행했음을 말해준다. 이로 말미암아 홍산문화(紅山文化)는 중국 동북 지역이 문명사회(文明社會)로 진입했고, 그것은 주로 정신영역, 즉 종교제사(宗教祭祀)의 발달로 표현되었다."[25)]

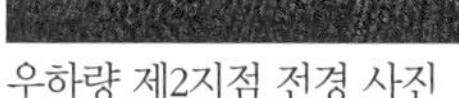

우하량 제2지점 전경 사진

우하량 신전지 원경

곽 선생은 우하량이라는 거대한 규모의 종교 제사성 건축군이 B.P. 5천년 전에 요령 서부에 출현한 것은 정신영역의 변혁을 반영한 것이고, 요하문명 기원의 하나의 특징을 이루었다고 본다. 우하량 유적은 홍산문화 분포의 중심지대에 위치하여, 중원문화와 교류의 중심을 이루었다. 그리고 유하량 유적이 문명을 형성한 지표로는 여신묘와 조상숭배, 옥기공예와 신과의 소통 노력, 최고 등급의 취락 혹은 제사 유적의 출현을 든다. 이러한 요소의 출현이 바로 고국(古國) 시대의 주요 표지의 하나로 진입했다는 것이다.[26)]

우하량 제2구역의 1호 무덤은 층을 달리하며 돌을 네모지게 돌려 돌무지무덤을 만들고 돌무지 사이에 원통모양 토기를 쭉 돌려 세웠다. 기원전 4000년경에 돌무덤을 썼다는 것은 "자신의 힘을 과시하고자 한 존재가 신석기 시대 말기에 이미 등장하고 있었다"는 해석이 가능하다. 우하량 유적의 예를 볼 때 다량의 옥기(玉器)를 부장한 중심묘와 주변의 그렇지 못한 소형묘의 격차에서 계

25) 郭大順, 2011 「遼河文明起源的道路與特點」『中華文明起源展』, 文物出版社
26) 郭大順, 2011, 위의 글, pp.16~21

객좌 동산취 유적

층화가 상당히 진전된 것으로 이해된다.[27)]

이후 서요하(西遼河) 유역은 하가점하층문화(夏家店下層文化) 단계로 나가는데, 이때는 인구와 취락의 밀집과 청동(靑銅) 주조업의 발달, 토기(土器)의 대량 사용, 고장성(古長城)이 입체적으로 분포하는 시기이다. 이는 '래용거맥(來龍去脉)과 문화교회(文化交匯)'의 특징을 통해 강대한 방국(方國)을 형성했다고 한다. 그리고 이러한 사회는 결국 진한(秦漢) 제국(帝國)의 등장을 통해 중화통일다민족국가(中華統一多民族國家)의 완성을 이루었다고 한다.

Ⅲ. 요하문명 연구의 문제점

홍산문화(紅山文化)와 하가점하층문화(夏家店下層文化)를 중심으로 전개되는 중국문명(中國文明)의 기원론(起源論)이나 국가 또는 사회 발전 단계에 대한 논의는 대부분 다민족통일국가론(多民族統一國家論)을 통한 소수민족 문제의 해소와 민족적 자긍심을 높여 애국심을 고양시키려는 국가적인 전략아래 이루어지고 있다.

그 과정에서 소병기(蘇秉琦)의 절대적인 영향이 있었고, 현재의 연구도 소

27) 鄭漢德, 2000「중국의 신석기시대」『中國 考古學 硏究』, 學硏文化社, pp.171~180; 劉素俠, 2007「紅山文化與西遼河流域的原始文明」『赤峰博物館考古文集』, 遠方出版社

병기(蘇秉琦)가 제시한 가설을 검증하는 형태로 진행돼 왔다.

그 동안 국가문물국(國家文物局)의 지원과 사회과학원(社會科學院) 고고연구소(考古研究所) 고고학 연구자의 대거 참여로 많은 연구 성과를 이룬 것은 사실이지만, 한편에서는 피상적인 발굴 성과를 토대로 제시된 가설에 구체적 실증이나 검증의 절차가 부족한 채로 국가전략을 뒷받침하는 논리로 진행되는 문제점도 있다.

이에 안지민(安志敏)은 우하량으로 대표되는 홍산문화의 유적들은 여러 시기에 걸쳐 있고, 분명한 보고서의 발간도 없는 상태에서 실증적 검증과정 없이 문명의 서광이니 원시문명이니 하는 학설이 제시되었다고 신랄하게 비판한 바 있다.[28]

현재까지의 조사보고서나 연구 성과를 보면 중화문명의 서광(曙光)이라고 평가되는 홍산문화(紅山文化)는 이후에 어떻게 계승 발전되었는가가 분명하지 않다. 홍산문화(紅山文化)의 주된 특징인 용(龍)이나 봉(鳳)의 관념도 요하지역에서 발생하여 이후 중원문화의 특징을 갖추는 하상주(夏商周) 문화(文化)에 어떻게 계승되었는가가 분명히 밝혀지지 않는다면, 중화문명의 기원으로 평가하기 어려울 것이다. 즉 중원문명과는 지리·종족·역사적으로 구분되는 독자적(獨自的)인 요하문명(遼河文明)으로 평가되어야 할 것이다.

구체적으로 용봉(龍鳳)과 옥기(玉器)에 대한 관념이 요하유역에서 발생하여 중화사상(中華思想)의 요체가 되었다고 하나, 용봉(龍鳳)과 옥기(玉器)에 대한 관념은 양자강유역에서도 비슷한 시기에 출현하고 있어[29] 요서지역에서 전파되었다고 보기도 어렵다. 그러한 과정에 대한 구체적 검증 없이 삼황오제

28) 安志敏, 2003「關于牛河梁遺址的重新認識」『考古與文物』2003-1
29) 이명화, 2008「장강 하류지역의 '지역문명' 만들기」『중국의 '지역문명 만들기'와 역사·고고학자료 이용 사례 분석』, 동북아역사재단, pp.96~113

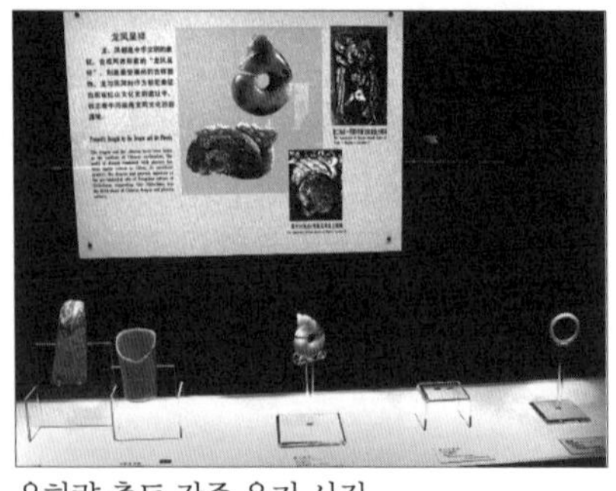
우하량 출토 각종 옥기 사진

(三皇五帝)의 전설(傳說)과 관련하여 당위론적으로 논리를 전개하고 있다.

홍산문화의 계승 문제와 함께 또 하나의 중요한 문제는 문명의 개념과 기준의 문제이다. 과연 어느 단계의 사회를 문명 단계로 부를 수 있을 것인가의 문제이다. 다시 말해 문명의 기원 연구에서 개별적으로 문명 발생의 요인으로 들었던 제단(祭壇)과 신전(神殿), 무덤, 옥기(玉器)의 사용을 문명 발생의 요인으로 설명할 수 있는가의 문제이다.

중국학계에서는 단묘총(壇廟塚) 및 옥기(玉器) 사용 등과 관련하여 예제(禮制) 출현을 국가 또는 문명 발생의 중요한 요소로 직시하고 있지만, 예제(禮制)의 구체적 실체가 모호하다. 예제(禮制)라고 하는 것은 정도의 차이는 있겠지만, 어느 사회에나 존재하는 것으로서 홍산문화(紅山文化)의 예제(禮制)가 구체적으로 중화문명(中華文明)에 어떠한 영향을 미쳤는지가 검증되어야 한다.

대개 문명(文明)의 형성(形成)을 이야기 하려면 기본적으로 문자생활(文字生活)과 행정체계가 갖추어진 국가의 모습을 확인하는 것이 중요하다고 생각한다. 그런데 문자 생활은 청동기 시대에 들어 국가의 발생과 함께 사용되는 경우가 대부분이다. 그렇다면 문명은 문자를 사용하고 도성의 흔적과 도시, 건축(마을) 유적 등이 일정 규모 조사되어야 문명으로 부를 수 있지 않을까 생각한다.[30]

30) 李學勤 主編, 1997「文字的出現與文明社會」『中國古代文明與國家形成研究』, 中國社會科學出版社; 沈長云 張渭蓮 著, 2009『中國古代 國家起原與形成研究』, 人民出版社

요하문명론에서 이야기하는 하가점하층문화(夏家店下層文化)도 동북지역에서 가장 이른 청동기시대 유적으로 일찍부터 주목되었고, 1990년대에 많은 조사와 연구가 이루어져 하(夏)와 대등한 단계의 방국(方國)으로 평가되고 있다.

오한기박물관 하가점하층문화 성자산 석성지 복원

하가점하층문화(夏家店下層文化) 단계에 요서지역(遼西地域)에서 다수의 방국(方國)이 형성되었다는 주장은 요하 상류의 영금하(英金河) 등지에서 실시한 지표조사로써 확인된 석성(石城)과 토성(土城)의 마을 유적을 통해 설명할 수 있다. 대전자(大甸子) 유적 같은 성곽(城郭) 마을의 해석을 근거로 하가점하층문화의 사회집단에 대해서 소병기(蘇秉琦)가 제시한 방국(方國) 단계에 진입한 것으로 주장한다. 그러나 아직까지는 하가점하층문화(夏家店下層文化) 성지(城址) 내의 취락 형태에 대한 발굴 자료가 적고, 대형 성지와 주변에 산재하는 소형성지와의 관계를 알 수 있는 구체적 자료가 적다.

그리고 방국(方國)은 왕권(王權)이 확립된 국가체제로 이해되는데, 이를 입증하는 데 필요한 궁정이나 왕릉 등의 고고학적 증거를 확보하지는 못하였다. 그리고 대전자(大甸子) 유적에서 소량의 옥기와 소형 장신구 형태로 출토되는 청동기를 보면 지역 집단 간에 계층화 현상이 있었음이 확인되지만, 그러한 계층이 엄격하게 제도화된 것으로 보이지는 않는다.[31]

이러한 상황에서는 엄격한 행정체계와 정치조직이 갖추어진 초기국가 단

31) 이청규, 2011「고조선과 요하문명」『한국사 시민강좌』49집, p.82

계에 속한다는 가설을 입증하기는커녕 중심 취락과 주변 취락과의 계층성마저 도 구체적으로 해명하기가 어렵다.

그리고 홍산문화(紅山文化) 단계에서 하가점하층문화(夏家店下層文化) 단계로 발전하면서 옥기(玉器)와 토기(土器)의 일부 요소만 계승될 뿐 적석총이나 제단, 석관묘, 여신묘 등의 기념비적인 건축물은 왜 소멸했는가 하는 점이 잘 설명되지 않는다.[32]

결국 현재까지의 자료를 통해보면 중원문명과 지리 종족 역사적으로 구분되는 요서지역(遼西地域)의 홍산문화(紅山文化)와 하가점하층문화(夏家店下層文化)가 중화문명으로 계승되었다고 보기는 매우 어려운 상태이다. 그럼에도 불구하고 중국학계에서는 다민족통일국가론(多民族統一國家論)의 이론적 근거로 요서지역의 고대문화를 이해하고 있다.

분명 요서지역은 신석기시대부터 중원문화와 구분되는 매우 특징적인 문화를 영위하였다. 이것에 대해 중국 학계에서는 지역의 독자성(獨自性)을 강조하기보다는 중원문화(中原文化)의 서광(曙光)이니 기원(起源)이니 하면서 중화문명(中華文明) 속에 포함시키고 있다. 그리고 하가점하층문화에 대해서는 하(夏)와 비슷한 수준의 방국(方國)인 고연(古燕)의 문화로 파악하고 있다. 그러면서 중원문화와의 관련성에 대해 주된 논의의 초점이 맞추어져 있다. 결국 중국학계의 요서지역의 고대문화에 대한 인식은 중화문명의 기원이거나 아니면 영향을 받아 통합된 문화라는 것이다.

그러나 현재의 자료 상황으로는 어느 것도 명확하게 설명하기 힘들다. 단지 요하와 대릉하 유역에서 펼쳐진 선사 및 고대 문화가 지역 독자의 특색을 지니고 있다는 점만을 이야기 할 수 있다.

---

32) 이재현, 2008「요서지역의 문명 및 초기국가 형성에 관한 연구현황과 문제점」『중국 동북지역 고고학 연구현황과 문제점』, 동북아역사재단 연구총서 45

앞으로 홍산문화나 하가점하층문화에 대해서 중국학계의 발굴과 연구 성과를 면밀히 분석하고 중원문화를 비롯해 주변 지역과 비교 검토를 통해 당해 문화가 어떠한 상호관계 속에서 생성하고 발전 계승되어 갔는지를 구체적으로 검토하여 우리 역사와의 관계성을 재정립하는 것은 우리학계의 임무이자 과제일 것이다.

Ⅳ. 요하문명(遼河文明) 연구 성과의 사회적 이용

1. 홍산문화(紅山文化) 유적지의 정비와 전시관 건축

우하량 제2지점 적석총유적

요하(遼河) 일대의 여러 청동기시대 유적에는 중원문화권(中原文化圈)에서는 보이지 않지만 그 지역에서만 독자적으로 보이는 문화유형이 많이 있다. 이 가운데 적석총(積石塚), 석관묘(石棺墓), 지석묘(支石墓) 등 돌을 이용하여 매장(埋葬)하고, 일찍부터 산이나 구릉 등에 제단(祭壇)을 마련하여 종교적(宗敎的) 성지(聖地)를 마련한 점은 학자들의 많은 관심을 끌고 있다.

요하문명론 관련 고고 유적 중 가장 중요한 곳은 우하량(牛河梁) 제2구역 적석총(積石塚)과 제1구역의 여신묘(女神廟) 유적이라 할 수 있다.

요하문명의 기원 연구와 관련하여 곽대순 선생이 “우하량(牛河梁) 유적을

여신묘 유적 전시관

중화5천년문명의 하나의 상징으로 만드는 것"이라고 언급한 것처럼, 그 유적의 중요성을 고려하여 중국 정부는 우하량 제2지점 적석총 유적을 대형 돔 건축물을 세워 보존 관리하려고 한다. 유적의 중요성을 감안하면 어떠한 보호시설도 가능하지만 적석총의 경우 잘 정비하면 자연에 노출시켜도 무방할 것인데, 현재와 같이 유적 전체를 철제 구조물로 덮어 보존하겠다는 발상은 중국인답다는 생각이 든다.

위쪽으로 1km 정도 떨어진 곳에 위치한 여신묘(女神廟) 유적 역시 유적까지 이르는 길을 포장하고, 유적 위에 통유리로 벽을 두른 전시관을 만들어 위에서 유적을 내려다 볼 수 있도록 하였다. 기존의 박물관과는 설계부터 큰 차이를 보이고 있는 이 전시관은 유적지 위에 건물을 세워 유적의 상황을 한눈에 볼 수 있도록 하였다. 그리고 회랑을 활용해 패널을 두고 유적에 대한 설명을 하고 있다.

우하량 제2지점에서 서남쪽으로 1km 떨어져 위치한 우하량 13지점 적석총(직경 약 100여 미터) 유적 역시 이후에 보존 공사가 완료되어야 알겠지만 우하량 유적 전체 복원 계획 하에 일정한 형태로 정비를 할 계획이라고 한다.

그리고 옥기(玉器)가 대량으로 부장된 중심 묘역 제5지점 유적과 객좌현 동산취 제단 유적 등을 올해 답사 시 직접 가보지는 못했지만, 이들 유적도 일정한 수준의 보존 작업을 거쳐 요하문명의 중요 유적으로 나머지 유적들과 함께 관리가 이루어질 것으로 예상된다.

중국 요령성 정부는 이처럼 우하량 유적에 대한 보존과 대국민 홍보와 선전활동을 통해 지역문명 알리기에 적극 노력하고 있다. 현지에서 듣기로는 이후에 중국 정부는 우하량 유적 등 홍산문화 유적을 세계문화유산으로 신청할 예정이라고 한다.

이처럼 중국 정부는 우하량(牛河梁) 등 홍산문화 유적을 문화 관광 자원으로 적극 개발하고, 궁극적으로는 우하량 일대의 선사 문명이 황제족(黃帝族)의 후예가 남긴 문명이라고 선전하여 중화민족주의를 완성하는 데 앞장서고 있다.

2. 요령성박물관 기획전시의 다양화

박물관 전시는 문화교류와 전파의 중요한 매개이다. 요령성을 대표하는 요령성박물관에서는 2006년에 〈요하문명전(遼河文明展)〉[33]을 시작으로 2009년과 2011년에 紅山文化를 핵심 내용으로 하여 요하유역(遼河流域) 조기문명(早期文明)의 기원(起源)과 발전(發展)을 주제로 전시를 하였다. 이 전시를 통해 중화문명기원(中華文明起源)의 다원성(多源性)을 드러내 보이고자 노력하였고, 요하유역이 중화문명의 기원에 중요한 역할을 하였음을 널리 선전하였다.

요령성박물관 2006년 요하문명전

2006년 6월에 요령성박물관에서 개최한 〈요하문명전〉의 주제는 '다원일체(多源一體)'의 중화문명(中華文明)으로, 이는 한

33) 요령성박물관, 2006『遼河文明展』, 문물출판사

족(漢族) 중심의 다민족국가(多民族國家) 이데올로기 확립의 일환으로 기획된 것이라 할 수 있다. 모든 전시품은 기본적으로 요하(遼河) 일대에서 일어난 고대 문명 내용으로 되어 있지만, 그것들은 모두 중원(中原) 지역과의 관련성을 중심으로 구성되어 있다. 요하(遼河) 일대에서 일어난 문명의 기원은 다를지라도 결국은 중화문명(中華文明)으로 녹아들었다는 중국 중심의 천하관이 투영된 것이다.

2009년 국가문물국(國家文物局)에서는 "조기중국(早期中國)-중화문명기원전(中華文明起源展)"을 개최하였다. 이 전시 역시 중국 정부에서 전람의 형식을 빌려 중화문명의 기원 내용을 일반인에게 알리고자 하는 노력의 하나였다.[34]

이후 국가문물국은 계속하여 중화문명기원 연구 성과를 소개하는 동시에, 조기 문명 관련 지역의 발전과정을 소개하고, 전시를 통해 '다원일체(多源一體)'를 주장하고자 전시를 계획하였다. 그 결과 2011년 5월 심양의 요령성박물관에서는 〈요하심근(遼河尋根) 문명소원(文明溯源)〉이라는 주제로 '중화문명기원전(中華文明起源展)'이 열렸다. 이 전시는 2011년 5월 18일 국제박물관일을 맞아 개최한 것으로 요하유역 사전(史前) 문명연구 성과의 총결이자 종합판이라 할 수 있다.[35]

이 전시회를 기획한 것은 국가문물국과 중화인민공화국 과학기술부, 그리고 요령성인민정부이다. 그리고 구체적으로 전시회를 준비하고 주최한 단위는 중국사회과학원(中國社會科學院) 고고연구소(考古研究所)와 요령성문화청(遼寧省文化廳), 그리고 요령성문물국(遼寧省文物局)이었다.

이 전시는 이전 탐원공정의 목적에 따라 지역문화를 창달하고자하는 차원에서 기획되었다. 전시 도록에는 "중화전통문화를 전시하여 진일보 드러내기

34) 국가문물국, 2011 『遼河尋根 文明溯源 - 中華文明起源展』, 文物出版社
35) 국가문물국, 2011, 윗 책

위해, 중화문명탐원공정의 최신 과학 연구 성과를 사회에 선전 드러내기 위해" 중화문명기원전을 거행하였다고 한다.

전시의 내용은 요하문명의 발전 단계에 맞춰 크게 3개 부문으로 나누었다.

첫째 부문은 '경제생활, 환호취락(環濠聚落), 원시종교'의 등장을 특징으로 하는 가원(家園)시대이다. 이 시기는 대략 B.P.8000여 년부터 시작하였는데, 요하유역의 사람들은 이미 용(龍) 숭배 관념과 옥기(玉器)를 만들었고 문명(文明) 진보의 계단으로 진입하였다고 보았다.

둘째 부문은 기원전 3500년 전후부터의 시기로, 이후 중국의 문명은 가속기에 들어갔다고 한다. 생산력의 부단한 제고에 따라 사회는 고국(古國)시대로 진입하였고, '신묘장엄(神廟庄嚴), 제지경천(祭地敬天), 이옥위례(以玉爲禮), 문화과도(文化過渡)'를 특징으로 하면서 점차 "다원병진(多源竝進)"의 상황을 형성하였다고 한다. 요령성 서부지구에서 발견된 우하량 홍산문화 "단묘총(壇廟塚)"의 제사의례 건축(建築), 여신상과 용·봉황·사람 등이 제재(製材)가 된 옥기군(玉器群)을 통해 이곳이 종교성지이며 정치중심을 형성하였다고 보았다.

고국(古國)시대를 지나면 '고성기시(古城棋布), 조기동기(早期銅器), 예악지방(禮樂之邦)'을 특징으로 하여 각지 부족의 문화교류, 충돌과 융합을 거쳐 중원(中原)과 마찬가지로 요하(遼河)유역도 하가점하층문화(夏家店下層文化)를 주체로 하는 방국(方國)시대로 진입하였다고 한다. 대략 기원전 2100~기원전 1500년에 해당하며 중원 지역의 하(夏)와 요하 유역의 하가점하층문화(夏家店下層文化) 지역이 방국(方國)으로 발전했다고 한다. 해당 문화는 성보군(城堡群)이 있고, 채회(彩繪)토기, 청동기, 방동예기(傍銅禮器) 및 옥기(玉器)가 출토하여 당시에 사회등급과 예제(禮制)가 이미 형성되었다고 보았다. 그리고 이 문화는 문헌상의 "연박(燕亳)"의 문화와 연관 가능성이 있다고 본다.

그러나 문헌상에 '연박(燕亳)'의 위치는 대개 북경과 그 동쪽으로 비정할 뿐

고고연구소 설립 60주년 기념전 입구

구체적인 위치는 비정하기 힘들다. 게다가 하가점하층문화의 분포 범위와 연박(燕亳)의 범위는 더더욱 일치시키기가 쉽지 않다.

2012년도 여름에 요령성박물관에서는 '중국사회과학원(中國社會科學院) 고고연구소(考古研究所) 설립 60주년 성과전(成果展)'이 열렸다. 사회과학원 고고연구소가 주관한 1000여 건의 발굴 연구 성과를 전시하였는데, 이 모든 성과는 중화문명 형성과 발전의 역사 궤적을 보여준다고 강조하였다. 예를 들어 전시 유적 가운데 기원전 2300년 경 황하 중류 일대에서 초기국가가 형성되었음을 입증하는 도사(陶寺) 유적에 대한 많은 자료가 전시되었다. 특히 왕권의 표지물로 왕묘(王墓)와 관상대(觀象臺), 성지(城址) 조사 자료를 제시하여 문명 기원에 대한 특별한 관심을 정리하였다. 그리고 중국 역사상 제1왕조인 하(夏) 왕조 언사(偃師) 이리두(二里頭) 유적에 대한 자료가 다른 유적보다 강조되어 전시되었다.

이러한 박물관 기획전의 활성화는 지역문화에 대한 연구 성과를 알리기 위한 고고학계의 목적과 그에 따르는 경제적 효과를 노리는 정부의 입장이 잘 결합되어 많은 현과 시 박물관에서 이루어지고 있다.

3. 각종 연구 성과의 발간

요하 유역의 고고문화를 연구한 학술적인 보고서와 연구 논문집이 최근 많이 발간되고 있다. 길림대학(吉林大學) 변강고고연구중심(邊疆考古研究中心)

에서 해마다 발간하는『변강고고연구(邊疆考古硏究)』는 수준 높은 연구 논문이 많이 실려 동북지방 고고문화를 공부하는 연구자에게 많은 도움을 주고 있다.

요서지역 청동기문화를 대표하는 서요하(西遼河)·노합하(老哈河) 유역의 하가점상층문화(夏家店上層文化)와 대릉하(大凌河) 유역의 십이대영자문화(十二台營子文化)를 이해하기 위해서는 그 어느 요소보다 무덤이 중요하다. 무덤의 규모나 발견된 부장품들이 풍부하여 문화를 이해하는 데 큰 도움이 되기 때문이다.

이상의 요서지역 하가점상층문화를 대표하는 소흑석구 유적 종합 발굴 보고서가 나와 요서지역 하가점상층문화를 이해하는 데 절대적인 도움을 주고 있다.[36] 그리고 하가점상층문화를 이해하는 데 중요한 정구자(井溝子)[37] 유적에 대한 보고서도 출간되었다.

요하문명론이 한창 논의될 때 요하문명론을 주제로 세권의 시리즈 책이 발간되었다. 그 책은『서요하(西遼河)유역 조기(早期)청동문명』[38]과『홍산문화(紅山文化)와 요하문명(遼河文明)』,[39] 그리고『고대 서요하유역의 유목문화』[40](하가점상층문화와 선비문화)인데 서요하 유역에서 펼쳐진 요하문명을 일목요연하게 정리하고 있다.

영성현에서 동쪽으로 대릉하 상류 지역에 위치한 조양시(朝陽市)에는 십이대영자 청동기 유적을 비롯해 전국시대, 그리고 선비족(鮮卑族)이 남긴 연(燕)의 유적이 복합적으로 분포하고 있다. 때문에 이 모든 시기의 유적이 다 출토되는 조양(朝陽) 원대자(袁臺子)[41] 유적은 중요한 의미를 갖고 있다. 그 동

36) 赤峰市博物館, 2009『小黑石溝』, 文物出版社
37) 赤峰市博物館, 2009『井溝子』, 文物出版社
38) 席永杰 等 著, 2008『西遼河流域 早期文明』, 內蒙古人民出版社
39) 席永杰 等 著, 2008『紅山文化與遼河文明』, 內蒙古人民出版社
40) 席永杰 等 著, 2008『古代 西遼河流域的遊牧文化』, 內蒙古人民出版社

안 많은 조사가 이루어졌는데, 조사 결과를 종합한 보고서가 출간되어 조양시 일대의 역사와 문화를 이해하는 데 큰 도움을 주고 있다.

요령성문물고고연구소에서는 오래 전부터 학술보고서로서 요령시현문물지(遼寧市縣文物志)를 발간해 오고 있다. 오래 전에 발간된 것이지만, 금년 답사 시에 『봉성시문물지(鳳城市文物志)』,[42] 『창무현문물지(彰武縣文物志)』,[43] 『법고현문물지(法庫縣文物志)』,[44] 『등탑시적역사여문화(燈塔市的歷史與文化)』 등을 구입할 수 있었다.

학술보고서 외에도 각 지역마다 전공자가 역사와 문화를 정리한 책자들이 발간되고 있다. 이 책은 현지의 연구자가 정리한 것이라 해당 지역에 대한 풍부한 정보가 담겨 있다. 예를 들면 부신시의 역사와 문화를 사진 자료와 함께 정리한 『부신통사(阜新通史)』[45]와 철령지역의 고고 유적과 역사를 정리한 『철령적고고여역사(鐵嶺的考古與歷史)』[46] 등을 들 수 있다. 그리고 대련시를 중심으로 요동반도 일대의 고대 유적과 유물에 대한 자료 집성인 『대련고대문명도설(大連古代文明圖說)』[47]책이 최근에 출간되어 연구자들에게 요동반도 지역의 고고 유적에 대한 자료를 제공하고 있다.

4. 지역 박물관의 건립과 개축

요하문명론(遼河文明論)에서 방국(方國) 단계의 문명은 초기 청동기문화

41) 朝陽市博物館, 2009 『袁臺子』, 文物出版社
42) 崔玉寬 著, 1996 『鳳城市文物志』, 遼寧民族出版社
43) 張春宇 著, 1996 『彰武縣文物志』, 遼寧民族出版社
44) 馮永謙 著, 1996 『法庫縣文物志』, 遼寧民族出版社
45) 劉國友 著, 2006 『阜新通史』, 吉林大學出版社
46) 周向永 著, 2010 『鐵嶺的考古與歷史』, 遼海出版社
47) 郭富純 趙錫金 主編, 『大連古代文明圖說』, 吉林文史出版社

단계인 하가점하층문화(夏家店下層文化)를 통해 이해한다. 현재 하가점하층문화 단계의 대형 성지(城址)나 생활 유적지는 내몽고 오한기(敖漢旗) 일대에 많이 분포한다. 특히 오한기 일대에는 소하서문화(小河西文化), 흥륭와문화(興隆窪文化), 조보구문화(趙寶溝文化), 소하연문화(小河沿文化) 등 요하문명의 가장 이른 시기 신석기문화의 주요 유적들이 분포하고 있다.[48]

이러한 고고학 자료와 연구 성과는 1983년에 세워진 오한기박물관(敖漢旗博物館)에 대부분 전시되어 있다. 특히 박물관에서는 하가점하층문화(夏家店下層文化) 단계의 석성지(石城址) 모형과 함께 하가점 하층 단계의 각종 유적과 유물을 중점적으로 전시하고 있다.

오한기 동쪽의 내몽고 영성현(寧城縣)에는 하가점상층문화를 이해하는 데 중요한 소흑석구(小黑石溝) 유적과 남산근(南山根) 유적이 있다. 이 두 유적에서 출토된 유물은 요 중경성(遼 中京城) 안에 위치한 요중경박물관(遼中京博物館) 안에 전시되어 있다. 특히 요중경 박물관은 1985년과 1996년에 소흑석구 유적에서 조사된 유물을 중심으로 전시하고 있어 하가점상층문화를 공부하는 연구자라면 반드시 방문해야 할 박물관이다.

영성현에서 대릉하 유역으로 오면 건평현(建平縣)과 릉원시(凌源市)가 위치하는데, 두 도시에도 박물관을 세워 요하문명의 주요 유물을 전시하고 있다. 특히 두 박물관에는 이른바 릉하유형(凌河類型)이라 부르는 하가점상층문화(夏家店上層文化) 관련 유적 출토의 유물이 전시되어 있다. 건평현은 요령성 지역 내에서는 1개 현으로는 가장 많은 청동기 유적이 조사된 지역으로 일부에 불과하지만 그 유물이 박물관에 전시되어 있다.

요하와 가까운 지역에 위치한 부신시박물관(阜新市博物館)은 사해촌(查

48) 邵國田, 2004『敖漢文物精華』, 내몽고문화출판사

조양박물관

海村)에서 조사된 용(龍) 유적으로 유명하며, 현지 사해박물관(查海博物館)과 함께 부신시 주변에서 나온 요하문명 관련 유적과 유물을 전시하고 있다. 작년에는 이전의 낡은 박물관의 내부 환경과 전시 패널 등을 새롭게 단장하였다.

조양시 중심에 위치한 남탑 옆에 작년 2011년에 새롭게 건립된 조양박물관(朝陽博物館)은 박물관의 규모나 전시 유물의 양도 풍부하며, 특히 대릉하 유역을 중심으로 펼쳐진 청동기문화 내용이 잘 전시되어 있다. 조양시 지역은 선비족이 세운 전연(前燕), 후연(後燕), 북연(北燕)의 중심 도읍이었다. 따라서 선비의 역사와 문화를 이해하는 데 중요한 유물이 많이 전시되어 있다.

해마다 요령성 지역을 방문하지만, 근래의 요서 일대와 내몽고 지역은 가는 곳마다 박물관을 새롭게 신축하거나 리모델링을 거쳐 그 동안 조사된 유적과 유물 자료들을 새롭게 전시하고 이를 통해 지역문화를 정리하고 홍보하는 데 많은 노력을 기울이고 있음을 볼 수 있다.

이러한 사정은 요동 지역의 경우도 크게 다르지 않다. 2000년 8월 개관한 철령시박물관(鐵嶺市博物館)은 요하 북쪽 일대의 유적과 유물을 전시하고 있는데, 특히 요북 일대에서 조사된 중요한 석관묘 유적과 각종 청동기 및 미송리형토기 등 청동기문화 유물이 많이 전시되어 있어 청동기문화 연구자들에게 많은 도움이 되고 있다. 그리고 부여사와 관련된 서차구(西岔溝) 출토 유물과 고구려 산성 자료도 전시되어 있다.

3년간의 공사를 거쳐 2009년 5월에 개관한 요양박물관(遼陽博物館)도 그

규모나 전시의 내용이 주목할 만하다. 박물관에는 모두 3개의 전시 공간을 동선에 따라 연결 전시하고 있는데, 한대(漢代) 요동군 치소 관련 유물은 물론, 요양지역에서 펼쳐진 선사 및 고대 문명 자료를 전시하고 있다. 특히 조양 십이대영자 유물을 비롯해 전국시대 장성 유적, 고구려 역사와 유물이 눈에 띈다.

요양박물관

요동 천산산맥 아래쪽에 위치한 본계시(本溪市)에도 박물관이 새롭게 개관하였는데 천산산맥 일대의 석회암 동굴 유적에서 출토한 다양한 미송리형토기를 비롯하여 요하문명 자료 등 새롭게 조사된 많은 자료가 전시되어 있다.

V. 맺음말

요하유역(遼河流域)은 중국 동북지방 고문화(古文化) 발전의 중심 지역이며 중원지방 및 북방 유목민 거주 지역, 그리고 동북지방이 서로 접촉하는 지역이다. 이 지역에서는 유구한 역사와 독특한 특색을 갖춘 고고학문화가 형성되었고, 그것을 중국 학계에서는 요하문명(遼河文明)이라는 이름으로 부르고 있다.

요하문명론(遼河文明論)은 국가주의적인 역사인식 속에서 중화문명의 원류를 끌어올리기 위한 문명탐원공정(文明探源工程)의 작업 과정 속에서 요하유역의 문명으로 정리된 것이다. 그러나 아직 그것이 명확하게 문명 단계에 나아갔는지를 말하기는 구체적인 연구가 필요하다.

요하문명(遼河文明)은 신석기시대에서 청대에 이르는 시기의 문화를 포괄한다. 이를 두고 중국학계에서는 소병기(蘇秉琦)가 중심이 되어 고국(古國)-방국(方國)-제국(帝國)으로 요하문명(遼河文明)이 발전했다고 본다. 특히 요하문명 가운데 신석기시대의 홍산문화(紅山文化)가 고국(古國) 단계에 해당한다고 주장한다. 이는 서구 고고학의 신진화론에 근거하면 초기 군장사회에 해당되므로 국가(國家)의 성립과 함께 문명(文明)이 형성된다는 전통적인 문명론과는 많이 다르다.

그리고 중국학계는 우하량(牛河梁)의 단묘총(壇廟塚)으로 대표되는 신석기시대(新石器時代)의 고문화(古文化)와 하가점하층문화(夏家店下層文化)로 대표되는 요하유역(遼河流域)의 고문화(古文化)가 중화문명의 건설과 발전에 중대한 공헌을 하였다고 본다. 그러나 이는 기본적으로 국가주의적 역사관에 입각한 주장으로 실제 중화문명(中華文明) 건설에 요하문명(遼河文明)이 어떤 식으로 영향을 주었는지는 명확치 않다.

어쨌든 중국 정부는 우하량 등 홍산문화 유적을 문화 관광 자원으로 적극 개발하여 일차적으로는 지역 경제 활성화를 꾀하고, 궁극적으로는 중화문명 원류의 하나인 황제족의 문명으로 정리하여 대중화주의(大中華主義)를 완성하는 데 앞장서고 있다.

동북공정 이후 중국학계의 고조선·부여·예맥 연구 동향

박 준 형

연세대학교 동은의학박물관 학예연구사

동북공정 이후 중국학계의 고조선·부여·예맥 연구 동향

Ⅰ. 머리말

2002년 2월에 시작된 중국의 동북공정은 2007년 1월에 5년간의 예정된 기간이 종료되면서 공식적으로 막을 내렸다. 중국은 이 공정을 통해 고구려사를 기존의 일사양용론(一史兩用論)의 입장에서 벗어나 중국사의 일부로 완전히 편입시키려고 하였다. 이에 대해 중국정부에서는 동북공정이 역사왜곡이 아니라 순수한 학술적인 연구에 의한 결과라고 강변하였지만 실제로는 동북지역의 정치적 안정, 나아가 한반도 정세변화에 대응하기 위한 장기적인 국가 전략 차원에서 추진되었던 것이라고 볼 수 있다.[1]

이러한 중국의 역사 왜곡은 고구려사에만 그치는 것이 아니라 고조선을 비롯하여 부여·발해 등 한국고대사 전반에 걸쳐서 이루어졌다. 특히 단군신화로 시작되는 고조선의 역사를 부정하고 기자조선을 강조함으로써 한국사가 시작부터 중국에 종속되었다고 보는 것이다.[2] 부여에 대해서는 동북공정 이전부터 이미 중국의 지방민족정권으로 보는 것이 중국학계의 통설이었다. 따라서 부

1) 윤휘탁, 2003「현대중국의 변강·민족의식과 동북공정」『역사비평』65

2) 苗威, 2006『古朝鮮硏究』, 香港亞洲出版社

여는 동북공정의 대상에서 상대적으로 부각되지 못한 측면이 있다.[3] 또한 고조선·부여·고구려의 종족적 기반을 이루었던 예맥에 대해서도 한민족과의 관련성보다는 중원과의 인종적·문화적 관계에 주목하는 연구가 주를 이루었다.[4]

한국학계에서는 동북공정에 의한 역사왜곡이 알려지자 이에 대해 비판이 이루어졌다. 그중 고조선·부여·예맥 연구에 대해서 사료 해석의 타당성, 논리의 비약, 대응 방안 등 다양한 측면에서 비판적 검토가 이루어졌다. 이중 고조선과 관련된 것은 9명의 연구자에 의한 11편의 논문이 있으며,[5] 부여 관련은 3편의 논문이 있다.[6] 이에 비해 예맥에 대해서는 조우연의 논문 1편이 있을 뿐이다.[7]

이처럼 고조선에 대한 검토가 상대적으로 많은 것은 고조선이 한국사의 시작이라는 상징적인 의미가 크기 때문이라고 볼 수 있다. 이에 비해 부여에 대한 검토가 상대적으로 적은 것은 동북공정 이전부터 부여를 지방민족정권으로

---

3) 송기호, 2003「중국의 한국고대사 빼앗기 공작」『역사비평』65, p.160; 이종수, 2007「중국의 부여사 인식과 연구현황 검토」『고구려연구』28, pp.118~120

4) 조우연, 2011「중국 학계의 '예맥' 연구 경향」『동아시아고대학』25

5) 조법종, 2004「중국학계의 동북고민족 및 고조선 연구동향과 문제점」『한국고대사연구』33; 조법종, 2006「중국학계의 고조선연구 검토—동북공정 전후시기 연구를 중심으로—」『한국사학보』25; 오강원, 2005「현대 중국의 고조선 연구와 그 맥락」『중국의 한국고대사 연구 비판』; 오강원, 2006「중국 중고교 역사 교과서의 고조선 서술 분석과 비판」『중국 역사 교과서의 한국 고대사 서술문제』; 장석호, 2005「기자조선에 대한 중국의 최근 입장과 비판」『중국의 한국고대사 연구 비판』; 박선미, 2008「동북공정에 나타난 고조선사 인식논리 검토」『동북공정과 한국학계의 대응논리』; 이동훈, 2008「중국의 고조선사 연구동향과 문제점」『사총』66; 시노하라 히로카다, 2008「중국학계의 한국상고사 인식—고조선사, 부여사를 중심으로—」『선사와 고대』29; 박경철, 2009「중국 '고조선사' 인식의 어제와 오늘」『고조선사 연구 100년』; 기수연, 2010「중국학계의 고조선, 한사군 인식에 대한 비판적 검토」『단군학연구』23; 조우연, 2012「중국학계의 기자조선 연구와 그 비판에 대한 검토」『고조선단군학』26

6) 장석호, 2006「중국 중고교 역사 교과서의 부여 서술 분석」『중국 역사 교과서의 한국 고대사 서술문제』; 이종수, 2007, 앞의 논문; 시노하라 히로카다, 2008, 앞의 논문

7) 조우연, 2011, 앞의 논문

보는 것이 중국학계의 통설이었기 때문에 동북공정의 주된 대상으로서 부각되지 못했기 때문이라고 보인다. 한편 여기에는 한국 고대사학계에서 부여사를 한국사의 변경 혹은 주변으로 인식했던 흐름과도 무관하지만은 않은 것으로 보인다.[8)]

본고에서는 공식적으로 동북공정이 끝난 2007년 1월 이후부터 현재까지 중국에서 고조선·부여·예맥에 대한 연구가 어떠한 양상으로 이루어졌으며 동북공정 이전과 어떠한 차이가 있는지를 살펴보는 것이 본고의 목적이다. 이를 위해서 먼저 2007년 이후에 발표된 고조선·부여·예맥 관련 논문과 저서를 통해서 전반적인 연구 경향을 검토하고, 각론에서 구체적으로 주제별 연구 동향에 대해 살펴보고자 한다.

Ⅱ. 동북공정에서 고조선·부여·예맥 연구

동북동정의 연구과제 중에서 고조선·부여·예맥과 관련된 것을 정리하면 아래와 같다.

연도	과제명	담당자	소속	비고
2002	箕子與箕子朝鮮研究	張碧波	黑龍江省社會科學院	
2002	中國東北古民族發展史	李德山	東北師範大學	2003년 출간
2002	東北邊疆多民族文化與融合	邴正	吉林省社會科學院	
2002	朝鮮韓國史學界的古朝鮮·夫餘研究論著選編	孫啓林 (顧銘學 審校)	東北師範大學	
2003	朝鮮半島民族·國家的起源與發展	李德山	東北師範大學	

8) 이기동, 2005「한국민족사에서 본 부여」『한국고대사연구』37, pp.5~7; 송기호, 2005「부여사 연구의 쟁점과 자료 해석」『한국고대사연구』37, p.17

이외에 2005·2006년의 위탁 연구과제가 있지만 중국사회과학원 중국변강사지연구중심에서 비공개로 진행되었기 때문에 구체적인 내용을 확인할 수가 없다. 위의 과제 중에서 이덕산의 수행과제는 2003년에 동북변강연구총서의 하나인 『중국동북고민족발달사(中國東北古民族發展史)』로 발간되었다. 그러나 나머지 과제는 책으로 출간되거나 공개되지 않았기 때문에 구체적인 연구 성과를 파악하기가 힘들다.

주지하듯이 동북공정을 통한 고조선·부여·예맥 관련 연구는 위의 과제에만 한정된 것은 아니었다. 동북공정은 중국사회과학원과 동북삼성사회과학원에 의해 공동으로 운영되었다. 그리고 동북사범대학·길림대학·요령대학·통화사범학원·연변대학 등에 소속된 대학교수들과 동북3성의 사회과학원 소속 연구원들이 연구과제의 대부분을 수행하였다. 특히 해당 대학교수들이 연구과제를 수행하는 과정에서 그 분야의 후속 연구인력을 양성하게 되면서 동북공정 관련 연구가 좀더 활성화될 수 있었다. 동북공정에 참여한 유자민(劉子敏)의 제자인 묘위(苗威)가 『고조선연구(古朝鮮硏究)』(2006)를 저술한 것은 대표적인 사례라고 할 수 있다.

동북공정을 통해 중국학계는 단군신화는 믿을 수 없기 때문에 단군에 의해 건국되었다는 단군조선의 실체를 부정하고 대신에 은말주초 실존 인물이었던 기자에 의해 건국된 기자조선이 고조선의 시작이라고 보았다. 그리고 중국계 위만이 세운 위만조선은 기자조선의 정권을 장악했지만 여전히 한의 외신으로서 중국의 번속체제에서 벗어나지 못했으며 결국 한의 군현체제에 포함되었다는 것이다. 부여에 대해서는 이미 동북공정 이전부터 한의 지방민족정권이었다고 보았다.

이러한 고조선과 부여에 대한 기본적인 인식은 동북공정의 연구과제 수행을 통해 새롭게 밝혀냈다기보다는 이미 이전부터 제시되었던 것이다. 동북변강연구총서의 하나로 출판된 이덕산의 『중국동북고민족발전사』(2003)는 그가 1996년에 동북사범대학문고로 출판한 『동북고민족여동이연원관계고론(東北古民族與東夷淵源關係考論)』를 일부 수정한 것이었다. 즉, 동북공정은 이 프로젝트에 걸맞는 연구자들의 논문을 취사선택하여 부각시킨 면이 강하다고 할 수 있다.[9]

한편 동북공정이 중국내의 고조선에 대한 논쟁을 불식시키고 하나의 통일된 견해를 제시했던 것은 아니었다. 예컨대 동북공정 이전 고조선(기자조선)의 초기 위치와 관련하여 장박천(張博泉),[10] 양군(楊軍),[11] 염해(閻海)[12] 등이 요서에서 요동으로 다시 평양으로 이동했다는 이동설을 주장하였던 반면에, 이건재(李健才),[13] 장벽파(張碧波)[14] 등이 고조선(기자조선)이 처음부터 평양에 있었으며 고조선이 영역이 청천강 혹은 압록강을 넘지 못했다고 보는 평양설을 주장하였다.[15]

동북공정의 과정에서 이덕산은 기자가 요서 고죽지역에 잠시 머물렀다가 바로 평양의 조선으로 이동했다고 보는 견해를 발표하였고[16] 이것은 『중국동북

9) 시노하라 히로카다, 2008, 앞의 논문, pp.88~90

10) 張博泉, 1985 『東北地方史稿』, pp.41~42; 1988 「關于箕子·朝鮮侯東遷及高麗·遼東之地問題硏究之我見－兼與李健才先生商討－」『博物館硏究』 1; 2000 「箕子與朝鮮硏究的問題」『吉林大學社會科學學報』 3

11) 楊軍, 1999 「箕子與古朝鮮」『吉林大學社會科學學報』 3; 2000 「再論古朝鮮硏究中的幾個問題－答張碧波先生－」『吉林大學社會科學學報』 11

12) 閻海, 2001 「箕子東走朝鮮探因」『北方文物』 2

13) 李健才, 1997 「關于古朝鮮和樂浪郡在遼東等地的記載和問題」『博物館硏究』 3; 1999 「箕子朝鮮是否初在遼西的問題」『博物館硏究』 3

14) 張碧波, 1999 「古朝鮮硏究中的誤區－東北史評之一－」『黑龍江民族叢刊』 4; 2000 「關于箕子與古朝鮮幾個問題的思考－與楊軍先生商榷－」『吉林大學社會科學學報』 3; 2002 「關于箕子東走朝鮮問題的 論爭－與閻海先生商榷－」『北方文物』 4

15) 오강원, 2005, 앞의 논문, pp.31~44; 이동훈, 2008, 앞의 논문, pp.28~38; 기수연, 2010, 앞의 논문, pp.13~18

고민족발전사』(2003)에 그대로 반영되었다.[17] 여기까지만 보면 동북공정에서 평양설이 채택된 것으로 보인다. 그러나 여기에 다시 도흥지(都興智)가 이동설을 제기하자[18] 유자민이 바로 반론을 제기하였고[19] 이에 대해 도흥지가 재반론을 폈다.[20]

이러한 논쟁의 속에서 장박천의 제자였던 양군은 『고구려민족여국가적형성화연변(高句麗民族與國家的形成和演變)』(2006.6)에서 장벽파의 평양설을 비판하면서 이동설을 주장하였다.[21] 한편 묘위는 『고조선연구』(2006.9)에서 기자가 한반도 남부로 가서 진국을 세운 뒤에 춘추시기에 평양으로 북상해서 조선을 건국했다는 유자민의 평양설을 지지하였다.[22]

이처럼 고조선의 중심지 논쟁은 동북공정이 진행되는 과정에서도 계속 지속되었다. 그리고 양자의 견해가 동북공정의 결과물인 동북변강연구총서에서도 그대로 반영되었다. 이런 점에서 동북공정에서는 연구자들 사이의 세부적인 논쟁까지 완벽하게 통제하지는 못하였다고 본다. 이러한 세부적인 논쟁을 떠나 정작 중요한 문제는 그들의 결론이 결국 기자조선이 중국의 지방정권이었으며 한국사의 시작은 바로 여기에서 출발한다는 동북공정의 목표에 배치되지 않는다는 점이다.

동북공정 전후에 나타난 이러한 기자조선의 위치 논쟁 양상은 한국학계에서 진행되었던 고조선 중심지 이동설과 평양설의 대립 양상과 비슷한 측면이

16) 李德山, 2002「關于古朝鮮幾個問題的硏究」『中國邊疆史地硏究』2, pp.58~59
17) 李德山·欒凡, 2003, 앞의 책, pp.107~110
18) 都興智, 2004「關于古朝鮮硏究的幾個問題」『史學集刊』2
19) 劉子敏, 2005「也談古朝鮮硏究的幾個問題-與都興智先生相榷-」『史學集刊』4
20) 都興智, 2006「關于東北古代史硏究的幾個問題-答劉子敏先生-」『史學集刊』6
21) 여호규, 2010「양군(楊軍)의『고구려 민족 및 국가의 형성과 변천』에 대한 비판적 검토」『중국 '동북공정' 고구려사 연구논저 분석』, pp.113~124
22) 苗威, 2006, 앞의 책, pp.106~113

있다. 그러나 한국학계의 대부분 연구자들이 기자조선의 실체를 인정하지 않고, 고조선의 발전과정이라는 구도 속에서 논쟁을 전개했던 점이 중국학계의 그것과는 질적으로 다르다고 할 수 있다.

Ⅲ. 동북공정 이후 고조선·부여·예맥 연구 양상

동북공정 이후 고조선·부여·예맥에 대한 연구는 어떠한 양상으로 이루어졌을까? 이를 위해서 2007년 이후부터 현재까지 발표된 연구 성과를 일별해 보고 전반적인 연구 동향을 파악해 볼 필요가 있다.

2007년 이후 고조선 관련 논문은 아래와 같이 모두 21편이 발표되었다.

1. 葛志毅, 2012「東夷考論」『古代文明』1
2. 鞏春亭, 2010「從“檀君神話”看韓國先民的淳朴思想」『學理論』27
3. 譚紅梅, 2007「『檀君神話』中的圖騰崇拜」『科學教育研究』2
4. 苗威, 2007「從考古發掘看延邊未曾歸屬過古朝鮮」『博物館研究』3
5. 苗威, 2008a「試論古朝鮮與中原王朝的關係」『博物館研究』2
6. 苗威, 2008b「箕氏朝鮮同周邊國·族的關係」『東北史地』3
7. 苗威, 2010「以朝鮮古代史早期階段爲中心談朝鮮通史的認識體系」『博物館研究』2
8. 孫衛國, 2008「前說·歷史與認同–檀君朝鮮與箕子朝鮮歷史之塑造與演變」『復旦學報』5
9. 楊軍, 2007「“遼東本周箕子國”別議」『東北史地』3
10. 楊軍, 2011「略論朝鮮古史譜系的演變」『黑龍江社會科學』2

11. 吳文善, 2008「檀君神話新解」『內蒙古民族大學學報(社會科學版)』2

12. 王慶云, 2010「也談檀君神話與"熊圖騰崇拜"」『湘潮』9

13. 林堅, 2010「朝鮮(韓)民族源流與民族意識淺見」『延邊大學學報(社會科學版)』2

14. 張哲俊, 2011a「檀君神話中的艾草及其形成的時間」『民族文學硏究』4

15. 張哲俊, 2011b「韓國檀君神話中的三個天符印」『西北民族大學學報(哲學社會科學版)』6

16. 張哲俊, 2012「檀君神話中蒜的意義」『西南民族大學學報(人文社會科學版)』3

17. 程佳, 2007「仁者箕子其人」『黑龍江敎育學院學報』6

18. 程尼娜, 2010「漢代東北亞封貢體制初探」『學習與探索』3

19. 程尼娜, 2012「先秦東北古族與中原政權的朝貢關係」『史學集刊』2

20. 趙炳林, 2010「箕氏朝鮮及相關問題再考證」『黑龍江史地』3

21. 趙紅梅, 2010「西漢經略朝鮮半島北部政策嬗變」『社會科學戰線』3

이를 세부적으로 나누어 보면, 기자 및 기자동래가 2편(17·20), 단군신화가 7편(2·3·11·12·14·15·16), 고조선의 대외관계가 6편(1·5·6·18·19·21), 단군 및 기자 인식의 변천이 2편(8·10), 고조선 일반에 관한 것이 4편(4·7·9·13)이 있다. 이외에 단행본으로 동북고국사화(東北古國史話)시리즈[23] 하나인 황빈(黃斌)·유후생(劉厚生)의 『기씨조선사화(箕氏朝鮮史話)』(2007)와 동북사지총서로 출간된 조홍매(趙紅梅)의 『한사군연구(漢四郡硏究)』(2008)가 있다.

23) 東北民族與疆域硏究叢書로 기획된 東北古國史話 시리즈에는 『大遼國史話』(2000), 『大金國史話』(2002), 『後金國史話』(2004), 『渤海國史話』(2004), 『高句麗史話』(2005), 『慕容燕國史話』(2006), 『夫餘國史話』(2007) 등이 있다.

고조선 연구 중에서 가장 많은 부분을 차지하고 있는 것이 단군신화이다. 다음 장에서 자세히 살펴보겠지만 대체로 단군신화의 불교적 요소, 중원문화적 요소 등을 언급하면서 후대의 윤색을 강조한다. 그리고 단군조선을 부정하면서 한국사의 시작을 기자조선에서 시작되었다는 논리가 여전히 강조되고 있다. 그런 측면에서 고조선의 대외관계 연구는 주로 중원왕조와의 책봉–조공 관계를 강조하는 측면에서 이루어졌다.

한편 동북공정 이후 고조선 연구의 큰 특징 중의 하나는 단군과 기자에 대한 사학사적인 측면에서 접근하는 연구가 나타났다는 점이다. 이것은 고조선을 고대사만 인식하는 차원을 넘어서 한국사의 통시적인 측면에서 이해하려는 것이다. 또한 이것은 중세 한국에서 유교의 영향으로 기자를 강조했던 점을 기자조선과 연결시키고 나아가 전근대 한국의 중국에 대한 종속적인 측면을 부각시키려는 의도와 맞물린다고 볼 수 있다.

또한 동북공정 이후에는 이전처럼 고조선의 위치 논쟁이 거의 보이지 않는 것이 하나의 특징이라고 할 수 있다. 이것은 동북공정의 과정을 통해서 내부적으로 고조선의 역사지리에 대한 논쟁이 이미 정리되었기 때문에 더 이상 연구 주제로 채택되지 않을 것으로 보인다.

동북공정 이후 중국학자들이 한국학자들의 연구 성과를 많이 인용한 점이 눈에 띈다. 이것은 위의 표에서 알 수 있듯이 한국학계의 연구논저를 번역하는 것이 과제로 채택된 것과 관련이 있다고 볼 수 있다. 또한 이전의 연구자들과 달리 한국어에 능숙한 젊은 연구자들이 많이 배출된 것과도 관련이 있다고 볼 수 있다.

다음으로 동북공정 이후 부여사 연구동향에 대해 살펴보자. 이와 관련된 논문은 아래와 같이 21편이 있다.[24)]

---

24) 여기에서는 고고학 발굴 성과는 제외하였지만 부여의 고고문화에 대한 연구는 포함시켰다.

1. 董學增, 2010a「古代夫餘人的物質生活」『博物館硏究』4
2. 董學增, 2010b「夫餘文化遺存的發現·基本面貌及命名之我見」『東北史地』4
3. 范銀實, 2011「從楡樹老河深墓地看夫餘邑落人群構成-兼及夫餘地方統治體制問題-」『北方文物』1
4. 邵蔚風, 2008「吉林地區夫餘及相關墓葬型制硏究」『博物館硏究』1
5. 孫顥·許哲, 2011「夫餘陶器的特征及其文化因素分析」『北方文物』3
6. 宋福娟, 2010「對夫餘史中某些問題的探討」『社會科學戰線』3
7. 楊軍, 2010「夫餘時遷時間地點考」『黑龍江社會科學』1
8. 楊軍, 2010「東夫餘考」『史學集刊』4
9. 于麗群 外, 2010「以東團山遺址出土陶器爲例試析漢文化對夫餘文化的影響响」『東北史地』6
10. 劉景文, 2009「簡析古夫餘族的生活習俗及審美情趣」『新果集-慶祝林澐先生七十華誕論文集-』
11. 李東·戴春·李喜德, 2010「試論餘夫餘相關的古史中的濊族與貊族」『東北史地』2
12. 張宏林, 2009「夫余王国浅说」『東北史地』4
13. 張芳·劉洪峰, 2011「夫餘對外關係史略」『黑龍江民族叢刊』3
14. 張福有·孫仁杰·遲勇, 2011「夫餘後期王城考兼說黃龍府」『東北史地』2
15. 張士東·楊軍, 2010「夫餘族名的音与義」『黑龍江民族叢刊』6
16. 張士東, 2010「"夫餘"與"句麗"語義考釋」『東北師大學報(哲學社會科學版)』6
17. 趙紅梅, 2009「夫餘與玄菟郡關係考略」『滿族硏究』2
18. 趙紅梅, 2010「玄菟郡經略夫餘微議」『北方文物』2

19. 趙紅梅, 2011「慕容鮮卑的崛起與夫餘的滅亡－兼論夫餘滅國的慕容鮮卑因素－」『黑龍江社會科學』 5

20. 趙紅梅, 2011「夫餘與東漢王朝朝貢關係研究」『社會科學戰線』 9

21. 趙欣, 2011「談古夫餘族與"夫餘"地名」『中國地名』 10

이를 세부적으로 나누어 보면, 부여의 어원과 어의에 관한 것이 3편(15·16·21)이, 부여의 위치비정이 3편(7·8·14)이, 대외관계가 5편(13·17·18·19·20)이, 고고문화가 6편(1·2·4·5·9·10)이, 부여사 일반에 관한 것이 4편(3·6·11·12)이 있다.

5년간의 동북공정 기간 동안 부여사 관련 논문이 5편[25]밖에 발표되지 않은 것에 비하면 동북공정 이후부터 발표된 21편의 논문은 결코 적다고 할 수 없다. 여기에 논문 형식을 갖추지 않은 필담 6편[26]과 짧게 작성된 글 2편[27]을 포함한다면 전체 부여 관련 논술은 오히려 고조선보다 많다고 볼 수 있다.

동북공정 이전부터 부여 관련 연구 주제는 부여의 명칭과 의미, 동명신화, 부여·북부여·동부여의 관계, 전후기 왕성의 위치, 강역, 대외관계, 고고학적 부여의 범위와 내용 등 다양하게 나타났다. 동북공정 이후의 논문 주제도 대체로 이전의 범위 내에서 크게 벗어나지는 않는다.

---

25) 李炳海, 2002「夫餘神話的中土文化因子－兼論夫餘王解慕漱系中土流人」『民族文學硏究』 1; 王禹浪·李彦君, 2003「北夷"索離"國及其夫餘初期王城新考」『黑龍江民族叢刊』 1; 邵蔚風, 2004「夫餘問題初探」『東北史地』 5; 趙紅梅, 2005「封貢體制下的夫餘」『東北史地』 3; 張春海, 2006「論古夫餘族"倍償"之法對古代東亞法制之影响」『中央民族大學學報(哲學社會科學版)』 5

26) 2009년 『東北史地』 6에 게재된 '夫餘歷史與文化筆談'으로 李爽, 「夫餘民族的起源與形成」; 王旭, 「夫餘始祖東明」; 趙紅梅, 「夫餘與前燕慕容廆朝關係探微」; 趙欣, 「夫餘與高句麗的關係探略」; 馬彦, 「夫餘的民俗」; 華陽, 「從考古發現看夫餘的厚葬之風」 6편이 있다.

27) 張宏林, 2009「夫餘王国淺說」『東北史地』 4; 陳軍·寧勇, 2010「夫餘簡論」『東北史地』 4

그중에서 주목할 만한 것은 유수노하심(楡樹老河深)유적의 무덤분포 양상을 통해 부여 읍락사회의 구조를 분석한 범은실(范銀實)의 논문이다. 그의 분석 방법은 오영찬이 이미 「유수 노하심 유적을 통해 본 부여 사회」(1999 『한반도와 중국 동북 3성의 역사 문화』)에서 적용했던 것을 원용했다고 할 수 있다. 여기에서 주목되는 것은 기존의 부여사 연구에서 고고문화를 문헌과 단순하게 접목시켜서 이해했던 것과는 달리 무덤을 등급화하여 그것을 부여읍락의 계층구조까지 연결시켜서 구조적으로 접근했다는 점이다.

한편 동북공정 이후 부여사 연구 주제가 대외관계에 집중되는 현상이 보인다. 이것은 조홍매가 부여와 현토군의 관계를 중심으로 후한·선비와의 대외관계 문제에 집중했기 때문이다. 그는 동북사범대학에서 유후생 지도로 2006년에 「현도군연구(玄菟郡硏究)」로 박사학위를 받았다. 이어서 2008년에는 『한사군연구』를 출간했으며 2009년에 『부여여현도군관계연구(夫餘與玄菟郡關係硏究)』를 출간했다. 이것은 그가 부여의 대외관계사 문제에 집중했던 일련의 연구 결과라고 할 수 있다.

이러한 부여사 연구의 상승된 분위기는 부여 관련 저술의 출판과도 관련이 있다. 동북공정이 끝난 2007년 이후 출판된 부여 관련 저술을 나열하면 아래와 같다.

1. 董學增 外 主編, 2007 『夫餘王國論集(續編)』(吉林文史出版社)
2. 于波 主編, 2009 『夫餘史料滙編』(東北史地硏究叢書, 吉林人民出版社)
3. 付百臣, 2009 『夫餘歷史知識』(吉林邊疆史地知識叢書, 吉林人民出版社)
4. 趙紅梅, 2009 『夫餘與玄菟郡關係硏究』(香港亞洲出版社)
5. 張博泉, 2011 『夫餘與高句麗論集』(吉林文史出版社)
6. 董學增, 2011 『夫餘史迹硏究』(吉林文史出版社)

7. 楊軍, 2012『夫餘史研究』(歐亞歷史文化文庫, 蘭州大學出版社)

1번의 『부여왕국논집(夫餘王國論集)(속편)』은 1999년에 동학증(董學增)이 주편한 『부여왕국논집(夫餘王國論集)』을 이은 속편으로 부여 관련 역사·고고학 논문 29편이 실려 있는 논문집이다. 이어서 2011년에 동학증은 부여의 족원·어원, 고고문화, 전후기 왕성의 위치, 강역, 대외관계 등과 관련된 최근까지 자신의 연구성과를 엮어서 『부여사적연구』를 출판하였다. 2번의 『부여사료회편』에는 중국·한국·일본측 사료에 보이는 부여 관련 기록뿐만 아니라 중국 내외 부여 관련 연구 논저 목록과 연표까지 수록되어 있다. 이것이 동북사지연구총서[28]의 하나로 기획된 것을 볼 때 이 책은 단순한 자료집이 아니라 앞으로 부여사 연구의 토대를 구축한다는 측면이 강하게 작용된 것이라고 볼 수 있다. 또한 기존에 발표했던 논문을 포함하여 부여사를 13개의 주제로 나누어 서술한 양군의 『부여사연구』[29]는 이전의 논문집 형태와 달리 부여사를 전론으로 삼은 연구서라는 점에서 학술사적 의미가 크다고 할 수 있다.

---

28) 東北史地研究叢書로는 姜維東·鄭春颖·高娜, 2006『正史高句麗傳校注』, 吉林人民出版社; 劉炬·姜維東, 2006『唐征高句麗史』, 吉林人民出版社; 付百臣, 2007『吉林建省百年紀事』, 吉林人民出版社; 趙紅梅, 2008『漢四郡研究』, 香港亞洲出版社; 劉炬·付百臣 外, 2008『高句麗政治制度研究』, 吉林人民出版社; 李德山, 2008『隋唐時期東北邊疆民族與中央王朝關係史研究』, 吉林人民出版社; 杨雨舒·蒋戎, 2008『唐代渤海國五京研究』, 吉林人民出版社; 趙紅梅, 2009『夫餘與玄菟郡關係研究』, 香港亞洲出版社; 劉炬, 2009『海東大外交−公元七世紀東北亞各國關係研究』, 吉林文史出版社 등이 있다.

29)『夫餘史研究』의 13개의 주제는 1〉 多夫餘說與一夫餘說, 2〉 北夫餘與東夫餘, 3〉 夫餘分列和遷徙的時間, 4〉 東明傳說新析, 5〉 北夫餘及槖離國地望, 6〉 東夫餘考, 7〉 豆莫婁考, 8〉 夫餘的名義與族源, 9〉 夫餘王考, 10〉 北夫餘的社會結構, 11〉 北扶餘的官制, 12〉 北夫餘的經濟, 13〉 北夫餘遺民流向及渤海扶餘府이다. 여기에 부록으로 「李奎報『東明王篇』(幷序)」와 「略論朝鮮古史譜系的演變」이란 논문이 있다.

다음으로 동북공정 이후 예맥과 관련하여 현재까지 발표된 논문은 아래의 3편이 있다.

1. 董學增, 2011 「中國先秦古籍有關穢貊族的記載解析」『東北史地』 1
2. 李東·戴春·李喜德, 2010 「試論餘夫餘相關的古史中的濊族與貊族」『東北史地』 2
3. 苗威, 2010 「關于穢·貊或穢貊的考辨」『社會科學戰線』 8

예맥 관련 논문이 3편밖에 없어서 연구 동향을 파악하기가 쉽지 않지만 논문의 제목에서도 알 수 있듯이 선진시기부터 한대에 이르기까지 예·맥의 분포양상, 예·맥의 상호관계, 부여·고구려와의 관계, 예·맥의 문화 등 예맥에 대한 전반적인 주제를 다루고 있다. 이러한 주제는 동북공정 이전부터 있어왔던 것[30]으로 연구 범위에 있어서는 크게 달라진 것이 없다고 할 수 있다.

동북공정 이후 예맥과 관련된 저서로는 병정(邴正)·소한명(邵漢明) 주편의 『예맥족기원여발전(穢貊族起源與發展)』(2007)이 있다. 이 책의 주편을 맡은 병정은 동북공정 2002년도 연구과제를 수행한 연구자이다(표 참조). 병정은 길림성사회과학원 원장이자 『사회과학전선』잡지사 사장직을 맡고 있으며, 소한명은 길림성사회과학원 부원장이자 『사회과학전선』의 주편을 맡고 있다. 이 책은 1978년 『사회과학전선』의 창간호부터 최근까지 이 잡지에 게재된 예맥 관련 논문 46편을 모아 동북역사여문화총서(東北歷史與文化叢書) 총8권 중에서 제2권으로 출판한 것이다.[31]

30) 조우연, 2011, 앞의 논문

31) 東北歷史與文化叢書의 제1권은 『東北古事與地理考』(2007), 제3권은 『東胡與遼金問題論』, 제4권은 『肅愼族淵源與演變』(2007)이며 나머지는 근현대사와 문학에 관한 것이다.

Ⅳ. 고조선 연구의 주제별 검토

1. 단군신화와 고조선의 관계

동북공정에서는 단군신화를 믿을 수 없기 때문에 단군조선의 실체를 부정하고 기자에 의해 건국된 기자조선을 고조선의 시작이라고 본다. 즉, 한국사는 고대 중국인이 세운 지방정권에서부터 시작되었으며 이러한 중국과의 종속관계는 고구려·발해로 이어진다고 보는 것이다.

묘위는 단군신화가 고조선 시기의 산물이 아니라 고려시대에 민족의식을 고양하기 위해 만들어진 것으로 보았다. 그는 고구려·백제·신라의 건국신화가 모두 중국적인 것에서 기원하기 때문에 한반도에서 토착적으로 성장한 신화를 만들어 민족의식을 고양하기 위해 인위적으로 단군신화가 만들어졌다고 보았다. 그리고 단군신화에 나타난 불교적 요소로 볼 때 평양지역에 불교가 수용된 이후에 처음 만들어졌다가 후대인의 가공을 거쳐 13세기에 이르러 오늘날의 판본 양식으로 형성되었다고 보았다. 신화의 내용 중에서 왕검이란 이름은 중국식 성명이며, 풍백·우사·운사는 중국식 신선명이고, 삼위는 중국 고서에 보이는 산이며 부인(符印)도 중국식 용어이며 중국식 간지로 연대를 표기한 것은 모두 단군신화가 중국문화의 영향을 받은 결과라고 보았다.[32] 이러한 견해는 2006년에 그가 저술한 『고조선연구』에서 이미 언급하였던 것을 반복한 것이다.

한편 장철준(張哲俊)은 신화적 소재를 분석하여 단군신화가 후대에 조작되었다고 보았다. 그는 한중의학교류상에서 단군신화에 쑥과 마늘의 조합이 형성된 시기는 중국의학에서 그것이 조합된 이후라고 보았다. 이 조합은 중국

32) 苗威, 2008a, 앞의 논문, pp.31~33

에서 육조시기 이후에서야 가능하기 때문에 단군신화에서 쑥과 마늘의 요소는 4세기 이후에 들어갔다고 본다.[33] 이중 마늘[蒜]은 주물(呪物)이 아니라 약물로 보고 신화속의 마늘은 소산과 대산 중에서 대산에 해당된다고 보았다. 이 대산이 서역을 통해 중국에 유입되었기 때문에 단군신화에 마늘이라는 신화소가 들어간 것은 서역과의 교류가 이루어진 기원전 115년 이후에야 가능하다는 것이다.[34] 또 그는 천부인 3개는 삼신기(三神器)가 아니라 불교적 부인으로 불교 수용 이후에 추가된 요소라고 보았다.[35]

이처럼 단군신화의 불교 혹은 도교적 요소를 강조하여 적어도 기원전 4세기 이후에 조작되었다고 보는 견해는 동북공정을 통해서 이미 지적되었던 것이다.[36] 이것은 동북공정 이후에도 단군신화가 고조선 당대의 산물이라는 한국학계의 견해[37]를 반박하기 위해서 신화소 분석을 통해 후대의 조작을 주장하는 것으로 보인다. 결국 이것은 단군조선을 부정하는 논리로 이어진다. 그러면서 기자조선의 실재를 인정하는 인정함으로써 한국사가 기자조선에서 시작한다는 논리를 강조하는 것이다.

2. 기자조선의 문제

동북공정 전후로 기자조선과 관련된 논의에서 가장 핵심적인 것은 기자조선의 초기 위치문제라고 할 수 있다. 정니나(程尼娜)는 기자가 요서 객좌지역

33) 張哲俊, 2011a, 앞의 논문, pp.115~121
34) 張哲俊, 2012, 앞의 논문, pp.163~168
35) 張哲俊, 2011b, 앞의 논문, pp.116~123
36) 楊軍, 2006, 앞의 책, pp.221~228
37) 서영대, 1998「단군신화의 의미와 기능」『산운사학』 8; 노태돈, 2000「단군과 고조선사에 대한 이해」『단군과 고조선사』, pp.13~16

에 기후국을 세웠으며 그후 기원전 4세기 후반경에 요동지역에서 기후국이 조선국으로 개칭되었으며 이후 연의 침략으로 기자조선이 평양으로 그 중심으로 옮겼다고 보았다.[38] 그는 장박천의 제자로서 그의 이동설의 그대로 수용하였다. 그리고 장박천의 견해를 직접 언급하지는 않았지만 고조선의 수도였다고 하는 요동군 험독현의 위치 변화를 통해 기자조선이 하북성 노룡현과 창려현 등지에서 요동을 거쳐 평양으로 이동했다고 보는 갈지의(葛志毅)의 견해도 제시되었다.[39]

이와 달리 묘위는 동북공정을 통해서 기자조선의 초기 위치에 대한 견해를 이미 피력하였기 때문에 그후 그와 관련된 전론을 다시 발표하지는 않았다. 그러나 그는 은말주초에 기자가 한반도로 이주하여 조선을 건국했다고 보는 기존의 입장을 여전히 고수하고 있다.[40]

이처럼 동북공정 이후에는 기자조선의 초기 위치에 대해 이전과 같은 열띤 논쟁이 없이 단지 기존의 자신의 입장을 간략히 되풀이하는 정도라고 할 수 있다. 그러나 이것은 고조선의 세력 범위, 중국 동북지역과 한반도 서북한 지역의 고고문화 주체 등의 해석에서 매우 중요한 문제라고 볼 수 있다. 지금은 논쟁이 잠시 소강상태이지만 언제든지 다시 일어날 수 있을 것이라고 생각된다.

3. 고조선의 대외관계

중국학계에서는 동북공정을 통해서 기자조선과 위만조선이 모두 중국의 지방정권이라는 견해를 제시하였다. 이를 바탕으로 동북공정 이후에는 고조선(기

38) 程尼娜, 2012, 앞의 논문, pp.19~21
39) 葛志毅, 2012, 앞의 논문, p.32
40) 苗威, 2008b, 앞의 논문, p.33

자조선·위만조선)과 중국의 대외관계의 성격에 집중하는 연구가 이루어졌다.

먼저 고조선과 춘추 제와의 관계를 살펴보자. 묘위는『관자』규탁편에 언급된 고조선의 문피를 포함한 7대 옥폐를 춘추 열국 사이의 회맹시 소용되었던 조빙품으로 이해하였다. 그리고 경중갑편에서 언급된 고조선과 제와의 관계를 상호간의 무역관계로 보았다.[41] 이와 달리 정니나는『관자』에 언급된 춘추시기 고조선과 제의 관계를 사료상에 보이는 '조(朝)'를 문면 그대로 조공관계로 보고 문피를 조공품으로 이해하였다. 물론 여기에서 고조선의 위치에 대해 묘위가 평양에 있었던 것으로 보았던 것과 달리 정니나는 이동설의 입장에서 요동반도에 있었던 것으로 이해하였다.[42]

고조선과 전국 연과의 관계에 대해서 묘위는『위략』에서 고조선이 주왕실을 존중했다는 기록을 근거로 조선후가 제후의 신분을 잃지 않고 있는 것으로 본다. 그리고 대부라는 관직이 원래는 삼대의 관직인데 전국시대에는 관직이 아닌 작의 호칭이었다. 고조선에서는 옛 제도를 따라 국군 아래 대부직을 두었던 것으로 보았다. 또한 그는 대부 례를 고조선 토착인이 아닌 연 혹은 제에서 온 문인·책사의 부류로 보았다. 그 이유는 례라는 이름이 중국식이고 그가 연과의 사이에 유세한 것이 중원인의 소질을 지녔다는 것이다. 또한 당시 천하의 형세를 충분히 이해하였기 때문이 그럴만한 자는 고조선 토착인일 가능성이 매우 낮다는 것이다. 한편 그는 연소왕의 공격과 관련하여 고조선은 동호와 결탁하여 세력을 키웠던 하나의 소국일 뿐이지 요동지역까지 세력을 떨쳐던 세력으로 보기 어렵다고 보았다. 이어서 그는 진개의 공격으로 고조선은 연에 부속되어 과거의 독립성을 상실한 것으로 보았고 연의 요동군을 통해 중원문화를 받아들임으로써 기자조선은 오히려 발전할 수 있는 계기가 되었다고 보았

41) 苗威, 2008a, 앞의 논문, pp.36~37
42) 程尼娜, 2012, 앞의 논문, p.20

다.[43]

이처럼 묘위는 고조선이 전국시대에도 이전의 제후국의 신분을 그대로 유지하였던 중원의 지방정권이라는 견해를 고수하였다. 그리고 고조선이 진개의 공격 이전에 요동지역까지 세력을 끼친 것이 아니라 그곳에는 맥인이 있었으며 고조선과 연의 경계는 바로 청천강이었다고 보았다. 이러한 견해를 발표한 묘위의 논문(2008a)은 『고조선연구』의 4장 5절 「箕氏朝鮮與中原王朝及其他地方政權·邊疆民族政權的關係」의 내용을 그대로 전재한 것이다. 묘위는 고조선이 진(秦)에 신속하였으나 조회하지는 않았다고 보았다.[44] 그는 진장성의 동쪽 끝인 수성현의 위치를 이건재의 견해를 따라 평북 함종리로 보았으며,[45] 유자민의 견해를 따라 진고공지상하장에서 상장은 청천강 남안의 안천(安州)으로, 하장은 함종리로 보았다.[46] 물론 이러한 견해도 『고조선연구』의 내용을 그대로 전재한 것이다. 이런 점에서 동북공정 이후 묘위의 고조선 연구는 그 이전의 주장을 되풀이하는 경향이 강하다는 것을 알 수 있다.

다음으로 고조선과 한의 관계에 대해 살펴보자. 위만은 고조선의 왕권을 장악한 이후 한과 외신의 약을 맺었다. 우거대에 이르러 한무제는 위만이 외신의 의무를 지키지 않는다는 명분으로 고조선을 공격하여 사군을 설치하였다. 이로써 고조선의 대외적으로 한의 외신의 지위에서 직접적인 군현 통치의 대상으로 편제되었다고 볼 수 있다. 이를 통해 고조선이 한의 번속체제[47] 혹은 조공책봉체제[48]에서 군현체제로 편입되었다고 보는 것이 중국학계의 일반적인

43) 苗威, 2008a, 앞의 논문, pp.38~39
44) 苗威, 2008a, 앞의 논문, pp.39~40
45) 李健才, 1996 「關于"大寧江長城"建築年代問題的探討」『博物館硏究』 3
46) 劉子敏, 1996 「"秦故空地上下鄣"考」『博物館硏究』 3
47) 苗威, 2008a, 앞의 논문, pp.37~39
48) 程尼娜, 2010, 앞의 논문

시각이다.[49]

그런데 중국학계에서는 위만이 입국 후에도 외신의 신분으로 한에 신속하였다는 점만을 강조하였지[50] 왜 한이 위만에게 외신의 지위를 부여했는지에 대해서는 구체적인 설명을 하지 않는다. 다만 서한 정권이 초기에 정국이 불안했기 때문에 동북지역에 대한 공제권을 위만에게 잠시 빌려준 것으로 보고 이를 통해 한이 해외 동이를 공제하는 중요한 거점으로 삼았다고 보는 것이다.[51] 그러나 왜 공제권을 위만에게 줄 수밖에 없었는지에 대한 구체적으로 접근하지 않았다. 당시 한은 내부적으로 이성제후들의 반란과 숙청이 있었으며 고조 사후에 정국이 매우 불안하였고, 대외적으로는 북방의 흉노와의 대치상태에서 관심을 북방 이외의 변경으로 돌릴 만한 여유가 없었다. 따라서 위만은 이러한 국제관계에서 외신의 지위를 수락하는 조건으로 막대한 병위재물을 얻을 수 있었고 이를 통해 진번·임둔 등 주변국을 복속하여 성장할 수 있었던 것이다.[52] 이러한 국내외적 상황에 대한 이해 없이 외신이 갖는 외형적 의미만을 강조하는 중국학계의 견해는 위만조선이 기자조선을 이어서 중국의 지방정권이었다는 것을 강조하려는 다분히 단선적이고도 일방적인 해석이라고 할 수 있다.

지금까지 살펴본 것처럼 동북공정 이후 중국학계의 고조선 연구에서 새로운 논리를 찾아보기는 어렵다. 고조선이 중국의 속국인 기자조선에서부터 시작하고 이것이 위만조선에까지 이어진다고 보는 동북공정의 논리는 동북공정 이후에도 여전히 반복되고 있다고 할 수 있다.

---

49) 李大龍, 2006『漢唐藩屬體制硏究』, pp.61~78; 趙紅梅, 2010, 앞의 논문
50) 趙紅梅, 2010, 앞의 논문, pp.242~243
51) 葛志毅, 2012, 앞의 논문, p.31
52) 권오중, 1992『낙랑군연구』, pp.19~30; 송호정, 2003『한국 고대사 속의 고조선사』, pp.387~391; 박준형, 2012「고조선의 성장과 발전에 대한 연구」, 연세대학교 박사학위논문, pp.174~184

V. 부여 연구의 주제별 검토

1. 부여 명칭의 의미와 기원

부여 명칭의 기원에 대해서는『산해경』대북황경의 '불여(不與)',『일주서』 왕회해의 '부루(符婁)',『이아』석지의 '부유(鳧臾)'라는 등 이미 동북공정 이전에 다양한 견해가 제시되었다.[53] 이와 관련하여 주향영(周向永)의 연구[54] 이후 한동안 논의가 없다가 최근 들어 언어학을 전공하는 장사동(張士東)에 의해 새로운 견해가 제시되었다.

장사동·양군은 부여의 부(夫)는 상고 음이 부(部)로 여포(如蒲)·여박(如薄)로 읽히며 발(發)·(潑·拔)·맥(貊)·박(亳) 등의 글자와 음이 통한다고 보았다. 여(餘)는 부여의 시조 부루의 예에서 보이듯이 그 음이 루(婁)와 서로 통한다고 보았다. 그리고 루는 리[(橐)離]·려[(高句)麗]·여[(夫)餘]와 음이 상통하고 북옥저를 치구루라고 한 것으로 보았다. 그래서 탁리·고구려·부여·북옥저·두막루를 모두 루의 족군으로 이해하면서 부여=부루는 맥인을 지칭하는 것으로 보았다.[55]

한편 그는 부여는 부와 여로 나뉘는데 부자에 대해서는『설문해자』에 "부루(附婁)는 작은 토산이다(附婁, 小土山也)"라고 하여 작은 토산의 의미가 있고, 여자에 대해서는『설문해자』에 "여(餘)는 완만함을 말한다(餘, 語之舒也)"라고 하여 완만하다는 의미가 있다고 보았다. 그래서 부여는 '완만하게 펼쳐진 작은 토산' 즉, '완만한 기복의 평원과 구릉'을 의미한다고 보았다.[56]

---

53) 송호정, 1997「부여의 성립」『한국사4』, 국사편찬위원회, pp.151~153
54) 周向永, 1996「夫餘名義考釋」『社會科學戰線』1
55) 張士東·楊軍, 2010, 앞의 논문, pp.83~85

이처럼 부여의 의미를 새롭게 해석하는 것은 연구사적인 의미는 있다고 본다. 그러나 음이 유사하다는 점만으로 부여의 의미를 그렇게 해석하는 것은 가능성만을 제시하는 것 이상의 의미를 찾기 어렵다고 본다. 특히 『삼국지』 부여전을 보면 부여가 예족이는 것을 누구나 알 수 있는데 부여의 부의 발음이 발=맥과 유사하다고 하여 부여를 맥족으로 이해하는 것을 수긍하기가 어렵다.[57] 만약 부여가 맥족이라고 주장하려면 그 이전에 예와 맥이 같은 실체라는 전제가 있어야 한다. 이런 점에서 위의 견해는 언어학적으로는 가능할지 모르나 역사적으로는 성립하기 힘들다고 할 수 있다.

한편 조흔(趙欣)은 부여가 중국 남부 오국(吳國)에서 기원했다는 견해를 제시하였다. 그는 『세본팔종(世本八種)』에 오의 왕자가 오국에 남아 있으면서 부여를 씨로 삼았다는 내용이 있는데[58] 그는 오국 멸망 후에 그들이 예맥의 땅으로 들어가서 부여가 성립되었으며, 『삼국지』 부여전에 "스스로 망인이라고 했다(自爲亡人)"는 것은 바로 오국이 멸망한 이후에 들어왔기 때문이라고 보았다.[59]

물론 조흔의 주장대로 양자의 한자가 같은 것은 사실이다. 그렇다고 양자를 바로 연결시키기는 어렵다. 만약 그것이 사실이라면 부여지역에 오국의 문화요소가 나와야 하는데 사실은 전혀 그렇지 않다. 이 주장은 언어학적으로 보았을 때 하나의 가능성만으로 존재한다고 볼 수 있다.

56) 張士東, 2010, 앞의 논문, pp.154~155
57) 최근에 宋福娟도 부여를 맥족으로 보는 견해를 제시하였다(宋福娟, 2010, 앞의 글).
58) 『世本八種』(秦嘉謨輯補本), "夫餘氏, 吳王子夫概王奔楚, 其子在國, 以夫餘爲氏." 『通志』 氏族略에도 "夫餘氏 吳公子夫概奔楚 餘子在吳者 以夫餘爲氏"라는 기록이 있다.
59) 趙欣, 2011, 앞의 논문, p.46

2. 부여·북부여·동부여의 관계 및 왕성의 위치

사료상에는 부여 외에 북부여·동부여가 더 있어서 그 실체를 이해하는 데 매우 혼란스럽다. 이중 동부여는 아예 한국측 사료에만 나타난다는 점에서 문제를 더욱 복잡하게 만든다.[60] 이 부여에 대한 견해를 분류해 놓은 연구성과에 의하면 이를 크게 세 가지로 나누어 살펴볼 수 있다.[61] 첫째, 부여와 북부여를 동일한 것으로 보고, 동부여를 따로 떼어서 이해하는 방법이다. 여기에서 방위의 중심을 고구려로 보고 부여가 그 북쪽에 있기 때문에 북부여로 불렸다고 보는 것이다. 이러한 견해는 한국과 일본에서 통설화되어 있는 반면에 중국에서는 여러 견해 중의 하나에 속한다.[62] 둘째, 부여와 북부여를 별개의 실체로 보는 방법이다. 여기에서 동부여를 포함하여 3개의 부여가 있었다고 보거나 동부여를 부여나 북부여와 일치시켜서 보는 견해가 있다.[63] 셋째, 세 개의 부여를 모두 동일한 실체로 파악하는 방법이다.[64]

이중 첫째 견해는 대체로 요령성 연구자들의 주장으로 후기 중심지를 요령성 북부로 비정함으로써 부여사를 요령성 내로 끌어들이려는 의도를 보인다. 둘째 견해는 대체로 흑룡강성 연구자들의 주장으로 부여의 출자인 탁리국과 초기 중심지를 흑룡강성 내로 비정하고 있다. 셋째 견해는 주로 길림성 연구자들의 주장으로, 전기 중심을 길림시 일대로, 후기 중심지를 농안 일대로 비정

60) 이성제, 2008「부여와 고구려의 관계사에 보이는 몇 가지 쟁점」『부여사와 그 주변』, pp.100~102

61) 송기호, 2005, 앞의 논문, pp.18~21

62) 池內宏·日野開三郎·노태돈·박경철·노중국·공석구·이성제·田耘·馬德謙·孫進己·武國勛·周向永 등이 있다.

63) 張博泉·干志耿·魏國忠·神崎勝·김병룡·이도학·송호정 등이 있다.

64) 金毓黻·李健才·林澐 등이 있다.

하여 부여의 중심지를 길림성 내에 두고자 하는 의도가 있다. 이처럼 중국에서 부여사 연구는 강한 학맥과 지역성을 엿볼 수 있다.[65]

동북공정 과정에서 부여사 연구가 전반적으로 침체기를 맞으면서 이와 관련된 논의는 거의 이루어지지 않았다. 최근에 동북공정에 참여했었던 길림대학 교수인 양군이 「동부여고」에서 새로운 견해를 제시하였다. 그는 먼저 중국학계에서 잘 인정하지 않는 『삼국사기』·『삼국유사』와 같은 한국측 사료를 인정하면서 해부루가 가섭원에 가서 동부여를 세웠다는 신화를 사실로 받아들인다. 즉, 왕위계승 과정에서 하나의 부여가 해모수의 북부여와 해부루의 동부여로 갈라졌다고 보았다. 중국사서에 입전된 부여는 바로 부여=북부여라는 것이다. 동부여의 위치는 동옥저의 북부로 현재 허천강유역에서 동해에 이르는 지역으로 보았다. 동부여는 1세기에 고구려에게 정복당하였다가 관구검의 침략 이후에 고구려의 통치에서 벗어났다고 보았다. 이후 동부여는 광개토왕에게 복속되었다가 494년 멸망되었다고 보았다. 그는 광개토왕비에서 추모[주몽]가 북부여 출자라고 한 것은 이미 당시에 동부여가 고구려의 속민이었기 때문에 고구려 왕실에서 자기의 선조 출자를 망한 나라인 동부여로 인식하는 것을 꺼렸기 때문에 주몽의 부계 혈통에 따라 북부여로 본 것이라고 했다.[66]

이러한 양군의 논리는 위의 첫 번째 견해로 분류할 수 있다. 다만 한국학계에서 동부여의 건국 시기를 285년 모용외의 공격으로 부여 지배층이 북옥저 방면으로 갔다가 잔류한 세력이 세웠던 것으로 보는 것[67]과 차이가 난다. 그리고 당대 자료인 광개토왕릉비의 북부여 출자설을 인정하지 않고 후대에 기록된 동부여 출자설을 받아들였던 점에서도 기존의 첫 번째 견해와 차이가 있다고

65) 송기호, 2005, 앞의 논문, p.21; 이종수, 2007, 앞의 논문, p.124
66) 楊軍, 2010, 앞의 논문, p.52
67) 노태돈, 1989 「夫餘國의 境域과 그 變遷」『국사관논총』 4, pp.43~48

볼 수 있다. 이러한 견해는 2012년에 출판된 『부여사연구』에 그대로 반영되어 있다.

한편 길림성고구려연구중심의 장복유와 집안박물관의 손인걸·지용이 부여의 후기 왕성의 위치에 대한 견해를 발표하였다.[68] 장복유는 부여전기 도성을 용담산·동단산과 구참 남산성이 삼위일체가 되는 산성공위(山城拱衛) 형국으로 길림시 용담산 일대로 보았다. 그는 후기도성의 조건으로 부여고지에 있어야 하고, 왕성은 산성공위의 형상을 하는 한대에 건축된 고성이어야 하며, 왕성 주변에 이와 관련된 묘지와 고등 등급의 유물이 출토되어야 한다고 보았다. 또한 발해 부여부 주변에 발해 묘지가 있어야 된다고 보았다. 이런 점에서 기존 후기도성으로 언급되었던 농안, 창도 사면성, 사평 일면성, 유하 라통산성 등은 도성의 조건에 부합되지 않는다고 보았다. 그러면서 그는 요원(遼源) 용수산·성자산·공농산산성이 산성공위의 형상을 이루고 주변에 부여 관련 유적이 있는 용수산산성을 후기도성으로 보았다.

3. 부여의 대외관계

동북공정 이후 부여사 연구는 상대적으로 대외관계사에 집중된 측면이 있다. 이것은 부여사 연구자가 한정된 상황에서 조홍매가 대외관계사 연구에 집중했기 때문이다.

조홍매는 부여와 현도군·모용선비·동한과의 관계에 집중했다. 부여와 현도군과의 관계를 살펴보면, 부여를 가장 먼저 통할한 것이 옥갑을 부여한 현도군으로 보았다. 진대까지 부여는 번속체제에 속해 있었다고 보았다. 즉, 부여

68) 張福有·孫仁杰·遲勇, 2011, 앞의 논문

는 고구려의 배후에 있다는 점에서 중국 동북지방의 중요한 지방민족정권이라고 본 것이다. 부여는 멸망시 최종적으로 중화민족의 한 구성부분으로 융합되었다고 보았다.[69)]

모용선비와의 관계에서는 전연의 국력이 강해지면서 상대적으로 약소한 부여는 모용선비의 진군의 대상이 될 수밖에 없었다고 보았다. 서진이 부여의 복국을 도움으로써 화하질서가 유지되었으며 동진의 쇠약과 함께 전연이 강성해지면서 부여는 보호산을 잃게 되었다고 보았다.[70)] 이처럼 조홍매는 부여의 대외관계에서 중원세력의 중요성을 강조함으로써 상대적으로 부여의 국력을 낮추어 보았다. 따라서 부여는 스스로 자립할 수 없는 나라라는 점을 강조하면서 중원왕조의 지원을 받을 수밖에 없는 지방정권이라는 점을 강조하려는 의도가 다분히 보인다.

조홍매는 부여 대외관계의 특징을 동한과의 관계에서 극명하게 드러낸다. 그는 부여가 동한 광무제 연간에 책봉을 받고 '칭신납공(稱臣納貢)'하였다고 보았다. 그러면서 동한과의 조공관계를 3단계로 구분하였다. 전기는 광무제 건무 25년(49)~안제 영초 5년(111)으로 그 성격을 "사명세통(使命歲通)"으로 보았으며, 중기는 순제 영화 원년(136)까지로 전기와 달리 왕자를 통해 조공을 한 점을 강조하여 "예궐공헌(詣闕貢獻)"으로 보았다. 후기는 영제 희평 3년(174)까지로 "견사공헌(遣使貢獻)"으로 보았다. 이처럼 그는 부여가 한의 책봉을 받고 조공했던 사실을 지나치게 강조하여 광무제 연간부터 한의 번속체제로 편입되었다고 본다.[71)] 물론 부여가 고구려에 비해 중원세력과 화친관계에 있었던 것은 사실이다. 그러나 부여는 111년 낙랑을, 167년에는 현토군을 공격하여

69) 趙紅梅, 2009, 앞의 논문
70) 趙紅梅, 2011, 앞의 논문
71) 趙紅梅, 2011, 앞의 논문

동한과 대립적인 관계를 유지하였던 시기도 있었다. 이러한 사실을 무시하고 부여와 동한과의 관계를 일방적인 조공관계로만 설명하는 것은 문제가 있다. 이런 점에서 부여와 동한의 관계를 '조공과 책봉, 군사 투쟁 관계'로 설명한 장방·유홍봉의 연구가 좀더 합리적이라고 할 수 있다.[72]

이처럼 부여의 대외관계는 관련 사료의 성격상 중원세력과의 관계가 집중적으로 부각될 수밖에 없는 한계가 있다. 따라서 조홍매의 견해처럼 부여와 중원세력과의 관계를 일방적인 조공관계로만 설명하는 것은 동북공정 이전부터 중국학계에서 부여를 지방민족정권으로 보려는 기본적인 시각과 일정정도 부합되는 측면이 있다고 할 수 있다. 그러나 이와 달리 장방·유홍봉은 부여와 옥저 관계를 '의부(依附) 혹은 신속의 관계'로, 읍루와의 관계를 '군사적 정복 관계'로, 물길과의 관계를 '군사 투쟁 관계'로 보면서 중원왕조와의 관계를 '조공과 책봉, 군사 투쟁 관계'로 보았다. 물론 이 논문에서도 중원과의 관계가 가장 중요하다고 보았지만 부여의 대외관계사를 중원왕조뿐만 아니라 옥저·읍루·물길과의 관계를 통해서 좀더 포괄적으로 이해하려고 했던 것은 조홍매의 연구와 다른 점이라고 할 수 있다.

4. 부여의 고고문화

길림시 일대에서 서단산문화에 이어 나타나는 한대의 철기문화를 부여문화로 이해하는 것이 일반적이다. 이 문화는 유수노하심 2기 유적, 모아산고분군, 동단산유적과 같은 대표적인 유적이 발견되면서 부여문화의 실체가 좀더 명확하게 드러나게 되었다. 1990년대에 대표적인 유적명을 따라 이 문화를 노

72) 張芳·劉洪峰, 2011, 앞의 논문

하심2기문화 혹은 동단산문화라고 부르자는 의견이 제시되었다.[73] 2000년대에 들어서 동단산유적이 본격적으로 발굴되고 이 무덤군이 부여왕릉일 가능성이 제기되자[74] 최근에는 부여문화를 동단산문화라고 명명하자는 의견이 다시 제시되었다.[75]

동북공정 이후 동학증은 부여문화의 범위를 유수 노하심2기, 길림 포자연 전산 상층, 동단산 남성자(南城子), 모아산묘지, 동풍현 보산(寶山) 상층, 대가산(大架山) 상층, 동요현 석역(石驛) 채람(彩嵐)묘장 등이 포함되는 것으로 보았다.[76] 그러나 보산 상층, 대가산 상층, 채람묘장은 유적의 성격상 그 족속에 대해 논란이 있다. 이에 김욱동은 채람유적을,[77] 손호·허철은 보산 상층과 채람유적을 부여문화의 범위에서 제외하였다.[78] 이들 유적은 서차구(西岔溝)유적과 함께 흉노·오환·선비·부여 등 그 문화의 주체에 대한 논쟁이 여전히 진행 중에 있다.[79]

동북공정 이후 부여의 고고문화 연구 중에 대표적인 것이 토기이다. 부여문화의 대표적인 토기로는 호(壺)·관(罐)·두(豆)·완(碗)·발(鉢)·배(杯)·증(甑) 등이 있으며 여기에 소량의 도용(陶俑)과 도로(陶爐)가 포함된다. 이중 전형적인 토기로는 호·관·두·완이 있다. 이 토기를 분석한 손호·허철에 의하면, 부여문화의 토기는 서단산문화·형가점(邢家店)유형·한서2기문화·사가가(謝家街)

73) 林澐, 1993「西岔溝型劍柄銅劍與老河深·彩嵐墓地的族屬」『馬韓百濟文化』13; 1998『林澐學術論集』, p.364
74) 邵蔚風, 2008, 앞의 논문, pp.55~58
75) 董學增, 2010b, 앞의 논문, pp.8~9
76) 董學增, 2010b, 앞의 논문
77) 金旭東, 2003「吉林省文物考古的世紀回顧與展望」『考古』8
78) 孫顥·許哲, 2011, 앞의 논문, p.14
79) 송기호, 2005, 앞의 논문, pp.37~44; 이종수, 2007「西岔溝 古墳群의 性格과 使用集團에 대하여」『백산학보』29, pp.119~123

유형·보산문화 등 5개의 문화가 상호교류, 융합하면서 형성되었다고 한다. 또한 한서2기·보산·서단산만기·형가점유형에서 모두 한문화 요소가 발견된다는 점에서 부여문화는 이들 5개 문화와 한문화의 영향을 동시에 받았다고 볼 수 있다.[80]

이에 비해 동단산유적의 토기를 분석한 우려군 등은 위와는 좀 다른 해석을 한다. 그들은 동단산유적의 토기를 협사도(夾砂陶)와 니질도(泥質陶)로 크게 구분하는데 니질도 중에는 니질갈도가 주고 니질회도가 그 다음이라고 한다. 협사도가 수제방식인 반면에 니질도는 윤제방식을 택했다고 한다. 이 윤제방식은 당시 중원지역에서 보편으로 사용하던 것이다. 벽돌 중에서 장조형화문전(長條形花紋塼)의 도안에는 격문(格文)·릉형문(菱形文)·릉형화훼조합문(菱形花卉組合文)·절척문(折尺文)·절척엽맥조합문(折尺葉脈組合文)·지갑문(指甲文)·원점문(圓點文) 등이 있는데 이것은 길림시 일대에서 처음 출현한 것으로, 한문화 요소를 받아들인 결과라고 한다.

이처럼 토기의 제작방법과 장식도안이 모두 중원의 것과 같다는 점에서 그들은 부여문화 유물과 한문화 유물이 공존공생의 관계에 있다고 본다. 즉, 서단산문화의 전통에 중원의 선진적인 기술을 받아들여 부여사회가 발전했다는 점을 강조하는 것이다. 나아가 선진적인 중원문화의 유출이 동북지역으로 계속되면서 소수민족이 혜택을 입는다고 보았다. 그리고 중원문화가 소수민족문화에 점차 영향을 주어 문화상 융합이 이루어지는 것이 중원정권이 변강지역을 통일하기 위한 필요조건을 창출하는 것이라고 한다.[81]

이들의 주장 중에서 부여문화의 토기에 한문화의 요소가 있는 것은 사실이다. 그러나 앞의 손호·허철이 분석한 것처럼 부여의 토기는 한문화뿐만 아니라

80) 孫顥·許哲, 2011, 앞의 논문, pp.18~20
81) 于麗群·賈素娟·韓安生, 2010, 앞의 논문, pp.13~15

주변의 다양한 문화 요소의 영향을 받은 것이 사실이다. 그러나 이러한 사실을 덮어두고 동산자유적 토기의 토착적 요소와 한문화 요소 두 가지만으로 동산자유적의 성격을 설명하는 것은 지나치게 문화를 단순화시켜서 이해하는 것이라고 할 수 있다.

또한 토기를 포함한 부여문화에서 한문화 요소를 지나치게 강조함으로써 부여의 한에 대한 종속성을 강조하려는 의도가 너무 짙게 드러난다. 이것은 부여의 대외관계사를 중원세력과의 번속체제로 설명하려는 것과 궤를 같이 한다고 볼 수 있다. 나아가 중국이 변강의 소수민족사회까지 모두 중원화하려는 정치적 의도를 충분히 드러낸 것이라고 볼 수 있다.

VI. 예맥 연구의 주제별 검토

예맥 연구에서 가장 먼저 해결해야 할 과제는 예·맥·예맥의 실체에 대한 문제이다. 동북공정 이전 중국학계에서 이에 대한 견해는 예와 맥을 구분하고 예맥을 통칭으로 보는 상이설(相異說)과 예와 맥을 동종별종(同種別名)으로 보는 동일설(同一說)로 나뉜다. 최근에는 대체로 예와 맥이 서로 다른 실체의 종족집단이라는 설이 지배적이다.[82] 동북공정 이후에 예맥 관련 논문 3편이 발표되었는데[83] 이들 모두 예와 맥을 분리해서 이해하고 있다. 이것은 예맥 관련 자료에 대한 문헌고증의 성과가 어느 정도 축적되면서 통설화된 예맥상이설이 동북공정 이후에도 계속 유지되었던 것이라고 할 수 있다.

예맥의 기원과 지리적 위치와 관련해서는 고대 문헌에 다양하게 기술되어

---

82) 조우연, 2011, 앞의 논문, pp.298~302

83) 苗威, 2010, 앞의 논문; 李東·戴春·李喜德, 2010, 앞의 논문; 董學增, 2011, 앞의 논문

있을 뿐만 아니라 종족의 연원과 귀속, 현재적 연관성 등 여러 중요한 문제들이 복잡하게 얽혀 있어서 논쟁의 초점이 되어 왔다. 이와 관련된 논의는 토착설(동북지역 및 한반도), 이동설(내륙지역 혹은 발해연안), 예=토착 맥=이동설로 나누어 볼 수 있다.[84]

묘위는 연소왕 이전의 선진시기에 예는 길림성 대부분의 지역과 한반도 동북부에서 동해안 일대에 거주하고 있었으며, 맥은 류하(柳河)·의무려산에서 청천강 사이에 분포하였던 것으로 보았다.[85] 이후 연소왕대 진개의 공격으로 맥인과 고이(高夷)는 그 활동지역에 요동군이 설치되면서 북방 및 동방의 예인·고조선·진번 등의 고족과 밀접한 교류를 하게 된다고 보았다. 그리고 서한 이후에는 예인 거주지에 부여·옥저·동예가 흥기하고, 혼강유역에서는 고이를 중심으로 고구려가 흥기한 것으로 보았다.

동학증은 예는 서주시기부터 송눈평원에 거주하던 토착족으로 보았다. 춘추 이래 하북성 동북부를 동호의 활동지역으로 보면서 맥이 그 이동지역인 동요하유역에 거주하였던 것으로 보았다. 예의 경제는 주로 농업과 관련된 것으로 본 반면에, 맥의 경제는 손진기의 견해[86]를 따라 맥을 동호·실위 등의 족속과 동원(同源)으로 보면서 주로 수렵목축과 관련된 것으로 이해하였다. 서한 이후 맥이 서서히 동천하면서 예와 상호 융합되면서 점차 큰 민족공동체[예맥족단]를 형성하게 되었는데 중국인들이 이를 통칭하여 예맥이라고 불렀다고 보았다.[87]

앞의 두 견해가 대체로 예=토착, 맥=이동설의 입장에서 예맥의 형성과정

84) 조우연, 2011, 앞의 논문, pp.302~311

85) 묘위는 서주초기 연의 영역이 대릉하유역까지라고 보기 때문에 亳=發=貊은 그 이동에 있었다고 본다(苗威, 2010, 앞의 논문, p.117).

86) 孫進己, 1987『東北民族原流』, p.123

87) 董學增, 2011, 앞의 논문

을 이해했다면 이동(李東) 등은 토착설의 입장에서 예맥을 이해하였다. 예는 『일주서』 왕회해편에 가장 먼저 등장하는데 대체로 직신(숙신)과 양이(낙랑이, 한반도 서북부)의 사이의 송화강 중상류 유역에 있었던 것으로 보았다. 그리고 길림일대의 서단산문화와 도문강유역의 단결문화를 예의 문화로 보았다. 맥은 혼강·휘발하·압록강유역에 분포하는 것으로 보았다. 선진시기부터 예와 맥은 서로 가깝게 지내다가 한대 이후 중원의 통치세력이 동북지역으로 확장하자 선진적인 문명이 유입되어 예·맥사회가 급격히 변화되고 동시에 민족의 천사 과정에서 예맥의 융합이 이루어졌다고 보았다. 이 예맥의 발전과정에서 부여·고구려·옥저 등이 파생되었다는 것이다. 특히 맥족이 예족의 서쪽에 거주한 점에서 중원문화의 선진문화와 접촉할 기회가 많다고 보았다. 따라서 중원의 영향이 비교적 깊어 사회발전의 수준이 예보다 상대적으로 높았다고 보았다.[88]

지금까지 살펴본 것처럼 동북공정 이후 중국학계의 예맥 연구는 그렇게 많은 편은 아니지만 동북공정 이전의 논의 수준에서 크게 벗어나지는 못했다고 할 수 있다. 중국학계에서는 기본적으로 예와 맥이 동북지역에서 중심적인 역할을 했던 것을 인정하면서 이들이 예맥으로 민족적 융합을 통해 성장하는 과정에서 중원문화의 역할이 컸다는 점을 강조한다. 그리고 중국학계는 예와 맥을 종족적 기반으로 해서 일어났던 부여·고구려·옥저 등이 모두 중원의 지방정권이었다는 것으로 귀결시킨다. 이러한 논리는 동북공정 이전과 크게 다를 바가 없다고 할 수 있다.

88) 李東·戴春·李喜德, 2010, 앞의 논문

Ⅶ. 맺음말

지금까지 동북공정 이후 중국학계에서 이루어진 고조선·부여·예맥 연구동향을 동북공정 이전과 비교하면서 살펴보았다. 중국학계는 단군신화가 후대에 조작되었기 때문에 이에 근거한 단군조선의 역사는 모두 허구라고 보았다. 대신 은말주초 기자에 의해 성립된 기자조선이 고조선의 시작이라고 보았다. 이러한 논리는 동북공정 이후 고조선 연구에 그대로 적용되었다. 동북공정 이후 단군신화 연구에서 후대에 윤색된 부분을 의도적으로 강조한 경향이 있었던 것은 바로 단군조선의 역사를 부정하기 위해서라고 할 수 있다. 그리고 기자조선과 중원세력과의 관계 연구에 집중했던 것은 그들과의 신속 관계를 강조함으로써 기자조선이 중원의 지방정권이었다는 점을 강조하기 위함이었다. 이어서 위만조선이 한의 번속체제에 편입되었다는 점을 강조하고 나아가 고조선의 멸망이 한의 간접지배[번속체제]에서 직접지배[군현체제]로 편입을 의미한다는 점을 강조하였다. 이것은 바로 동북공정의 논리가 이후 고조선 연구에 그대로 이어지고 있다는 것을 보여주는 것이라고 할 수 있다.

공북동정의 대상에서 부여는 상대적으로 주목받지 못하였다. 그것은 부여를 중원의 지방정권으로 보는 견해가 이미 중국학계의 통설이었기 때문이라고 할 수 있다. 동북공정 이후 부여사 연구의 가장 큰 특징은 부여와 중원세력과의 조공관계를 집중적으로 부각시킨 것이다. 이것은 고조선·고구려와 함께 부여가 중원에 종속된 지방정권이었다는 점을 강조하려는 동북공정의 논리와 맞물린다고 할 수 있다.

예맥 연구는 동북공정의 이전의 논리에서 크게 벗어나지 않았다. 동북공정 이후에도 중국학계에서는 예와 맥이 예맥으로 융합·성장하는 데에 중원의 정치적·문화적 역할을 강조한다. 그리고 예와 맥에서 성장한 부여·고구려·옥저 등이 모두 중국에 종속적인 지방정권이었다는 것을 강조하면서 예맥이 고대 중국을 구성하는 하나의 요소였다고 보는 것이다.

이처럼 동북공정 이후 중국학계의 고조선·부여·예맥 연구는 동북공정이 끝난 상황이지만 그 논리가 여전히 반복되거나 그 연장선상에서 이루어지고 있다. 또한 동북공정을 통해 양성된 학문 후속 세대들이 대학 강단에서 여전히 동북공정의 논리를 펴고 있다. 따라서 앞으로 동북공정의 논리가 중국학계에서 쉽게 사라지지는 않을 것이라고 판단된다.

동북공정과 그 이후 중국의 고구려사 연구 동향

- 문헌사를 중심으로 -

조 영 광
국사편찬위원회 편사연구사

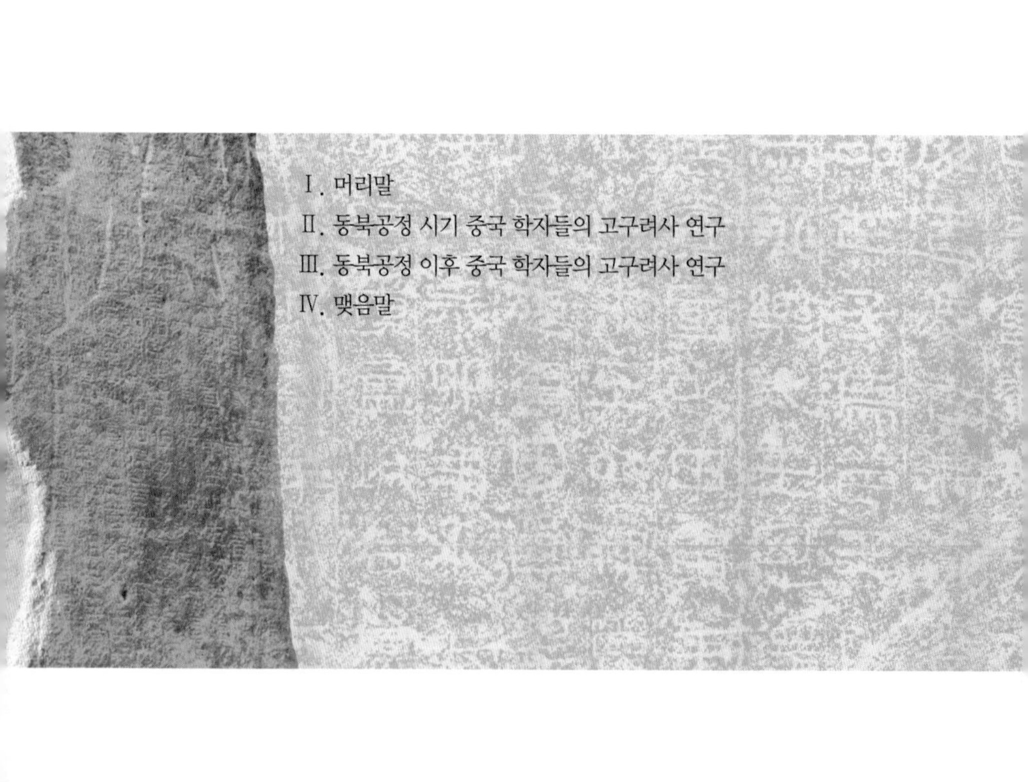

동북공정과 그 이후 중국의 고구려사 연구 동향
- 문헌사를 중심으로 -

Ⅰ. 머리말

중국 사회과학원의 변강지역 역사 지리 연구센터(邊疆史地研究中心)의 주도로 2002년 2월부터 2006년 12월까지 진행된 '동북공정(東北邊疆歷史與現狀係列研究工程)'이 끝난 지 5년이 넘는 시간이 흘렀다. 소위 동북공정 사태 이후 동북공정과 중국의 고구려사 연구 동향에 대한 국내의 관심도 크게 늘었고, 이를 분석한 논저도 많이 나왔다.[1] 동북공정이 당초 정치적 목적이 강한 국가적 프로젝트의 성격을 띤 만큼 우리 학계도 그에 대응하여 동북공정을 기점으로 기존과 다른 시각으로 고구려사를 해석하기 시작한 중국 측의 진의가 무엇인지를 파악하는 것에 연구의 중점을 두었다.

1) 주요 관련 논저는 다음과 같다.
송기호, 2003「중국의 한국고대사 빼앗기 공작」『역사비평』, 겨울호
이성제, 2004「중국의 동북공정과 고구려사 왜곡」『군사』 53
최광식, 2004『중국의 고구려사 왜곡』, 살림
임상선, 2005「중국학계의 발해·고구려 역사 연구 비교」『중국의 동북공정과 중화주의』(연구총서 12), 고구려연구재단
이인철, 2006『중국의 고구려연구』, 백산자료원
______, 2010『동북공정과 고구려사』, 백산자료원

동북공정이 진행되던 시기와 그 이후 중국의 고구려사 연구 성과는 고고학 발굴 성과나 고구려사 귀속 문제를 다룬 것들이 다수를 차지한다. 특히 고구려사 귀속 문제는 동북공정을 전기로 큰 폭의 양적 성장을 이룬 중국의 고구려 문헌사 방면 연구의 핵심 주제였다. 그런데 최근에는 그러한 경향이 조금씩 바뀌는 모습을 보이고 있다. 본고는 그러한 변화의 양상과 원인을 찾고 거기서 배태되는 문제점이 무엇인가를 알아보기 위해 기획된 것이다.

본문에서는 먼저 동북공정이 진행되던 시기 중국의 고구려사(본고의 주제에 집중하기 위해 이후 특별히 언급하지 않는 한 고구려사라 함은 문헌사 방면의 연구만을 지칭한다) 연구에 대해 살펴보고, 이어서 그 이후부터 현 시점에 이르기까지의 연구 동향과 문제점에 대해 알아보겠다.

Ⅱ. 동북공정 시기 중국 학자들의 고구려사 연구

동북공정이 공식적으로 진행되던 2002년 2월에서 2007년 1월까지는 중국의 고구려사 연구에서 획기적 시기였다.[2] 이 장에서는 이 시기 중국 역사학계에서 행해졌던 고구려사 연구에 대해 살펴보고자 한다.

먼저 동북공정의 주관 기관이었던 중국사회과학원의 변강사지연구중심에서 선정한 동북공정 과제 항목 중 고구려사 관련 주제는 다음과 같다.

동북공정 1차년도인 2002년에 선정된 고구려사를 전론으로 다룬 주제는 기초 연구 과제 27항목 중 경톄화(耿鐵華)의 「호태왕비 1580년(好太王碑1580年)」, 쑨위량(孫玉良)의 「간명고구려사(簡明高句麗史)」 2개이며, 리더산(李德

---

2) 耿鐵華·李樂營, 2012『高句麗研究史』, 吉林大學出版社, pp.203~206

山)의 「중국동북고민족발달사(中國東北古民族發達史)」도 일부 장을 할애하여 고구려 종족 기원과 형성에 대해 다루고 있다. 류즈민(劉子敏), 박찬규(朴燦奎)의 『삼국사기』 역주와 연구(三國史記詳注及硏究)」도 사료 연구의 특성상 고구려 관련 부분을 일정 부분 포함한다고 볼 수 있다. 2차년도인 2003년에는 선정된 기초 연구 과제 15 항목 중에서 양쥔(楊軍)의 「고구려 민족 국가의 형성 및 변천(高句麗民族國家的形成和演變)」, 왕멘호우(王綿厚)의 「고구려 종족 기원과 강역(高句麗的族源及疆域)」 2개가 고구려사 관련 주제이다.[3] 이들은 이후 각각 저서나 내부보고서, 논문 등으로 간행되었다.[4]

위에서 본 바와 같이 동북공정의 정식 항목으로 지정된 고구려사 관련 주제는 이 시기 중국 내에서 행해진 전체 고구려 연구 성과에 비하면 극히 일부에 불과하다. 이것은 2003년 동북공정이 본격적으로 국내에 소개되어 여론이 들끓으며 외교 문제로까지 비화되자 고구려사 연구의 센터가 중앙 사회과학원의 변강사지 연구중심에서 길림성 사회과학원으로 이관되다시피 하였기 때문이다.[5] 그러나 이는 한국과의 외교 마찰로 인한 갈등을 소지를 적게 하려는 요식행위에 지나지 않는 것이지 고구려사 연구에 대한 포기를 의미하는 것은 아니다. 실제로 이 무렵 고구려 관련 내용을 위주로 한 학술지로서의 『동북사지(東北史地)』가 본격적으로 발행되었고, 동북공정 판공실과 연변대 주최로 3차례 걸친 고구려 학술 토론회가 진행되었다.[6] 그리고 통화사범학원의 고구려연

3) 서길수, 2008 「중화인민공화국 동북공정 5년의 성과와 전망」 『동북공정과 한국학계의 대응논리』, 여유당, pp.18~23 참조

4) 耿鐵華, 2003 『好太王碑一千五百八十年祭』, 中國社會科學出版社
李德山·欒凡, 2003 『中國東北古民族發展史』, 中國社會科學出版社
楊軍, 2006 『高句麗民族與國家的形成和演變』, 中國社會科學出版社
孫玉良·孫文范, 2008 『簡明高句麗史』, 吉林人民出版社

5) 서길수, 앞의 논문, 이인철, 앞의 책, 2010, 참조

6) 耿鐵華·李樂營, 앞의 책, pp.206~210

구소(2006년 1월 고구려연구원으로 승격)도 적지 않은 연구 성과를 냈다.

이처럼 국가 중점 프로젝트인 동북공정에서 고구려사가 중요한 위치를 차지하자 이 시기 고구려사에 대한 중국학자들의 연구는 폭발적으로 증가한다.[7] 당시 중국에서 나온 고구려사 연구 성과는 170건 가까이 되는데, 유형별로 살펴보면 단행본이 23권(논문집 포함), 석사 논문이 2편, 학술지 게재 논문이 140여 편에 이른다.[8]

이들을 다시 주제별로 분류해 보면 가장 많은 것이 고구려사 귀속 문제를 다룬 연구이고, 다음이 고구려를 중국에 예속된 지방정권으로 파악한 대외관계사 연구, 역사 지리, 정치사, 종족 기원 및 민족 관련 문제, 문화 및 종교, 금석문 연구, 연구사 정리, 군사 및 전쟁사, 유이민사, 고구려 언어 및 어의 관련, 사료 및 원전 연구, 경제사 등이다. 그리고 통사류와 학술회의 결과 혹은 개인의 연구 성과를 모은 논문집도 다수 출간되었다. 이를 표로 정리하면 〈표-1〉과 같다.

동북공정이 진행되던 시기 중국의 고구려사 연구 동향과 목표를 한 마디로 정의하면 '중국 동북 소수민족 지방정권으로서의 고구려사 정립'이다. 가장 많은 연구 성과를 낸 고구려사 귀속 문제 관련 논저들은 이를 극명하게 보여주는 것이며,[9] 대외관계사 연구도 대부분 고구려와 중국의 관계를 주종 관계로 설정해 이에 대한 논증을 목표로 한 것들이었다.[10]

---

7) 이인철의 분석에 의하면 1980년대부터 중국의 고구려사 연구가 폭증하였고, 동북공정이 진행되던 2000년대 초반에는 그 증가 속도 그래프가 더욱 가파르게 변하였음을 알 수 있다(2006, 앞의 책, pp.9~10).

8) 이 시기에 나온 논저의 목록은 말미의 〈부록-1〉참조

9) 李德山, 2003「當前高句麗史硏究中的幾個問題」『中國邊疆史地硏究』2003-2
劉子敏, 2004「東北亞古族古國歸屬談」『高句麗渤海歷史問題硏究論文集』, 延邊大學出版社
馬大正, 2004「中國學者的高句麗歸屬硏究評析」『東北史地』2004-1
苗威, 2005「從金富軾的高句麗觀看高句麗政權的性質及其歸屬問題」『高句麗歷史問題硏究論文集』, 延邊大學出版社

〈표-1〉동북공정 시기 중국 학자들의 주제 및 유형별 고구려사 연구

연번	주제 및 유형	편수	비율	비고
1	고구려사 귀속 문제	29	17.7%	
2	대외관계사	22	13.4%	
3	역사 지리	21	12.8%	
4	정치사	18	11.0%	
5	종족 기원 및 민족 문제	17	10.4%	
6	문화 및 종교	11	6.7%	
7	금석문	7	4.3%	
8	연구사 정리	6	3.7%	
9	군사 및 전쟁사	5	3.0%	
10	유민사	5	3.0%	
11	언어 관련	5	3.0%	
12	사료 및 원전 연구	5	3.0%	
13	통사류	4	2.5%	
14	경제사	2	1.2%	
15	기타	7	4.3%	
16	논문집	5		비율 계산 시 제외
합 계		169	100%	

이러한 시각과 목적은 고구려의 종족 기원 및 민족 문제 관련 연구에도 그대로 반영되었다. 고구려 종족 기원과 관련된 항목으로 동북공정 과제 수행한 왕멘호우는 고구려의 종족 기원이 고대 중국의 변방 소수 민족인 고이(高夷)와 한 현도군 고구려현 경내에 존재하던 맥족에 있으며, 고구려는 중국 왕조에 신속한

10) 祝立業, 2003「論南北朝時期高句麗王國的內外政策」『社會科學戰線』 2003-2
姜維東, 2004「論中原王朝對高句麗政策的思想基礎」『東北史地』 2004-5
李淑英·耿鐵華, 2004「兩漢時期高句麗的封國地位」『中國邊疆史地研究』 2004-4
温玉成, 2004「高句麗"相之國"」『北方文物』 2004-3
魏存成, 2004「中原, 南方政權對高句麗的管轄册封及高句麗改稱高麗時間考」『史學集刊』 2004-1
劉子敏, 2005「中華天下秩序中的高句麗-兼論册封, 朝貢及割据問題」『高句麗歷史問題研究論文集』, 延邊大學出版社

후국(侯國) 혹은 지방정권이라고 하였다.[11] 다른 중국 학자들 역시 고구려의 종족 기원과 민족 관계에 대해 기본적으로 고구려는 종족적으로 한반도 남부의 신라, 백제와는 무관하며, 따라서 현재 한국(북한)과도 관련이 없다는 입장이다.[12] 그리고 은, 주 대이래로 중국에서 많은 한족 계열의 이주민 집단이 중국 동북지역으로 이주하였고, 이 지역의 개척과 개발 및 고구려 건국에도 큰 영향을 끼쳤다고 보아,[13] 고구려는 출발부터 중국과의 관련성이 크다고 주장하였다.

문화 관련 연구 역시 순수하게 고구려의 문화나 습속, 종교 등에 대한 학술적 탐구보다는 그 고구려 문화의 기원이 중국에 있고,[14] 국가 성립 이후에도 지속적으로 중국 문화의 직접적인 영향 아래 놓여 있었음을 주장한 연구들이 주종을 이룬다.[15]

위와 같이 고구려사를 중국의 지방사로 편입하려는 목적에서 진행된 연구들이 주류를 이룬 가운데 고구려 5부의 위치나 성격, 관제 등 순수 정치사 관련 연구가 가끔 나오기도 하였지만 치밀한 분석을 거쳐서 나온 학술적 가치가 있는 것은 적다.

이어서 이 시기에 나온 대표적인 고구려사 관련 저서들에 대해 간략하게 검

11) 王綿厚, 2004「關于確認高句麗歷史地位的三要素」『東北史地』2004-1;『高句麗與穢貊研究』, 哈爾濱出版社

12) 張碧波, 2004「高句麗(民族與政權)歸屬問題的幾點思考」『高句麗渤海歷史問題研究論文集』, 延邊大學出版社; 秦升陽, 2004「高句麗人口問題研究」『中國邊疆史地研究』2004-4

13) 李德山·欒凡, 2003『中國東北古民族發展史』, 中國社會科學出版社; 姜維公, 2004「歷代漢族移民對高句麗經濟的影响」『東北史地』2004-3

14) 孫泓, 2004「高句麗文化的主體」『東北史地』2004-12; 孫進己·孫泓, 2005「東亞各國對高句麗土地, 人民, 文化的繼承」『高句麗歷史問題研究論文集』, 延邊大學出版社

15) 姜維東, 2004「高句麗文化淵源概論」『社會科學戰線』2004-6; 陳鵬·陳琳, 2005「高句麗文化歸屬于中國東北漢文化圈」『東北史地』2005-5; 李殿福, 2005『高句麗民族文化研究』, 吉林文史出版社

토해 보겠다.

먼저 마다정(馬大正) 등이 쓰고 동북공정을 주도한 중국사회과학원에서 출간한『고대 중국 고구려사 속론(古代中國高句麗史續論)』(中國社會科學出版社, 2003)에 대해 살펴보자. 통사 형식에 가까운 이 책은 전작인『고대 중국 고구려 역사 총론(古代中國高句麗歷史叢論)』(黑龍江教育出版社, 2001)을 보완하기 위해 집필된 것이다. 잘 알려져 있듯이『고대 중국 고구려 역사 총론』은 '족원론'과 '관계론'을 앞세워 동북공정의 핵심논리인 '통일적다민족국가론(統一的多民族國家論)'에 따라 논리전개를 본격적으로 시작한 통사류의 고구려 연구서이다. 후속작인『고대 중국 고구려사 속론』역시 이러한 논리를 더욱 강화하여 선진(先秦)~당까지의 번속이론을 체계화해 고구려는 은 대이래 중국 왕조의 관할 하에 있었으며 한 대는 직할 군현이 되었다가, 위진남북조 시기는 번속국이었으며 결국 당 대에 다시 직할령으로 복귀하였다는 관점을 유지하고 있다.

종족 기원 및 민족 문제 관련 연구에서는 길림대학 교수인 양쥔이 쓴『고구려 민족과 국가의 형성 및 변천(高句麗民族與國家的形成和演變)』(中國社會科學出版社, 2006)이 주목된다. 이 책의 주제는 고구려 종족 관계 및 정치체제의 변화로, 본래 동북공정의 기본 연구과제로 선정되었던 것을 출간한 것이다. 상편은 고구려의 종족 기원에 대해 논하고 있는데 화하계, 동이계, 맥계, 숙신계, 부여계 등의 다양한 종족들이 모여 기원전후 시기 주몽의 건국과 주변 정복으로 고구려족이 탄생하였다고 보았다. 하편에서는 고구려 국가 형성과 이후의 변화에 대해서 다루고 있다. 고구려 성립 이전에 존재하였던 기후국(箕侯國), 예국(濊國), 위만 조선, 진국, 마한 등이 모두 한족의 영향 하에 형성되었으며, 한사군과 창해군 등 중국 군현의 통치는 혈연 조직인 고구려의 5부를 지연적 5부로 전환하는 데 영향을 주어 고구려 국가와 종족 형성에 큰 역할을 하였다고 보고 있다. 이러한 관점은 종족 기원 문제를 통해 고구려사를 중국사에 편입하려는 중국 학자들의 전형적인 것이다.

금석문 관련 연구에서는 겅톄화가 쓴 『호태왕비 1580년제(好太王碑一千五百八十年祭)』(中國社會科學出版社, 2003)가 주목할 만하다. 필자인 겅톄화는 광개토왕릉비를 둘러 싼 문제를 크게 네 방향에서 분석하였다. 첫째는 비의 상태 및 보호와 관련한 문제, 둘째 비의 탁본과 석회 도포와 관련한 문제, 셋째 비문의 현황과 판독과 관련한 문제, 넷째는 광개토왕릉비 관계가 깊은 모두루 묘지의 상태와 연구 현황에 관한 부분이다. 이 중 핵심은 둘째와 셋째 부분으로,[16] 필자는 광개토왕릉비문 탁본의 종류와 소장처를 소상히 밝히고 있다. 그리고 비문 조작설에 대해서는 부정적인 입장에 서 있는 왕젠췬(王健群)과는 달리 신묘년조의 '해(海)'자가 조작되었다고 보았다.

이 무렵 중국의 고구려사 관련 연구 성과 중 또 하나 주목되는 것은 고구려 관련 대중서의 등장이다. 위에서도 언급하였지만 동북공정 시기 중국의 고구려사 연구는 학술적 깊이 보다는 정치적 논제에 더 가까운 고구려사의 귀속문제나 대외관계사 부분에 집중되었다. 이러한 연구 동향과 궤를 같이해 역사 연구자가 아닌 일반 중국인들을 대상으로 한 대중서적 성격의 책들이 나오기기 시작했다. 쑨원판(孫文范), 쑨위량이 쓴 『고구려 역사 지식(高句麗歷史知識)』(吉林文史出版社, 2003)과 양춘지(楊春吉), 친썽양(秦升陽)이 쓴 『고구려 역사 지식 문답(高句麗歷史知識問答)』(吉林人民出版社, 2003)이 그것이다.

『고구려 역사 지식』은 고구려 귀속 문제, 동북 변강사 연구 등에 대해 일반 대중들이 알아보기 쉽도록 중국의 입장에서 풀어 쓴 것이다.[17] 『고구려 역사 지식 문답』 역시 고구려에 대한 이해도가 낮은 중국 대중을 위한 도서로, 고구려

16) 해당 부분은 전체 여덟 개 장 중 제3장 호태왕비의 탁본과 촬영, 제4장 석회 도포 문제, 제5장 호태왕비문의 현황, 제6장 우리나라(중국) 학자들의 새로운 연구 성과, 제7장 호태왕 비문의 판독 부분이다.

의 종족 기원, 건국과 멸망, 부여와의 관계, 역대 고구려 국왕 숫자, 수도와 천도 등 초보적인 지식부터 고구려 및 고조선의 역사 귀속문제까지 테마별로 간단하게 설명하고 있다.

사실 동북공정 사태가 불거지기 전까지 일반 중국인들의 고구려에 대한 지식은 거의 없다고 해도 과언이 아닐 정도로 낮은 수준이었다. 하지만 동북공정으로 고구려사를 둘러 싼 한, 중간의 역사 갈등이 언론을 통해 알려지며 중국인들도 고구려의 존재에 대해 인지하기 시작하였다. 그리고 아직 파급력은 약하지만 일반 대중용으로 중국 학자들이 자국의 입장에서 쓴 고구려사 관련 서적이 보급되기 시작하였다는 점은 단순한 정치적 차원을 넘어선 일반 대중을 향한 역사 왜곡이라는 점에서 상당히 우려가 되는 부분이다.

위와 같은 저서들 외에도 고구려 관련 원전과 원사료를 연구한 몇 권의 책이 나오기도 하였다.[18)]

Ⅲ. 동북공정 이후 중국 학자들의 고구려사 연구

동북공정이 공식적으로 끝난 2007년 1월 이후 현재에 이르기까지 중국 학계의 고구려사 연구 현황은 양적으로 보았을 때 그 이전과 비슷한 수준이다. 그런데 내용적 측면에서는 일정한 변화가 엿보인다. 역사 전쟁으로까지 비화된

17) 이 책의 출간에 대해 한 중국인 고구려 연구자는 학술 연구 성과가 어떻게 서재와 상아탑에서 나와 대중에게 다가가며, 현실과 국가적 문제에 공헌할 것인가를 보여 준 것이라고 치켜세우기도 하였다(耿鐵華, 앞의 책, 2012, p.11).

18) 高福順·姜維公·戚暢, 2003『高麗記研究』, 吉林文史出版社; 姜維公·鄭春穎·高娜, 2006『正史高句麗傳校注』, 吉林人民出版社; 劉子敏·苗威, 2006『中國正史高句麗詳注及研究』, 香港亞洲出版社

동북공정 사태를 겪으며 중국 학계 내부에서도 고구려의 학술적 연구에 대한 다소간의 자각이 이루어지고, 연구 분야의 다양화와 질적 제고를 위한 움직임이 있는 것 같아 주목된다. 그동안 자국에서 나온 고구려 관련 연구 성과들에 대한 연구사 검토 논문 및 저서의 대폭적 증가가 이를 방증한다.[19]

동북공정이 끝나고 현재에 이르는 기간 동안에도 중국에서는 약 170 건에 이르는 방대한 양의 고구려사 연구 성과들이 나왔다. 이들을 유형별로 살펴보면 단행본이 9권,[20] 석사 논문이 6편,[21] 박사 논문이 2편이고,[22] 나머지는 학술지에 실린 논문들이다.[23]

이를 다시 연구 주제별로 분류해 보면 정치사 관련 연구, 연구사 정리 논문, 문화 및 종교 관련 연구, 대외관계사, 역사 지리, 사료 및 원전 연구, 종족

19) 이러한 형태의 논저로 비교적 이른 시기의 것이 리궈창(李國强), 2006「高句麗歷史與文化學述研討會綜述」『高句麗史新研究』, 延邊大學出版社; 李樂營·李淑英,『中國高句麗學者與研究綜述』 등이다. 이 중 리러잉(李樂營) 등의 저서는 중국의 고구려사 연구 동향을 전체적으로 정리하고 당시까지 발간된 고구려 관한 논저의 목록과 고구려 관련 연구 성과를 한 편이라도 낸 연구자들에 대한 자세한 정보를 수록한 전문 연구사 정리 서적이다. 이는 1990년대 후반에 경톄화 등이 편찬한『中國學者高句麗研究文獻目錄1950~1996』(通化師範學院高句麗研究所, 1997),『中國學者高句麗研究文獻敍錄』(吉林文史出版社, 1997),『高句麗史籍匯要』(吉林文史出版社, 1998) 이래 근 10년 만에 나온 것이다.

20) 耿鐵華·李樂營, 2008『高句麗與東北民族研究』, 吉林大學出版社
劉炬·付百臣 等, 2008『高句麗政治制度研究』, 香港亞洲出版社
李德山, 2008『隋唐時期東北邊疆民族與中央王朝關係史研究』, 香港亞洲出版社
孫玉良·孫文范, 2008『簡明高句麗史』, 吉林人民出版社
姜維公, 2008『高句麗歷史研究論文提要』, 吉林文史出版社
付百臣, 2009『高句麗研究文集』, 香港亞洲出版社
馬彥·華陽, 2010『國內外高句麗研論文論著目錄』, 香港亞洲出版社
楊秀祖, 2010『高句麗軍隊與戰爭研究』, 吉林大學出版社
苗威, 2011『高句麗移民研究』, 吉林大學出版社
耿鐵華·李樂營, 2012『高句麗研究史』, 吉林大學出版社
耿鐵華, 2012『高句麗好太王碑』, 吉林大學出版社

기원 및 민족 문제에 관한 연구, 신화 및 전설 연구, 유민사 연구, 금석문 관련 연구, 군사 및 전쟁사 연구, 고구려사 귀속 문제 연구 등이며, 통사와 논문집도 출간되었다. 이를 표로 정리하면 다음과 같다.

〈표-2〉 동북공정 이후 중국 학자들의 주제 및 유형별 고구려사 연구

연번	주제 및 유형	편수	비율	비고
1	정치사	40	24.4%	
2	연구사	20	12.2%	
3	문화 및 종교	18	11.0%	
4	대외관계사	14	8.5%	
5	역사 지리	12	7.3%	
6	사료 및 원전 연구	11	6.7%	
7	종족 기원 및 민족 문제	11	6.7%	
8	신화 및 전설	9	5.5%	
9	유민사	7	4.3%	
10	금석문	7	4.3%	
11	군사 및 전쟁사	7	4.3%	
12	고구려사 귀속 문제	2	1.2%	
13	통사류	1	0.6%	
14	기타	5	3.0%	
15	논문집	1		비율 계산 시 제외
합계		165	100%	

21) 劉文健, 2007「高句麗與南北朝朝貢關係研究」, 吉林大學
鄺日紅, 2007「論高句麗的歷史與物質文化」, 中央民族大學
姜明勝, 2008「隋唐與高句麗戰争原因及影响探析」, 延邊大學
李婷, 2008「流入日本的百濟, 高句麗遺民研究」, 陝西師範大學
張國亮, 2008「唐征高句麗之戰的戰略研究」, 吉林大學
王程程, 2011「高句麗五部歷史研究」, 東北師範大學

22) 李大龍, 2009「『三國史記』高句麗本紀研究」, 中央民族大學
李樂營, 2009「高句麗宗教信仰研究」, 東北師範大學

23) 이 시기에 나온 논저의 목록은 말미의 〈부록-2〉참조

〈표-3〉동북공정과 그 이후 중국 학자들의 주제별 고구려사 연구 현황

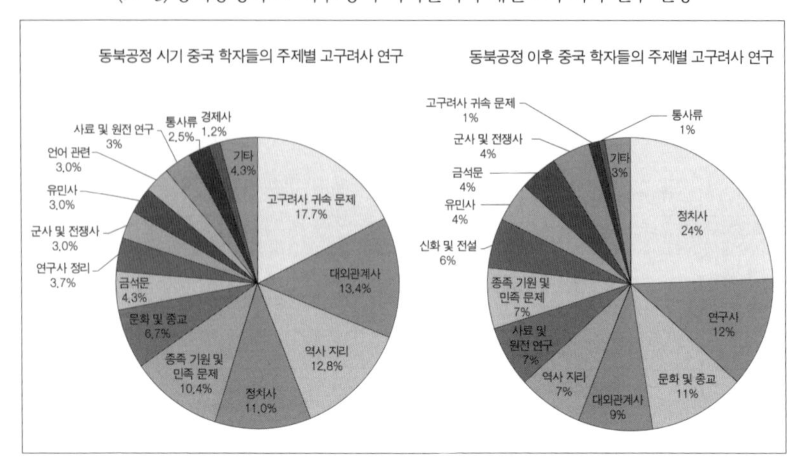

〈표-3〉에서 보는 바와 같이 동북공정 시기와 그 이후 중국의 고구려사 연구 동향은 미묘한 차이를 보인다. 주제별(논문집 유형 및 기타 주제 제외)로 보았을 때 동북공정 시기는 고구려사 귀속 문제 관련 연구를 비롯해 대체로 14개의 주제별로 연구가 이루어졌고, 그 이후는 정치사 등 13개의 주제가 중심이 되었다. 주제 항목을 보면 동북공정 시기에 몇 편 나왔던 고구려 언어 및 경제사 관련 연구가 동북공정 이후에는 거의 보이지 않아 주제 항목에서 삭제되었다. 대신 신화 및 전설 관련 연구가 다수 나와 새로운 항목으로 추가되었다.

이러한 단순 항목 변화 외에도 핵심 연구 주제의 변화도 눈에 띄는데, 앞장에서도 언급하였지만 동북공정 시기에는 정치 논리에 입각한 고구려사 귀속 문제와 대외관계사 연구, 종족 기원과 민족 문제 관련 연구 등이 주류를 이루었다.

그러나 동북공정이 끝난 이후는 기본적으로 고구려사를 자국사의 일부로 간주하는 입장을 견지하면서도 고구려사 귀속 문제를 전론으로 다룬 것과 같은 정치적 성격을 직접적으로 드러낸 연구는 급감하였고 대신 정치사, 유이민사 연구,[24] 신화 및 전설 연구,[25] 군사 관련 연구,[26] 사료 원전 연구[27] 등 더욱

다양하고 구체적인 주제와 소재들에 대한 연구가 늘어나는 추세이다.

특히 동북공정 시기보다 논문편수나 비중이 크게 증가한 정치사 관련 연구는 정치사 일반 외에도 5부체제,[28] 정치제도와 관제,[29] 인물 연구[30] 등 세부 주제가 더욱 다양화하였으며, 문화 방면 연구에서도 고구려 문화의 중국 예속성

24) 張春海, 2007「試論唐代營州的高句麗武人集團」『江蘇社會科學』2007-2
李婷, 2008「流入日本的百濟、高句麗遺民研究」, 陝西師範大學
苗威, 2010「高句麗移民後裔高仙芝史事考」『通化師範學院學報』2010-11

25) 姜維東, 2008「高句麗黃龍升天傳說」『東北史地』2008-6
______, 2009「高句麗卵生傳說研究」『東北史地』2009-3
楊軍, 2009「高句麗朱蒙神話研究」『東北史地』2009-6
姜維東, 2010「高句麗延優傳說」『博物館研究』2010-1
______, 2010「高句麗獻魚卻敵傳說——高句麗傳說考源之三」『東北史地』2010-1
______, 2010「高句麗始祖傳說中河伯女內容探源——高句麗傳說考源之四」『東北史地』2010-4

26) 秦升陽·梁啓政, 2007「高句麗軍事問題述略」『東北史地』2007-2
楊秀祖, 2010『高句麗軍隊與戰爭研究』, 吉林大學出版社

27) 姜維公, 2007「『高麗記』的發現、輯佚與考證」『東北史地』2007-5
李大龍, 2007「高句麗與東漢王朝戰事雜考——以《三國史記·高句麗本紀》的記載爲中心」『東北史地』2007-1
鄭春穎, 2008「魏志·高句麗傳與魏略·高句麗傳比較研究」『北方文物』2008-4
張芳, 2011「『三國史記』高句麗本紀史料價值評析」『通化師範學院學報』2011-1

28) 薛海波, 2007「高句麗早期"那部體制"探析」『東北史地』2007-2
楊軍, 2008「高句麗早期五部考」『西北第二民族學院學報(哲學社會科學版)』2008-5
王程程, 2011「高句麗五部歷史研究」, 東北師範大學

29) 劉炬, 2008「高句麗政治制度的性質、特點及成因」『東北史地』2008-2
華陽, 2008「關于莫離支的幾種觀點及我見」『東北史地』2008-6
劉炬, 2009「高句麗三權幷存制研究」『北方文物』2009-1
楊軍, 2009「高句麗"加爵"與"食邑"考」『北方文物』2009-2
李岩, 2011「先秦冠制對高句麗冠帽之影响」『通化師範學院學報』2011-3
范恩實, 2011「高句麗"使者", "皁衣先人"考」『東北史地』2011-5

30) 劉子敏, 2008「高句麗琉璃王研究」『博物館研究』2008-2
劉炬, 2009「蓋蘇文家世考」『東北史地』2009-5
____, 2012「高句麗的伯固王及相關史事整理」『東北史地』2012-3

을 강조한 기존 연구들에 비해 종교,[31] 교육,[32] 습속[33] 등 순수 문화 관련 연구들이 늘어났다.

이어서 이 기간에 나온 연구 논저들 중 대표적인 것에 대해 살펴보기로 하겠다.

먼저 대외관계사와 관련하여 동북사범대학 교수인 리더산은 『수당 시기 동북 변강 민족과 중앙 왕조 관계사 연구(隋唐時期東北邊疆民族與中央王朝關係史硏究)』(香港亞洲出版社, 2008)를 출간하였다. 이 책은 대다수 중국의 고구려 대외관계사 연구 논저들이 그러하듯 고구려와 중국 왕조의 관계를 실질적 주종관계로 규정하고, 고구려를 중국 동북 지역서 발흥한 지방소수민족정권으로 위치 지었다.[34]

또한 통사류의 책이 나오기도 하였는데, 쑨위량 등이 편저한 『간명고구려사(簡明高句麗史)』(吉林人民出版社, 2008)가 그것이다. 이 책은 류즈민, 웨이춘청(魏存成) 등 10명의 연구자들이 고구려의 종족 기원, 건국, 멸망, 정치 제도, 사회 성격, 문화, 대외 관계 등의 주제별로 맡아 쓴 통사적 성격의 개설서이다. 본래 동북공정의 기초연구 항목으로 선정되었던 것으로, 각 장에서는 주제에 따라 고구려가 중국의 소수민족정권으로서 건국에서 멸망기까지 중국 왕조에 예속되어 발전해왔음을 서술하고 있다.

그리고 류쥐(劉炬), 푸바이천(付百臣) 등 6명의 연구자들이 쓴 『고구려 정치제도 연구(高句麗政治制度硏究)』(香港亞洲出版社, 2008)는 고구려의 5부

---

31) 李樂營, 2008「佛教向高句麗傳播路線的探析」『社會科學戰線』2008-11
______, 2008「高句麗佛教禮拜對象辨析」『中國邊疆史地硏究』2008-2
張碧波, 2008「高句麗薩滿文化硏究」『滿語硏究』2008-1

32) 李春琴, 2010「高句麗教育的特點硏析」『通化師範學院學報』2010-7

33) 華陽, 2010「淺談高句麗民族的厚葬習俗」『東北史地』2010-5

34) 이러한 고구려관은 이 무렵 발간된 孫乃民 編, 『吉林通史』第1卷(吉林人民出版社, 2008)도 같은 입장을 견지하고 있다.

체제, 관등제, 왕권과 재상권 및 귀족권의 관계, 권력 형태에 따른 시기 구분 등에 대한 주제를 장별로 다룬 본격적인 정치사 연구서이다. 책의 내용 수준은 중국 연구 성과들이 공통적으로 안고 있는 고질적 병폐인 사료비판의 결여, 평면적 분석, 외국 연구 성과 미수용 등의 문제점을 그대로 갖고 있다. 그렇지만 기존 중국 학계가 고구려 문헌사 연구 방면에서 고구려사 귀속 문제, 대외관계사, 종족 관련 문제 등에 관한 저서들을 중점적으로 냈던 것에 비해 새로이 순수 정치사 연구서가 나와 연구의 지평을 넓혔다는 점에서 나름 의의가 있다.

이 기간 동안 나온 저서들 중 또 하나 흥미를 끄는 것은 양슈쭈(楊秀祖)가 쓴 『고구려 군대와 전쟁 연구(高句麗軍隊與戰争研究)』(吉林大學出版社, 2010)이다. 제목에서 알 수 있듯이 이 책은 고구려의 군사 및 전쟁사라는 전문적 주제를 갖고 쓴 연구서이다. 내용은 고구려의 군사 행동을 건국 무렵부터 멸망기까지 시기별로 정리한 것이다. 그리고 이러한 전쟁사와 함께 고구려 군대의 전술, 전투 기법 등 군사 일반에 대한 설명도 부기하고 있다.

내용은 대체로 평이한 편이나, 짚고 넘어가야할 점은 고구려의 군사 행동과 전쟁사를 양한 시대, 위진남북조 시대, 수당 시대 등 중국사의 시대 구분을 기준으로 정리하였다는 것이다.[35] 이는 고구려를 중국 중앙 왕조의 지방정권으로 간주하고 고구려사를 중국사의 일부분으로 보는 중국 연구자들의 관점이 군사, 전쟁사 등 전문·특수사 분야에서도 완전히 정착하였음을 보여준다.

그리고 연변대 교수인 먀오웨이(苗威)가 쓴 『고구려 이민 연구(高句麗移民研究)』(吉林大學出版社, 2011)는 '전체 고구려사에서 발생한 이민(혹은 유민)

35) 이 책은 총 5개 장으로 구성되어 있는데, 5장은 '고구려 각 시기 군대의 기본 상황 및 무기 장비'라 해서 군사 일반에 대한 서술이지만, 1장은 '양한 시기 고구려 정권의 건립과 군사 확장 활동', 2장은 '위진 시기 고구려의 군사 확장', 3장은 '남북조 시기 고구려의 조선반도 남부 지역으로 발전', 4장은 '수당 시기 고구려의 중원왕조와의 전쟁과 쇠망'으로 제목을 붙이고 있다.

이라는 다소 특수한 주제를 시기별로 정리한 것이다. 이 책은 초기 고구려 건국 세력의 이주와 수도 이전, 그리고 백제 시조인 비류와 온조의 남천 등을 모두 이민의 역사로 파악하고 있다. 그리고 흥미로운 것은 3, 4세기 무렵 고구려가 위, 모용씨 등과의 전쟁 과정 중에서 끌려 간 포로들의 이주와 안치도 모두 '이민'으로 이해하였고, 그 과정 중에 형성된 그들의 공동체를 '형양 구려(滎陽句麗)', '하성 구려(河城句麗)', '요서 구려(遼西句麗)' 등으로 표현하였다. 또한 고구려 승려의 중국 및 신라로의 이주 등도 중요한 이민사로 보았다. 그리고 노각(奴各)이나 고잠(高潛), 고조(高肇) 등 북위 대에 중국으로 이주한 고구려인 집단과 중국에서 그 후손들의 활약상 등에 대해서도 서술하였다. 그리고 책의 마지막 부분에는 고구려 멸망 무렵 당으로 투항하거나 끌려간 고구려 유민들과 그 후손들에 관해 정리하였다.

경톄화는 현존하는 최고의 고구려 금석문인 「광개토왕릉비문」에 관한 자신의 두 번째 저서인 『고구려 호태왕비(高句麗好太王碑)』(吉林大學出版社, 2012)를 출간하였다. 이번 저서는 동일 주제의 전작을 수정, 보완한 것으로, 전작에 비해 광개토왕릉비의 비문 자체에 대한 해석이나 연구를 다루는 내용은 간략하게 줄였다. 대신 비와 관련한 각종 연구 성과들에 대한 소개 및 지명, 수묘인 연호 등에 대한 필자의 새로운 견해를 40여 개의 소주제별로 정리하였다.

경톄화, 리러잉이 함께 집필한 『고구려 연구사(高句麗研究史)』(吉林大學出版社, 2012)는 이전 시기에 비해 크게 증가한 이 시기 연구사 정리 관련 연구 성과의 결정판이라 할 수 있다. 이 책은 고구려 관련 주요 연구 성과들을 광개토대왕릉비, 고구려 유적 조사, 신중국 성립 후의 고구려 문물 보호와 조사, 문화대혁명기의 고구려 관련 연구 상황, 개혁개방 이후의 고구려 연구 동향과 그 성과, 동북공정과 고구려 세계문화 유산, 각 연구 기구와 대학의 고구려 관련 연구 성과 등의 주제로 장절을 구성하고 단행본의 형태로 정리한 것이다.

이 외에도 중국에서 발표된 고구려 관련 논문들을 주제별로 요약한 장웨이공(姜維公)의 『고구려 역사 연구 논문 요약(高句麗歷史硏究論文提要)』(吉林文史出版社, 2008), 겅톄화가 2007년 8월 통화사범학원에서 열렸던 '동북 민족사 학술 토론회(東北民族史學述硏討會)'에서 발표된 논문들을 중심으로 엮은 『고구려와 동북 민족 연구(高句麗與東北民族硏究)』(吉林大學出版社, 2008), 마옌(馬彦), 화양(華陽)이 편찬한 고구려 관련 연구 목록집인 『국내외 고구려 연구 논문 목록집(國內外高句麗硏論文論著目錄)』(香港亞洲出版社, 2010) 등이 출간되었다.

덧붙여 이 무렵 순수 문헌사 연구는 아니지만, 고고학과 문헌을 접목한 형태의 연구들이 나와 주의를 요한다. 주제는 고구려의 왕릉 및 천리장성 등에 관한 것으로 고고학 위주의 내용이지만, 문헌 자료를 적극적으로 활용하고 그에 대한 새로운 해석도 적지 않게 제출해 잠시 소개하고자 한다.

최근 지린 성 지역에서 활동하는 일부 고구려 고고학 연구자들이 『고구려 왕릉 통고(高句麗王陵通考)』(張福有·孫仁杰·遲勇, 香港亞洲出版社, 2007), 『고구려 왕릉 통감(高句麗王陵統鑑)』(張福有, 吉林人民出版社, 2007), 『집안 고구려 고분(集安高句麗墓葬)』(孫仁杰·遲勇, 香港亞洲出版社, 2007) 등 고구려 왕릉과 묘제에 대해 방대한 분량의 저서를 발간하였다. 이 저서들은 기본적으로 고구려 전기의 중심지인 지안(集安) 일대의 고분군 및 왕릉급 고분에 대한 조사보고서이다.

그런데 문제가 되는 것은 이들 보고서가 고구려 28왕 중 초대 동명왕과 28대 보장왕을 제외한 26명의 왕릉을 모두 집안 지역에 비정하고 있다는 점이다. 단편적인 사료 활용과 억지 추론으로 고구려왕 26명의 능을 특정 고분으로 무리하게 비정한 것도 문제이지만, 평양 천도 이후의 왕들도 귀장 논리를 앞세워 집안 지역에 왕릉을 썼다고 단정한 것은 중대한 역사 왜곡이다.

중국이 내세우는 영토 중심 사관인 소위 '통일적 다민족 국가론(統一的多民族國家論)'은 고구려사를 중국사에 포함시킨 중요한 이론적 근거이지만 동시에 한국사로 인정할 수밖에 없는 아킬레스건이기도 하다. 바로 한반도 내에 위치한 고구려 영토와 평양 천도 이후의 고구려사 문제 때문이다. 이러한 모순을 해결하기 위해 등장했던 논리가 일찍이 쑨진지(孫進己)가 제기했던 이른 바 '일사양용론(一史兩用論)'이다. 하지만 동일한 고대 국가의 역사를 오늘날 국경선을 기준으로 그 중심지가 있었던 시기에 따라 귀속이 달라진다고 한 기형적 논리는 한국은 물론 중국 내에서도 강하게 비판 받아 현재는 거의 받아들여지지 않는다.

그러나 중국이 소위 통일적다민족국가론에 입각한 고구려사 귀속 문제를 포기하지 않는 한, 한반도 내의 고구려 영토와 평양 천도는 중국의 역사 귀속 이론에 여전히 중대한 걸림돌로 작용하고 있다. 이러한 모순을 타개하기 위해 중국의 일부 고구려 고고학 연구자들이 새로운 이론적 틀을 만들기 시작하였다 생각된다. 곧 평양 시기 고구려왕의 무덤을 모두 지안에 비정함으로써 고구려가 평양으로 천도한 이후에도 지안을 왕의 귀장지로 설정할 만큼 중시하였음을 암시해 한국령인 평양의 중요성을 희석하고 반대로 중국령인 지안을 강조하고자 한 것이다. 결국 평양 시기 고구려왕의 무덤을 지안에 비정한 역사 왜곡에 가까운 무리한 주장이 고고학의 외피를 띤 채 나오게 된 배경은 중국 특유의 영토 중심 사관인 통일적다민족국가론과 이를 바탕으로 한 고구려사 편입 시도라 하겠다.

최근 무리한 고고학적 추론으로 사실(史實) 왜곡의 우려가 큰 것은 앞서 살펴본 고구려 왕릉 비정 외에도 천리장성 문제가 있다. 위에서 언급한 장푸요우(張福有), 쑨런제(孫仁杰), 츠용(遲勇) 등은 『고구려 천리 장성(高句麗千里長城)』(吉林人民出版社, 2010)을 발간하였다. 이 책은 문헌과 고고학 자료의 부족으로 아직도 의견이 분분한 고구려 천리장성의 위치와 형태에 대해 '지린 성 더후이(德惠) 시의 쑹화(松花) 강 유역에서 랴오닝 성 잉커우(營口) 시 랴오허

(遼河) 강 하구까지 이어지는 약 578km의 선'으로 정의하고 있다.

장푸요우 등은 요하 선상을 따라 난 도로나 제방 등에서 보이는 실체와 성격이 불분명한 토루(土壘)들에 대해 면밀한 조사 검토를 생략한 채 모두 고구려 천리 장성의 일부로 설정하고 있다. 이들이 발굴은 고사하고 제대로 된 지표 조사조차 거치지 않고 급하게 구간을 설정하고 거점 방어선의 개념이 아니라 연속되는 성곽으로 이어지는 선의 형태였다는 점까지 확정하며 고구려 천리장성을 비정한 것은 아무리 봐도 부자연스럽다. 구체적인 의도가 무엇인지는 알 길이 없다. 그러나 최근 중국이 만리장성의 길이를 늘려 한족 중심 중국의 지배 영역이 역사상 이른 시기부터 넓었음을 입증하려는 목적으로 추진하고 있는 소위 '장성보호 프로젝트(長城保護工程)'와 어떠한 관계가 있는지 귀추가 주목된다.

Ⅳ. 맺음말-정리와 제언

중국은 동북공정을 통해 고구려사를 자국사의 일부로 편입하려 하였고, 이를 뒷받침하기 위해 소위 '통일적다민족국가론'에 입각한 고구려사의 귀속문제, 중원과의 주종 관계로서의 대외관계 연구 등에 박차를 가하였다. 동북공정이 공식적으로 끝난 이후에도 고구려사에 대한 중국학계의 이러한 기조는 변함이 없다. 그러나 기존에는 고구려사 귀속 문제와 대외관계사 등에 집중되어 있던 고구려사 연구의 주제가 동북공정 이후 더욱 다양해지고 있으며, 한국을 비롯한 외국학자들의 비판의 대상이 되었던 연구 수준의 질적 제고를 위해 기존 연구에 대한 회고와 연구사 정리 또한 많이 이루어지고 있다. 또한 자국의 입장에서 고구려사를 일반인들에게 알리기 위한 대중화 작업도 진척되어 이에 대한 대응책 마련이 시급하다.

〈부록-1〉
동북공정 시기 연도별 중국의 고구려사 연구 논저 목록

2002년

※ 단행본

張碧波, 2002『東北民族與疆域論稿』, 黑龍江教育出版社

耿鐵華, 2002『中國高句麗史』, 吉林人民出版社

※ 학술논문

姜維東, 2002「唐朝東征高句麗時的粮運措施」『長春師範學院學報』2002-4

梁玉多, 2002「高句麗遺民的渤海化進程」『哈爾濱學院學報(社會科學)』2002-9

劉子敏, 2002「高句麗族源研究」『社會科學戰線』2002-5

劉子敏, 2002「朱蒙之死新探——兼說高句麗遷都“國內”」『北方文物』2002-4

林茂雨·李龍彬, 2002「高句麗民族的婚喪習俗及宗教信仰」『北方文物』2002-3

孫進己, 2002「高句麗的起源及前高句麗文化的研究」『社會科學戰線』2002-2

楊軍, 2002「高句麗族屬溯源」『社會科學戰線』2002-2

楊軍, 2002「高句麗地方統治結構研究」『史學集刊』2002-1

楊軍, 2002「從“別種”看高句麗族源」『東疆學刊』2002-1

王綿厚, 2002「高夷、濊貊與高句麗——再論高句麗族源主體爲先秦之“高夷”即遼東“二江”流域“貊”部說」『社會科學戰線』2002-5

王曉南, 2002「高句麗的起源問題再論」『通化師範學院學報』2002-6

熊義民, 2002「高句麗三京考」『暨南史學』2002-1

熊義民, 2002「高句麗長壽王遷都之平壤非今平壤辨」『中國史硏究』2002-4

熊義民, 2002「隋煬帝第一次東征高句麗兵力新探」『暨南學報(哲學社會科學版)』2002-4

趙福香·黃甲元, 2002「高句麗在東北史上的地位」『通化師範學院學報』2002-61

※ 석사 학위논문

李樂營, 2002「論高句麗的自然宗教」, 東北師範大學

羅冬梅, 2002「從宗教信仰看高句麗文化與中原文化的關係」, 遼寧師範大學

2003년

※ 단행본

耿鐵華, 2003『好太王碑一千五百八十年祭』, 中國社會科學出版社

高福順·姜維公·戚暢, 2003『高麗記研究』, 吉林文史出版社

李德山·欒凡, 2003『中國東北古民族發展史』, 中國社會科學出版社

馬大正 等, 2003『古代中國高句麗史續論』, 中國社會科學出版社

孫文范·孫玉良, 2003『高句麗歷史知識』, 吉林文史出版社

楊春吉·秦升陽社, 2003『高句麗歷史知識問答』, 吉林人民出版

※ 학술 논문

姜維東, 2003「高句麗研究的若干問題」『中國東北邊疆研究』, 中國社會科學出版社

龍木, 2003「高句麗·渤海問題學述研討會"紀要」『中國邊疆史地硏究』2003-2
劉炬, 2003「高句麗相權考」『北方文物』2003-3
李大龍, 2003「關于高句麗侯騶的幾個問題」『學習與探索』2003-5
李德山, 2003「當前高句麗史研究中的幾個問題」『中國邊疆史地研究』2003-2
李樂營, 2003「高句麗自然宗教信仰對象辨析」『中國邊疆史地研究』2003-2
范恩實, 2003「靺鞨與高句麗關係史研究」『鞍山師範學院學報』2003-1
孫玉良, 2003「唐征高句麗的動機與效果」『中國東北邊疆研究』, 中國社會科學出版社
宋福娟, 2003「高句麗與北方民族的融合」『通化師範學院學報』2003-1
秦升陽, 2003「高句麗的軍事擴張及其疆域變遷」『通化師範學院學報』2003-1
祝立業, 2003「論南北朝時期高句麗王國的内外政策」『社會科學戰線』2003-2

2004년

※ 단행본

馬大正·金熙正 主編, 2004『高句麗渤海歷史問題研究論文集』, 延邊大學出版社
王綿厚, 2004『高句麗與穢貊研究』, 哈爾濱出版社

※ 학술 논문

姜維公, 2004「南朝與北朝對高句麗政策的比較研究」『中國邊疆史地研究』2004-4
姜維公, 2004「歷代漢族移民對高句麗經濟的影响」『東北史地』2004-3
姜維東, 2004「高句麗文化淵源概論」『社會科學戰線』2004-6
姜維東, 2004「論中原王朝對高句麗政策的思想基礎」『東北史地』2004-5

姜維東, 2004「中原王朝對高句麗的冊封制度研究」『東北史地』2004-12
耿鐵華, 2004「高句麗省稱句麗考」『高句麗渤海歷史問題研究論文集』, 延邊大學出版社
耿鐵華, 2004「高句麗遺蹟列入'世界遺産名路'與高句麗歷史歸屬問題」『東北史地』2004-7
耿鐵華, 2004「高句麗遷都國內城及相關問題」『東北史地』2004-1
高福順, 2004「高句麗官制中的'加'」『東北史地』2004-8
高於茂, 2004「沸流國探秘」『東北史地』2004-3
金延齡, 2004「也談高句麗民族的起源」『東北史地』2004-8
都興智, 2004「關于高句麗史研究中的幾個問題」『東北史地』2004-6
厲成·李方, 2004「隋唐征伐高句麗芻議」『東北史地』2004-2
劉子敏, 2004「高句麗縣研究」『東北史地』2004-7
劉子敏, 2004「關于高句麗歷史研究的幾個問題」『東北史地』2004-2
劉子敏, 2004「東北亞古族古國歸屬談」『高句麗渤海歷史問題研究論文集』, 延邊大學出版社
李健才, 2004「再論高句麗遷都到國內以前有無漢代縣城的問題」『東北史地』2004-6
李德山, 2004「唐朝對高句麗政策的形成、嬗變及其原因」『中國邊疆史地研究』2004-4
李淑英·耿鐵華, 2004「兩漢時期高句麗的封國地位」『中國邊疆史地研究』2004-4
李淑英·耿鐵華, 2004「高句麗建國時間考論」『學習與探索』2004-3
李宗勛, 2004「韓國的高句麗研究及其史觀——以高句麗歸屬問題爲中心」『史學集刊』2004-4

馬大正, 2004「再論高句麗歷史研究中的相關問題」『高句麗渤海歷史問題研究論文集』, 延邊大學出版社
馬大正, 2004「中國學者的高句麗歸屬研究評析」『東北史地』2004-1
苗威, 2004「從金富軾的高句麗觀看高句麗政權的性質及其歷史歸屬」『中國邊疆史地研究』2004-4
武玉環, 2004「渤海與高句麗族屬及歸屬問題探析」『史學集刊』2004-2
朴眞奭, 2004「試論四五世紀東北亞世界的朝貢册封體係-以高句麗爲中心」『高句麗渤海歷史問題研究論文集』, 延邊大學出版社
朴燦奎, 2004「淺談高句麗歷史歸屬研究的幾個問題」『高句麗渤海歷史問題研究論文集』, 延邊大學出版社
方起東, 2004「好太王碑碑文解說」『東北史地』2004-1
方起東, 2004「好太王碑釋讀一見」『東北史地』2004-2
徐德源, 2004「好太王碑銘文三個地名今址考析」『東北史地』2004-3
薛海波, 2004「試論兩漢魏晉時期的玄菟郡」『東北史地』2004-6
孫玉良·孫文范,「高句麗向朝鮮半島擴張始末」『東北史地』2004-1
孫泓, 2004「高句麗文化的主體」『東北史地』2004-12
楊軍, 2004「高句麗名義考」『東北史地』2004-5
楊志紅, 2004「淺析乙支文德對隋軍的軍事策略」『東北史地』2004-9
溫玉成, 2004「高句麗“相之國”」『北方文物』2004-3
王綿厚, 2004「關于確認高句麗歷史地位的三要素」『東北史地』2004-1
王從安·紀飛, 2004「卒本城何在」『東北史地』2004-2
于逢春, 2004「高句麗歷史問題學述研討會述評」『中國邊疆史地研究』2004-4
魏存成, 2004「高句麗政權的建立與發展」『東北史地』2004-1
魏存成, 2004「中原, 南方政權對高句麗的管轄册封及高句麗改稱高麗時間

考」『史學集刊』 2004-1

李健才, 2004「關于高句麗中期都城幾個問題的探討」『東北史地』 2004-1

李成·張淑華, 2004「高句麗貨幣經濟研究」『東北史地』 2004-3

李殿福, 2004「高句麗的都城」『東北史地』 2004-1

張碧波, 2004「高句麗(民族與政權)歸屬問題的幾點思考」『高句麗渤海歷史問題研究論文集』, 延邊大學出版社, 2004

張福有, 2004「高句麗第一個平壤城在集安良民郎國之東北大镇-新城」『東北史地』 2004-4

張福有, 2004「高句麗平壤東黃城考」『東北史地』 2004-5

鄭春穎, 2004「淺談正史高句麗傳的設立」『東北史地』 2004-12

曹德全, 2004「'新國'與'故國'簡析」『東北史地』 2004-3

趙紅梅, 2004「好太王碑載高句麗族源神話考」『東北史地』 2004-10

周向永, 2004「從紇升骨到國內城：人地關係的歷史思考」『東北史地』 2004-6

秦升陽, 2004「高句麗人口問題研究」 2004-4『中國邊疆史地研究』

叢文俊, 2004「好太王碑書法及其相關問題略論」『東北史地』 2004-1

祝立業, 2004「簡論唐麗戰爭中的唐羅同盟與麗濟濟同盟問題」『東北史地』 2004-4

2005년

※ 단행본

姜維公, 2005『高句麗歷史研究初編』, 吉林人民出版社

耿鐵華, 2005『高句麗史論稿』, 吉林文史出版社

厲聲·朴文一 主編, 2005『高句麗歷史問題研究論文集』, 延邊大學出版社

李殿福, 2005『高句麗民族文化研究』, 吉林文史出版社

※ 학술 논문

姜維公·許立勛, 2005「從『三國史記』新羅本紀看金富軾對海東三國係年的安排–從高句麗建國時間爲中心」『東北史地』2005–6
耿鐵華, 2005「高句麗神話解析」『吉林師範大學學報(人文社會科學版)』2005–3
耿鐵華, 2005「王莽征高句麗兵伐胡史料與高句麗王係問題——兼評《朱蒙之死新探》」『北方文物』2005–2
耿鐵華, 2005「晉封高句麗官印考略」『東北史地』2005–3
耿鐵華, 2005「好太王碑一千五百九十年祭」『中國邊疆史地研究』2005–3
耿鐵華, 2005「高句麗遺迹列入世界文化遺産名錄與高句麗歷史歸屬問題」『高句麗歷史問題研究論文集』, 延邊大學出版社
梁志龍, 2005「泉氏家族世係及其史略」『東北史地』2005–4
厲聲, 2005「關于東北工程與高句麗歷史研究的幾點意見」『高句麗歷史問題研究論文集』, 延邊大學出版社
劉炬, 2005「論中國歷史上少数民族政權性質的界定標准–兼談高句麗政權的性質」『高句麗歷史問題研究論文集』, 延邊大學出版社
劉素雲, 2005「高句麗政權早期所在地初探」『長春教育學院學報』2005–1
劉素雲, 2005「高句麗的發祥地–卒本川當今何地？」『東北史地』2005–6
劉子敏, 2005「中華天下秩序中的高句麗–兼論册封, 朝貢及割据問題」『高句麗歷史問題研究論文集』, 延邊大學出版社
李大龍, 2005「從漢唐藩屬體制看高句麗政權的歸屬」『高句麗歷史問題研究論文集』, 延邊大學出版社

李宗勛, 2005「韓國的句麗研究及其史觀-以高句麗歸屬問題爲主」『高句麗歷史問題研究論文集』, 延邊大學出版社
苗威, 2005「從金富軾的高句麗觀看高句麗政權的性質及其歸屬問題」『高句麗歷史問題研究論文集』, 延邊大學出版社
武玉環, 2005「渤海與高句麗族屬、族俗的比較研究」『社會科學輯刊』2005-5
朴文一, 2005「關于歷史上 '中'與 '外'的划分問題之初見-兼談高句麗歷史歸屬問題」『高句麗歷史問題研究論文集』, 延邊大學出版社
朴眞奭, 2005「試論中外古書關于高句麗歷史地位的記載」『高句麗歷史問題研究論文集』, 延邊大學出版社
史未央, 2005「高句麗與百濟新羅的爭覇」『東北史地』2005-3
徐德源, 2005「高句麗族語言微識錄」『中國邊疆史地研究』2005-1
徐德源, 2005「漢字標記高句麗語語音地名字詞漢譯選釋」『東北史地』2005-5
徐德源, 2005「"高句麗文化的歷史價値"中韓學述討論會綜述」『中國邊疆史地研究』2005-1
孫仁杰, 2005「從泉氏墓誌墓地看高句麗的歸葬」『東北史地』2005-4
孫進己·孫泓, 2005「東亞各國對高句麗土地, 人民, 文化的繼承」『高句麗歷史問題研究論文集』, 延邊大學出版社
楊軍, 2005「高句麗地方官制研究」『社會科學輯刊』2005-6
王利群·李樂營, 2005「高句麗自然災害發生狀況及影响」『中國邊疆史地研究』2005-4
王綿厚, 2005「論高夷, 句麗, 高句麗與西漢玄菟郡递變與歸屬關係的歷史定位」『高句麗歷史問題研究論文集』, 延邊大學出版社
王綿厚, 2005「西漢時期的高句麗"五部"與"第二玄菟郡-關于高句麗早期歷史的若干問題之三"」『東北史地』2005-6

王臻, 2005「高句麗同新羅, 百濟的戰和關係」『東北史地』 2005-1
李健才, 2005「唐代泉氏家族墓地不在集安在洛陽令人信服」『東北史地』 2005-4
張福有, 2005「高句麗歷的平壤, 新城與黃城」『高句麗歷史問題研究論文集』, 延邊大學出版社
張福有·趙振華, 2005「洛陽, 西安出土北魏與唐高句麗人墓誌及泉氏墓地」『東北史地』 2005-4
陳陶燕, 2005「關于高句麗好太王征服東扶餘的幾個問題」『東北史地』 2005-4
陳鵬·陳琳, 2005「高句麗文化歸屬于中國東北漢文化圈」『東北史地』 2005-5
秦升陽, 2005「高句麗法律問題研究」『中國邊疆史地研究』 2005-3
秦升陽·李樂瑩, 2005「高句麗自然神仰活動及俗制的解析」『東北史地』 2005-1
祝立業, 2005「'五部化'走向'五部一體化'的發展歷程-兼論高句麗王權與部權的消長」『東北史地』 2005-5
胡黎霞, 2005「高句麗遺址的歷史文化旅遊價值與旅遊文化教育的思考」『東北史地』 2005-5
鴻鵠, 2005「高句麗國相制研究」『東北史地』 2005-6

2006년

※ 단행본

姜維公·鄭春穎·高娜, 2006『正史高句麗傳校注』, 吉林人民出版社
耿鐵華, 2006『高句麗史簡編』, 吉林文史出版社
劉炬·姜維東, 2006『唐征高句麗歷史』, 吉林人民出版社
劉子敏·苗威, 2006『中國正史高句麗詳注及研究』, 香港亞洲出版社

李國强·李宗勛 主編, 2006『高句麗歷史新研究』, 延邊大學出版社
李春祥, 2006『高句麗與東北民族疆域研究』, 吉林文史出版社
楊軍, 2006『高句麗民族與國家的形成和演變』, 中國社會科學出版社
張碧波, 2006『中國東北疆域研究』, 黑龍江人民出版社

※ 학술논문

姜維公, 2006「從『三國史記』新羅本紀看金富軾對海東三國係年的安排-以高句麗建國時間爲中心」『高句麗歷史新研究』, 延邊大學出版社
耿鐵華, 2006「高句麗民族起源與民族融合」『社會科學輯刊』2006-1
耿鐵華, 2006「潘祖蔭藏好太王碑早期拓本芻議」『東北史地』2006-4
高福順, 2006「高句麗中央官位等級制度的演變」『史學集刊』2006-5
劉偉, 2006「儒家思想在高句麗前期的傳播原因及影响」『東北史地』2006-1
劉子敏, 2006「史學觀, 方法論及其他-以古朝鮮, 漢四郡及高句麗研究爲中心」『高句麗歷史新研究』, 延邊大學出版社
劉子敏, 2006「關于高句麗第一次遷都問題的探討」『東北史地』2006-4
李大龍, 2006「關于高句麗早期歷史的幾個問題」『高句麗歷史新研究』, 延邊大學出版社
李大龍, 2006「關于高句麗早期歷史的幾個問題」『東北史地』2006-4
李德山, 2006「高句麗族人口去向考」『社會科學輯刊』2006-1
李德山, 2006「隋朝征討高句麗的原因試析」『高句麗歷史新研究』, 延邊大學出版社
李德山, 2006「再論高句麗民族的起源」『東北史地』2006-3
李淑英, 2006「高句麗民族起源研究述要」『通化師範學院學報』2006-3
李樂營, 2006「高句麗宗教文化研究述評」『通化師範學院學報』2006-3

李殿福, 2006「國内城始建于戰國晩期燕國遼東群塞外的一個据點之上」『東北史地』2006-3
李宗勛, 2006「韓國社會的高句麗意識與我們的研究方法」『高句麗歷史新研究』, 延邊大學出版社
馬一虹, 2006「從唐墓誌看入唐高句麗遺民歸屬意識的變化-以高句麗末代王孫高震一族及權勢貴族爲中心」『北方文物』2006-1
朴眞奭, 2006「關于撥奇與發歧幾個問題的初步意見」『高句麗歷史新研究』, 延邊大學出版社
房奕, 2006「高句麗向北魏遣使與相互關係的變遷」『傳統中國研究集刊』2006-0
拜根興, 2006「高句麗、百濟遺民關聯問題研究的現状與展望」『中國歷史地理論叢』2006-2
徐德源, 2006「漢樂浪群屬縣令地考定質疑」『東北史地』2006-2
楊軍, 2006「高句麗人口問題研究」『東北史地』2006-5
閻海, 2006「高歡族源探微」『博物館研究』2006-1
于波, 2006「漢文化對高句麗文化的影响」『東北史地』2006-2
張福有·孫仁杰、遲勇, 2006「豆谷、豆谷宮及琉璃王陵」『東北史地』2006-2
曹春妮, 2006「淺析唐朝發動征伐高句麗戰爭的原因」『延邊教育學院學報』2006-4
趙紅梅, 2006「略析玄菟郡的多元民族結構」『東北史地』2006-6
秦升陽, 2006「高句麗軍事問題述略」『通化師範學院學報』2006-5

〈부록-2〉
동북공정 이후 연도별 중국의 고구려사 연구 논저 목록

2007년

※ 학술 논문

姜維公, 2007「『高麗記』的發現、輯佚與考證」『東北史地』2007-5

姜維公·姜維東, 2007「高句麗百濟起源新論」『東北亞研究論叢』2007-10

高福順, 2007「高句麗官制中的兄與使者」『北方文物』2007-2

劉炬·季天水, 2007「高句麗侯騶考辨」『社會科學戰線』2007-4

劉炬, 2007「蓋蘇文抗唐政策的形成及起因」『東北史地』2007-4

李大龍, 2007「高句麗與東漢王朝戰事雜考——以《三國史記·高句麗本紀》的記載爲中心」『東北史地』2007-1

徐德源, 2007「高句麗南部地區地方行政建置及其今地考」『東北史地』2007-3

薛海波, 2007「高句麗早期"那部體制"探析」『東北史地』2007-2

孫顥, 2007「高句麗的祭祀」『東北史地』2007-4

王綿厚, 2007「高句麗建國初期的"卒本夫餘"與"涓奴" "桂婁"二部王族的興衰遞變——關于高句麗早期歷史的若干問題之五」『東北史地』2007-5

王成國, 2007「略論高句麗與中原王朝的關係」『東北史地』2007-1

張芳, 2007「高句麗教育的性質與發展狀況」『通化師範學院學報』2007-3

張春海, 2007「試論唐代營州的高句麗武人集團」『江蘇社會科學』2007-2

趙紅梅, 2007「玄菟郡經略高句麗」『東北史地』2007-5

周向永, 2007「何处梁口」『東北史地』2007-3

秦升陽·梁启政, 2007「高句麗軍事問題述略」『東北史地』2007-2

祝立業, 2007「以王權爲中心的高句麗政治制度考察」『東北史地』2007-1

祝立業, 2007「從貴族交替執政到泉氏家族專柄國政-試析高句麗後期國内政治局面的形成」『東北史地』2007-6

※ 석사학위 논문

鄺日紅, 2007「論高句麗的歷史與物質文化」, 中央民族大學

劉文健, 2007「高句麗與南北朝朝貢關係研究」, 吉林大學

2008년

※ 단행본

姜維公, 2008『高句麗歷史研究論文提要』, 吉林文史出版社

耿鐵華·李樂營, 2008『高句麗與東北民族研究』, 吉林大學出版社

劉炬·付百臣 等, 2008『高句麗政治制度研究』, 香港亞洲出版社

孫玉良·孫文范, 2008『簡明高句麗史』, 吉林人民出版社

李德山, 2008『隋唐時期東北邊疆民族與中央王朝關係史研究』, 香港亞洲出版社

※ 학술 논문

姜維東, 2008「高句麗黃龍升天傳說」『東北史地』2008-6

耿鐵華, 2008「好太王碑釋文補字略說」『通化師範學院學報』2008-9

高福順, 2008「『高麗記』所記高句麗中央官位研究」『北方文物』2008-4
金輝, 2008「撫順漢城與玄菟郡西遷」『東北史地』2008-6
盧偉, 2008「高句麗, “小高句麗國”和“高麗國王”考辨」『牡丹江師範學院學報(哲學社會科學版)』2008-5
劉炬, 2008「高句麗政治制度的性質, 特點及成因」『東北史地』2008-2
劉子敏, 2008「“新城”卽“平壤”質疑-兼說“黃城”」『東北史地』2008-1
劉子敏, 2008「高句麗琉璃王研究」『博物館研究』2008-2
劉子敏, 2008「也談大武神王伐扶餘」『東北史地』2008-3
李大龍, 2008「『三國史記』高句麗本紀 史料價値辨析-以高句麗和中原王朝關係的記載爲中心」『東北史地』2008-2
李爽, 2008「試析高句麗食邑制度」『東北史地』2008-4
李淑英·李樂營, 2008「高句麗民族禮儀初探」『東北史地』2008-1
李樂營, 2008「高句麗佛教禮拜對象辨析」『中國邊疆史地研究』2008-2
李樂營, 2008「高句麗政權禮制體制及其在中國古代皇權統治體制內的實踐」『通化師範學院學報』2008-1
李樂營, 2008「佛教向高句麗傳播路線的探析」『社會科學戰線』2008-11
李俊方, 2008「東漢南朝文獻中所見高句麗稱貊問題探討」『貴州民族研究』2008-4
馬彦, 2008「試論早期高句麗政權的性質」『東北史地』2008-6
薛海波, 2008「高句麗後期“城人”與“城體制”略探」『通化師範學院學報』2008-9
楊軍, 2008「高句麗早期五部考」『西北第二民族學院學報(哲學社會科學版)』2008-5
王蕾·陳廣政, 2008「對高句麗民族文化的幾點思考」『通化師範學院學報』2008-1

王綿厚, 2008「西漢時期郡“幘溝婁”城與高句麗早期“南北二道”的形成―關于高句麗早期歷史文化的若干問題之六」『東北史地』2008-5
王旭, 2008「高句麗貴族制度及其發展」『長春師範學院學報(人文社會科學版)』2008-9
張暾, 2008「唐朝與高句麗、百濟關係的惡化及其原因」『北方文物』2008-2
張碧波, 2008「高句麗薩滿文化研究」『滿語研究』2008-1
鄭春穎, 2008「魏志·高句麗傳與魏略·高句麗傳比較研究」『北方文物』2008-4
曹德全·肖景全,「從『三國史記』中的“新城”談起」『東北史地』2008-3
趙紅梅, 2008「略析『漢書』王莽傳中的高句麗記事」『東北史地』2008-4
何海波, 2008「國內高句麗族源研究綜述」『長春師範學院學報(人文社會科學版)』2008-7
韓昇, 2008「論魏晋南北朝對高句麗的册封」『東北史地』2008-6
華陽, 2008「關于莫離支的幾種觀點及我見」『東北史地』2008-6

※ 석사학위 논문

姜明勝, 2008「隋唐與高句麗戰爭原因及影响探析」, 延邊大學
李婷, 2008「流入日本的百濟、高句麗遺民研究」, 陝西師範大學
張國亮, 2008「唐征高句麗之戰的戰略研究」, 吉林大學

2009년

※ 단행본

付百臣, 2009『高句麗研究文集』, 香港亞洲出版社

※ 학술 논문

姜維公, 2009「高句麗開國時間考述」『東北邊疆歷史與文化研究』, 吉林人民出版社

姜維東, 2009「高句麗卵生傳說研究」『東北史地』2009-3

姜維東, 2009「高句麗神馬傳說」『東北史地』2009-4

耿鐵華, 2009「改革開放三十年高句麗研究成果統計與說明」『東北史地』2009-2

耿鐵華, 2009「高句麗軍隊與戰争研究的新成果」『通化師範學院學報』2009-5

郭美英·王艷坤·祝立業, 2009「近五年中國高句麗研究述評」『東北邊疆歷史與文化研究』, 吉林人民出版社

金金花, 2009「試析隋朝與高句麗關係由"和"到"戰"變化的原因」『黑龍江史志』2009-3

厲聲, 2009「東北工程研究項目的實施與高句麗歷史研究」『東北邊疆歷史與文化研究』, 吉林人民出版社

劉炬, 2009「蓋蘇文家世考」『東北史地』2009-5

劉炬, 2009「乙支文德是'薩水大捷'的創造者嗎?」『東北邊疆歷史與文化研究』, 吉林人民出版社

劉矩, 2009「高句麗三權并存制研究」『北方文物』2009-1

劉軍, 2009「地緣政治視野下的隋唐征高句麗之戰」『黑龍江史志』2009-2

劉文健, 2009「南北朝時期朝貢關係對高句麗的影响」『北華大學學報(社會科學版)』2009-5

劉子敏, 2009「高句麗大武神王研究」『北方文物』2009-2

李大龍, 2009「由解明之死看高句麗五部的形成與變遷—以桂婁部爲中心」『東北史地』2009-3

李淑英, 2009「關于高句麗建國的年代」『通化師範學院學報』2009-9
李新全, 2009「高句麗的早期都城及遷徙」『東北史地』2009-6
馬彦, 2009「高句麗2至3世紀的王權」『東北邊疆歷史與文化研究』, 吉林人民出版社
馬彦, 2009「高句麗政權滅亡與民族解體」『朝鮮·韓國歷史研究』吉林省高句麗研究中心
馬彦, 2009「二至三世紀時期的高句麗王權」『東北史地』2009-3
苗威, 2009「從高雲家世看高句麗移民」『博物館研究』2009-1
苗威, 2009「高句麗'平壤城'研究綜述」『東北邊疆歷史與文化研究』, 吉林人民出版社
付百臣, 2009「改革開放以來中國高句麗史研究述評」『東北史地』2009-2
徐建新, 2009「高句麗好太王碑拓本的分期與編年方法」『古代文明』2009-1
楊軍, 2009「高句麗"加爵"與"食邑"考」『北方文物』2009-2
楊軍, 2009「高句麗王世係積年考-兼論朱蒙建國時間」『通化師範學院學報』2009-9
楊軍, 2009「高句麗朱蒙神話研究」『東北史地』2009-6
王綿厚, 2009「『漢書』王莽傳中"高句麗侯騶"其人及其"沸流部"—關于高句麗早期歷史文化的若干問題之七」『東北史地』2009-5
張福有·孫仁杰·遲勇, 2009「五年間高句麗遺迹调查與文獻研究中的新收獲」『東北史地』2009-2
趙文斌, 2009「淺析隋文帝對高句麗以"和"爲主的政策」『黑龍江史志』2009-11
趙振華·閔庚三, 2009「唐高質、高慈父子墓誌研究」『東北史地』2009-2
趙欣, 2009「夫餘與高句麗的關係探略」『東北史地』2009-6
何海波, 2009「國內高句麗社會性質研究綜述」『長春師範學院學報(人文社會

科學版)』2009-1

何海波·魏克威, 2009「國內高句麗五部硏究綜述」『長春師範學院學報(人文社會科學版)』2009-9

※ 박사학위 논문

李大龍, 2009『『三國史記』高句麗本紀硏究』, 中央民族大學

李樂營, 2009「高句麗宗教信仰硏究」, 東北師範大學

2010년

※ 단행본

馬彦·華陽, 2010『國內外高句麗硏論文論著目錄』, 香港亞洲出版社

楊秀祖, 2010『高句麗軍隊與戰爭硏究』, 吉林大學出版社

※ 학술 논문

姜維東, 2010「高句麗始祖傳說中河伯女內容探源——高句麗傳說考源之四」『東北史地』2010-4

姜維東, 2010「高句麗延優傳說」『博物館硏究』2010-1

姜維東, 2010「高句麗獻魚卻敵傳說——高句麗傳說考源之三」『東北史地』2010-1

季南·宋春輝, 2010「從朱蒙神話看高句麗民族多元文化因子」『山東文學』2010-7

郭美英·王艷坤·祝立業, 2010「近年來中國高句麗硏究述評」『社會科學戰線』2010-1

劉炬, 2010「關于高句麗早期歷史研究體係的幾點看法」『東北史地』2010-6
劉文健, 2010「高句麗與南北朝朝貢關係變化研究」『東北史地』2010-2
劉子敏, 2010「評高句麗源于“商人說”」『博物館研究』2010-3
劉洪峰, 2010「唐史研究中所涉及高句麗史事研究綜述」『通化師範學院學報』2010-6
李新全, 2010「高句麗建國傳說史料辨析」『東北史地』2010-5
李春琴, 2010「高句麗教育的特點研析」『通化師範學院學報』2010-7
苗威, 2010「高句麗移民後裔高仙芝史事考」『通化師範學院學報』2010-11
徐棟梁, 2010「從開國傳說看高句麗文化的淵源」『通化師範學院學報』2010-1
薛海波, 2010「試論北燕與高句麗的政治關係」『東北史地』2010-6
楊軍, 2010「“遷”出來的高句麗」『東北之窓』2010-7
王志敏, 2010「高句麗故地與第二玄菟郡考」『東北史地』2010-5
魏存成, 2010「玄菟郡的內遷與高句麗的興起」『史學集刊』2010/05
張碧波, 2010「感日卵生──高句麗族源神話──兼及「東明王篇」的解析」『東北史地』2010-4
張士東, 2010「“夫餘”與“句麗”語義考釋」『東北師大學報(哲學社會科學版)』2010-6
張彦, 2010「唐高麗遺民「高铙苗墓誌」考略」『文博』2010-5
張哲·何方媛, 2010「南北朝之前高句麗與中原王朝關係研究」『東北史地』2010-5
趙炳林, 2010「高句麗的民族構成述論」『長春理工大學學報(高教版)』2010-1
周向峰, 2010「周隋之際對高句麗册封的改易與隋麗關係之走向」『史林』2010-5
祝立業, 2010「近年來關于高句麗中期都城問題研究評述」『東北史地』2010-1

華陽, 2010「淺談高句麗民族的厚葬習俗」『東北史地』2010-5

2011년

※ 단행본

苗威, 2011『高句麗移民研究』, 吉林大學出版社

※ 학술 논문

巩春亭, 2011「從朱蒙神話看韓國古代女性的地位及自我意識」『文學界(理論版)』2011-10
梁啓政, 2011「讀《高句麗軍隊與戰争研究》書後」『通化師範學院學報』2011-5
梁啓政, 2011「略議高句麗姓氏」『通化師範學院學報』2011-3
梁啓政·黃偉宏, 2011「金毓黻先生與高句麗史研究」『東北史地』2011-2
劉炬, 2011「試論"安市城主"」『東北史地』2011-5
劉偉, 2011「儒家思想在高句麗王國後期的傳播及影响」『通化師範學院學報』2011-3
劉子敏, 2011「高句麗曾占有過"遼西"嗎?」『博物館研究』2011-4
李岩, 2011「先秦冠制對高句麗冠帽之影响」『通化師範學院學報』2011-3
李海濤, 2011「略論高句麗的佛教及其影响」『世界宗教文化』2011-6
苗威, 2011「高句麗"平壤城"考」『中國歷史地理論叢』2011-2
苗威, 2011「高肇家族的移民及其民族認同」『民族學刊』2011-5
苗威, 2011「泉男生及其後代移民唐朝述論」『東北史地』2011-3
苗威, 2011「泉男生移民唐朝史事疏正」『北華大學學報(社會科學版)』2011-5
范恩實, 2011「冉牟墓誌新探」『東北史地』2011-2

范恩實, 2011「高句麗“使者”、“皁衣先人”考」『東北史地』2011-5

孫煒冉, 2011「高句麗人口中的漢族構成小考」『博物館研究』2011-4

王曉南, 2011「高句麗文化遺産旅游價値述論」『社會科學戰線』2011-6

魏存成, 2011「如何处理和確定高句麗的歷史定位」『吉林大學社會科學學報』 2011-4

張芳, 2011「『三國史記』高句麗本紀史論解析」『白城師範學院學報』2011-4

張芳, 2011「『三國史記』高句麗本紀史料價値評析」」『通化師範學院學報』 2011-1

張曉東, 2011「唐太宗與高句麗之戰跨海戰略——兼論海上力量與高句麗之戰成敗」『史林』2011-4

陳香紅, 2011「高句麗法律思想的文化基礎」『通化師範學院學報』2011-5

祝立業, 2011「略談流入高句麗的漢人群體」『北方文物』2011-3

祝立業, 2011「流入高句麗的漢人群體的分期、分類考察」『東北史地』2011-3

祝立業, 2011「淺談高句麗的“游女”」『博物館研究』2011-2

鴻鵠, 2011「淺評高句麗東川王」『東北史地』2011-5

華陽, 2011「高句麗太祖大王禪位與遂成繼位眞相」『東北史地』2011-6

※ 석사학위 논문

王程程, 2011「高句麗五部歷史研究」, 東北師範大學

2012년

※ 단행본

耿鐵華·李樂營, 2012『高句麗研究史』, 吉林大學出版社

耿鐵華, 2012『高句麗好太王碑』, 吉林大學出版社

※ 학술 논문

劉炬, 2012「高句麗的伯固王及相關史事整理」『東北史地』2012-3
劉琴麗, 2012「碑誌所見唐初士人對唐與高句麗之間戰争起因的認識」『東北史地』2012-1
李爽, 2012「近60年來韓國高句麗史研究簡述」『東北史地』2012-3
苗威, 2012「關于金富軾歷史觀的探討」『社會科學戰線』2012-3
王旭, 2012「吉林省高句麗渤海問題研討會綜述」『東北史地』2012-2
張芳, 2012「高句麗"古史"辨——一則史料引發的思考」『東北史地』2012-1
趙俊杰, 2012「樂浪, 帯方二郡的興亡與帯方郡故地漢人聚居區的形成」『史學集刊』2012-3
陳潘, 2012「高句麗史研究綜述」『哈爾濱學院學報』2012-2
崔艷茹, 2012「貞觀十九年唐軍攻打高句麗建安城的進軍路線考」『東北史地』2012-1
馮永謙, 2012「武厲邏新考(上)」『東北史地』2012-1
馮永謙, 2012「武厲邏新考(下)」『東北史地』2012-2
黃震雲, 2012「夫餘和高句麗神話傳說與族源考」『徐州工程學院學報(社會科學版)』2012-2

동북공정 이후 중국의 고구려·발해 고고학 연구 및 조사동향

정 원 철
서해문화재연구원 연구원

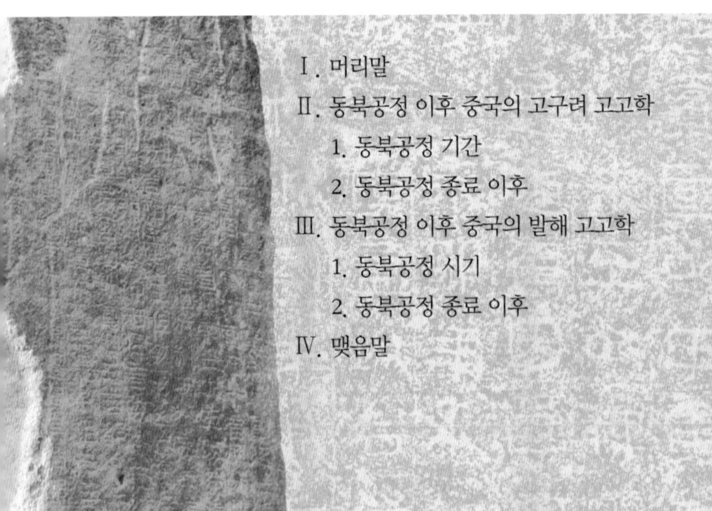

Ⅰ. 머리말

Ⅱ. 동북공정 이후 중국의 고구려 고고학

　1. 동북공정 기간

　2. 동북공정 종료 이후

Ⅲ. 동북공정 이후 중국의 발해 고고학

　1. 동북공정 시기

　2. 동북공정 종료 이후

Ⅳ. 맺음말

동북공정 이후 중국의 고구려·발해 고고학 연구 및 조사동향

Ⅰ. 머리말

우리 사회 전반에 걸쳐 엄청난 파장을 몰고 왔던 동북공정이 종료 된지도 벌써 5년이라는 시간이 흘렀다. 잘 알려져 있다시피 동북공정이 진행되던 시기 우리는 새로운 연구기관을 설립하고, 학계 나름대로 동북공정의 내용을 분석 연구하여 이에 대응하는 논리를 개발하는 등의 노력을 벌였다. 그러나 2007년 초 동북공정이 완료된 이후 시간이 거듭할수록 동북공정에 대한 우리의 대응은 점차 미흡해지고, 심지어 고구려사와 발해사 자체에 대한 연구와 관심도 상당히 침체되어 가고 있는 상황으로 이어지고 있다. 그런데 문제는 형태상으로 중국의 동북공정은 이미 5년 전에 끝났음에도 불구하고 중국의 동북공정식 인식과 논리는 변하지 않고 그대로 이어지고 있다는 점이다. 최근까지 확인되고 있는 중국의 발해 유적에 대한 세계문화유산 등재와 관련된 문제나 만리장성 길이의 왜곡 문제 등에서 중국의 변치 않는 기본 입장을 확인할 수 있는 것이다. 따라서 동북공정이 종료된 지 5년을 맞이하는 이 시점에서 동북공정 이후 중국의 변강 정책과 중국의 우리 고대사 연구 동향을 살펴보고 이후 우리의 대처 방안을 다시금 모색해보는 것은 시기적으로 적절하다고 판단된다.

이 글에서는 동북공정 이후 중국의 고구려·발해 고고학의 연구동향과 유적 조사동향에 대하여 살펴보고자 한다. 구체적으로 동북공정 기간과 동북공정 종료 이후의 시점으로 나누어 두 시기 사이에 나타나는 큰 틀에서의 변화상을 파악해 볼까 한다. 이 가운데 연구동향은 두 시기 동안 중국의 주요 학술지에 발표된 고구려·발해 고고학 관련 논문과 중국 각 대학에서 발표된 학위논문, 연구자가 저술한 학술저서를 통하여 분석을 시도해보고자 하며, 유적조사동향은 발굴조사 및 지표조사가 이루어진 고구려·발해 유적 가운데 두 시기 동안 출판된 발굴보고서나 주요 학술지에 발표된 '간보(簡報)'를 참고할까 한다.

Ⅱ. 동북공정 이후 중국의 고구려 고고학

1. 동북공정 기간

1) 연구동향

동북공정 기간 동안 고구려 고고학 관련 논문은 흑룡강성문화청(黑龍江省文化廳)에서 주관하는 『북방문물(北方文物)』, 길림성문화청(吉林省文化廳)에서 주관하는 『박물관연구(博物館硏究)』, 그리고 길림성사회과학원(吉林省社會科學院)에서 주관하는 『동북사지(東北史地)』를 통하여 주로 발표되었다. 또한 길림대학변강고고연구중심(吉林大學邊疆考古硏究中心)에서 2002년 이후 매년 발행하고 있는 『변강고고연구(邊疆考古硏究)』와 길림성사회과학원에서 주관하는 사회과학 잡지인 『사회과학전선(社會科學戰線)』에도 일부 고구려 고고학 관련 논문이 발표되었으며, 이 밖의 일부 고고학 학술지와 사회과학 학술지에서도 고구려 고고학 관련 논문이 수록되었다. 반면 중국에서 가장 역사가 오래되고 권위가 있는 3대 고고학 학술지인『고고(考古)』,『문물(文物)』,『고고학보(考古學報)』에서는 이 기간 동안 고구려 관련 논문은 발표되지 않았다. 이러한 여러 학술지 가운데 이 기간 동안 고구려 관련 논문이 가장 많이 발표된 학술지는『동북사지』이다.『동북사지』는 원래『학문(學問)』이라는 사회과학 잡지로 출발하였으나 동북공정이 한창이던 2004년 특히 고구려를 중심으로 한 길림성 지역의 고대 역사와 고고 분야의 논문을 주로 게재하는 학술지로 재창간되어 지금에 이르기까지 가장 활발하게 고구려 관련 논문을 발표하는 통로로 활용되고 있다.

〈표1〉 동북공정 기간 동안 발표된 고구려 고고학 관련 논문 비교표

구분	북방문물	학문·동북사지	박물관연구	변강고고연구	사회과학전선	기타	계
성곽		13	3	1	1	3	21
고분	4	2	6	1	1		14
유물	1	4	1	1	1	1	9
기타		1	1				2
계	5	20	11	3	3	4	46

동북공정 기간 동안 주요 학술지에 게재된 고구려 고고학 관련 논문은 〈표1〉과 같이 총 46편에 이르며, 이들을 주제에 따라 구분하면 크게 성곽과 고분, 유물 등으로 나눌 수 있다.

고구려 성곽 관련 논문은 모두 21편이 발표되어 가장 큰 비중을 차지하는데, 이를 세분하면 산성, 도성·평지성, 기타 등으로 다시 나눌 수 있다. 이 가운데 산성과 관련된 논문은 10편이 있지만,[1] 이들 논문을 분석해 보면 학술성이 떨어지는 내용의 글이 많아 실질적인 의미의 학술논문은 절반 정도 밖에 되지 않는다. 도성·평지성과 관련된 논문도 10편으로 산성과 동일한 수의 논문이 발표되었다.[2] 이 가운데 2004년『동북사지』에만 8편의 논문이 집중적으로 발표

된 점이 특이하다. 산성과 도성·평지성을 제외한 기타 성곽 관련 논문으로는 '천리장성'을 주제로 한 논문이 1편 있다.[3]

고구려 고분 관련 논문은 이 기간 동안 모두 14편이 발표되었으며, 이를 유적별로 세분해보면 적석총[4]과 봉토석실분,[5] 벽화고분[6]으로 나눌 수 있다. 이

---

1) 耿鐵華, 2002「訪高句麗覇王朝山城」『學問』 2002-02
高於茂, 2002「覇王朝山城之考辨」『學問』 2002-02
高於茂, 2002「治安山城考析」『學問』 2002-06
樸尙春, 2003「高句麗第一個都城所在地五女山」『學問』 2003-04
俆俊岩, 2002「從石臺子山城看高句麗對山城選置,結構布局及建築藝術」『博物館研究』 2002-2
溫秀榮, 2002「高句麗山城的排水系統」『博物館研究』 2002-2
李曉鍾, 2005「石臺子高句麗山城復原研究」『邊疆考古研究』
官曉鳳, 2004「現存最大的高句麗山城—鳳凰山山城」『蘭臺世界』 2004-02
陳平, 2005「試析高句麗山城的起源」『內蒙古文物考古』 2005-02
高新來·郭艷敏, 2006「高句麗丸都山瞭望臺石構件的科技保護探研」『中國文物科學研究』 2006-01

2) 李健才, 2004「關於高句麗中期都城幾個問題的深討」『東北史地』 2004-01
耿鐵華, 2004「高句麗遷都國內城及相關問題」『東北史地』 2004-01
王從安·紀飛, 2004「卒本城何在」『東北史地』 2004-02
耿鐵華, 2004「集安作爲高句麗都城的考古學證明」『東北史地』 2004-02
李新全·梁志龍·王俊輝, 2004「關于高句麗兩座土城的一點思考」『東北史地』 2004-03
張福有·周新博, 2004「集安良民高句麗古城調査紀實」『東北史地』 2004-04
張福有, 2004「高句麗第一個平壤城在集安良民卽國之東北大鎭-新城」『東北史地』 2004-04
張福有, 2004「高句麗平壤東黃城考」『東北史地』 2004-05
李殿福, 2006「國內城始建於戰國晩期燕國遼東郡塞外的一個據點之上」『東北史地』 2006-03
王從安·紀飛, 2006「卒本城新考」『博物館研究』 2006-03

3) 馮永謙, 2002「高句麗千里長城建置辨」『社會科學戰線』 2002-01

4) 武家昌, 2002「關于集安高句麗王陵的看法」『博物館研究』 2002-4
李淑英·耿鐵華, 2003「高句麗王陵及相關問題研究」『社會科學戰線』 2003-02
劉嵐, 2004「高句麗積石串墓研究」『博物館研究』 2004-4
張桂元·邵春華, 2006「高句麗太王陵立置石板作用再探討」『博物館研究』 2006-02

밖에 동구고분군의 분포와 배열에 관한 논문[7]과 양민전자(良民甸子)고분군의 답사기[8] 등의 글도 여기에 포함된다.

성곽과 고분에서 출토된 고구려 유물을 대상으로 한 논문도 9편으로 일정한 비율을 차지하는데 와당,[9] 토기,[10] 금속장신구,[11] 수레바퀴 비녀장,[12] 금동불상,[13] 인장[14] 등 꽤 다양한 내용을 주제로 삼고 있다.

기타 논문으로 고구려의 음식습관을 고고학적으로 고찰한 것[15]과 호태왕비의 현 상황과 보존 대책을 언급한 것이 있다.[16]

---

5) 孫仁傑, 2002「高句麗石室墓起源的再深討」『博物館研究』2002-4
劉嵐·張雪岩, 2005「高句麗封土墓研究」『博物館研究』2005-3
王培新, 2004「高句麗封土石室墓文化淵源之樂浪因素初探」『邊疆考古研究』
武家昌, 2005「集安兩座高句麗墓上的石碑爲"通天柱"說」『北方文物』2005-3

6) 方起東·劉萱堂, 2002「集安下解放第31號高句麗壁畫墓」『北方文物』2002-3
孫進已·孫泓, 2004「公元3~7世紀集安與平壤地區壁畫墓的族屬與分期」『北方文物』2004-2
劉萱堂·劉迎九, 2006「集安高句麗古墓壁畫的裝飾特色, 紋樣演變及與漢文化的聯系」『北方文物』2006-2
劉萱堂, 2003·2004「集安高句麗壁畫墓與遼東·遼西漢魏晉壁畫墓比較研究」『博物館研究』2003-1, 2003-2, 2004-3

7) 孫仁傑, 2004「洞溝高句麗墓地的分布與排列研究」『東北史地』2004-09

8) 張福有, 2004「良民甸子古墓群實錄」『東北史地』2004-04

9) 耿鐵華, 2006「集安新出土文字瓦當及釋讀」『北方文物』2006-4
張福有, 2004「集安禹山3319號墓卷雲紋瓦當銘文識讀」『東北史地』2004-01
張福有, 2004「集安禹山3319號墓卷雲紋瓦當銘文考證與初步研究」『社會科學戰線』2004-03
張福有, 2005「集安禹山3319號墓卷雲紋瓦當銘文識讀與考證」『中國曆史文物』2005-03

10) 卑琳, 2004「高句麗城址出土陶器研究」『東北史地』2004-12

11) 張雪岩, 2003「集安出土高句麗金屬帶飾的類型及相關問題」『邊疆考古研究』

12) 王昭, 2006「集安出土青銅車轄的初步討論」『東北史地』2006-05

13) 耿鐵華, 2006「跋高句麗金銅佛造像」『東北史地』2006-06

14) 徐德源, 2004「集安博物館藏高句麗印及印文考釋」『博物館研究』2004-3

15) 黃嵐, 2004「從考古學看高句麗民族的飮食習俗」『東北史地』2004-09

16) 孫仁傑, 2003「好太王碑現狀觀測與保護的思考」『博物館研究』2003-3

다음으로 이 기간 동안 중국 내 대학에서 발표된 고구려 고고학 관련 학위 논문은 7편이 확인되는데, 이 가운데 박사학위논문은 1편도 없으며 모두 석사 학위논문이다. 이 가운데 5편은 길림대학의 변강고고연구중심에서 발표된 것으로 각각 성곽,[17] 고분,[18] 기와와 토기[19]를 주제로 발표한 것이다. 다른 2편의 논문은 고고학 전공이 개설된 대학에서 나온 논문은 아니지만 고구려 도성의 변천과 체계,[20] 환도산성 장대(將臺)의 보호와 관련된 주제로 발표되었다.[21]

한편 이 기간 동안 출판된 고구려 고고학 관련 저서는 6편이 있는데, 길림성과 요녕성에서 활동하고 있는 대표적인 고고학자라고 할 수 있는 왕면후(王綿厚), 위존성(魏存成), 경철화(耿鐵華), 정영진(鄭永振) 등이 관련 저서를 출판하였다. 왕면후는 고구려 도성과 산성을 포함한 고구려 성곽에 대한 자세한 고고학적 분석과 문헌·지리적 고찰을 함께 한 『고구려 고성 연구(高句麗古城研究)』[22]를 출판하였으며, 위존성은 『고구려 유적(高句麗遺迹)』[23]에서 고구려 도성, 성곽, 무덤으로 크게 구분하여 고구려 고고학의 주요 내용을 일목요연하게 정리하였다. 경철화는 1980년대 중반부터 2000년대 초반까지 여러 학술지와 공동 저서 등에 본인이 발표하였던 고구려 성곽, 무덤, 벽화, 금석문, 유물 등의 논문을 종합하여 『고구려 고고 연구(高句麗考古研究)』[24]를 출판하였다.

17) 李龍彬, 2006 『石臺子高句麗山城及墓葬發現與研究』 吉林大學碩士學位論文
18) 孫顥, 2006 『集安高句麗積石墓王陵研究』 吉林大學碩士學位論文
19) 李梅, 2003 『高句麗瓦當發現與研究』 吉林大學碩士學位論文
卑琳, 2003 『高句麗陶器研究』 吉林大學碩士學位論文
鄭元喆, 2005 『高句麗陶器研究』 吉林大學碩士學位論文
20) 崔莉, 2005 『高句麗都城曆史演變體系研究』 東北林業大學碩士學位論文
21) 孫全, 2006 『丸都山城瞭望臺變形破壞機理及穩定性分析』 中國地質大學碩士學位論文
22) 王綿厚, 2002 『高句麗古城研究』, 文物出版社
23) 魏存成, 2002 『高句麗遺迹』, 文物出版社
24) 耿鐵華, 2004 『高句麗考古研究』, 吉林文史出版社

그리고 정영진은『고구려·발해·말갈 무덤 비교연구(高句麗渤海靺鞨墓葬比較研究)』[25]에서 고구려, 발해 무덤의 주요 특징과 변천 과정, 말갈 무덤의 주요 특징을 분석하였다. 이밖에도 전문 고고학자의 연구서는 아니지만 고구려 벽화를 단일 주제로 윤국유(尹國有)가 고구려 고분벽화에 나타나는 각종 복식과 장식도안, 여러 벽화 내용을 분석하여『고구려 벽화 연구(高句麗壁畵研究)』[26]를 출판하였으며, 오광효(吳廣孝)는 고구려 고분벽화에서 등장하는 각종 주제를 67가지로 세분하여 분석하고 중국 내 여러 벽화의 내용과 비교하여『집안 고구려 벽화(集安高句麗壁畵)』[27]를 출판하였다.

2) 유적조사동향

동북공정 기간 동안 출판된 발굴보고서는 잘 알려져 있는『오녀산성(五女山城)』,[28]『환도산성(丸都山城)』,[29]『국내성(國內城)』,[30]『집안 고구려 왕릉(集安高句麗王陵)』[31] 등 4권이 있다. 그와 함께 1997년 동구고분군의 재조사를 기초로 집안 내 고구려 고분군의 실측 분포도를 작성하여 완성한『통구 고묘군 1997년 조사 측량제도 보고(洞溝古墓群1997年調查測繪報告)』[32]도 이 기간 동

25) 鄭永振, 2003『高句麗渤海靺鞨墓葬比較研究』, 延邊大學出版社
26) 尹國有, 2003『高句麗壁畵研究』, 吉林大學出版社
27) 吳廣孝, 2006『集安高句麗壁畵』, 山東畵報出版社
28) 遼寧省文物考古研究所, 2004『五女山城-1996~1999, 2003年桓仁五女山城調查發掘報告』, 文物出版社
29) 吉林省文物考古研究所·集安市博物館, 2004『丸都山城-2001~2003年集安丸都山城調查試掘報告』, 文物出版社
30) 吉林省文物考古研究所·集安市博物館, 2004『國內城-2000~2003年集安國內城與民主遺址試掘報告』, 文物出版社
31) 吉林省文物考古研究所·集安市博物館, 2004『集安高句麗王陵-1990~2003年集安高句麗王陵調查報告』, 文物出版社
32) 吉林省文物考古研究所·集安市博物館, 2002『洞溝古墓群1997年調查測繪報告』, 科學出版社

안 출판되었다. 이들 보고서는 이전까지 고구려 고고학 분야에서 볼 수 없었던 상세한 보고서로 동북공정과 맞물려 우리 학계에서 큰 주목을 받으면서 여러 분야에 걸쳐 종합적인 분석과 연구가 이루어졌다.

이들 보고서를 제외하면 고구려 유적의 조사 내용은 고고학 관련 학술지의 '간보(簡報)'를 통하여 알 수 있는데, 대체로 『북방문물』, 『동북사지』, 『박물관연구』 등에 대부분의 '간보'가 수록되어 있다. 동북공정 기간 동안 보고서와 '간보'를 통하여 조사 내용을 파악할 수 있는 고구려 유적은 〈표2〉와 같이 모두 24개소이며, 크게 성곽과 고분 유적으로 나눌 수 있다.

성곽은 오녀산성, 환도산성, 국내성 외에 지표조사가 이루어진 성산산성 1개소만 확인이 가능하다. 물론 여기에는 한 가지 주의해야 할 점이 있다. 보통 중국의 경우에는 유적을 조사한 시점과 그 결과를 '간보'에 발표하는 시점 사이의 시간적 간격이 아주 넓은 것이 특징이다. 즉, 실제조사가 이루어진 뒤 꽤 오랜 시간이 지난 이후에야 그 조사 내용을 발표하는 경우가 많다. 따라서 동북공정이 시작되기 이전의 조사 내용이 동북공정 기간 동안 발표되기도 하고, 동북공정 기간 동안의 조사 내용이 동북공정이 완료된 이후에 발표되는 경우가 상당수에 이른다. 석대자산성이 이 경우에 속하는데, 석대자산성은 90년대 중반부터 약 10여 년에 걸쳐 발굴조사가 이루어졌기 때문에 동북공정 기간과 맞물려 발굴조사가 이루어졌다. 하지만 이를 감안하더라도 동북공정 기간 동안 조사가 이루어진 고구려 성곽은 그 수가 극히 적다고 할 수 있다.

고구려 고분은 성곽에 비해서 상대적으로 많은 수의 유적에 대한 조사가 이루어졌다. 『집안 고구려 왕릉』에는 총 13기에 이르는 왕릉급 무덤에 대한 발굴조사의 내용을 담고 있는데, 대부분 동북공정 기간인 2003년 한 해 동안 대대적으로 재조사한 내용을 수록하고 있다. 이와 함께 간구자(干溝子)고분군,[33] 집안 3319호 무덤,[34] 마선 안자구(安子溝) 무덤,[35] 우산묘구 2112호 무덤,[36] 석대자산성 고구려고분군,[37] 호자구(蒿子溝) 고분군[38] 등 6개소의 개별 무덤과 고분군의 조사내용도 이 기간 동안 '간보'에 발표되었다. 이 가운데 호자구 고분군의 경우는 지표조사가 이루어진 유적이고, 나머지 간구자고분군, 집안 3319호 무덤, 마선 안자구 무덤, 우산묘구 2112호 무덤은 모두 동북공정 이전에 조사가 이루어지고 동북공정 기간 동안 '간보'로 발표된 유적이다. 동북공정 기간 동안 조사가 이루어진 고분으로는 13기의 왕릉급 무덤 외에 2차례에 걸쳐 조사가 이루어진 석대자산성 고분군[39]과 우산 540호 무덤[40] 정도이다.

기타유적으로는 국내성 조사 기간 동안 집안 민주(民主)유적에 대한 시굴조사가 이루어졌으며,[41] 집안 양민(良民) 고구려 유적[42]과 압록강 상류 우안의 고구려 유적[43] 등은 이 기간 동안 지표조사가 실시되었다.

---

33) 吉林省文物考古研究所, 2003「吉林長白縣干溝子墓地發掘簡報」『考古』2003-8
34) 吉林省文物考古研究所·集安市博物館, 2005「洞溝古墓群禹山墓區JYM3319號墓發掘報告」『東北史地』2005-6
35) 吉林省文物考古研究所·集安市文物保管所, 2002「集安麻線安子溝高句麗墓葬調查與清理」『北方文物』2002-2
36) 集安市博物館, 2004「集安洞溝古墓群禹山墓區2112號墓」『北方文物』2004-2
37) 瀋陽市文物考古研究所, 2006「2004年度瀋陽石臺子山城高句麗墓葬發掘簡報」『北方文物』2006-2
38) 張福有·遲勇·孫仁傑, 2006「集安蒿子溝墓地調查與東川王陵考」『東北史地』2006-03
39) 瀋陽市文物考古研究所, 2006「2004年度瀋陽石臺子山城高句麗墓葬發掘簡報」『北方文物』2006-2
遼寧省文物考古研究所·沈陽市文物考古研究所, 2008「瀋陽市石臺子山城高句麗墓葬2002~2003年發掘簡報」『考古』2008-10
40) 吉林省文物考古研究所, 2009「集安禹山540號墓清理報告」『北方文物』2009-1
41) 吉林省文物考古研究所·集安市博物館, 2004『國內城-2000~2003年集安國內城與民主遺址試掘報告』, 文物出版社
42) 孫仁傑·遲勇, 2004「集安良民高句麗遺址調查」『東北史地』2004-04
43) 孫仁傑·遲勇·張殿甲, 2004「鴨綠江上遊右岸考古調查」『東北史地』2004-05

〈표2〉 동북공정 기간 보고서 및 '간보'에 소개된 고구려 유적

유적		조사기간	조사기관(조사자)	출처	비고
성곽(4)	국내성	2000년~2003년	길림성문물고고연구소·집안시박물관	『國內城』, 文物出版社, 2004.	
		1990년 5월	길림성문물고고연구소·집안시문물관리소	「吉林集安高句麗國內城馬面址淸理簡報」, 『北方文物』, 2003-3.	동북공정 이전 조사
	오녀산성	1996년~1999년, 2003년	요녕성문물고고연구소	『五女山城』, 文物出版社, 2004.	
	환도산성	2001년~2003년	길림성문물고고연구소·집안시박물관	『丸都山城』, 文物出版社, 2004.	
	성산산성	2005년11~12월	대련시문물고고연구소	「大連城山山城2005年調査報告」, 『東北史地』, 2006-4	지표조사
고분(19)	간구자고분군	2001년 5~7월	길림성문물고고연구소	「吉林長白縣干溝子墓地發掘簡報」, 『考古』, 2003-8.	동북공정 이전 조사
	집안 3319호 무덤	1997년 봄	길림성문물고고연구소·집안시박물관	「洞溝古墓群禹山墓區JYM3319號墓發掘報告」, 『東北史地』, 2005-6.	동북공정 이전 조사
	집안마선 안자구무덤	1999년 7월	길림성문물고고연구소·집안시문물보관소	「集安麻線安子溝高句麗墓葬調查與淸理」, 『北方文物』, 2002-2.	동북공정 이전 조사
	우산묘구 2112호무덤	1994년 5월	집안시박물관	「集安洞溝古墓群禹山墓區2112號墓」, 『北方文物』, 2004-2.	동북공정 이전 조사
	석대자산성 고구려고분군	2004년	심양시문물고고연구소	「2004年度瀋陽石臺子山城高句麗墓葬發掘簡報」, 『北方文物』, 2006-2.	
	호자구고분군	2004년 11월, 2005년 4월	장복유·지용·손인걸	「集安蒿子溝墓地調查與東川王陵考」, 『東北史地』, 2006-03.	지표조사
	마선묘구 2378호 무덤	1990년~2003년	길림성문물고고연구소·집안시박물관	『集安高句麗王陵』, 文物出版社, 2004.	
	산성하묘구 전창36호 무덤				
	우산묘구 626호 무덤				
	칠성산묘구 871호 무덤				
	임강무덤				
	우산묘구 2110호 무덤				

	칠성산묘구 211호 무덤				
	서대묘				
	우산묘구 992호 무덤				
	마선묘구 2100호 무덤				
	천추총				
	태왕릉				
	장군총				
기타 (1)	민주유적	2003년 8~11월	길림성문물고고연구소·집안시박물관	『國內城』, 文物出版社, 2004.	건물지

2. 동북공정 종료 이후

1) 연구동향

동북공정 기간 동안 고구려 관련 논문이 가장 많이 발표된 학술지는 『동북사지』와 『박물관연구』이다. 그런데 동북공정이 종료된 이후에는 이러한 경향에 다소의 변화가 확인된다. 일단 고구려 고고학 관련 논문이 가장 많이 발표된 학술지는 『동북사지』로 이전과 큰 차이가 없다. 하지만 『박물관연구』에 발표된 논문의 숫자가 현저히 줄어들고 이를 대신하여 『변강고고연구』에 발표된 논문의 수가 크게 늘어난다. 이와 함께 『하얼빈학원학보(哈爾濱學院學報)』, 『흑룡강민족총간(黑龍江民族叢刊)』, 『고고』, 『고고와 문물(考古與文物)』, 『동남문화(東南文化)』, 『동남문물(南方文物)』 등 이전에 비해서 훨씬 다양한 학술지에 고구려 관련 논문이 발표되기 시작하였다. 이들 학술지에 발표된 고구려 고고학 관련 논문은 동북공정 기간에 비해서 10편 이상 증가한 59편에 이른다. 이를 주제별로 세분해 보면 역시 성곽과 고분, 유물 순으로 관련 논문이 발표되었다. 〈표3〉

〈표3〉 동북공정 종료 이후 발표된 고구려 고고학 관련 논문 비교표

구분	북방문물	동북사지	박물관연구	변강고고연구	하얼빈학원학보	흑룡강민족총간	사회과학전선	기타	계
성곽		9	3	2	4	2	1	2	23
고분	4	5	1	3			1	4	18
유물	2	2		1			2	4	11
기타	1	3		3					7
계	7	19	4	9	4	2	4	10	59

먼저 성곽 관련 논문은 동북공정 기간 21편에서 23편으로 비슷한 숫자의 논문이 발표되었다. 그런데 이전과 비교해봤을 때 확연한 차이점을 발견할 수 있는데, 그것은 3편의 도성 관련 논문[44]을 제외한 나머지 20편의 논문이 모두 산성과 관련된 논문이라는 점이다. 이들 논문의 면면을 살펴보면 단순히 숫자의 증가 뿐 아니라 논문의 질적 부분에 있어서의 변화도 확인할 수 있다. 예를 들어 연구의 대상 범위가 환인, 집안 등 고구려 수도나 그 부근에 그치지 않고 철령, 영구, 대련, 단동, 안산 등 요동 일대의 여러 지역[45]까지 그 범위가 확대되었는데, 심지어는 북한[46]과 한국[47]의 고구려 산성에 대한 연구도 소개되었다. 그리고 연구의 주제도 단순히 해당 지역이나 특정 산성의 조사와 그 내용을 설

---

44) 李新全, 2009「高句麗的早期都城及遷徙」『東北史地』2009-6
祝立業, 2010「近年來關于高句麗中期都城問題研究評述」『東北史地』2010-1
魏存成, 2011「高句麗國內城西牆外排水涵洞及相關遺迹考察」『邊疆考古研究』

45) 李龍彬, 2008「鐵嶺境內高句麗山城的幾個問題」『東北史地』2008-04
崔艷茹, 2009「營口地區山城調查與探討」『東北史地』2009-03
王禹浪·王文軼, 2011「營口地區的高句麗山城」『哈爾濱學院學報』2011-9
王禹浪·王文軼, 2011「大連地區的高句麗山城」『哈爾濱學院學報』2011-6
王禹浪·王文軼, 2012「丹東地區的高句麗山城」『哈爾濱學院學報』2012-3
王禹浪·王文軼, 2012「鞍山地區山城研究」『黑龍江民族叢刊』2012-2
王禹浪·王文軼·王宏北, 2010「遼東半島高句麗山城概述」『黑龍江民族叢刊』2010-2
魏存成, 2011「中國境內發現的高句麗山城」『社會科學戰線』2011-01

46) 魏存成, 2010「朝鮮境內發現的高句麗山城」『邊疆考古研究』

47) 鄭元喆, 2009「漢江流域高句麗'堡壘'建築形制研究」『延邊大學學報』2009-06

명한 것[48] 뿐만 아니라 기존까지 통상적으로 이해되고 있던 해당 산성의 편년에 대해서 새로운 편년 안을 제기하거나[49] 성내 주요 시설에 대한 유형이나 기능을 구체적으로 분석하는 등의 논문이 나타나고 있다.[50]

고분 관련 연구는 동북공정 기간의 14편 보다 약간 많은 18편의 논문이 발표되었다. 적석총과 관련된 논문은 모두 8편이 발표되었는데, 이 가운데 천추총이나 태왕릉, 장군총 등 왕릉급의 대형 적석묘에 대한 논문이 4편으로 절반 정도를 차지한다.[51] 이와 함께 고구려 초기 적석묘에 관한 논문이 2편,[52] 집안에 소재한 특정 적석묘에 대한 년대를 밝힌 논문도 2편 있다.[53] 그리고 봉토석실분과 관련된 논문은 8편이 발표되었는데,[54] 이 가운데 절반 정도가 북한에 소재한 봉토석실분을 주제로 한 것이어서 관심 대상이 집안, 환인 지역을 벗어

48) 王文軼·王秀芳, 2008「高句麗巍霸山城初探」『哈爾濱學院學報』2008-1
王春燕·鄭霞, 2008「霸王朝山城的調查與硏究」『東北史地』2008-03
梁志龍·王俊輝, 2011「遼寧省桓仁縣高儉地高句麗山城調查」『東北史地』2011-1
周向永, 2011「鐵嶺催陣堡兩山城中戍卒營地的相關問題」『東北史地』2011-1
49) 梁志龍·魏海波, 2008「高爾山城始築年代考辨」『東北史地』2008-03
周向永, 2009「西豊城子山山城始建年代再考」『東北史地』2009-02
徐坤·聶勇·張迪, 2012「再論吉林省通化自安山城的年代」『博物館硏究』2012-2
50) 趙俊傑. 2008「試論高句麗山城城牆上石洞的功能」『博物館硏究』2008-01
鄭元喆, 2009「高句麗山城甕城的類型」『博物館硏究』2009-03
趙俊傑. 2012「再論高句麗山城城牆內側柱洞的功能」『考古與文物』2012-01
51) 王春燕·孫仁傑, 2011「集安高句麗千秋墓墓室形制新論」『北方文物』2011-3
宋娟·耿鐵華, 2008「高句麗將軍墳的陪葬墓」『北方文物』2008-4
王飛峰, 2011「關于千秋墓, 太王陵和將軍墳的幾個問題」『邊疆考古硏究』
魏存成, 2007「集安高句麗大型積石墓王陵硏究」『社會科學戰線』2007-04
52) 李新全, 2009「遼東地區積石墓的演變」『東北史地』2009-01.
王綿厚, 2009「試論桓仁"望江樓積石墓"與"卒本夫餘"—兼論高句麗起源和早期文化的內涵與分布」『東北史地』2009-6
53) 雲麗, 2012「集安高句麗"折天井"墓的時代」『博物館硏究』2012-2
趙俊傑·馬健, 2012「集安禹山兩座高句麗時期積石墓的時代及相關問題」『考古』2012-05

나 북한지역까지 확대되었음을 알 수 있다. 이외에도 벽화고분과 관련된 논문이 1편,[55] 전체 고구려 왕릉의 위치 비정을 주제로 한 논문이 1편 더 있다.[56]

고구려 유물과 관련된 논문은 이 기간 동안 11편이 발표되었다. 논문의 주제로는 와당,[57] 토기 및 자기,[58] 철기 및 금동기,[59] 돌절구(石臼)[60] 등이 있다.

이를 제외한 기타논문으로는 5년 동안의 고구려 유적에 대한 조사 성과를

54) 張明皓, 2004「論安岳三號墓的建築淵源」『北方文物』2007-04
趙俊傑, 2010「4-7世紀大同江, 載寧江流域封土石室墓調查與研究成果綜述」『東北史地』2010-1
範恩實, 2011「冉牟墓志新探」『東北史地』2011-2
趙俊傑, 2009「大同江下遊高句麗封土石室墓的等級」『邊疆考古研究』
趙俊傑, 2010「高句麗平壤期王陵考略」『邊疆考古研究』
趙俊傑·馬健, 2012「集安禹山兩座高句麗時期積石墓的時代及相關問題」『考古』2012-05
劉未, 2008「高句麗石室墓的起源與發展階段」『南方文物』2008-04
趙俊傑·馬健, 2012「試論集安地區高句麗新舊墓制的過渡時段」『東南文化』2012-1

55) 張玉東, 2008「考古類型學在高句麗古墓壁畵風格技法研究中的作用」『通化師範學院學報』2008-5

56) 張福有·孫仁傑·遲勇, 2007「高句麗王陵通考要報」『東北史地』2007-04

57) 耿鐵華, 2007「集安出土卷雲紋瓦當研究」『東北史地』2007-04
王飛峰,夏增威, 2008「高句麗丸都山城瓦當研究」『東北史地』2008-02
張福有, 2004「集安禹山3319號墓卷雲紋瓦當銘文考證與初步研究」『社會科學戰線』2004-03
張玉春, 2011「高句麗瓦當」『社會科學戰線』2011-09

58) 彭善國, 2008「3~6世紀中國東北地區出土的釉陶」『邊疆考古研究』
馬健, 2010「再論集安國內城遺址出土靑瓷器的時代與窯口」『考古與文物』2010-03

59) 賈瑩·李新全·梁志龍, 2007「五女山城高句麗鐵器金相學初步探討」『文物保護與考古科學』2007-3
賈瑩·金旭東·張玉春·于立群, 2008「丸都山城高句麗鐵器的金相與工藝」『文物保護與考古科學』2008-2
張玉春, 2009「用顯微鏡和電鏡觀測高句麗時期丸都山城宮殿址部分鐵器的腐蝕狀況」『文物保護與考古科學』2009-2
高秀華·趙昕·王志剛·李丹, 2011「集安禹山1041號墓出土鎏金器檢測與分析」『北方文物』2011-2

60) 樊萬象, 2008「吉林省集安博物館館藏石臼」『北方文物』2008-4

종합하여 발표한 논문이 있으며,[61] 고구려 고분벽화에 나타난 복식을 통한 연구,[62] 출토유물과 유적을 통해 삼연(三燕)과 고구려의 고고학 문화를 비교 분석한 연구,[63] 무순시 시가(施家)무덤에서 출토된 인골을 분석한 연구[64] 등이 있다.

한편 동북공정 시기와 비교해 봤을 때 가장 큰 변화 가운데 하나는 바로 고구려 관련 학위논문의 증가이다. 동북공정 이전까지 단 2편에 불과하던 고구려 고고학 관련 학위논문[65]이 동북공정 과정을 거치면서 크게 증가하는 경향이 나타났다. 석사학위논문의 경우 동북공정 종료 이후에는 동북공정 기간과 동일하게 7편이 발표되었으며, 그 이전까지 1편도 없던 박사논문은 5년 정도의 짧은 기간 동안 6편이나 발표되었다. 박사학위논문은 각각 고구려 초기 유적,[66] 벽화고분,[67] 봉토석실분,[68] 산성,[69] 복식,[70] 토기[71] 등의 주제로 발표되었으며, 석사학위논문의 경우에도 성곽,[72] 무덤,[73] 토기,[74] 전돌과 기와,[75] 병기,[76] 복

---

61) 張福有·孫仁傑·遲勇, 2009「五年間高句麗遺迹調査與文獻硏究中的新收獲」『東北史地』2009-02

62) 範鵬, 2011「高句麗壁畵人物首服的辨識與硏究」『北方文物』2011-4
鄭春穎, 2009「長川一號壁畵中所見高句麗服飾硏究」『邊疆考古硏究』
蘇鵬力, 2012「考古學視角下的高句麗服裝」『東北史地』2012-04

63) 王飛峰, 2012「三燕高句麗考古札記」『東北史地』2012-04

64) 方啓·陳山·張全超, 2010「撫順施家墓葬人骨硏究」『邊疆考古硏究』
張全超·陳山·方啓, 2010「遼寧撫順施家高句麗墓地人骨微量元素的初步硏究」『邊疆考古硏究』

65) 于新水, 1991『高句麗古城硏究』吉林大學碩士學位論文
陳平, 2000『高句麗山城硏究』吉林大學碩士學位論文

66) 李新全, 2008『高句麗早期遺址及其基源硏究』吉林大學博士學位論文

67) 孫力楠 2008『東北地區公元2-6世紀墓葬壁畵硏究』吉林大學博士學位論文

68) 趙俊傑, 2009『4-7世紀大同江, 載寧江流域封土石室墓硏究』吉林大學博士學位論文

69) 鄭元喆, 2010『高句麗山城硏究』吉林大學博士學位論文

70) 鄭春穎, 2011『高句麗遺存所見服飾硏究』吉林大學博士學位論文

71) 孫顥, 2012『高句麗陶器硏究』吉林大學博士學位論文

72) 徐坤, 2011『自安山城的考古收獲與初步認識』吉林大學碩士學位論文

73) 姜雨風, 2009『平壤地區高句麗封土石室墓硏究』吉林大學碩士學位論文

식,[77] 문화재보존[78] 등 다양한 주제를 대상으로 하고 있다. 이 가운데 석사논문 6편, 박사논문 6편 등 거의 대부분의 학위논문이 길림대학 변강고고연구중심에서 발표된 점은 아주 주목된다. 현재 중국에서 고구려·발해 고고학 전공과목이 개설되어 있는 대학은 길림대학이 거의 유일하다고 볼 수 있으며, 최근에 이르기까지 이 대학에서 고구려 고고학·발해 전문가를 주도적으로 배출해 내고 있다. 여기서 배출된 인원들은 현재 중국 학계에서 소장파 학자로 연구에 전념하고 있거나 고고학 조사현장에서 실무를 주로 담당하고 있어 이후 고구려 고고학 분야에서 이들의 더욱 활발한 활동이 예상된다.

고구려 고고학 관련 저서는 모두 10편이 이 기간 동안 출판되었다. 이 가운데 장복유(張福有)의 활동이 주목된다. 장복유는 동북공정 기간 동안 갑자기 고구려 분야에서 활동을 시작하여 최근에 이르기까지 아주 다양한 조사 활동과 왕성한 저술 활동을 펼치고 있다. 현재 길림성사회과학원의 연구원, 『동북사지』의 사장으로 주로 『동북사지』에 많은 수의 관련 논문을 발표하였으며, 이 기간 동안 『고구려 왕릉 통고(高句麗王陵通考)』(공저),[79] 『고구려 왕릉 통감(高句麗王陵統鑒)』,[80] 『고구려 천리장성(高句麗千里長城)』(공저)[81] 등 3권의 학술 저서를 출판하였다. 손인걸(孫仁傑)·지용(遲勇)은 주로 장복유와 함께 학술 및 조사활동을 펼치고 있는데, 두 사람은 『집안 고구려 무덤(集安高句麗墓葬)』을 공동으로 출판하였다.[82] 왕우랑(王禹浪)은 그동안 주로 고구려 성곽 특히 산성

74) 王飛峰, 2009『中國境內發現的高句麗陶器硏究』中國社會科學硏究院碩士學位論文
75) 李睿哲, 2012『高句麗遺迹出土磚瓦硏究』吉林大學碩士學位論文
76) 陳爽, 2010『高句麗兵器硏究』吉林大學碩士學位論文
77) 範鵬, 2008『高句麗民族服飾的考古學觀察』吉林大學碩士學位論文
78) 馮楠, 2008『高句麗石質文物風化機理及保護方法硏究』吉林大學碩士學位論文
79) 張福有·孫仁傑·遲勇, 2007『高句麗王陵通考』, 香港亞洲出版社
80) 張福有, 2007『高句麗王陵統鑒』, 香港亞洲出版社
81) 張福有·孫仁傑·遲勇, 2010『高句麗千里長城』, 吉林人民出版社

관련 논문을 많이 발표하였는데, 최근에는 1994년 출판되었던 『고구려·발해 고성지 연구회편(高句麗渤海古城址研究匯編)』의 제2판을 출판하였으며,[83] 비슷한 성격의 저서라고 할 수 있는 『요동반도지구의 고구려 산성(遼東半島地區的高句麗山城)』도 동시기에 함께 출판하였다.[84] 경철화(耿鐵華)는 고구려 고분벽화의 현황과 편년, 벽화의 내용과 문화 연원 등을 주제로 한 『고구려 고분벽화 연구(高句麗古墓壁畵研究)』[85]를 출판하였으며, 그와 함께 『중국 고구려 왕성, 왕릉 및 귀족 무덤(中國高句麗王城王陵及貴族墓葬)』[86]이라는 개설서 형식의 소책자를 함께 출판하기도 하였다. 이밖에도 길림성문물고고연구소(吉林省文物考古研究所)에서는 1960년대 초반부터 지금에 이르기까지 집안 지역의 고구려 무덤을 주제로 발표된 '간보'와 관련 논문을 모아 『길림 집안 고구려 무덤 보고집(吉林集安高句麗墓葬報告集)』을 출판하였으며,[87] 길림성문물고고연구소·집안시박물관·길림성박물원에서는 그동안 집안에서 출토된 주요 토기, 기와, 전돌, 금동기, 철기 등 많은 수의 고구려 유물에 대한 도록집인 『집안 출토 고구려 유물 집수(集安出土高句麗文物集粹)』를 출판하였다.[88]

2) 유적조사동향

동북공정 종료 이후 조사가 이루어진 고구려 유적의 숫자는 25개소로 대체

82) 孫仁傑·遲勇, 2007 『集安高句麗墓葬』, 香港亞洲出版社
83) 王禹浪·王宏北, 2007 『高句麗渤海古城址研究匯編 上編-高句麗卷』 제2판, 哈爾濱出版社
84) 王禹浪·王文軼, 2008 『遼東半島地區的高句麗山城』, 哈爾濱出版社
85) 耿鐵華, 2008 『高句麗古墓壁畵研究』, 吉林大學出版社
86) 耿鐵華·崔明, 2008 『中國高句麗王城王陵及貴族墓葬』, 吉林文史出版社
87) 吉林省文物考古研究所, 2009 『吉林集安高句麗墓葬報告集』, 科學出版社
88) 吉林省文物考古研究所·集安市博物館·吉林省博物院, 2010 『集安出土高句麗文物集粹』, 科學出版社

로 동북공정 기간과 비슷하다고 볼 수 있으나, 그 내용을 살펴보면 이전 시기와는 다른 몇 가지 특징들이 확인된다.

먼저 고구려 성곽에 대한 조사의 횟수가 늘었다는 점을 들 수 있다. 동북공정 기간 동안 발굴조사가 이루어진 성곽은 고구려 유적의 세계문화유산 등재 과정과 맞물려 조사가 이루어진 오녀산성, 국내성, 환도산성이 있으며, 예외적으로 동북공정 이전부터 발굴조사가 이루어진 심양 석대자산성이 있다. 그런데 동북공정 종료 이후 '간보'와 관련 논문 등에서 발굴조사가 이루어졌음을 확인할 수 있는 고구려 성곽으로는 고검지산성,[89] 자안산성,[90] 봉황산성,[91] 연주성,[92] 서풍 성자산산성,[93] 국내성[94] 등 6개소이다.[95] 〈표4-1〉 이 가운데 국내성을 제외하면 모두 고구려 산성에 대한 발굴조사라는 특징이 있다. 또한 이들 유적은 집안, 환인, 통화지역 뿐 만 아니라 봉성, 등탑, 서풍 등 여러 지방으로 확대되어 조사가 이루어졌으며, 이들 가운데 상당수는 각 지방마다 시행되고 있는 고구려 유적에 대한 보호 프로젝트에 따라 발굴조사가 실시된 유적이다.[96]

이 기간 동안 지표조사가 이루어진 성곽으로는 평정산산성, 해룡천산성, 청

---

89) 遼寧省文物考古硏究所, 2012「2008－2009年遼寧桓仁縣高儉地高句麗山城發掘簡報」『東北史地』2012－3

90) 通化市文物保護硏究所, 2010「吉林省通化市自安山城調査報告」『北方文物』2010－3

91) 遼寧省文物考古硏究所 홈페이지(www.lnwwkg.com/index.asp)

92) 遼寧省文物考古硏究所 홈페이지(www.lnwwkg.com/index.asp)

93) 周向永, 2009「西豊城子山山城始建年代再考」『東北史地』2009－02

94) 吉林省文物考古硏究所·集安市文物局, 2009「2008年集安市國內城社區辦公樓地點高句麗居住址的發掘」『北方文物』2009－3; 吉林省文物考古硏究所·集安市博物館, 2009「吉林省集安市實驗小學發掘地點考古發掘簡報」『北方文物』2009－4

95) 석대자산성의 배수시설에 관한 '간보'는 동북공정 종료 이후 발표되었으나, 유적의 발굴조사가 이루어진 것은 동북공정 기간인 2000~2005년이다(遼寧省文物考古硏究所·瀋陽市文物考古硏究所, 2010「瀋陽市石臺子高句麗山城蓄水設施遺址」『考古』2010－12).

〈표4-1〉 동북공정 종료 이후 '간보'에 소개된 고구려 유적(성곽)

유적		조사기간	조사기관(조사자)	출처	비고
성곽(13)	석대자산성(동북공정 기간 중 조사)	2000년 5월~2005년 8월	요녕성문물고고연구소·심양시문물고고연구소	「瀋陽市石臺子高句麗山城蓄水設施遺址」, 『考古』, 2010-12.	배수시설
		2002년 7~9월	심양시문물고고연구소	「瀋陽市石臺子高句麗山城2002年Ⅲ區發掘簡報」, 『北方文物』, 2007-03.	건물지
		2006년 4~7월	요녕성문물고고연구소·심양시문물고고연구소	「瀋陽石臺子山城西門址的補充發掘」, 『瀋陽考古文集』第1集, 科學出版社, 2007.	서문지
		2004년 4~9월	심양시문물고고연구소	「瀋陽石臺子山城2004年Ⅲ區發掘簡報」, 『瀋陽考古文集』第1集, 科學出版社, 2007.	건물지
		2006년	심양시문물고고연구소	「瀋陽石臺子山城2006年Ⅲ區發掘簡報」, 『瀋陽考古文集』第1集, 科學出版社, 2007.	건물지
	고검지산성	2008년 9~10월, 2009년 7~8월	遼寧省文物考古研究所	「2008-2009年遼寧桓仁縣高儉地高句麗山城發掘簡報」, 『東北史地』, 2012-3.	
	자안산성	2004~2005년, 2007~2009년	길림성문물고고연구소·통화시문물보호연구소	「吉林省通化市自安山城調查報告」『北方文物』, 2010-3.	
	봉황산성	2006년 9~11월, 2010년 7~11월	요녕성문물고고연구소	요녕성문물고고연구소 홈페이지(www.lnwwkg.com/index.asp)	간보 미간
	연주성	2009년 7~11월, 2010년 5~12월	요녕성문물고고연구소	요녕성문물고고연구소 홈페이지(www.lnwwkg.com/index.asp)	간보 미간
	서풍 성자산산성	2007~2008년	요녕성문물고고연구소	周向永, 「西豊城子山山城始建年代再考」, 『東北史地』, 2009-02.	간보 미간
	국내성 사구 판공루 지점	2008년 10월 29일~11월 19일	길림성문물고고연구소·집안시문물국	「2008年集安市國內城社區辦公樓地點高句麗居住址的發掘」, 『北方文物』, 2009-3.	건물지
	국내성 실험소학 지점	2008년 6월 26일~7월 10일	길림성문물고고연구소·집안시박물관	「吉林省集安市實驗小學發掘地點考古發掘簡報」, 『北方文物』, 2009-4.	건물지
	평정산산성	2008년 6월	본계시박물관	「遼寧本溪市平頂山高句麗山城調査」, 『東北史地』, 2009-5.	지표조사
	해룡천산성	2007년 10월	왕우랑·류관앵	「大石橋市海龍川山城考察報告」, 『黑龍江民族叢刊』, 2009-3.	지표조사
	청석령산성	2007년 10월	왕우랑·왕해파	「營口市青石嶺鎭高句麗山城考察報告」, 『黑龍江民族叢刊』, 2009-5.	지표조사
	적산산성	2007년 10월	왕우랑·왕문일	「營口地區蓋州市萬福鎭貴子溝村赤山山城考察報告」, 『黑龍江民族叢刊』, 2010-4.	지표조사
	천리장성 유적	2008~2009년	장복유·손인걸·지용	『高句麗千里長城』, 吉林人民出版社, 2010; 「高句麗千里長城調査要報」, 『東北史地』, 2010-03.	지표조사

석령산성, 적산산성 등 4개소가 있다. 이 가운데 평정산산성의 경우에는 본계시박물관(本溪市博物館)에서 실측 조사를 포함한 자세한 지표조사를 통하여 이전에 확인할 수 없었던 해당 성곽에 대한 새로운 내용을 담고 있다.[97] 이에 반해 해룡천산성,[98] 청석령산성,[99] 적산산성[100]은 대련대학(大連大學) 중국동북사연구중심(中國東北史硏究中心)에서 국가교육부(國家敎育部) 인문사회과학(人文社會科學) 과제로 신청한 "요동반도지구의 고구려 산성 조사(遼東半島地區的高句麗山城調査)"항목이 선정됨에 따라 관련 조사가 이루어진 것이다. 그러나 실제 지표조사가 이루어진 시간은 하루 중 몇 시간에 불과하며 기존에 조사된 내용과 문헌 기록 등을 재정리하여 결과를 발표한 것으로 내용면에서 특별히 새로운 것을 담고 있지는 않다. 이밖에 장복유를 중심으로 요녕성과 길림성에 남아 있는 천리장성 유적에 대한 지표조사도 이 기간 동안 실시되었다.[101]

고구려 고분의 경우에는 고구려 성곽과는 달리 조사가 이루어진 유적의 숫자가 오히려 줄어들었다. 이 기간 동안 '간보'에 발표된 고구려 고분은 모두 10개

---

96) 봉황산성은 '요녕성 고구려 유적 보호공정(遼寧省高句麗遺址保護工程)', 자안산성은 '길림성 고구려 유적 보호방안(吉林省高句麗遺址保護方案)', 고검지산성은 '산성 보호 북성벽 보수, 보강 공정(山城保護北城墻維修加固工程)' 등에 따라 발굴조사가 이루어졌다. 이들 공정(프로젝트)의 성격에 대해서는 이후 좀 더 자세한 검토가 필요할 것으로 생각되는데, 동북공정 이후 지방 정부 차원에서 벌이고 있는 실질적인 동북공정 이후의 후속 조치일 가능성이 높다.

97) 梁志龍·馬毅·王斌, 2009「遼寧本溪市平頂山高句麗山城調査」『東北史地』2009-5

98) 王禹浪·劉冠櫻, 2009「大石橋市海龍川山城考察報告」『黑龍江民族叢刊』2009-3

99) 王禹浪·王海波, 2009「營口市靑石嶺鎭高句麗山城考察報告」『黑龍江民族叢刊』2009-5

100) 王禹浪·王文軼, 2010「營口地區蓋州市萬福鎭貴子溝村赤山山城考察報告」『黑龍江民族叢刊』2010-4

101) 張福有·孫仁傑·遲勇, 2010『高句麗千里長城』吉林人民出版社; 張福有·孫仁傑·遲勇, 2010「高句麗千里長城調査要報」『東北史地』2010-03

소이다. 〈표4-2〉 그러나 이 가운데 무순시 시가고분군은 동북공정이 시작되기 이전에 조사가 이루어진 유적이고,[102] 석대자산성고분군[103]과 우산540호 무덤[104]은 동북공정 기간 중에 발굴조사가 이루어진 것이 이때에 '간보'로 발표된 것이다. 이를 제외하면 동북공정이 종료된 이후 지금까지 조사가 이루어진 무덤은 6개소 정도 밖에 되지 않는다. 대체로 집안시 일대에서 제한적으로 발굴조사가 이루어졌는데, 이 가운데 4기의 무덤은 집안시의 고구려 유적이 세계문화유산에 지정된 것에 대한 후속 보호항목인 '통구 고분군 무덤 본체 보호공정(洞溝古墓群墓葬本體保護工程)'에 맞추어 조사가 진행된 것으로 2008년 4월~8월까지 길림성문물고고연구소와 집안시박물관에서 발굴조사를 실시하였다. 이 때 발굴조사가 이루어진 무덤으로는 우산묘구1041호 무덤, 우산묘구 901호 무덤, 마선 1호 무덤, 호자구 1호 무덤이 있다.[105] 가장 최근에는 집안시 태왕진 신홍촌(新紅村)에 소재한 8기의 적석총[106]과 신홍촌 28호 계단식적석광실무덤(階壇積石廣室墓)에 대한 발굴조사가 이루어졌다.[107] 이밖에도 집안시박물관은 지표조

102) 무순시 시가무덤군은 총 41기에 이르는 봉토석실묘가 발굴 조사되었다(遼寧省文物考古研究所·撫順市博物館, 2007「遼寧撫順市施家墓地發掘簡報」『考古』2007-10).

103) 2002년 5월~2003년 10월까지 62기의 봉토석실묘가 발굴조사 되었으며(遼寧省文物考古研究所·瀋陽市文物考古研究所, 2008「瀋陽市石臺子山城高句麗墓葬2002~2003年發掘簡報」『考古』2008-10) 2004년에는 다시 6기의 봉토석실묘가 조사되었다(瀋陽市文物考古研究所, 2006「2004年度瀋陽石臺子山城高句麗墓葬發掘簡報」『北方文物』2006-2). 중국 측 조사자의 견해와 달리 강현숙은 시가고분군과 석대자산성고분군이 8세기 후반경에 조성된 발해고분군이라는 견해를 피력한 적이 있다(강현숙, 2009「고구려고지의 발해고분」『한국고고학보』72집).

104) 吉林省文物考古研究所, 2009「集安禹山540號墓淸理報告」『北方文物』2009-1

105) 吉林省文物考古研究所·集安市博物館, 2010「2008年集安市洞溝古墓群考古發掘報告」『邊疆考古研究』

106) 吉林省文物考古研究所·集安市博物館, 2012「集安市太王鎭新紅村高句麗積石墓群發掘簡報」『北方文物』2012-03

107) 吉林省文物考古研究所·集安市博物館, 2012「集安市太王鎭新紅村一座高句麗階壇積石壙室墓(M28)的發掘」『北方文物』2012-03

사를 통하여 마선향 상활룡촌에서 23기의 새로운 고구려 고분을 확인하였다.[108]

기타유적으로는 장군총 서남쪽에 위치한 곳에서 건물지가 1개소가 확인되어 동북공정 기간 동안 발굴조사가 실시되었으며,[109] 마선향 건강촌(建疆村)에서도 건축지로 추정되는 유적에 대한 시굴조사가 최근에 실시되었다.[110]

〈표4-2〉 동북공정 종료 이후 '간보'에 소개된 고구려 유적(고분·기타)

유적		조사기간	조사기관	출처	비고
고분(10)	시가고분군	2000년11월, 2001년 10~11월	요녕성문물고고연구소·무순시박물관	「遼寧撫順市施家墓地發掘簡報」,『考古』, 2007-10.	동북공정 이전 조사
	석대자산성 고분군	2002년 5월~2003년 10월	요녕성문물고고연구소·심양시문물고고연구소	「瀋陽市石臺子山城高句麗墓葬2002~2003年發掘簡報」,『考古』, 2008-10.	동북공정 기간 조사
	우산540호 무덤	2003년 9~11월	길림성문물고고연구소	「集安禹山540號墓清理報告」,『北方文物』, 2009-1.	동북공정 기간 조사
	우산묘구 1041호 무덤	2008년4~8월	길림성문물고고연구소·집안시박물관	「2008年集安市洞溝古墓群考古發掘報告」,『邊疆考古研究』, 2010.	
	우산묘구 901호 무덤				
	마선1호무덤				
	호자구1호무덤				
	신홍촌 고분군	2011년 6~8월	길림성문물고고연구소·집안시박물관	「集安市太王鎭新紅村高句麗積石墓群發掘簡報」,『北方文物』, 2012-03.	
	신홍촌28호 무덤	2011년 7월	길림성문물고고연구소·집안시박물관	「集安市太王鎭新紅村一座高句麗階壇積石壙室墓(M28)的發掘」,『北方文物』, 2012-03.	
	상활룡 산서 고분군	2010년 5월	집안시박물관	「集安麻線上活龍山西墓群調查與研究」,『東北史地』, 2010-4.	지표조사
기타(2)	장군총 서남 건축유적	2003년 8~9월	길림성문물고고연구소	「集安將軍墳西南建築遺址的考古發掘」,『邊疆考古研究』, 2011.	동북공정 기간 조사
	건강유적	2010년 10~11월	길림성문물고고연구소·집안시박물관	「集安高句麗早期遺存研究新進展-集安建疆遺址考古發掘收獲」,『東北史地』, 2012-4.	

108) 尙武, 2010「集安馬線上活龍山西墓群調查與研究」『東北史地』2010-4
109) 吉林省文物考古研究所, 2011「集安將軍墳西南建築遺址的考古發掘」『邊疆考古研究』
110) 吉林省文物考古研究所·集安市博物館, 2012「集安高句麗早期遺存研究新進展-集安建疆遺址考古發掘收獲」『東北史地』2012-4

Ⅲ. 동북공정 이후 중국의 발해 고고학

1. 동북공정 시기

1) 연구동향

동북공정 기간 동안 발표된 발해 고고학 관련 논문은 총 28편에 이르는 것으로 파악된다. 이 가운데 19편의 논문이 『북방문물』에 발표되었으며 『변강고고연구』에는 7편, 『흑룡강민족총간』, 『길림대학사회과학학보』에는 각각 1편씩의 논문이 발표되었다. 이처럼 이 시기 발해 고고학 관련 논문은 『북방문물』에 특히 집중되는 양상이 뚜렷하며, 그 밖의 다른 학술지에서는 발해 고고학 관련 논문을 찾아보기 힘들다. 〈표5〉

발표된 논문의 주제를 살펴보면, 발해 성곽과 관련된 논문이 11편으로 가장 큰 비중을 차지한다. 그 가운데에서도 발해 도성과 관련된 논문이 9편으로 거의 대부분을 차지하며,[111] 발해 산성 관련 논문은 2편으로 그 수가 많지 않다.[112] 성곽을 제외하면 발해 유물과 관련 논문이 9편으로 그 다음 많은 수를 차

111) 李健才, 2002「渤海初期都城考」『北方文物』2002-03
李陳奇·趙虹光, 2004「渤海上京城考古的四個階段」『北方文物』2004-2
曉辰, 2004「談渤海文王大欽茂時期的都城建制」『北方文物』2004-02
劉曉東·李陳奇, 2006「渤海上京城“三朝”制建制的探索」『北方文物』2006-1
王培新·傅佳欣·彭善國, 2003「吉林敦化敖東城及永勝遺址考古發掘的主要收獲」『邊疆考古研究』
魏存成, 2003「渤海都城的布局發展及其與隋唐長安城的關系」『邊疆考古研究』
宋玉彬·王志剛·全仁學, 2004「渤海中京顯德府故址—西古城城址研究簡史」『邊疆考古研究』
井上和人·吳麗丹, 2005「渤海上京龍泉府形制新考」『邊疆考古研究』
王培新·傅佳欣, 2003「渤海早期都城遺址的考古學探索」『吉林大學社會科學學報』2003-3

지한다. 이를 세분해 보면 토기 및 자기와 관련된 논문이 5편으로 가장 많으며,[113] 그밖에 기와,[114] 철기,[115] 청동기[116] 등을 주제로 한 논문이 발표되었다.

그 밖의 주제는 모두 3편 이하의 적은 수의 논문이 발표되었다. 발해 고분 관련 논문은 모두 3편으로 이 가운데 2편은 '진릉(珍陵)'을 고찰한 논문이며,[117] 나머지 1편은 발해 무덤의 유형과 변천에 관한 논문이다.[118] 그리고 연변 지역의 발해 유적[119]과 발해 불교 유적,[120] 러시아의 발해 유적[121] 등의 조사와 연구를 주제로 한 발해 유적 일반에 관한 논문도 각각 1편 씩 발표되었다. 이밖에 건물지를 주제로 한 논문으로는 24개돌 유적 관련 논문이 1편 있고,[122] 기타 주제로 영안 삼령(三靈)고분군에서 출토된 인골을 분석한 논문이 1편 있다.[123]

---

112) 王禹浪·王宏北, 2002「黑龍江渤海山城分布與特征」『黑龍江民族叢刊』2002-01
徐學毅, 2006「敦化城山子山城考察記」『北方文物』2006-4

113) 劉曉東·胡秀傑, 2003「渤海陶器的分類,分期與傳承淵源研究」『北方文物』2003-1
付彤, 2004「寧安市虹鱒魚場渤海墓地征集的幾件陶器」『北方文物』2004-4
馮恩學, 2006「特羅伊茨基靺鞨墓地的陶器來源」『北方文物』2006-4
張玉霞, 2005「牡丹江流域渤海遺迹出土陶器的類型學硏究」『邊疆考古研究』
彭善國, 2006「試析渤海遺址出土的釉陶和瓷器」『邊疆考古研究』

114) E.B.阿斯塔申科娃·B.И.博爾金, 2006「克拉斯基諾古城遺址瓦當的紋飾」『北方文物』2006-04

115) 劉曉東·李陳奇, 2005「渤海國時期吉林的鐵器述論」『北方文物』2005-3

116) 張慶國, 2004「渤海上京遺址博物館藏的銅鏡」『北方文物』2004-2
方琦, 2005「渤海上京龍泉府出土的幾件文物」『北方文物』2005-3

117) 侯莉閩·李强, 2002「渤海珍陵新探」『北方文物』2002-02
徐學毅, 2003「敦化六頂山"珍陵"新考」『北方文物』2003-02

118) 李蜀蕾, 2005「渤海墓葬類型演變再探討」『北方文物』2005-1

119) 李强·侯莉閩, 2003「延邊地區渤海遺存之我見」『北方文物』2003-4

120) 胡秀傑·劉曉東, 2004「渤海佛教遺迹的發現與研究」『北方文物』2004-2

121) B.И.博爾金·辛冰, 2005「1994~1998年對濱海地區渤海遺存的考古學考察研究成果」『北方文物』2005-04

122) 尹鉉哲, 2002「吉林省汪清縣興隆村的二十四塊石遺址」『北方文物』2002-03

123) 方啓, 2005「黑龍江省寧安縣三靈墓地渤海人骨研究」『邊疆考古研究』

〈표5〉 동북공정 기간 동안 발표된 발해 고고학 관련 논문 비교표

구분	북방문물	변강고고연구	흑룡강민족총간	길림대학 사회과학학보	계
성곽	5	4	1	1	11
고분	3				3
주거지·건물지	1				1
유적일반	3				3
유물	7	2			9
기타		1			1
계	19	7	1	1	28

한편 이 기간 동안 발표된 학위논문은 그 편수가 적다. 길림대학 변강고고연구중심에서 발해 토기[124]와 발해 무덤[125]을 주제로 한 석사학위논문이 각각 1편씩 발표되었을 뿐 발해 고고학 분야에서 관련 학위논문은 찾아보기 힘들다. 발해 고고학 관련 저서로는 주국침(朱國忱)·주위(朱威)의 『발해유적(渤海遺迹)』[126]과 방학봉의 『발해성곽연구』,[127] 『발해 주요 유적을 찾아서』[128] 등이 있는데, 발해 유적에 대한 개설서적 성격이 강하다. 이 밖에도 앞에서 언급한 정영진의 저서[129]가 있으며, 1990년대~2000년대 초반까지 발표된 고고학 논문을 상당부분 포함하여 만든 『발해의 역사와 문화(渤海的歷史與文化)』[130]도 이 기간 동안 출판되었다.

124) 張玉霞, 2004 『牡丹江流域渤海遺迹出土陶器的類型學研究』 吉林大學碩士學位論文

125) 李曉非, 2005 『海蘭江－圖們江流域渤海墓葬研究』 吉林大學碩士學位論文

126) 朱國忱·朱威, 2002 『渤海遺迹』, 文物出版社

127) 방학봉, 2002 『발해성곽연구』, 연변인민출판사

128) 방학봉, 2003 『발해 주요 유적을 찾아서』, 연변대학출판사

129) 鄭永振, 2003 『高句麗渤海靺鞨墓葬比較研究』, 延邊大學出版社

130) 劉曉東 主編, 2003 『渤海的歷史與文化』, 黑龍江人民出版社

2) 유적조사동향

발해 유적의 조사동향도 고구려 고고학과 동일한 기준에 따라 파악해 볼 수 있다.

먼저 발해 유적의 경우 동북공정 기간 중에 출판된 발굴보고서는 1편도 없다. 일부 발해유적에 대한 조사 상황이 『고고』와 『북방문물』에 '간보' 형식으로 발표되었을 뿐인데, 이를 유적별로 살펴보면 성곽이 3개소이며, 고분과 건물지가 각각 1개소 등 총 5개소에 불과하다. 〈표6〉 이 가운데 성곽은 상경성[131]과 흥농고성(興農古城),[132] 오동성(敖東城)[133] 등 도성·평지성에 대한 발굴조사만 이루어졌다. 그러나 이들 유적이 발굴조사 된 시기를 살펴보면 실제로 동북공정 기간 동안 발굴조사가 이루어진 유적은 오동성 1개소 밖에 없으며, 나머지 유적은 모두 동북공정 기간 이전에 발굴조사가 이루어지고 동북공정 기간 동

〈표6〉 동북공정 기간 보고서와 '간보'에 소개된 발해 유적

유적		조사기간	조사기관	출처	비고
성곽 (3)	상경성	2000~2001년	흑룡강성문물고고연구소·길림대학고고학계·목단강시문물관리참	「黑龍江寧安市渤海國上京龍泉府宮城4號宮殿遺址的發掘」, 『考古』, 2005-9.	동북공정 이전조사
	흥농발해성지	1994~1995년	흑룡강성문물고고연구소·길림대학고고학계	「黑龍江海林市興農渤海時期城址的發掘」, 『考古』, 2005-3.	동북공정 이전조사
	오동성	2002~2003년	길림대학변강고고연구중심·길림성문물고고연구소	「吉林敦化市敖東城遺址發掘簡報」, 『考古』, 2006-9.	金代성곽
고분 (1)	동련화촌 발해무덤	1995년 10월	흑룡강문물고고연구소	「黑龍江省寧安市東蓮花村渤海墓葬」, 『北方文物』, 2003-02.	동북공정 이전조사
주거지·건물지 (1)	소지영 유적	1990년 9~10월	흑룡강문물고고연구소	「黑龍江東寧縣小地營遺址渤海房址」, 『考古』, 2003-3.	동북공정 이전조사

131) 黑龍江省文物考古研究所, 2005「黑龍江寧安市渤海國上京龍泉府宮城4號宮殿遺址的發掘」『考古』2005-9

132) 黑龍江省文物考古研究所·吉林大學考古學係, 2005「黑龍江海林市興農渤海時期城址的發掘」『考古』2005-3

133) 吉林大學邊疆考古研究中心·吉林省文物考古研究所, 2006「吉林敦化市敖東城遺址發掘簡報」『考古』2006-9

안 '간보'에 그 조사 내용이 발표된 것이다.

성곽 외에 이 시기 '간보'에 소개된 유적으로는 동연화촌(東蓮花村) 발해고분[134]과 소지영(小地營) 유적의 주거지[135]가 있는데 각각 1995년과 1990년 발굴 조사한 자료를 동북공정 기간 동안 '간보'로 발표한 것이다.

2. 동북공정 종료 이후

1) 연구동향

동북공정 종료 이후 지금까지 발표된 발해 고고학 관련 논문은 38편으로 동북공정 기간에 비해서 10편이 증가하였다. 그전까지 발해 고고학 관련 논문이 『북방문물』, 『변강고고연구』 등 극히 일부 학술지에서 발표되었던 것에 비해 이때에 들어서는 기존의 학술지 외에도 『동북사지』, 『박물관연구』, 『하얼빈학원학보』, 『사회과학전선』, 『고고』 등 여러 학술지를 통해 발해 고고학 관련 논문이 발표되었다. 〈표7〉

〈표7〉 동북공정 종료 이후 발표된 발해 고고학 관련 논문 비교표

구분	북방문물	동북사지	박물관연구	변강고고연구	하얼빈학원학보	기타	계
성곽	5	1	1	1	2	3	13
고분	1	3			1		5
주거지·건물지		1		2			3
유물	9	3				2	14
기타	1				1	1	3
계	16	8	1	3	4	6	38

134) 黑龍江文物考古研究所, 2003「黑龍江省寧安市東蓮花村渤海墓葬」『北方文物』2003-02

135) 黑龍江省文物考古研究所, 2003「黑龍江東寧縣小地營遺址渤海房址」『考古』2003-3

이를 주제별로 비교해 보면 성곽 관련 논문이 모두 13편으로 그 수가 많은데, 이 가운데 특히 상경성을 비롯한 도성 관련 논문이 10편으로 거의 대부분을 차지한다.[136] 그밖에도 흑룡강 유역과 러시아 연해 지역에 위치한 발해 성곽을 고찰한 논문이 2편 있으며,[137] 강박호 변장(邊墻)과 관련된 논문도 1편 있다.[138]

발해 유물과 관련된 논문은 총 14편으로 그 숫자가 가장 많다. 이를 세분해 보면 각각 기와,[139] 토기와 삼채(三彩),[140] 장신구와 동기,[141] 불상과 사리함,[142]

---

136) 趙虹光, 2009「渤海上京城建制研究」『北方文物』2009-4
趙虹光, 2010「渤海上京城研究補遺」『北方文物』2010-4
А.Л.伊夫裏耶夫·В.И.博爾金·王德厚, 2012「克拉斯基諾古城遺址和濱海地區渤海的考古學研究」『北方文物』2012-1
趙虹光, 2012「渤海上京城考古發掘隨筆」『北方文物』2012-2
徐秀雲, 2007「渤海上京城遺址簡介」『博物館研究』2007-1
宋玉彬·曲軼莉, 2008「渤海國的五京制度與都城」『東北史地』2008-06
趙虹光, 2009「渤海上京城宮殿建制研究」『邊疆考古研究』
陳濤·李相海, 2009「渤海上京龍泉府城門建築初探」『華中建築』2009-7
宋玉彬, 2009「渤海都城故址研究」『考古』2009-6
黑龍江文物考古研究所, 2009「渤海上京城第四階段考古發掘主要收獲」『文物』2009-6
137) 王禹浪·劉述昕, 2007「黑龍江流域渤海古城的初步研究」『哈爾濱學院學報』2007-12
王禹浪·孫慧, 2009「俄羅斯濱海地區及黑龍江流域的渤海古城遺迹」『哈爾濱學院學報』2009-2
138) 姜玉珂, 2007「鏡泊湖邊牆爲渤海說兼談渤海遺跡的甄別」『北方文物』2007-2
139) 趙越, 2008「渤海瓦當類型學考察及分期」『北方文物』2008-4
趙磊, 2011「渤海上京城蓮花紋瓦當的修復」『北方文物』2011-4
宋玉彬·劉玉成, 2011「渤海上京瓦當的類型學考察」『東北史地』2011-5
馬洪, 2011「渤海壓印瓦"仏"字的構形來源」『北方文物』2011-2
140) 鄭永振, 2008「渤海文化考古學新探—以陶器爲中心」『東疆學刊』2008-4
唐小軒, 2012「渤海三彩的幾個問題」『東北史地』2012-2
141) 馮恩學, 2011「黑水靺鞨的裝飾品及淵源」『華夏考古』2011-01
趙湘萍, 2012「渤海上京城發現的鷹紋銅帶銙」『北方文物』2012-2
142) 陰淑梅, 2007「寧安市渤海上京城發現的銅佛像」『北方文物』2007-2
王世傑, 2009「渤海上京城發現的泥佛像」『北方文物』2009-2
徐秀雲, 2008「渤海故地再次發現舍利函」『北方文物』2008-2

귀부(龜趺),[143] 인장[144] 등과 같은 다양한 발해의 유물을 주제로 삼고 있다.

발해 고분과 관련된 논문은 발해 왕릉과 발해 '진릉' 관련 논문 등을 비롯한 총 5편이 확인되는데,[145] 동북공정 기간과 마찬가지로 성곽이나 유물 관련 논문보다는 발표된 수가 그렇게 많지 않다. 이밖에도 건물유적과 관련된 논문으로는 24개돌 유적과 흑룡강 중류 유역에서 발견된 말갈 주거지에 대한 논문이 모두 3편 발표되었다.[146] 기타 논문으로는 발해 북쪽 경계와 흑룡강 유역의 발해 유적과 유물을 고찰하거나 말갈족의 기원을 고고학적으로 살펴본 것이 있다.[147]

한편 학위논문은 동북공정 기간에 비해 월등히 많은 수의 논문이 발표되었다. 이는 동북공정 기간과 종료 이후를 비교할 때 가장 큰 변화 가운데 하나로 볼 수 있다. 이 기간 동안 발표된 학위논문은 석사와 박사를 포함하여 모두 10편에 이르는데, 길림대학에서 6편, 하얼빈공업대학에서 3편, 하남대학에서 1편의 논문이 발표되었다. 박사학위논문은 1편으로 길림대학에서 중국 내에서

143) 韓亞男, 2011「寧安市渤海鎮興隆寺所藏石龜趺及相關問題硏究」『北方文物』2011-4

144) 張韜, 2008「略考同渤海曆史與考古有關的兩方官印」『北方文物』2008-3
馬洪, 2012「渤海"天門軍之印" 譾識」『東北史地』2012-2

145) 劉曉東, 2012「渤海王陵及相關問題續論」『北方文物』2012-3
魏存成, 2008「渤海墓葬的整體面貌和主要特征」『東北史地』2008-04
王志剛·張秀榮·林世香, 2009「關于渤海"珍陵"的兩點認識」『東北史地』2009-04
彭善國, 2010「蛟河七道河村渤海遺址屬性辨析」『東北史地』2010-3
王禹浪·孫軍, 2007「黑龍江流域渤海墓葬的初步研究」『哈爾濱學院學報』2007-11

146) 王志剛·丁極梟·郭建剛, 2010「二十四塊石的發現與研究」『東北史地』2010-3
王志剛, 2009「考古學實證下的二十四塊石」『邊疆考古研究』
馮恩學, 2007「黑龍江中遊沿岸地區的靺鞨房屋」『邊疆考古研究』

147) 姜玉珂·趙永軍, 2008「渤海國北界的考古學觀察」『北方文物』2008-2
王禹浪·樹林娜, 2008「黑龍江流域渤海國曆史遺迹遺物初步研究」『哈爾濱學院學報』2008-9
魏存成, 2007「靺鞨族起源發展的考古學觀察」『史學集刊』2007-04

출토된 발해 토기를 주제로 발표한 것이며,[148] 나머지 9편은 모두 석사학위논문이다. 이 가운데 길림대학에 발표된 석사학위논문이 모두 5편으로 육정산고분군과 홍준어장고분군을 주제로 한 고분 관련논문이 2편,[149] 발해 와당과 말갈 토기, 장신구를 주제로 한 논문이 각각 1편이다.[150] 하얼빈공업대학에서 발표된 3편의 석사학위논문은 발해 상경성의 제3, 4궁전지, 내원(內苑), 성문 등 상경성 내 유적의 복원과 관련된 논문이며,[151] 하남대학에서 발표된 것은 발해 중경성의 배치와 궁전의 건축을 분석하여 작성한 논문이다.[152]

반면 발해 고고학 관련 저서는 동북공정 기간과 마찬가지로 그 수가 극히 적다. 위존성의 『발해고고(渤海考古)』[153]와 왕우랑의 『고구려·발해 고성지 연구회편』제2판[154]을 제외하면 특별히 눈에 띄는 것이 없다. 이 가운데 『발해고고』는 발해도성, 대외교통과 관련된 발해유적, 발해무덤 등의 주제로 구성되어 있으며, 최근까지 출판된 발해 고고학 관련 저서 가운데 가장 전문적인 연구서에 해당한다.

148) 王樂, 2009『中國境內渤海陶器硏究』吉林大學博士學位論文
149) 王志剛, 2008『六頂山渤海墓葬硏究』吉林大學碩士學位論文
金銀玉, 2011『寧安虹鱒魚場渤海墓葬硏究』吉林大學碩士學位論文
150) 趙越, 2007『渤海瓦當硏究』吉林大學碩士學位論文
崔鮮花, 2007『渤海服飾的考古學探索』吉林大學碩士學位論文
林楝, 2008『靺鞨文化陶器的區系探索』吉林大學碩士學位論文
151) 徐冉, 2007『渤海上京宮城第三, 四宮殿復原硏究』哈爾濱工業大學碩士學位論文
孫志敏, 2008『渤海上京城內苑復原硏究』哈爾濱工業大學碩士學位論文
李霞, 2008『渤海上京城城門復原硏究』哈爾濱工業大學碩士學位論文
152) 王海, 2009『吉林省渤海國中京城市布局及宮殿建築硏究』河南大學碩士學位論文
153) 魏存成, 2008『渤海考古』, 文物出版社
154) 王禹浪·王宏北, 2007『高句麗渤海古城址硏究匯編 下編-渤海卷』제2판, 哈爾濱出版社

2) 유적조사동향

동북공정 종료 이후 발굴보고서와 '간보'를 통하여 조사 상황을 파악할 수 있는 발해 유적은 성곽 3개소, 고분 5개소, 건물지 1개소 등 총 9개소이다. 이 가운데 가장 최근의 발굴 성과를 꼽자면 역시 서고성[155]과 상경성[156]과 팔련성[157] 등 발해의 도성유적을 들 수 있다. 그런데 이들 도성 유적이 발굴조사 된 시기를 확인해 보면 실제로는 동북공정 기간 동안 발굴조사가 이루어지고, 동북공정이 종료된 이후 정식발굴보고서와 '간보'로 발표된 것임을 알 수 있다.

이는 발해 고분도 역시 마찬가지이다. '간보'를 통해 발해 무덤의 조사 상황을 확인할 수 있는 유적은 육정산고분군[158]과 용해(龍海) 발해왕실고분군,[159] 중평(仲坪)유적[160]이 있는데, 3곳의 유적 모두 동북공정 기간인 2003~2005년에 걸쳐 조사가 이루어지고 동북공정 종료 이후 '간보'로 그 발굴 성과가 발표되었다. 이외에도 강동·임승 24개돌 유적 역시 동일하게 동북공정 기간 동안 발굴조사가 이루어졌다.[161]

---

155) 吉林省文物考古研究所·延邊朝鮮族自治州文化局·延邊朝鮮族自治州博物館·和龍市博物館, 2007『西古城-2000~2005年度渤海國中京顯德府故址田野考古報告』, 文物出版社

156) 黑龍江文物考古研究所, 2009『渤海上京城-1998~2007年度考古發掘調査報告』, 文物出版社

157) 吉林省文物考古研究所·吉林大學邊疆考古研究中心, 2009「吉林琿春市八連城內城建築基址的發掘」『考古』2009-6; 吉林大學邊境考古研究中心·吉林省文物考古研究所, 2008「吉林省琿春八連城遺址2004年調査測繪報告」『邊疆考古研究』

158) 吉林省文物考古研究所·敦化市文物管理所, 2009「吉林敦化市六頂山墓群2004年發掘簡報」『考古』2009-6

159) 吉林省文物考古研究所·延邊朝鮮族自治州文物管理委員會辦公室, 2009「吉林和龍市龍海渤海王室墓葬發掘簡報」『考古』2009-6

160) 吉林省文物考古研究所·安圖縣文管所, 2007「吉林安圖縣仲坪遺址發掘」『北方文物』2007-4

161) 吉林省文物考古研究所·敦化市文物管理所, 2009「吉林敦化市江東·林勝"二十四塊石"遺迹的調査和發掘」『考古』2009-6

〈표8〉 동북공정 종료 이후 '간보'에 소개된 발해 유적

유적		조사기간	조사기관	출처	비고
성곽(3)	서고성	2000~2005년	길림성문물고고연구소·연변조선족자치주문화국·연변조선족자치주박물관·화룡시박물관	『西古城-2000~2005年度渤海國中京顯德府故址田野考古報告』, 文物出版社, 2007.	동북공정 기간조사
	상경성	1998~2007년	흑룡강문물고고연구소	『渤海上京城-1998~2007年度考古發掘調査報告』, 文物出版社, 2009.	동북공정 기간조사
	팔련성	2004~2006년	길림성문물고고연구소·길림대학변강고고연구중심	「吉林琿春市八連城内城建築基址的發掘」, 『考古』, 2009-6.	동북공정 기간조사
고분(5)	육정산 고분군	2004년 여름~가을	길림성문물고고연구소·돈화시문물관리소	「吉林敦化市六頂山墓群2004年發掘簡報」, 『考古』, 2009-6.	동북공정 기간조사
	용해왕실 고분군	2004년 7~11월, 2005년 6~11월	길림성문물고고연구소·연변조선족자치주문물관리위원회판공실	「吉林和龍市龍海渤海王室墓葬發掘簡報」, 『考古』, 2009-6.	동북공정 기간조사
	중평유적	2003년 10~11월, 2004년 5월	길림성문물고고연구소·안도현문관소	「吉林安圖縣仲坪遺址發掘」, 『北方文物』, 2007-4.	동북공정 기간조사
	산저자 고분군	1966~1967년	흑룡강문물고고연구소	「黑龍江省海林市山咀子渤海墓葬」, 『北方文物』, 2012-1.	
	홍준어장 고분군	1992~1995년	흑룡강문물고고연구소	『寧安虹鱒魚場-1992~1995年度渤海墓地考古發掘報告』, 文物出版社, 2009.	
주거지·건물지(1)	강동·임승 24개돌 유적	2004년 7월 25일~8월 10일, 2004년 8월 26일	길림성문물고고연구소·돈화시문물관리소	「吉林敦化市江東·林勝"二十四塊石"遺迹的調査和發掘」, 『考古』, 2009-6.	동북공정 기간조사

한편 이전의 발굴 성과를 정식발굴보고서로 출판하거나 뒤늦게 '간보'로 발표하는 경우도 확인된다. 영안 홍준어장(虹鱒漁場)고분군은 1992~1995년까지 조사가 이루어진 유적으로 『서고성』과 『발해상경성』과 같이 정식보고서가 출판되었다.[162] 이렇게 발해 도성과 주요 무덤에 대한 발굴보고서가 짝을 맞추어 출판되고 있는 점은 흡사 중국이 고구려 유적을 대대적으로 발굴한 뒤 정식보고서를 출판하고 그 뒤 유네스코 세계문화유산에 등재한 것과 동일한 방식을 취하고 있다고 여겨진다. 이밖에도 산저자(山咀子)고분군은 1960년대 발굴조사

162) 黑龍江文物考古研究所, 2009 『寧安虹鱒魚場-1992~1995年度渤海墓地考古發掘報告』, 文物出版社

가 이루어졌는데 최근 들어 그 내용이 '간보'로 발표되었다.[163]

Ⅳ. 맺음말

이상으로 동북공정 이후 중국의 고구려·발해 고고학 연구동향과 조사동향을 동북공정 시기와 동북공정 종료 이후로 나누어 살펴보았다. 두 시기 사이에서 확인할 수 있는 몇몇 특징을 정리하면서 맺음말을 대신할까 한다.

먼저 동북공정 기간 동안 고구려 고고학 관련 연구는 기존에 있던 『북방문물』과 『박물관연구』 등 학술지와 동북공정 기간 동안 새롭게 발간된 『동북사지』에 집중적으로 발표되었다. 이 가운데 특기할 점은 바로 『동북사지』의 발간이다. 이 기간 동안 발표된 고구려 관련 논문 가운데 거의 절반에 가까운 논문이 『동북사지』에 발표가 되었는데, 여기에는 물론 논문의 질적 문제가 있음도 지적할 수 있겠으나 이를 차치하더라도 『동북사지』가 동북공정 이후 고구려 고고학 연구의 중요한 창구 역할을 담당하고 있음은 의문의 여지가 없다고 하겠다.

동북공정 종료 이후에는 고구려 고고학 관련 연구가 이전에 비해 전반적으로 확대, 심화되고 있는 경향을 파악할 수 있다. 일단 동북공정 기간에 비해서 관련 저서의 숫자가 증가하였고, 논문의 편수도 증가하였는데 훨씬 더 많은 학술지상에 다양한 주제를 대상으로 고구려 고고학 관련 논문이 발표되기 시작하였다. 이와 궤를 같이 하여 고구려 고고학 전공자도 크게 증가 추세를 보이는데, 이는 이 시기 발표된 학위논문을 통하여 확인할 수 있다. 동북공정이 종

163) 黑龍江文物考古硏究所, 2012「黑龍江省海林市山咀子渤海墓葬」『北方文物』2012-1

료된 이후에도 동북공정 기간과 동일한 수의 해당하는 7편의 석사학위논문이 발표되었다. 특히 이전까지 단 1편의 박사학위논문도 없던 것이 동북공정이 종료된 이후에는 갑자기 6편이나 발표되어 논문의 수와 질적인 부분에 있어서의 변화를 확인할 수 있다.

동북공정 기간 동안 조사가 이루어진 고구려 유적은 주로 오녀산성, 환도산성, 국내성을 비롯한 도성 유적과 집안 시내에 소재한 고구려 왕릉급 무덤 등이다. 이들 유적은 우리에게 잘 알려져 있는 것처럼 세계문화유산등재 목적에 따라 특히 집안지역을 중심으로 집중적인 조사가 이루어진 것이다. 그런데 동북공정이 종료되면서 고구려 유적에 대한 조사 경향이 다소 변화되었음을 확인할 수 있다. 일단 조사된 유적의 숫자를 살펴보면 고구려 고분에 대한 발굴조사의 예가 줄어들고, 그 대신 고구려 성곽 특히 산성에 대한 조사 예가 크게 증가하였다. 그리고 이들 유적은 집안이나 환인 등 고구려 수도 인근에만 그치는 것이 아니라 지방의 여러 지역으로 확대되어 조사가 이루어지고 있다. 이 가운데 상당수는 성(省)별로 아니면 유적별로 이루어지고 있는 보호 프로젝트(工程)에 따라 조사가 이루어지고 있는 것으로 판단되는데, 이는 동북공정 이후 지방 정부 차원에서 벌이고 있는 동북공정 이후의 후속 조치일 가능성이 높다는 점에서 앞으로 좀 더 관심을 가지고 살펴볼 필요가 있다고 여겨진다.

동북공정 기간 동안 발해 고고학 연구 분야는 그렇게 활발하게 진행된 것은 아닌 것으로 판단된다. 발표된 논문의 대부분은 흑룡강성에서 출판하고 있는 『북방문물』에 게재되는 경우가 많으며, 논문의 주제별로는 발해 성곽 그 가운데에서도 발해 도성과 관련된 논문이 가장 큰 비중을 차지하였다. 이는 동북공정 종료 이후에도 큰 변화 없이 그대로 유지되는 특징이기도 하다. 한편 이 시기 발표된 학위논문이나 저서에 있어서는 특별히 주목할 만한 연구 성과는 눈에 띄지 않는다.

동북공정이 종료된 뒤 발해 고고학 연구 분야에서 이전에 비해 확연히 구분되는 것이 있는데, 그것은 바로 학위논문 수의 월등한 증가이다. 동북공정 기간 동안 발표된 발해고고학 관련 학위논문은 2편의 석사학위논문이 전부였다. 그런데 동북공정이 종료된 이후 박사학위 1편을 비롯한 총 10편의 논문이 발표되었는데, 발해 도성, 고분, 토기, 와당, 장신구 등을 논문의 주제로 삼고 있으며, 순수한 고고학 관련 학위논문과 함께 건축공학 측면에서 발해 상경성의 궁전지와 내원(內苑), 성문 등을 복원 연구한 3편의 학위논문도 눈에 띈다. 동북공정을 계기로 중국 고고학계에 일어난 가장 큰 변화 가운데 하나를 꼽으라면 고구려·발해 고고학 방면의 많은 전공자의 배출을 꼽아도 큰 무리가 없다고 여겨진다.

동북공정 기간 동안 발해 유적에 대한 발굴보고서는 1권도 출판되지 않았으며, 동북공정 이전에 조사가 이루어진 일부 유적에 대해서만 그 조사 성과가 소개되었을 뿐이다. 발해 유적 가운데 가장 최근의 발굴 성과를 보여주는 것은 상경성과 서고성, 팔련성 등 발해의 도성 유적이다. 특히 상경성과 서고성의 경우에는 동북공정 기간에 맞춰 발굴조사가 이루어졌으며, 동북공정 종료 이후에는『서고성』,『발해상경성』과 같은 방대한 분량의 발굴보고서가 출판되었다. 이와 함께 1990년대 초중반 발굴조사가 이루어진 영안 홍준어장 발해고분군의 조사 결과도 동시기에 발굴보고서로 출판되었다. 이와 같이 발해 도성과 무덤에 대한 발굴보고서를 함께 출판하는 방식은 중국이 고구려 유적을 세계문화유산에 등재할 때 썼던 것과 유사하다. 또한 2009년 제6기『고고』에서는 육정산고분군, 팔련성, 용해 발해왕실무덤 등 동북공정 기간 동안 조사가 벌어진 중요 발해 유적의 발굴성과를 수록하고 있는데, 중국 고고학계 최고 권위의『고고』에서 이와 같이 실질적인 특집호 형식으로 발해 유적을 소개한 것은 상당히 이례적인 경우라고 할 수 있다. 앞으로 발해 유적의 세계문화유산등재 추진과 관련된 중국 학계의 움직임에 좀 더 우리의 시선을 고정할 필요가 있다.

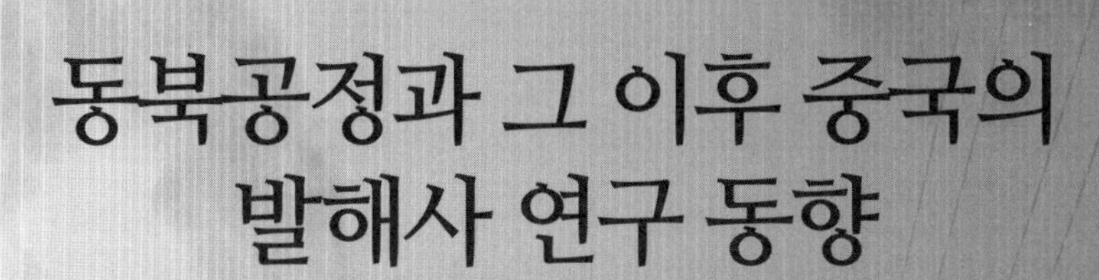

동북공정과 그 이후 중국의 발해사 연구 동향

김 종 복
성균관대학교 박물관 학예사

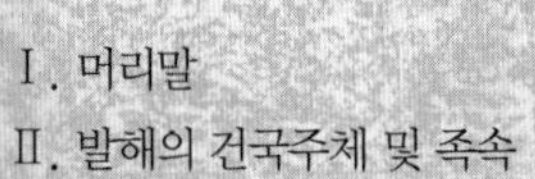

동북공정과 그 이후 중국의 발해사 연구 동향

Ⅰ. 머리말

중국사회과학원 중국변강사지연구중심(中國邊疆史地硏究中心)과 동북 3성은 2002~2007년까지 '동북 변강의 역사와 현상에 대한 일련의 연구 공정'(이하 '동북공정'으로 약칭)을 추진하였다. 한국사의 입장에서 볼 때 동북공정의 핵심은 고구려를 중국사로 파악하려는 일부 학자들의 견해를 국가가 공식적으로 천명함으로써 고조선–부여–고구려–발해로 이어지는 한국사의 흐름을 부정하였다는 데 있다. 중국이 동북공정을 추진한 이유는 여러 가지가 있겠지만,[1] 학술적인 측면에서 발해사의 귀속 문제를 둘러싸고 이미 1980년대부터 벌어졌던 한국과 중국 학계의 논쟁도 영향을 끼쳤을 것으로 추정된다.

대체로 1980년대까지 한중학계는 발해의 건국주체를 각각 고구려유민과 말갈족으로만 파악하고 자설의 약점은 외면하는 경향이 강했다. 이에 대한 반성으로 그후 한국학계는 발해사에서 말갈적 요소를 인정하고 합리적으로 해석하려는 연구가 나타나기 시작하였다.[2] 마찬가지로 중국학계 역시 실제 발해사

1) 송기호, 2007「중국의 동북공정과 한국사 체계」『동아시아의 역사분쟁』, 솔

에 나타나는 고구려와의 관련성이나 이를 규명하는 데 주력한 남북한의 연구 성과를 마냥 부정할 수만은 없었다. 따라서 발해사를 고구려사와 분리해서 파악할 수 없다는 딜레마와 함께, 발해와 마찬가지로 한반도와 중국 동북지방에 걸쳐 있었던 고구려만 한국사로 파악하는 논리적 모순이 중국으로 하여금 동북공정을 실시케 하는 하나의 배경이 되었다고 판단된다.

중국의 발해사 연구는 발해의 건국 주체가 말갈족이라는 점에서 말갈주체설, 그리고 발해가 독립국이 아닌 당에 예속된 지방정권이라는 점에서 당대지방정권설이라는 두 가지 주장을 전제로 삼고 이를 다방면에서 실증하려는 경향이 강하다. 동북공정이 이러한 연구 경향에 어떠한 영향을 미쳤는지를 검토하는 것이 이 글의 목적이다.

먼저 동북공정에서 발해사 관련된 과제를 소개하면 다음의 7개이다. 즉 2002년의 『발해국사(渤海國史)』(魏國忠), 『발해사론(渤海史論)』(朱國忱), 『발해유민의 통치와 귀속연구[渤海移民的治理與歸屬研究](武玉環), 2003년의 『말갈·발해와 동북아시아 각 나라·각 민족 관계사 연구』(馬一虹), 『발해유적지 현황 조사연구』(彭善國), 2004년의 『당대 발해국 오경 연구(唐代渤海國五京研究)』(楊雨舒), 『러시아학계의 발해유적 연구성과의 학술사와 역사문헌학 연구[俄羅斯學界渤海史迹研究成果之學術史與歷史文獻學研究]』(胡凡) 등이 그것이다.[3] 그중 『발해국사』(魏國忠·朱國忱·郝慶雲, 中國社會科學出版社,

---

2) 고구려와 말갈의 종족 계통을 같다고 보는 견해(權五重, 1980「靺鞨의 種族系統에 관한 試論」『震檀學報』49 및 韓圭哲, 1994『渤海의 對外關係史』, 신서원)와 종족 계통이 다르지만 종족간의 융합 내지 동화가 발생하였다고 보는 견해(盧泰敦, 1985「渤海國의 住民構成과 渤海人의 族源」『韓國古代의 國家와 社會』, 一潮閣 및 宋基豪, 1995『渤海政治史研究』, 一潮閣) 등이 그것이다.

3) 中國社會科學院中國邊疆史地研究中心 홈페이지 中國東北工程 項目介紹가 삭제되었기 때문에, 여기서는 서길수, 2007「중화인민공화국 동북공정 5년의 성과와 전망」『高句麗研究』29, pp.14~20에 소개된 내용을 인용하였다.

2006)와 『당대 발해국 오경 연구』(楊雨舒, 香港亞洲出版社, 2008), 그리고 『말갈·발해와 주변 국가·부족 관계사 연구(靺鞨·渤海與周邊國家·部族關係史研究)』(馬一虹, 中國社會科學出版社, 2011)만이 간행되었다.

사소하지만 흥미로운 현상은 동북공정의 결과물들이 출판시기가 늦을수록 동북공정과의 관련성을 언급하지 않는다는 점이다. 즉 『발해국사』는 서두의 '출판설명'에 따르면 중국사회과학원이 조직하고 동북 3성 성위(省委)의 참여와 지지를 받는 학술연구공정인 동북공정의 기초연구과제의 연구부분 성과를 결집하여 출판하는 '동북변강연구(東北邊疆研究)' 총서의 하나임을 밝히고 있다. 반면 『당대 발해국 오경 연구』는 '출판설명'에서 길림성의 유관 연구기구와 대학의 전문학자가 동북의 역사지리와 관련된 중요 문제에 대한 연구 성과를 출판하는 '동북사지연구(東北史地研究)' 총서의 하나라고 함으로써 동북공정과의 관련성을 굳이 밝히려고 하지 않았다. 물론 말미에서 이 '동북사지연구' 총서가 중국사회과학원 변강사지연구중심의 정확한 지도를 받았음을 언급하기는 하였다. 그리고 가장 최근에 나온 『말갈·발해와 주변 국가·부족 관계사 연구』는 '중국사회과학원문고(中國社會科學院文庫)'의 하나임을 밝힐 뿐 동북공정에 대한 언급이 전혀 없다.

이러한 현상은 동북공정이 한국의 반발을 초래하자 중국측이 '학술상의 문제'라고 해명한 것과 무관하지 않을 것이다. 그렇지만 그 이면에는 오히려 동북공정의 정치적 논리를 학술적으로 증명하겠다는 의도가 깔려있다. 실제로 동북공정 이후 위의 단행본 외에 적지 않은 발해사 논문이 발표되었다.

이제 관련 저서와[4] 논문들을 동북공정 추진기간과 종료 이후로 나누어 검

---

4) 馬一虹, 2011 『靺鞨·渤海與周邊國家·部族關係史研究』은 초고 완성 이후에 입수하였기에, 본고의 검토 대상에서 부득이 제외하였다. 이에 대해서는 추후에 검토하도록 하겠다.

토하되, 건국주체 및 족속, 국호, 대당관계 등 발해사 인식에서 한국학계와 대척점을 이루는 주제들에 한정하여 살펴보기로 한다. 필자는 이미 이를 중심으로 『발해국사』의 내용을 검토한 바가 있다.[5] 따라서 본고에는 기존 논문과 내용이 중복되는 부분이 적지 않은 점에 대해 미리 양해를 구한다.

Ⅱ. 발해의 건국주체 및 족속

주지하듯이 발해사의 기본 사료인 『구당서』 발해말갈전과 『신당서』 발해전은 대조영의 출자에 대해 각각 "고려별종"과 "속말말갈 출신으로서 고구려에 복속한 자"로 약간 다르게 서술하였다. 대체로 한국학계가 전자에 의거하여 대조영이 고구려 출신이며 발해는 고구려를 계승하였다고 인식하는 데 반해, 중국학계는 후자를 중시하여 그가 속말말갈 출신으로 고구려에 복속하였을 뿐이므로 발해는 중국 동북사의 한 흐름이라고 파악하고 있다.

동북공정 이전에 중국학계는 발해의 건국주체, 나아가 발해의 족속에 대해서는 말갈설, 고구려설, 발해족(인)설로 구별하였다. 이중 고구려설은 당연히 부정되고 말갈설은 다시 속말말갈설과 백산말갈설로 구분된다. 대체로 건국주체는 속말말갈이며, 이를 중심으로 고구려유민과 기타 말갈제부를 포함하여 발해족을 형성해 나갔다는 것이 주류적 견해를 이루고 있다.

고구려와 말갈의 종족 계통을 달리 보는 견해는 2000년대 이후에도 변함이 없다. 먼저 동북공정 직전에 발표된 강수붕(姜守鵬)·위국충(魏國忠)·장벽파(張碧波)·왕성국(王成國) 등 원로나[6] 곽소미(郭素美)·무옥환(武玉環) 등 중

5) 김종복, 2011 「발해와 당의 관계」 『중국의 발해 대외관계사 연구』(정병준 외), 동북아역사재단

견,[7] 그리고 학경운(郝慶雲)·양옥다(梁玉多) 등 신진[8] 학자들의 논문들은 기존 견해과 별반 차이가 없다. 예컨대 왕성국(2004)은 발해와 고구려는 모두 중국 동북의 토착적인 고대민족이지만, 별개의 종족 계통을 가지고 있으며, 발해의 건국과 고구려 멸망은 아무런 인과관계가 없다고 하였다. 무옥환(2004) 역시 발해와 고구려는 족속상 각각 숙신계와 예맥계로서 이들은 혈연상 서로 다른 민족이며 상호간 필연적 관계나 계승 관계가 없다고 하였다.

한편 위국충·곽소미(2001) 역시 1980년대 이후 노태돈, 송기호, 한규철 등 남한학계의 최신 연구 성과를 소개·비판한 뒤에, 역시 발해는 속말말갈 출신의 대조영과 그를 지지한 일부 고구려계 인물이 주도권을 장악한 국가라는 기존 견해를 반복하였다. 다만 발해의 초기 국호를 진국(震國)에서[9] 말갈(靺鞨)로 수정한 점이 주목된다. 말갈주체설을 강조하려는 의도로 파악되는데, 이에 대해서는 후술하기로 한다. 이 논문 서두의 필자 소개에 의하면, 위국충은 최근 몇 년간 국가기금항목(國家基金項目)인『발해사연구』를 주관하고 완성하였다고 하는데, 실제 이 논문은『발해국사』1장 말갈국의 건립 2절 '영주의 난과 말갈의 "동분(東奔)"' 및 3절 '말갈국의 건립'의 초고에 해당된다.

학경운(2003)이나 동북공정 이후 곽소미(2010)도 이 논문을 답습하여 발해의 건국주체가 속말말갈이며, 초기 국호도 말갈이라고 하였다.[10] 한편 정영진

---

6) 姜守鵬, 2001「再談渤海國的族屬問題」『社會科學戰線』2001-1
魏國忠·郭素美, 2001「論渤海主體民族的族屬問題」『社會科學戰線』2001-3
張碧波, 2002「關于渤海王室高句麗意識的考辨」『北方論叢』2002-1
王成國, 2001「渤海是繼承高句麗的國家嗎?」『社會科學戰線』2001-6
王成國, 2004「渤海與高句麗比較研究」『學習與探索』2004-1

7) 郭素美, 2002「渤海國歷史的歸屬」『北方論叢』2002-2
武玉環, 2004「渤海與高句麗族屬及歸屬問題探析」『史學集刊』2004-4

8) 郝慶雲, 2003「簡述渤海國主體民族的族屬」『黑龍江民族叢刊』2003-2
梁玉多, 2002「高句麗遺民的渤海化進行」『哈尔濱學院學報』23-9

9) 魏國忠·朱國忱, 1984『渤海史稿』, 黑龍江省文物出版編輯室

(鄭永振)은 발해의 건국주체 즉 대조영의 출자를 백산말갈(白山靺鞨)로 파악한 위에서 발해는 백산말갈과 속말말갈, 고구려유민 및 기타 종족을 포함한 다종족국가(多種族國家)였다고 주장하였다. 또한 발해문화중 고구려 요소 또는 말갈 요소를 찾아내어, 발해문화가 고구려문화를 계승했다거나 또는 말갈문화를 계승했다고 하고, 이를 근거로 발해의 주체민족이 고구려인 또는 말갈인이라고 주장하는 기존의 견해는 모두 입론의 객관성에 도움도 안되며 근거할 수도 없다는 점을 강조하였다.[11]

한편 발해의 왕성(王姓)인 대씨의 유래에 대해서 한국학계는 고구려 왕성인 고씨와 의미상의 연관성을 강조하는 편인데, 장벽파는 발해 대씨의 족원(族源)이 산동반도에 있었던 옛 고씨 족단[古大氏族團]에서 유래하였다고 주장하였다. 그는 일련의 논문을 통해 중원과 동북지방의 역사적 유구성을 대씨 및 국호를 통해 주장하였는데, 이에 대해서도 후술하기로 한다.

끝으로 건국 전사(前史)와 관련하여 새롭게 등장한 해석들을 소개하면 다음과 같다. 하나는 발해 건국집단이 영주(營州)에서 발발한 이진충(李盡忠)의 난에 참여하여 발해 건국을 도모한 것이 아니라 이진충의 난에 어쩔 수 없이 말려들어갔다는[卷入] 해석이다. 발해가 초기부터 당과 우호적이었음을 강조하려는 의도가 엿보인다. 다만 위국충·학경운(2001)은 걸걸중상이 이진충의 난에 참여한 데 반해 대조영은 말려들어갔다고 한 반면,[12] 장벽파(2001)는 이에 반대하여 걸걸중상조차 참여한 것이 아니라는 점을 강조하였다.[13] 그 차이는 걸걸중상이 칭한 사리(舍利)라는 관직을 전자가 이진충의 난에 참여한 결과로 보는

---

10) 郭素美, 2010「渤海的主體民族及其來源」『學習與探索』2010-2
11) 鄭永振, 2009「論渤海國的種族構成與主體民族」『北方文物』2009-2
12) 魏國忠·郝慶雲, 2001「渤海建國前史事考」『學習與探索』2001-1
13) 張碧波, 2001「重審渤海建國史」『民族研究』2001-5

데 반해 후자는 아예 사료의 오기로 보는 데서 연유한다.

또하나는 천문령(天門嶺) 전투와 발해 건국 시점을 702년으로 재해석한 것이다.[14] 여기서는 당대 번진(藩鎭)으로 유명한 이광필(李光弼)의 아버지 이해락(李楷洛)이 이해고(李楷固)의 사위라는 점, 이해락이 당에 투항하였다가 말갈 토벌에 나선 것이 702년이라는 점의 두 가지를 근거로 하였는데, 실증상의 문제가 없지 않다.

Ⅲ. 발해 국호

고구려 멸망 이후 영주로 이주당한 대조영 집단은 이진충의 난을 계기로 요동으로 이동하였다가 당의 추격을 피해 송화강 너머 동모산에서 698년 나라를 세우고 진국왕(振國王, 『구당서』) 또는 진국왕(震國王, 『신당서』)을 자칭하였다. 한편 이 지역은 말갈지역이었기 때문에 당은 대조영의 국호를 인정하지 않고 '말갈'로 지칭하였다. 713년 당 현종은 대조영을 좌효위대장군(左驍衛大將軍)·홀한주도독(忽汗州都督)·발해군왕(渤海郡王)에 책봉함으로써 양국은 국교를 수립하였는데, 이때부터 당은 말갈 대신 발해말갈(渤海靺鞨), 발해 등으로 호칭하면서 발해는 국호로 사용되기 시작하였다. 그리고 762년 발해 문왕은 발해군왕에서 발해국왕(渤海國王)으로 승진 책봉되었다.

여기서 발해의 초기 국호가 진국(振國)과 진국(震國)중 어느 것인지, 그리고 당은 왜 송화강 너머의 대조영을 책봉할 때 내지에서 사용하던 발해라는 지명을 사용하였는지 하는 문제가 제기된다. 또한 최근에 『발해국사』를 비롯한

14) 辛時代, 2011 「李楷固東征與渤海建國問題新考察」『史學集刊』 2011-5

일련의 논저들은 초기 국호를 말갈국(靺鞨國)이라는 새로운 견해를 제기하였다. 국호와 관련된 문제는 발해의 정체성을 이해하는 데 매우 중요하므로, 이에 대해 살펴보기로 한다.

1. 초기 국호

발해사의 기본사료는 『구당서』 발해말갈전과 『신당서』 발해전인데, 후자에는 전자에 없는 발해의 문물제도가 풍부히 서술되어 있다. 이는 835년 발해를 방문한 장건장(張建章)이 남긴 『발해국기(渤海國記)』에 의거한 것으로 추정된다. 그래서 일찍부터 발해의 초기 국호는 진국(震國)으로 보는 견해가 대부분이다. 더구나 『신당서』는 대조영의 아버지 걸걸중상이 앞서 진국공(震國公)에 책봉받은 사실을 전하고 있으므로, 진국(震國)은 여기서 유래했을 가능성도 없지 않다. 실제로 이를 취하는 연구자는 한국과 중국을 막론하고 대부분이다.

그러나 문제는 당의 실록에 근거한 『구당서』나 『책부원귀(冊府元龜)』 그리고 『자치통감』뿐 아니라, 동시대 신라의 기록도 초기 국호를 진국(振國)으로 기록하고 있다는 점이다. 즉 사료로서의 가치는 『구당서』 쪽이 더 높은데, 그 의미에 대해서는 발해의 독자성 내지 고구려 계승성과 관련된 해석이 있었다.[15) 그래서인지 중국학계는 이는 외면하고 진국(震國)을 취하여 왔지만 그 의미에 대한 특별한 언급은 없었다. 그러나 동북공정을 전후하여 정치적 의미를 부각시키는 견해가 제기되었다.[16) 즉 대조영이 걸걸중상의 진국공을 고려하여 국

15) 이때 振國의 의미에 대해서는 '나라의 위력이 사방에 떨치는(진흥) 큰 나라'로 보거나(박시형, 1979 『발해사』, 김일성종합대학출판사), 인민을 구제하는 뜻의 '진민(振民)'과 결부시켜 고구려 유민을 구제한 사실에서 유래하였다(酒寄雅志, 1976 「渤海の國號に關する一考察」『朝鮮史硏究會會報』 44)고 파악하기도 한다.

호로 진국(震國)을 삼음으로써 바로 당의 명령과 관할을 받아들인다는 의사를 표명하였다는 것이다.

한편 위국충도 『발해사고』에서 초기 국호를 진국(震國)이라고 하였지만, 그 후 말갈국으로 견해를 수정하였다.[17] 수정된 견해는 『발해국사』에 그대로 반영되어 있다. 우선 그 근거를 중국측 문헌에서 살펴보면, 1) 발해 당시의 당대 문헌에 등장하는 '발해말갈'(『唐六典』 권 4 尙書禮部, 『文苑英華』 勅新羅王金興光書 등)은 당시 당이 발해국을 말갈인의 국가로 인식하였으며, 그 주체민족이 말갈이었음을 반영한다. 2) 『통전(通典)』에 언급된 말갈도 당이 발해국을 말갈인의 국가로 인식한 것이며, 발해로 개칭하기 이전에 말갈을 정식 국호로 삼은 것을 증명한다. 3) 오대때 편찬된 『구당서』에서 '발해말갈'로 입전한 것을 비롯하여 북송초의 『오대회요(五代會要)』나 『책부원귀』 등에 등장하는 '발해말갈' 및 '말갈'이라는 표현도 마찬가지이다. 즉 발해와 동시기의 당인(唐人)들로부터 오대와 북송 시기에 이르는 중국 역사가 및 관련 사서의 기록에서는, 모두 발해를 말갈인들과 함께 언급하여, 발해를 말갈인의 국가로 인식하였다는 것이다. 따라서 발해의 왕족인 대씨와 그 주체민족은 바로 말갈, 정확히 말하면 속말말갈이라는 것이다. 특히 4) 714년 대조영을 책봉하러 간 최흔(崔忻)이 귀국길에 남긴 홍려정 석각(鴻臚井石刻)에 그의 직함을 칙지선로말갈사(勅持宣勞靺鞨使)라고 하였던 점은 대조영이 스스로 말갈이라고 불렀다는 증거로서 특히 강조하고 있다. 그밖에 5) 신라측 기록에 나타난 말갈 또는 발해말갈, 그리고 6) 720년 일본의 제군안남(諸君鞍男) 등이 파견된 말갈국이나 다하성비(多賀城

16) 張碧波, 2002 「渤海早期國號考察」 『黑龍江民族叢刊』 2002-1. 『발해국사』도 震國은 대조영이 당 조정에 대한 화해의 신호를 보내는 것과 같은 의미라고 보고 있다.
17) 魏國忠·郭素美(2001). 한편 말갈국이 발해 초기라는 주장은 이미 劉振華, 1982 「渤海史識微」 『學習與探索』 1982-6에서 제기된 바 있다.

碑)의 '(다하성에서 3천리 떨어진) 말갈국' 등은 신라와 일본 같은 주변국도 발해의 주체민족을 말갈인으로 보았다는 것이다.[18]

이상의 사료들을 통해 『발해국사』는 대조영이 건국할 당시의 국호는 '말갈'이며, 양당서에서 전하고 있는 진국(振國)과 진국(震國)은 속칭 또는 별칭에 불과하다고 주장하고 있다. 이미 발해의 건국 주체를 속말말갈로 규정하는 입장에서 초기 국호조차 말갈이라고 주장하는 것은 말갈주체설을 강화하려는 의도에서 나온 것이다.

동북공정을 전후하여 말갈설을 지지하는 견해가 늘어나는 가운데,[19] 이를 부정하는 견해들도 제기되었다. 이는 기존의 진국(震國)을 답습하는 견해와 새롭게 진국(振國)으로 보는 견해로 구분된다.

먼저 진국설(震國說)을 살펴보면, 장벽파(2002)는 위국충이 근거로 내세운 말갈·말갈국·말갈호(靺鞨號)는 모두 대조영이 세운 진국(震國)을 가리키는데, 그럼에도 당이 여전히 말갈로 칭한 것은 다른 말갈족단과 구별하기 위하여 발해말갈이라 칭하였다고 하였다. 그리고 만약 말갈이 발해의 초기 국호라면, 발해말갈은 이중국호[雙國號]가 되는 것이라고 의문을 제기하였다. 한편 그는 대씨의 족원을 산동반도에 있었던 옛 고씨 족단[古大氏族團]에서 유래하였다고 주장하였으며, 그 연장선상에서 당이 걸걸중상을 진국공(震國公)에 책봉한 이유는 그를 추존(推尊)하여 동방 여러 종족들의 수령으로 삼는다는 뜻이 담겨있다고 하였다.[20]

---

18) 魏國忠 외, 『渤海國史』, pp.50~58

19) 郝慶雲, 2003「簡述渤海國主體民族的族屬」『黑龍江民族叢刊』2003-2
王禹浪, 2007「唐鴻臚井刻石題銘及渤海國初期國號考」『黑龍江民族叢刊』2007-1
魏國忠·郝慶雲, 2008「從渤海'王'位稱號的演變看其政權性質」『東北史地』2008-5
郭素美, 2010「渤海的主體民族及其來源」『學習與探索』2010-2

20) 張碧波, 2002, 앞의 글

발해의 건국주체를 백산말갈로 보는 정영진(2010)은 위국충이 제시한 사료들은 모두 상대방[第二者]의 기록이라는 공통점을 갖고 있다는 데 주목하였다. 요컨대 그것들은 타자들의 발해 인식에 불과하다는 것이다. 즉 말갈은 말갈제부의 자칭이 아니라 중원 및 사가들의 동북의 이적(夷狄)에 대한 모욕적 멸칭이므로, 발해 자신이 '말갈국'이라고 자칭했을 리 없다는 것이다. 그리고 발해인 스스로 정한 국호는『신당서』가 참고한 장건장의『발해국기』가 최치원의 상표문보다 시기적으로 이르다는 점에서 진국(震國)이 타당하다고 보았다. 다만 여기서는 진국공과의 관련성에 대한 언급은 없다.[21]

다음으로 진국설(振國說)을 살펴보면, 양군(楊軍, 2006) 역시 말갈은 족속을 지칭한 것이지 국호가 아니라고 하였다.[22] 또한 진국공(震國公)과 진국(震國)의 관련성은『신당서』찬자의 윤색이지 사료적 근거가 없다고 부정할 뿐만 아니라, 나아가 진국(震國)의 의미가 당의 책봉과 지배를 받기 위한 것이라는 장벽파의 주장 역시 대조영이 건국 즉시 돌궐과 통교한 사실과 모순된다는 점을 지적하였다.

따라서 그는 진국(振國)이 옳다고 보았지만, 그 의미에 대한 박시형과 주기아지(酒寄雅志)의 해석은 부정하였다. 속말말갈 출신인 대조영이 진국왕(振國王)을 사용한 것은 '고려 패잔병'에 호소하여 자신과 함께 당군에 대적하기 위해서였다는 것이다. 이때 진국(振國)은 진국(辰國), 즉 후대의 진한(辰韓)을 의미하는데, 이는 고구려 유민의 동질감을 불러일으키고, 신라와 정통성을 겨루려던 의도가 엿보인다고 파악하였다. 그래서 대조영은 돌궐과 통교했지만 신라와는 관계 형성을 하지 않았다는 것이다.

말갈설 및 진국공(震國公)과 진국(震國)의 관련성을 부정하고 진국(振國)

---

21) 鄭永振, 2010「論渤海國的建國集團與國號·年號」『北方文物』2010-4

22) 楊軍, 2006「渤海早期國號考」『東北史地』2006-1

이 초기 국호라고 한 해석은 타당하지만, 진국(振國)의 의미는 옳지 않다. 최치원의 상표문에 의하면 대조영은 건국 직후 신라에 사신을 파견하였기 때문이다.

한편 유효동(劉曉東, 2007)은 다른 각도에서 접근하였다. 먼저 『구당서』의 진국(振國)은 그 근거가 최치원의 상표문인 반면, 『신당서』의 진국(震國)은 장건장의 『발해국기』인데, 장건장의 기록이 최치원의 기록보다 이르므로, 진국(震國)이 옳다고 보았다. 또한 진국공(震國公)과 진국(震國)의 관련성을 긍정하였다. 다만 진(震)의 의미를 '제출호진(帝出乎震)'으로 보는 도엽암길(稻葉岩吉)의 견해는 부정하였다. 제왕을 의미하는 진(震)은 걸걸중상의 봉호(封號)로서 성립할 수 없기 때문이다. 여기서 그는 진(震)과 진(辰)이 통용된다는 점에서 원래 당은 걸걸중상을 진국공(辰國公)에 책봉하였다고 보았다. 이때 진국(辰國)의 의미는 기자(箕子)가 주나라를 인정하지 않고 요동으로 가자 주나라가 진국(辰國)이라고 책봉한 고사에 의거하여 측천무후가 걸걸중상을 진국공(辰國公)에 책봉함으로써 기미(羈縻)하였는데, 대조영은 건국시에 '제출호진(帝出乎震)'의 의미를 감안하여 진(辰)을 진(震)으로 고쳤다는 것이다.[23]

그러나 장건장의 『발해국기』가 최치원의 상표문보다 먼저 작성되었다는 이유로 진국(震國)을 초기 국호로 보는 견해는 문제가 있다. 왜냐하면 최치원의 상표문에 전하는 진국(振國)은 대조영이 건국 직후 신라에 사신을 파견한 사실에 근거하였을 가능성이 높기 때문이다. 또한 발해의 건국이 반당투쟁의 결과라는 점을 감안하면, 초기 국호인 진국(振國)의 의미는 발해의 독자성 내지 고구려 계승성와 관련된 해석이 좀더 타당하다고 하지 않을 수 없다.

23) 劉曉東, 2007「渤海'振國'·'震國'名源考察」『北方文物』2007-1

2. 발해의 의미

698년 진국왕(振國王)을 자칭한 대조영은 713년 당으로부터 좌효위대장군·홀한주도독·발해군왕에 책봉되었다. 이로써 발해와 당은 국교를 수립하였다. 그런데 『신당서』 발해전에 의하면 "이때부터 말갈의 호칭을 버리고 오로지 발해로만 칭하였다(自是始去靺鞨號 專稱渤海)"고 전한다. 이를 근거로 진국에서 발해로 국호가 바뀌었다고 보는 것이 일반적이다. 그런데 『신당서』 발해전은 외국열전이므로, 이 문장의 주체는 발해라기보다 당으로 보는 것이 타당하다.

더구나 당은 713년의 책봉 이후로 '발해'로만 통칭하지도 않았다. 『책부원귀』에 의하면 741년까지 발해말갈이 나타나기 때문이다. 따라서 발해로만 통칭하였던 시기는 713년 이후가 아니라 최소한 741년 이후를 가리키는 것이므로 문제의 구절은 『신당서』의 편자가 후대의 사실을 소급하여 삽입한 것이다. 더군다나 725년 태산(泰山)에서 행해진 봉선(封禪)에는 당의 내신(內臣)뿐 아니라 주변국의 사신이 거의 모두 참석하였다는 점에서 발해 또한 예외는 아니었을 텐데, 기록에는 발해가 아니라 말갈로 표현되어 있는 점도[24] 당도 발해를 국호로 사용하지 않았음을 의미한다. 오히려 책봉을 계기로 후대에 국호가 발해로 바뀌었다는 『신오대사』의 견해가 더 정확하다.[25]

---

24) 『舊唐書』 권23, 禮儀3 "開元 十三年(725) 十一月 丙戌 至泰山…壬辰 玄宗御朝覲之帳殿 大備陳布 文武百僚 二王後 孔子後 諸方朝集使 岳牧擧賢良及儒生·文士上賦頌者 戎狄夷蠻羌胡朝獻之國 突厥頡利發 契丹·奚等王 大食·謝䫻·五天十姓崑崙·日本·新羅·靺鞨之侍子及使 內臣之番 高麗朝鮮王 百濟帶方王 十姓摩阿史那興昔可汗 三十姓左右賢王 日南·西竺·鑿齒·雕題·牂柯·烏滸之酋長 咸在位" 여기에 보이는 靺鞨의 侍子는 같은 해 5월부터 宿衛로 체류한 무왕의 동생 大昌勃價일 가능성이 높다.

25) 『新五代史』 권74, 四夷附錄 3, 渤海 "至中宗時 置忽汗州 以祚榮爲都督 封渤海郡王 其後世遂號渤海"

그런데 왜 당이 대조영을 책봉할 때 굳이 '발해'라는 명칭을 사용했을까? 발해는 중국에서 오랫동안 발해만(渤海灣) 연안의 내지를 가리키는 지명으로 사용되었기 때문이다. 이에 대해 일찍이 김육불(金毓黻)은 두 가지 가능성을 제기한 바 있다. 먼저 '발(渤)'과 '말(靺)'이 동부자(同部字)이고 '해(海)'와 '갈(鞨)'이 동성자(同聲字)이므로, 당은 '말갈'과 음이 가까운 '발해'를 취하여 발해군왕에 봉하였다고 보았다. 다른 하나는 말갈은 물길의 역음(譯音)인 데다 당이 변방의 오랑캐에게 붙인 명칭이므로 대조영은 말갈을 아화(雅化)하여 발해를 취하였다는 것이다.[26] 전자는 타칭설, 후자는 자칭설이라는 전혀 다른 입장인데도 불구하고 동일한 논지로 귀결되었다.

한편 유진화(劉振華)는『삼국유사』「말갈발해」에서 의미가 불분명한 일연의 주석 '발해는 바로 말갈의 별종이나 개합이 같지 않을 뿐이다(渤海乃靺鞨之別種 但開合不同而已)'에 대해 개합(開合)을 음운학 용어인 개구호(開口呼)와 합구호(合口呼)로 해석하였다. 즉 '발'과 '말'은 합구호이며 '해'와 '갈'은 개구호로서 발해와 말갈은 동일음은 아니지만 근사음으로서 약간의 차이가 있기 때문에 일연이 '개합이 같지 않다'고 기록하였다는 것이다.[27]

왕승례(王承禮)나[28]『발해국사』도 이러한 견해에 따라 발해군왕의 '발해'는 중국 내지의 발해군(渤海郡)과 무관한 것이며 단지 '말갈'과 음이 통하면서도 우아하게 표현한 것이라고 파악하였다. 이러한 견해를 편의상 '발해아화설(渤海雅化說)'이라 명명하기로 한다. 발해아화설에 입각했을 때 문제는 8세기 초반에 당이 '발해말갈'로 호칭했다는 점이다. 이미 장벽파(2002)가 지적하였듯이 한 국가에 대한 이중명칭[雙國號]이라는 점에서 상식적으로 납득할 수 없기 때

26) 金毓黻, 1939『東北通史』, 國立東北大學東北史地經濟研究室編印
27) 劉振華, 1981「渤海大氏王室族屬新證」『社會科學戰線』1981-3
28) 王承禮, 2000『中國東北的渤海國與東北亞』, 吉林文史出版社, 2000, p.36

문이다. 결국 말갈과의 관련성을 강조하는 선입관에서 나온 억설이라고 하지 않을 수 없다. 따라서 중국에서는 발해를 지명으로 파악하는 '발해지명설(渤海地名說)'에 입각하여 새롭게 해석하는 견해들이 등장하기 시작하였다.

먼저 발해 대씨의 족원이 산동반도에 있었던 옛 대씨 족단에서 유래하였다고 본[29] 장벽파는 대씨족단이 산동반도에서 해로를 경유하여 요동반도와 한반도 북부에 도착하였다가, 다시 북상하여 동북지역에 이르러 동북의 옛 숙신족[古肅愼族] 즉 말갈족단(靺鞨族團)과 융합하였다는 파격적인 가설을 제시하였다.[30] 그래서 발해 초기 국호 즉 대조영이 자칭한 진국왕(震國王)은 측천무후가 회유 차원에서 걸걸중상에게 수여한 진국공에서 유래하였는데, 그 의미는 동북 지역의 옛 종족의 수령을 존중한다는 것으로 보았다. 그러한 논리의 연장선상에서 발해군왕의 의미를 다음과 같이 설명하였다. 즉 당은 군망(郡望)에 의거하여 봉작하는 전통에 따라 대씨의 선조인 대정씨(大庭氏)의 발상지인 발해군(渤海郡)에서 작호(爵號)를 취했다는 것이다.[31] 발해아화설의 문제점을 제기했다는 데는 의미가 있지만, 대씨의 족원을 산동반도의 발해군에서 찾는 것은 문제가 있을 뿐만 아니라, 그 발상의 이면에는 지방정권설의 역사적 유래를 강조하려는 의도가 엿보인다.

위의 견해가 발해와 말갈의 관련성 내지 지방정권설의 역사적 연고를 강조하려는 측면이 강하다면, 이와 무관하게 발해에 대한 당의 인식을 살펴보는 차원에서 발해군왕 책봉의 의미를 추적한 마일홍(馬一虹, 2002)의 논고가 주목된다.[32] 그는 먼저 당이 한대(漢代)의 군(郡) 명칭을 사용하여 고구려·백제·신라 국왕을 각각 요동군왕(遼東郡王)·대방군왕(帶方郡王)·낙랑군왕(樂浪郡王)에

29) 張碧波, 1998「渤海大氏考」『學習與探索』1998-5
30) 張碧波, 2001「渤海大氏續考」『北方文物』2001-3
31) 張碧波, 2002「漢唐郡望觀念與渤海大氏」『學習與探索』2002-1
32) 馬一虹, 2002「唐封大祚榮"渤海郡王"號考」『北方文物』2002-2

책봉했던 것은 삼국이 중국 영역이라는 것을 표명하기 위한 것이라고 전제하였다. 따라서 당이 대조영을 요동군왕에 책봉하지 않은 것은 대조영 정권을 고구려 계승 국가로 인정하지 않았음을 의미한다고 보았다. 나아가 대조영 집단이 고구려의 후예를 자처했는지 아닌지와 무관하게, 당은 고구려의 폐허 위에서 옛 고구려인의 참여와 주도적인 역할 하에 만들어진 대조영 정권에 대해 여전히 경계하였다는 데 주목하였다.

결론적으로 그는 당이 새로 등장한 대조영 정권과 고구려의 관련성을 단절시키기 위하여 내지의 발해군에서 연유한 발해를 책봉호에 사용하였다고 보았다. 발해군에는 고구려 왕성(王姓)과 같은 성을 쓰는 발해 고씨(渤海高氏)가 한대 이후 명문가로 있었기 때문에, 당은 발해군왕 책봉을 통해 대조영 정권과 발해 고씨를 일체화시킴으로써 당의 속국인 발해가 당의 속지임을 널리 알리려는 의도도 있다는 것이다. 결론의 타당성은 차지하고 귀속문제에서 벗어나 고구려와 발해의 관련성 자체를 인정한 것은 발해사에 대한 객관적인 접근이라는 점에서 평가할 만하다.

끝으로 발해사의 기본 사료 즉『구당서』발해말갈전과『신당서』발해전을 대하는 중국학계의 입장에 대해 언급하고자 한다. 주지하듯이 후자에는 전자에 없는 발해 국왕의 시호와 연호 그리고 각종 제도에 대한 풍부한 서술이 수록되어 있기 때문에 사료적 가치가 높다. 더구나 여기서 대조영을 속말말갈 출신으로 명시한 점은 말갈주체설에 입각한 중국학계의 주장을 사료적으로 뒷받침한다고 할 수 있다.

그러나 앞에서 살펴보았듯이 발해 초기국호에 대해서는 전자의 진국(振國)이 후자의 진국(震國)보다 실상에 더 가깝다. 한편 발해 초기 기사 가운데 대조영이 건국한 동모산(東牟山)에 대해서도 각각 계루의 옛 땅[桂婁故地]와 읍루의 옛 땅[挹婁故地]으로 달리 서술하고 있다. 이러한 점들을 감안한다면,『구당서』

발해말갈전의 '고려별종(高麗別種)--진국(振國)--계루의 옛 땅'과 『신당서』 발해전의 '속말말갈(粟末靺鞨)--진국(震國)--읍루의 옛 땅' 부분은 단순한 표현 차이가 아니라 찬자의 의도가 개입된 일관된 서술임을 알 수 있다. 즉 전자는 발해와 고구려의 관련성을 나타내는 데 반해, 후자는 그것을 의도적으로 말갈과의 관련성으로 수정하였던 것이다. 그럼에도 불구하고 중국학계는 사료 이면의 진실을 추적하는 데 있어서 관심이 소홀하다는 한계를 지적하지 않을 수 없다.

Ⅳ. 발해와 당의 관계

1. 당대지방정권론의 강화

1980년대에 중국의 발해사연구는 말갈주체설에 입각하여 고구려주체설을 배제함으로써 발해사를 일단 중국민족사의 영역에 포함시키는 동시에, 정치적 측면에서 발해가 독립국이 아닌 당에 예속된 지방정권에 불과하다는 점을 강조하였다. 이로써 발해는 속말말갈이 주체되어 당대(唐代)에 동북지방에서 건립된 중국의 지방민족(또는 봉건)정권으로 규정되었다. 그런데 여기에는 중국의 전통적 동북관에 입각하여 고구려의 족속은 한국사의 영역이라는 암묵적 전제가 있었다. 그러나 동북공정이 고구려도 중국의 지방정권으로 포함시킴으로써, 족속 문제보다는 중앙정권 대 지방정권의 관계가 더욱 강조되었다.

발해의 대당예속도가 강조되는 배경을 이해하는 데에는 동북공정 바로 직전에 발표된 초홍(肖紅, 2004)의 논문이 참고가 된다.[33] 그는 먼저 어느 정권이

33) 肖紅, 2004 「從渤海國和中央皇朝關係的演變看渤海國的歸屬性質」『北方文物』 2004-1

중국 중앙황조(中央皇朝)에 예속되었는지를 가리는 원칙으로 다음의 두 가지를 제시하였다. 첫째는 중국 전통경계 내에 있었는지의 여부이고, 둘째는 중국 중앙황조에 예속되었는지의 여부이다.

첫째, 중국전통경계 내에 있으면 일단 중국의 지방정권인데, 중앙황조와의 관계에서 1) 중앙황조의 관할에 불복한 것은 지방할거정권(地方割據政權)이지만, 번속과 기미관계에 속하므로 지방자치정권(地方自治政權)도 된다. 2) 중앙황조의 직할에 귀의한 것은 직할지방정권(直轄地方政權)에 속한다.

둘째, 중국전통경계 내에 있지 않은 것은 중국중앙황조와의 관계가 다른데 1) 예속관계가 없으면 독립국가(獨立國家), 2) 적극적으로 의존하고 일정한 공납·신속 관계를 유지한 것은 번속국가(藩屬國家), 3) 중앙황조가 군대로 침략하여 세운 정권은 지방점령정권(地方占領政權)이다.

뒤이어 그는 발해족속에 대한 기존의 논의에서 발해건국자가 고구려인이면 발해가 중국에 귀속되지 않는다는 경향을 문제점으로 지적하였다. 이로 인해 허다한 중국학자는 말갈설을 견지하고 고구려설을 부정하였다는 것이다.

그러나 그에 따르면, 문제는 발해건국자가 말갈인지 고구려인지에 있는 것이 아니라 말갈과 고구려가 중국에 예속되었지는 아닌지에 있다. 발해는 다민족이 공동으로 창건한 것으로 주체는 말갈인이지만 고구려인의 참여도 부정할 수 없다. 그런데 발해국을 건립한 것은 전체 말갈인이 아니며, 발해국의 건립에 참여한 고구려인도 전체 고구려인이 아니다. 따라서 발해건국 이전의 발해선인(先人) 즉 속말말갈·백산말갈 및 요동·길림남부에 거주한 고구려인과 당조의 관계를 탐구해야 한다는 것이다.

그의 주장 중 가장 주목되는 부분은 발해건국 이전의 발해 선인(先人)을 모두 당 황조 관할하의 민족으로 파악한 점이다. 그에 따라 걸사비우와 걸걸중상 등 대조영 집단의 반당투쟁을 부정하였다.[34] 또한 대조영이 건국 직후 신라에 파견한 사실을 부정하고, 발해가 초기에 돌궐에 사신을 파견한 사실 내지 이를 토대로 돌궐에 예속되었다는 견해도 부정하였다. 나아가 문왕이 대일관계에서 천손(天孫)을 자칭하는 등 독립국가 의식을 표방한 것도 부정하였다.

이처럼 발해가 지방자치정권이라는 점을 강조한 나머지 객관적 사실들을 무조건 부정하는 것도 문제지만, 무리한 해석도 없지 않다. 즉 818년 즉위한 선왕이 해북제부(海北諸部)를 토벌하여 영역을 개척하고, 뒤이어 당으로부터 공을 인정받아 정식으로 책봉된 사실에 대해 월희(越喜)·우루(虞婁) 등이 당에 조공하지 않았기 때문에 선왕은 당을 위해 토벌하였다는 것이다.

또한 발해사에서 논란이 되는 요동영역설도 인정하였는데, 발해가 요동을 차지하였음에도 그로 인해 당과 분규가 일어나지 않은 것은 당시 요동이 이미 당의 지방할거(藩鎭割據)가 되었기 때문이라고 보았다. 즉 당의 입장에서 번진과 발해는 모두 번속이므로, 요동이 누구의 관할이든 모두 당의 강역이라는 것이다. 발해사의 기본 문제에 대한 무관심은 결국 중국학계가 발해사를 지나치게 현재적 입장에서 바라보고 있음을 보여준다.

초홍이 지방정권으로서 중앙에 대한 예속도를 지나치게 강조했다면, 양우서(楊雨舒)는 지방정권의 자주권도 함께 언급하였다.[35] 그도 당이 발해를 관할한 증거로서 1) 발해왕 책봉, 2) 발해왕족 및 귀족에게 관직 수여, 3)절도사 및 장사를 임명하여 발해의 행정관리를 강화, 4) 사신을 파견하여 중대사를 처리[36]

34) 이 점은 앞서 살펴보았듯이 魏國忠·郝慶雲(2001)과 張碧波(2001)는 물론 『渤海國史』도 대조영 집단이 이진충의 난에 '參與'한 것이 아니라 '卷入'으로 파악한 것과 맥을 같이 한다.

35) 楊雨舒, 2004「渤海國與唐朝關係述略」『東北史地』 2004-8

36) 안사의 난을 전후로 당의 사신은 중앙관에서 장건장 등 지방관이 파견되었는데, 이는 당 조정의 권력이 약화되어 발해를 관할한다는 것을 상징할 뿐이고, 실제 발해국 사무는 점차 지방절도사가 구체적으로 처리하였음을 의미한다고 하였다.

등 네 가지를 제시하였다. 그렇지만 당이 발해에 상당한 자주권을 부여한 증거로 1) 발해왕의 이중신분(대외, 대내), 2) 당은 책봉만 할 뿐 국내사무는 불간섭, 또 발해국이 자기 군대를 소유하는 것을 인정하였고 발해군은 당의 통제를 받지 않았으며, 3) 발해의 대외교섭은 당의 제한을 받지 않았고 자신의 구체적 정황에 따라 결정하였음을 들었다. 결국 당은 발해에 대한 관할을 강화하며 장차 대일통(大一統)의 국가 안으로 편입하려고 하였지만, 너그러운 기미정책을 채택하였다는 것이다.

2. 당의 피책봉국과 기미주로서의 발해

동북공정 이후 중국학계에서 발해의 대당예속도를 더욱 강조한 것은 위국충이 20여년의 간격을 두고 공저자로 참여했던 『발해사고(渤海史考)』와 『발해국사』에서 해당 부분의 목차를 비교해보면 확연하다. 즉 전자의 '내부 자치'가 후자에서는 사라진 것이다.[37] 그에 따라 당대지방정권설의 주요 근거인 발해국왕에 대한 당의 책봉과 홀한주도독부 설치의 의미가 강조될 수밖에 없었다. 『발해국사』의 관련 내용은 이미 검토된 바 있으므로,[38] 여기서는 그것을 요약

37)

『渤海史考』(朱國忱·魏國忠, 1984)	『渤海國史』(魏國忠·朱國忱·郝慶雲, 2006)
6장 정치제도 1절 唐朝에 종속된 지방민족정권	5장 발해정권의 성격 및 당조와의 관계
唐庭의 책봉을 받고 藩屬의 지위를 확립하다	1절 책봉을 받고 당에 藩國을 칭함 ① 역대 왕들이 당조의 책봉을 받음 ② 신속과 藩封의 지위를 확립하다 ③ 藩禮를 엄수하고 의무를 이행
納質과 入侍, 그리고 조공과 賀正	2절 押領을 받고 당에 예속됨 ① 홀한주도독부의 설치 ② 邊州 장관의 통제[管領]과 지시[節度] ③ 당조의 長史 파견과 감독[監領]
내부 자치와 당의 統屬을 받다	3절 친목화해와 車書一家 ① 정치적 상호의존 ② 경제·문화적 교류와 영향

하여 소개하기로 한다.

책봉과 관련하여 먼저 『발해국사』는 대조영이 '발해왕'이나 '발해국왕'이 아닌 '발해군왕'에 책봉되었던 것은 당의 정식 번봉이 되지 못했음을 의미한다고 보았다. 따라서 무왕이 독자적으로 연호를 사용하거나 732년 당의 등주를 공격한 것은 정식으로 번봉국(藩封國)의 합법적인 지위를 획득하려는 것으로 파악하였다. 문왕이 대흥(大興)과 보력(寶曆)이라는 연호를 사용하고 내부적으로 '황상(皇上)'과 '성인(聖人)'을 자칭하고 존호를 사용한 것도 마찬가지로 보고 있다. 다만 문왕은 무왕처럼 공개적으로 당에 대항하지 않았으며, 안사의 난 이후 당은 동북 지역에 대한 통제력과 영향력이 약화된 이후 발해와의 예속 관계를 강화하고 변방의 방위를 맡기기 위해 762년 문왕을 발해국왕으로 승진 책봉하였고, 이로써 발해는 정식으로 번봉국이 되었다고 보았다.

그러나 대조영이 당의 책봉을 받은 이상 사실상 당의 방국(方國) 또는 번봉(藩封) 정권임에도 불구하고, 당이 발해국왕이 아닌 그보다 낮은 등급의 발해군왕으로 책봉한 이유는 무엇인지 아무런 설명이 없다. 결국 당이 옛 고구려 세력이 주축이 된 신생 국가에 대한 의구심을 가졌다고 볼 수밖에 없는데, 그것은 역으로 이들이 당에 대해 독자적인 자세를 취했음을 반영한다. 대조영이 진국을 세우자마자 당과 대립하던 돌궐 및 신라과 통교하고, 당의 책봉을 받은 무왕이 독자적인 시호와 연호를 사용하였으며 나아가 당의 거란 토벌 요청에 대해 호응하지 않은 역사적 사실들이 이를 증명한다.

한편 발해 국왕들이 당의 책봉을 받은 것은 사실이다. 그러나 동시에 당은 신라 국왕에게도 책봉하였다. 특히 나당전쟁 이후 경색되었던 신라와 당의 관계가 개선되기 시작한 것은 발해의 건국 때문이며, 발해의 등주 공격에 대하여

38) 김종복, 2011, 앞의 글, pp.40~50

당이 신라에게 군사적 지원을 요구하고 그 결과 패강 이남의 영유권을 인정한 사실 등은 당과 발해의 관계를 이해하기 위해서는 당과 신라의 관계도 함께 고찰해야 할 필요성을 제기한다. 그러나 이에 대한 언급은 전혀 없다.

다음으로 『발해국사』를 비롯한 중국의 논저들은 대조영이 발해군왕과 함께 제수받은 관직이 홀한주도독(忽汗州都督)이라는 점을 통해, 그것이 명목상이 아닌 실제로 당의 기미부주(羈縻府州)의 하나, 즉 홀한주도독부(忽汗州都督府)가 발해에 설치되었다고 보고 있다. 그러나 홀한주도독부에 대한 기록은 어디에도 없다는 점에서 그 실체는 의심스럽다. 더구나 담기양(譚其驤)이 지적했듯이, 당대의 기미주는 자신의 영역 또는 변경에 내부(內附)한 이민족에 대해 설치한 기미주와 칭신(稱臣)·납공(納貢)하는 이민족 본토에 설치한 기미주로 구분되는데, 발해는 후자에 해당하므로 당의 영역으로 볼 수 없다.[39]

당대의 기미주가 복잡한 양상을 띠고 있음에도 불구하고 단편적인 기록을 사료 비판 없이 자의적으로 해석하는 것은 발해의 역사상을 왜곡하는 결과를 초래한다. 이 점에서 홀한주도독부를 통해 발해를 지방정권으로 파악하는 견해가 당의 기미정책의 성쇠와 같은 시간적 변화를 전혀 고려하지 않고 기미제도의 이념 또는 전성시대의 모습만 염두에 두고 있다는 지적은[40] 음미할 만하다.

발해가 당의 기미주라는 전제 아래, 이를 관할한 당의 상급 기관을 『발해국사』는 평로절도사로 파악하였다. 그래서 2장 '변주(邊州) 장관의 통제[管領]과 지시[節度]'에서는 발해와의 교섭을 관할 업무로 포함하고 있는 역대 평로절도사를 장황하게 서술하고 있다. 그렇지만 평로절도사의 대외적인 교섭과 관련된 관할 범위에 변동이 있었던 점은 간과하였다. 즉 741년 시점에서 평로절도

39) 譚其驤, 1990「唐代羈縻州述論」『紀念顧頡剛學術論文集』下(尹達 等編)

40) 송기호, 2006「대외관계에서 본 발해 정권의 속성」『한국 고대국가와 중국왕조의 조공·책봉관계』, 고구려연구재단, p.215

사는 그 관할 대상에 양번(兩番, 거란·해), 그리고 발해와 흑수를 포함하고 있었지만, 775년의 시점에서는 흑수가 빠지고 그 대신 신라가 포함되었던 것이다. 신라가 당의 지방정권이 아닌 이상, 평로군의 관할 대상으로 나오는 이민족과 외국은 대외교섭, 즉 외교실무와 관련된 책임 범위를 의미하는 것으로 보아야 한다.

결론적으로 『발해국사』는 지방정권설을 입증하기 위하여 당과 발해간의 책봉 관계를 과도하게 적용한 나머지 발해사의 역동적인 전개 과정을 소홀히 하였으며, 그 결과 발해사의 주체적 측면을 배제하고 그 실상을 왜곡하였다는 점을 지적하지 않을 수 없다. 특히 『발해국사』가 "발해가 독립국가가 아니기 때문에 역대 발해왕들의 연호를 사용하지 않는다"는 것은 대표적인 서술이다.

끝으로 동북공정의 또다른 결과물인 양우서의 『당대 발해국 오경 연구』의 내용을 간단히 살펴보면 다음과 같다. 이 책은 발해 5경제의 연원, 5경의 성격과 귀속, 5경의 역사적 위치라는 세 가지 문제에 대한 규명을 목적으로 하고 있다.

먼저 양우서는 발해의 5경제의 연원을 757년(당 肅宗 至德 2)에 설치된 당의 5경제에서 찾는데, 여기서 그가 주장하고 싶은 것은 고구려와 발해의 계승관계가 단절되었다는 점이다. 발해 초기 도성은 산성과 평지성이 결합된 양식이지만, 5경은 당 장안성과 낙양성을 모방한 평지성이라는 점에서 상호간에 계승관계도 없게 되었다는 것이다.

5경의 성격과 귀속에 대해서는 발해 자체가 당 중앙조정 관할하의 소수민족지방정권이므로, 그 관할 범위도 당조의 판도에 들어가며 행정상 하북도 관할로 파악하였다. 따라서 발해의 5경 가운데 동경 일부는 러시아, 남경 전부와 서경 일부는 북한에 있지만, 이를 근거로 러시아나 북한이 발해를 자국사로 간주할 수 없음을 강조하였다.

결국 『당대 발해국 오경 연구』는 발해 5경을 소재로 삼아 고구려와 발해의 계승 관계를 부정하고, 발해는 당대 지방정권임을 주장하였을 뿐이다. 따라서 발해 5경의 역사적 위치에 대해서도 그것이 당의 영향을 받아 요금의 5경 설치에 영향을 끼쳤음을 지적하는 데 그쳤다.

V. 맺음말

중국의 발해사 연구는 말갈주체설과 당대지방정권설이라는 두 가지 전제하에 이루어져왔다. 말갈주체설은 한국학계의 고구려주체설에 대한 대응 논리로서 나온 것이다. 고구려도 중국 동북지방의 고대민족이며 중원왕조의 지방정권으로 파악하는 동북공정이 등장한 이후에도 발해사에 관한 한 큰 변화는 없고, 두 가지 전제를 좀더 강조하는 경향성이 확인된다. 대표적인 것이 동북공정의 결과물인 『발해국사』이다.

『발해국사』는 말갈주체설의 강조라는 측면에서 발해 초기 국호를 종래와 달리 말갈(국)으로 파악하였으며, 지방정권설의 강조라는 측면에서 발해의 대당예속도를 강조하였다. 그러나 초기 국호로서의 말갈(국)설은 문제점이 적지 않다. 그래서 당대지방정권설이라는 전제를 훼손하지 않는 한에서 초기 국호나 발해군왕의 의미 등 세부적인 문제에서 새로운 견해들이 제기되기도 하였다. 또한 발해의 대당예속도를 지나치게 강조한 결과 발해의 독자적 연호를 외면함으로써 발해의 실상을 왜곡하는 결과를 낳기도 하였다. 발해사의 주체를 발해가 아니라 당으로 설정함으로써, 발해 자체의 입장이 아니라 당과의 관계나 영향에 의해 발해사가 전개된 것으로 파악됨으로써, '발해' 없는 '발해사'가 되어버린 셈이다.

양국의 상이한 현실에서 비롯된 발해사에 대한 인식 차이는 동북공정으로 인해 더욱 확산될 우려가 적지 않다. 그것이 역사분쟁 나아가 역사충돌로 비화되지 않도록 다각도로 노력해야 할 것이다. 이를 위해서는 한국사의 입장에서 중국학계의 말갈주체설, 지방정권설을 비판하는 데 그치지 않고, 그에 입각한 해석이 발해사의 실상을 왜곡한다는 점을 객관적이고 실증적으로 비판할 필요가 있다.

아울러 고구려도 중국사의 일환으로 파악하는 동북공정이 등장한 상황은 고구려와의 계승관계만으로 발해사를 한국사로 파악하는 기존의 인식틀을 넘어설 것을 요구하고 있다. 이는 발해사만의 문제가 아니므로, 한국민족사의 새로운 체계를 모색할 필요가 있을 것이다.

중국학계의 동아시아사 인식과 국제관계사 서술

홍 승 현
서강대학교 강사

중국학계의 동아시아사 인식과 국제관계사 서술

Ⅰ. 머리말

이 글은 동북공정을 전후하여 중국학계의 동아시아 인식의 변화와 그와 연동한 동아시아 국제질서 서술의 경향을 분석하는 것을 목적으로 한다. 이를 통해 중국학계의 동아시아와 동아시아 국제질서에 대한 인식을 확인하고, 전통시기 동아시아 국제질서의 실상과 그것의 역사적 역할에 대한 단서를 확보하고자 한다.

중국학계의 경우 '동아시아 의식'은 다른 국가, 즉 한국이나 일본에 비해 취약한 편이다. 여러 가지 이유가 있을 수 있지만 중국의 문화전통과 깊은 관련을 맺고 있다는 지적이 주목된다. 중국은 오랫동안 천하의 중심임을 자처해 왔고, 대외관계를 국내관계의 연장선상에서 보았기 때문이라는 것이다. 전통시기 중국인들은 문화적 친밀도로 주변 지역 또는 국가와의 친소(親疏)를 구분했으며 명확한 지역 구분의 개념도 없었다고 한다.[1] 요컨대 모든 동아시아의 문제를 중화와 여타 제 민족 상호 간의 관계 속에서 파악하였기 때문에 고대 동

1) 쉬슈리, 2010「중국의 동아시아 의식과 동아시아 서술」『역사적 관점에서 본 동아시아의 아이덴티티와 다양성』(서울 : 동북아역사재단), pp.117·119

아시아 사회는 처음부터 관심의 대상이 아니었다는 것이다. 또한 중국의 경우 건국과 동시에 '계급모순'과 더하여 '민족모순'이 극복해야 할 일차적 당면 과제였기에 민족관계사 연구가 다른 어떤 분야의 연구보다도 붐을 이룬 것도 지적되고 있다.[2)]

이러한 분석은 일견 타당하면서도 다른 한편 중국학계에서 지속적으로 발견되는 국제관계사의 실종이라는 측면을 명확하게 설명하지 못한다. 중심이라는 개념이 곧 유일성의 의미를 갖는 것은 아니며, 민족관계사의 발전이 국제관계사의 실종이라는 현상을 모두 설명할 수 있는 것은 아니기 때문이다. 또한 최근 대외관계사 연구가 활발해진 것에 대해서도 답하지 못한다는 생각이다. 따라서 중국학계가 그동안 보여주었던 국제관계사의 부정과 최근 등장한 국제질서에 대한 관심에 대해서 보다 면밀한 고찰이 필요할 것 같다.

이 글은 이러한 문제의식으로부터 시작하여 1980년대 국제관계사가 실종되었던 중국학계가 동북공정 시기를 거치면서 새로운 방식으로 국제관계사를 부활시키는 일련의 과정을 추적하고자 한다. 그러나 필자의 능력상 현재 중국학계가 진행하고 있는 모든 대외관계에 대한 연구를 대상으로 하지는 못하였다. 이 글에서는 한중관계사로 범위를 좁혀 현재 중국학계의 동아시아 국제질서에 대한 연구를 분석대상으로 삼았다. 특히 그 중에서도 중국왕조와 고구려와의 관계사에 비교적 많은 지면이 할애되었다. 그것은 동북공정 전후로 중국학계에서 중국과 한반도 국가와의 관계, 그 중에서도 고구려와의 관계에 대한 연구가 대종을 이루었기 때문이다. 그러나 기왕의 연구에서 이미 중국학계의 고구려 지방정권론에 대해 치밀한 분석과 비판이 진행되었기에 본 글에서 자세한 연구사 정리는 생략하였다. 대신 글에서는 중국학계가 국제관계사를 실

2) 김한규, 2005『天下國家－전통 시대 동아시아 세계 질서』(서울 : 소나무), p.24

종시켰던 원인은 무엇이고, 국제관계사를 일국사로 국한시키는 데 사용했던 작업도구가 무엇인지를 파악하고자 하였다. 또한 동북공정 이후 국제관계사 연구들의 경향을 분석하는 것에 관심을 두고자 하였다. 그 과정에서 중국학계 스스로 제거했던 국제관계사를 부활시킨 이유를 파악할 수 있기를 기대한다.

Ⅱ. 동북공정 이전 시기-국제관계사의 실종과 그 원인

중국학계의 동아시아 국제질서에 대한 연구는 그리 많지 않다. 여러 이유가 있겠지만 무엇보다 '통일적 다민족국가론'이라는 절대의 원인에 의해 발생한 문제라고 생각한다. 중국을 수많은 민족으로 구성된 통일적 다민족국가로 설정하면서, 현재 중국을 구성하는 모든 민족과 중국 영토 안에서 이루어진 그들의 역사 모두가 중국사의 범주가 되었다.[3] 물론 '통일적 다민족국가론'을 모든 역사 발전 단계에 적용하려는 시도가 비판되기도 하였지만,[4] 역사 연구의 결과가 정치발전에 복무해야 한다는 중국식 사회주의의 신념은 모든 논의를 단순화시켰다. 그 결과 중국사 무대에 등장하는 모든 주변민족은 중국의 소수민족으로 표현되었고, 그들에 대한 연구는 '민족단결'이라는 현재적 과제와 연계하여 수행되었다.

3) 중국의 통일적 다민족국가론에 대한 논의에 대해서는 金翰奎, 1999「古代 동아시아의 民族關係史에 대한 現代 中國의 社會主義的 이해」『東亞硏究』 24와 余昊奎, 2003「中國學界의 高句麗 對外關係史 硏究現況」『한국고대사연구』 3을 참조

4) 孫祚民, 1968「再論中國古代史中有關祖國疆域和少數民族問題的錯誤觀點」『文匯報』 1968-8-2; 1980「處理歷史上民族關係的幾個重要準則」『歷史硏究』 1980-5; 1987「開倉中國民族關係史硏究的新局面」『中國古代民族關係史硏究』(福州 : 福建人民)

중국 중원왕조와 주변 민족들의 관계를 국제관계사가 아닌 민족관계사로 파악하는 입장이 공식적으로 천명된 것은 1980년대다. 세 차례의 학술회의['中國民族關係史研究學術座談會(1981)', '中國古代民族關係史學術討論會(1984)', '中國民族學術會首屆學術討論會(1985)'] 결과, 통일적 다민족국가론에 의해 국제관계사를 파악하는 입장이 일반화된다.[5] 1980년대 발해에 대한 연구가 대거 발표되고, 대부분 발해를 중국의 지방정권으로 파악한 것은 이러한 움직임과 관련 있을 것이다.[6]

고구려를 중국역사로 편입하려는 최초의 시도는 1941년 김육불(金毓黻)의 『동북통사(東北通史)』에서 찾을 수 있다. 그는 고구려를 중화민족의 일부로 파악하였다.[7] 그러나 김육불은 고구려가 중국의 지방정권임을 주장하지는 않았다. 고구려를 중국에 귀속시키는 본격적인 시도는 1985년 장박천(張博泉)의 『동북지방사고(東北地方史稿)』에서 보인다. 장박천은 이 책에서 고구려가 ① 중국 왕조의 군현(郡縣)에서 흥기하여 그 관할 범위를 넘지 않았다는 점, ②줄곧 중원 또는 중국 북방정권에 번부(藩附)하였던 점을 근거로 고구려를 중원왕조에 신속한 지방정권으로 파악하였다.[8] 다음해 경철화(耿鐵華) 역시 고구려

---

5) 1984년 진행된 中國古代民族關係史學術討論會의 論文選集으로 1987년 출판된 『中國古代民族關係史研究』(福州 : 福建人民)에서 翁獨健은 민족사 연구에 관해 세 가지 내용이 합의되었다고 선언하였다. 그 중 한 가지가 바로 중국 민족사 연구는 반드시 秦漢時期 이래 중국이 통일적 다민족국가라는 역사적 전제하에서 출발한다는 것이다. 翁獨健, 「序言」, p.1 및 「再論民族關係史研究中的幾個問題」, p.5를 참조

6) 1980년대 중국학계의 발해사 연구에 대한 상황은 동북아연구재단, 2011 『한중관계사 연구논저 목록(고대)』(서울 : 동북아연구재단)을 참조하였다. 이 책에 의하면 1980년대 중국에서 진행된 한중관계사 연구의 대다수가 발해사 연구임을 알 수 있다. 거칠게만 보아도 이 시기 단행본 중에 발해 관련 단행본이 17권(번역본 5권 포함, 80년대 이전 책 2권 포함), 논문이 33편에 달한다.

7) 金毓黻/동북아역사재단, 2007 『東北通史』(서울 : 동북아역사재단), p.508

8) 張博泉, 1987 『東北地方史稿』(長春 : 吉林大)

가 소수민족이 건립한 국가로서 중국의 지방정권의 성격을 갖는다고 하였는데, 고구려가 한(漢)의 행정구역인 현도군(玄菟郡) 안에서 건국되고 지속적으로 그의 관할 하에 있었다는 점을 근거로 들었다.[9] 이러한 입장은 90년대로 이어져 이전복(李殿福)과 손옥량(孫玉良)에 의해 재천명되었다.[10] 그러나 이러한 연구들은 돌출적인 면이 없지 않았다. 고구려를 한국사의 구성성분으로 파악하고, 중국과의 관계를 국제관계사로 파악하는 입장이 여전했기 때문이다.[11] 그러다 1990년대 들어 고구려를 중국국가로 파악하려는 움직임이 본격화된다.

고구려를 중국사의 일부로 파악하는 것의 근거는 대략 다음의 네 가지다. ①고구려의 족원(族源)이 중국 다민족의 일원이었다. ②고구려는 중국 경내에 건립되었다. ③발전 과정 중에 영위했던 영역도 대부분 중국 영토 안에 국한되어 있었다. ④지속적으로 중국 왕조의 책봉을 받으며 종속관계를 유지하였다. 즉 족원문제, 영토문제, 신속문제(臣屬問題)로 대별할 수 있다. 그러면 이러한 입장은 타당한 것일까?

우선 고구려의 족원에 대한 문제부터 살펴보자. 고구려의 족원과 관련해서는 맥족이나[12] 예맥족,[13] 부여족이[14] 자주 언급되었다. 그런데 고구려의 족원

---

9) 耿鐵華, 1986「高句麗起源和建國問題探索」『求是學刊』1986-1, p.84

10) 孫玉良·李殿福, 1990「高句麗同中原王朝的關係」『博物館硏究』1990-3

11) 대표적으로 翦伯贊, 1947『中國史綱』(上海 : 三聯); 尙鉞, 1954『中國歷史綱要』(北京 : 人民); 呂振羽, 1955『簡明中國通史』(北京 : 人民); 范文瀾, 1965『中國通史簡編』(北京 : 人民); 韓國磐, 1977『隋唐五代史綱』(北京 : 人民); 王仲犖, 1980『魏晉南北朝史』(上海 : 上海人民); 王仲犖, 1990『隋唐五代史』등을 들 수 있다. 이들 통사 혹은 단대사류 저작 안에서, 고구려는 외국으로 구분되어 대외관계사 부분에서 서술되고 있다. 특히 王仲犖의 1990 책은 고등학교 文科教材이기에 고구려를 외국으로 보는 것이 중국 정부의 공식적 입장이었음을 알 수 있다.

12) 劉永智, 1994『中朝關係史硏究』(鄭州 : 中州古籍), p.48

13) 張博泉, 1987, 앞의 책, p.79

14) 楊昭全, 1994「論高句麗的歸屬」『韓國上古史學報』13, p.188

을 예맥족이나 부여족으로 규정할 경우 아무래도 요동지역에서의 독자성이 강조될 수밖에 없다는 문제가 발생한다. 그래서 그간 중국학계에서는 고구려 족원을『일주서(逸周書)』에 등장하는 '고이(高夷)'로 설정하여 중국과의 연관성을 강조하거나,[15] 상족(商族)과의 연관성을 제기하기도 하였다.[16] 심지어는 전욱(顓頊) 고양씨(高陽氏)의 후예[17] 또는 염제족(炎帝族) 계통의 지파로 이해하는 견해도 있다.[18] 그러나 엄밀한 의미에서 일련의 시도들은 고구려 귀속과 관련하여 큰 의미를 가질 수 없다. 특정 정치집단의 귀속문제는 종족문제와는 다른 문제기 때문이다. 중국을 구성했던 한 종족이 국가를 세웠다 해도 그것을 곧 중국국가라고 볼 수는 없다. 귀속문제는 종족이 아닌 중국국가에 대한 예속성·일체성·계승성 등에 의해 판단되기 때문이다. 따라서 고구려 종족문제와 관련해서는 고구려 유민의 중국으로의 유입과 동화 등이 문제가 될 뿐이다.[19]

다음은 영토문제다. 중국은 자신들의 역사상을 수립할 때, '현재 중국 영토' 안에서 일어난 모든 일을 중국사로 파악한다는 입장을 견지해 왔다. 이러한 입장에 근거한다면 한대 군현지역에서 국가를 영위했던 고구려를 중국사로 파악하는 것은 자연스럽다.[20] 그러나 고구려가 지속적으로 한대 군현지역에서만 존

---

15) 耿鐵華, 1986, 앞의 글, p.81; 劉子敏, 1996「古代高句麗同中原王朝的關係」『東疆學刊』13-3, pp.33~34

16) 范犁, 1993「≪高句麗族屬探源≫駁議」『高句麗硏究文集』(延吉 : 延邊大), p.261

17) 張碧波, 1996「高句麗文化淵源考」『全國首屆高句麗學術硏討會 論文集』(通化 : 通化師範學院), p.37

18) 李德山, 1992「高句麗族稱及其族屬考辨」『社會科學戰線』1992-3, p.226

19) 그 결과 최근 중국 측 연구들은 고구려가 중국국가와 일체성을 가지고 있고, 한국국가에 대해서는 계승성과 동류의식을 갖고 있지 않음을 증명하려고 한다. 이는 주로 고구려 멸망 후 그 유민들이 대부분 중국으로 이주하여 현재 중국인의 조상의 일부가 되었음을 강조하는 방식으로 이루어졌다. 대표적인 글로는 孫泓, 1996「高句麗民族的形成及消亡」『全國首屆高句麗學術硏討會 論文集』, p.173; 楊保隆, 1998「高句麗族族源與高句麗人流向」『民族硏究』1998-4, pp.67~70

20) 張博泉, 1987, 앞의 책, p.116; 楊昭全, 1994, 앞의 글, pp.189~191

재했던 것이 아니라 주변 종족 혹은 주변 국가들을 복속하면서 확장되었기에 이러한 주장은 결함을 가질 수밖에 없다. 그래서 중국학자들은 이 문제를 해결하기 위해 고구려가 병합하여 확장한 부여·옥저·숙신·말갈지역 모두가 중원왕조의 속국이었다는 것을 강조한다.[21] 물론 그렇다 하더라도 이 경우 평양 천도 후의 고구려 역사를 설명하는 것이 어려워진다는 문제는 남는다. 그래서 다시 이 문제를 해결하기 위해 고구려가 확장한 영역–평양을 포함한–의 경계가 본래 한사군의 범위, 즉 중국의 영역을 벗어나지 않았다는 주장을 하기도 하였다.[22]

그런데 이 주장에는 문제가 있다. 다름 아닌 최초의 전제 "현재 중국 영토 안에서 일어난 모든 일을 중국사로 파악한다"는 전제의 수정이 불가피하다는 점이다. 즉, 고구려가 천도한 평양이 지금 중국의 영토 밖에 위치하기 때문이다. 그래서 나온 주장이 현재 영토가 아닌, 역사상의 불특정 시기의 영토를 기준으로 삼아야 한다는 것과[23] 고구려가 역사상 어디에 장기적으로 존속하였는지를 보자는 장기존속론, 일명 대세론이다.[24] 사실 "현재 중국 영토 안에서 일어난 모든 일을 중국사로 파악한다"는 관점은 특정 시대의 역사를 현대의 관점에서 재단한다는 문제를 가지고 있다. 자연히 다양한 역사적 국면이나 상황, 관계들을 설명할 수 없다. 중국학계가 마주친 문제는 다름 아닌 고구려라는 하나의 정치집단이 형성되고 발전하며, 쇠멸해 갔던 각 국면마다 자신을 둘러싼 세계와 어떻게 관계했는가 하는 다양한 역사적 사실을 설명해 낼 수 없다는 것이었다. 그런 의미에서 장기적으로 존속한 지역에 따른다는 대세론은 영토문제도 고구려를 귀속시키는 데 적절한 역할을 할 수 없다는 사실상의 선언이다.

21) 孫進己, 1994『東北民族史硏究』(鄭州 : 中州古籍), pp.252~253
22) 劉永智, 1994, 앞의 책, p.48
23) 周偉洲, 1989「歷史上的中國及其疆域民族問題」『雲南社會科學』1989-2, pp.52~53
24) 孫進己, 1994, 위의 책, p.287

따라서 고구려 귀속과 관련한 최후의 문제는 족원문제도 영토문제도 아닌, 고구려가 역대 중국왕조에 예속되었는가의 여부를 밝히는 신속문제가 된다. 이러한 역사 인식의 흐름을 명확히 보여주는 것이 바로『고대중국고구려역사총론(古代中國高句麗歷史叢論)』(이하『총론』)[25]과『고대중국고구려역사속론(古代中國高句麗歷史續論)』(이하『속론』)이다.[26] 그 중『총론』은 1996년 하반기에 중국사회과학원 중점 연구과제로 선정된 후, 동북삼성의 고구려사 연구자들의 교류 및 98년 두 차례에 걸친 토론회에서 의견 수렴을 거친 후 2001년 2월에 출판된 책이다. 따라서 동북공정이 실시되기 전 고구려사와 관련한 중국학

〈표 1〉『고대중국고구려역사총론』과『고대중국고구려역사속론』의 구성 비교

『총론』(2001)			『속론』(2003)		
대목차	순번	소목차	대목차	소목차	비고
서론 [代前言]			서론	고구려 역사 연구 중의 관련문제를 다시 논함 [再論高句麗歷史研究中的相關問題]	
			이론편	고대중국의 번속 [古代中國的藩屬]	○**
				고구려의 귀속 [高句麗國的歸屬]	○
정치편 *	1	고구려의 건립과 발전 [高句麗國的建立和發展]	역사편 (상)	한사군연구 [漢四郡硏究]	○
	2	고구려와 양한~남북조시기 중앙왕조와의 관계 [高句麗與兩漢至南北朝中央王朝的關係]		고대 중국정권과 고구려 간 상호정책 연구 [古代中國政權與高句麗相互政策硏究]	『총』 2,3,4,5보 ***
	3	고구려와 수왕조와의 관계 [高句麗和隋王朝的關係]		고구려와 중원지역 간 경제문화 교류 연구 [高句麗與中原地區經濟文化交流硏究]	○
	4	고구려와 당왕조 사이 신속관계의 건립과 발전 [高句麗與唐王朝臣屬關係的建立和發展]		고구려 활동지역 변천 연구 [高句麗活動地域變遷硏究]	『총』1보
	5	고구려와 역대 중앙왕조 관계의 성격[高句麗與歷代中央王朝關係的性格]		고구려 문화 연구 [高句麗文化硏究]	○

25) 馬大正 等, 2001『古代中國高句麗歷史叢論』(哈爾賓 : 黑龍江教育)
26) 馬大正 等, 2003『古代中國高句麗歷史續論』(北京 : 社會科學)

민족편	6	고구려 명칭의 출현과 함의·변화 및 소멸 [高句麗名稱的出現·含意·演變及消失]	역사편(하)	구려고 [句麗考]	『총』6, 7보
	7	고구려 명칭의 이칭 및 간칭과 출현 시기 [句麗稱號的異寫·簡稱和出現時期]		고구려 건국시기고 [高句麗建國時間考]	○
	8	고구려의 족원 [高句麗的族源]			
	9	고구려 멸망과 고구려 유민의 거취 [高句麗滅亡和高句麗人的去向]		고구려 역대 제왕 재위기간고 [高句麗諸王在位時間考]	○
	10	고구려 사회의 경제, 계급과 오부조직 [高句麗社會的經濟·階級和五部組織]		고구려 회복 운동고 [高句麗復國活動考]	『총』9보
	11	고구려와 주변 제족과의 관계 [高句麗與周邊諸族的關係]			
	12	두 고려의 차이 [兩個高麗的差別]		고구려 오부고 [高句麗五部考]	『총』10보
	13	고씨고구려와 왕씨고려 간 전후 계승관계 없음을 판별함 [高氏高麗與王氏高麗無前後相關關係辨識]			
연구편	14	고구려 역사에 대한 중국학자들의 연구 평가 [中國學者對高句麗歷史研究的評述]	연구편	고구려 고고연구 평의 [高句麗考古研究評議]	○
	15	고구려 역사에 대한 조선반도 학자들의 연구 평가 [朝鮮半島學者對高句麗歷史研究評述]		중국학자의 고구려 귀속연구 분석 [中國學者的高句麗歸屬研究評析]	『총』14보
	16	근 100년 이래 일본학자의 고구려 역사연구 상황 [近百年來日本學者的高句麗歷史研究概況]		오대~명시기 중국 정사가 고구려기사를 왕씨고려전과 조선전 안에 서술한 원인 분석 [五代至明中國正史將高句麗寫入王氏高句麗傳·朝鮮傳原因試析]	『총』12, 13보
				『삼국사기』 및 고구려역사 기술 [『三國史記』及其高句麗歷史記述]	○
	17	고구려 역사연구의 심화를 위한 소견 [高句麗歷史研究深化之管見]		조선학자 손영종의 고구려 역사연구 평의 [朝鮮學者孫永鍾的高句麗歷史研究評述]	『총』15보
				한국학계의 고구려연구 평의 [韓國學界的高句麗研究評述]	『총』15보

* 『총론』 본래의 목차는 정치편이 민족편 보다 뒤에 위치하나 두 책의 구성을 비교하는 과정에서 편의를 위해 정치편과 민족편의 순서를 바꾸어 표를 구성하였다.

** ○표는 『총론』에서는 다루지 않았던, 즉 『속론』에서 처음 다루고 있는 내용임을 설명한다.

*** '보'는 『총론』에서 다루었던 내용이 다시 『속론』에서 보강된 내용임을 설명한다.

계의 공식적이면서도 가장 최신의 입장을 파악할 수 있는 책이다. 한편 『속론』은 『총론』을 기반으로 고구려 역사를 더 깊이 연구한 고구려연구의 집대성이라고 할 수 있는 책이다.

두 책의 서론은 모두 마대정(馬大正)에 의해 작성되었다. 『총론』의 서론은 고구려연구의 전제를 언급한다. 우선 고구려가 중국의 소수민족정권이라고 선언한다. 근거로 제일 먼저 종족문제를 거론하는데, 그 설명 방법이 재미있다. 고구려족이 예맥족이든, 부여족이든, 상족과 관련 있든, 염제의 후손이든 상관없이 모두 고대 중국의 동북 범위 안에 있었다는 것이다. 족원이 무엇인가는 문제가 안 된다는 것을 확실히 보여주고 있다. 다음은 영토문제다. 물론 고구려가 현도군 관할 범위에 있었음을 거론한다. 그러나 결국 고구려를 소수민족정권으로 설명하기 위해 사용한 근거는 고구려가 현도군과 요동군에 예속되어 있었다는 점이다. 그 근거로는 칭신납공(稱臣納貢)을 들었다. 영토문제 역시 고구려 귀속에 있어 중요한 내용이 되지 않음을 암암리에 보여 준 것이다. 마지막 근거는 고구려 멸망 후 고구려 유민들의 귀속문제다. 그는 『신당서(新唐書)』의 기사를 근거로[27] 고구려 유민 70만 명 중에 30만 명이 중원으로 이주했다고 하며 고구려족은 중국의 소수민족이라고 주장한다. 이는 고구려가 한국국가가 아닌 중국국가와 일체성과 역사적 계승성을 갖고 있음을 말하고자 하는 것이다.

『속론』의 서론에서는 고구려연구의 심화를 위해 필요한 몇 가지 주제가 언급된다. ①고구려 민족의 기원과 이동에 관한 연구, ②고구려 민족과 정권의 귀속연구, ③중국 문헌, 특히 24사 안의 고구려 관계 기사에 대한 고증·분석과 연구, ④고구려 고고학 성과의 정리와 연구, ⑤중국학자들의 고구려사 연구 종합, ⑥북한과 한국·일본학자들의 고구려사 연구 종합, ⑦북한과 한국의 고구

27) 『新唐書』 卷220 「東夷 高麗傳」, "收凡五部百七十六城, 戶六十九萬."

려사 연구의 비학술적 경향에 대한 연구 등이다. 이 내용은 모두『속론』의 본론에서 거론된다. 그 중 주목되는 것은 ①의 내용과 관련된 역사편 상의「고구려 활동지역 변천 연구」다. 제목만으로는 시기별 고구려의 영역에 대한 내용일 것으로 생각된다. 그러나 수당시기의 활동구역을 다루는 절의 내용을 살펴보면 이 시기 고구려의 활동구역은 기본적으로 남북조시기의 활동범위와 같다는 짧은 언급만이 나와 있다. 대신 고구려 멸망시 당왕조가 고구려인들을 어떻게 내지로 이주시켰는가에 대해 나머지 지면을 할애하고 있다. 따라서『속론』에서는 종족과 영역문제 대신 고구려 유민의 동화문제에 집중하고 있음을 알 수 있다.

본론을 보면『총론』은 민족편에서 고구려 명칭의 출현 및 족원에 대한 내용, 고구려와 고려와의 관계 등을 서술하고 있다. 여전히 가장 중점을 둔 것이 족원문제처럼 보인다. 그러나 내용은 지금까지 제시된 고구려 족원과 관련된 모든 내용을 재거론하는 것에 불과하다. 최종적으로는 기존 설에 따라 고구려 족원을 예맥족으로 보고 있으나, 예맥의 족원지를 산동으로 설정함으로 인해 어떤 족원으로 정리되든 모두 중화의 구성요소임을 강조한다. 정치편은 역대 중원왕조와 고구려가 관계한 방식에 대해 서술하고 있다. 5개의 장으로 나누어져 있으나, 모두 고구려가 역대 중원왕조에 신속하여 조공한 것을 강조하였다.

『속론』은 민족과 정치로 나누었던 것을 통합하여, 역사상편과 역사하편을 두었다. 대분류가 통합된 것과는 달리 세부분류는 훨씬 다양해졌다. 대부분『총론』의 내용을 계승·보강한 것이다.(표 1 참조) 그러나『속론』을『총론』을 보강하는 책이라고 볼 수만은 없다.『속론』이 갖는 의미를 가장 잘 보여주는 것은 바로 이론편이다.「고대중국의 번속」과「고구려의 귀속」두 부분으로 이루어진 이론편은 중국학계가 고구려 귀속을 확정하는 데 가장 근본적 문제를 종족도, 영역도 아닌 중국 중원국가에 대한 예속성에 두고 있음을 알려준다. 책봉조공관계가 어떻게 고구려의 귀속을 규정하는 근거가 되는지를 '번속(藩屬)'이라는 개념을 통해 설명하고 있다.

그래서 이론편 이하 역사상·하편의 글들은 일견 고구려에 대한 심화된 연구성과처럼 보이지만 자세히 보면 고구려가 중국 국가들로부터 지속적으로 책봉을 받고 신속하였던 실상, 장기간의 신속 동안에 저항 없이 중국의 사회·문화 전분야의 요소를 받아들였던 상황, 고구려가 한국국가가 아닌 중국국가와의 일체성을 보이는 현상들에 대한 것으로 모두 이론편의 주장을 증명하는 사례들이다. 그렇기에 『속론』은 처음으로 고구려의 중국 귀속을 족원이나 영위했던 영역이 아닌 중국 왕조들과의 정치적 관계 속에서 설명하고자 하고, 그에 따른 이론틀을 수립했다는 의의를 지닌다.

Ⅲ. 동북공정 시기-책봉조공체제에 대한 상이한 관점

지금까지 확인된 동북공정의 내용에 따르면 동북공정의 목적은 역사상에서 확인되는 동북지역(즉, 요동)의 독자성을 제거하고, 고대로부터 그곳이 중국에 소속된 공간이라는 역사상을 수립하는 것이다. 이것을 국민적 통합 혹은 영토적 통합이라고도 할 수 있을 것이다. 따라서 그 내용은 주로 요동지역에서 활동한 제집단과 제문명을 확인하고 그들을 중국사 또는 중국으로 귀속시키는 이론적 토대를 마련하는 것과 영역확정과 관련한 변경문제로 대별된다.

이 중에서 번속제도연구가 본 글에서 분석할 동아시아 국제질서 관련 연구라고 할 수 있다. 그러나 공정 속에서 진행된 번속제도연구는 책봉조공제도를 동아시아 국제질서로 이해하지 않는다. 이러한 경향에 영향을 준 것은 동북공정의 담당자로서 고구려연구의 사실상의 지침을 마련한 마대정이다.

〈표 2〉 2002년~2004년 동북공정시기 진행된 고대사 관련 연구[28]

내용	연도	연구자	제목
변강이론 연구	2002	서덕원(徐德源)	역대왕조의 동북변경 통치연구[歷代王朝東北邊境統治研究]
	2002	유신군(劉信君)	중국역사 동북변강 통치사상연구 [中國歷史東北邊疆統治思想研究]
	2003	풍계창(馮季昌)	동북변강문제연구[東北邊疆問題研究]
	2003	진기명(秦其明)	중국동북변강과 민족에 관한 외국학자 연구 종술 [外國學者關於中國東北邊疆與民族研究綜述]
	2003	우패(于沛)	변강이론에 관한 서방학자의 전문적 연구 [西方學者關於邊疆理論問題專制研究]
번속제도 연구	2003	이대룡(李大龍)	한당번속연구[漢唐藩屬研究]
	2003	부백신(付百臣)	중조역대조공제도연구[中朝歷代朝貢制度研究]
	2003	황송균(黃松筠)	중국고대번속제도연구[中國古代藩屬制度研究]
한국 초기국가 연구	2002	장벽파(張碧波)	기자와 기자조선연구[箕子與箕子朝鮮研究]
	2003	이덕산(李德山)	조선반도민족·국가의 기원과 발전 [朝鮮半島民族·國家的起源與發展]
	2003	왕외(王巍)	중국과 조선반도의 석기시대·청동시대 고고문화학 비교연구 [中國與朝鮮半島石器時代·靑銅時代考古文化學比較研究]
사료 정리 및 연구	2002	유자민(劉子敏)	〈삼국사기〉상주 및 연구[〈三國史記〉詳注及研究]
	2003	유위(劉爲)	한문고적 중 조선사료정리[漢文古籍朝鮮史料整理]
발해·고구려사 연구	2002	위국충(魏忠國)	발해국사[渤海國史]
	2002	주국침(朱國忱)	발해사론[渤海史論]
	2002	이덕산(李德山)	중국동북고민족발전사[中國東北古民族發展史]
	2002	손옥량(孫玉良)	간명고구려사[簡明高句麗史]
	2002	무옥환(武玉環)	발해이민 관리와 귀속연구[渤海移民治理與歸屬研究]
	2003	양군(楊軍)	고구려민족과 국가의 변천[高句麗民族與國家的演變]
	2003	왕금후(王錦厚)	고구려의 족원과 강역[高句麗的族源與疆域]
	2003	위존성(魏存成)	고구려고고연구[高句麗考古研究]
	2003	마대정(馬大正)	고대고구려사 전문연구[古代高句麗史專制研究]
	2004	양우서(楊雨舒)	당대발해오경연구[唐代渤海五京研究]
고민족연구	2002	이덕산(李德山)	중국동북고민족발전사[中國東北古民族發展史]
	2003	마일홍(馬一紅)	말갈·발해와 동북아각국·각족 관계사연구 [靺鞨·渤海與東北亞各國·各族關係史研究]

28) 이 표는 李國强, 2004 「『東北工程』與中國東北史的研究」『中國邊疆史地研究』 14-4를 참조하여 작성하였음.

국내외 일부학자들은 당시 동아시아에 존재했던 종번관계(宗藩關係)를 국제관계로 보고 있으며, 심한 경우에는 현대 국제관계의 구조·원칙·관념으로 고대 동아시아지역을 연구하려고 하니 이것은 큰 잘못이다.……따라서 종번관계의 문제를 해결하지 않고서는 중국 고대 강역 이론연구는 새로운 진전을 이룰 수 없으며, 더 나아가 변경사를 심도 있게 연구하는 데 영향을 주게 된다.[29)]

『총론』과 『속론』 모두 서론을 썼던 마대정은 종번관계, 즉 책봉과 조공에 의해 수립된 국제관계를 일국사의 범주로 이해하고 있다. 따라서 동북공정 속에서 연구된 번속제도연구는 이 지침에 따라 종번관계를 일국사의 범주로 국한시켰다. 그러나 이와는 달리 공정 밖에서는 책봉조공을 국제관계로 이해하는 연구들이 제출되었다. 이 장에서는 봉조체제에 관한 중국학계의 서로 다른 입장을 살펴보고자 한다.

1. 책봉조공제도에 대한 이해 1-공정의 성과

1) 이론의 정립 : 이대룡, 2006 『한당번속체제연구』(북경 : 사회과학) : 황송균, 2008 『중국고대번속제도연구』(장춘 : 길림인민).

두 책 중 황송균의 책은 2008년에 출간되지만 〈표 2〉에서 보듯 2003년도 동북공정 연구과제이기에 같은 시기의 책으로 분류하였다. 비슷한 시기에 동일한 지침 하에 작성된 책들이기에 두 책의 내용은 핵심적인 부분에서는 대동소이하다. 그러나 황송균의 책이 출판연도에서 2년 가량 늦게 출판되어, 이대룡

29) 馬大正, 2003 「中國學者的高句麗歸屬硏究評析」『古代中國高句麗歷史續論』(北京 : 社會科學), pp.362~363

〈표 3〉『한당번속체제연구』와 『중국고대번속제도연구』의 비교

<table>
<tr><th></th><th colspan="2">이대룡</th><th>황송균</th></tr>
<tr><td>번</td><td colspan="2">① 중원왕조의 분봉으로 생성된 제후국
② 분립된 정권 하에서 강자에 대한 약자의 자칭
③ 신하로 복종한 변경민족 또는 정권</td><td>서주의 봉국(封國)과 복국(服國)에서 유래</td></tr>
<tr><td>속</td><td colspan="2">변경민족 정권-한대 속국((屬國))에서 유래</td><td>한대 속국에서 유래-서주 경내·외 복국이 원형</td></tr>
<tr><td>번속</td><td colspan="2">천자국의 역법을 같이 시행하고 공물을 바치는 나라-청대 등장</td><td>번국과 속국의 합칭-청대 등장</td></tr>
<tr><td>번속제도의 원형</td><td colspan="2">오복제(五服制)</td><td>주대 봉건제
봉국-번국의 전신, 복국-속국의 전신</td></tr>
<tr><td>번속체제의 성립과 발전</td><td colspan="2">① 성립기:한대
② 와해기:위진남북조시기
③ 복구 및 완비기:당대</td><td>① 형성기:주대-봉건
② 확립기:한대-속국, 비군속국, 도호부(都護府), 변군·현(邊郡·縣)
③ 창신기:당대-기미부주(羈縻府州)
④ 강화기:명대-토사(土司)와 도사위소(都司衛所)
⑤ 완비기:청대-번부(藩部)</td></tr>
<tr><td rowspan="2">천하의 구성과 번속</td><td>한대</td><td>당대</td><td rowspan="2">양한이후
①경내 번국
②경내 속국
③경외 속국으로 구분</td></tr>
<tr><td>① 군현 통치구역
② 특설기구 관할구역
③ 변경민족 정권구역 →②, ③구역이 번속체계에 해당</td><td>① 부주 통치구역
② 도호부 통치구역
③ 기미 통치구역 → ②, ③구역이 번속체계에 해당</td></tr>
<tr><td>번속의 근거</td><td colspan="2">조공칭신</td><td>칭신납공</td></tr>
<tr><td>분석대상 시기</td><td colspan="2">한~당시기</td><td>선진~청시기</td></tr>
<tr><td>번속에 대한 이해</td><td colspan="2"></td><td>중앙정부에 대한 지방정부로 이해</td></tr>
<tr><td>이론의 특징</td><td colspan="2">관념에 근거하여 제도가 출현하고 완비됨</td><td>정치구조와 국가체제의 측면에서 제도의 출현과 완비를 주장</td></tr>
</table>

의 번속체제론의 문제점을 보완하려고 한 노력이 보인다.

두 책이 고의적으로 역사적 개념을 오독(誤讀)하고, 후대의 용어를 소급시켜 시대적 차이를 무시한 것에 대해서는 따로 언급하지 않겠다. 또한 역사적으로 변군(현)이나 기미부주와 같은 공간이 중국과는 별개의 공간이었음도 설명하지 않고자 한다. 중국과 외교적 관계를 맺은 것을 일괄 귀속으로 설명하고자 하는 논리가 상식선에서 조차도 용납될 수 없는 것임도 거론하지 않겠다. 이런

문제들은 이미 많은 연구들을 통해 세세한 부분에 걸쳐 비판이 진행되었기 때문이다.[30] 다만 여기서는 두 책이 국책연구의 하나로 출현하게 된 원인만을 간략하게 지적하고자 한다.

두 책은 기본적으로 중국을 중심으로 동심원적 세계를 구상한다는 점에서 중국 중심의 세계질서, 즉 동아시아 국제질서에 관한 연구라고 볼 수 있다. 그러나 그 연구목적이 세계사 속에서 독자적 역사공간을 발견하고 그 공간의 운영원리를 밝히는 것이 아니라 동북지역에 존재했던 정치집단을 중국에 귀속시키는 것이었기에, 그 동심원적 세계는 중국과 관계 맺은 모든 집단의 신속 여부 혹은 정도로 규정된다. 따라서 중국 중심의 동심원적 세계가 설명되나 이것은 국제관계가 아닌 국내질서를 설명하는 이론적 틀이 된다.

하지만 동아시아 전체를 중국 영토로, 동아시아 제집단을 모두 중화민족으로 설명할 수 없기에 두 책에서는 중국과 책봉조공관계를 맺은 동아시아 제집단에 대한 층차를 부여한다. 이대룡은 오복제 관념을 이용하여 층차를 만들었고, 황송균은 제도적인 측면과 그 예속성을 통해 층차를 구획하였다. 그러나 오복제 관념은 제도적 발현태를 필요로 하고, 제도는 관념을 필요로 하기에 두 책은 각기 이론편과 현실 제도편를 담당한 사실상 한 권의 책이라고 할 수 있다.

그런데 황송균의 경우 책봉조공이라는 제도적 측면으로는 동아시아 제집단들 사이의 층차를 설명하는 것이 쉽지 않아 보인다. 알려진 것처럼 책봉조공제도는 어쩔 수 없이 관례화되고 고정화된 외교형식이기 때문이다. 따라서 경내속

---

30) 정병준, 2006「중화인민공화국의 '藩屬理論'과 그 비판」『동북공정과 한국 학계의 대응논리』(서울 : 학고재); 2007「중화인민공화국의 번속이론과 고구려 귀속문제」『고구려연구』 29; 이석현, 2010「중국의 번속제도 이론에 대한 비판적 검토」『중국 번속이론과 허상』(서울 : 동북아역사재단); 방향숙, 2010「한대의 세계인식과 번속제도」『중국 번속이론과 허상』(서울 : 동북아역사재단); 김성한, 2010「당대의 세계 인식과 번속제도」『중국 번속이론과 허상』(서울 : 동북아역사재단)

국(境內屬國)인 고구려와 경외속국(境外屬國)인 백제와 신라를 명확하게 구별하고, 다시 백제와 신라의 층차를 두기 위해서는 구체적인 운영태를 고찰해야만 하는 문제가 발생한다. 그 문제를 해결하고자 한 것이 바로 아래의 책이다.

2) 이론의 현실 적용 : 부백신, 2008『중조역대조공제도연구』(장춘 : 길림인민).

2003년 동북공정의 연구과제로 선발된 부백신의『중조역대조공제도연구』는 앞의 이대룡·황송균의 책이 책봉조공제도의 출현, 그 전제가 되는 천하관 및 운영의 원리 등에 대해 다룬 것과는 달리 그 구체적인 운영에 대한 글이다. 다루고 있는 시대는 수당시기~청대로, 역대 중국정권과 한국국가 사이의 책봉조공의 내용을 다루고 있다. 고대사 범위에 해당하는 것은 1장「수당시기 중국과 한국국가 간 조공제도의 확립[隋唐時期中朝朝貢制度的確立]」이라는 장이다.

제목에서 알 수 있는 것처럼 이 책은 중국과 한국국가 사이의 책봉조공제도에 대한 서술이다. 그러나 내용 중에 발해와 고구려가 제외되어 있다. 그 이유는 고구려와 발해는 한국국가가 아닌 동북에 존재하였던 중국 변강 민족정권이기 때문이다. 근거로는 ①고구려족은 고대 동북 민족의 하나인 예맥족이 부단히 한족과 기타 종족을 포괄하여 형성된 민족으로 처음부터 다원일체적 성격을 가진 중화민족의 구성원이다. ②역대 중국의 정권들은 고구려를 자신들의 신속으로 파악했으며, 고구려 역시 자발적으로 중국왕조의 신속으로 자처하고 칭신·납공·납질(納質)하였다. ③고구려 멸망 후 고구려인 대다수가 중원과 동북지역으로 유입되어 한족에 융합되었다. ④후에 한반도에서 성립된 고려와 고구려는 계승관계를 갖지 않는다 등의 4가지 이유를 들었다. 즉, 고구려는 종족상·역사상·문화상·의식상 한국국가와 관계를 갖지 않았던 중국국가라는 것이다. 발해에 대해서도 역시 비슷한 이유로 중국국가임을 선언한다(「서론」). 이것은『총론』과『속론』단계를 거치며 중국학계 안에서 고구려에 대해 확정된 내용들이다. 부백신의 책은 그간 확정된 이론을 그대로 계승하면서 고구려에 대한 논의를 더 이상 진행하지 않는다. 이제 그에게는 고구려와는 다르지만 번속체제 속에 포함되어 있는, 즉 고구려와는 다른 층차를 가진 정치집단에 대해 적절한 해석을 할 역할이 주어진 것이다.

일단 부백신의 경우 책봉조공제도를 국내 봉조체제와 국외 봉조체제로 나누어 신라와 백제를 국외 봉조체제로 설명한다는 점에서 종번관계를 무조건 국내질서로 파악하지는 않는다. 또한 같은 봉조체제라 해도 그 정도에 따라 준조공국이라는 표현을 사용하기도 한다. 그러나 이러한 구분은 중국왕조와 백제·신라 사이에 진행된 책봉과 조공을 봉조체제의 전형으로 규정하는 역할을 할 뿐이다. 그는 한국국가들에게서 피책봉국의 전형적인 모습을 발견하려고 애쓴다. 자발적인 칭신, 정기적인 견사(遣使)에 의한 납공, 중국 연호의 채용. 중국왕조와 관련해서는 역대 왕조가 행한 책봉과 상사, 회사(回賜)를 강조한다. 전형적인 책봉국의 모습을 부각한 것이다. 특히 부백신은 당과 신라 사이의 봉조체제를 가장 전형적이며 대표적인, 그리고 가장 안정적이며 규범적인 사례로 설명하고 있다. 그러나 백제 역시 제도의 운영상에서는 크게 다르지 않다고 한다. 결국 부백신의 책은 『총론』에서 언급된 신라·백제 역시 중국에 신속되어 있던 번국이라는 주장을 구체적인 사례를 통해 증명한 책이라고 할 수 있다. 또한 백제와 신라가 동일하게 책봉조공으로 중국과 관계한다 해도 두 국가가 어떤 층차를 가지고 중국과 관계하고 있었는가를 설명하고자 한 책이다.

3) 중국인의 동아시아사 : 양군(楊軍)·장내화(張乃和), 2006 『동아사(東亞史)』(장춘 : 장춘출판).

이 책은 동북공정 안에서 집필된 책은 아니다. 그러나 두 저자가 몸담고 있는 곳이 길림대학이라는 점은 이 책의 성격을 어느 정도는 규정한다고 할 수 있을 것 같다. 실제로 이 책은 그 동안 진행된 동북사 연구의 종합선물세트와 같은 성격을 가지고 있다. 따라서 이 책을 동북공정 결과물들과 함께 분석하고자 한다.

서론을 쓴 주환(朱寰)이 말한 것처럼 이 책의 의의는 하나의 전체로서 동아시아를 서술한 통사라는 데 있다. 이 때 동아시아는 중국 북한 한국 일본 몽고 인도네시아 보르네오 필리핀 싱가포르 말레이시아 월남 라오스 캄보디아 태국 미얀마 러시아로 구성된다. 기존의 동아시아가 동북아시아의 중국 한국 일본만을 의미하거나,[31] 혹은 여기에 월남의 일부와 몽고의 일부만을 포함했던 문제를[32] 극복하려는 시도라고 할 수 있다. 시기를 일곱으로 나누었는데, 초기 동아시아 세계(상고~기원전 3세기말)·지역 구조 형성기(기원전 3세기말~8세기말)·다민족 다국가로 발전하는 시기(8세기말~13세기말)·조공체계시기(13세기말~1874년)·조약체계시기(1874~1945)·2차 대전 후 냉전시기(1945~1992)·냉전 이후 시기(1992년~)로 구분된다. 편의적인 왕조에 의한 구분이나 서구의 삼분법에서 벗어나 동아시아 역사 발전의 단계성을 반영하려는 노력이라 할 수 있다. 또한 동아시아 자연 지리구조가 역사 발전에 미친 영향을 고려하여 동아시아 지역을 다시 7개의 소지역으로 나누었는데 황하유역·장강유역·몽고초원·청장고원·천산남북·동북아시아·동남아시아가 그것이다.

31) 동아시아를 한·중·일 삼국으로 국한시키는 것은 주로 초기 일본 측 동아시아 연구자들에게서 발견된다. 자세한 내용은 菊池英夫, 1979「總說–硏究史的回顧と展望」『隋唐諸國と東アジア世界』(東京：汲古書院)을 참조

32) 대표적으로 西嶋定生, Fairbank, 高明士 등이 한·중·일 삼국보다 조금 확대된 월남의 일부와 몽고의 일부를 포함하는 동아시아 권역을 설정하고 있다. 구체적인 내용은 西嶋定生, 1962「六–八世紀の東アジア」『岩波講座 日本歷史2 古代2』(東京：岩波書店); ed. by John K. Fairbank, 1973, *East Asia : Tradition & transformation*, Houghton Mifflin co.; 高明士, 1984『唐代東亞教育圈的形成：東亞世界形成史的一側面』(臺北：國立編譯館中華叢書編審委員會)를 참조

저자들은 이중 황하유역 장강유역 동북아시아를 동아시아 문화권의 핵심지역으로 구분하였다.

책을 살펴보면 각 국의 축적된 연구 성과를 적극적으로 활용하여 동아시아인의 손으로 동아시아사를 저술한다는 의도는 꽤 성공한 것으로 보인다. 특히 중국 측 연구의 상당한 섭렵을 느낄 수 있다. 그러나 이러한 의의에도 불구하고 이 책은 기존의 중국 측 연구에 나타났던 문제를 고스란히 보이고 있다. 우선 중국 중심주의와 문화전파의 일방성을 지적할 수 있다. 저자들은 진대(秦代) 이래의 중국을 통일적 다민족국가로 설정하고, 진 이후의 역사를 통일적 다민족국가인 중국의 확대 발전과정으로 보았다. 그래서 동아시아 각국이 중국의 영향을 받아 중국과 동질성을 띠게 된 것으로 이해하였다. 요컨대 동아시아 문화권이라는 것을 중국문화의 일방적 전파와 모화주의(慕華主義)에 의해 설명한 것이다. 지나친 중국 중심의 서술이라고 할 수 있다.

여기서 한국국가에 대한 서술을 살펴보자. 제2편 「지역구조의 형성(기원전 3세기말~8세기말)」에서는 동북지역을 서술하면서 발해를 숙신족계 역사상 최초의 지방민족정권으로 설명하였다. 역대 발해의 통치자들의 경우, 대부분 당 왕조의 책봉을 받았기 때문에 한 국가를 통치하는 최고 통수권자임과 동시에 중국 왕조의 지방장관이라고 설명하였다. 책봉조공을 중앙과 지방의 관계방식으로 설명하는 전형적인 입장이다. 같은 편 4장 2절 '조선반도의 국가'편에서는 고구려 백제 신라 이전의 한반도의 국가들을 부락과 읍락 간의 연맹체 정도의 수준으로 보며, 한반도의 국가 형성시기를 2~3세기로 보았다. 가장 이르다고 말한 고구려의 국가 형성을 후한 말로 보고 있기 때문이다. 그렇다면 그 전 한반도의 상황은 어떠한가. 저자들은 한무제(漢武帝)의 4군 설치 이후 한반도 북부 대동강 유역이 줄곧 중국의 군현 통치지역이었다고 설명하고, 한반도 남부는 낙랑군(樂浪郡)에 예속되어 국가가 출현하기 이전 이미 한반도는 완전히 중국에 예속되어 있다고 서술하였다. 그리고 당왕조시기 백제 땅에 5개의 도독부(都督府)를 설치하고 고구려 땅에 안동도호부(安東都護府)가 설치되면서 기미통치체계가 확립되었다고 하였다. 그런데 주목할 것은 이러한 내용이 '조선반도의 국가'라는 표제하에 서술되어 고구려 백제 신라를 한국 국가로 설명하는 것 같은 느낌을 받게 된다. 그러나 같은 장 5절 '각국과 중국과의 관계'라는 부분 중 '중국과 한반도의 관계'에서는 고구려를 중국의 지방정권으로 설명한 것은 물론이고 백제와 신라마저도 중국의 지방정권으로 설명하고 있다. 근거로는 중국 왕조로부터 관작(官爵)을 받은 것을 들었다. 이것은 중국 위진남북조시기 중국이 주변에 제수한 '도독○○제군사(都督○○諸軍事)'가 독립적 정치·군사집단을 외형적으로 중앙정부에 귀속시키는 도구였다는 점을 고의적으로 무시했기 때문에 도달할 수 있는 결론에 불과하다.

같은 편 5장 '동아시아 지역구조'에서는 동아시아 문화권이 형성되게 된 과정을 서술하였다. 저자들은 동아시아 문화권을 매개한 것을 책봉과 조공무역으로 보고 있다. 이 때 책봉은 중국이 주변 민족에 대한 예속관계를 제도적으로 확립한 것으로, 조공은 그 예속관계가 경제적으로 체현된 것으로 이해하였다. 따라서 동아시아 문화권은 중국에 대한 동아시아 각국의 정치적·경제적 예속을 전제로 만들어진 세계다. 그리고 그것은 등급을 가지고 있어 4가지 유형으로 나누어진다. ①군현지역, ②중국의 통제력이 비교적 강하게 미치는 기미통치지역, ③명의상 중국에 신속한 지역, ④중국과 조공관계는 유지하지만 명의상 신속관계는 회피하는 지역. 그래서 ①②는 중국의 영토가 되며, ③④만이 독립국이 된다. 왜 기미통치지역이 중국의 영토가 되는가? 그것은 기미통치(지배)를 소수민족에 대한 지방관리체제로 이해하기 때문이다.

이러한 입장은 그 동안 진행된 중국 측 연구를 충실히 반영한다. 진의 통일을 최초의 다민족 중앙집권적 봉건국가로 설명하는 것은 1984년 옹독건(翁獨

健)이 선언한 '중국 민족사 연구는 반드시 진한시기 이래 중국이 통일적 다민족국가라는 역사적 전제하에서 출발'한다는 것에 충실히 부합한다. 발해와 고구려를 중국 왕조의 지방정권으로 이해하는 것은 1980년대 이후 지속적으로 중국학계에서 나타난 문제들이다. 설상가상으로 신라와 백제를 중국의 지방정권으로 보는 것은 최근 『총론』 이후의 경향이 반영된 것이다. 기미지역을 중국의 영토로 보는 것은 번속체제론의 재판이다. 그야말로 중국 측 연구의 총결산이라고 할 수 있다.

2. 책봉조공제도에 대한 이해 2

의도의 여부를 떠나 동북공정시기 번속체제론의 등장은 중국왕조와 관계한 제집단에게 층차를 부여하고, 이들과의 중국국가 사이의 관계를 종합적으로 설명하려는 시도들을 만들어 냈다. 원론적으로만 본다면 중국을 포함한 동아시아세계에 대한 종합사적인 접근이라는 측면에서 반가운 일이다. 중국의 경우 대외관계와 국내관계에 대해 이렇다 할 구분의 기준이 없었던 상태였기에, 중국의 역대 왕조가 가지고 있던 대외관계의 원칙을 규명하고, 더 나아가 거시적 관점을 가지고 전통시기 동아시아세계를 탐구한다는 측면에서 긍정적인 일이 아닐 수 없다. 여기서는 동아시아에 대한 증대된 관심이 만들어 낸 또 다른 연구들을 살펴보고자 한다.

1) 국제질서로서의 책봉조공제도의 발견 : 이운천(李雲泉), 2004 『조공제도사론(朝貢制度史論)-중국고대대외관계체제연구(中國古代對外關係體制研究)』(북경 : 신화).

이운천은 중국에 대한 이해의 전제로 '중국 역대 중앙왕조와 미개화(未開

化) 민족·국외 번속간 관계의 이해'를 들었다. 이것은 이미 많은 연구자들이 지적한 것으로 소림일미(小林一美)는 중앙에 대한 지방의 분산주의·자기완결성과 더불어 이적 공동체의 존재와 이적의 끊임없는 등장이 중국 전제왕조의 또 다른 구성원리라고 할 수 있다고 보았다.[33] 요컨대 중국 역사의 중요한 한 측면은 주변민족과의 관계사라고 할 수 있을 것이다. 그렇다면 중국과 주변민족과의 관계사를 이해하기 위한 전제는 무엇일까? 이운천은 그 전제로 조공제도 및 그것의 근간이 된 이론적 토대를 이해해야 한다고 하였다.

이것은 이운천이 책봉조공체제를 대외관계로 이해하고 있음을 보여주는 것인데, 종번관계를 국내질서로 이해하는 입장과는 사뭇 다르다. 물론 그 역시 책봉조공체제가 조공하는 측의 '칭신납공'과 책봉하는 측의 '책봉상사(冊封賞賜)'를 포괄한다고 하며, 그것이 본질적으로 '군신관계'의 속성을 지님을 부정하지는 않았다. 그러나 그는 책봉조공이란 표현이 '중외관방외교(中外官方交往)' 즉, 중국과 외국과의 국가 간 외교를 표현하는 용어로 정착하였다고 보았다. 또한 그는 지금까지의 연구 대부분이 중화의식의 토대 하에서 모든 책봉조공관계를 군신종속관계로 이해함으로 인해 다양한 중외관계의 모습을 묻어 버렸다고 하였다. 그는 역대 책봉조공관계를 ①실질적인 봉조관계, ②일반적인 봉조관계(의례적 봉조관계), ③명목상의 봉조관계로 구분해야 한다고 하였다. 또한 각 시대마다 봉조관계의 모습이 변화하는 만큼, 봉조관계를 일률적인 성격으로 이해할 수는 없다고 하였다.

이러한 입장은 책봉과 조공에 의해 만들어진 관계를 국제질서로 파악하고, 책봉과 조공을 외교형식으로 이해한다는 점에서 앞선 연구들과 다르다. 또한 시기별로 구현된 책봉조공의 모습을 고찰하여, 그에 의해 구현된 동아시아 국

33) 小林一美, 1996「中華世界における「華·夷」關係の歷史的展開」『中世史講座 11卷 中世における地域·民族の交流』(東京：學生社)

제질서의 시대별 특징과 그로부터 규정되는 동아시아의 역사상을 구현하고자 한다는 점에서 의의를 지닌다. 그러나 이러한 장점에도 봉조관계의 시작을 상대(商代)로 보거나, 심지어는 전설시기의 조공관계 기사를 비판 없이 사용하는 것은 여타 중국 측 연구들과 다를 바 없다. 또한 조공관계의 근간으로 보는 오복제(혹은 육복제六服制, 구복제九服制)가 철저히 전국시기(戰國時期) 이상적 제도를 향한 의식의 산물임에도 그것을 주대 실존했던 제도로 이해하는 점, 후대 주석가들의 주석을 역사적 해석이 아닌 사실로 받아들이는 점은 심각한 문제라고 할 수 있을 것이다.

그러나 무엇보다 가장 큰 문제는 그 역시 책봉조공제도가 중앙과 지방의 관계, 민족관계, 중외관계 등의 다중의 층차와 내용을 갖는다고 본 점이다. 물론 이운천은 이 책에서 대상으로 하는 것이 중외관계를 존속시키는 질서로서 책봉조공제도라고 하고 있기는 하다. 그러나 그 역시 책봉조공이 국제질서의 양식이기도 하지만, 중국 내부질서의 성격을 갖고 있다는 점을 인정하였다. 이것은 책봉조공제도가 궁극적으로 국제질서라는 점을 이해하지 못함으로써 발생한 문제다.[34] 또한 책봉조공제도의 본질을 책봉국과 피책봉국 사이에 존재하는 불평등의 관계, '비대등성(非對等性)'에서 구한다는 점도 지적되어야 할 것이다. 물론 책봉조공관계가 명분상 책봉하는 국가가 군주로 조공하는 국가가 신하로 위치한다는 것을 부정할 수는 없다. 그러나 책봉조공제도의 본질을 '비대등성'에서 찾는다면 책봉조공에 의해 만들어지는 관계는 모두 신속관계라는 테두리를 벗어나지 못할 것이다.

34) 애초에 주대 봉건제는 五等爵制에 편입된 제후국을 하나의 구심으로 歸一시키는 국제질서였다. 金翰奎, 1982『古代中國的世界秩序硏究』(서울 : 一潮閣), p.123

華陽, 2010「淺談高句麗民族的厚葬習俗」『東北史地』2010-5

2011년

※ 단행본

苗威, 2011『高句麗移民研究』, 吉林大學出版社

※ 학술 논문

巩春亭, 2011「從朱蒙神話看韓國古代女性的地位及自我意識」『文學界(理論版)』2011-10
梁啓政, 2011「讀《高句麗軍隊與戰争研究》書後」『通化師範學院學報』2011-5
梁啓政, 2011「略議高句麗姓氏」『通化師範學院學報』2011-3
梁啓政·黄偉宏, 2011「金毓黻先生與高句麗史研究」『東北史地』2011-2
劉炬, 2011「試論"安市城主"」『東北史地』2011-5
劉偉, 2011「儒家思想在高句麗王國後期的傳播及影响」『通化師範學院學報』2011-3
劉子敏, 2011「高句麗曾占有過"遼西"嗎?」『博物館研究』2011-4
李岩, 2011「先秦冠制對高句麗冠帽之影响」『通化師範學院學報』2011-3
李海濤, 2011「略論高句麗的佛教及其影响」『世界宗教文化』2011-6
苗威, 2011「高句麗"平壤城"考」『中國歷史地理論叢』2011-2
苗威, 2011「高肇家族的移民及其民族認同」『民族學刊』2011-5
苗威, 2011「泉男生及其後代移民唐朝述論」『東北史地』2011-3
苗威, 2011「泉男生移民唐朝史事疏正」『北華大學學報(社會科學版)』2011-5
范恩實, 2011「冉牟墓誌新探」『東北史地』2011-2

范恩實, 2011「高句麗“使者”、“皁衣先人”考」『東北史地』2011-5
孫煒冉, 2011「高句麗人口中的漢族構成小考」『博物館研究』2011-4
王曉南, 2011「高句麗文化遺産旅游價值述論」『社會科學戰線』2011-6
魏存成, 2011「如何处理和確定高句麗的歷史定位」『吉林大學社會科學學報』 2011-4
張芳, 2011「『三國史記』高句麗本紀史論解析」『白城師範學院學報』2011-4
張芳, 2011「『三國史記』高句麗本紀史料價值評析」』『通化師範學院學報』 2011-1
張曉東, 2011「唐太宗與高句麗之戰跨海戰略——兼論海上力量與高句麗之戰成敗」『史林』2011-4
陳香紅, 2011「高句麗法律思想的文化基礎」『通化師範學院學報』2011-5
祝立業, 2011「略談流入高句麗的漢人群體」『北方文物』2011-3
祝立業, 2011「流入高句麗的漢人群體的分期、分類考察」『東北史地』2011-3
祝立業, 2011「淺談高句麗的“游女”」『博物館研究』2011-2
鴻鵠, 2011「淺評高句麗東川王」『東北史地』2011-5
華陽, 2011「高句麗太祖大王禪位與遂成繼位眞相」『東北史地』2011-6

※ 석사학위 논문

王程程, 2011「高句麗五部歷史研究」, 東北師範大學

2012년

※ 단행본

耿鐵華·李樂營, 2012『高句麗研究史』, 吉林大學出版社

耿鐵華, 2012『高句麗好太王碑』, 吉林大學出版社

※ 학술 논문

劉炬, 2012「高句麗的伯固王及相關史事整理」『東北史地』2012-3
劉琴麗, 2012「碑誌所見唐初士人對唐與高句麗之間戰爭起因的認識」『東北史地』2012-1
李爽, 2012「近60年來韓國高句麗史研究簡述」『東北史地』2012-3
苗威, 2012「關于金富軾歷史觀的探討」『社會科學戰線』2012-3
王旭, 2012「吉林省高句麗渤海問題研討會綜述」『東北史地』2012-2
張芳, 2012「高句麗“古史”辨——一則史料引發的思考」『東北史地』2012-1
趙俊杰, 2012「樂浪, 帯方二郡的興亡與帯方郡故地漢人聚居區的形成」『史學集刊』2012-3
陳潘, 2012「高句麗史研究綜述」『哈爾濱學院學報』2012-2
崔艷茹, 2012「貞觀十九年唐軍攻打高句麗建安城的進軍路線考」『東北史地』2012-1
馮永謙, 2012「武厲邏新考(上)」『東北史地』2012-1
馮永謙, 2012「武厲邏新考(下)」『東北史地』2012-2
黃震雲, 2012「夫餘和高句麗神話傳說與族源考」『徐州工程學院學報(社會科學版)』2012-2

동북공정 이후 중국의 고구려·발해 고고학 연구 및 조사동향

정 원 철
서해문화재연구원 연구원

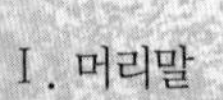

동북공정 이후 중국의 고구려·발해 고고학 연구 및 조사동향

Ⅰ. 머리말

우리 사회 전반에 걸쳐 엄청난 파장을 몰고 왔던 동북공정이 종료 된지도 벌써 5년이라는 시간이 흘렀다. 잘 알려져 있다시피 동북공정이 진행되던 시기 우리는 새로운 연구기관을 설립하고, 학계 나름대로 동북공정의 내용을 분석 연구하여 이에 대응하는 논리를 개발하는 등의 노력을 벌였다. 그러나 2007년 초 동북공정이 완료된 이후 시간이 거듭할수록 동북공정에 대한 우리의 대응은 점차 미흡해지고, 심지어 고구려사와 발해사 자체에 대한 연구와 관심도 상당히 침체되어 가고 있는 상황으로 이어지고 있다. 그런데 문제는 형태상으로 중국의 동북공정은 이미 5년 전에 끝났음에도 불구하고 중국의 동북공정식 인식과 논리는 변하지 않고 그대로 이어지고 있다는 점이다. 최근까지 확인되고 있는 중국의 발해 유적에 대한 세계문화유산 등재와 관련된 문제나 만리장성 길이의 왜곡 문제 등에서 중국의 변치 않는 기본 입장을 확인할 수 있는 것이다. 따라서 동북공정이 종료된 지 5년을 맞이하는 이 시점에서 동북공정 이후 중국의 변강 정책과 중국의 우리 고대사 연구 동향을 살펴보고 이후 우리의 대처 방안을 다시금 모색해보는 것은 시기적으로 적절하다고 판단된다.

이 글에서는 동북공정 이후 중국의 고구려·발해 고고학의 연구동향과 유적 조사동향에 대하여 살펴보고자 한다. 구체적으로 동북공정 기간과 동북공정 종료 이후의 시점으로 나누어 두 시기 사이에 나타나는 큰 틀에서의 변화상을 파악해 볼까 한다. 이 가운데 연구동향은 두 시기 동안 중국의 주요 학술지에 발표된 고구려·발해 고고학 관련 논문과 중국 각 대학에서 발표된 학위논문, 연구자가 저술한 학술저서를 통하여 분석을 시도해보고자 하며, 유적조사동향은 발굴조사 및 지표조사가 이루어진 고구려·발해 유적 가운데 두 시기 동안 출판된 발굴보고서나 주요 학술지에 발표된 '간보(簡報)'를 참고할까 한다.

Ⅱ. 동북공정 이후 중국의 고구려 고고학

1. 동북공정 기간

1) 연구동향

동북공정 기간 동안 고구려 고고학 관련 논문은 흑룡강성문화청(黑龍江省文化廳)에서 주관하는 『북방문물(北方文物)』, 길림성문화청(吉林省文化廳)에서 주관하는 『박물관연구(博物館硏究)』, 그리고 길림성사회과학원(吉林省社會科學院)에서 주관하는 『동북사지(東北史地)』를 통하여 주로 발표되었다. 또한 길림대학변강고고연구중심(吉林大學邊疆考古硏究中心)에서 2002년 이후 매년 발행하고 있는 『변강고고연구(邊疆考古硏究)』와 길림성사회과학원에서 주관하는 사회과학 잡지인 『사회과학전선(社會科學戰線)』에도 일부 고구려 고고학 관련 논문이 발표되었으며, 이 밖의 일부 고고학 학술지와 사회과학 학술지에서도 고구려 고고학 관련 논문이 수록되었다. 반면 중국에서 가장 역사가 오래되고 권위가 있는 3대 고고학 학술지인 『고고(考古)』, 『문물(文物)』, 『고고학보(考古學報)』에서는 이 기간 동안 고구려 관련 논문은 발표되지 않았다. 이러한 여러 학술지 가운데 이 기간 동안 고구려 관련 논문이 가장 많이 발표된 학술지는 『동북사지』이다. 『동북사지』는 원래 『학문(學問)』이라는 사회과학 잡지로 출발하였으나 동북공정이 한창이던 2004년 특히 고구려를 중심으로 한 길림성 지역의 고대 역사와 고고 분야의 논문을 주로 게재하는 학술지로 재창간되어 지금에 이르기까지 가장 활발하게 고구려 관련 논문을 발표하는 통로로 활용되고 있다.

〈표1〉 동북공정 기간 동안 발표된 고구려 고고학 관련 논문 비교표

구분	북방문물	학문·동북사지	박물관연구	변강고고연구	사회과학전선	기타	계
성곽		13	3	1	1	3	21
고분	4	2	6	1	1		14
유물	1	4	1	1	1	1	9
기타		1	1				2
계	5	20	11	3	3	4	46

동북공정 기간 동안 주요 학술지에 게재된 고구려 고고학 관련 논문은 〈표1〉과 같이 총 46편에 이르며, 이들을 주제에 따라 구분하면 크게 성곽과 고분, 유물 등으로 나눌 수 있다.

고구려 성곽 관련 논문은 모두 21편이 발표되어 가장 큰 비중을 차지하는데, 이를 세분하면 산성, 도성·평지성, 기타 등으로 다시 나눌 수 있다. 이 가운데 산성과 관련된 논문은 10편이 있지만,[1] 이들 논문을 분석해 보면 학술성이 떨어지는 내용의 글이 많아 실질적인 의미의 학술논문은 절반 정도 밖에 되지 않는다. 도성·평지성과 관련된 논문도 10편으로 산성과 동일한 수의 논문이 발표되었다.[2] 이 가운데 2004년 『동북사지』에만 8편의 논문이 집중적으로 발표

된 점이 특이하다. 산성과 도성·평지성을 제외한 기타 성곽 관련 논문으로는 '천리장성'을 주제로 한 논문이 1편 있다.[3)]

고구려 고분 관련 논문은 이 기간 동안 모두 14편이 발표되었으며, 이를 유적별로 세분해보면 적석총[4)]과 봉토석실분,[5)] 벽화고분[6)]으로 나눌 수 있다. 이

---

1) 耿鐵華, 2002「訪高句麗霸王朝山城」『學問』2002-02
高於茂, 2002「霸王朝山城之考辨」『學問』2002-02
高於茂, 2002「治安山城考析」『學問』2002-06
樸尙春, 2003「高句麗第一個都城所在地五女山」『學問』2003-04
俞俊岩, 2002「從石臺子山城看高句麗對山城選置,結構布局及建築藝術」『博物館研究』2002-2
溫秀榮, 2002「高句麗山城的排水系統」『博物館研究』2002-2
李曉鍾, 2005「石臺子高句麗山城復原研究」『邊疆考古研究』
官曉鳳, 2004「現存最大的高句麗山城—鳳凰山山城」『蘭臺世界』2004-02
陳平, 2005「試析高句麗山城的起源」『內蒙古文物考古』2005-02
高新來·郭艷敏, 2006「高句麗丸都山瞭望臺石構件的科技保護探研」『中國文物科學研究』2006-01
2) 李健才, 2004「關於高句麗中期都城幾個問題的深討」『東北史地』2004-01
耿鐵華, 2004「高句麗遷都國內城及相關問題」『東北史地』2004-01
王從安·紀飛, 2004「卒本城何在」『東北史地』2004-02
耿鐵華, 2004「集安作爲高句麗都城的考古學證明」『東北史地』2004-02
李新全·梁志龍·王俊輝, 2004「關于高句麗兩座土城的一點思考」『東北史地』2004-03
張福有·周新博, 2004「集安良民高句麗古城調査紀實」『東北史地』2004-04
張福有, 2004「高句麗第一個平壤城在集安良民卽國之東北大鎭-新城」『東北史地』2004-04
張福有, 2004「高句麗平壤東黃城考」『東北史地』2004-05
李殿福, 2006「國內城始建於戰國晩期燕國遼東郡塞外的一個據點之上」『東北史地』2006-03
王從安·紀飛, 2006「卒本城新考」『博物館研究』2006-03
3) 馮永謙, 2002「高句麗千里長城建置辨」『社會科學戰線』2002-01
4) 武家昌, 2002「關于集安高句麗王陵的看法」『博物館研究』2002-4
李淑英·耿鐵華, 2003「高句麗王陵及相關問題研究」『社會科學戰線』2003-02
劉嵐, 2004「高句麗積石串墓研究」『博物館研究』2004-4
張桂元·邵春華, 2006「高句麗太王陵立置石板作用再探討」『博物館研究』2006-02

밖에 동구고분군의 분포와 배열에 관한 논문[7]과 양민전자(良民甸子)고분군의 답사기[8] 등의 글도 여기에 포함된다.

성곽과 고분에서 출토된 고구려 유물을 대상으로 한 논문도 9편으로 일정한 비율을 차지하는데 와당,[9] 토기,[10] 금속장신구,[11] 수레바퀴 비녀장,[12] 금동불상,[13] 인장[14] 등 꽤 다양한 내용을 주제로 삼고 있다.

기타 논문으로 고구려의 음식습관을 고고학적으로 고찰한 것[15]과 호태왕비의 현 상황과 보존 대책을 언급한 것이 있다.[16]

---

5) 孫仁傑, 2002「高句麗石室墓起源的再深討」『博物館研究』2002-4
劉嵐·張雪岩, 2005「高句麗封土墓研究」『博物館研究』2005-3
王培新, 2004「高句麗封土石室墓文化淵源之樂浪因素初探」『邊疆考古研究』
武家昌, 2005「集安兩座高句麗墓上的石碑爲"通天柱"說」『北方文物』2005-3

6) 方起東·劉萱堂, 2002「集安下解放第31號高句麗壁畵墓」『北方文物』2002-3
孫進已·孫泓, 2004「公元3~7世紀集安與平壤地區壁畵墓的族屬與分期」『北方文物』2004-2
劉萱堂·劉迎九, 2006「集安高句麗古墓壁畵的裝飾特色, 紋樣演變及與漢文化的聯系」『北方文物』2006-2
劉萱堂, 2003·2004「集安高句麗壁畵墓與遼東·遼西漢魏晉壁畵墓比較研究」『博物館研究』2003-1, 2003-2, 2004-3

7) 孫仁傑, 2004「洞溝高句麗墓地的分布與排列研究」『東北史地』2004-09

8) 張福有, 2004「良民甸子古墓群實錄」『東北史地』2004-04

9) 耿鐵華, 2006「集安新出土文字瓦當及釋讀」『北方文物』2006-4
張福有, 2004「集安禹山3319號墓卷雲紋瓦當銘文識讀」『東北史地』2004-01
張福有, 2004「集安禹山3319號墓卷雲紋瓦當銘文考證與初步研究」『社會科學戰線』2004-03
張福有, 2005「集安禹山3319號墓卷雲紋瓦當銘文識讀與考證」『中國曆史文物』2005-03

10) 卑琳, 2004「高句麗城址出土陶器研究」『東北史地』2004-12

11) 張雪岩, 2003「集安出土高句麗金屬帶飾的類型及相關問題」『邊疆考古研究』

12) 王昭, 2006「集安出土青銅車轄的初步討論」『東北史地』2006-05

13) 耿鐵華, 2006「跋高句麗金銅佛造像」『東北史地』2006-06

14) 徐德源, 2004「集安博物館藏高句麗印及印文考釋」『博物館研究』2004-3

15) 黃嵐, 2004「從考古學看高句麗民族的飲食習俗」『東北史地』2004-09

16) 孫仁傑, 2003「好太王碑現狀觀測與保護的思考」『博物館研究』2003-3

다음으로 이 기간 동안 중국 내 대학에서 발표된 고구려 고고학 관련 학위 논문은 7편이 확인되는데, 이 가운데 박사학위논문은 1편도 없으며 모두 석사 학위논문이다. 이 가운데 5편은 길림대학의 변강고고연구중심에서 발표된 것으로 각각 성곽,[17] 고분,[18] 기와와 토기[19]를 주제로 발표한 것이다. 다른 2편의 논문은 고고학 전공이 개설된 대학에서 나온 논문은 아니지만 고구려 도성의 변천과 체계,[20] 환도산성 장대(將臺)의 보호와 관련된 주제로 발표되었다.[21]

한편 이 기간 동안 출판된 고구려 고고학 관련 저서는 6편이 있는데, 길림성과 요녕성에서 활동하고 있는 대표적인 고고학자라고 할 수 있는 왕면후(王綿厚), 위존성(魏存成), 경철화(耿鐵華), 정영진(鄭永振) 등이 관련 저서를 출판하였다. 왕면후는 고구려 도성과 산성을 포함한 고구려 성곽에 대한 자세한 고고학적 분석과 문헌·지리적 고찰을 함께 한『고구려 고성 연구(高句麗古城研究)』[22]를 출판하였으며, 위존성은『고구려 유적(高句麗遺迹)』[23]에서 고구려 도성, 성곽, 무덤으로 크게 구분하여 고구려 고고학의 주요 내용을 일목요연하게 정리하였다. 경철화는 1980년대 중반부터 2000년대 초반까지 여러 학술지와 공동 저서 등에 본인이 발표하였던 고구려 성곽, 무덤, 벽화, 금석문, 유물 등의 논문을 종합하여『고구려 고고 연구(高句麗考古研究)』[24]를 출판하였다.

---

17) 李龍彬, 2006『石臺子高句麗山城及墓葬發現與研究』吉林大學碩士學位論文
18) 孫顥, 2006『集安高句麗積石墓王陵研究』吉林大學碩士學位論文
19) 李梅, 2003『高句麗瓦當發現與研究』吉林大學碩士學位論文
卑琳, 2003『高句麗陶器研究』吉林大學碩士學位論文
鄭元喆, 2005『高句麗陶器研究』吉林大學碩士學位論文
20) 崔莉, 2005『高句麗都城曆史演變體系研究』東北林業大學碩士學位論文
21) 孫全, 2006『丸都山城瞭望臺變形破壞機理及穩定性分析』中國地質大學碩士學位論文
22) 王綿厚, 2002『高句麗古城研究』, 文物出版社
23) 魏存成, 2002『高句麗遺迹』, 文物出版社
24) 耿鐵華, 2004『高句麗考古研究』, 吉林文史出版社

그리고 정영진은『고구려·발해·말갈 무덤 비교연구(高句麗渤海靺鞨墓葬比較研究)』[25]에서 고구려, 발해 무덤의 주요 특징과 변천 과정, 말갈 무덤의 주요 특징을 분석하였다. 이밖에도 전문 고고학자의 연구서는 아니지만 고구려 벽화를 단일 주제로 윤국유(尹國有)가 고구려 고분벽화에 나타나는 각종 복식과 장식도안, 여러 벽화 내용을 분석하여『고구려 벽화 연구(高句麗壁畵研究)』[26]를 출판하였으며, 오광효(吳廣孝)는 고구려 고분벽화에서 등장하는 각종 주제를 67가지로 세분하여 분석하고 중국 내 여러 벽화의 내용과 비교하여『집안 고구려 벽화(集安高句麗壁畵)』[27]를 출판하였다.

2) 유적조사동향

동북공정 기간 동안 출판된 발굴보고서는 잘 알려져 있는『오녀산성(五女山城)』,[28]『환도산성(丸都山城)』,[29]『국내성(國內城)』,[30]『집안 고구려 왕릉(集安高句麗王陵)』[31] 등 4권이 있다. 그와 함께 1997년 동구고분군의 재조사를 기초로 집안 내 고구려 고분군의 실측 분포도를 작성하여 완성한『통구 고묘군 1997년 조사 측량제도 보고(洞溝古墓群1997年調查測繪報告)』[32]도 이 기간 동

25) 鄭永振, 2003『高句麗渤海靺鞨墓葬比較研究』, 延邊大學出版社
26) 尹國有, 2003『高句麗壁畵研究』, 吉林大學出版社
27) 吳廣孝, 2006『集安高句麗壁畵』, 山東畵報出版社
28) 遼寧省文物考古研究所, 2004『五女山城-1996~1999, 2003年桓仁五女山城調查發掘報告』, 文物出版社
29) 吉林省文物考古研究所·集安市博物館, 2004『丸都山城-2001~2003年集安丸都山城調查試掘報告』, 文物出版社
30) 吉林省文物考古研究所·集安市博物館, 2004『國內城-2000~2003年集安國內城與民主遺址試掘報告』, 文物出版社
31) 吉林省文物考古研究所·集安市博物館, 2004『集安高句麗王陵-1990~2003年集安高句麗王陵調查報告』, 文物出版社
32) 吉林省文物考古研究所·集安市博物館, 2002『洞溝古墓群1997年調查測繪報告』, 科學出版社

안 출판되었다. 이들 보고서는 이전까지 고구려 고고학 분야에서 볼 수 없었던 상세한 보고서로 동북공정과 맞물려 우리 학계에서 큰 주목을 받으면서 여러 분야에 걸쳐 종합적인 분석과 연구가 이루어졌다.

이들 보고서를 제외하면 고구려 유적의 조사 내용은 고고학 관련 학술지의 '간보(簡報)'를 통하여 알 수 있는데, 대체로 『북방문물』, 『동북사지』, 『박물관연구』 등에 대부분의 '간보'가 수록되어 있다. 동북공정 기간 동안 보고서와 '간보'를 통하여 조사 내용을 파악할 수 있는 고구려 유적은 〈표2〉와 같이 모두 24개소이며, 크게 성곽과 고분 유적으로 나눌 수 있다.

성곽은 오녀산성, 환도산성, 국내성 외에 지표조사가 이루어진 성산산성 1개소만 확인이 가능하다. 물론 여기에는 한 가지 주의해야 할 점이 있다. 보통 중국의 경우에는 유적을 조사한 시점과 그 결과를 '간보'에 발표하는 시점 사이의 시간적 간격이 아주 넓은 것이 특징이다. 즉, 실제조사가 이루어진 뒤 꽤 오랜 시간이 지난 이후에야 그 조사 내용을 발표하는 경우가 많다. 따라서 동북공정이 시작되기 이전의 조사 내용이 동북공정 기간 동안 발표되기도 하고, 동북공정 기간 동안의 조사 내용이 동북공정이 완료된 이후에 발표되는 경우가 상당수에 이른다. 석대자산성이 이 경우에 속하는데, 석대자산성은 90년대 중반부터 약 10여 년에 걸쳐 발굴조사가 이루어졌기 때문에 동북공정 기간과 맞물려 발굴조사가 이루어졌다. 하지만 이를 감안하더라도 동북공정 기간 동안 조사가 이루어진 고구려 성곽은 그 수가 극히 적다고 할 수 있다.

고구려 고분은 성곽에 비해서 상대적으로 많은 수의 유적에 대한 조사가 이루어졌다. 『집안 고구려 왕릉』에는 총 13기에 이르는 왕릉급 무덤에 대한 발굴조사의 내용을 담고 있는데, 대부분 동북공정 기간인 2003년 한 해 동안 대대적으로 재조사한 내용을 수록하고 있다. 이와 함께 간구자(干溝子)고분군,[33] 집안 3319호 무덤,[34] 마선 안자구(安子溝) 무덤,[35] 우산묘구 2112호 무덤,[36] 석대자산성 고구려고분군,[37] 호자구(蒿子溝) 고분군[38] 등 6개소의 개별 무덤과 고분군의 조사내용도 이 기간 동안 '간보'에 발표되었다. 이 가운데 호자구 고분군의 경우는 지표조사가 이루어진 유적이고, 나머지 간구자고분군, 집안 3319호 무덤, 마선 안자구 무덤, 우산묘구 2112호 무덤은 모두 동북공정 이전에 조사가 이루어지고 동북공정 기간 동안 '간보'로 발표된 유적이다. 동북공정 기간 동안 조사가 이루어진 고분으로는 13기의 왕릉급 무덤 외에 2차례에 걸쳐 조사가 이루어진 석대자산성 고분군[39]과 우산 540호 무덤[40] 정도이다.

기타유적으로는 국내성 조사 기간 동안 집안 민주(民主)유적에 대한 시굴조사가 이루어졌으며,[41] 집안 양민(良民) 고구려 유적[42]과 압록강 상류 우안의 고구려 유적[43] 등은 이 기간 동안 지표조사가 실시되었다.

---

33) 吉林省文物考古研究所, 2003「吉林長白縣干溝子墓地發掘簡報」『考古』2003-8

34) 吉林省文物考古研究所·集安市博物館, 2005「洞溝古墓群禹山墓區JYM3319號墓發掘報告」『東北史地』2005-6

35) 吉林省文物考古研究所·集安市文物保管所, 2002「集安麻線安子溝高句麗墓葬調查與清理」『北方文物』2002-2

36) 集安市博物館, 2004「集安洞溝古墓群禹山墓區2112號墓」『北方文物』2004-2

37) 瀋陽市文物考古研究所, 2006「2004年度瀋陽石臺子山城高句麗墓葬發掘簡報」『北方文物』2006-2

38) 張福有·遲勇·孫仁傑, 2006「集安蒿子溝墓地調查與東川王陵考」『東北史地』2006-03

39) 瀋陽市文物考古研究所, 2006「2004年度瀋陽石臺子山城高句麗墓葬發掘簡報」『北方文物』2006-2
遼寧省文物考古研究所·沈陽市文物考古研究所, 2008「瀋陽市石臺子山城高句麗墓葬2002~2003年發掘簡報」『考古』2008-10

40) 吉林省文物考古研究所, 2009「集安禹山540號墓清理報告」『北方文物』2009-1

41) 吉林省文物考古研究所·集安市博物館, 2004『國內城-2000~2003年集安國內城與民主遺址試掘報告』, 文物出版社

42) 孫仁傑·遲勇, 2004「集安良民高句麗遺址調查」『東北史地』2004-04

43) 孫仁傑·遲勇·張殿甲, 2004「鴨綠江上遊右岸考古調查」『東北史地』2004-05

〈표2〉 동북공정 기간 보고서 및 '간보'에 소개된 고구려 유적

유적		조사기간	조사기관(조사자)	출처	비고
성곽(4)	국내성	2000년~2003년	길림성문물고고연구소·집안시박물관	『國內城』, 文物出版社, 2004.	
		1990년 5월	길림성문물고고연구소·집안시문물관리소	「吉林集安高句麗國內城馬面址淸理簡報」, 『北方文物』, 2003-3.	동북공정 이전 조사
	오녀산성	1996년~1999년, 2003년	요녕성문물고고연구소	『五女山城』, 文物出版社, 2004.	
	환도산성	2001년~2003년	길림성문물고고연구소·집안시박물관	『丸都山城』, 文物出版社, 2004.	
	성산산성	2005년11~12월	대련시문물고고연구소	「大連城山山城2005年調査報告」, 『東北史地』, 2006-4	지표조사
고분(19)	간구자고분군	2001년 5~7월	길림성문물고고연구소	「吉林長白縣干溝子墓地發掘簡報」, 『考古』, 2003-8.	동북공정 이전 조사
	집안 3319호 무덤	1997년 봄	길림성문물고고연구소·집안시박물관	「洞溝古墓群禹山墓區JYM3319號墓發掘報告」, 『東北史地』, 2005-6.	동북공정 이전 조사
	집안마선 안자구무덤	1999년 7월	길림성문물고고연구소·집안시문물보관소	「集安麻線安子溝高句麗墓葬調査與淸理」, 『北方文物』, 2002-2.	동북공정 이전 조사
	우산묘구 2112호무덤	1994년 5월	집안시박물관	「集安洞溝古墓群禹山墓區2112號墓」, 『北方文物』, 2004-2.	동북공정 이전 조사
	석대자산성 고구려고분군	2004년	심양시문물고고연구소	「2004年度瀋陽石臺子山城高句麗墓葬發掘簡報」, 『北方文物』, 2006-2.	
	호자구고분군	2004년 11월, 2005년 4월	장복유·지용·손인걸	「集安蒿子溝墓地調査與東川王陵考」, 『東北史地』, 2006-03.	지표조사
	마선묘구 2378호 무덤	1990년~2003년	길림성문물고고연구소·집안시박물관	『集安高句麗王陵』, 文物出版社, 2004.	
	산성하묘구 전창36호 무덤				
	우산묘구 626호 무덤				
	칠성산묘구 871호 무덤				
	임강무덤				
	우산묘구 2110호 무덤				

이러한 '동아시아 세계론'은 동아시아 자체를 세계사 속에서 발견했다는 의의와 고대 동아시아에서 전개된 역사적 사건들을 공간적으로 총합하여 하나의 이론적 세계를 그려냈다는 의의를 지닌다.[46] 또한 일국사의 한계를 벗어나 비교사의 관점을 견지하고, 공통의 문화권 형성의 배경으로 정치적 질서를 주목하였으며, 국제정치의 역관계를 통해 문화의 확산과 수용을 파악한 것 역시 장점일 것이다.[47] 그러나 현재 서도정생의 '동아시아 세계론'에 대한 비판은 거세다. 그 이유는 이미 오랜 기간 동안 꾸준히 지적되었던 것처럼 중국을 중심으로 하는 문화권의 공통점을 지나치게 강조하여, 동아시아 각국이 지닌 개별성을 사장한다는 것이다. 또한 동아시아 세계가 중국 중심의 일원적 국제질서가 아닌 복수의 국제질서로 구성되어 있었다는 사실을 설명할 수 없다는 것이다.[48]

확실히 동아시아에 존재했던 집단들이 만들어낸 다양한 관계, 특히 자신을 중심으로 하여 독자적인 정치 블록을 구축했던 상황들에 대해서는 서도정생의 '동아시아 세계론'은 무력한 것이 사실이다. 그래서 최근 '동아시아 세계론'에 대한 다양한 의견들의 등장하고 있다. 이것은 동아시아 세계를 보다 정확하기 이해하기 위한 노력이라 할 것이다. 많은 연구자들이 지금까지와는 달리 중국의 주변 민족 사이의 상호 관계를 주목하며 중국 중심의 세계관에서 벗어나고자 하고 있다.

최근 한국학계에서는 고대 동아시아에서 책봉조공관계는 중국과 주변 국

---

46) 金翰奎, 2005, 위의 책, p.29

47) 김창석, 2010「6~8세기 동아시아와 한중관계」『동아시아 국제질서 속의 한중관계사 -제언과 모색-』(서울 : 동북아역사재단), p.74

48) 武田幸男에 의하면 '책봉체제론'의 가장 큰 문제는 중화의식을 전제로 한 일원론으로부터 중국 황제와 주변 국가의 수장들 사이의 관례를 개별적이며 직접적인 군신관계로 파악한 것이다. 이 때문에 주변 국가들 사이에 존재하는 다양한 관계양식이 사장되었다고 보았다. 武田幸男, 1980「五~六世紀東アジア史の一視點」『東アジア世界における日本古代史講座 4』(東京 : 學生社), pp.58~59

가 사이에 상하관계를 만들어 내지 못했음은 물론이고 최소한의 통합적 질서마저 만들어내지 못했다는 주장이 등장하였다.[49] 또한 고대 동아시아 세계는 다수의 지역 국제질서가 중층적으로 존재하고 있었으며, 중국은 그 안에 넓은 영토와 지리적으로 가운데 존재하였던 결과 지역질서의 매개역할만을 담당했다는 주장도 나왔다.[50] 또한 동아시아를 외교교섭과 문화교류 그리고 경제교역 등이 이루어지는 하나의 네트워크로서 이해하면 중심과 주변을 설정할 이유가 없다는 주장도 나왔다.[51]

그런 지금 중국에서 거세게 일어나는 동아시아 세계론의 관심은 어떻게 해석해야 할까? 본문에서 살펴본 바에 따르면 현재 중국학계의 연구들에게서는 몇 가지 경향이 발견된다. 우선 동아시아 세계를 객관적으로 존재했던 실체로서 파악한다는 점이다. 중국학자들은 동아시아세계가 공통된 문화를 기반으로 하는, 상호 강도 높은 영향을 주고받은 지역이라는 데 이견이 없다.[52] 그 세계는 상호관계, 상호영향, 동류성이 존재는 공간이다. 그렇다면 그 세계의 동류성은 무엇에 의해 확보되었는가? 이와 관련하여 두 번째 경향을 지적할 수 있있다. 둘째, 동아시아 세계의 동류성은 중국 문화의 공유에 의해 만들어졌다는 것에 의견을 같이 한다. 한자, 유교, 한역불교와 같은 중국 문화에 의해 동아시아세계가 구성되게 된 것이다. 중국 문화를 공유하게 된 근본 원인이 책봉조공체제를 받아들인 것 때문인지, 아니면 중국 문화에 대한 모화 때문인지 연구자

49) 李成珪, 1996「中國의 分列體制模式과 東아시아 諸國」『韓國古代史論叢』8, pp.303~318

50) 김병준, 2010「3세기 이전 동아시아 국제질서와 한중관계-조공·책봉의 보편적 성격을 중심으로」『동아시아 국제질서 속의 한중관계사-제언과 모색』(서울 : 동북아역사재단), p.62

51) 김창석, 2010, 앞의 글, p.82

52) 韓昇, 2009『東亞世界形成史論』(上海 : 復旦大), pp.53~54

마다 입장이 다르지만, 모두 중국 문화의 공유를 이 세계의 성립 조건으로 본다. 세 번째 경향은 확장된 동아시아세계 범주다. 기존 입장들이 주로 한·중·일 삼국에 월남의 일부 지역을 동아시아세계로 보았다면, 최근 중국학계의 동아시아세계는 동남아시아를 제외한 대부분의 지역을 포함한다.

더 이상 동아시아세계를 국가가 아닌 지역으로 보고자 하는 중국학계의 입장은 국가사를 벗어났다는 점에서 지역공동체로서의 동아시아를 새롭게 구성할 수 있다는 장점을 지닌다. 그러나 그 지역공동체인 동아시아가 중국 문화의 우월성에 기대 성립하고, 그 우월성을 구심으로 존립하였다는 분석은 선뜻 동의하기 어렵다. 또한 동남아시아를 제외한 대부분의 지역이 중국의 문화 전파에 의해 동질성을 얻은 지역이라는 입장 또한 받아들이기 힘들다. 사실 이런 문제들은 지금까지의 동아시아세계론이 가진 문제점에서 크게 달라지지 않은 것이다.

책봉조공체제에 대한 중국 측 연구는 비로소 시작되는 단계라고 할 수 있다. 그래서인지 몰라도 현재 중국학계의 동아시아 국제질서에 대한 연구는 상당부분 페어뱅크와 서도정생에게 기대고 있다. 특히 커다란 틀로써 페어뱅크의 '중국적세계질서'에 대한 경도는 확연히 드러난다. 그 증거로 거론할 수 있는 것은 ①책봉조공제도의 이념적 근간을 화이관과 천하관으로 보는 것이다. 이것은 페어뱅크가 ❶조공시스템이 중국인의 문화 우월감에서 자연적으로 성장한 것으로 보는 것과 같은 맥락에서 이해할 수 있다. 또한 동아시아 국제질서를 ②중국을 중심으로 하는 층차적인 동심원의 세계로 보는 것은 페어뱅크의 ❷동아시아 세계를 중국의 정치질서와 문화의 영향력의 파급 지역을 세 단계로 구분한 것과 많이 닮아 있다. 그로 인해 보이는 중국 중심주의는 예견된 것이다. 따라서 1970년대 저구효(猪口孝)가 페어뱅크를 비판하며 말한 것처럼 현재 중국학계에서 진행되는 동아시아 국제질서에 대한 논의는 '전통적 중화세계질서의 중화사상적인 파악으로는 적절할지 몰라도, 전통적 중화세계질서 나아가 전통적 동아시아질서의 파악으로는 부적절'한[53] 모습을 보인다.

특히 동북공정 중에 나온 종번관계를 고대 동아시아 국제질서로서 볼 수 없다고 하고, 동아시아 국제질서가 일방적인 지배와 피지배의 산물이 아님을 주장하면서도 그 근간을 철저히 화이질서에서 찾는 것은 동아시아 국제질서에 대한 새로운 고민을 안겨준다. 동아시아의 평화와 번영을 위해서 동아시아 서술에 관심을 갖는 것이 중요하다고 하면서도[54] 동아시아 국제질서를 중국왕조의 덕화주의와 주변 국가의 모화주의가 만들어 낸 결과로 이해하는 것에 걱정이 앞선다. 이 모든 것이 어쩌면 21세기 중국의 '굴기(崛起)'에 따른 문화패권주의의 다른 모습이 아닐까 하는 의구심을 자아내기 때문이다. 중국학계가 그동안 축적된 성과를 가지고 동아시아 국제질서를 규명하는 노력을 기울이는 현상을 반가워만 할 수 없는 것이 필자의 기우이기를 바란다.

지금 중국학계의 연구는 우리에게 광범위한 논쟁의 필요를 제기한다. 동아시아를 하나의 역사 인식 공간으로 파악하는 것이 어떤 의미가 있을까? 동아시아 국제질서는 실제로 존재하였던 실체인가? 실재하였다면 어떤 작동 원리를 가지고 있었는가? 동아시아 국제질서를 파악하는데 공간적 구분은 어떻게 행해야 하며, 국가의 개념과 공동체의 개념은 어떻게 구분해야 하는가? 동아시아 국제질서는 시기에 따라 어떤 방식으로 작동하였는가? 이것은 모두 중국학계가 애써 무시하고 있는 주제임과 동시에 우리가 앞으로 논쟁을 통해 종합적 이론을 제출해야 하는 주제가 아닐까 하는 생각을 해 본다.

53) 猪口孝, 1975「傳統的東アジア世界秩序試論」『國際法外交雜誌』73-5, p.488
54) 쉬슈리, 2010, 앞의 글, p.130

종합토론

종 합 토 론

제14회 한국고대사학회 하계세미나

주제 : <동북공정 이후 중국의 변강정책과 한국고대사 연구동향>

제1부 : '동북공정' 이후 중국의 변강정책과 한국인식

한규철 (사회) : 제가 여담으로 몇 가지 이야기를 좀 했는데 양해해 주시기 바랍니다. 이제 오늘 종합토론 관련하여 사회를 진행하고자 합니다. 오늘은 발표자에 대한 지정토론이 없었습니다. 따라서 먼저 지정토론을 하고 거기에 대한 발표자들의 답변을 듣고, 이어서 플로어에 계신 선생님들의 의견을 듣는 순서로 진행하겠습니다.

사실 동북공정 관련 토론은 중국학계의 사람들과 함께 하면 할 이야기가 많을 것 같은데 이 자리가 그렇지 못한 것이 좀 아쉽습니다. 오늘 발표자들께서는 대체로 동북공정 관련하여 지금까지 있었던 사실을 개관적으로 보고하고 현황을 분석하는 내용으로 정리해 주셨습니다. 그래서 토론은 어떤 사항에 대해 조금 더 보충적으로 살펴보고, 또 궁금한 것은 알아보는 시간이 될 수도 있을 것입니다.

한편 중국의 동북공정에 대한 우리의 대응전략을 생각할 때, 우리가 정부에 대해서 바라는 점이 뭐냐 하면 많은 분들이 역사교육의 강화를 말씀합니다. 그래서 2007년도 개정교육과정에서는 사회과에서 역사가 독립하기로 했었지요. 그러나 나중에 그것이 물건너가는 바람에 법학하는 사람도 역사 가르치고 사회학하는 사람도 역사 가르치고, 서울에서는 아예 역사 전공자를 임용하지 않았다고 합니다. 대응 전략 측면에서 역사교육의 강화가 매우 긴요함에도 불구하고 현재 우리 교육 현장의 실정은 이처럼 개선되지 않고 있는 것 같습니다. 따라서 토론자들께서는 역사교육의 강화라는 부분과 정치적인 문제 등을 염두에 두고서 소견을 밝혀 주시면 고맙겠습니다.

먼저 임기환 선생님이 발표해 주신 "동북공정과 그 이후, 동향과 평가"에 대해서 여호규 선생님의 토론이 있겠습니다. 임기환 선생님이 초창기 고구려연구재단에서 이 부분 연구를 진두지휘하셨기 때문에 자세한 내용 설명이 있었습니다. 발표 및 토론은 주로 10분 정도로 생각하시고 해 주시기 바랍니다.

여호규 : 토론문 작성이 늦어져 저의 토론문을 발표자료집에 넣지 못했는데 이 점 매우 죄송하게 생각합니다. 별지로 준비한 토론문을 읽으면서 보충사항이 있으면 더하여 말씀드리는 식으로 토론을 진행하겠습니다.

임 선생님께서는 중국 동북공정의 전체적인 성격을 진단하신 다음 고구려사를 중심으로 해서 한국고대북방사에 관한 연구동향을 전반적으로 검토하셨습니다. 그 결과 중국의 동북공정이라는 것은 '기본적으로 소수민족정책, 변강정책, 동북아 전략 등과 연동된 변강통합정책의 성격을 갖고 있다'고 말씀하셨습니다. 또한 중국은 동북공정 추진 기간 중 관련 연구기반을 확충하였고, 이를 바탕으로 동북공정 종료 이후에도 제기된 연구방향을 지속적으로 추진하고 있는 것으로 파악하셨습니다. 저는 이러한 임 선생님의 진단이나 평가에 대해서 대체로 동의합니다. 다만 그동안 동북공정의 성격이나 중국학계의 연구동향에 대해서는 국내학계에서 각 분야별로 다기한 형태로 논의가 진행되었고, 지금 상황에서 평가한다면 전체적으로 수렴되었다고 보기에는 아직 좀 힘들지 않을까라고 생각합니다. 그래서 이와 관련하여 조금 더 고려하셨으면 하는 내용을 중심으로 몇 가지 말씀을 드리고자 합니다.

먼저 동북공정의 전체적인 성격과 관련한 부분입니다. 그 동안 동북공정의 성격과 관련하여 국내 학계에서는 대체로 한국고대사학회를 중심으로 한 역사학계가 한국고대북방사에 대한 역사왜곡 문제를 중점적으로 제기했다면, 중국 현대사학계나 국제정치학계는 중국의 동북변강정책 내지는 동북아 국제전략 차원에서 이해하는 경향이 강했습니다.

그래서 중국 현대사학계나 국제정치학계에서는 우리가 동북공정 문제가 논란이 된 초창기에 동북공정의 성격을 지나치게 고구려사 중심의 역사왜곡으로 파악했기 때문에 제대로 대응하지 못했다는 비판을 하기도 했습니다. 또 그 동안 동북공정의 전체 규모나 성격을 정확하게 파악하기 위해서 양 측이 함께 모여 진지하게 논의하는 자리가 없었던 것으로 알고 있습니다. 간혹 한두 분이 참석해서 의견을 개진하는 정도는 있었습니다만 양 측이 힘을 합쳐 논의하는 자리는 없었고 오히려 서로를 무시하거나 반목하는 상황까지도 있었던 것 같습니다. 이 점은 한국고대사를 공부하는 우리도 좀 성찰해 볼 점이 없지 않다고 생각합니다.

저는 이러한 점에서 동북공정의 성격과 개념을 '동북역사공정'과 '동북 변강정책·전략 공정'이라는 두 개의 층위로 나누어서 파악하자는 임선생님의 제안이 매우 중요하다고 생각하며, 기본적으로 동북공정은 중국의 동북3성과 그 주변 지역의 정세변화에 대응하기 위한 중국의 국가전략 차원에서 출발했고, 그 핵심수단으로써 '통일적다민족국가론'을 바탕으로 동북3성과 그 주변 지역의 역사를 전면적으로 중국사에 편입하는 역사연구를 진행했다고 생각합니다. 모두 아시는 것처럼 '통일적다민족국가론'이라는 것은 1930년대에 잉태된 후 1950년대에 하나의 역사관으로 확립이 되었고 그것이 1950년대 말부터 1960년대에는 티벳같은 지역에 전면적으로 적용되었습니다. 다만 저는 고구려사를 중심으로 해서 만주지역에 '통일적다민족국가론'을 적용하는 것은 북한과의 특수한 외교관계 때문에 유보된 상황이었는데 중국이 그런 상황을 풀고 이 지역의 역사를 전면적으로 중국사에 편입하는 연구 작업을 진행했다고 봅니다. 따라서 임 선생님께서 말씀하신 두 개의 층위 가운데 '동북 변강정책-전략 공정'이라는 측면이 중국의 최종적인 정책목표라면, '동북역사공정'이라고 개념화하신 부분은 이러한 정책목표를 구현하기 위한 하나의 핵심수단이었다고 생각할 수 있겠습니다. 이러한 점에서 임 선생님의 분석 시각은 더욱 확장된 형태로 진행되고 있는 동북공정식 연구나 정책의 성격을 파악하는 데 많은 시사점을 줄 것으로 예상하며, 또한 한국역사학계나 국제정치학계 등 여러 분야의 연구자들이 머리를 맞대고 더욱 진지하게 논의할 필요성을 환기시켜 주었다고 생각합니다.

다만 중국이 동북변강정책이나 동북아 국제전략의 정책목표를 구현하기 위해 동북지역에 대한 역사연구를 동원했다고 한다면, 양자의 연관관계 특히 고구려사 등 한국고대북방사를 중국사로 편입하는 기본논리의 변화에 더욱 유의할 필요가 있지 않나라는 생각이 들었습니다. 가령 중국은 동북공정 준비기간인 1996년부터 2001년 사이에는 현재의 중국 영토를 기준으로 중국사의 범주를 설정하는 '통일적 다민족국가론' 만으로는 고구려사를 통째로 중국사에 편입하는 것이 힘들자 고구려의 종족기원이라든지 중국 왕조와의 관계 같은 족원론이나 관계론 등을 통해서 중국사로 편입하는 논리를 개발하는 데 주력했고, 심지어는 고구려의 남방 경계를 대동강 선으로 축소하려는 그런 경향성까지 보였습니다. 그러다가 2002년 동북공정을 선포한 이후에는 족원론이나 관계론만으로는 고구려사를 중국사로 완전히 편입하는데 힘든 논리적인 한계가 노정되자, 현재의 중국 영토라는 기준을 과거의 불특정한 시점의 중국 영토로 치환하여 고구려사뿐 아니라 그 이전의 고조선사까지 중국사로 편입하는 논리를 개발하였습니다. 이러한 논리 변화가 곧바로 변강정책이나 국제전략의 변화를 불러온다고 보기는 어렵지만, 적어도 변강정책이나 국제전략의 정책목표에 맞게 역사연구의 논리를 변화시켰을 가능성에 대해서는 충분히 더 검토해 볼 필요가 있다고 생각합니다. 따라서 이 부분에 대해서 역사학계나 국제정치학계가 어느 한 분야의 식견만으로는 정확하게 파악하기 힘드니까 학제적 연구를 통해 양자의 연관관계를 충분히 검토하고 좀 더 종합적인 대응책들을 마련할 필요가 있지 않나라는 생각이 듭니다. 이러한 점에 대해서는 동북아역사재단 같은 경우 그 동안 많은 기여를 해왔는데 앞으로 더욱 유의할 필요가 있지 않을까 생각합니다.

두 번째, 임 선생님께서는 동북공정 종료 이후 한국고대북방사 연구동향에 대한 검토를 하시면서 "동북공정기에 추진된 연구의 방향 및 정책은 그 이후에도 지속되고 있고, 동북공정기에 마련된 학술적 기반의 확대에 따라 다양한 형태로 재생산되고 있다"는 진단을 하셨습니다. 그러면서 구체적으로 고구려사 연구의 기반확충, 연구기구·학술지·연구자 증가, 새로운 동향 여섯 가지를 들어주셨고, 동북지역 박물관 신설 부분을 검토하셨습니다.

그런데 여러 가지 사항 중에서 제가 생각하기에 가장 중요한 부분은 동북공정 추진 기간에 고구려사 등 한국고대북방사에 대한 연구기반을 확충했다는 사실입니다. 종래 이에 대해서 많은 연구자들이 연구기관의 증설이나 연구자의 증가 등을 들었는데, 오늘 임 선생님께서 이러한 견해를 종합해 주셨습니다. 다만 이와 관련해서 연구기반 확충의 성격을 좀 더 정확하게 이해하기 위해서는 보다 입체적으로 분석할 필요가 있다고 생각합니다. 가령 연구기관의 증설과 관련해서 각 연구기관의 성격과 상호 연관성을 보다 밀도 있게 검토할 필요가 있는데, 아직 이에 대한 본격적인 분석은 거의 이루어지지 않은 상태인 것 같습니다. 가령 동북공정 종료 이후 중국사회과학원 변강사지연구중심에서 그 역할이 지방으로 이전되었고 특히 동북3성의 각 기관들이 중심이 되었다면 동북3성의 연구기관들을 총괄하는 어떤 연구기관이 존재하고 있는지, 또 각 성 단위에서 가장 핵심적인 연구기관은 어느 것인지, 전체를 총괄하는 연구기관이 존재하는지, 그리고 이러한 연구기관을 중심으로 여타 연구기관이 어떠한 유기적 연관관계를 맺고 각종 연구사업을 수행하고 있는지 등에 대해서 우리가 자료를 확보하는 것이 매우 어렵습니다만 그런 한계 속에서도 좀 더 밀도 있게 검토하는 노력을 할 필요가 있다고 생각합니다.

연구자의 증가 문제도 마찬가지입니다. 수적 증가를 주목하는 경향이 그 동안 대체로 강했습니다. 물론 이것은 굉장히 중요한 요소입니다만 그러한 수적 증가와 더불어서 실제 연구역량의 확충이 얼마나 이루어졌는지, 또 이러한 중국학계의 연구역량 확충을 우리 한국학계가 감당할 수 있는지 등에 대해 면밀하게 검토하는 것이 필요하다고 생각합니다. 이와 관련하여 한국고대북방사 이외 다른 분야의 전문가들이 동북공정 추진 기간에 대거 고구려사를 비롯한 한국고대북방사 연구에 투입된 사실에 유의할 필요가 있습니다. 전에 길림대학 사학과(歷史系)에 재직하고 있는 양군(楊軍) 이라는 분의 저서를 검토한 적이 있는데 이 분은 40대 초반의 소장학자로서 본래 전공이 선진사(先秦史)입니다. 즉 중국사 전공 연구자입니다. 그런데 양군은 2001년경부터 고구려사를 비롯해서 고조선사, 부여사 등을 본격적으로 연구하고 있고, 고구려사 관련해서는 단행본까지 출간했습니다. 그의 연구성과를 검토해보면 선진문헌(先秦文獻)을 굉장히 광범위하게 동원해서 논리를 구축·전개하고 있는 사실을 확인할 수 있습니다. 경우에 따라서는 우리 학계에서 지금까지 인용하지 않았던 선진문헌까지 인용하고 있음을 볼 수 있는데 바로 이러한 경우가 동북공정 추진 기간에 연구자의 수적 증가와 더불어 여러 분야의 연구역량이 한국고대북방사 연구에 집중적으로 투입되었음을 잘 보여줍니다. 물론 우리 학계도 동북공정을 계기로 해서 여러 분야의 연구자들이 한국고대북방사에 관심을 기울였지만, 과연 이러한 것이 우리 학계 전체의 연구역량 축적으로 이어졌는지, 나아가 강화된 중국학계의 연구역량에 대응할 수 있는 또 감당할 수 있는 기반을 갖추었는지 이런 점들을 좀 더 면밀하게 검토할 필요가 있지 않을까 생각합니다.

그리고 임 선생님께서는 동북공정 이후 고구려사에 대한 중국학계의 새로운 연구동향을 '고구려사 귀속론의 다양화, 다민족 기원설의 정설화, 고구려 초기사에 대한 관심 증대, 역사자료에 대한 연구 증대, 고고학 자료의 체계적인 정리, 중원문화 전파론 연구' 등 여섯 가지 정도로 정리를 해주셨는데 대체로 타당한 지적이라고 생각합니다. 다만 이와 관련해서 향후 중국학계가 어떠한 측면의 연구에 가장 역점을 둘 것으로 예상하시는지, 또 한국고대북방사를 중국사로 편입하기 위해서 향후 어떠한 기본논리를 구축할 것으로 예상하는지 이러한 점들이 좀 더 검토가 되어야 우리가 향후에 대응책들을 세울 수 있지 않을까 라는 생각이 듭니다.

마지막으로 드릴 말씀은 임 선생님께서 지적하셨듯이 중국의 동북공정은 한국 역사학계가 한국사에 대한 인식기반을 깊이 성찰하고 다원화할 수 있는 계기도 마련해 주었습니다. 종래 한국사 연구자들은 대부분 민족형성론 내지는 족속계통론에 입각해서 한국사의 기본체계를 구축하는 데 대해서 별다른 의심 없이 수용하는 경향이 강했습니다. 이것은 단일민족이라는 인식으로 인해 민족사와 국가사를 쉽게 일치시킬 수 있었기 때문이라고 생각합니다.

그런데 동북공정을 계기로 현재의 영토를 기준으로 국가사의 범주를 설정하는 중국의 '통일적다민족국가론'이 널리 소개되면서 일각에서는 기존 한국사의 인식체계를 재검토해야 한다는 논의가 이루어졌습니다. 임 선생님께서 지적하셨듯이 '탈민족주의론'이나 '동아시아론' 등이 그러한 사례입니다만 아직 이러한 것들이 구체적인 역사 연구나 기술로 이어지지는 못했습니다.

흔히 한·중·일 3국의 역사 갈등을 궁극적으로 해결하는 방안으로 동아시아 각국이 공유할 수 있는 새로운 역사인식의 창출을 이야기합니다. 동북공정 문제를 논외로 하더라도, 현재 우리 사회는 다문화 사회로 진입하면서 여러 가지 문제들에 직면하고 있는데, 한국사 분야에서는 민족사와 국가사의 관계를 어떻게 설정할 것인가가 그 중 하나입니다. 왜냐하면 국제결혼이나 노동이주를 통해 한국인의 일원으로 편입된 사람들이 한국인으로서의 정체성을 갖게 하기 위해서는 기존 민족

형성론의 토대를 민족사에 가까운 기존의 국가사와 그야말로 국가사 양자의 관계를 새롭게 설정할 필요가 있는데, 이 문제에 대해 좀 더 고민해야 할 것 같습니다. 이와 관련하여 새로운 한국사의 서술체계 나아가 동아시아 각국이 공유할 수 있는 새로운 역사인식의 창출이라는 것이 과연 어떠한 형태로 가능하다고 생각하시는지 말씀해 주시기 바랍니다. 이상으로 마치겠습니다.

한규철 (사회) : 예. 감사합니다. 토론자인 여호규 선생님은 동북공정이 역사공정과 변강정책·전략공정이라는 두 가지 측면, 즉 학문적·역사적 측면과 국제정치적 측면을 가진다는 발표자의 지적에 동의하면서 거기에 더하여 두 분야의 학제간 연구가 긴요하다는 의견을 말씀해 주셨습니다. 그 다음 한국사의 새로운 서술체계와 역사인식의 창출이 필요하다고 언급하시면서 그것이 과연 어떤 형태로 가능할지에 대한 발표자의 의견을 구하였습니다. 이에 대해 발표자께서 발언을 좀 해 주십시오.

임기환 : 여호규 선생님의 좋은 지적에 감사드립니다. 제가 오늘 발표한 것은 새로운 것이라기보다는 기존에 언급되었던 일부의 층위에서 정리한 것에 불과합니다만 거기에 대해서 앞으로 좀 더 고민해야할 것들을 지적해 주셨습니다. 일단 말씀하신 데 대해서 간단하게 답변을 드리도록 하겠습니다.

동북공정의 성격을 어떻게 볼 것이냐는 것은 굉장히 중요한 문제 중의 하나일 것 같습니다. 지적하셨듯이 그 동안 주로 한국고대사 중심으로 역사문제에 관한 비판이 제기되었습니다. 그래서 다른 부분들이 굉장히 중요함에도 불구하고 조각(阻却)되었거나 서로 맞대고 합쳐보는 노력이 부족했던 것이 사실입니다. 그 점에 대해서 말씀을 좀 드렸던 것 같습니다.

동북공정의 성격을 파악하는 입장에 대해서 제가 역사공정이라든가 간단한 용어가 없어서 내용적으로 나누어 변강정책이나 전략공정으로 잠정적으로 나누어봤는데 어떤 분들은 협의와 광의로 파악하기도 하고 미시적 관점, 거시적 관점으로 파악하는데 조금 다르다고 생각합니다. 협의와 광의로 파악하게 되면 광의 문제로 무게 중심이 가버린다거나 협의에 대한 부분들이 소략하거나 논점이 흐려질 가능성이 많기 때문에 그렇게 하기보다는 논리적으로 파악해야 되고, 특히 구분해 봤던 것 중 하나가 발표 중에 말씀드렸습니다만 동북공정의 성격을 파악하는 것만이 중요한 것이 아니라 거기에 우리가 어떻게 대응하고 대비하느냐 하는 관점이 들어가야 하고, 우리의 관점에서 바라보는 것이 필요하다고 생각합니다. 역사공정 같은 경우에는 적극적으로 대응하고 비판해야 할 문제이고, 정책이나 전략의 문제들은 그런 부분이 아니기 때문에 적절한 대비를 해야 할 부분이 있습니다. 지적하셨듯이 역사공정이 독립되어 있는 것이 아니라 전반적인 변강 정책이나 전략에 포함되어 있다고 하더라도 그것이 어떻게 현상화되어서 나타나는지 구분하여 살펴볼 필요가 있기는 하지만 그 동안 서로 결합시켜서 보는 노력이 부족했기 때문에 한 번 제안해 보았습니다.

특히 동북공정이란 용어는 앞서 김현숙 선생님도 말씀하셨습니다만 중국이 쓰는 것을 그대로 사용했는데 그것은 우리의 동북공정에 대한 성격 규정이 그만큼 불투명했다는 것을 뜻한다고 생각합니다. 우리 입장에서 자체적으로 성격을 규정하고 용어를 만들어 내야 하는데 그렇지 못한 것도 앞으로 계속 고민해야 될 부분이 아닌가 생각합니다.

그리고 그 과정에서 동북공정의 논리 변화를 지적해 주셨습니다. 굉장히 중요한 문제인데 사실은 1996년부터 시작되었던 고구려사 연구의 그런 변화의 맥락 속에 동북공정이 있는데 동북공정 개시 이후 나타난 논리 변화의 하나가 고구려사 전체를 중국사에 귀속시키는 '통일적다민족국가론' 자체를 즉 그 일부 논리를 스스로 부정하는 것이었습니다. 그래서 그 때 많이 제기되었던 것 중 하나가 그렇게 되었을 경우에 북한영토가 포함되기 때문에 중국이 북한 붕괴 이후에 북한에 대한 어떤 의도들을 역사적인 문제의 뒷받침을 받으려고 하는 것 아닌가 하는 지적도 그 때 여러 번 나왔습니다. 이 부분에 대해서 적극적이다 소극적이다 다양한 분석들이 나왔습니다. 제가 그걸 판단할 능력은 없습니다만 2004년 이후 또는 동북공정이 끝난 이후 좀 변화되는 양상이 나타나는데, 특히 동북공정이 끝난 이후 나타나는 양상들을 보면 동북공정 개시기에 나타난 논리가 아닌 다른 논리들, 예컨대 일사양용(一史兩用)같은 논리들이 동북공정 개시 이후에는 쑥 들어갔다가 그 이후에 조금씩 목소리가 높아진다거나, 아직 글로써도 많이 나오지 않았습니다만 내부적으로 이야기할 때는 일사양용이 답이 아니냐 하는 식의 주장들이 빈번히 거론되고 있다는 이야기를 들어보면 그 이후에 논리구조들도 좀 달라질 수 있다고 생각합니다. 다시 말해서 중국이 동북공정을 시작하면서 정책적으로 변강 정책의 이름으로써 역사문제를 제시를 했을 당시에는 어떤 논리를 확립해서 그 논리대로 밀어붙이기 보다는 기본적인 줄거리만 던져줌으로써 다양한 논리들을 개발하게 했기 때문에 그 논리들 중에는 역사 논리라고 인정하기 곤란한 수준들이 많은데 그런 부분들이 시간이 지나면서 동북공정이 진행되어 가고 끝나고 그 이후에 스스로 정리되는 부분들이 있다고 생각합니다. 그래서 우리가 동북공정에서 나타났던 역사논리들을 지나치게 일일이 다 평가해서 그것들이 모두 중국 쪽의 논리구조인 것으로 파악할 필요는 없다고 봅니다. 그 중에는 스스로 정돈되어 가기도 하고 자기 줄거리를 만들어 가는 부분들이 있다는 생각이 들고, 그래서 일사양용론 같은 것이 다시 고개를 들고 내부적으로 논의되고 있는 것으로 알고 있습니다. 따라서 이 부분 역시 우리가 앞으로 계속 귀추를 주목할 필요가 있다고 생각합니다.

그 다음에 두 번째 지적이 굉장히 중요한 부분입니다. 우리가 주목해야 할 부분 중의 하나가 중국의 역사공정을 추진해 가는 기관들이 어떻게 확장되었고 그 이후에 어떻게 활동하고 있는가 입니다만 기구 명칭 정도만 파악이 되고 누가 참여하는 정도까지 파악이 되지 않아서 실제로 이것이 어떻게 매개되어 있는지 어떤 성과를 거두고 있는지 잘 드러나지 않습니다. 더구나 연구비들이 어떤 형태로 지속적으로 투입되고 있는지도 잘 드러나지 않고, 어떤 연구진들은 딱히 활동이 잘 보이지 않는 부분이 있어서 각 기관들 자체가 균질적이지 못하다고 생각합니다. 그 부분들은 아직 자료가 없어서 파악을 못했는데, 여기에 대해서 저만이 아니라 특히 중국 동북지역에 여러 가지 정보를 가지고 있는 전문가들이 좀 더 관심을 가져야 할 부분이 아닌가 생각합니다.

그리고 잘 파악이 안됩니다만 변강사지연구중심이 동북공정 관련해서 직접적인 추진력을 지휘하는 위치에 있는 것은 아닌 것 같구요. 동북3성들이 각각 하다 보니까 각 성(省) 단위별로 좀 다른 입장들이 드러나는 것 같습니다. 잠깐 말씀드린 장백산문화론 같은 경우는 길림성에서 전적으로 추진하는 부분이고, 요녕성 쪽에서는 이런 부분에 대해서 내용적으로 비판적인 입장이기 때문에 오히려 성 단위로 가면서 중앙의 통제라고 할까요 이런 부분이 달라지게 되면서 다시 자기 논리 구조라든가 지형들을 새롭게 재편하는 면도 있다고 생각됩니다. 그래서 이 부분 역시 지금 전반적인 추세는 동북공정의 맥락 속에 있습니다만 구체적인 내용 변화 동향은 계속 귀추를 주목해볼 필요가 있지 않을까 생각이 됩니다.

그리고 연구진에 대해 말씀 드리자면 지금 새롭게 다양한 연구자들이 여기에 투입되어 있는 것은 사실입니다. 수는 그렇게 많지 않으리라 보고, 본래 동북지역에 있었던 역사 연구자들이 주류를 이루고 있습니다만, 한편으로 고려해야 할 것 중 하나는 우리가 동북공정을 중심으로 역사공정의 문제를 다루다 보면 주로 중국 동북지역 역사학자들만 염두에 둘 가능성이 높은데 중국 역사학계의 전체적인 범위에서 보면 동북지역의 역사연구 분위기하고는 다른 분위기들이 북쪽의 역사학계나 남쪽 학계에서 특히 저 남쪽의 상해에서는 상당히 다른 생각들을 가지고 있다는 것입니다. 어떤 이는 동북지역의 역사연구는 '말도 안 되는 소리를 하고 있다 이러다가 말 것이다'라고 하며, 또 개중에는 동북공정기에 많은 연구비가 투입되었기 때문에 일부학자들이 거기에 참여한 걸로 보고 있습니다. 그래서 우리가 이런 역사문제를 가지고 비판을 해나갈 때는 동북공정에 참여하는 중국 역사 관련 학자만이 아니라 중국역사학계 전체에 대한 전반적인 네트워크를 만들어서 중국역사학계 내부에서도 비판이 일어나는 부분이니까 그 비판의 지점들을 좀 더 우리가 문제제기를 해 가면서 그런 것도 좀 고려해야 하지 않을까 생각이 듭니다.

그리고 여러 가지 형태의 새로운 경향들을 간단하게 말씀드렸습니다만, 많은 글들이 나온 것을 보면 전체적으로는 고구려사 귀속론, 발해사 귀속론 식의 형태보다는 아예 동북지역 전체를 묶는 문명론, 즉 장백산문화론이나 요하문명론 같은 것들을 전체로 묶어서 큰 단위의 지역단위 문명권이나 문화권을 설정하고, 이것을 중국 전체 문명을 구성하는 하나의 요소로서 파악하는 형태의 글들이 좀 더 많이 나오는 것 같습니다. 따라서 저는 이런 쪽으로 연구가 더 집중되고 있는 게 아닌가 생각합니다.

마지막 문제는 문제제기 차원에서 말씀드렸는데 여호규 선생님도 동의하시고 앞으로 함께 고민할 부분이라고 말씀하셨습니다. 아직 저도 고민하며 문제 제기하는 수준에 있습니다만, 사실 동아시아론이나 민족을 넘어서는 역사적 고민들은 단계적으로 모두 준비를 해야 된다고 생각합니다. 특히 동아시아사 교과서라는 것을 한·중·일 3국 중 우리가 맨 처음 제작할 때는 역사분쟁에 있어서 가장 직접적인 당사자이며 따지고 보면 역사분쟁의 피해자 입장에서 이런 역사의식이, 역사문제에 대한 고민들이 더 치열해질 수 있다고 생각합니다. 특히 한국사에 있어서 민족사의 문제는 민족사적 관점, 민족사 인식의 틀이라고 하는 것은 기본적으로 우리 근대 역사적 경험에서 만들어진 역사관입니다. 우리의 이런 역사관은 제국주의 침탈과 식민 지배를 경험하는 과정에서 나타났던 것인데 한·중·일 3국 간 근대 역사가 치유되지 않은 상태에서 서로 성찰하고 반성되지 않은 상태에서는 우리의 민족관이나 민족사적 문제를 넘어서는 통합의 문제가 제기되는 것은 쉽지 않다는 생각이 듭니다. 만약에 중국과 일본으로부터 우리가 입은 근대 역사의 피해나 상처 부분이 충분히 서로 동의되고 합의되고 그 다음에 치유되는 과정이 전제된다면, 우리도 민족사 과제라든지 역사를 넘어설 수 있는 관점을 개발하고, 그 관점이 사회적 지지를 얻을 수 있다고 생각합니다. 학자들이 이론적으로 구성하고 충분히 말씀드릴 수 있습니다만, 국민이나 사회의 공감대를 형성하는 것은 쉽지 않으리라 생각되고, 공감을 얻지 못하면 그 이론은 공허해질 수밖에 없습니다. 그래서 어떤 역사관을 갖느냐의 문제만이 아니라 그렇게 해서 제기되는 근대 역사에 대한 서로의 치유 과정이 동반되도록 하기 위해서 좀 더 노력하는 것이 필요하지 않을까 생각해 보았습니다. 이것으로 답을 마치도록 하겠습니다.

한규철(사회) : 감사합니다. 동북공정 문제 초창기 대응에 두 분이 가장 깊이 관련되어 있었기 때문에 소상하게 진단을 하고 대안도 이야기를 하신 것 같습니다. 중국 내에서 비판적인 견해들이 나온다는 데 대해서 희망을 가지게 됩니다. 우리 학계에서는 고구려사는 그렇지 않지만 발해사를 한국사라고 하는 것은 넌센스나 희극으로 여기는 분도 있지 않습니까? 그리고 요동사의 범주에서 고구려사를 이야기하려고 하는 한국학계 일각의 분위기를 중국학계가 좀 배웠으면 좋겠습니다. 중국에서 그런 비판적인 의견도 좀 나왔으면 좋겠는데 중국학계의 건전화를 오히려 한국학계가 이끌어야하는 책무까지 갖지 않았나 하는 생각도 해봅니다. 그들의 어떤 네트워크를 잘 활용하면 중국의 발전과도 관련이 있다는 생각을 해보면서 두 번째 주제에 대한 토론으로 넘어가겠습니다.

두 번째 발표는 동북공정에 대해서 새롭게 한번 정리해 보는 의미에서 "중국의 동북변경연구공정 이후 주요 역사·지역 연구항목"이란 제목으로 동북아역사재단의 박장배 연구원님이 소상하게 분석하고 설명해 주셨습니다. 이 부분은 여러 연구자들이 조금씩 해왔습니다만, 이번에 종합적으로 정리한 게 아닌가 싶고, 변강학에 대해 구체적으로 이야기를 해주셨고, 고구려사보다 청사 쪽에 계시기 때문에 좀 더 넓은 시야에서 분석해 주셨다고 생각됩니다. 이에 대해서 부경대학교의 조세현 교수님이 토론해 주시겠습니다.

조세현 : 안녕하십니까? 부경대학교 사학과에서 중국근현대사를 전공하고 있는 조세현이라고 합니다. 저는 정말 좀 간단히 하겠습니다. 토론문도 짧습니다. 박장배 선생님의 발표는 동북공정 이후 최근 중국학계에서 다양하게 이루어지고 있는 역사 및 지역 연구 항목에 대한 소개 성격의 글이라고 판단이 됩니다. 발표 중에 말씀하셨다시피 동북공정은 역사공정과 지역공정의 이중적인 성격을 띠고 있습니다. 역사공정이 민족이라는 키워드가 강조된다면, 지역공정에서는 변강이라는 키워드가 만들어진다고 볼 수도 있습니다. 그런데 우리 학계의 현황이 중국의 동북공정 이후에 다른 지역 연구 항목에 대해서는 상대적으로 관심이 부족하다는 지적이 있었는데 저도 동의합니다. 결국 한·중 역사 분쟁이 최종적으로 화해로 나아가기 위해서는 지역적 범주를 확대시켜서 넓은 시야에서 바라봐야 하는데 현재로서는 큰 틀에서 이 문제를 바라보는 연구층이 두텁지 않다는 지적이 있었던 것 같고 저도 거기에 대해서 전적으로 동감합니다. 이 발표가 논문이라기보다는 연구현황에 대한 소개이기 때문에 토론을 길게 할 필요는 별로 느끼지 않습니다. 시시비비를 가리기보다는 궁금했던 것에 대한 약간의 보충설명을 듣는 것이 효과적인 토론이 아닐까 생각합니다. 그래서 토론문에 나와 있는 네 가지 정도의 질문을 드리고자 합니다.

첫 번째로, 발표자께서는 중국 변강학이 동북공정이나 그 후속사업의 학술적 기반이자 신흥 학문이라고 말씀하셨습니다. 이런 변강학이 과거 민국시대 장개석 정권 시기의 변정학, 당시 안정되지 않았던 중국 변강지역의 통치 또는 행정에 필요한 공무원을 양성하는 맥락에서 비교적 다 이루어졌던 학문 분야라고 하겠는데요, 그것과 어떤 관련이 있는지 그리고 최근 중국이나 대만에서 민족학의 관점에서 혹은 인류학적 관점에서 이루어지고 있는 소수 민족 연구와는 어떤 공통점과 차이점이 있는지 좀 더 자세히 설명을 해 주셨으면 합니다.

두 번째, 발표문을 보면 동북공정을 시작으로 신장항목, 서남항목, 서장항목, 북강항목 등을 통해서 중국 전체 육지 변경에 대한 전담 항목이 설정되었다고 평가하면서도 '해강항목'의 추진 현황에 대해서는 자세한 설명이 없습니다. 개인적으로는 제가 연구하는 분야와 관련해서도 무척 궁금합니다. 작년 말이었는지 올해 초였는지 정확하지는 않지만 CCTV에서 〈해양을 향하여(走向海洋)〉라는 대형 문화 다큐가 방영된 것으로 알고 있습니다. 〈대륙굴기〉라는 프로그램을 만들었던 팀이 만든 것으로 알고 있는데 여하튼 그 내용을 보면 중국이 해양강국을 21세기 최고의 과제인양, 해양이 중화민족의 미래인양, 혹은 심지어는 '남색이야말로 중화민족의 바탕색이다'라고 이야기 하면서 바다에 대한 대단한 관심을 표하고 있습니다. 과거에 정화(鄭和)라는 키워드를 불러낸 것도 그렇고, 최근에 해군력 강화에 맞춰서 널리 알려진 조어도(釣魚島)라든지 남사군도(南沙群島), 서사군도(西沙郡島), 이어도 등과 같은 직접적인, 심지어 어떤 사람들은 전쟁이 나도 육지에서 나지 않고 바다에서 날 가능성이 높다고 할 정도로 예민한 것이 해강항목이라고 볼 수도 있을 것입니다. 그래서 우리 역시 해양문제에 대해서 관심을 좀 가져야 한다는 생각에서 현재 중국이 추진 중인 해강항목 내용에 대해서 좀 더 추가 설명을 부탁드립니다.

셋째, 대만 문제입니다. 물론 말씀하셨지만 대만 문제는 이미 중국 외교정책 중 가장 예민한 문제였고, 오래 전부터 여러 대학이나 연구소에서 광범위한 연구가 진행되고 있었고 폭넓게 통제가 되고 있는 것이 추세이기도 합니다. 예전에 제가 중국에서 공부할 때 변강사지연구중심도 가봤고, 사회과학원의 대만연구중심에도 가 봤지만 격이 다른 것 같았습니다. 변강사지연구중심은 널널하고 대만연구중심은 뭔가 끝 발이 있고 강력한 파워가 있다는 게 금방 느껴질 정도로 중국에서는 대학뿐만 아니라 정책적 차원에서 연구가 이루어지고 있습니다. 어찌되었건 학문적인 차원에서 선생님께서 말씀하신 변강학의 차원에서 대륙 학계가 대만을 어떻게 바라보고 있는지, 거꾸로 여러분도 잘 아시는 것처럼 대만을 대륙 역사의 일부로 보는 쪽과 대만과 중국을 별개로 전혀 다르게 보는 쪽이 있는 두 가지 흐름이 공존하고 있는 대만 학계가 대륙의 변강학을 바라보는 시각은 좀 다른 것 같은데 거기에 대해 어떻게 평가하시는지 궁금합니다.

네 번째 문제는 중요한 문제가 아닐 수도 있는데, 현재 중국의 일부 대학과 사회과학원에서 변강학 전공 대학원 과정이 운영되고 있고 거기에다 커리큘럼에 대한 소개가 있었는데, 여기에 참여하는 대학원생의 규모라든지 성격이라든지, 제일 중요한 게 우리나라와 비슷하지만 취직이 잘 되어야 하는데, 이런 주제를 가지고 중국에서 공부를 했을 때 진로라든지 이런 것들이 어떻게 되는지 궁금합니다. 왜냐하면 대만의 경우 장개석 시절에 변정학이 꽤 융성했지만 대만으로 쫓겨나면서 대륙에서 떠났기 때문에 변정학과가 없어져 버렸죠. 잠시 민족학과로 바뀌었으나 그것도 속된 말로 졸업 후 진로 보장이 안되니까 인류학과로 바뀌었던 걸로 기억하고 있습니다. 물론 중국은 성격이 좀 다르겠지만 그런 것에 대해서 보충 설명을 해 주셨으면 좋겠습니다.

계속 보충 설명을 부탁드리는데 어찌되었든 '좀 넓게 보는 시각이 필요하고, 최종적으로 우리가 이론 틀을 만들기 위해서는 동북공정 이후에 긴밀한 관계를 가지고 있는 주변 여러 지역국들과 연결시켜서 파악해야 된다'는 논지에 대해서는 전적으로 공감합니다. 발표 잘 들었습니다. 감사합니다.

한규철 (사회) : 네. 감사합니다. 해강(海疆) 항목에 대한 관심을 표명해 주셨습니다. 제가 대만에서 2개월 정도 연구차 머물렀을 때 저 보고 왜 발해사를 하냐고 물어요. 당사(唐史)를 하면 되지 왜 발해사를 하냐고 그러더군요. 그래서 대만에서도 비슷한 생각을 하고 있구나 하는 생각을 했었습니다. 아무튼 박장배 선생님 답변 부탁합니다.

박장배 : 네. 감사합니다. 질문은 두 가지인데요. 첫 번째하고 네 번째가 묶일 수 있고, 두 번째와 세 번째가 묶일 수 있는데 첫 번째 질문에 대해서는 약간의 설명을 할 수가 있고 두 번째 질문에 대해서는 별로 할 말이 없습니다. 제가 이야기할 수 있는 부분을 몇 가지 말씀 드리도록 하겠습니다.

인구비율로 보아서 중국의 서부연구가 동부지역 인구밀집 지역에 대한 연구보다 훨씬 많습니다. 그리고 그 동안 민족 연구가 굉장히 중요하게 강조되면서 중국학계에서 보면 인구가 엄청나게 많은 한족 연구보다 소수민족 연구가 비율로 보면 양적으로 더 많은 양상을 보이기 때문에 제가 볼 때는 자원 투입이나 여러 가지 측면에서 그렇게 합리적인 것은 아닌 것 같습니다. 그런 느낌이 드는데 아무튼 변강학이라는 부분은 균형을 찾아갈 것이라고 생각이 됩니다. 경제원리가 여기서도 적용될 수밖에 없기 때문에 변정학과 관련해서는 국내 학계에서도 조금 분석이 되었고 그렇습니다. 1930년대의 변정학과 같은 경우는 주로 서북지역을 대상으로 진행되었고, 김육불(金毓黻)의 『동북통사(東北通史)』와 같은 연구 성과는 사실 조금 부차적이었고 주류는 아니었던 것이라고 봅니다. 그리고 당시의 변정학이라는 용어가 『변정공론』같은 잡지에 나왔다고 하는 것은 지금하고 양상이 비슷한데 또 양상이 비슷한 것이 동북공정을 이야기했을 때 동북 전략이라든지 개발계획이라든지 하는 것이 함께 가는데, 당시에도 마찬가지로 서북개발이라는 용어를 많이 썼습니다. 그 성과가 실제 어느 정도 나타났고 재미있는 부분은, 변정학 연구 경우에는 국가에서 관심을 가졌기 때문에 상당한 자원과 양질의 연구원들이 동원되었고, 그런 측면에서 처음에 제가 생각하기에는 만철(滿鐵) 조사부와 같이 굉장히 체계적으로 잘 진행된 연구팀의 연구 사업에 비해서 수준이 많이 뒤지지 않느냐는 생각을 했는데 그렇지는 않은 것 같습니다. 중앙연구원을 만들어 진행하는 것을 보면 지금 중국이 끌어대는 지적인 자원이나 도구들이 청나라에서 영토를 넓히고 수많은 연구 성과를 내고 역사자료들을 정리했던 것과 민국시대에 했던 그런 것들이 기초가 되어서 지금 중국에서 하고 있는 것들이 나왔다는 생각이 듭니다. 그래서 좀 넓게 보아야 하고, 예컨대 청사공정(淸史工程)같은 경우에도 그런 유산들을 되살리는 측면이 상당히 크다는 생각을 좀 하고 있습니다. 그리고 공통점이라면 변정학이나 민족학 그리고 지금의 변강학이 기본적으로 신진 연구자 양성이라는 측면을 빠뜨리지 않는다는 것입니다. 상당히 신경을 써서 하고 있습니다.

네 번째 질문이 대학원생들의 성격, 규모에 대한 것이었는데, 사회과학원 변강사지연구중심 같은 경우는 2008년에 시작되었으니까 아직 나오지를 않았습니다. 그런데 그쪽 사이트에 들어가서 사진이라든가 학술회의 같은 것을 하는 것을 보면 소규모 학술회의 같은 경우는 절반이 그쪽 학생들이 청중을 차지하고 있는 그런 양상들이 보이고, 상당히 적극적으로 활용되고 있는 상황인데 석사 여섯 명, 박사 한 명 이런 식으로 규모는 굉장히 작습니다. 변강학이라든가 거기에 투입되는 연구진 규모라든가 이런 것들을 생각할 때에 취직에는 큰 어려움은 없지 않을까 생각하는데, 중국 전체로 보면 다르게 볼 수가 있기 때문에 그것은 범위를 넓혀서 살펴보고 정리를 해봐야 된다고 생각합니다.

그리고 이제 두 번째 세 번째, 해강 항목과 대만 연구 부분인데요. 여러분들도 잘 아시겠지만 1992년 한국과 중국 간의 외교관계 수립에 관한 공동성명 제3항에 "대한민국 정부는 중화인민공화국 정부를 중국의 유일한 합법정부로 승인하며, 오직 하나의 중국만 있고 타이완은 중국의 일부분이라는 중국의 입장을 존중한다" 이렇게 되어 있습니다. 저는 제일 이상했던 것이 "오직 하나의 중국만 있고"라는 구절이라든가 "타이완은 중국의 일부분이라는 중국의 입장을 존중한다"라고 되어 있는데, 평화적인 통일을 지지한다는 그 다음 구절이 연결되어 있지만, 우리 헌법에 보면 북한은 일부잖아요. 대한민국의 일부인데 그런 것들을 존중하지 않는 그런 상황이더라구요. 그래서 어떻게 보면 두 개의 국가를 그대로 구체적으로 인정하는 식으로 되어 있어서 제가 수교협상이 맺어지고 있는 자료를 볼 때 굉장히 이상했었는데, 아무튼 이렇게 합의를 했습니다. 하나의 중국이라는 그런 개념과 레토릭은 이미 오래 전부터 나왔고 실질적으로 손문(孫文), 양계초(梁啓超)가 발명했고, 손문이 대중화시켰다고 봅니다. 그리고 마오쩌뚱이 그것을 대만 쪽에 적용시킨 그런 것이었다고 정의될 수 있다고 생각되는데, 먼저 대만 연구 부분부터 말씀드리자면 이 부분은 국내에 관심을 가진 분들도 있고, 이제 조금씩 하고 있고, 또 계속해서 대만에서의 연구 상황에 대해서 한국에서도 관심을 가지고 파악하는 글들도 있는 것 같습니다. 대륙과 구별되는 대만만의 역사와 정체성을 구성하기가 굉장히 힘들기 때문에 그동안 지난 10년 동안 진행해 왔던 대만 역사학계의 역점 사업 같은 경우도 소개는 되었는데 구체적인 분석은 아직 안된 것 같습니다. 그런 부분도 관심을 가져야겠다는 생각을 해보고, 또 대륙학계가 대만을 어떻게 보는가 하는 것은 정리가 되어 있습니다. 거기에 보면 기본적으로 굉장히 성과가 많다는 식으로 나오는데, 대만 연구 항목들이 독자적이거나 독립적인 대규모 학술 프로젝트로 진행되는지 여부를 알 수 없는 것이 문제입니다. 그렇게 진행되는지 아니면 일반적인 내용으로 진행되고 있는지 여부는 좀 더 지켜봐야겠지만, 분명한 것은 한중수교 공동성명에도 나와 있는 것처럼 이 문제는 중국에서 가장 중시하는 문제 중 하나이기 때문에 우리 학계가 이 문제를 너무 소홀히 다룬 측면이 있다는 정도로 말씀 드릴 수 있겠습니다.

그리고 해강 항목 부분도 어떤 낌새는 보이고 있습니다. CCTV에서 다큐멘터리 〈해양을 향하여(走向海洋)〉 같은 프로그램을 보면 순수하게 교양물로 제작되었다기보다는 〈대륙굴기〉 같은 것들이 중국 지도부의 역사교육 자료인 것처럼 정책적 고려에 의해 제작된 것 같습니다. 이런 것들이 이것도 그런 짐작이 충분히 가능하지만 아무튼 작년까지도 해강 연구 항목이 계속해서 이야기가 되고 설정이 되었다는 소식은 들어왔는데 이것이 어떻게 진행되는지는 전혀 파악되지 않고 있습니다만 이미 이 부분이 한국학계에서도 관심의 대상이기 때문에 어느 정도 분석하고 있는 분들이 있을 것이라고 짐작합니다. 아무튼 구체적인 부분들은 잘 알 수가 없고, 이런 연구라든가 이런 것과 함께 진행되는 것들이 꽤 많이 잡히고 있습니다. 예를 들어 중국 초등학교의 해양교육 교재 같은 것들이 준비되고 있고, 발간된다는 소식이 작년부터 나오기 시작했고, 그리고 이제 2015년까지 해양지도가 만들어진다고 굉장히 많은 중국의 부서들이 동원되어 해양지도 같은 것이 우선 작성되고 있는 것 같습니다.

그런데 이런 해강 항목 부분은 이어도 문제 같은 것이 있기 때문에 한국에서도 관심을 가질 수밖에 없는 것 같습니다. 따라서 해강 항목이 있든지 없든지 간에 상당히 관심을 가지고 연구하고, 동아시아 전체 차원에서 그 의미를 따져볼 필요가 있다고 생각합니다. 이런 부분에 대해서는 필요성 정도를 이야기할 수 있을 것 같고, 구체적인 내용은 파악하기가 쉽지 않습니다. 왜냐하면 공개되는 부분이 많지가 않기 때문입니다. 다만 한 가지 말씀드릴 수 있는 것은 앞서 임기환 선생님이나 몇 분이 이야기 하신 것 중의 하나가 연구 결과물 같은 것들은 알 수가 있지만 대규모 연구 항목 같은 프로젝트가 진행되는 프로세스 자체, 즉 어떤 지침들을 가지고 어떻게 기구들이 마련되어서 그런 것들이 진행되는가 하는 것에 대해서는 사실 파악하기가 좀 힘듭니다. 이제 그런 것들은 다양한 분야에서 민감도가 낮은 부분에서 많은 자료들이 나오고 있기 때문에 어느 정도 파악이 가능할 것으로 봅니다. 이상입니다.

한규철 (사회) : 감사합니다. 우리가 학문적으로 그 프로세스를 모른다는 것이 좀 안타깝습니다. 그 부분에 대해 정보력이 필요한 것 같습니다.

제가 중국의 주변국이 몇 개인지 한 번 따져본 적이 있습니다. 그러니까 육강, 육지로 접해 있는 것이 14개 국, 해변하면 6개 국, 모두 20개 국과 인접해 있으니까 이른바 변강을 그렇게 중요하게 여기는구나 생각했습니다. 연변도 연길변강이고 따지고 보면 연변은 변방인데 변방이란 용어 자체는 기분 좋은 것이 아닙니다. 우리가 스스로 동이(東夷)라고 하는 것은 좀 못마땅한데, 어쨌든 변강학이 한족 중심의 본류보다도 더 많은 비중을 차지하고 있는 것은 한편으로 중국을 조금 이해할 수 있는 부분이다는 생각도 해봤습니다.

이 앞의 내용을 좀 더 구체적으로 발표한 영남대학교의 이천석 교수님이 "중국 변강정책의 변화와 동북지역"에 대해서 발표해 주셨습니다. 이 부분에 대한 앞의 내용하고 중복되는 부분이 좀 있고 거기에 대한 구체적인 설명이 이루어졌습니다. 여기에 대해서 통일연구원의 권오국 선생님이 토론해 주시겠습니다.

권오국 : 통일연구원의 권오국입니다. 저는 역사학도가 아닙니다. 저는 국제정치학을 전공했고 그 중에서 지정학을 전공했습니다. 지정학은 일반적으로 정치와 지리의 상관성을 연구하는 학문입니다. 그래서 저는 동북공정 부분에 대해서 관심을 가지고 많은 공부를 했습니다. 저의 토론문은 89페이지를 참조하시면 될 것 같습니다. 저는 통일연구원에서 북한의 정세 부분에 최대한 (녹음 상태가 좋지 않음) 상당히 떨어져 있습니다. 그 이후에 나타날 수 있는 다양한 시나리오에 대한 대응방법 등을 여러 학자들이 연구하고 있습니다. 저는 기본적으로 역사와 정치를 분리할 수 있는가라는 질문에 대해서 역사는 정치와 분리할 수 없다고 보는데 그러한 중에서 중국이 추진하고 있던 동북공정도 그러한 부분의 하나이지 않는가 판단합니다.

그리고 이천석 박사님이 발표하신 글에 대해서 저는 별다른 이견이 없습니다. 다만 원고의 완성도를 높이는 차원에서 그리고 오늘 발표하신 발제문이 책자로 인쇄된다고 하니까 그런 차원에서 몇 가지 제안하고 싶습니다. 일단은 이천석 박사님의 원고에 재편집되어야 할 부분이 좀 있는 것 같습니다. 왜냐하면 앞부분과 뒷부분의 내용이 중복된 부분이 상당히 많아서 독자들을 생각한다면 깔끔하게 정리하실 부분이 좀 있을 것 같습니다.

그 다음 제가 봤을 때는 중국의 동북공정을 비롯해서 국가전략이 과거하고 현재하고 좀 다른 차원으로 가고 있는 것 같습니다. 중국이 주변 정세에 대해서 관심을 갖게 된 것은 1997년 제15대 당 대회에서였고, 2002년 제16대 당 대회에서 국가전략을 입안합니다. 거기에 대해서 나타난 것의 하나가 동북공정인데 여기서 우리가 주의해야 할 부분이 동북공정의 결과가 결국 영토문제이고 그것은 우리의 통일 문제와 직접적으로 관계가 있다는 것입니다. 중국이 한반도를 보는, 특히 북한을 어떠한 시각으로 바라보고 있는가는 우리 입장에서 대단히 민감한 문제입니다. 중국의 전략이 수립되고 있는데 중국학자들과 공무원들이 과거 2~3년 전까지만 해도 안 그랬습니다. 지금 뭘 보고 판단하고 있느냐면 북한을 자기들의 사활적·핵심적 이익으로 간주한다는 뉘앙스를 풍기고 있습니다. 이 말은 뭐냐 하면 지금 중국에서 핵심적·사활적 국가이익이라고 하면 대만, 신장위구르, 티벳 등을 말하는데, 이것은 중국이 절대 양보할 수 없는 지역입니다. 그런데 여기에 북한까지 영역을 확장하게 된다는 이야기는 통일의 과정에 개입을 하겠다는 이야기이고 그것이 어떻게 보면 과거 몇 년 전에 동북4성론이 학계에서 있었지 않습니까? 4성론이 좀 무리라고 본다고 하더라도 과거 원나라 때 있었던 철령 부분이라든가 러일전쟁 때 39도선 분할사건 이런 것들로 봤을 때 북한의 정세가 불안해지고 어떤 문제가 발생되면 역사적 연고권을 토대로 해서 최소한 39도선 아니면 청천강 이북선으로 들어올 수 있는 가능성도 충분히 검토해 봐야 한다고 저는 생각하고 있습니다.

88페이지를 보면 중국의 공정 사례가 있습니다. 중국이 영역을 상당히 넓히고 있어서 이런 부분은 우리가 심각하게 고민해 봐야 할 부분이 아닌가 저는 그렇게 생각합니다. 중국을 에워싸고 있는 많은 국가들은 중국 입장에서 미국처럼 해변국가 아니면 국제사회에서 인정받는 국가는 되기 힘들다고 봅니다. 왜냐하면 역사의 보복이지요. 베트남이 있고, 몽골공화국이 있고 남북한이 통일되면 한국이 있습니다. 인도가 있고, 신장위구르 지역도 불안하고 그래서 불안한 것을 안정화시키기 위해서 중국이 방어적 차원에서 시작한 전략이 동북공정으로 보고 있습니다. 그리고 제가 지정학을 전공했으니까 드리는 말씀입니다만 이천석 박사님이 논의 내용을 전개하실 때 지정학, 지경학, 지문화학, 지전략학 등을 구분해서 보면 국제화 부분이 좀 분명하게 다가오지 않을까 싶습니다.

지금 핫이슈는 지전략인데 중국 입장에서 보면 지전략이 어디에 가 있느냐 하면 압록강에 가 있는 것이 아니라 나선 쪽에 가 있습니다. 왜냐하면 나선이 뚫리면 39도선 개발 사업의 완성도로 가거든요. 중국이 제일 관심을 가지고 있는 것은 나선 지역이고, 반면 북한이 제일 관심을 가지고 있는 것은 황금평입니다. 그런데 중국은 황금평을 열어주지 않습니다. 왜냐하면 서해로 가기 때문에 (녹음 상태가 좋지 않음) 황금평은 중국에 육지로 연결된 섬입니다. 통일한국이 되어 우리가 장악하게 되면 중국은 압록강 수계를 이용할 때 상당 부분 제약을 받습니다. 반면 두만강 쪽에는 이순신 장군 때 녹둔도가 있잖습니까? 녹둔도는 러시아에 육속(陸續)이 되어 버려서 잃어버린 영토가 되었습니다.

앞으로 동북아역사재단도 방향성을 제시한다면 이런 부분에 대해서 미래 사건을 예견해서 집중해야 되지 않겠는가? 예를 들어 지금 동북공정이 끝났다면 그 이후의 문제는 영토문제가 될 것이고 통일의 문제가 되면 직접적인 문제가 되고 그건 결국 국제법적 문제가 됩니다. 국제법은 두 가지 조약이 있는데 1978년의 '조약과 관련한 국가승계에 관한 협약'이 하나 있고, 1983년 '국유재산과 외채 등에 관한 국가승계에 관한 협약'이 있습니다. 국가 자산과 관련하여 1978년 국가조약 관련, 북한이 망했을 때 백두산, 간도, 녹둔도 문제를 어떻게 해결해야 할 것인지도 동북아역사재단이 미래의 문제를 이야기하는 가운데 고민해야 될 부분이 아닌가 생각합니다.

그리고 북한 학자들, 조선족 학자들을 만나보면 1960년대 말까지 중국에 있는 고구려사, 발해사 부분은 북한학자들의 기초조사가 상당히 잘 되어 있습니다. 제가 가보니까 국내 알려진 것 외에 섬, 벽오지까지 북한사회과학원에서 기초조사를 다 했어요. 왜냐하면 북한은 고구려사를 민족정통성으로 보기 때문에 중국하고 상당한 신경전을 갖고 있습니다. 지금은 힘이 약해서 어쩔 수 없지만 그 친구들이 확보해 놓은 과거 1960년대 기초조사 자료들, 인쇄된 것과 인쇄되지 않은 자료가 있는데 이런 것들을 우리 고대사학회에서 확보해서 공동으로 대응하면 상당히 좋은 결과가 있지 않겠는가 생각합니다. 이상입니다.

한규철 (사회) : 감사합니다. 역시 국제정치 쪽에 관심을 가지고서 하기 때문에 우리 역사하는 분들에게 많은 도움을 주는 말씀을 하신 것 같습니다.

정치와 역사는 불가분의 관계에 있다. 동북공정 관련해서 중국의 역사는 정치의 하부구조로서 움직이는 학문이 아닌가 싶은데, 우리와 같이 발해사를 하는 어떤 분이 한·중 양국이 정치·학술 토론회를 자주 해가지고 뭔가 접점을 찾으면 안 되겠느냐고 이야기할 때 조금은 중국의 학문세계를 모르는 게 아닌가 중국의 역사학계는 정치학의 하부구조로서 움직인다는 사실을 잘 모르고 있는 게 아닌가 해서 상당히 실망스러웠던 적이 있습니다. 우리 학계에서 하는 것은 정부에서 어느 정도 수렴해서 하는 부분이 있는 것 같은데 중국은 이제 중앙에서 지방으로 넘어왔을 뿐 중앙에서 원하는 것을 지방에서도 하고 있고 흑룡강성 같은 데서는 지방차원에서 조금 독자적인 활동이 있었던 부분을 강조하는 수준입니다. 그래서 그런 부분에서 말씀을 잘 해주셨다 생각합니다.

우리는 역사 의견이니 역사안보니 (하면서) 우리가 동북공정과 관련해서 그런 용어들이 좀 나왔습니다. 우리 학계에서는 그걸 상당히 부정적이라 할까요, 역사 의견이나 역사안보라는 말을 하는 것은 비학문적이고 오히려 배격해야할 부분이고 국수주의론자의 용어가 아니냐는 생각을 하는데, 오늘 와서 역사와 정치, 역사 공정과 전략적 공정, 이런 부분들이 같이 한꺼번에 이야기되고 있는 것은 한편으로는 바람직한 게 아닌가 하는 생각도 듭니다.

'방어적 차원에서 동북공정이 있었다'고 토론자께서 말씀하신 부분은 북한과의 관계에서는 그럴 수 있을 것 같습니다. 이미 중국에서는 북한학자들 스파이들 때문에 자기들 것이 많이 넘어갔다고 주장하기도 하거든요. 그래서 '동북공정은 북한의 주체적 역사서술에 대한 반응이요 대응이다'는 주장도 들어 봤습니다. 여하튼 좋은 말씀 감사합니다. 다시 발표자의 답변 토론을 부탁합니다.

이천석 : 좋은 질문 감사합니다. 상당히 공감할 부분이 많았습니다. 동북공정이란 역사와 정치의 뗄 수 없는 관계이지요. 정치 논리에 따라서 해석하면 어떤 측면이 분명히 강하고, 우리가 알다시피 큰 범위가 있다는 숨은 역사문제는 이론과 근거를 통해서 더 나아갈 수 있는 전략적 차원이 많다는 것을 말씀드리고 싶습니다. 동북공정은 위치가 사실 동북지역이지요. 동북지역은 과거에도 유목문화와 농경문화가 만나는 하나의 교두보 위치입니다. 그 지역이 가장 중요한 역할을 가지고 있습니다. 최근에도 국제관계 정세를 보더라도 한반도가 상당히 위험할 수가 있고, 또한 반대로 한반도가 강성해지면 주변이 약해질 수 있는 그러한 처지를 볼 수 있습니다. 그래서 과거 청나라가 힘이 약할 때 일본과 러시아의 각축전이 펼쳐진 곳이 만주지역이고 또한 만주지역을 일본이 선점하기 위해서 역사를 만한일체를 하기 위해서 청나라를 만주와 분리하기 위한 움직임이 당시에 있었지요. 그게 동북공정의 시발점이 되었습니다. 그리고 지정학이란 것은 가지고 있는 위치가 상당히 중요한 역할을 하는데 지정학적인 부분과 지경학적인 부분을 앞서 제가 발표

하면서 말씀드렸지만 이 지역에 소수민족이라든지 만주족도 있고 또 우리 조선족이 상당히 많이 있습니다. 이 지역에 불안정세가 있다면 만주지역이 불안이 있다면 물론 티벳이나 신강 지역 보다는 많이 약하지만 그래도 잠재력은 가지고 있다는 겁니다. 그래서 이 지역의 안정화는 중국이 가장 원하는 바입니다.

그 다음 최근에 나선항 움직임입니다. 아까도 말씀드렸지만 중국이 나갈 수 있는 것은 황해입니다. 그러나 황해는 나가는데 상당히 제약을 많이 받고 있습니다. 대만에 정치소요가 있다면 미국이 지원을 하고, 그 다음에 일본의 세력이 중국을 감싸고 있습니다. 그래서 중국이 좀 더 큰 시대로 나아갈 수 있는 지역이 나진 쪽입니다. 나진 쪽은 북한이 문을 열어 주어야 합니다. 최근 발표를 보니까 결국 중국이 나진 쪽으로 해서 동해로 나갈 수 있는 문을 확보한다는 것이고, 그러다 보면 중국이 영향력을 틀어쥘 수가 있다는 것입니다. 그만큼 동북공정이라는 것이 우리 한국에서는 역사 문제로 고대사 문제로 많이 보고 있지만 실제로 배경은 지정학적 내지 지전략적인 문제가 상당히 있다는 것입니다.

권오국 선생님은 북한 문제가 중국의 핵심 이익이라고 말씀하셨지만 저는 그 사례에 대해서는 그렇게 보지 않습니다. 중국의 핵심 이익이 무엇이냐 하면 그것은 안보와 안전입니다. 분열을 방지하는 것이 가장 중요한 것입니다. 왜냐하면 중국은 여러 소수민족이 결합되어서 하나의 국가를 이루었기 때문입니다. 그렇지만 중국을 둘러싸고 있는 변강지역에는 소수민족이 많이 있습니다. 물론 내륙지역에도 일부 있기는 하지만 주로 변강지역에 소수민족이 산재하여 살고 있습니다. 그 지역에 소요가 발생하고 만약 한 군데라도 분열된다면 중국으로서는 돌이킬 수 없는 분열을 맞을 수 있습니다. 그래서 중국의 가장 핵심 이익은 경제도 있고 역사도 있지만 어떤 것보다 우선하는 것이 안보고 안전입니다. 그래서 안전을 확보하기 위한 방법으로 민족정책을 열심히 추진했지만 잘 되지를 않았습니다. 융화정책을 하고 채찍으로 때리고 그 다음에 달래보기도 했지만 아무리해도 민족정책이란 것은 한계가 있다는 것입니다. 그래서 내세운 것이 그 모토나 기반이 될 수 있는 '통일적다민족국가'라는 원칙을 내세우면서 그 기반 위에서 중국이 하나로 뭉치기 위한 노력을 합니다. 그래서 핵심이익은 대만입니다. 중국이 아직 통일하지 않은 지역이 대만입니다. 만약 대만 문제가 해결이 안 되면 주변의 변강지역인 신강이나 티벳 지역의 분리주의 움직임이 더 거세질 것이므로 대만을 지금 최우선으로 생각하고 있는 것입니다. 그래서 대만 문제는 중국이 힘으로 할 수 있다면 미국이 대만에 동조만 하지 않는다면 물리적으로 대만을 지배하겠다는 것입니다. 근데 국제관계에서 미국이라는 강대국, 그리고 신흥강국이라 할 수 있는 일본이 이 동북지역에서 상당히 지배권을 행사하고 있지요. 그래서 대만 문제, 신강위구르 문제가 있기 때문에 저는 북한문제에 대해서는 이렇게 생각합니다. 북한하고 남한은 원래 등거리외교를 하는 것이 바람직하다는 것입니다. 북한에 대한 정치적·군사적 문제를 확보하고 경제적·문화적 문제는 남한과 손을 잡는 식으로 서로가 두 가지 전략을 가지고 이익을 취하는 것입니다. 그리고 북한을 미국이나 서방세력에 대한 지렛대로서 활용할 수도 있습니다.

그리고 아까 말씀드렸지만 동북4성 이건 그렇게 생각할 게 아닙니다. 만약 북한에 소요가 발생한다면 중국이 지배권을 확보하기 위해서 물론 들어오겠지요. 그런데 들어올 때는 제약이 많이 따릅니다. 미국, 러시아, 일본 세력들이 보고 있기 때문에 함부로 들어오질 못합니다. 물론 들어올 명분을 가지기 위해서 노력을 하겠지만 들어온다면 큰 문제가 됩니다. 이것으로 국제사회는 전쟁에까지 이를 수 있습니다. 그래서 북한을 지배하지는 않을 것이고, 완충지대로 삼는다면 그 자체가 중국에서는 큰 국가이익이 됩니다. 그래서 중국은 한반도가 통일을 하더라도 만일 통일 분위기가 조성된다 하더라도 자유주의 한국 중심의 통일을 원치 않는다는 것입니다. 북한 사회주의와 유대관계를 가질 수 있는 북한 중심으로 만일 통일을 한다면 그것은 원하겠지요. 그래서 저는 통일문제도 앞으로 큰 문제라고 봅니다.

통일문제는 국제적인 문제도 중요하지만 남북간의 교류·화해가 복합적으로 이루어져야 만이 다가갈 수 있겠다고 생각합니다. 따라서 동북공정도 이러한 취지에서 앞으로 역사 문제 그 이상의 전략이 숨어있다는 말씀을 드리고 싶습니다.

그 다음 하나 더 말씀드리겠습니다. 중국이 동북공정에 착수한 것은 소수민족 정책의 일환으로 방어적 차원에서 한 것이라는 말씀을 권오국 선생님께서 해 주셨는데, 중국이 왜 동북공정을 했을까 동북공정을 하면서 상당히 방해도 받을 건데 왜 했을까? 제 논문에는 이렇게 적었습니다. 대내전략과 대외전략 두 가지를 상호적으로 같이 보자. 여기서 대내전략은 중국의 국내문제인 소수민족·분열 문제에 대한 전략입니다. 공산주의 중국이 개방되고 산업화 되면서 공산당 단독정권이 위태로워지고 이에 대한 돌파구를 찾기 위한 노력을 많이 하고 있습니다. 물질중심 문명도 그리고 애국주의운동도 하고 있는데 단지 민족주의운동은 할 수 없지요. 민족주의 운동을 하게 되면 소수민족들이 같이 일어날 수 있다는 염려 하에서 민족주의는 아직 자제하고 있습니다. 그래서 저는 중국이 처음에는 아마도 민족주의 민족정책으로 화해와 융화와 동화를 강제적으로 해봤지만 목적 달성이 어렵다는 것을 알고, 소수민족의 역사를 중국의 역사로 동화시켜서 근본적으로 현재뿐만 아니라 과거로 거슬러가서 고대사까지 몽땅 소수민족의 역사를 곧 바로 중국의 역사로 만드는 방식으로 대내전략의 목적을 달성하려는 맥락에서 동북공정이 시작되었다고 봅니다. 이상입니다.

한규철 (사회) : 선생님, 이따가 시간을 좀 드리겠습니다.

제 이야기를 좀 하겠습니다. 제가 1993년에 3개월 동안 흑룡강성 사회과학원 역사연구소의 공식 초청을 받아서 중국을 갔었습니다. 그 당시 발해진, 상경성터를 공식 방문을 했는데 볼 수 없는 곳이라 해서 쫓겨나왔습니다. 박물관을 보러갔는데 말입니다. 그게 1993년입니다. 보통 때는 괜찮았는데, 제가 공식적으로 방문

했었는데 그 정도로 민감하게 나온 거지요. 그리고 요즘 흑룡강성에서 활약하는 사람들을 이미 그 때 다 만났었는데, 당시에 어떤 학자가 저보고 하는 말이 '한 교수는 평화를 좀 생각하면서 역사를 연구하세요'라는 겁니다. 그래서 그 평화의 기준이 무엇인지 가만히 생각해 보니까 중국의 안정을 깨뜨리려고 하는 어떤 학문적 연구도 반평화다 그런 이야기에요. 그렇게 중국이 생각하고 있는 평화의 개념을 제가 조금 생각해 본 적이 있습니다.

지금 대국굴기·화평굴기(和平崛起)·평화굴기 하는데 여기에 동아시아에 있어서 중국의 책임감은 별로 없는 것 같고, 그래서 패권이라는 비판을 받는 것입니다. 동북4성 부분도 두 분 중에서 한 분은 좀 비관적으로 (한 분은) 낙관적으로 조금 다른 견해를 가지고 있습니다. 아무튼 중국은 한반도 정세에 대해서 굉장히 깊은 관심을 가지고 있으며 동북공정에 그에 대한 연구과제가 분명히 있었습니다. 그런데 공개되지 않았지요. 우린 그걸 모르고 있습니다. (이번 주제 발표와 토론은) 이런 부분에 대해서 우리 학계가 조금 반성할 부분을 제시한 게 아닌가 생각합니다.

앞의 발표 세 꼭지는 중국과의 관계가 주로 많이 있고 나머지 두 꼭지는 우리 내부의 문제가 좀 많이 있습니다. 그래서 다음 주제로 넘어가겠습니다. 지금 긴급 제안이 들어왔습니다. 조금 잠시 쉬었다가 하도록 하겠습니다. 우리 학회가 워낙 밤 9시 반까지 강행군을 했는데 15분정도 쉬었다가 하겠습니다. (15분간 휴식)

다음은 좀 내부적인 문제로 들어와서 살펴보는 발표가 있었습니다. "동북공정 이후 한·중 언론의 보도양상"에 대해서 동북아역사재단의 김현숙 선생님께서 2007년을 기준으로 해서 그 전과 이후 한국 언론의 동북공정 관련 보도 내용에 대해서 발표하셨습니다. 여기에 대해서 성균관대 김지훈 선생님께서 토론하시겠습니다. 그리고 김지훈 선생님은 교과서 전문가이시기 때문에 이번 주제에 대해 토론하시고, 나중에 또 시간을 드리겠습니다. 우선 김현숙 선생님의 발표에 대한 토론을 부탁드리겠습니다.

김지훈 : 안녕하십니까? 성균관대학교의 김지훈입니다. 저는 동북공정 관련해서 과거에 동북아역사재단의 지원을 받아서, 동북공정의 2기라고 하는 2006년, 2007년, 2008년에 조금 관심을 가지고 있었고, 그 이후에는 특별히 관심을 가지고 있지 않았습니다만 김현숙 선생님의 글을 통해서 새로운 사실을 많이 알게 되어 그 점에 대해 감사드립니다.

이 글의 의미에 대해서 말씀드리자면, 한·중 언론의 보도양상에 대해서 주로 언급하는 가운데 동북공정의 개념을 좀 엄밀하게 사용해야 한다는 내용이 있습니다. 그리고 "일반적으로 2002년부터 2007년까지 중국사회과학원 산하 중국변강사지연구중심의 주도 아래 동북3성의 사회과학원이 참여하여 수행한 '동북공정'과 그 이후에 수행되고 있는 '통일적다민족국가론'에 의한 역사 왜곡 문제를 좀 구분해서 봐야 하지 않겠는가"라고 김현숙 선생님은 말씀하셨습니다. 그래서 '동북공정'이라는 말이 역사학 이외의 다른 분야까지 무분별하게 확장되어 오히려 '동북공정'의 실체를 파악하는데 문제가 있다는 지적에 저도 전적으로 동감을 합니다.

또한 이 글은 '동북공정'이 종료된 2007년 이후 한·중 언론의 동북공정 관련 보도를 통해서 양국 간의 갈등과 중국의 관련 연구 프로젝트를 소개하고 있습니다. 이것도 독자들에게 상당히 유용한 정보를 제공해 주는 의미가 있다고 생각합니다. 제가 제출한 토론문에는 저의 생각과 약간의 질문이 같이 들어가 있습니다.

'동북공정' 개념 문제에 대해서는 저는 이렇게 생각합니다. 애초에 한국에서 동북공정에 대해 문제 제기를 한 것은 언론이었습니다. 그래서 학계도 있지만 언론의 동북공정 관련 역할이 컸는데, '동북공정'이란 것이 처음 소개되었을 때부터 문제가 있었습니다. 동북공정의 개념의 확장과 혼란은 동북공정이란 것이 언론에 처음 소개되었을 때부터 문제가 있었다고 할 수 있습니다. 예를 들면, 앞의 두 글에서도 계속 지적이 나왔듯이 초기에 동북공정의 예산이 200억 위안이다, 그 때 당시 환율로 한화 3조원이다라는 보도가 있었습니다. 언론 보도였는데, 저는 그 이후의 보도에서도 도대체 3조원의 근거가 무엇인지 밝히는 기사를 보지 못했습니다. 제가 개인적으로 알기로는 매우 신빙성이 없는 보도였습니다. 그런데 한 번 보도가 된 이후에는 그것이 계속 인터넷에서 반복·재생되고, 그 이후에 그게 아니라는 보도들이 나왔습니다만 그런 것들이 무시된 경향이 있습니다. 그리고 또 하나 제가 말씀드리고 싶은 것은 1,500만 위안(2003년 당시 환율로 23억원) 정도가 동북공정 5년 동안의 예산이었는데, 실제 조달에 어려움을 겪었습니다. 왜냐하면 동북3성의 사회과학원이 그 때 당시에 좀 비협조적이었습니다. 그래서 동북3성에서 분담하기로 했던 예산을 제대로 지원해 주지 않아서 예산확보에 곤란을 겪었습니다.

그런데 제가 동북공정 관계자들을 인터뷰하면서 느꼈던 것은, 이 사람들을 제가 인터뷰했을 때는 2006년 이후라서 2003년, 2004년도에 한국으로부터 집중적으로 동북공정 관련해서 공격받은 다음이라서 그랬는지는 몰라도 자신들이 동북공정이 끝난 시점에서 가장 자랑스럽게 큰 성과라고 이야기했던 것은 연구과제가 아니었습니다. 앞서 임기환 선생님이 110개 연구과제라고 말씀하셨는데 그 중에 몇 개 과제가 취소되어서 106개인가 107개가 결과보고를 받았습니다. 그런데 그보다 더 중요하게 생각했던 것은 자료정리였습니다. 그래서 자료집 109페이지 쪽을 보시면 간단하게 써놓았는데요. 동북공정의 사료정리 사업 가운데서 중시된 것은 동북3성 당안관, 연변 당안관, 제1역사 당안관 등의 당안 자료를 정리하는 것이었습니다. 특히 이 가운데서 훈춘아문(琿春衙門) 당안의 자료를 정리했는데 청대 건륭 2년(1737년)부터 선통 3년(1909년)까지 약 12만 건의 훈춘아문 당안자료 가운데 11만 건을 정리하였습니다. 이 자료는 대부분 한문 자료이며 일부 만주어로 된 자료였는데 훈춘아문 당안은 훈춘협령(琿春協領)·부도통아문(副都統衙門)의 173년 동안의 자료를 정리한 것이었습니다. 그래서 이것은 직관, 군대사무, 기인(旗人) 사무, 민정, 사법 등 여러 가지를 포괄하는 1차 사료들인데, 이렇게 정리된 자료는 238책으로 되어가지고 『훈춘부도통아문당(琿春副都統衙門檔)』

이라고 해서 2006년도에 광서사범대학출판사(廣西師範大學出版社)에서 50질이 영인되어 출판되었습니다. 이것들은 각 당안관에서 자료들을 끌어 모아서 영인을 한 영인본이었습니다.

그리고 그 다음에 두 번째로 만든 것이 『청대동북변강당안선집(淸代東北邊疆檔案選輯)』입니다. 이 『청대동북변강당안선집(淸代東北邊疆檔案選輯)』 역시 중국사회과학원(中國社會科學院) 중국변강사지연구중심(中國邊疆史地研究中心)과 동북3성의 당안관(檔案館)이 공동으로 만든 것입니다. 그래서 이것은 2007년도에 151권으로 영인이 되었습니다(광서사범대학출판사(廣西師範大學出版社)에서 출간되었습니다). 그래서 청대 전기부터 시작해서 1930년대까지의 시기를 정리하고 있으며 대부분이 한문 자료이고 일부 일본어 자료를 포함하고 있는데 이것이 청대 동북변강사 연구라든가 중외관계사, 동북민족사 연구를 위한 1차 사료라고 할 수 있습니다. 이것을 정리한 것을 매우 자랑스러워했는데 왜 그러냐면 중국의 학자들도 각 지역에 흩어져 있는 관련 당안들을 보는 것이 쉽지가 않았습니다. 그런데 동북공정을 하면서 예산 1,500만 위안의 절반 정도를 여기에 투입하였습니다. 거의 반을 투입해서 이 자료를 만들었고, 이 자료를 정리하면서 이 자료들이 나중에 동북지역 변강을 연구하는 학문 후속 세대들이 지속적으로 연구할 수 있는 토대를 마련했다는 것을 자랑스럽게 설명하는 것을 들은 적이 있습니다. 이 자료들은 동북아역사재단의 도서관에 다 비치되어 있습니다. 그러니까 관심이 있으신 분은 직접 가서 다 보실 수 있을 것입니다.

그리고 그 다음에 한·중 언론의 보도 분석 문제인데요. 이 글에서는 한국 언론의 경우에는 연합뉴스와 일간지 보도 기사, 그리고 중국의 경우 주요 일간지 외에 인터넷 기사를 이용하고 있는데요. 이게 약간 좀 비대칭적이다라는 생각이 들었습니다. 왜냐하면 중국에서 한국관련 보도를 할 때 상당히 다양한 보도를 하고 있습니다. 그 가운데서 사실 역사와 관련된 보도는 그렇게 큰 비중을 차지하는 것은 아닌 걸로 알고 있습니다. 그래서 전체적으로 한·중 언론 보도 속에서 동북공정을 바라본다면 중국이 대체로 어떤 경우에 보도를 하고 있고 그런 속에서 역사문제를 어떻게 보고 있는지, 동북공정이라든가 그 이후의 상황들을 어떻게 보고 있는지를 봐야할 것 같다는 생각이 듭니다. 그래서 이것은 신문방송학 연구를 하시는 선생님들이 선행연구를 한 것이 있습니다. 그런 것들을 참고로 하시면 좋을 것 같구요.

그리고 또 하나는 이 글의 본문에서 보면 한·중 간에 서로 상대편에 대한 인식이 나빠지고 있다는 것을 말씀하고 계십니다. 그런데 이 부분도 좀 조심스럽게 다루어야할 필요가 있는데 그 이유는 중국에서 한국을 어떻게 바라보고 있는가를 환구시보(環球時報)가 운영하는 인터넷 사이트에서 중국 네트즌을 상대로 해서 여론조사한 결과를 인용하였기 때문입니다. 그러니까 일반적으로 갤럽에서 여론조사한 것하고, 인터넷 포털 다음·네이버 등에서 그냥 무작위로 여론조사한 것은 내용이 다르지요. 신빙성도 갤럽이라든가 전문적인 여론조사 기관이 한 것이 보다 정확하다고 말할 수 있습니다. 인터넷 여론 조사는 아무나 막 할 수 있는 거니까요. 그래서 이 부분은 좀 조심스럽게 다룰 필요가 있지 않나 생각합니다.

그리고 또 하나 선생님의 글에서는 동북공정과 최근 한·중 양국민의 비 호감도 증가를 그대로 연결시키고 있는데 이 부분도 조금 문제가 있습니다. 왜냐하면 최근 한·중 간의 인식이 나빠지게 된 것은 반드시 동북공정 하나의 문제 때문만은 아닙니다. 특히 최근에 나빠지고 있는 것은 외교적으로 부정적 측면들이 최근 몇 년간 지속적으로 영향을 미치고 있었기 때문입니다. 예를 들면 연평도에 북한이 포격을 했을 때 중국의 메인 뉴스가 배경으로 연평도를 보여주면서 전쟁 일촉즉발의 상황인 것처럼 보도를 했고 그 다음에 서해상에서 한미연합훈련 같은 것을 할 때 한국하고 미국이 짜고 자신들을 위협한다, 공격한다 뭐 이런 식의 보도를 했습니다. 그래서 마치 전쟁을 준비하고 있는 것처럼 언론 보도를 하고, 이런 것들이 부정적인 영향을 미친 측면도 있습니다. 물론 역사문제도 영향을 미쳤습니다만 '동북공정'과 최근 한·중 양국민의 비 호감도 증가를 그대로 연결시키는 것은 최근 양국의 정치 외교적 갈등의 영향 등 '동북공정' 이외의 요소를 반영하지 못할 수 있습니다.

그리고 토론문을 보시면 한·중 간의 갈등은 한·중 수교 이후에 교류가 증가하면서 갈등이 누적되어 온 측면이 있습니다. 쭉 보시면 2000년 마늘 분쟁이 있었고, 2002년 한·일 월드컵에 대해서 중국의 일부 언론이 좀 악의적인 보도를 했었지요. 중국중앙텔레비전(CCTV)의 축구해설자라든가 북경청년보라든가 몇몇 신문들에서 악의적인 보도를 한 것이 있습니다. 그리고 그 다음에 2003-2004년 동북공정이 있었지요. 그리고 2005년도에는 앞의 글에서도 소개가 있었지만 한국의 강릉단오제가 유네스코 세계무형유산으로 등록이 되었죠. 여기에 대해 중국이 강력하게 반발을 했었는데 이것이 잘 해결되었습니다만 중국은 그 이후에 단오, 청명, 그리고 중추절 추석을 국가공휴일로 지정합니다. 그랬고 그 다음에는 2006년도에 한국이 동의보감을 유네스코 세계기록유산으로 신청을 했는데 여기에 또 중국이 반발을 했지요. 그 다음에 2007년 1월 장춘 동계아시안게임에서 "백두산은 우리 땅"하고 우승 세리머니를 했더니 여기에도 반발이 있었구요. 2007년 12월 국제선구도보의 '좋아하지 않는 나라' 한국이 40.1%로 1위, 일본이 30.2%로 2위(4개월간 1만 2천명 조사), 2008년 1월 중국청년보 '가장 싫어하는 드라마' 대장금, 2008년 5월 쓰촨 대지진이 났을 때 한국네티즌들이 중국이 천벌 받은 거다. 물론 그 전에 사건들이 있었습니다. 티벳에 대해서 중국이 강제로 진압했다고 해서 이런 반응이 나왔고, 이것이 다시 언론에 보도가 되었고, 중국의 올림픽 개최에 반대하는 일곱 나라 중에서 한국이 6위인가 7위를 했습니다. 그리고 2008년 7월에는 광동성의 신쾌보에서 '손문은 한국 혈통'이라는 허위 보도, 2008년 베이징 올림픽 때는 SBS에서 개막식을 사전 보도하는 일이 있었고 그로 인해 한국선수단이 입장할 때 중국 관중들이 박수를 하나도 치지 않았습니다. 그래서 이것이 상당히 쇼크가 되었죠. 그래서 올림픽이 끝난 다음에 후진타오 주석이 한국을 방문했습니다. 그래서 양국이 잘해보자 했는데 그 이후에도 한글 자판입력 문제라든가 중국의 조선족들의 무형문화유산 등재문제, 최근에는 장성 문제까지 언론을 통해서 꾸준히 적절하지 못하거나 부정확한 보도가 나와서 한·중 관계에 부정적인 영향을 주기도 하였습니다.

그러다가 2008년 올림픽 이후에 양국에서 이런 식으로 나가는 것은 바람직하지 못하다고 판단해서 이걸 개선하려는 노력을 하긴 합니다. 2008년부터 한·중 양국이 감정의 골을 해소하기 위해 재중국한인회와 중앙일보, 사실 한·중간의 갈등이 심해지게 되면 직접적인 피해를 보는 사람들 중의 하나가 중국에서 거주하고 있는 한인들이지요. 그래서 이런 이유에서 재중국한인회와 중앙일보가 '겸손하고 따뜻한 마음으로 다가가기(겸따마다)'운동을 하게 됩니다. 중국 측이 한·중관계가 악화되는 것을 원치 않아서 중국이 여기에 호응을 하게 되었어요. 그래서 2009년 4월에는 중국정부에서 한국 관련 왜곡보도를 한 신쾌보, 그러니까 '손문이 한국사람이다' 뭐 이런 보도를 한 신쾌보를 징계하기도 했습니다. 그래서 잠깐 좋아지기도 했습니다. 그런데 2010년 3월에 천안함 사건이 발생하고, 북한이 연평도를 포격하고 그 다음에 서해에서 한미군사훈련이 실시되자 환구시보 등의 중국의 일부 언론들은 '한국이 서해 군사훈련으로 중국을 위협하고 있다 압박하고 있다'는 주장을 하게 되고, 중국 내 반한 감정이 상당히 높아지게 됩니다. 그래서 현재 한·중간의 갈등에는 '동북공정' 등 역사와 문화를 뛰어넘어 정치·외교적인 측면까지 복합적으로 작용해서 양국의 이미지가 서로 나빠지고 있다고 할 수가 있습니다. 그래서 그런 부분을 전체적으로 복합적으로 봐야할 필요가 있는 것 같습니다.

여기서 동북공정 이후 후속 사업을 언론에 보도한 부분을 말씀하셨습니다. 참고로 말씀드리면 중국에서 2006년도에 일부에서 제2차 동북공정이라고 말씀을 하시는데 『발해국사』를 비롯해서 중국사회과학출판사에서 두 번째로 책들이 시리즈가 나오게 되지요. 동북공정이 시작되었을 때 변강사지연구중심에서 자기네들공정에서 나온 결과물들을 중국사회과학출판사에서 내기로 했었는데 이게 이제 두 번째 시리즈가 나왔는데 한국에서 발칵 뒤집혔습니다. 그래가지고 결국은 이 부분을 원만하게 해결하기로 합니다. 그래서 2006년 9월 원자바오 총리와 노무현 대통령이 정상회담을 했을 때 이 부분을 한국의 입장을 어느 정도 수용을 했습니다. 그래서 이때 중국 정부에서 동북공정 관련 책 출판을 막았는데 실제로는 강제로 막았지만 형식은 심사를 엄격하게 하는 방식으로 했습니다. 그러니까 원래 출판하기로 한 학자들한테 '야, 너네, 출판 하지마!' 이렇게 할 수 없으니까 심사를 엄격하게 하는 방식으로 다 떨어뜨렸습니다. 그래서 출판을 못하게 되었는데 중국에 그런 말이 있습니다. 위에는 정책이 있고, 아래에는 대책이 있다고 그러죠. 대책을 일부 세웠습니다. 뭐냐 하면 외국에서 출판하거나 아니면 다른 방식으로 출판하는 식으로. 그런데 중국사회과학원 출판부에서는 출판을 못하게 해요. 그렇게 된 거구요. 2006년 9월 이후에 특히 동북공정의 동력이 확 떨어지게 됩니다, 그래서 돈도 잘 안 들어오게 되어 어려움을 겪었고, 그게 대게 2009년까지 지속된 것 같습니다. 그래서 임기환 선생님이 발표한 글에도 나오지만 2009년 7월 24일~25일까지 길림성 장춘시에서 개최되었던 '2009 동북변경 역사와 문화 학술연토회' 여기서 학자들이 무슨 말을 했냐면 고구려와 발해 연구가 한국에서 관심을 가지는 정치적 문제가 되어서 2007년 이후에는 관련 저서를 출판할 수 없게 되었고 민감한 문제의 경우 논문으로 발표하기도 어려워졌다는 식의 불만을 학자들이 표시하였다고 했습니다.

그런데 동북공정에 참여한 사람들은 모두 동북공정 동조자인양 공격을 받는 경우가 있었는데 사실은 동북공정 110개 과제에 참여했던 사람들이 전부 다 아주 쌍수를 들고 동북공정식의 논리에 다 동감을 하는 것은 아니라고 저는 개인적으로 생각합니다. 왜 그런가하면 여기 참여한 사람들이 돈을 받아 연구과제에 참여한 사람들이 있고, 어떤 경우에는 그냥 번역을 한 경우도 있고, 어떤 경우에는 책을 썼는데 출판 비용이 없어서 그 비용을 지원받은 경우도 있었고, 어떤 경우에는 책의 교정 비용을 도움 받은 경우도 있었고, 출판 비용을 도움 받은 경우 등 여러 경우가 있었습니다. 그런데 책을 동북공정 이전에 써놓은 경우도 있었는데 이게 나중에 2006년도 이후에 출판을 못하게 된 거예요. 그래서 이것이 중국학자들 입장에서는 불만이었습니다. 근데 정부에서 압박을 했기 때문에 어쩔 수가 없었지요. 그러다가 이것이 2010년도에 보게 되면 좀 달라지는 거 같습니다. 이 부분은 박장배 선생님의 글에 소상히 나와 있습니다. 2010년도부터 국가사회과학기금 중대 항목 (제2차 입찰공모과제) 가운데서 고구려, 발해문화의 발전과 그 관계 연구(渤海文化發展及其關系研究), 2011년에는 중국의 변강과 변강치리이론 연구(中國的邊疆及邊疆治理理論研究) 등등 동북지역 관련 연구라든가 고구려·발해 연구에 돈을 대주기 시작합니다. 그래서 2010년도에 보게 되면, 김현숙 선생님이 소개하셨듯이 동북고대방국속국사(東北古代方國屬國史) 라는 과제는 기자조선부터 시작해서 고구려, 발해, 몽골, 후금 등 16개 지방 정권(箕子朝鮮, 孤竹, 令支, 屠何, 夫餘, 高句麗, 前燕, 後燕, 北燕, 渤海, 遼, 東丹, 金, 東夏, 蒙古, 北元, 後金)을 다루어서 24사처럼 정사 형식으로 편찬하는 것인데 이런 것이 중국 정부로부터 돈을 지원받게 됩니다. 그래서 대체로 2009년 가을 이후에 중국의 분위기가 바뀌게 된 것 같다는 생각을 저는 개인적으로 하고 있습니다. 그 이전까지 통제를 하다가 그 이후에 연구를 할 수 있게 풀어준 것 같습니다.

그 다음에 또 하나 말씀드리고 싶은 것은 김현숙 선생님의 말씀에 동감을 하는데 '동북공정'이라는 말이 원래의 의미를 넘어서서 한·중 간의 갈등을 대표하는 상징 단어가 되는 것은 적절하지 못하다는 생각이 듭니다. 또 하나는 '동북공정'의 개념이 무한정으로 확장되었을 때 어떤 문제가 발생하느냐 하면 동북지역을 연구하는 중국학자들이 분명히 있는데 이 사람들이 연구하는 것은 모두 동북공정의 후속사업으로 봐야 하는 것인지, 그래서 동북공정의 후속 사업이라고 지칭할 때는 일정한 기준이 있어야 된다는 생각이 듭니다. 예를 들면 앞의 글에서 보면 동북공정 관련 사업 중 길림대학이 주도하여 상명대학교 공동 학술토론회에서 발표한 <동북지역문화연구>가 있는데, 여기서 보면 역사문제라기보다는 일반적인 문화 이야기를 하고 있고, 특히 한국학자들은 동북공정과 별 관계가 없는 것 같은 글들도 발표를 하고 있습니다. 그래서 엄격한 기준이 필요할 것 같다는 생각이 듭니다.

그 다음에 사소한 것으로는 본문에서 '쑨진지(孫進己)'가 '동북공정'의 주역으로 활동하였다는 부분이 있는데 이 부분도 좀 사실 관계를 확인할 필요가 있을 것 같습니다. 그 외 다른 것들은 시간도 없고 해서 생략하겠습니다. 감사합니다.

한규철 (사회) : 네. 감사합니다. 김현숙 선생님 답변해 주십시오.

김현숙 : 전체적으로 김지훈 선생님이 말씀해 주신 내용은 지적을 해주셔서 고쳐야 될 부분도 있고 또 대부분은 보충을 해주시는 것 같아서 제가 다 하지 못한 부분을 보완해 주시는 것이어서 그대로 받아들여서 정리를 하면 될 것 같습니다.

변명을 몇 가지 더 하자면 발표 중간에도 말씀드렸습니다만 조사방식 자체가 한국 언론에서는 주요 일간지 중심으로 했고 중국 언론에서는 주로 인터넷에서 기사를 많이 했기 때문에 서로 비대칭이다는 말씀을 해주셨는데 저 역시 그 부분에 대해서는 상당히 고민을 많이 했습니다. 그래서 중국 언론에서도 인민일보라든가 광명일보 같은 대표적인 데서 보고 대조를 했으면 좋겠는데 그 쪽에서는 제가 보기에는 의도된 무관심일 수도 있고 또 한편으로 보면 중국에서 볼 때 동북공정 문제는 굉장히 사소한 문제이고 일부에 속한 것이어서, 우리나라에서 볼 땐 엄청난 문제이기 때문에 중요하게 생각하는데, 그래서 보도가 별로 나오지 않습니다. 처음부터 관련 보도가 별로 나오지 않았고, 설사 문제가 조금 될 만한 게 나오더라도 웬만한 것은 이야기를 안 하고 넘어갑니다. 그래서 인민일보를 보고 전체 경향을 파악하기는 매우 힘들었습니다.

그 다음에 언론계통의 선행연구가 있다고 말씀을 해 주셨는데 제가 보기에는 두세 편 정도가 있었습니다. 거기에는 역시 정치적인 측면에서 검토를 하신 것도 있고, 또 어떤 쪽에서는 완전히 언론 쪽에서 해서 기호학적인 분석이 좀 들어왔기 때문에 저는 어차피 언론보도를 분석하더라도 그것을 역사학적인 측면에서 정보를 얻어내야 할 상황이니까 양쪽이 이런 게 있다는 것은 알게 되었지만 제가 글을 쓰는 데는 많이 참조를 할 수가 없었습니다. 그래서 궁여지책으로 일단 한국 것을 먼저 보고 그 다음에 그와 관련된 중국 글을 접촉할 수 있는 것을 참조하려고 했습니다. 그런데 사실은 처음에 학술회의를 기획하고 발표자 선정 문제에 대해 논의를 계속할 때 선생님들이 배려를 해 주신 게 제가 새로 나온 연구경향을 다 보려면 시간이 많이 부족할 테니까 좀 가벼운 것으로 그래서 언론을 하라고 하셔서 제가 좋다 하고서 받았는데 이게 양이 보통이 아니었습니다. 2007년부터 한·중·일 언론기사를 다 보자니 정말 너무 많았습니다. 자료가 엄청나기도 했지만 한편으로는 과연 이게 코끼리 중에서도 어느 부분을 만질까 코끼리 전체를 파악하는 게 가능할까 계속해서 갈등이 일어났습니다. 그런 가운데 마감 날짜도 다가오고 해서 결국은 위안을 삼은 게 '어쨌든 네티즌들을 상대로 한 것이든 뭐든지 간에 대충의 경향성은 파악할 수 있을 것이다'고 생각하며 일단 정리를 해 보았습니다. 부족한 점은 계속 보완하도록 하겠습니다.

그리고 한·중 간의 갈등 문제를 말씀하시면서 한·중 간의 갈등은 역사적인 면만 있는 것이 아니라 한·중수교 이래 계속 증가된 것이고, 중국 사람들의 한국 사람에 대한 인식이 좋지 않다는 것은 한국에 와서 일하고 간 조선족 사람들 문제도 있고, 중국에 공장을 세운 우리나라 사람들 중에 간혹 어떤 행패도 있고 하니까 그런 것들이 여러 가지 복합적으로 작용한 것은 맞지요. 그런데 특히 한국 언론 쪽에서는 한·중 간에 문제가 있으면 일단은 동북공정에 관련시키는 경우가 많습니다. 그런 측면에서 이 부분을 우리는 역사적인 면에서 볼 때는 그쪽을 주목할 수 밖에 없다. 이것에 대한 국제정치적인 면에 대한 것들은 제가 하는 범위를 조금 벗어난다고 봐서, 제가 할 수 있는 범위 내의 것을 했다는 것을 좀 말씀드리겠습니다.

인터넷 포털에서 여론 조사한 것과 갤럽에서 한 것은 차이가 있다. 물론 그렇습니다. 앞서 비대칭적 조사방식을 이용할 수밖에 없었던 것과 같은 논리입니다. 갤럽에서 정식으로 조사한 것이 없어서 그나마 그러한 측면이 반영된 게 나오기 때문에 인터넷 포털에서 여론 조사한 것을 이용했습니다.

그리고 동북공정 이후의 후속사업 문제라든가 후속사업의 기준문제 등 이런 측면에 대해서는 김지훈 선생님의 견해와 제 견해가 다르다고 보지 않습니다. 그래서 이 부분은 그냥 넘어가겠습니다.

쑨진지가 동북공정의 주역으로 활동을 했는지 여부는 저도 상당히 고민이 되는데 일단은 2003년 이후에 한국에 와서 발표를 하거나 중국 내에서 관련 글을 발표할 때 가장 대표적인 이론가로 활동한 사람이 쑨진지였습니다. 이 사람이 동북공정을 일으키는데 주역으로서 활동을 했나 안 했나 하는 것은 사실 저도 확인할 길이 없습니다. 왜냐하면 동북3성 지역의 한국고대사 관련한 연구자들이 2001년, 2003년에 갑자기 이야기 한 것이 아니라 그 이전부터 계속해서 '이런 연구를 해야 한다, 한국 측의 동향이 이렇다는 건의서를 상당히 오래 동안 여러 차례에 걸쳐서 상부에 올렸는데 그게 변강사지연구중심의 마다정이란 이런 사람들의 현실적인 어떤 문제라든가 전체적인 중국의 상황변화 이게 맞물리면서 양쪽에서 일치가 되면서 2002년에 동북공정이 시작되었다고 보기 때문에 이런 것을 해야 된다고 서류를 올렸는데 쑨진지가 서명을 했는지 여부는 알 수가 없습니다. 분명한 것은 쑨진지가 2004년부터 대략 2007년까지 동북공정에서 최고의 이론가로 활동을 활발하게 한 것은 분명한 것 같아서 일단 그렇게 보았습니다. 나중에 거기에 대한 보충적인 것은 김지훈 선생님이 중국통이니까 제가 더 여쭤보고 거기에 대해서 보충을 하도록 하겠습니다.

그리고 말씀하지 않으셨지만 동북공정이 맡은 과제가 하위과제인지 아닌지는 그 근거를 찾을 수가 없었습니다. 전체 문서 또는 소식이 다 나온 상태에서 분석을 하면 덜 힘든데 이게 다인지 아닌지도 모르고 중간 중간 나온 것만으로 분석을 하려니 상당히 힘이 들었습니다. 내부의 하위 과제 여섯 개가 나온 것을 보면 별개의 것 같기도 하고 또 동북공정의 연구책임자가 두 개 이상을 맡는 것이 가능할지 모르겠다는 생각에서 아마도 하위과제가 아닐까 하고 조심스럽게 썼습니다. 나머지 기사 제목 같은 것들은 본 논문을 쓸 때는 당연히 다 주로 인터넷의 것입니다. 감사합니다.

한규철 (사회) : 네. 감사합니다. 쑨진지 선생 이야기가 나와서 잠깐 말씀드리자면, 제가 1992년 중국에 처음 들어가서 제일 먼저 찾아간 사람이 쑨진지였는데 그 동안에 글을 많이 썼고 자료를 제일 많이 가지고 있었습니다. 심양에서 김육불(金毓黻) 선생의 그런 풍토를 이어 받아서인지 대단한 자료정리 작업을 하고 있었고 그 이후에도 많은 (녹음상태가 좋지 않음)편을 발행하였습니다. 자료 스캔 작업 한 것을 우리 학회에서 샀습니다.

제가 스파이 취급을 받아서 박물관 가서 구경도 못하고 왔던 그런 일도 있고, 아무튼 우리가 양국 간의 미묘한 관계에서 공부를 하고 있다는 사실도 다시 한 번 말씀을 드리면서 조금 부드러운 주제로 들어가겠습니다. 한편 국내적으로 봐서는 부드러운 것이 아닌 것 같기도 합니다.

다음 토론은 "동북공정 이후 한국의 역사교육 -교육과정 및 교과서, 기관 활동을 중심으로-"에 관한 것인데, 발표자인 조법종 선생님께서 못 오셨지만 토론문에 대한 글을 보내 오셨기 때문에 일단 먼저 토론자인 경북대 이상훈 선생님의 토론을 듣고, 이어서 조법종 선생님의 답변서를 듣도록 하겠습니다.

이상훈 : 안녕하십니까? 토론을 맡게 된 경북대학교 이상훈입니다. 토론문을 읽는 것으로 토론을 진행하도록 하겠습니다.

(조법종) 선생님은 고구려를 비롯한 고대사 연구 외에 역사교과서와 중국의 역사왜곡에 관해서도 많은 논고를 발표해 오셨습니다. 선생님의 이번 글은 동북공정 이후 국내의 역사교육 현장에서 어떠한 변화가 일어났는지를 주목하고 있습니다. 즉 교육과정의 개편, 교과목의 변화, 유관기관의 활동 등을 구체적으로 다루고 있습니다.

근자에 중국과 일본의 경우 역사교육이 강화되고 체계화된 것에 반해, 한국의 경우는 오히려 문제가 복잡다기해졌습니다. 그 원인으로 정권교체로 인한 잦은 교육정책의 변화를 주목하였습니다. 교육정책의 변화과정에서 '동아시아사'가 새롭게 탄생하여 역사 갈등 문제를 공식적으로 언급할 수 있는 기회가 생겼지만, 자료 및 내용의 보완이 시급하다고 보았습니다. 일부 교육청과 동북아역사재단 등 유관기관의 활동은 역사 갈등의 해결책과 미래상을 모색할 수 있는 가능성을 보인 것으로 평가하였습니다. 결언에서는 역사교육 현장은 여전히 입시위주의 교과편성이 문제가 되고 있는 현실과, 현 정부에서 효율성을 강조해 실시한 집중이수제의 폐해에 대해서 언급하고 있습니다.

선생님의 글은 동북공정 이후 국내의 역사교육 실태를 다각도에서 조망하고 이에 따른 문제점을 지적하고 있어, 추후 역사교과의 개편과 교과서의 제작 등에도 많은 시사점을 줄 수 있을 것입니다. 이러한 선생님의 견해에 적극 동조하며 별다른 이견은 없습니다. 다만 선생님의 견해를 조금이나마 공유하기 위해, 몇 가지를 질문을 드리면서 토론자로서의 의무를 대신하고자 합니다.

이에 앞서 교육당국에서도 실제로 역사교육을 보완하기 위해서 많은 고민과 노력을 하고 있다고 알고 있습니다. 그러나 실제 교육현장에서 볼 때는 역사교육 강화가 그렇게 실제로 이루어지고 있다고 보기는 어려운 것 같습니다. 이러한 관점에서 토론문을 계속 읽도록 하겠습니다.

첫째, 교육 수요자인 학부모를 대상으로 한 설문조사에서는 5년 단위의 교육과정 개편과 준비가 가장 바람직한 것으로 나타났습니다. 그런데 현재 교육과정은 2007년, 2009년, 2011년 등 2년 단위로 수정 혹은 변화되어 학교 현장에서는 혼선이 거듭되고 있습니다. 선생님께서는 이러한 반복된 교육과정 개편 및 이념 논의가 역사교육 강화가 아니라 국내의 역사이념 갈등으로 변환되는 심각한 상황에 이르렀다고 언급한 바 있습니다. 실제 교육과정의 잦은 개편과 각 학교의 재량교육 확대로 역사과목의 시수와 역사교사 임용은 점차 줄어들고 있는 추세입니다. 이러한 상황에서 역사과목에 대한 관심을 불러일으킬 수 있는 실질적인 주체는 누구인지(연구자, 교육당국, 교사, 학생, 학부모)와 어떠한 방법을 상정해 볼 수 있는지에 대한 선생님의 견해를 듣고 싶습니다.

두 번째, 2012년 현재 학교현장에서는 입시부담이 적은 고교 1학년에 역사과목을 집중 이수하도록 대체적으로 편성하고 있습니다. 이들 저학년은 아직 종합적 사고력이 제대로 발달하지 못한 상태에서 짧은 기간에 많은 학습량을 감당해야 하기 때문에, 역사를 더욱 단순 암기형 과목으로 인식할 가능성이 높아졌다고 할 수 있습니다. 집중이수제가 역사교육 현장에서 어떻게 운영되고, 그것이 학생들에게 어떠한 영향을 미치는 지에 대한 언급을 추가한다면, 현재의 역사교육 실태를 보다 명확히 인식할 수 있는 계기가 되리라 믿습니다. 선생님께서는 이미 결언 부분에 집중이수제의 폐해를 언급한 바 있는데, 이에 관한 내용을 본문에도 어느 정도 반영할 수 있는지 문의드립니다.

실제로 역사교육을 강화하기 위해서 역사과목의 시수 확대가 가장 시급합니다. 지금 교육당국에서도 노력하고도 있겠지만 실제 현실적으로는 거의 불가능한 상태입니다. 그 이유가 타과목 특히 사회과의 윤리나 일반사회 같은 과목과의 형평성도 고려해야 하기 때문에 쉽지 않은 문제입니다.

세 번째, 동아시아사 과목의 경우, 한국사와 세계사의 중간 입장이라고 할 수 있습니다. 한국사 교육은 지금까지 세계사와의 단절, 배타적 민족주의, 편견과 우월의식 등이 문제점으로 지적되어 왔습니다. 선생님은 동아시아사의 특징적 서술방식이 학생들의 폐쇄적이고 배타적인 역사인식을 극복하고, 교류의 중요성과 문화의 상대성을 이해하게 하여, 타자인식과 대결의식을 해소할 수 있을 것이라 보았습니다. 이는 동아시아사의 긍정적인 면이 제대로 발현되었을 경우를 가정한 언급이라 할 수 있습니다. 그런데 동아시아사는 어떻게 보면 한국사보다는 넓고 세계사보다는 좁음으로 인해서 처음 접하는 학생들에게는 오히려 낯설게 느껴질 수도 있습니다. 학생들의 관심이 더욱 멀어질 수 있는 가능성도 배제할 수 없는 것입니다. 이를 극복하기 위해 교사가 학생과 과목의 특성을 제대로 인식하여 세심한 수업을 해야한다는 연구까지 나와 있습니다. 선생님께서는 동아시아사의 부정적인 면에 대해 어떠한 생각을 가지고 있는지 질문 드리고 싶습니다.

네 번째는, 선생님은 동북공정 이후 각 교육청의 교사연수 프로그램이 강화되고, 교사들의 동북공정에 관한 관심이 지속되고 있음을 언급하였습니다. 이는 석사학위 논문으로도 확인되고 있습니다. 동북아역사재단이 학생과 교사를 위한 다양한 교육 프로그램과 관련 교재를 제공하여 긍정적 역할을 하였으며, 국사편찬위원회의 연수 프로그램도 역사갈등 문제에 대한 이해를 확대하였다고 평하였습니다. 선생님이 언급한 내용 모두 공감하며 올바른 분석이라고 할 수 있습니다. 다만 지금까지의 동북공정 이후 역사교육의 변화에 대한 검토가 '위로부터의 변화'에만 치중된 것이 아닌가 하는 느낌이 듭니다. 동북공정 이후 새롭게 변화한 교육과정과 교과서에 따른 실제 교육 당사자인 학생들의 입장과 생각은 어떠한 지를 파악하는 것도 중요한 일이 아닌지 문의 드립니다. 예로 동북공정 이전에 교육을 받은 세대와 현재 동북공정 이후에 교육을 받고 있는 학생들의 중국에 대한 인식 변화 등을 설문이나 조사를 통해 검토하는 것도 좋은 방법이라고 여겨집니다. 그리고 실제 교육의 실수요자가 될 수 있는 학부모들의 인식이나 관심도 상당히 중요한 부분이라고 생각합니다. 질문은 여기까지입니다.

한규철 (사회) : 네. 감사합니다. 학회에서 이 토론문을 중국에 있는 발표자에게 보내서 답변을 받은 게 있습니다. 총무이사님(여호규)께서 대신 진행해 주시겠습니다.

여호규 : 네. 아까 발표문을 대독하신 윤재운 선생님께서 학교에 일이 있어서 나갔다가 아직 돌아오시지 못하셔서 또 다른 분이 나오는 것도 번거롭고 해서 제가 준비된 답변서를 대신 읽는 것으로 하겠습니다.

(조법종의 답변서 대독) 먼저 변경이 곤란한 출장일정 때문에 본 발표와 토론에 참석치 못하게 됨을 사과드립니다. 거칠게 준비된 것을 체계적으로 분석해 질문해 주신 이상훈 선생님께 감사드립니다.

우선 질문 내용에 순서대로 답변을 드리겠습니다.

첫 번째 질문은 학교 현장에서 역사과목에 대한 관심을 불러일으킬 수 있는 실질적인 주체에 대한 질문인데요, 이는 제시하신 것처럼 교육당사자 모두의 일이겠지만 특히, 교육당국의 영향력이 가장 크다고 할 수 있겠습니다. 모두가 공감하시겠지만 수능 과목이냐 아니냐가 교과목의 존폐를 논할 정도의 영향을 미치고 있고 유력 대학에서 어떤 과목을 입시평가 대상으로 삼느냐에 따라 그 위상이 바뀌는 현실에서 이와 같은 상황이 바뀌지 않는 한에는 교육당국에 의한 역사교육 진흥 정책이 가장 큰 영향력을 발휘하리라 생각됩니다.

따라서 현 교육체제하에서 교육당국의 신중하고 책임있는 교육정책이 매우 중요하며 특히, 역사과목의 경우 모두가 우려를 표하고 있는 상황에 대한 인식을 바탕으로 역사교육 강화의 틀을 포함한 정책변화를 요청드리고 싶습니다.

두 번째, 집중이수제 문제는 현장의 선생님과 학생 사이에서 가장 힘들어하고 문제가 많은 정책으로 이해하고 있습니다. 어떤 면에서는 현장 선생님들의 생생한 말씀을 옮겨야 했는데 준비의 촉박함으로 문제의식만을 표현하고 구체적인 내용은 소개하지 못하였습니다. 향후 보완토록 하겠습니다. 토론자께서 혹시 보충해 주실 내용이 있으면 오히려 부탁드립니다.

토론자께서도 지적하였듯이 역사는 종합적 사고력을 요하는 학문이자 교육적 성과 또한 축적된 지식을 바탕으로 역사적 지혜를 계발할 수 있다는 점에서 가급적 고학년에 많은 시간이 배치하는 것이 필요합니다. 특히, 중국의 경우 고 2, 3학년 때 역사시간이 가장 많이 집중되어 있으며 일본도 고학년에 갈수록 역사시간이 훨씬 많이 배정되는 것에 비해 우리나라만 지적하신 것처럼 전체 시간도 줄어들고 고 1에 집중되는 문제를 보여주고 있습니다. 또한 중학교에서도 원래 2, 3학년에 편재된 시간이 역시 1, 2학년으로 하향되어 단순 암기와 감상적인 역사이해 수준의 역사교육만을 받아 학생들이 역사를 싫어하거나 감정적 수준의 역사이해에 머무는 심각한 결과를 초래하고 있습니다. 이같은 문제점은 시급히 개선되어야 합니다.

세 번째, 동아시아사에 대한 평가는 이제 시행 첫 해라는 측면에서 여러 가지 검토가 필요하다고 생각됩니다. 사실 동아시아사 과목이 동아시아 역사갈등에 대응한다는 정책적 목적이 포함되었다는 점에서 논란이 있을 수 있다고 생각됩니다. 그러나 적어도 한·중·일 연결망이 더욱 심화되는 상황에서 그리고 몽골을 비롯한 북방과 베트남 등 남방지역에 대한 이해의 폭이 확대된다는 점에서 의미가 있다고 생각됩니다. 또한 학생들에게 동아시아에 대한 우리의 역사적 시각과 역할을 제기하는 인식을 마련할 수 있다는 점에서 동아시아사는 일정한 기능과 역할이 기대된다고 생각됩니다. 문제는 우리 학계가 한국적인 동아시아사 인식틀을 충분히 표출할 수 있는 준비가 부족한 상태에서 이를 출범시켰다는 현실적 문제점 극복을 위해 지속적인 보완을 위한 노력이 필요하다고 생각됩니다.

사실 제가 필진에 포함되어 있어 조심스럽습니다만 일부 현장 선생님들의 입장은 새로운 과목이어서 나름의 준비과정의 필요성을 말씀하기도 하고 학생들의 반응은 긍정적이란 평도 들었지만 정확히 현장의 입장을 청취할 필요가 있다고 생각됩니다.

네 번째 질문은 매우 적절한 지적이라고 생각됩니다. 이 문제는 특히, 현장에 계신 선생님들께서 관심과 도움을 주실 부분이라고 생각됩니다. 교육 수요자로서 학생들의 인식변화와 그에 부응한 교육내용 조정은 매우 중요하다고 생각됩니다. 이는 학회 차원 또는 교육청 등 유관기관의 협조를 통해 향후 교육내용 편제 등을 위한 기초 자료로서 꼭 필요한 자료라고 생각됩니다.

발표문에서도 잠시 언급되었지만 학생들은 교과내용과 함께 사회의 언론에 많은 영향을 받는 것으로 조사되었는데 구체적인 내용에 대해 체계적인 조사와 분석이 필요하다고 생각됩니다.

간략한 답변, 이것으로 대신합니다. 다시 한번 직접 발표 토론에 참가치 못하게 된 점 사과드립니다.

이상 대신 읽었습니다.

한규철 (사회) : 네. 감사합니다. 우리가 이른바 동북공정문제가 나오면 항상 말미에 정책당국에 대한 바램이나 대응방안을 이야기하면서 한국사교육의 강화를 반드시 이야기하고 우리의 부족한 점이 무엇인지 좀 지적을 하는데, 아마 발표자는 2007년 개정 교육과정에서 국사과목이 사회과에서 독립이 된 것을 그 때 결정을 했었습니다. 그 때 저도 무슨 학회 회장이었던 것 같은데 상당히 반갑게 생각하고 한편으로는 현장에서 사회과, 법 등을 전공한 분들이 역사를 가르치는 것이 많이 줄어들지 않겠느냐 그리고 역사 제자들이 많이 배출되지 않겠느냐 그런 면에서 수능이나 이런 데서도 강화되어서 어떤 부분에서 국사교육의 강화를 가장 대표적으로 나타내는 게 아니냐 했는데 이게 2011년도인가 2009년도에 바뀌게 되었습니다. 거기에 대한 실망감이 발표 내용에 상당히 크게 나타나 있고, 토론자의 질문에 대한 답변 내용에서도 역사교육 강화의 틀을 포함한 정책변화를 계속 주문하고 있습니다.

이것으로서 지금까지 발표와 토론자들의 한차례 발표와 토론을 마쳤습니다. 이어서 발표자들이 못다한 이야기들을 짤막하게 듣는 시간을 갖겠습니다. 이것은 순번대로 하지 않고, 원하는 분만 하도록 하겠습니다. 발표자께서 좀 더 보충하시고 싶은 것이 있으면 말씀해 주십시오. 그럼 권 선생님.

권오국 : 오늘 고대사학회에 와서 학제간 연구가 매우 필요하다는 것을 느꼈습니다. 역사학도는 아닙니다만 제가 기본적으로 갖고 있던 상식으로 봤을 때 오늘날 신중국이 탄생할 수 있었던 기반은 만주, 즉 동북3성이었습니다. 일본이 건설해 놓은 만주지역의 물적 토대를 통해서 오늘날 신중국을 통일했습니다. 저는 개인적으로 중국이 56개 민족으로 되어 있지만, 다수를 점한 한족이 정치적 주도권을 행사한 것은 중국 역사에서 그렇게 길지 않다고 봅니다. 청나라도 그렇고 그 다음 청나라 위에 명나라죠. 한족이었습니다만, 수나라도 그렇고, 중국 역사에서 과연 다수를 점한 한족이 정치적 주도권을 얼마만큼 행사해 왔는가? 그렇게 길지 않다고 봅니다. 동북3성 쪽이 오늘날 신중국 탄생의 물적 기반을 조성했기 때문에 중국 입장에서 동북3성에 상당한 관심을 갖고 있지 않은가 그렇게 보여 집니다.

그리고 아까 중국의 한반도 통일에 대한 입장에 대해서 저는 이천석 박사님과 의견이 좀 상반되는데요, 중국은 내부적으로 한반도 통일에 대해서 '남한 주도로 이루어질 것이다'라고 하는 부분에는 동의합니다. 다만 지금 현재 상황에서 갑작스럽게 아니면 짧은 시간 내에 통일하는 것은 반대합니다. 왜냐하면 티벳이나 베트남이나 몽골 쪽은 소수민족들이 모국이 없습니다. 그러나 우리는 세계 10대 무역국가이고 경제력, 군사력 그리고 중국이 가장 무서워하는 한국민족주의가 있습니다. 이 부분이 압록강을 접경으로 해서 이루어질 때 과연 조선족들과 함께 역사적 연고권을 주장하게 되고, 그래서 만약 동북이 흔들려 버리면 중국 전체가 분열될 가능성이 높기 때문에 그래서 중국입장에서는 지경학적인 차원에서 동북진흥전략, 즉 동북3성을 빨리 개발시키려고 하는 것입니다. 그 토대로서 출구로서 다롄항이 지금 포화상태에 있고, 몽골은 8대 자원부국입니다. 그래서 동북3성을 개발시키기 위한 필요 조건으로서 출구 루트인 나선항을 50년 동안 조차를 했습니다. 나선항이 개발되는 것은 러시아와 일본이 싫어하는 것이고, 우리도 별로 반갑지 않지요. 그래서 그런 부분을 주의깊게 볼 필요가 있습니다.

그리고 또 하나는 우리가 보는 중국과 중국이 보는 우리 그리고 북한이 보는 중국, 중국이 보는 북한이 다릅니다. 북·중 관계는 당 대 당의 관계가 있고, 국가 대 국가의 관계가 있습니다. 우리는 북·중 관계를 보면 국가 대 국가를 자꾸 생각하는데, 절대 그렇지가 않다는 것입니다. 다만 지금 한국전쟁 참전했던 중국 원로세대가 죽어가고 있기 때문에 과거처럼 당 대 당의 관계 보다는 국가 대 국가의 관계로 중국의 지도부가 움직이려 하고 있는데 북한은 여기에 상당히 반발하는 것 같습니다. 과거처럼 당 대 당 관계 유지를 북한은 원하나 중국 입장에서는 정상적인 국가 간의 관계로 진입하기를 원하기 때문에 그런 점에서 갈등관계가 발생되고 있는 것으로 보입니다. 따라서 결국 제가 드리고 싶은 말은 동북공정이 끝나면 결국 이건 땅의 문제이고 영토의 문제입니다. 지금은 우리와 중국이 국경선을 마주대하진 않습니다만, 만약에 통일이 되면 분명히 영토의 문제가 나올 것이고, 과거사 문제가 나올 것입니다. 그 핵심은 현재 45대 55로 나누어 가지고 있는 백두산 문제가 될 것이고, 간도 문제가 나올 것이고 그래서 그 부분이 불거질 텐데 불거지기 전에 저는 동북공정의 역사문제, 그리고 이 이후의 문제를 결국 동북아역사재단도 앞으로 고민해야하지 않겠는가 그런 생각을 가집니다.

한규철 (사회) : 감사합니다. 아무튼 정치학하신 분으로서 학제간 소통의 문제를 우리한테 다시 한 번 제기해 주신 것을 감사드립니다. 제가 중국에 갔을 때 어느 학자가 저한테 '한 교수, 땅 찾기 그만하세요. 땅 찾기 하지 마세요'라고 해서, 제가 '역사 찾기를 하는 것이지 땅 찾기 하는 것이 아닙니다. 역사주권을 이야기하는 것입니다'라고 한 적이 있습니다. 땅 찾기 하는 게 아닌데도 그들은 땅 찾기 하는 것으로 생각을 하고 있습니다. 발해사 연구하는 사람을 굉장히 불순한 사람으로 보고 있는 거지요. 그 학자가 역사주권과 영토주권을 아주 조금 혼동하고 있던 것이 금방 지적하신 내용하고도 관계가 있지 않나 생각합니다.

그러면 역사교육 관련해서 김지훈 선생님께서 말씀해 주시겠습니다.

김지훈 : 저는 중국현대사 전공자입니다만 그 이외에도 중국의 역사교과서 문제라든가 동북공정에 대해서 우리가 어떻게 대응해야 하느냐 그 부분에서 가장 기본적인 건 우리나라의 역사교육이 잘 되어야 한다고 생각합니다. 지금 동아시아사 등을 시도를 하고 있습니다만 우리가 좀 더 좋은 교과서를 만들고, 수준 높은 역사교육을 하는 것이 결국 궁극적으로 우리가 가장 잘할 수 있는 최선의 대응이 아닌가 생각합니다. 그런 생각이 들구요. 최근에 중국의 역사교과서와 관련해서 일부 언론이라든가 좀 엉뚱한 보도를 하기도 했습니다. 제가 들었던 이야기는 '올해 교과서가 바뀌는데 그 교과서에 고조선이라든가 고구려를 다 중국의 영역으로 집어넣은 교과서가 나올 거다'고 하는데 그건 중국의 일반적인 상황하고는 약간 다른 이야기입니다. 왜냐하면 참고로 지금 중국의 상황을 말씀드리자면 조법종 선생님의 글에 내용이 조금 있는데 약간 사실과 다른 부분이 있습니다.

중국은 중학교 1, 2, 3학년 전 과정에서 역사를 배웁니다. 1학년 1, 2학기에는 각각 한 권씩 중국고대사를 배우고, 2학년 때는 중국근현대사를 1, 2학기 배웁니다. 그 다음에 3학년 때 세계사를 1, 2학기 배우고, 그 다음에 고등학교에 가게 되면 역사 필수 1, 2, 3을 1학년 1학기, 1학년 2학기, 2학년 1학기까지 각각 한 권씩 배웁니다. 그 다음에 문과 쪽의 학생들은 선택과목이 여섯 과목이 있는데 그 중에서 또 필수적으로 두 과목 이상 선택하도록 되어 있습니다. 그러니까 중국 학생들은 중학교 1학년부터 거의 문과학생들이라고 하면, 고등학교까지 내내 거의 5, 6년을 기본으로 5년 또는 6년 동안 내내 역사를 배우는 거예요. 거기에 비하면 우리나라 학생들은 집중이수과정이라고 해서 잠깐 한 1년이 또는 한 학기만 역사를 배우게 되는데 이건 참 안타까운 일입니다. 그러니까 언론도 그렇고 정치권도 그렇고 이런 부분이 해결이 안 되면서 계속 동북공정의 대응을 논하는 것은 방향이 약간 좀 잘못되었다 봅니다. 아무튼 저는 우리 역사교육이 중요하다고 생각합니다.

그 다음에 중국은 교과과정을 개편해서 2007년도부터 중·고등학교 역사교과과정을 바꾸고자 했습니다. 그 이유를 간단히 말씀드리면 그 동안 중국은 주제사 위주로 가르쳤는데 이걸 학생들에게 가르쳐 보니까 혼란이 왔습니다. 통사적인 개념이 안 들어가 있는 상태에서 주제사를 가르치다보니 문제가 된다고 해서 지금 통사로 다시 개편하려 하고 있습니다. 그래서 중학교 교과서가 다시 통사체로 개편될 예정인데 아마 고등학교 교과과정도 통사로 변할 가능성이 높습니다. 왜냐하면 지금 현재 중국 고등학교에서는 세계사와 중국사를 합치고, 그 다음에 정치사, 경제사, 그 다음에 사상, 문화 이것을 각각 나누어 가지고 가르치고 있습니다. 그러다 보니 교사도 힘들고 학생도 힘들어서 다시 통사로 바꾸려고 하는데 여기에 약간 논란이 생겼습니다. 중국이 개혁 개방 이후에 교과서를 자율화하다 보니까 지금 교과서 마다 편차가 많이 생겨서 '다시 국가가 통제를 강화해야 한다 또는 이것을 다시 단일 교과서 체제로 바꾸어야 한다'는 의견이 있고, 이것이 좀 대립이 생겨서 희한한 사태가 벌어졌습니다. 어떤 사태가 벌어졌냐하면 작년 연말 12월 기준으로 해서 중학교 새 교과과정이 나오기는 나왔는데 그 중에서 세 분야는 교과과정은 나왔는데 교과서가 올해 나오지를 못했습니다. 검정 자체를 받지 못했는데, 어문, 역사, 정치 쪽의 과목들이 나오지를 못한 것입니다. 아마도 차기 중국 지도부에서 이 문제가 결정될 것 같습니다. 제가 알기로는 중국 내에서도 이것 때문에 논란이 많이 있습니다. 다양한 교과서를 그냥 써야할 것이냐 다시 단일 교과서로 가야할 것이냐에 대해서 중국 정부 안에서도 논란 대립이 심했고, 결국은 교과과정은 내놓고 교과서를 못 내놓는 그런 상황이 되었습니다. 아마 내년 정도에는 어떤 식으로 결정이 되든 새 교과서가 나올 것 같구요. 지금 부침이 있기는 한데 그래도 다양성을 유지해야 하지 않겠느냐 하는 쪽이 약간 우세한 것 같습니다만 중국의 현실은 잘 알 수가 없습니다. 왜냐하면 마지막이라도 그 쪽의 당에서 결정을 할 테니까요. 아무튼 그런 상황이구요. 제가 드리고 싶은 말씀은 또 하나 통사체제로 변한다는 것입니다.

그 다음에 또 하나는, 지금 중국 정부가 강조하는 것 중의 하나가 뭐냐 하면 학생들에게 부담을 줄여주자는 것입니다. 역사교과서가 어려우니까 부담을 줄여주려고 2001년도 교과과정 개편할 시에도 내용을 대폭 줄였습니다. 그러면서 유감스럽게도 중학교 세계사에서 한국사 관련 내용을 싹 삭제해 버렸습니다. 그래서 아시아 대륙에서는 일본의 다이카개신, 마호메트 등이 살아남고, 우리나라 역사와 오스만 제국의 내용이 사라졌습니다. 그런데 작년 연말에 새 교과과정이 나왔는데도 그것이 복원이 되질 못했습니다. 여러 가지로 노력을 했습니다. 동북아역사재단도 노력을 했고, 외교부도 여러 가지 경로로 노력을 했습니다. 왜냐하면 세계사에서 이게 삭제가 된 것은 중국 수립 이후 50년 동안 계속 가르치고 있다가 10년 전에 빼버린 겁니다. 그래서 다시 집어넣자고 계속 요구했지만 그게 복원되지 못하는 몇 가지 이유 중에 하나가 교과서를 분량을 줄여야 하는데 뺀 내용을 다시 집어넣기가 곤란하다는 것입니다.

한규철 (사회) : 플로어에 시간을 너무 배려를 하지 않은 것 같습니다. 이제 플로어를 위해서 발표·토론자들은 그만 하기로 하겠습니다. 플로어에서 오늘 발표에 대해 생각이 있으신 분은 말씀을 좀 부탁드리겠습니다.

허대익 : 저는 대전체육고등학교에서 일하고 있는 허대익이라고 합니다. 현장에서 집중이수제를 어떻게 운영하고 있는지에 대해서 제가 알고 있는 학교들이나 알고 있는 선생님들이 어떤 식으로 운영했고, 저 또한 집중이수제로 가르치고 있기 때문에 어떤 식으로 운영했는지 간단히 말씀드리겠습니다. 학교 자체 내에서 편법을 씁니다. 어떻게 하느냐 하면 아예 교재를 빼버리고 근현대만 가버리든가 아니면 아예 큰 틀을 잡고서 교사가 두 명이 들어갑니다. 그래서 한 분은 8개 반이면 앞부분 4개 반을 맡고, 뒤에 4개 반은 다른 선생님이 맡는 식으로 가르치는 방법을 쓰는데 다 못 가르칩니다. 또한 하루에 한국사만 5시간 수업을 들어갑니다. 그러니까 애들이 죽어납니다. 그래서 하는 이야기가 애들이 담임선생님보다 한국사 선생님을 더 많이 보게 된다는 이야기도 합니다. 하루에 한 시간에 못해도 챕터 하나를 나가는데 애들이 따라오질 못합니다. 초반에는 교과서 자체가 내용이 많이 없습니다. 조선시대까지는 한 100페이지 살짝 넘고, 나머지 근현대사가 200페이지 이상이기 때문에 구석기·신석기 같은 경우는 1시간에 넘어가 버리고, 한 달 정도 되면 고려까지 거의 끝나고 중간고사 범위가 구석기부터 거의 홍선대원군 정도까지가 됩니다. 그리고 그 이후에 기말고사는 일제 끝나고 해방까지가 범위가 되고, 해방 이후는 기말고사 끝난 뒤라서 애들이 아예 수업을 안 듣습니다. 그때는 수업시간에 다 퍼질러 자서 수업을 할 수 없는 상황이 생기는데 여기서 진도를 다 못나가게 되면 왜 수업을 다 끝내지 못했느냐? 고 학부모에게서 항의가 들어옵니다. 또한 한국사는 1학년 1학기 4개월 동안 5천년의 역사를 배워야 하니까 이것만하고 한국사를 배우지 않으니까 애들 자체가 수능에서 한국사를 선택하지 않습니다. 이

런 식으로 현장에서는 한국사 수업이 이루어지고 있습니다.

한규철 (사회) : 감사합니다. 역사교육문제에 대한 현장의 목소리를 들어봤습니다. 동북공정 문제에 대해서 전체적인 내용을 했는데, 우리 자체의 대안으로서 어떻게 했으면 좋겠느냐 하는 내용들이 있었는데 그 중의 하나가 탈민족주의론과 동아시아론이 있었습니다. 거기에 대해서 조금 더 덧붙여서 이야기를 해주실 분이 있으면 좋겠습니다. 윤선태 교수님 계십니까? 거기에 대한 본인의 주장도 좀 있고 해서 제가 미리 부탁을 해 놓았어야 했는데..., 혹시 다른 분, 다른 주제도 좋습니다.

이문기 : 네. 경북대학교 이문기입니다. 저는 아까 윤재운 교수님께서 조법종 선생님의 발표를 대신하는 중 교과부의 반론을 소개하는 것을 들으면서 교과부가 아주 성실한 독자였구나 우선 그 점은 고맙지만 또 한편으로는 얄밉다 혹은 가증스럽다 이런 느낌이 들었습니다. 그래서 몇 가지 혼동을 하실까 싶어서 말씀을 좀 드리겠습니다. '정권교체 때문에 교육과정의 개편이 이루어졌다'고 일반화시킬 염려가 있는데 과거 어느 정권도 집권하고 바로 교육과정 개편하는 경우가 없었습니다. 대략 5년이나 7년 정도 텀을 두고 하는데 이 정권이 그랬습니다. 2007년 개정 교육과정이 전혀 시행이 안 되고 2009년 교육과정 개정으로 다 빠졌다는 주장에 대해 '시행했다, 고등학교는 못했다'는 반론이 있었지요. 2년 했습니다. 교과서 새로 써 가지고 1년 투입하고 새 교과서 써야 되는 이런 형편입니다. 거기다 얼마나 졸속이었냐 하면 2011년 8월에 교육과정 각론이 나왔습니다. 역사교육과정이 그때 나왔고, 금년 3월까지 교과서 검정을 끝냈습니다. 세상에 새로운 교육과정에 입각해서 교과서를 쓰는 기간이 겨우 6개월이었습니다. 이런 식의 교육과정의 정책, 정책이랄 것도 없지요. 이런 식으로교과서를 주무르는 나라나 정권은 없었습니다. 지금 다시 정권교체의 시기인데 어느 정권이 들어서더라도 그와 같은 자의적인 교

육과정 개편에 대해서는 역사연구자, 역사교육연구자, 역사교육담당자들이 적극적으로 저항을 하지 않으면 역사교육은 계속 파행의 길로 갈 수밖에 없을 것이라는 염려의 말씀을 전합니다.

한규철(사회) : 네. 말씀 잘 들었습니다. 교과부에서 오신 선생님들이 계신 걸로 알고 있는데 혹시 말씀을 좀 하시겠습니까? 시간을 드리겠습니다.

허 준 : 저는 교과부 동북아역사대책팀에서 동북아역사 및 독도문제 지원을 담당하고 있는 허준 교육연구사입니다. 작년까지는 고등학교에서 역사교사로 있었습니다. 집중이수제를 통해 한국사를 가르쳤었고, 앞서 대전체육고등학교 선생님께서 말씀하신 그런 폐해를 동일하게 겪었습니다. 조금 전 이문기 교수님께서 말씀하신 부분에 대한 답변은 제가 아니라 교육과정과에서 답변을 할 문제라고 생각합니다(웃음). 다만 제가 드릴 수 있는 한 말씀만 짧게 드리겠습니다. 학계의 의견은 저도 많이 받아 적고 검토하고 분석해서 정책에 반영되도록 해야 한다고 생각합니다. 그게 최선이라고 생각합니다.

한규철(사회) : 감사합니다. 오늘 좋은 성과가 있었을 것으로 생각합니다. 시간이 조금 지났지만 좀 더 말씀하실 분이 있으면 부탁드립니다.

노중국 : 계명대학교 노중국입니다. 김지훈 선생님께 질문을 드립니다. 지금까지 중국의 중등학교 역사 교과서에 그게 검인정이든 국정이든 간에 거기에 '고구려사, 발해사는 중국사다'라고 다 들어가 있습니까?

김지훈 : 그 부분은요, 발해와 고구려가 다릅니다. 고구려를 지방정권이다는

식으로 쓴 교과서는 없습니다. 발해 같은 경우에는 교과서에 들어간 것이 1950년대 초반에는 들어가지 않았고, 1960년 초반부터 들어가기 시작했습니다. 그 때는 발해라고 들어간 게 아니라 흑수말갈, 속말말갈이라 해서 당나라 변경지역에 있었던 민족으로 이런 식으로 집어넣었지요. 문화대혁명이 끝난 다음에 1970년 대 이후부터 좀 더 강화가 되어서 서술이 됩니다. 그래서 속말말갈 출신의 대조영 뭐 그런 내용들이 서술이 되었지요. 고구려는 그런 내용이 없습니다.

노중국 : 아직 안 들어가 있군요. 제가 이렇게 질문 드리는 것은 연구과정에서 고구려가 중국사의 일부다 아니다 하는 것은 얼마든지 할 수 있는데, 만약 교과서에 그게 통일이 되어졌을 때 우리는 어떻게 할 거냐? 그러면서 동북아역사재단 이사장님에게도 물어볼 수 있는 거죠. 마치 일본 교과서의 내용상에 문제가 있을 때 우리가 그 내용을 가지고 굉장히 항의를 많이 했었잖아요. 앞으로 내년에 교과서의 변화가 있을 때 만약 그런 내용이 들어갔을 때 우리는 어떻게 대응할 것이냐 하는 것도 고민을 해 볼 필요가 있겠다는 생각을 해보았습니다.

그 다음 두 번째로는 오늘 세미나를 하면서 사용한 동북공정, 중국변강 등 여러 용어들이 있는데 전부 중국학계에서 제기한 용어를 우리가 그대로 받아쓰고 있습니다. 그런데 용어라는 것이 어떤 사건이든 그 핵심을 나타내는 것인데 이 용어를 중국이 제기해 준 그대로 계속 받아 쓸 거냐 아니면 거기에 대해서 우리 식으로 재해석을 해서 대안을 내든지 해야 하지 않겠는가 하는 생각입니다. 사실 변강이니 공정이니 생소한 용어였습니다. 그런데 이게 역사용어 비슷하게 자리를 잡아가고 있는데, 용어에 대한 진지한 검토 없이 이렇게 정착화 되어 가는 것이 과연 바람직한 것인지 의문입니다. 이것은 장성의 문제도 마찬가지인데 갑자기 장성이란 것이 나왔습니다. 발해 장성, 고구려 장성, 무슨 장성 마치 그게 당연한 용어인 것처럼 받아들이면 그 용어가 주는 해악도 있거든요. 이런 측면도 좀 진지하게 검토해 볼 필요가 있지 않겠는가 하는 생각이 들었습니다.

한규철(사회) : 감사합니다. 교과서 문제는 임상선 선생님이 꼭 이야기를 해야 할 것 같은데, 한 말씀 부탁하겠습니다.

임상선 : 네. 동북아역사재단에 있는 임상선입니다. 노중국 선생님께서 질문하신 중국 교과서에 현재 고구려·발해사가 어떻게 들어가 있는지 관련해서는 임기환 선생님이 잠깐 말씀을 해 주셨는데, 특히 발해 관련해서는 건국자 대조영이 속말말갈이고 주민이 말갈이라는 식으로 되어 있습니다. 가장 중요한 것은 중학생들이 중국역사와 세계역사 두 가지를 배우는데 발해는 중국역사교과서에 들어가 있다는 겁니다. 결과적으로 중국이 발해를 중국사로 인식하고 있다는 명확한 표현입니다.

그리고 만약에 고구려사가 지방민족정권이라든지 중국사라는 식으로 중국 교과서에 표기가 된다고 하면 그것은 지금까지 동북공정에서 고구려를 지방정권이라고 하는 단계를 넘어서는 것이기 때문에 그런 것을 막기 위해서 재단도 그렇고 정부에서도 노력을 하는 것으로 알고 있습니다. 현재로서는 중국 쪽도 그렇게 하기에는 쉽지 않을 것입니다. 어쨌든 우리 입장에서는 교과서가 갖는 여러 의미가 있기 때문에 그쪽에 우리와 관련된 내용이 잘못되지 않도록 노력을 하고 있습니다.

그리고 제가 한 가지 더 말씀을 드리자면, 오늘 동북공정 관련해서 5년 이후 성과를 선생님들께서 정리를 해주셨는데, 사실 우리 재단의 일이기도 하지만 선생님들께서 해주셨습니다. 한 가지 제안을 드린다면, 지금까지 동북공정 10년 간의 동향을 저희들이 충분히 파악을 했습니다. 그렇다면 내년부터는 이것을 어떻게 대응하고 극복할지에 관한 논의를 이 학회에서 자리를 한번 갖는 것이 어떨까 그 핵심적인 것은 이론적인 틀을 마련하는 것이라고 생각하는데 내년 이후에는 그러한 작업을 같이 했으면 좋겠습니다.

한규철 (사회) : 감사합니다. 저도 처음에 토론자님께 그런 부탁을 드렸습니다만 그런 내용이 본격적으로 이야기가 조금 부족했던 것 같습니다. 이제 마지막 마무리 발언을 하겠습니다.

제가 발해사 연구자로서 손진기 선생과 전에 이야기를 나눈 적이 있는데, 처음에는 '발해가 고구려를 계승한 왕조가 아니다'고 그런 말씀을 하셨는데, 이른바 동북공정이 한참 진행되어서 본인이 고구려사의 중국사적 의미를 많이 이론화한 뒤로 하는 말씀이 '발해는 한 교수가 말한대로 고구려를 계승한 나라가 맞다'고 해서, 그 소리를 듣고 굉장히 기뻤는데 내용적으로 봐서는 '고구려는 중국사이니까 발해가 고구려를 계승했다고 하는 것도 아무 문제가 없다'는 이야기였습니다. 제가 그런 이야기를 들었고, 또 연변에서 걱정하는 것은 현재 연변에서 나온 『조선사개설』 책에 고구려는 들어가 있는데 발해는 없습니다. 앞으로 『조선사개설』에서 고구려사도 빠질 염려가 있다는 것입니다. 그런 염려를 하고 있었습니다.

그런 분위기를 알면서 우리들 스스로 거기에 대한 극복을 위해서 우리는 탈민족, 동아시아까지 이야기 하면서 공개적인 반성과 세계의 보편성을 향한 역사연구를 하려고 노력하고 있습니다. 그렇지만 우리의 파트너인 중국은 그렇지 못합니다. 동북아역사재단에서 중국 인사들을 초청하면 안 오려고 합니다. 왜냐하면 한 번 다녀가면 중국에서 대단히 조금 이상하게 본다는 겁니다. 우리 고구려·발해 학회에서도 초청을 하면 중국학자들이 오고 싶은데 못 옵니다. 이런 내용을 전하면서. 내일 토론도 있습니다.

너무 늦게 마치게 되어 죄송합니다. 오늘 토론을 이것으로 마치겠습니다(전원 박수).

노태돈 (사회) : 많이 피곤하리라 여겨집니다. 조금만 참으시고 곧 끝날거니까 (웃음) 가능하면 빨리 끝내도록 노력하겠습니다. 제게 주어진 시간이 세 시간인데 그 운영을 이렇게 하도록 하겠습니다. 10분 토론을 하고 발표자 선생님 거기에 대한 응답을 10분하도록 하겠습니다. 이렇게 하면 세 주제에 대한 토론이 이루어집니다. 그러고 난 다음에 20분 쉬고 그 다음에 후반부 세 주제에 대한 토론을 진행하도록 하겠습니다. 그런 뒤에 시간이 조금 남습니다. 그것은 플로어에 참석하신 여러 선생님들이 자유토론을 하시는 그런 시간을 가지도록 하겠습니다. 플로어에 계신 선생님들이 발표자 선생님들에게 토론하시고 싶은 내용이 있으시면 가능하면 미리 준 쪽지를 간단하게나마 적어주시면 편하겠습니다.

자 그럼 먼저, 오늘 첫 번째 주제인 송호정 선생의 "중국 동북지방 문명의 형성"에 대한 발표가 있었습니다. 여기에 대해서 약정 토론자이신 김병준 선생께서 토론을 해주시죠.

김병준 : 네 안녕하십니까. 소개받은 김병준입니다. 아까 송호정 선생님과 잠깐 이야기했는데 오늘 발표하신 여러 선생님들과 송호정 선생님과 저하고의 파트너쉽이 조금 다르다는 생각을 했습니다. 다른 선생님들은 연구동향을 주로 이야기하고 계신데 저희는 거기서 조금 빗나간 게 아닌가 걱정되긴 하는데요, 여하튼 준비된 토론문을 간단하게 읽겠습니다.

주지하는대로 고고학 자료만을 사용해서 역사적 사실을 규명한다는 것은 아주 지난한 일입니다. 설령 이런 작업이 일부 성공했다 하더라도 여전히 종족, 국가 등등 이런 문제와 관련된 역사 해석의 문제는 남기 마련입니다. 어저께 저희들이 쭉 지켜보았습니다만 역사시대에 들어와서 고구려를 둘러싸고 혹은 발해를 둘러싸고 그 동안 얼마나 소모적인 논쟁을 벌여왔는가를 돌아보면 쉽게 알 수 있는 일입니다. 사실 그러고 보면 오늘 송호정 선생님께서 발표하신 중국 동북지방의 고고학 자료는 대단히 그 자료가 부족한 그런 부분이죠. 기껏해야 성보(城堡), 제단, 무덤 일부가 남아있을 뿐이고요, 중국의 다른 지역에 비교해서 그 절대적인 양이 부족하다는 이야기입니다. 그러한 신석기문화가 특히 하가점 하층문화, 상층문화로, 즉 청동기문화로 어떻게 계승되는지를 설명할 자료도 방법도 현재 답보적인 상태입니다. 이런 중국 동북지역의 신석기문화 고고학 자료를 두고 과연 이 문화의 문화 족속, 문화 주인공이 어느 계통인가 하는 논쟁을 지속하는 것 자체가 정상적인 학문적 훈련을 받은 사람들 입장에서 보면 비생산적 논의라고 생각됩니다. 하지만 그럼에도 불구하고 줄곧 전 학계의 평정심을 잃게 해 왔다면 도대체 누가 왜 그런 주장을 했던 것일까 다시 한 번 살펴볼 필요는 있을 것 같습니다. 송호정 교수님의 글은 이런 문제들을 일목요연하게 그리고 정확하게 짚어주고 있습니다. 송 교수님은 이 글에서 중국학계가 지적하는 '요하문명론'이라고 하는 개념이 과연 학술적으로 타당한지, 좀 더 구체적으로는 문명의 조건, 국가에 대한 정의와 관련된 학술적 문제점을 일일이 지적하시고 아울러 이러한 주장을 하게 된 여러 가지 배경, 정치적 배경 등등을 짚어주고 계십니다. 토론자는 전적으로 송 교수님의 논의에 동의합니다. 따라서 특별히 질의할 부분이 없는데요, 한 가지만 조금 더 논의를 더 진행할 필요가 있지 않은가 해서 논의를 붙여보았습니다.

송 교수님은 요하문명론을 검토하면서 고고학계에서의 논의와 특히 중앙 고고학계에서의 논의와 지방정부에서의 작업을 모두 포함시키면서 이 양자를 동일한 선상에서 파악하고 계십니다. 하지만 논의의 주체에 따라서, 즉 그 논의의 주체가 중앙 고고학계냐 아니면 지방정부냐 혹은 지방의 고고학계냐에 따라서 그 논점, 방식, 그 결과물에 큰 차이가 있는 것은 아닐까 생각합니다. 중국사회과학원 고고연구소와 중국학계의 전문가들이 참여하고 있는 하상주단대공정(夏商周斷代工程)과 중화문명탐원공정(中華文明探源工程)은 중국정부가 전폭적으로 지지하는 국가주도 사업이기 때문에 분명 학문외적 제약을 갖고 있는 것이 사실입니다. 예컨대 현재 중국 강역의 모든 지역의 고고학 문화가 중화문명으로 융합되었다는 입장을 고수하고 있는 것은 저희들이 잘 알고 있는 대로 중원문명의 정체성을 확보하기 위한 의도가 들어있는 대표적 사례라고 하겠습니다. 학문 내적으로도 일부 연구자들은 문헌에 기록된 삼황오제 등등 이런 전설에 가까운 그런 기록들은 마치 실존하는 세력으로 이해하는 중국학계의 보편적 경향에서 벗어나지 못하고 있다는 점은 분명하게 지적할 수 있습니다. 이런 문제가 있는 건 사실입니다. 그러나 동시에 전문연구자 개개인이 제시하고 있는 대부분의 결과물은 고고학 자료에 기초한 학술적 분석과 접근이라는 점도 부인해서는 안 됩니다. 다시 말씀드리면 학술적 미숙함이 보이기는 하지만 나름대로는 철저하게 고고학 자료에 입각해서 논의를 진행하는 부분들이 훨씬 많다는 얘기죠. 그리고 일부 문제가 있기는 하지만, 제가 적어도 동북지역을 제외한 다른 지역의 논의를 가만히 들여다보면 상당수 고고학자들은 우리가 예상했던 것보다 훨씬 더 높은 수준에서 연구를 진행하고 있습니다. 예컨대 오늘 송 선생님 논의 중에 과연 문명이란 개념이 옳으냐, 국가란 개념을 과연 어떻게 정의할 것인가라는 문제를 제시하셨습니다만, 당연히 중국학계 내에서도 심각하게 이 문제를 논의하고 있습니다. 요사이는 가령 '문명의 형성'이란 얘기와 '문명의 기원' 이것도 좀 구분해서 생각해보자 등등 좀 너무 세밀하다 싶을 정도로 꼼꼼하게 논의를 진행하고 있고 또 상대편의 논의에 대해 대단히 비판적 입장을 갖고 있는 학자들도 있다는 얘기죠. 반면에 오늘 힘주어 이야기하신 동북지역의 신석기문명은 요하문명이다 이렇게 명명하고 그 주인공을 황제족(黃帝族)의 후예이며 전욱(顓頊)과 제곡(帝嚳)의 후예라고 주장하는 사람들은 대부분 요녕성 지역의 연구자들이 중심을 이룹니다. 또 요하문명을 선전하는 주체도 결국은 요녕성 지방정부며 대부분 대중을 대상으로 한 박물관이나 일부 지방학술지에서 이루어지고 있습니다. 오늘 말씀하신 요하문명도 결국은 요녕성 박물관의 문물전람전시회의 이름을 따서 명명한 셈이기도 합니다. 일부 지방학술지라고 제가 얘기한 것은 아까 앞에서 오전 발표에서 지적하셨듯이 이 지역에도 여러 가지 지방학술지가 있는데, 가령 이 지역에서 나온 『북방문물(北方文物)』이라는 잡지와 최근의 새로 만들어진 『동북사지(東北史地)』라고 하는 이 책에 실리는 논문의 질은 상당한 차이가 있다는 것에 주의를 해야 되지 않을까 생각합니다. 또 송호정 선생님께서도 언급하였듯이 이런 중국 지방정부의 입장에 대해서 지나치게 반응하는 일부 국내의 입장도 결과적으로는 요하문명론을 부추기고 있다고 해야 할 것입니다. 이렇게 논의 주체를 구분해 놓고 보면 다음과 같이 정의할 수 있지 않을까 싶습니다. 중국의 중앙학계에서는 그들의 중요한 강조점은 전국적인 중화문명의 존재인 반면에 지방학회에서는 그 지역에 지방문명이 있다 이걸 부각시키는 차이를 보여주고 있구요, 또한 중앙학계에서는 각 지역의 다원성이 결국 중화문명에 통합되었다 여기에 주안점이 주어져있다면, 지방에서는 그런 통합보다는 각 지역의 지역문화가 갖고 있는 우월성, '내가 최고다'라고 하는 점이 강조되고 있습니다. 요하문명론에서 용(龍)의 숭배, 중화문명에서 용 숭배는 역시 요녕성이 최고다, 동북3성이 최고다 이런 식의 논의라든지 옥기의 전통도 역시 제일 빠르다든지, 그리고 성보군(城堡群)의 존재도 어느 지역보다 빠르다든지 하는 것이 바로 두드러진 사례인데요, 문명의 서광이라든지 중화문명의 기원이라는 표현을 쓰고 있는 것은 그 극단적인 표현이라고 할 수 있습니다. 결론적으로 토론자는 중국 동북지방 문명 형성에 대한 논의를 검토할 때 논의에 참가하는 주체를 구분해서 각각의 주체가 무엇을 목표로 하는지를 정확하게 이해해야 한다고 생각합니다. 아울러 상대편이 아닌 우리도 똑같이 그 주체를 나누어 생각해보면 어떨까 싶습니다. 예컨대 국가주도의 프로젝트, 각 학자의 개인적인 연구결과, 지방정부의 지역문화 향상 등으로 스스로의 모습들도 나누어 살펴보아야 할 것 같습니다. 그래야만 정확한 대응이 가능하며, 무의미한 소모적 논쟁을 지양하지 않을까 생각합니다. 결국 제 얘기가 되었습니다만 송 선생님의 생각을 좀 듣고 싶습니다.

노태돈 (사회) : 네. 토론자의 말씀에 대한 송선생님의 생각을 질의해 주셨습니다.

송호정 : 사실 글을 정리하면서 제일 어려웠던 부분이기도 한데요. 이 글을 정리할 때 제일 참조를 많이 했던 게 2007년도 말과 2008년도에 동북아역사재단에서 기획으로 해서 팀들을 꾸려서 정리를 한 도서들이 있습니다. 책자가 있는데 하나는 중국동북지방의 고고학자료에 대한 정리하는 보고서가 하나 있었고 거기에는 제가 참여를 했었구요, 또 하나는 중화문명탐원공정(中華文明探原工程)에 대해 내용들을 정리하는 게 있었는데, 다 현장들을 돌아본 뒤 사회과학원 고고연구소 분들과 만나고 토론과정들을 거쳐서 책자로 나온 거가 있고요, 그 다음 토론해주신 김병준 선생님이 팀장이 되셨던 지역문명 만들기라고 하는 그런 성과가 있었는데 그것들을 참고를 하면서 이 글을 정리를 하는데 이후의 고조선부터 고구려를 정리하는 방식들을 보니까 저도 그냥 2007년 이후에 어떠한 고고학적인 성과가 있었고 어떤 움직임들이 있었다 이렇게 정리했으면 참 편했을 걸, 저는 나름대로 이런 세 가지 연구 성과들이 유기적으로 서로 어떤 연관성 속에서 설명들이 잘 되어있지 않아가지고 제 나름대로 이것들을 어떤 관계 속에서 파악해야하는지 정리가 잘 안 되었기 때문에 굉장히 힘들었습니다. 짧은 시간에 촉급하게 준비를 했지만은, 그런 중에 제 나름대로 정리한 바는 각 지역에서 지역의 문화를 선양하고 문화를 발굴을 해서 지역의 하나의 문명을 만들어서 지역을 좀 더 경제 부분까지 연계시켜서 지역을 활성화하고자 하는 이런 노력의 일환으로 봐야 된다고 하는 '지역문명 만

들기'라고 하는 이런 시각의 정리 글이 가장 와 닿기는 했습니다만, 제 나름대로 문명탐원공정이라고 하는 이 부분들만 보다 보니까 굉장히 밀접하게 관련되어 있는 것으로 제 나름대로 파악을 했습니다. 그래서 글 전체의 정리는 중국 동북지방 일대의 문명을 특히 신석기시대인데요, 홍산문화가 대표적인데 이것을 요하문명이라는 이름으로 정리를 하되, 지역의 성(省) 정부와 지역의 고고학자들이 중심이 돼서 하기는 하지만 중앙정부의 중화문명탐원공정(中華文明探源工程)과 밀접한 연관이 있다 이렇게 제 나름대로 정의를 하고 그 전체를 시작과 끝까지 정리를 한 겁니다. 그 부분에 대해서 토론하신 김병준 선생님은 별개로 보는, 그것도 각각의 중앙정부의 나름대로의 작업과 지방정부의 나름대로의 작업의 목적이나 결과들이 다르기 때문에 그런 부분들을 좀 더 명확하게 할 필요가 있다는 그런 지적이신데요, 전적으로 공감을 하고요, 그 부분에 대해서 저도 이론(異論)은 없습니다만 제 생각을 말씀을 드려보면, 그럼에도 불구하고 저는 2008년도에 『동북사지(東北史地)』에 이학근(李學勤)이 요하문명과 중화문명과 관련된 이런 내용을 기자하고 대담을 하고 실었던 그 글 내용하고, 2009년도에 인민일보에 기자가 글을 쓰는 형식으로 글을 썼는데, 제가 인터넷에서 찾은 글인데요, 왕웨이(王巍) 중국사회과학원 고고연구소장이 나와서 요하문명과 중화문명탐원공정과의 관계 이런 부분을 이야기하는 이런 부분하고, 그 다음에 제가 발표할 때 보여주었던 2011년도에 중화문명기원전, 요동성박물관에서 전시를 했던 박물관 전시의 내용 이런 부분들을 보면, 요하문명은 중국에서 중화문명의 기원을 이야기할 때 가장 중시하는 게 방국으로서 하나라의 수도 유적이 이리두(二里頭) 유적입니다. 중국의 가장 이른 시기의 국가, 이렇게 해서 일단 이리두 유적을 먼저 띄웁니다. 그 다음 설명이 뭐냐면 이것보다 이른 시기의 더 뛰어난 문명이 있었으니 그것이 바로 요하유역의 요하문명이다. 이렇게 이야기하고 그 뒤이어서 장강 일대의 양저우 문화 그런 것들이 쭉 나오는데요, 일단은 지방의 문화로서 중원문명의 영향을 받은 가장 중요한 문명이고 가장 뛰어난 문명으로서 신석기시대 기원전 3천년 전, 4천년 전의 문명을 이야기하면서 요하문명을 제일 먼저 앞에 이야기하는 것을 보면서 이것 또한 지역의 문명을 선양하고 지역문명 만들기의 일환임은 분명하지만 요하문명은 특별히 칭호를 받고 있구나! 이렇게 생각이 들어서 문명탐원공정 결과적으로 보면 중국의 고고학자들의 어떤 국가주의적인 입장이 반영된 고고학 연구 성과들이 이 중국 동북지역의 요하문명 연구에 깊이 연결이 되어 있고 그래서 요하문명의 경우 물론 우리 역사와 관련시키고 우리 문화와 관련시켜 보아서 그런지는 모르겠지만 중국 중앙 차원에서의 움직임과 유기적으로 연결된 부분들을 봐야 되겠다는 그런 생각을 좀 했습니다.

노태돈 (사회) : 네. 토론자 말씀은 지방정권 차원에서의 '지역문명 만들기'하고 중앙정부 차원에서의 '중화문명탐원공정(中華文明探原工程)'을 통한 중화문명의 기원을 탐구하는 것 사이에 괴리가 있으니까 좀 분리해서 볼 수 있는 시각이 필요하다는 이야기를 하셨는데 거기에 대해서 발표자는 요하문명의 경우에서는 양자 사이에 큰 괴리가 별로 없다는 말씀인 것 같습니다. 그러면 객관적 사실로서 어떻습니까? 이 중원문명하고 홍산문화를 위시한 요하상류지역의 신석기문명 사이에서의 어떤 상호연결성, 다시 말하자면 홍산문화가 중원문명의 기원으로서 계승되어지는 측면이 확인되어 집니까, 사실로서의 문명은 어떻습니까?

김병준 : 전체를 전반적으로 검토한 바는 아니라서 확실하다고는 말씀은 못 드리겠습니다만 전반적인 연구경향은 중원하고 홍산문화 사이의 문화적 교류를 설명하는 가장 중요한 고리는 결국 토기 형태 이상은 없습니다.

노태돈 (사회) : 옥기 같은 것은 어때요?

김병준 : 옥기는 중원보다는 오히려 바닷가를 해안가를 따라서 동해안을 따라서 남쪽까지 쭉 이어지는 거라서 중원과는 오히려 거리가 멀죠.

노태돈 (사회) : 중국 문명의 기원을 이야기하면서 홍산문화나 양저우문화 등이 중원지역으로 흘러들어가서 중원문명의 기원으로서 합류해 들어온다 이런 식의 전제를 깔고 있는데 실제로 홍산문화가 중원문명의 기원으로서의 계승되어지는 측면이 객관적으로 확인되는 것은 아니죠? 그럴 거라는 추정일 뿐이지.

김병준 : 그렇습니다. 토기 이외에는. 토기도 그냥 형태상이 걸리기 때문에 굉장히 자의적일 해석일 가능성이 크구요. 무엇보다도 다들 아시겠습니다만 홍산문화가 시대적으로 편년해서 제일 빠르기 때문에 그걸 어떻게든지 중화문명을 끌어올리는 게 좋겠다는 입장이 반영된 것이 아닌가 싶습니다.

노태돈 (사회) : 그거를 어떻게 아무렇게도 어느 지역도 마찬가지입니다만 자기가 발굴했던 유적이 가장 중요한 것처럼 강조하는 게 발굴 당사자이고 항상 그런 욕망이 있으니까 중국의 경우도 마찬가지겠습니다만 아무튼 홍산문화가 과연 중원문명과 연속, 계승되어지는 측면에 대해서는 저도 왕년에 글을 조금 읽어보았습니다만 그 연결을 분명하게 객관적으로 논증한 것 같지는 않습니다. 그럴거다라는 주장이지. 이런 부분들은 홍산문화의 성격을 이해하는데 좀 더 계속 중국학계의 동향을 주목할 필요가 있겠습니다. 사실 홍산문화의 경우는 어떻게 보면 홍산문화 자체의 측면 때문에 우리가 주목하는 면도 있지만 또 하나는 우리학계와 사회 일각에서 자꾸 한국문명의 기원을, 한국문화의 기원을 거기서 찾아서 강조하고 설명하려는 시도가 보이고 있고, 그것이 학계 일부 중진들도 거기에 가담해서 하는 바람에 뭔가 크게 흔들릴 수도 있는 문제를 던지고 있다 싶어가지고 주목들하고 있습니다. 아무튼 이 부분은 계속 주목해야 될 필요가 있으리라고 보아집니다. 거기에 대해서는 나중에 플로어에서 많은 관심들을 가지고 있으니까 자유토론에서 진행할 수 있도록 좀 미루도록 하겠습니다.

그럼 두 번째 주제를 살펴보도록 하겠습니다. 두 번째 주제는 박준형 선생의 "동북공정 이후 중국학계의 고조선·부여·예맥 연구동향"에 대한 발표가 있었습니다. 여기에 대한 이종수선생의 약정토론이 있겠습니다. 네 말씀해 주세요.

이종수 : 방금 소개받은 단국대학교의 이종수입니다. 중국에서 최근에 '장성보호공정'이라는 프로젝트를 진행하면서 사실 동북공정이 물밑에서 조용히 가라앉아 있다가 사실 오리발이었거든요. 중국측도 그렇고 우리도 그렇고 물밑에서 조용히 진행이 되고 있다가 다시 장성공정 때문에 부각이 된 것 같습니다. 제 나름대로는 그 동안 동북공정이 역사를 자국화하는 작업이었다고 한다면 장성보호공정은 영토를 자국화하는 작업이 아닌가 이렇게 규정하고 있는데요, 아무튼 많은 작업을 진행하고 있구요, 최근에 제가 중국을 다녀왔는데 명대 장성을 쭉 한 번 봤습니다. 명대 장성을 지금 어떻게 작업을 했느냐면 요서지역을 지나서 요동지역에 이어지는 구간에 대해 이미 봉수를 명대 장성처럼 만들어가지고 성문마다 다 설치해 놓았더라구요. 그래서 우리가 그 동안 말로만 들었던 명대 장성이 허구가 아니냐 이렇게 생각했는데 그게 아니라 이미 중국에서 기초조사를 거쳐가지고 거기에다 이미 봉수대를 만들어 두었더라구요. 제가 들어가 보려고 했는데 댐이 옆에 있어서 못 들어가게 막고 있어서 직접 가지 못하고 사진만 찍었는데 이런 작업들이 우리가 모르는 사이에 중국에서 이미 많은 작업들을 진행하고 있는 실정이라고 보시면 될 것 같습니다.

그런데 우리도 사실은 동북아역사재단 이런 쪽에서도 준비를 안 한 건 아니고 물밑에서 작업을 해왔는데 제 개인적으로 생각을 해보면요, 동북공정에서 한 프로젝트 갯수하고 우리의 동북아역사재단에서 한 프로젝트 갯수하고 누가 많이 했나 세어보면 우리 쪽이 더 많이 하지 않았을까 이런 생각이 드는데, 중국은 기본적으로 그 동안 해 온 프로젝트를 가지고 계속해서 작업을 연계시켜가고 있거든요, 그래서 현실에 적용하는 작업들을 계속하고 있는데 과연 우리는 그 동안 해온 프로젝트를 가지고 얼마나 현실에 적용시키고 있었는지 이 부분에 대해서는 한 번 여기 계신 분들이 각성을 해야 되지 않나 생각하게 됩니다. 저도 이번 발표문을 들으면서 그 동안 다른 일에 집중하다보니까 제 전공인 부여 관련해서 너무 등한시해 가지고 이렇게 많은 연구들이 발표됐구나 깜짝 놀랐습니다. 앞으로 이제 제 분야에 대해서 집중해서 공부를 해야겠다 이런 생각을 했는데요. 박준형 선생님 워낙 준비를 많이 해 주셨기 때문에 저도 이 글에 대해서는 전반적으로 문제를 제기할 부분은 없고요, 혹시 제가 읽으면서 궁금했던 부분에 대해서 질문하는 것으로 토론을 대신하도록 하겠습니다.

(토론문의) 두 번째 질문하고 다섯 번째 질문은 거시적인 문제에서 박준형 선생님뿐만 아니라 여기에 계신 발표자, 토론자 모든 분들이 한번쯤 생각해 볼 부분이라고 생각되구요, 첫 번째, 세 번째, 네 번째 부분에 대해서만 질문을 해보도록 하겠습니다.

첫 번째는 발표자께서 동북공정의 기간이 2002년에 시작해서 2007년 종료한 것으로 지금 학계에서도 보고 있는데 저 역시도 어느 토론회에 나가서 2007년에 공식적으로 종료되었습니다 이렇게 이야기했다가 몇 분 선생님들께 혼난 적이 있는데요. 아무튼 기본적으로 종료된 것이 아니라 계속해서 진행형이다 이렇게 말씀하셨고 저도 자료를 계속 분석을 해보니까 사실 진행형중이고요 그 이전하고 이후는 변화가 없습니다. 물론 동북공정 이전도 마찬가지 견해였고 그게 계속해서 지금까지 지속해온 걸로 볼 수 있는데요. 제가 1번 문제에서 궁금했던 점. 혹시 선생님 준비하시면서 읽어본 자료 중에서 중국 동북공정 이전하고 이후하고 중국에서 생각하는 관념이나 이론이나 사상 이런 것에 변화가 있었는지 그런 부분에 대해서 궁금해서 질문을 드렸구요.

두 번째 질문같은 경우에는 동북공정의 성과에 대한 발표자의 견해를 듣고 싶다 이렇게 했는데 이 부분에 대해 생각이 있으시면 해주시면 고맙구요, 세 번째 질문은 고조선 위치 논쟁에 대해서 중국학계에서 동북공정에서 역사지리에 대한 논증이 이미 끝났기 때문에 더 이상 논의가 되지 않았다라고 말씀하셨는데 중국학계에서 말하는 통상적인 영토범위가 어딘지 그런 것에 대해서 설명을 부탁드리구요, 중국측 주장의 문제점에 대해서도 간략히 언급해 주시면 감사하겠습니다. 그리고 네 번째는 동북공정 기간 내에 부여 관련 논문이 5편, 그리고 이후에 부여 관련 논문이 20편에 이르고 있는데 이게 동북공정 과정에는 사실 부여에 대한 관심이 없다가 이후에 관심이 거기로 옮겨간 것 같다고 발표자께서 말씀하셨는데 저는 개인적으로 그게 아니라 길림시에서도 계속해서 문화관광자원을 개발하기 위해서 일 년에 한 번씩 학술대회를 개최했습니다. 저한테도 와달라고 한 적도 있었고 프로젝트를 같이하자고 한 적이 있었는데 사실 좀 부담스런 부분이 있어서 참석을 안 했는데 그런 결과물들이 이렇게 만들어진 것이 아닌가 이렇게 저 개인적으로 생각하고 있거든요. 혹시 동북공정과 관련된 프로젝트가 그 안에 있었는지 알고 계시면 답변을 부탁드리고요, 그리고 다섯 번째 문제는 다 같이 고민해야 될 문제인 것 같습니다. 앞으로 대응방안이 무엇이냐? 이 부분에 대해 우리가 허심탄회하게 모여가지고 얘기해 보아야 할 사항인거 같습니다. 이렇게 다섯 가지 질문을 드리도록 하겠습니다.

노태돈 (사회) : 네. 박선생님?

박준형 : 네. 토론 감사합니다. 토론자 선생님께서 말씀하셨듯이 거대 담론은

다 같이 고민하는데 그 중에서 제가 생각할 수 있는 부분만 답변하고요, 첫 번째 질문 중에서 저는 오늘 어제 발표 중에서 나올 거라고 생각해서 약간 제 주제에서 제외했습니다. 변강이론과 관련해서 한 두 개 보이더라고요. 최근 그 동안 동북공정의 논리에서는 제후국에서 속국으로 갔다고 하는데 최근에 양군(楊軍)의 논리인 거 같은데 '쌍중변강'이라는 개념을 도용을 해서 적용을 하고 있더라고요. 쌍중-이중 변강이죠. 중국의 군현체제에 포함되어 있는 그 지역을 일단 1차 변강으로 생각하고 그 다음에 제후국 그러니까 지방정권 이쪽 지역을, 부여나 고구려 이쪽까지를 2차 변강으로 생각하는 거죠. 그래서 이 두 가지 체제. 쌍중, 이중의 변강체제로 구축이 되어 있다. 결국에 홍 선생님 말씀대로 중국의 국내문제가 되어버리는 거죠. 이것은 그 이전에는 잘 보이지 않았던 논리인 것 같아요. 쌍중변강체제, 쌍중변강론으로 고조선부터 청대까지를 그런 변강논리로 쭉, 아까 말씀처럼 역사논리에서 이제 영토논리로 가는 그런 하나의 논리가 최근에 나와서 이거는 저 혼자 감당하기는 부담스럽고 아마 첫 째날에 어떤 분이든지 발표를 해 주시겠지 하고 접어두었는데 아무도 언급하지 않으셨더라고요. 마침 이종수 선생님 질문하셨기 때문에 이야기하는데 그런 장성의 논리와 마찬가지로 이 쌍중변강논리가 어떻게 하든지 앞으로 우리가, 여기서 정답을 내리는 게 아니라 같이 고민하는 자리로 제가 제안하는 방식으로 답변을 하고 싶구요.

두 번째는 동북공정의 과제, 아까 본론 속에서 말씀드렸지만 기자조선을 한국사의 시작으로 본다라고 확실하게 전 인민대중을 상대로 동아시아에 선포를 한 거고, 그 다음에 제일 큰 거는 자료를 축적한 것과 더불어서 학문후속세대를 양성한 부분이 동북공정이 끝났다라고 볼 수 없고 계속 이어진다라고 볼 수 있는, 중국 내부로 봤을 때는 하나의 큰 성과가 아니었겠는가 그리고 동아시아에서 한국과의 관계 속에서 뭔가 아젠다를 먼저 던지고 그것을 추진해나가는, 어떻게 보면 한국은 방어적인 논리로만 가는, 그런 측면에서 좀 영토문제에 있어서 적극적으로 중국이 치고 나가는, 개인적으로 봤을 때 중국입장에서는 그런 전략적인 차원에서 뭔가 성공을 하지 않았나. 이런 식으로 발표한다면 이상한 소리가 되지나 않을지 걱정이 되는데요. 그런 식으로 동북공정의 성과를 본다면 중국 측 입장에서는 객관적으로 끌려갔고 수동적이었던 측면만은 인정해야하지 않나. 어제도 우리가 어떻게 할 것인가 적극적인 방향을 모색하자는 이야기가 토론자 측에서 나왔는데 그런 부분에서 할 때 필요하지 않나 생각이 들구요.

고조선 위치 문제는 본문에서 발표할 때 이야기했던 것 같습니다. 대체로 청천강을 경계로 혹은 혹자는 압록강까지 넘어가지 않았다라고 보는 게 중국학계 담기양(潭其驤) 선생의 지도로 정리해놓고 하면서 그렇게 보지 않나. 세부적으로 봐서 압록강까지 갔다, 요동지역까지 진출했다가 다시 후퇴했다 이런 얘기가 있지만 전반적으로는 청천강 정도로 평양 쪽에 고조선이 있었다고 보는 게 중국학계의 시각인 것 같습니다.

그 다음에 부여와 관련된 네 번째 문제는 특별히 제가 프로젝트를 확인한 것은 아니고 오히려 장백산문화론을 연결시킬 수 있으면 낫지 않을까 그런 생각이 듭니다. 그리고 다섯 번 째는 나름대로 고조선사를 공부하면서 느낀 것은 동북공정에서 고구려사의 대응 논리보다 더 어려운 게 고조선사의 대응논리인 것 같아요. 고구려사는 귀속문제를 한국사에 들어가느냐 중국의 지방정권이냐 이것이 관건인 문젠데 고조선사 같은 경우는 일단 귀속문제도 걸리지만 고조선의 성립문제가 걸립니다. 고조선의 성립 이것을 어떻게 볼 것인가? 일단은 중국에서는 단군신화에 의한 단군조선을 부정하고 기자조선부터 시작한다고 하는데 현실적으로 우리 한국학계는 기자조선을 거의 인정하지 않는 상황이고 그렇다면 통상적으로 신화세계를 뺀다고 한다면 문헌상으로는 『관자(管子)』에 언급된 기원전 7세기, 물론 기원전 7세기도 인정 안 하시고 전국시대의 기록으로 보시는 분들도 있습니다만 그렇다고 기원전 4세기 이전에 문헌상의 고조선의 실체를 검증하긴 어려운데 그렇다면 예맥으로 접근한다든지. 그런 상황에서 중국이 기자조선부터 고조선이 시작하고 한국사가 시작한다고 했을 때 대응논리를 과연 어떻게 만들어 나갈 것인가 기자조선 없었다 우리 역사의 시작은 기자조선부터 시작하는 게 아니다. 그러면 고조선 어디서부터 시작할 것인가 일단 무조건 끌어올리는 게 좋다는 게 아니라 그런 대응논리에 대해서는 우리가 좀 침묵을 하지 않았는가 그런 측면에서 우리가 좀 더 적극적으로 고조선사에 대한 생각을 보여줘야 하지 않나 답을 내리자는 게 아니라 오히려 고구려의 대응논리보다 더 어려운 게 고조선 논리다. 그런 얘기를 하면서 답변을 마칠까 합니다.

노태돈 (사회) : 네. 두 분 토론과 응답하는 가운데서 몇 가지 문제의 제기가 있었습니다. 우선 이종수 선생께서 중국에서의 동북공정 자체가 끝난 뒤에도 뭔가 좀 연속성을 지닌 작업이 이어지는데 우리는 거기에 대한 중국 측에서 제기된 논문이나 저술이 나오면 거기에 대한 단발성 반박을 하고 끝나버립니다. 연속성을 지닌 작업이 이어지지 못하는데 왜 그럴까하는 문제를 제기했습니다. 사실 좀 그런 면이 있습니다. 그런 게 박준형 선생의 언급 가운데서 예컨대 고조선의 문제를 들었는데, 고조선의 문제가 어려운 이유는 이 사료를 들고 나오는 게 선진문헌에 대한 검토와 깊은 이해를 동반하는 작업을 요구하는데, 거기에 대해서 과연 우리 학계에서 선진문헌에 대해 깊게 계속 연속적으로 연구해 온 인력들이 얼마나 있을까 의문이 제기됩니다. 실제 우리 학계의 현실 속에서 선진문헌만 계속 파고들어서 작업하는 사람들이 별로 없습니다 그래 가지고는 실제 밥벌이가 안 되고. 이러니까 안 하고 있다가 어떤 프로젝트가 생기면 불쑥 뛰어들어서 한바탕했다가 손 떼고 나오고 하니까 단발성으로 끝나버립니다. 그런데 선진문헌에 대한 것이 간단하게 단발성 작업을 통해서 깊게 이해할 수 있을만한 그런 자료가 아닙니다. 그 나름대로 지속적인 작업을 계속해가면서 그걸 해 나가야되는데 그렇지 못하다는 점. 이런 것들하고 그 다음에 요서지역에 대한 홍산문화 이것도 마찬가지입니다. 사실은 그거만 계속 연구하고 또 작업할 수 있는 고고학자들이 별로 없습니다. 그 문제를 프로젝트로 참여했을 때는 단기간에 거기에 가서 연구 성과들, 보고서들 수집해서 검토하고, 현장 답사해보고 하지만 그걸로 끝나버립니다. 그러니까 연속적인 작업이 잘 안 된다는 얘깁니다. 이러니까 계속 중국학계에서 문제제기해서 따라가는 형태로, 선도하지 못하고 따라가는 형태로 작업하다보니까 허덕이게 되어 있습니다. 이런 것들이 앞으로도 되풀이되지 않을까 싶은 생각이 듭니다. 계속 이렇게 가면 되는 건가 그러면 어떻게 될거냐는 것이 오늘 토론자 이종수 선생이 마지막 다섯 번째로 제기했던, 앞으로 우리가 대책, 대응방안을 어떤 식으로 해야 될까 하는 문제 제기와 통하는 것입니다. 이 부분에 대해서는 한 두 사람이 아이디어를 가지고 갈 수는 없고 이 자리에 참석하신 여러분들이 함께 고민하시고 함께 생각하셔서 많은 의견을 제기해 주셨으면 좋겠습니다.

예. 특히 고조선사에 대해서는 종래까지 동북공정 시작 전에 중국학계에서는 사실상 이 부분에 대한 연구는 상대적으로 1980년대까지만 해도 억제되어지는 분위기가 아니었나 싶습니다. 그러다가 그 억제되어지는 분위기 자체가 해지되니까 부추기면서 분위기가 바뀌어지니까 지금 많은 글들이 쏟아져 나옵니다만 그것이 계속 중국학계에도 이런 식으로 계속되어질까는 좀 두고봐야 하겠죠. 그러나 적어도 박준형 선생이 지적한 것처럼 학문후속세대란 형태로 해서 몇몇 어떤 대학에서는 그 작업을 계속하는 인력들이 양성되어지고 있다. 그 나름대로 자리 잡아서 계속 작업할 수 있는 토대는 마련되고 있다. 이런 식의 검토 의견을 제시해 주셨습니다. 우리 나름대로 이 부분에 대한 것을 그런 측면에서 생각해 볼 필요가 있으리라고 보아집니다.

아울러 고조선 부분의 경우에서는 선진문헌에 대한 해석을 둘러싸고, 한국사 시민강좌에서도 몇 회인지 기억은 못하겠습니다만 기자조선 문제를 가지고 논고가 발표된 적도 있고, 나와 있죠? 그 부분에 대해서도 금석문을 포함한 선진문헌에 대한 세밀하고 심도있는 검토와 연구가 있어야 될 걸로 여겨집니다. 사실 한국고대사하는 사람이 그걸 할려면 솔직히 역량이 딸립니다. 그래서 어떻게 보면 중국고대사하는 분들이 해줬으면 하는데 (김병준 선생을 보면서) 어떨까요?(전체 웃음)

김병준 : 예. 열심히 하겠습니다(전체 웃음).

노태돈 (사회) : 그럼 이어서 세 번째 주제로 넘어가도록 하겠습니다. 조영광 선생의 "동북공정과 그 이후 중국의 고구려사 연구동향"에 대해서 이성제 선생의 토론이 있겠습니다. 이 선생님, 토론해 주세요.

이성제 : 토론을 맡은 이성제입니다. 준비된 토론문을 읽어나가도록 하겠습니다.

조영광 선생님은 중국의 고구려사 연구에 대해서 공정 시기와 그 이후의 연구경향으로 구분하여 주요한 흐름을 짚어주고 계십니다. 이를 통해서 고구려가 중국의 지방정권이라고 하는 이해가 이미 중국학계에 자리잡게 되었다는 것을 새삼 확인할 수 있게 되었습니다. 또한 사업의 종료 이후에 중국의 고구려사 연구가 귀속성의 문제에 치중했던 이전의 경향에서 한 걸음 나아가 정치사·군사·전쟁사 등의 보다 전문적이고 구체적인 주제별로 확산되고 있다라고 하는 것도 지적해 주었습니다. 중국의 고구려사 연구가 보다 다양한 주제를 다루게 되었으며 연구수준의 질적 제고를 위한 노력도 병행되고 있다는 것도 새롭게 살펴볼 수 있었습니다. 아울러 연구 분야의 이해를 일반 대중에게 확산시키는 작업도 지속되고 있음을 추가로 확인할 수 있었습니다.

저는 조영광 선생님의 이해에 전적으로 동의합니다. 플로어에서 여러분들이 말씀해주셨던 것처럼 발표문 자체의 의문점이라고 하기 보다는 제기되었던 문제에 대해 이런 점들을 강조내지는 새로운 측면에서 함께 생각해봐야 할 문제들을 거론했으면 합니다.

첫 번째입니다. 지난 1월 경철화(耿鐵華)·이낙영(李樂英)이 펴냈던『고구려연구사(高句麗硏究史)』가 길림성출판사에서 나왔습니다. 이 책은 제가 보기에는 여러모로 주목해봐야 할 책자가 아닌가 합니다. 왜냐하면 저자 경철화는 아시다시피 고구려 유적·유물과 문헌 분야에서 나름의 연구를 오랫동안 지속해오면서 고구려연구원의 원장으로 중국내 고구려사 연구의 한 축을 이루고 있는 연구자입니다. 그러므로 이 책은 중국내 고구려사 연구 사업을 가장 잘 파악하고 있는 사람들에 의해서 집필되었고 그러므로 그 연구내용을 가늠하는데 필요한 정보를 망라하고 있다고 보아도 좋을 것 같습니다. 이 책에는 여러 가지 이야기를 했습니다만 중국학계의 고구려사 연구 평가와 관련해서 중국사의 일부로 자리매김하는 '연구의 심화'가 이루어졌고 '연구대오의 형성'과 '연구인력의 양성' 등의 성과를 거두었다라고 자평하고 있습니다.

이 책이 언급하고 있는 자평과 관련하여, '연구대오의 형성'과 '연구인력의 양성'이란, 아마도 고구려연구원을 포함한 동북3성의 연구기관과 소속 연구진의 활동 등이 중심이 될 것인데 이에 대해서 조영광 선생님이 이해하고 있는 바가 있는지, 혹 파악하고 있는 것이 있다면 이야기해 주십시오.

둘째, 이 책의 통계에 따르면 2009~2010년 2년간 발표 논문이 137편이라고해서 공정사업의 종결로 그 추동력이 사라졌다고 볼 수 있다면 그럼에도 불구하고 중국의 고구려사연구가 지속되고 있음을 볼 수 있습니다. 연구추세가 여전히 왕성하다라고는 말할 수 없겠지만 꾸준히 이어지고 있는데 이와 관련해서 새로운 추동력은 과연 무엇인지, 그리고 최근 중국 언론이 보도했던 "고구려·발해문화의 발전과 그 관계 연구"같은 대규모의 프로젝트는 아니지만 중소 규모의 프로젝트들이 이러한 추세를 지탱해주거나 아니면 견인해 준 것은 아닐까 생각이 드는데, 그렇다면 이런 관계를 어떻게 이해해야 되는 것인지도 생각이 필요할 것 같습니다.

셋쨉니다. 경철화 선생의 연구에서도 최근 고구려사연구와 조사 분야에서 장복유(張福有)의 역할이 상당하다고 여러 차례 언급하고 있습니다. 이와 관련해서 『동북사지(東北史地)』 게재논문들은 중국의 고구려사연구 혹은 잡지명이 표방하고 있는 것처럼 동북 지역사라고하는 분야에서의 지향점 내지는 어느 정도의 흐름들을 살펴볼 수 있을 것 같은데 어떤 방향으로 혹은 어떤 문제에 착목해 가고 있는지를 파악할 수 있는 바로미터까지는 아니겠지만 하나의 가늠해 볼 수 있는 잣대가 되지 않겠는가 이런 부분에 대해서 조영광 선생님께서 파악하고 있는 경향에 대해서 말씀해주십시오.

넷째와 다섯째는 그냥 제 개인적인 생각입니다. 중국 소재 고구려 유적 유물조사는 문헌고고학분야이고 우리 학회를 준비했던 기획자 선생님에 의해 분량이라든가 아니면 내용 부담감 때문에 고고분야와 문헌을 분리했다는 것은 알고 있지만 문헌사 분야가 분리되어서는 곤란하지 않을까 적어도 현지 유적조사가 가능하다는 장점 때문에 편향적 해석을 통해 귀속의 논거로 활용하고 있는 것을 종종 봐오고 있기 때문에 그런 것 같습니다. 예를 들어서 장복유 등이 관여했던 왕릉 연구를 토대로 해서 문헌사료와 결합해서 보장왕을 제외한 27명의 고구려왕의 무덤에 대한 논문들이 후속하였던 사실은 고고학 조사자료와 문헌사료가 서로 활용되고 있는 하나의 실례가 아닌가 싶습니다. 이런 점에서 지난 몇 년간 길림성 통화지역과 요녕성 신빈지역에서 한대토성지 봉수대를 발굴하고 그 성과를 정리했던 일련의 사업들과 그것과 관련된 글들은 고구려 초기사와 관련해서 대단히 중요한 문제들을 제기할 것으로 보입니다. 그러므로 공정 이후 연구경향에 대해서 이 부분에 대한 것은 반드시 살펴봐야 되지 않을까 싶습니다.

다섯 번째, 경철화는 공정 시기 수많은 고구려연구에 대해서 전문연구자들이 아니라 몰려왔던 사람들이다라고 평가절하를 합니다. 그러면서 현직 연구자는 27명이다라고 못 박고 있는데요, 사람 숫자가 중요하기보다는 이들 중에서 기존의 연구에서 약했던 혹은 중국에서 제약이었던 원전자료에 대한 연구 혹은 그 자료 자체에 대해 의미를 끄집어내는 그런 것들이 이제는 어느 정도 극복이 되어 나가고 있는 혹은 극복하려고 하는 노력의 차원이 아닌가 그래서 그런 차원의 연구들은 조금 더 눈여겨봐야 하지 않을까 싶구요, 이 정도로 토론을 마치도록 하겠습니다.

노태돈 (사회) : 네 거기에 대해서 말씀해 주세요.

조영광 : 사실 지적하신 문제들은 제가 발표문을 작성하면서 고민했던 문제들도 있고요 쓰려다가 못한 것이 네 번째, 다섯 번째에 포함되는 것 같습니다. 특히 네 번째 경우는 주로 고고학 성과라 고고학 쪽에서 말씀해 주시지 않을까 해서 대충 정리하였습니다. 앞에 있는 첫 번째, 두 번째 질문 중에 첫 번째 질문 같은 경우에는 임기환 선생의 발표에서 나왔던 연구계획의 심화, 연구조직, 연구인력 양성의 심화, 우리 인력이 어떻게 양성되고 있는가, 저 같은 개인연구자 입장에서 어떠한 시스템이 있다고, 어떠한 경향이 있다라고 말씀드리기 어려운 부분이 있는 것 같습니다. 다만 이제 동북공정기에 돈이 풀렸을 때 그때 참가했던 사람들이 발해과학원이라든지 요녕성문물연구소. 중국사회과학원이라든지 아니면 대학 소속의 통화사범학원이나 연변대학이나 길림대학이나 장춘사범대학, 동북사대인데요 그쪽에서 몸담았던 연구자들이 사실 그 이후에도 지속적으로 연구성과를 내면서 연구인력이나 연구성과가 나온게 아닌가 그렇게 생각하고 있습니다.

세 번째 질문에 있는 『동북사지(東北史地)』와 관련해서 말씀드리면, 『동북사지』가 2004년 첫 번째 창간되었을 때만 해도 거의 뭐 고구려사 논문으로 도배를 했다는 것을 다 알고 계실 겁니다. 2005년, 2006년을 지나면서 이후로 스스로도 자각이 있었는지 모르겠지만 동북지역 전체를 요금원청이라든지, 근현대의 독립투쟁이라든지 이런 방면에 대한 연구성과가 많이 늘면서 고구려의 비중을 점점 줄여 나가고 있는 형국입니다. 이제 내용 자체는 동북공정 진행기 당시까지 고구려사의 중국 귀속문제라든지 수준 낮은 논문들이 많이 실렸습니다. 대외관계사도 종속관계라는 이런 식의. 지금 같은 경우는 딱히 논문수준이 올라갔다라고 말할 수 없겠지만 다양한 주제가 나오고 있구요, 그리고 조금 더 연구자 정리와 관련된 주제를 많이 다루고 있는 것 같습니다. 질문을 섞어서 답을 드렸는데요 덧붙여서 말씀드리면, 두 번째 질문에 동북공정이 공식적으로 끝났음에도 불구하고 계속적으로 연구가 되고 사실 연구수량으로 보면 동북공정기나 동북공정 이후나 딱히 큰 차이는 없습니다. 돈이 얼마나 풀렸는지에 따라서 그렇게 차이가 날 법도 한데 차이가 나지 않고 여전히 관성에 의한 것인지 아니면 지방정부나 개인연구자의 관심이 증대되어서 그런 현상이 나온 것인가에 대해서 딱히 뭐라 말씀드리기 힘들구요, 다만 둘 다라고 생각됩니다. 동북공정의 프로젝트가 공식적으로 진행되는 것은 끝이 났지만 그 이후에도 계속 연구성과들이 출간이 되고 있습니다. 예를 들어 『간명고구려사(簡明高句麗史)』라든지, 그런 것들이 출간이 되었고, 또 관련 과제가 중국 내부, 본토에서 출판을 못하니까 홍콩에서 출판한다든지 이런 식으로 해서 아마 그런 차원에서 볼 때 동북공정이 계속 진행이 되는거다 라는 생각이 되고요, 그리고 다시 각 성이나 직급시라고 해서 현, 시, 향의 중간 단위 대규모 우리로 치면 광역단체와 기초단체 중간급되는 직급시 차원에서 여러 가지 공식적인·비공식적인 프로젝트들이 추진되는 것으로 알고 있습니다. 그런 과정 중에 직급시나 지방정부에서 프로젝트를 진행하는 것은 어떠한 역사왜곡이나 역사상 정립이나 그런 것보다는 아무래도 그 지역의 관광자원 개발이라든지 지역적인 특색 선전이라든지 그런 문제와 관련되어 있다고 생각됩니다.

네 번째, 장복유(張福有)에 대한 얘긴데요 사실 다 아시겠지만 장복유 선생 같은 경우는 길림성사회과학원의 최고책임자들 중의 한 분이고 고구려사와 관련해서 많은 연구를 진행한 연구자인데요, 보면 연구나 그런 개인적인 연구는 아니고 길림성 차원의 연구인데 연구 패턴이 보입니다. 2007년도에 고구려왕릉 관련해서 두꺼운 책을 세 권 출판을 했고 그게 마무리되고 나서는 천리장성 관련해서 논고를 계속 많이 내왔습니다. 심지어 변장연구 길림성과 요녕성 지역에 있는 변장을 가지고 고구려 천리장성이 점선상에 있는 것이 아니라 직선상에 어느 정도 실체가 있는 존재였다라는 것까지 정리가 완전히 끝이 납니다. 그리고 이제 이성제 선생님께서 지적을 해주셨지만 초기의 한대 토성 또는 고구려 조기의 성 유적들에 대한 보고서를 내고 있습니다. 장복유가 과거 왕릉을 비정한다든지 아니면 장성을 결정할 때 보면 문헌자료들을 많이 인용합니다. 사실 문헌자료를 인용하기는 하지만 보고 자료에 대해서 끼워넣기 식으로 인용한 것이지 문헌을 비판적으로 분석을 해서 그것을 가지고 근거로 삼은 것은 아닌 것 같습니다. 그래서 제가 이것을 어떻게 문헌사 연구경향에 넣어야하나 말아야하나 고민하다가 못 넣었었는데 추후에 보충하도록 하겠습니다.

다섯 번 째 같은 경우에는 간단하게 언급하고 넘어갔는데 원사료에 대한 연구를 진행하는 학자들 중에, 잘 아시는 연변대의 조선족 교수이신 박찬규(朴燦奎) 선생이나 지금은 돌아가셨는데 유자민(劉子敏) 선생 그리고 장춘사대의 강유공(姜維公) 선생, 고복순(高福順) 선생 정도가 있는데요, 아시다시피 박찬규 선생 같은 경우는 조선족이시다 보니까 자기가 활용할 수 있는 것을 가지고서 『삼국사기』고구려전에 대한 역주조선전을 내었습니다. 공동프로젝트에 대한 보고서를 낸 것으로 제가 알고 있습니다. 강유공 선생이나 고복순 선생 같은 경우에는 『한원(翰苑)』「고려기(高麗記)」와 관련된 일문들, 『태평어람(太平御覽)』이라든지 『책부원귀(冊府元龜)』라든지 남아있는 일문들을 모두 모아서 『「고려기」연구(「高麗記」研究)』라는 책을 내었는데요 크게 주목되는 바는 없다고 생각을 하는데 추후 한

번 더 보충하도록 하겠습니다. 그리고 유자민 선생같은 경우에는 원래 중국문학을 전공한 사람이다 보니까 중국정사에 나오는 고구려전을 역주를 한 거고 조금 주목을 할 만한 부분은 고고학적인 유적이나 위치 비정 이런 것들을 우리 식이 아닌, 말 그대로 중국 사람이 중국학자가 보는 식대로 비정을 많이 합니다. 그래서 학술적 가치가 크게 높지 않다고 저 개인적으로 판단을 했었는데요. 이 부분에 대해서도 추후 보충하도록 하겠습니다. 이상입니다.

노태돈 (사회) : 추가로 더 질의할 것 있습니까? 네. 그러면 두 분의 토론 중에서 제기되었던 몇 가지 문제 중에서 조영광 선생은 그 외에도 이 시기에, 말하자면 중국사회에서 고구려사에 대한 대중서들이 많이 발간된 점을 지적했습니다. 그래서 대중들에게 고구려사가 중국사라는 인식을 심어주는, 그런 것들이 영향을 줄 수 있는 작업들이 진행되었다는 것을 지적했습니다. 이런 부분들도 장기적 봐서 상당히 의미있는 부분들입니다. 여러분들도 앞으로의 동향을 주시할 필요가 있으리라고 여겨집니다.

그러면 다음 번 주제로 나가도록 하죠. 정원철 선생의 "동북공정 이후 중국의 고구려·발해 고고학 연구동향"에 대한 발표가 있었습니다. 여기에 대한 양시은 선생의 토론이 있겠습니다. 양시은 선생, 토론해 주세요.

양시은 : 서울대 박물관의 양시은이라고 합니다. 제가 정 선생님의 '동북공정 이후 고구려·발해 고고학 연구동향'에 대한 토론문을 작성했는데요, 앞장은 서론 들이어서 서 너 가지만 질문을 하고 마치도록 하겠습니다. 사실 잘 아시겠지만 정원철 선생님의 발표문 같은 경우에는 중국에서 실시한 고구려와 발해 유적에 대한 발굴조사의 최신 정보를 담고 있습니다. 그런 자료들이야말로 우리 고고학계에서는 매우 의미있는 보고가 아닌가 생각하는데요, 실제적으로 실물을 보지 못하는

상황에서 그러한 발굴자료들을 분석하는 것이 바로 어떻게 보면 고대사에 대한 제대로의 인식과 실질적인 자료에 대한 분석이 결합하게 되면 우리 역사의 정체성이라든가 이런 부분들을 분명하게 할 수 있는 가장 좋은 방법이 아니가 생각하고 있습니다. 그리고 발표자께서는 앞서 노태돈 선생님께서도 말씀하셨지만 중국내에서 고구려와 발해 연구의 초기 연구자를 다소 배출하고 있는 길림대학에서 고구려 토기 그리고 고구려 산성으로 석사·박사학위를 받았습니다. 그래서 아마 이 발표에 가장 적합한 인물이고 또 중국의 동북공정을 진행한 당시와 전후를 가장 잘 파악할 수 있는 연구자 중의 한 명이 아닌가 그렇게 생각하고 있습니다. 선생님의 이번 발표가 연구동향이기 때문에 기본적으로 다른 의견은 없고요, 그 동안에 관심이 있었던 내용들을 질문하는 것으로 토론에 임하도록 하겠습니다.

첫 번째는 실질적으로 길림대학 고고학과에서 동북공정의 중추 역할을 담당했습니다. 그래서 앞에서 여러 발표자들께서 말씀하셨지만 동북공정이 진행되고 있던 시점하고 완료된 이후를 비교해 봤을 때 가장 큰 변화라고 한다면 아무래도 후진세대를 양성하고 논문 수준들이 질적으로 높아진 것 그런 부분이 아닌가 저 개인적으로 생각하고 있습니다. 저도 내용들을 찾아보고 있는데요 특히 최근에 석사나 박사, 박사는 별로 없기는 합니다만 석사학위 논문이 많이 발표되고 있습니다. 동북공정 이전과 비교해 보면 굉장히 많은 논문이 발표되고 있는데요, 선생님께서는 잡지들에 대한 연구 분석을 하셨지만 길림대학에서 공부를 하시면서 어떤 그런 변화들이 확실히 감지가 되는 것인지 그리고 또 박사 논문들은 아마 이러한 석사논문이 연구가 진행되어서 종합되면 나오지 않을까 생각을 하는데 그런 연구경향이 감지가 되는지 질문하고 싶고요,

두 번 째는 동북공정 진행과 관련해서 똑같은 이야기이긴 합니다만 많은 고구려 및 발해 유적이 조사되고 특히 이례적으로 보고서가 간행이 되고 있습니다. 고구려의 보고서들이 이미 간행이 됐었고 지금 흑룡강성을 중심으로 발해유적 보고

서가 계속 발간이 되고 있고 제가 알기로는 길림성에서도 발해유적보고서를 준비 중인 걸로 알고 있는데요 그런 발굴보고 조사뿐만 아니라 최근에 많은 지역박물관이 오픈했습니다. 그 동안 고대사 자료들을 실제적으로 볼 수 있는 기회가 적었는데 많은 지역박물관이 오픈되어서 거기에 실물자료들이 공개되고 있습니다. 그런 고구려나 발해유물을 많이 볼 수 있는데요 특히 최근에 접한 정보로는 훈춘시박물관도 오픈할 예정에 있다고 하고요, 연변시박물관도 9월에 개관을 한다고 합니다. 물론 집안시박물관이 언제 오픈할지 아직 미정입니다만 그걸 제외하더라도 나머지 전시관들이 많이 오픈하고 있습니다. 그래서 그런 연구 자료를 앞으로 많이 공부하고 연구를 해야 할 것 같은데요 저도 박물관을 다녀오면서 박물관의 유물에 대한 전시가 아니라 전시방향 자체가 동북공정의 연구결과물들을 충분히 반영하고 있는 게 아닌가 그런 생각을 해보고 있습니다. 물론 초창기에는 패널이나 이런 부분에 '지방정권'이라는 문구가 등장을 해서 굉장히 많은 비판을 받기도 했습니다만, 최근에는 그런 문구만 삭제했을 뿐이지 전시기획이라든가 의도부분에서 많이 등장한 게 아닌가 생각하고 있는데요, 이런 부분과 관련하여 선생님은 어떻게 생각하고 계시는지 그리고 우리가 어떻게 대응해야 될지 말씀을 해주시고요.

세 번째로는 가장 특이한 것은 동북공정 이후에 고구려산성들이 발굴·조사되고 있다는 점입니다. 실질적으로 산성이라고 하는 부분은 물론 관광지 개발도 있겠습니다만 우리나라도 마찬가지겠지만 학술적으로 목적을 가지고 있지 않으면 발굴하기 굉장히 어려운 곳입니다. 어떤 도시개발과 관련해서 고분이나 다른 유적들은 발굴 조사할 수 있지만 산성들은 어떤 의도를 갖고 있지 않으면 발굴할 수 없는 곳이거든요. 그래서 지금까지 고구려나 발해 유적이나 산성들은 발굴·조사되지 않고 있습니다만 고구려산성들은 지표조사보고서가 대부분이었고 또 그런 내용을 바탕으로 연구를 해왔습니다. 그래서 최근에 선생님께서 말씀하셨듯이 여러 유적들이나 산성들이 발굴되고 있고 또 여러 가지 공정들이 지금 이루어지고 있는데 길림성 같은 경우에는 '길림성고구려유적보호방안'이 있고 요녕성같은 경우는 '요녕성고구려유적보호공정'들이 있습니다. 그런 것들이 동북공정 관련해서 어떤 영향이 있고 중국정부의 어떤 계획들을 혹시 알고 계시면 말씀해 주셨으면 좋겠구요.

4번하고 5번은 시간관계상 질문드리지 않겠는데요. 마지막 5번 관련해 발해 같은 경우에는 고구려도 마찬가지입니다만 여러 학자들이 보고서라든가 간보라든가 이런 것들에서 발해 묘장에 대해 여러 가지 내용들을 쓰고 있습니다. 특히 육정산고분군 경우에도 그 동안 우리가 토축묘, 석축묘 이렇게 구분한 연구자도 계셨고 또 여러 가지 발해 묘장의 유형에 따라서 분류하기도 합니다만 기존에 우리 연구들은 항상 수동적으로 가져와 유형분류하기도 합니다만 연구자들마다 이런 이런 의견들이 있다고 하면서 사실 그걸 받아들일 수밖에 없는데 앞으로는 우리도 그런 부분에서 고구려든 발해든 고고학적인 성과를 받아들일 때 우리가 좀 더 집중적으로 이런 용어를 이런 분류들을 어떻게 할 것인지 서로 의견교환이 있었으면 좋겠습니다. 물론 그런 부분에서 어떤 개개인의 연구자들의 어떤 생각들을 통합한다는 것은 물론 문제가 있을 수 있습니다만 한 번 정도는 정리해 볼 필요가 있지 않을까(하는 생각을) 제 개인적으로 가지고 있습니다. 이상입니다.

노태돈 (사회) : 네. 말씀해 주세요.

정원철 : 모두 다섯 개 질문을 해주셨는데 그 가운데서 네 번째, 다섯 번째 질문에 대해서 산성의 편년이라든지, 발해무덤의 구조라든지 이런 부분들은 다 사실은 질문을 받자마자 제가 대답할 수 있는 것은 아니고 시간을 가지고 제가 연구를 해야 될 부분인 것 같습니다. 선생님께서도 이 부분에 대해서는 굳이 답변을 해 달라고 하시지 않으셨기 때문에, 중점적으로 앞에 있는 세 부분에 대해 답변을 드리도록 하겠습니다.

먼저 양 선생님께서는 동북공정 당시에 길림대학 고고학과에서 동북공정의 중추적인 역할을 담당한 걸로 이해를 하시고 계시고 동북공정 진행 시점과 완료 이후에 어떤 특별한 변화가 있었는지, 특히 석·박사 관련 논문과 연관시켜서 그러한 점들이 석·박사 논문에서 차이가 나지 않는가 이렇게 이해를 하시면서 아울러서 제가 또 길림대학에서 꽤 오랫동안 있었기 때문에 경험담이라고 할까요, 있으면서 고구려 유적이나 유물에 대한 조사와 연구에 참여가 가능했는지 그 여부에 대해서 질문해주셨습니다.

먼저 길림대학 고고학과가 동북공정의 어떤 중추적 역할을 했다고 표현하셨는데 저는 그 표현이 정확한 건지 잘 모르겠습니다. 왜냐하면 분명히 어떤 간접적으로 연관이 있었을 겁니다. 왜냐하면 2002~2004까지 연구 과제를 중국변강사지연구중심(中國邊疆史地硏究中心)에서 길림대학 고고학과에서 참여했고 그리고 최종적인 과제물도 제출했었습니다. 그리고 개인적으로 저의 지도 교수님입니다만 위존성(魏存成) 교수 같은 경우에는 세계문화유산에 등재하는데 있어서 굉장한 영향력을 행사하게 됩니다. 그래서 나중에는 고구려유적의 세계문화유산등재의 3대 공신이라는 표현까지 할 정도로, 그런 이야기까지 제가 들었으니까요. 분명히 간접적인 부분에서 연관이 있다고 하겠습니다. 그렇지만 길림대학 고고학과 이외에도 동북공정에 참여한 대학이라든지 기관은 뭐 무수하게 많습니다. 그래서 일단 표현 자체가 좀 그렇습니다마는 어떤 중추적인 역할보다는 간접적인 역할은 충분히 했었던 것으로 그렇게 이해를 하시면 될 것 같고요.

그리고 동북공정 이전 그리고 동북공정 이후에 석·박사논문의 편수에 관해서는 확실한 차이가 있습니다. 제가 지금 직접 발표문에서는 언급을 하지 않았습니다만 특히 고구려, 발해 관련 석·박사논문이 동북공정 이전에는 거의 찾기가 힘들었습니다. 그런데 대략 동북공정이 시작되고 나서 90년대 초반부터 굉장히 많은 수의 고구려, 발해 관련 석·박사논문들이 나오고 있습니다. 물론 박사논문 같은 경우에는 지금까지 3편 정도밖에 안 됩니다만 석사논문 같은 경우에는 고구려도 그렇고 발해도 그렇고 근 10편 가까이 나온 걸로 제가 파악하고 있습니다. 그건 분명히 동북공정 과정 중에 여러 발굴조사를 통해서 얻어진 데이터를 통해서 길림대학 고고학과 쪽에서는 그런 연구성과를 취합을 하고 정리를 해서 석사논문, 박사논문으로 발표를 했었던 것으로 충분히 이해를 할 수 있겠고요.

그 다음에 제가 유학 중에 고구려·발해유적에 대해서 발굴조사에 참여를 했었는지 그 여부를 질의하셨는데 결론적으로 말씀드리면 저는 고구려·발해유적에 대해 발굴에 참여하지 못했습니다. 왜냐하면 동북공정 초기이기 때문에 제 나름대로 중국생활에 적응한다고 하는 부분도 있었습니다만 중국 자체적으로 가지고 있는 고고학적 환경과 밀접한 연관이 있습니다. 우리나라 경우 대학 자체가 최소한의 발굴할 수 있는 인원만 있으면 발굴을 할 수 있고 하지만 중국의 경우는 대학 자체적으로 발굴조사를 할 수가 없습니다. 그 대신 대학 내에서 발굴조사가 이루어지는 것은 3학년 과정 중에 필수적으로 하는 실습과정, 아니면 이와 같이 고구려라든지 발해유적에 대한 긴급한 조사가 있을 경우에 방학을 이용해서 협조를 해서 발굴조사를 하는 식으로 되어 있습니다. 그래서 대학 자체적으로 발굴조사에 참여할 수 없기 때문에 빈도 자체가 굉장히 줄어들고 그리고 외국유학생들 같은 경우에는 실질적으로는 학교기관 뿐만 아니라 그 상급기관의 일종의 비준이 있어야 합니다. 그렇지 않으면 발굴조사에 참여할 수 없습니다. 물론 저 같은 경우에는 길림대학 재학 중에 발굴조사에 두 번 정도 참가했었습니다. 그런 경우에는 중국에서 일종의 '꽌시'라고 그러죠. 관계에 의해서 위로 올라가는 과정들을 제하고 그런 관계에 의해서 발굴조사에 참여하였던 것이지 일단은 굳이 법률적으로 따지자면 외국학생 입장에서 발굴조사에 참여하기가 굉장히 힘든 상황입니다.

그 다음에 두 번째 질문이 박물관에서의 전시기획이나 의도가 동북공정의 연구결과를 반영함으로써 동북지역의 주민들에게 고구려나 발해 자체의 역사와 물질문화보다는 중국사의 일부분으로 자연스럽게 인식시키도록 하는 것은 아닌지 걱정이 됩니다. 거기에 대해서 어떻게 생각하고 있는지 질문하셨는데요. 제가 귀국한 이후에 한 2년 동안 사정에 의해서 중국에 들어가지를 못했습니다. 좀 부끄러운 이야기입니다만 최근에 중국내 박물관에서 고구려 그리고 발해 유적·유물에 대한 전시내용이 어떻고, 그리고 또 전시방식이 어떤지 그리고 전시 의도는 어떤 것인가 이런 부분에 대해서는 제가 지금 정확하게 파악을 못하고 있는 상황입니다. 이 자리에서 제가 말씀드릴 수 있는 것은 박물관 자체가 가지고 있는 교육적인 측면과 연관시켜서 어떤 원론적인 부분에서 말씀드릴 수밖에 없을 것 같습니다. 과거에 집안시박물관, 그리고 오녀산성유물전시관 그리고 요녕성박물관 같은 박물관의 전시내용을 살펴보셨으면 다 아시겠지만 일단 고구려, 발해 그리고 부여까지 포함해서 우리 역사를 일개 소수민족의 역사로 치부를 하는 그런 문구들이 많이 들어 갔었었죠. 물론 최근에는 새롭게 집안시박물관이 만들어지고 또 오녀산성에서도 새로운 박물관이 만들어졌는데 그 전시 내용 중에 일부 문구의 조정이라든지 기존에 썼던 문구들이 사라졌을지 모르겠습니다만 기본적으로 중국에서 가지고 있는 기본적인 동북공정식의 그런 의도는 바뀌지 않았을 거라고 생각합니다. 중국내에서 고구려·발해박물관은 역사왜곡의 실질적인 창고 같은 곳이기 때문에 앞으로 이 부분에 대해서는 관심을 두고 살펴봐야 하지 않을까 싶습니다.

그리고 세 번째 질문에 대한 답변은요, 최근에 고구려 산성에 대한 발굴조사가 굉장히 많이 늘어나고 있는데, 제가 파악한 내에서는 그렇습니다. 일단은 구제 발굴이 일정 부분 차지를 하고 있고요, 그 다음에 양 선생님도 말씀하셨지만 그리고 관광지 개발에 따라서 고구려산성을 발굴하는 계기가 있고, 그리고 발표문에서도 언급을 했었습니다만 예를 들어서 자안산성같은 경우는, '길림성고구려유적보호방안'이라는 일종의 프로젝트죠. 그 프로젝트에 의해서 자안산성에 대한 발굴조사가 이루어졌었고, 그리고 봉황산성 같은 경우는 '요녕성고구려유적보호공정'이라는 마찬가지로 발굴조사프로젝트입니다. 사실은 산성뿐만 아니라 무덤 발굴과 건물지 발굴에서도 이러한 프로젝트들이 그대로 진행이 되고 있습니다. 예를 들어서 장군총 서남쪽의 건물지 유적에 대해서는 '집안고구려유적본체보호공정'이라고 이름을 붙여서 발굴조사가 이루어졌었고 집안시 무덤에 대해서는 '통구고묘군묘장본체보호공정'이라는 이름하에 발굴조사가 이루어졌습니다. 저는 형식적으로 동북공정 자체가 날짜에 맞춰서 끝났다고는 하지만 실질적으로 이런 예들은 고고학적으로도 동북공정이 끝나지 않고 여전히 중국정부의 지원을 받아서 지방정부 차원에서 특히 고구려유적에 대해서 벌이고 있는 동북공정의 후속 조치, 그리고 세계문화유산 차원에서 이러한 프로젝트들이 진행된 것으로 파악하고 있습니다. 물론 몇몇 부분에 있어서는 고구려유적에 대한 발굴조사 그리고 보호차원에서 이루어지는 것이기 때문에 물론 그런 부분에서 긍정적으로 바라볼 수 있습니다만 이러한 사례들이 동북공정 논리에 맞춰서 왜곡될 수 있는 여지도 충분히 있기 때문에, 이에 대해서 앞으로 자세한 내용에 대한 분석도 필요하리라고 생각됩니다. 이상입니다.

노태돈 (사회) : 정원철선생의 발표는 앞의 조영광선생의 발표와 마찬가지로 방대한 자료들에 의한 자세한 정보를 전해주고 있습니다. 이런 것을 조사하고 분석, 파악해서 정리하는 것은 큰 작업이고 이러한 정보의 제공이 이 자리에 참석하신 분들을 위시해서 많은 연구자들에게 좋은 학술정보를 제공해주고 있다고 여겨집니다. 아울러 하나 더 요청을 드린다면, 이러한 정보를 분석하시면서 가령 고고자료 같은 경우에는 혼강의 부이강 근처의 나합성 유적을 그 전에 5월 달에 가봤는데 일전에 요녕성에서 발굴을 했죠. 그런 것처럼 유적을 발굴하면 발굴 의도가 있을 겁니다. 그건 달리 말하면 그런 발굴을 통해서 어떠한 역사상을 파악해보기 위한 것인지 그 나름대로의 어떤 발굴 목적이 있을 것입니다. 발굴 자료를 정리하시면서 그런 것도 추출을 하셔가지고 제시해 주시면 연구자에게 많은 도움이 될 수 있을 것 같습니다. 앞에서 산성 발굴의 경우에는 특히 발굴 목적의식이 없으면 하기 어렵다는 양 선생이 지적해주셨습니다만, 방대한 고고발굴에 대한 자료를 전달해주는 것도 중요하지만, 그것을 정 선생 나름대로 정리를 해가지고 이런 자료들을 봤을 때 이런 의도가 있는 게 아닌가 이런 목적이 있는 게 아닌가 이걸 좀 제시해 주면 우리같이 학술정보에 어둡고 게으른 사람들에게 참 좋을 것 같습니다.

자 그러면 지금까지 네 분의 발표와 약정토론을 들었습니다. 조금 쉬고 두 분의 발표와 토론을 하도록 하고 플로어계신 선생님들의 질문을 받겠습니다. 10분 정도 쉬었다가 속개하도록 하겠습니다. (10분간 휴식)

노태돈 (사회) : 아 피곤하시죠. 고지가 저 앞에 보입니다. 조금만 참읍시다(전체 웃음). 예 그럼 다음 주제로서 '동북공정 이후 중국의 발해사 연구동향'에 대한 김종복 선생의 발표가 있었습니다. 여기에 대한 권은주 선생의 약정토론이 있겠습니다. 권은주 선생, 부탁합니다.

권은주 : 네 반갑습니다. 경북대학교 사학과에서 발해사를 공부하는 권은주입니다. 쉬기 전에 제 차례라고 바짝 긴장하고 있었는데 쉬어서 갑자기 맥이 좀 풀렸습니다. 사실 처음에 토론 의뢰를 받았을 때는 대구에서 하게 되었는데 사실 대구에서, 지방에서 발해사 관련된 토론과 발표를 한다는 그런 기회가 많지 않습니다. 대구지역에서 문헌의 발해사 전공은 저밖에 없기 때문에 당연히 맡아야 된다고 생각했는데 이렇게 큰 세미나인줄 몰랐습니다. 이러한 중요한 의미를 가지고 있는 세미나인줄 몰랐는데 미리 알았더라면 고사를 했을 것 같은데 어쨌든 이렇게 맡게 되었습니다. 그래서 좀 부담이 많은데요, 공부를 좀 더 해가지고 했었어야 되는데 예 좀 그렇습니다. 그리고 김종복 선생님께는 제가 많이 배우고 있는 입장이기 때문에 어쨌든 토론을 맡게 되어서 영광으로 생각을 하고요, 토론문을 읽어가면서

토론을 하도록 하겠습니다.

2007년 초에 끝난 동북공정은 이론화 작업에도 불구하고 일관되게 중국은 역사 편입뿐 아니라 정치·경제·문화 전반에 걸쳐서 동북3성 지역을 중국 중심과 일체화하는 작업을 현실에서 빠르게 구현해 내고 있습니다. 현재 동북지역의 변화상은 동북공정이 시작되기 전과 비교했을 때 같은 나라인가 싶을 정도입니다. 제가 처음 중국을 갔을 때가 10여 년 전인데 그 때와 지금을 비교해 보면 굉장히 많은 변화를 보이고 있습니다. 발해사를 공부하다보니 무엇보다 중국학계의 발해사 연구 변화에 관심을 가질 수밖에 없는데 토론을 맡은 입장에서 의무를 다하기 위해서 서 너 가지 질문을 드리도록 하겠습니다.

먼저 첫 번째는요, 발해 건국주체와 성격 문제는 발표문 281-2쪽(333~336쪽)에 선생님의 발표문의 머리말에 지적하신 대로, 발해사를 고구려사와 분리해서 파악할 수 없다는 딜레마로 인해 의도적으로 동북공정 이전이나 이후나 같은 경향을 보이고 있는데도 말갈을 강조하여 왔습니다. 단지 말갈을 지금도 계속 강조하고 있는 것처럼 보이기는 하지만 기존에 있었던 말갈을 강화하는 것은 아닙니다. 현재 그런 경향이 있는데 요거는 동북공정 이전의 중국학계의 입장이 관성적으로 반복되고 있기 때문입니다. 왜 그러냐하면 실제 동북공정 이전에 이런 주장을 했던 사람이나 그 사람들이 그대로 동북공정 이후에도 자기 주장을 계속 반복하고 있고 또 새로운 학자들이 나온다 하더라도 그 사람들의 제자들이기 때문에 이런 주장들은 관성적으로 반복되는 것이지 강화되어 간다라고 하기는 곤란한 측면이 있습니다. 제가 볼 때 대표적인 것이 이덕산(李德山)인데요, 이덕산의 글에서 이들이 중국학계에서 그간에 말갈을 강조해 왔던 그러한 목적이라고 할까요 이런 것들을 잘 엿볼 수가 있습니다. 이덕산 같은 경우 2006년도에 박사학위를 받았는데요, 물론 그 이전부터 오랫동안 연구활동을 하던 분입니다. 이분의 논문 내용에 보면 발해사 관련해서 말갈의 종속기원 이것은 중국 쪽의 입장에서는 발해건국 주체의 기원과 동일한 문제로 여겨지고 있는데요 이것을 연구하는 목적에 대해서 "이들의 역사를 정리하는 것은 발해 건국 전 말갈민족과 중앙왕조와의 관계를 대변하고 발해왕국의 연원을 이해하며, 말갈민족과 고구려민족과의 경계를 확실히 하는데 중요하다"라고 밝히고 있습니다. 그래서 기존에 동북공정 이전에도 줄기차게 이어져 왔던 말갈, 발해와 관련된 종속기원에 대한 중국학계의 입장이라고 하는 것은 고구려사 나아가 한국사와 일정한 선긋기를 의도하는 목적에서 이뤄지는 측면이 강하다는 것을 여기서도 엿볼 수가 있습니다. 중국학계에서는 잘 아시다시피 그간에 암묵적으로 고구려사가 한국사라는 인식이 강해서 발해사를 온전히 중국사의 일부로 해석하기 위해서는 말갈을 강조할 수밖에 없었습니다. 본 글에서 김종복 선생님이 분석하신 1장이나 2장이나 3장과 관련된 그런 연구들에서도 그런 경향들은 반영되고 있습니다. 그러나 동북공정 이후에 아직 미미하기는 하지만 이런 중국학계에서 가지고 있었던 고구려사와 관련된 딜레마, 이것을 중국학자가 직접 표현한 건데요, '역사적 금구(禁區)'라고 이야기했습니다. 역사적 금지 구역. 고조선이든지, 고구려사라든지 이것은 기존에 중국학계에서도 이는 한국사와 관련된 것이다. 이것을 의도적으로 연구를 기피하는 경향들이 있었던거죠. 동북공정이 시작되고 난 다음에 자기들 자체적으로 이런 얘기를 해요. 그래서 우리가 가지고 있던 역사적 금구(禁區)가 깨졌다. 사실은 그렇게 생각할 필요가 없었는데 그 동안 이런 역사적 금구(禁區)와 관련된 한계를 가지고 있었기 때문에 중국학계에서는 여태까지는 고조선이라든지 고구려를 강력하게 주장하지 않았는데 고구려사나 고조선 역시도 조공책봉 관계 속에서 중국사였기 때문에 굳이 그런 틀, 기존의 인식 이런 것들에 얽매여서 할 필요가 없다. 이렇게 해서 지금 그런 틀이 깨지고 있습니다. 그래서 고구려와의 관련성을 어느 정도 인정한다든지, 말갈계통에 대한 다원론이 확산된다든지, 관계사에서 당 중심 일변도에서 동돌궐 등 김종복 선생님 발표 글에서 마일홍(馬一虹)의 글을 보면 동돌궐과의 관계 그런 연구들도 있습니다.

상당히 어떤 변화상들이 보이고 있습니다. 그리고 이제 말갈 계통과 관련해서는 기록적으로 중국에서는 일원론적인 발전이 중심이 되었습니다. 숙신-읍루-물길-말갈로 이어진 그리고 발해로 이어지고 나중에 여진이라든지 이렇게 이어지는 이런 일원론이 대세를 이루었는데 그 중에는 융합론이라든지 다원론이라든지 이런 것들도 있었습니다. 그런데 이제 고구려와의 관계, 스스로 가지고 있던 제한성 이런 것들이 파괴됨으로 인해서 실제 나오고 있는 논문들은 관성적으로 말갈을 강조하던 사람들이 있었기 때문에 일원론적인 글이 많은 것처럼 보이지만 그런데 그런 한계점이 깨지면서 다원론도 많이 확산되고 있습니다. 이 다원론과 관련해서는 어제 김현숙 선생님 발표 중에 잠깐 언급이 되었던 손진기(孫進己), 동북공정에서 이론적인 대가로 활동했던 손진기가 대표적인 인물입니다. 이 분이 이론적으로 활동을 했기 때문에 이 다원론이란 것도 많은 영향을 끼치고 있는 변화상들이 보이고 있습니다. 그렇게 중국 쪽에서는 고구려사와의 관련성이 없다 라고 이야기하기 위해서 말갈을 여태까지 강조를 했는데 중국 자체로는 그런 한계를 넘어섰습니다. 그런 반면 우리의 경우 지금 현재 중국 쪽에서 말갈 쪽을 강조했기 때문에 우리 학계에서는 발해사를 우리의 역사로 강조하기 위해 반대로 고구려를 강조했었거든요. 그런데 중국에서 그런 한계를 벗어났을 때 우리가 지금까지처럼 발해의 고구려적인 관련성만을 강조해 가지고는 이 발해사를 우리의 역사로서 이야기하기는 지금 문제가 좀 발생했거든요. 그래서 이런 변화상에 대해서 우리가 직접적으로 어떻게 대응을 해야 될까라는, 물론 이것은 같이 고민해야 될 부분인데 어쨌든 저보다 먼저 공부를 하셨던 김종복 선생님의 어떤 의견이 있으시다면 한 번 여쭤보고 싶습니다.

그 다음 두 번째는 말갈발해국명설과 관련해서인데요, 최근 중국의 발해사 연구에서 가장 특이한 것이 말갈국명설입니다. 말갈은 종족명이지 절대 국명은 아니었습니다. 이건 우리가 상식적으로 그렇게 생각하고 있는데, 발해가 당에 반기를 들어서 건립한 독립국임을 인정하지 않고 중국에서는 사료상에 보이는 '자칭 진국

(振國)이라는 것을 부정하는, 가장 지금 발해 연구 중에서 가장 억지스러운 부분이 이 말갈국명설이 아닌가라고 생각합니다. 사실 이 부분에 대해서는 거론조차도 하기가 싫을 정도의, 수준 이하의 주장이라고 생각이 됩니다. 그래서 굳이 발해국명설에 대해서는 김종복 선생님의 다른 연구에서도 이것과 관련된 언급이 있었고 다른 선생님들도 말갈국명설이 말도 안 된다라는 그런 분석들이 있었기 때문에 더 이야기를 하고 싶진 않고요, 다만 이제 발해국명과 관련해서 김종복 선생님께 문의드리고 싶었던 것을 하나 여쭤보도록 하겠습니다. 대체로 발해의 국명이 713년경 진국(振國)에서 발해로 전환되었다고 보고 있는데요, 저도 대체로 이 정도 시기에 진국에서 발해로 전환되지 않았을까라고 생각을 하는데 김종복 선생님께서는 진국이라고 하는 국명이 한동안 사용되었다라고 보고 계십니다. 그래서 8세기 중엽 이후에 발해국명이 바뀌지 않았을까 이렇게 보고 계시는데, 그래서 이것에 대한 구체적인 의견을 여쭤보고 싶습니다.

저 같은 경우는 진국(振國)이 김종복 선생님의 견해처럼 이렇게 오랫동안 사용이 되었다고 한다면 아무리 주변의 국가들이 발해의 고구려 계승성이라든지 이런 것들을 무시하기 위해서 진국의 독립성을 격하시켜서 진국이라고 하는 독자적인 국명을 사용하지 않고 일부러 말갈이라고 하는 호칭을 사용했다 하더라도, 그렇게 의도적으로 사용했다고 하더라도, 발해 자체가 반세기 정도를 진국으로 사용했다면 주변국이 어떻게 대응을 했던 간에 진국의 사용 흔적이 남아 있어야 되는데 그렇지 못하다는 거죠. 그래서 진국을 국명으로 사용했던 기간이 짧았기 때문이 아닐까라는 생각을 합니다. 여기에 대한 보충 설명을 부탁드리고 싶습니다.

그 다음 세 번째는요, 발해와 당의 관계, 지방정권설. 어제 임기환 선생님 발표 중에 보니까 고구려 같은 경우는 지방소수민족정권. 지방정권설보다는 그 지역에 있었던 소수민족의 정권으로 정리가 되어 나간다 이렇게 말씀을 하신 것 같은데, 발해사 같은 경우 전혀 그런 분위기가 없습니다. 여전히 지방정권으로 보고 있는데요. 발해가 당의 지방정권이 아님은 건국과정이나 그 이후 대외활동, 반당 투쟁이라든지 돌궐이라든지 거란과 연계해서 마도산(馬都山)에서 당과 전쟁을 치른다든지 이런 여러 가지 모습들, 산동반도에 있는 등주를 직접 공격을 한다든지, 그리고 8세기 중엽에 상경 천도 이후에 문왕대에 황제국 체제를 확립합니다. 그런 것에서 충분히 독립국가임을 알 수가 있습니다. 그리고 최근에 정원철 선생님의 글에도 잠깐 소개가 되었는데, 용두산에 고분군이 있는데 거기에 용해지구가 있습니다. 거기서 문왕과 간왕의 두 황후의 무덤이 발견됨으로 인해서 발해의 위상을 더욱 더 반증을 해 주고 있습니다. 이렇게 명백한 증거가 있음에도 중국 쪽에서는 한 동안은 지방정권설을 포기하지 않을 듯합니다. 그래서 학문적 뒷받침이 되지 않는 주장에 대해 매번 비판하기보다는 그렇다면 우리 역시 발해를 한국사 체계에 넣는 이론화 작업을 좀 더 구체적으로 이건 뭐 중국에서 어떤 주장을 했다고 해서 거기에 대해 분석하고 반론을 펴고 요런 것에서 좀 더 나가서 이제는 구체적인 어떤 작업들이 필요하다라고 생각하는데요, 어쨌든 발해를 중국사로 보느냐 한국사로 보느냐의 해석은 현재 우리의 인식입니다. 당대(當代)의 발해는 외교관계의 비중을 떠나서 당이나 신라나 똑같은 외국이었습니다. 외교관계사에서 바라봐야 되는데요. 신라가 발해를 북국이라고 불렀다고 해도 이것이 동족의식이나 공동체의식을 가지고 있었다는 것을 증명하지는 않습니다. 친밀관계를 교류현황으로 따졌을 때, 신라와 당과 발해의 교류관계 요거를 빈도수로 따져봤을 때 단순 비교 했을 때는 사실 우리가 좀 밀립니다. 더욱이 중국학계와 한국학계가 인식이 너무나 판이하게 평행선을 달리고 있기 때문에 여기에서 이것을 해결하기에는 결국은 중국은 중국대로 주장하고 우리는 우리대로 주장하고 이것에서 그칠 것이 아니라 제3자, 세계 학계가 받아들일 수 있는, 이해시킬 수 있는 보편타당한 이론이 필요하다고 생각됩니다. 그래서 이런 이론 마련을 위해서 물론 김종복 선생님께서도 맺음말 마지막에 한국사의 새로운 체제를 위한 어떤 모색이 필요하다라고 말씀하셨는데 그와 관련된 어떤 고견이 있으시면 말씀을 좀 부탁드리도록 하고요.

그 다음에 조금 중요한 문제는 아닌데 덧붙여서 사실 어제 오늘 발표를 보니까 제가 주제가 동북공정 이후라고 되어있는데, 이후의 기점을 어디로 잡을 것인가라고 했을 때 지금 선생님의 글은 실제 동북공정 사업 자체가 끝난 이후, 2007년 이후의 글 같은 경우는 1~2편이 지금 발표문에 거론이 되어 있고 그 이후 실제 지금까지 상당한 발해 관련 글들이 나왔는데 거기에 대한 분석은 조금 없는 것 같아요. 그래서 앞으로 논문을 완성하실 때 그 부분도 좀, 동북공정이라고 하는 사업 자체가 끝난 이후의, 사실 큰 인식의 변화는 없기는 하지만 그 외에도 소소한 변화들이 있으니까 거기에 대한 보충을 부탁드리는 바입니다.

노태돈(사회) : 예. 권은주 선생이 간절하게 김종복 선생님께 대답을 청했습니다. 자, 김종복 선생님.

김종복 : 네. 고맙습니다. 저도 고민하는 부분이어서 뭐라고 답변하기가 참 어렵습니다. 저뿐만 아니라 모든 분들이 그럴 거라고 생각하구요. 다만 그런 부분이 필요하다라고 하는 문제의식을 공감하는데 이 자리가 의미가 있지 않나 싶습니다.

먼저 맨 마지막 말씀하신 동북공정 이후에 대해서 분석이 없다고 하는 부분은 전적으로 제 불찰이고 부족한 점입니다. 조금 변명드리자면, 서두에서 말씀드린 것처럼 결국 중국과 한국의 발해사 연구에서 가장 접점이 되는 부분을 세 가지 주제로 집중해서 보는 것이 논의의 진전에 낫지 않을까 싶어 그런 부분은 뺐습니다. 간단하게 말씀드리면 중국에서 발해사 관련된 논문들이 지금 저는 여기 세 주제만 썼지만 상경, 도성 관련된 논문들이 상당히 많습니다. 그 부분은 고고학 쪽이라 빼버린 게 있구요. 또 한 가지는 중국도 마찬가지로 발해사에 대해서 미리 전제가 되어 있으니까 계속적인 동북공정의 한계가 있기 때문에 그걸 구체화시키기 위해서 세부적 논문들이 많이 나옵니다. 제가 최근에 본 것은 아마도 영주 이진충의 난의 전후 과정에서 대조영 집단의 역할 이런 논문들이 제법 많이 나와 있습니다만 그럼에도 불구하고 사실 뭐랄까요 수준이 좀 문제가 있다고 생각합니다. 이건 나중에 말씀 드릴려고 하던 건데 중국학계가 문헌상 입장에서는 중국 쪽 문헌만 본다고 하는 것, 그리고 외국 쪽 논문이라고 하는 것도 한국이나 일본 글들도 아마 학자 분들이 직접 한국어라든가 일본어로 된 논문은 직접 보지 않고 중국어로 번역된 몇몇 논문들만 보기 때문에 거기에서 한계가 좀 있지 않나 싶습니다. 그런 것들을 다 지적했어야 했는데 못했습니다.

이와 관련지어 첫 번째 질문하신 이러한 중국의 연구경향에 대해서 우리가 어떻게 대응해야 될 것인가 질문을 하셨는데, 이 지점에서 결국은 귀속문제에 대해서는 사실상 평행선을 달리고 있기 때문에 얘기해봐야 소용이 없고 우리가 거기서 한 걸음 물러나서 중국 측이 얘기하는 그런 식의 발해사상(渤海史像)이 과연 얼마나 발해사 이해에 도움이 되는가라고 하는 구체적이고 사실적 측면에서 접근을 해야 하는 게 아닌가 그런 생각을 하고 있습니다. 그런데 의외로 그런 부분에서 아까도 말씀드렸지만 말갈족주체설이라든가 당대의 지방정권설을 너무 강조하다보니까 오히려 기존의 초창기에 왕승례(王承禮) 선생이라든가 또 위국충(魏國忠) 선생의 처음에 1984년의 저서보다 보다 오히려 발해사상이 퇴보하는 측면이 많이 보인다는 거죠. 한 가지 예를 들자면 발표문에서는 썼습니다만 시간관계상 말씀 못 드렸는데요, 말갈주체설을 강조하다보니까 대조영 집단은 처음부터 당나라와 전혀 반감 내지는 반대되는 게 없었다는 것을 강조하면서 이른바 이진충의 난에 대해서 우리 학계 또는 기존 일반적인 인식은 대조영 집단이 이진충의 난을 계기로 또는 적극적으로 참여해서 동쪽으로 가서 거기서 일정한 세력을 세웠다. 그렇기 때문에 당나라에서는 걸걸중상과 걸사비우를 회유할려고 했다. 그러나 거부했기 때문에 결국은 당이 토벌했다라는 식이 일반적인 이해인데 최근에 위국충 선생의 『발해국사(渤

海國史)』 경우에는 그런 부분이 빠지고, 이 사람들은 이진충의 난에 전혀 관심조차 없었는데 동북지방 영주에서 일어난 난에 어쩔 수 없이 말려들어갔기 때문에 어쩔 수 없이 피해갈 수밖에 없었다. 이런 식의 논지가 되고 있습니다. 이런 부분은 사실상 사료적으로 근거가 없는 부분이죠, 그렇게 보고 싶은 것들이 강조가 되고 있습니다. 또 한 가지 당대지방정권설의 가장 중요한 근거 중의 하나가 발해는 당나라의 지방봉건정부이기 때문에 당 왕조, 중앙정부에 대해서 '출병조토(出兵助討)'의 의무를 지니고 있었다. 지방정권이기 때문에 중앙정부에서 어떤 명령이 있으면 군대를 동원해서 그것을 중앙정부에서 토벌하고 나섰다는 의무규정을 들고 있는데 그 유일한 근거로서 들고 있는 것은 720년에 당나라가 장월(張越)이라는 사람을 파견해 가지고 그 당시 당나라가 거란을, 영주를 빼앗기 위해서 거란 토벌을 위해서 발해에게 사신을 파견한 기사가 있습니다. 그런데 단지 사신을 파견해 가지고, 사료상 책봉기사에 의하면 당나라에서 장월을 말갈국에 보냈는데 보낸 이유는 해(奚)와 거란이 '배은의(背恩義)' 쉽게 말해서 당나라에 대해서 은혜를 배반했기 때문이다. 그렇기 때문에 그 다음에 당나라의 토벌에 대해서 발해는 동원해 간다라고 하는 게 전후 문맥인 것 같습니다. 그런데 그 이후에 당나라가 거란을 공격함에도 불구하고 발해가 거기 개입되었다는 것은 전혀 사료상에 보이지 않는데 그 사료, 단순하게 당이 발해에게 군사출병을 요청했다는 것만 가지고 발해는 당에 대해 이러한 의무를 가지고 있었다라고 하는 식의 침소봉대(針小棒大)라고 할까요. 사실 그런 것들은 다양한 반증 사료들이 많습니다. 예컨대 당나라에서 이사도(李師道)의 난에 대해서 신라는 1만의 병사를 동원해서 이사도를 토벌하는데 출병했지만 발해는 그런 것들이 전혀 없는데 그런 것들이 자기들한테 유리한 입장만 부각시키다 보니까 사실상 실상이 점 점 더 왜곡이 되는 거거든요. 그런 것들은 어찌 보면 치사하다고 생각이 들지 모르겠지만 그런 부분들을 하나하나씩 사료를 근거로 제시하더라도 중국의 기본적인 두 가지 전제, 말갈주체설이라든가 당대 지방정권설의 한계나, 논리적 근거를 하나하나씩 약화시켜나가는 작업이 필요한 게 아닌가 싶습니다.

궁극적으로 세 번째 질문과 관련되는 건데요, 그렇기 때문에 우리 입장에서 제3국에게까지도 발해사가 한국사라는 것을 이해시킬 수 있는 보편타당한 이론이 필요하다고 생각한다고 말씀하셨고 저도 충분히 수긍합니다. 그런데 문제는 과연 보편타당한 이론이 가능할까? 한국과 중국의 각자 입장이 있는 상황 속에서, 더구나 최근 많이 이야기되고 있습니다만 우리의 역사인식이라고 하는 것이 자국사, 일국사 중심이라고 하는데, 이런 경우 사실상 이런 점이 어찌보면 그렇기 때문에 우리가 단지 고구려를 계승했기 때문에 발해사는 우리역사라고 하는 그런 인식체계에서 벗어나는 좀 더 뭐랄까요? 적극적이라고 해야 될 지 아니면 한 번도 지금까지 우리가 시도해보지 않았던 우리의 민족형성사에 대해 처음부터 재검토가 필요하지 않은가 싶습니다. 그런 점에서 볼 때 발해사에 대한 사학사라고 할까요, 그런 것에 상당히 좀 주목할 필요가 있는데요, 저는 최근에 조선후기부터 한말까지 우리나라 역사서에서 발해사를 어떻게 인식해 왔는가에 대해서 추적하는 작업을 하고 있습니다. 저희가 흔히 발해사를 우리 역사라고 했던 유득공 같은 경우, 발해는 고구려를 계승했기 때문에 우리의 역사라고 하지마는 거기서는 대조영은 속말말갈 출신이라고 분명히 이야기하고 있습니다. 물론 그것은 유득공이 근거로 한 사료가 『신당서』 발해전이기 때문에, 『신당서』발해전에 "대조영은 속말말갈 출신으로 고구려에 복속했던 자"라고 되어있기 때문이기도 합니다만 그런 점을 생각해 보면 유득공이 발해가 우리 역사인 이유는 사실 요즘 한·중간에 문제가 되는 대조영 자체의 족속 문제하고는 조금 거리가 있는 것 같습니다. 그런 부분을 우리가 생각해 보아야할 것 같습니다. 그런데 중요한 것은 대조영을 "속말말갈 출신으로 고구려에 부용한 자" 그런데 여기서 중요한 것은 유득공이 발해사는 우리의 역사로 보아야 된다라고 한 것은 분명히 발해는 조선왕조의 함경도와 청나라 지역을 포괄한 지역이었음에도 불구하고 우리나라 역사로 보아야 된다고 한 것은 최소한 중국사, 청나라 역사에 대해 전혀 관심을 두지 않았다는 거죠. 애초에 발해사라고 하는 것. 속성 자체가 그렇겠습니다마는 양국의 경계에 걸쳐 있었던 나라는 결국 자기 입장에서 먼저 발견, 사실 그런 자국사 입장에서 발견, 확인하는 작업이 근대 역사학의 속성이라고 할 수 있는 그런 것들이 일정한 한계가 왔다는 점, 그런 점을 그러한 인식이 생기게 된 근본적인 배경부터 한 번 살펴 볼 필요가 있지 않을까 싶습니다. 그래서 이 부분은 계속 고민입니다. 그걸로 대신하도록 하겠습니다.

다음 두 번째 발해국명설에 대해서는 추정에 불과합니다만 일단 진국왕을 자칭했을 때 진국이라고 하는 것은 어쨌든 동시대 신라의 최치원이 첩거황구(輒据荒丘)에서 처음 나라를 세워서 진국이라 했으니까 일정하게 쓰였던 것은 분명한 사실인데 문제는 과연 713년에 당나라로부터 책봉호를 받자마자 과연 국호가 바뀌었을까? 그렇게 보기는 곤란하지 않을까라고 저는 생각합니다. 그 근거는 첫 번째 713년에 비록 당나라가 대조영을 발해국왕으로 발해말갈을 책봉했지마는 741년까지 발해말갈로 불렸다는 점은 어쨌든 당나라 입장에서는 그랬더라도 발해 입장에서는 그렇지 않았을거다 생각합니다. 대신 아마도 이 시기가 어쨌든 당 중심의 세계질서에 발해가 들어가기 때문에 그 속에서 발해가 당의 책봉호를 일정하게 사용했던 거는 부정할 수 없는 사실이거든요. 그런 측면에서는 사료상 근거가 없기 때문에 언제 발해라고 썼는지 알 수 없지만 최소한 물론 713년도 중요한 계기이고 762년에 발해국왕으로의 승진책봉도 중요한 계기입니다만 그랬을 때 발해라고 하는 당으로부터 부여된 명칭에 대해서 발해인 스스로가 어떤 자기 나름대로 의미 부여를 하지 않았을까라고 생각합니다. 그때야말로 진정한 발해가 발해 스스로가 사용한 국호라고 생각합니다. 그랬을 때 제가 주목했던 부분 중의 하나는 발해 상경용천부에 용주(龍州)·호주(湖州)·발주(渤州) 셋 중에 발주라고 하는 것은 아마 발해와 관련성이 있을 것 같습니다. 이때 발해라는 것은 아마도 목단강이나 또는 그 주변의 큰 호수를 의미하는 게 아닌가 싶은데 어쨌든 그런 속에서 비록 당으로부터 부여받은 명칭이긴 하지만 당의 의도와는 관계없이 우리 스스로의 정체성을 부여했다는 점에서 의미가 있는 게 아닐까 그 정도로 답변하도록 하겠습니다.

노태돈 (사회) : 김종복 선생님 말씀 중에서 발해사의 성격과 발해사에 대한 귀속문제를 둘러싼 대응 방안으로서 민족형성사에 대한 재검토가 필요하다 말씀하셨는데 정확하게 뭘 말씀하시는지 그것만 들어서는 모르겠는데 아무튼 그 의미를 다시 한 번 간단히 말씀해주시죠.

김종복 : 간단히 말씀드리자면, 만약에 고구려와 발해의 계승관계가 아니라고 한다면, 예컨대 대조영이 고구려인이 아니라고 한다면, 진짜 속말말갈인이고 고구려에 복속된 것도 어쩔 수 없는 군사적인 억압관계에서 되었다고 한다면 그게 사실이라고 할 때 그렇다면 발해가 우리 역사가 아닌가? 그건 아니라고 생각합니다. 그것은 앞서 말씀드렸던 것처럼 유득공이 대조영을 속말말갈 출신임에도 불구하고 발해는 고구려를 계승한 나라라고 했다라고 하는 것은 결국은 현재의 우리 입장, 조선시대도 마찬가지고 지금도 마찬가지겠습니다만 현재의 한국의 영토 물론 북한을 포함했을 때 이야기입니다. 그 때 영토에 있었던, 과거에 일부 지역에 걸쳐 있었던 나라라고 해서 우리 역사가 아니라고 할 거냐 그런 것들을 포괄할 수 있는 이론체계로서 어떤 문화 형태. 지나치게 민족족속, 민족 계통론만 가지고서만 봐서는 안 되지 않을까 그런 생각을 해봅니다. 그런 측면에서 말갈이라고 하는 종족이 우리 역사에서 주류적인 것은 아니지마는 그렇다고 해서 우리 역사가 아닌 것도 아니고 그런 측면에서 좀 뭐랄까요 단일민족계통론이라든가 혹은 다원론적인 측면에서 좀 더 포괄할 수 있을 필요가 있지 않는가 그런 생각 정도입니다.

노태돈 (사회) : 예. 중요한 문제를 제기해 주셨습니다. 발해사의 귀속문제를 족속계통론만 가지고 접근해 왔었는데 그와는 달리 현재 한국 영토의 일부의 지역에 존립했던 옛날의 나라였다. 그러니까 그 나라는 우리 역사일 수 있다. 일종의 속지주의적인 입장입니다. 그 동안 한국사의 범주를 설정할 때 주로 속인주의적인 입장, 족속계통론을 가지고 설정했는데 그것만 가지지 말고 속지주의적인 입장도 생각해보자 그런 제안이십니다. 이런 것들은 뒤에 자유토론 때 의견들을 다시 한 번 제기해주시면 좋겠습니다.

다음에 마지막 순서에 대한 약정토론으로 넘어가도록 하겠습니다. '중국학계의 동아시아사 인식과 국제관계사 서술'이란 제목으로 홍승현 선생님께서 발표해 주셨습니다. 권덕영 선생님, 약정 토론해 주시겠습니다. 권덕영 선생님?

권덕영 : 예. 부산외국어대학교 권덕영입니다. 저는 사실 홍승현 선생이 남자분인 줄 알았는데 앞서 복도에서 깜짝 놀랐습니다. 발표 중간에 아주 유창하게 말씀을 하셔서 저는 굉장히 어눌한 사람인데 토론이 될까 걱정까지도 했습니다. 사실 이 주제는 굉장히 거시적인 중국의 동아시아사를 어떻게 인식할 것인가? 중국의 동아시아사 연구는 동북공정을 전후해서 어떻게 변화되어 왔는가? 하는 것을 정리하신 겁니다.

그 중에서도 이 글을 읽으면서 느낀 게 홍 선생님은 지금까지 중국의 동아시관이라고 하는 것은 뭐 사실 없었다고 해도 저는 과언이 아니라고 생각합니다. 자기가 중심이었으니까 동아시아는 없었습니다. 그래서 화이관(華夷觀)이라고 하는 것 때문에 지금까지 막혀있던 대화가 동북공정 이후에 발표자의 견해에 따르면 '동아시아 국제질서'에 대한 인식이 점점 나타나기 시작했다. 이렇게 결론내린 점으로 봐서 아마 지금은 꽉 막혀 있는 대화, 사실은 대화가 안 된다고 생각합니다. 자기들의 역사인식이 네모라면 우리는 동그라미다. 이건 도저히 안 맞거든요 그래서 만약에 중국의 새로운 역사인식이 '동아시아 국제질서' 이런 틀을 가지고서 이야기한 다면 서로 대화가 되지 않을까 또 지금 여러 가지 문제가 되고 있는 그런 문제에 대해서 대화의 실마리를 찾을 수 있는 희망의 메시지를 얘기하는 것이 아닌가라고 제 나름대로 좋게 해석을 해봤습니다.

제가 말씀드릴려고 하는 것은 토론 요지에 들어있습니다만 어쨌든 그런 느낌을 받았습니다. 사실 이 발표는 역사적인 사실에 대한 평이라든지 학설 제기라는지 이런 성격이 아니기 때문에 제가 거기에 대해서 하나 하나에 대해서는 반박할 여지가 없습니다. 그리고 홍 선생님이 요약해서 발표하신 이 내용에 대해서도 저는 대부분 공감하는 내용들입니다. 그러면서도 읽으면서 이건 좀 이해하는데 설명이 있었으면 좋겠다 아니면 이것은 좀 아쉽다하는 두 세 가지 정도를 거론하면서 토론에 임하겠습니다.

첫째는 이 글의 키워드 중의 하나는 '동아시아'라고 하는 용어라고 생각합니다. '동아시아'는 잘 아시겠습니다만 이건 지리적 개념인데 현대의 지리적 개념을 가지고 고대 역사에 적용하려면 여러 가지 마찰이 있을 수밖에 없습니다. 뭐 다른 경우도 가끔 있습니다만. 그래서 이 주제가 중국학계의 동아시아 인식과 국제관계사 서술이라고 한다면 동아시아와 동아시아사에 대한 발표자의 어떤 뚜렷한 준거가 먼저 제시가 된 다음에 이야기를 하는 게 좋을 것 같은데, 홍 선생님 중간에 앞서 발표 끝날 즈음에 나도 동아시아 동아시아사 잘 모르겠다 잘 모르고 발표했다 말씀하셨는데 어쨌든 그런 점, 그런 점을 말씀하셨어요 그런 점을 쉽게 이해하기 쉽게 한 번 더 요약을 해주셨으면 좋겠구요.

두 번째는 '동북공정'과 관련해서 동북공정 시기 그리고 전후 이렇게 나누어가지고 역사서술과 역사인식 아니면 한국에서 이야기하는 동아시아사 인식이 바뀌었다고 체계적으로 정리를 하셨습니다. 그런데 이 글을 정리하면서 어떻게 표현을 해야 될까 고민을 많이 하였습니다만 여기에 소개해 놓은 연구 성과들은 아마 뭐 여러 연구 가운데 일부라고 생각합니다. 앞에 (조영광 선생의) 발표를 보니까 많은 논문들이 있는데 그 중에서 과연 요정도의 연구를 가지고서 하나의 경향으로서 정리를 할 수 있을까라고 하는 그런 생각이고요, 만약에 이렇게 정리를 하려면 좀 전에 동북공정을 주도한 학자들. 앞서 이성제 선생님께서는 경철화(耿鐵華), 손진기(孫進己) 선생님 이런 분들이 중심이라고 했는데 이분들까지도 과연 종전의 그런 인식체계에서 '동아시아 국제질서론'이라고 하는 이런 생각으로 바뀌었을까? 전향이라는 말을 썼습니다만 바뀌었을까하는 의문이 듭니다. 어쨌든 약간의 기미가 보인다고 해서 그것을 하나의 흐름으로서 전과 후로 나누어서 후에는 '동아시아 국제질서'라는 인식을 가지고 그런 서술경향이 나타난다라고 결론을 내리는 데는 좀 한 번 생각을 해봐야하지 않는가 생각합니다. 그리고 조영광 선생님의 발표도 그렇습니다만 사실은 논문이라든가 저서를 지금까지 대부분은 등가치적으로 계산합니다. 한 편 발표하면 1이고 두 편 발표하면 2라고 이렇게 등가치적으로 평가를 하는데, 사실은 논문은 그것에 따라 등가치적인 정량적 평가뿐 아니라 정성적 평가까지 더해져야 한다고 생각합니다. 옆에 노 선생님 계십니다만 노태돈 선생님이 쓰신 고구려사 논문 한 편하고 제가 1, 2년 고민해서 쓴 거하고는 가치가 다르거든요. 제가 1이라면 노태돈 선생님은 많이는 못 드리고 1점 이상은…… (전체 웃음) 아니 1이라고 하는 게 예를 들어서 등가치를 달리해서 정성적 평가가 가미가 되어야 하는데 정성적 평가는 없거든요. 무조건 한 편은 1이다 2다 이런 식으로 계산을 해서 그 경향을 추출해 낸다는 게 과연 얼마나 과학적일까 하는 그런 생각 가졌습니다. 그게 제 생각이고,

세 번째는 첫 번째 문제와 비슷합니다만, 중국에서는 동아시아 국제질서, 국제관이 서서히 나타나기 시작하는데 홍 선생님께서는 동아시아관, 앞에서 첫 번째와 같이 연결시켜가지고 동아시아 역사를 어떻게 인식해야 할까라고 하는 그런 생각이 있으시면 한 마디 덧붙여 주셨으면 좋겠습니다.

그리고 마지막으로는 이 발표하고 크게 관계는 없습니다만 이왕 중국적 세계질서다 또 동아시아 국제질서다라고 하는 그런 용어가 나왔으니까 이 중국에서 일본에 관해서는 어떻게 생각을 하고 있는가. 사실은 이런 이론이란 게 물론 페어뱅크 이후에 1970년 일본에서 유행했던 그리고 니시지마(西嶋定生) 교수 같은 경우에는 이를 '책봉체제론(冊封體制論)'이라든지 '동아시아 세계론'이라든지 이런 이론을 만들어내는데 그래서 이와 덧붙여가지고 중국에서는 일본을 포함하는 것까지 일본에 대한 인식과 서술 그리고 또 중국에서 이런 동아시아 국제질서이론에 대해서 정작 이런 이론을 만들어내고 또 성숙시킨 일본에서는 반응이 어떤가 하는 제가 전혀 몰라가지고 혹시나 좀 더 덧붙여 주시면 듣는 사람이 이해가 쉽지 않을까 하는 생각을 하게 되었습니다. 예 이상입니다.

노태돈(사회) : 예. 답변해 주세요.

홍승현 : 꼼꼼하게 읽어주시고 여러 가지 도움이 되는 질문을 해주셨습니다. 감사하게 생각합니다. 선생님 어눌하다고 하시면서 이리치고 저리치고 상당히 정신이 없습니다(전체웃음). 1번 문제부터 대답하겠습니다. 선생님이 제게 질문하셨던 내용들은 제가 발표문 맨 마지막에 우리 학계가 이런 이런 준비를 하고 이런 이런 논의를 시작해야 되지 않겠습니까라고 나열한 것 중에 가장 어려운 문제만 뽑으셔가지고 질문을 하셨습니다. 적당히 답변을 할 수 있는 것도 있고 지금으로서는 답변이 불가능한 것도 있습니다. 답변 가능한 것에 한정해서 이야기를 하겠습니다. 일단은 동아시아를 어떻게 보는가를 질의하셨습니다. 고민을 많이 하고 있지만 명확하게 이것이 맞다라고 하는 생각은 없습니다. 하지만 최소한 요렇게는 봐야 하지 않을까하는 생각이 있습니다. 왜냐하면 앞서 말씀을 드렸던 것처럼 동아시아 범주를 어떻게 설정할 것인가에 대해서는 동아시아라고 하는 공간 자체가

실체를 전제하에서 이야기할 수 있다고 생각합니다. 그러면 동아시아 세계를 객관적 실체로 받아들인다고 하는, 예라고 대답하는 하에서 동아시아 범주를 정한다고 했을 때 우선 객관적 실체라고 보는 이유 자체는 그 안에서 여러 다양한 정치집단체의 상호관계라든지 내지 그들이 주고받았던 영향이라든지 그들 안에서 보이는 어떤 동류성이라고 하는 것들이 발견되기 때문에 그 실체를 인정할 수 있다고 생각합니다. 저는 그것이 발견되는 지역이 있지 않은가라고 생각을 했습니다. 그리고 그런 영향과 동류의식이라고 하는 자체는 결국에는 경제적이라든지 문화적·지리적인, 정치적인 요소라고 하는 것이 아주 장기적인 시간 동안에 지속적으로 서로 서로 관계를 맺고 서로 서로 일정한 내용들을 만들어 나가는 과정 속에서 규정이 될 수 있다고 생각하는데요, 그렇게 생각을 하다 보니까 지금 갖고 있는 근대국가적인 국가의 개념으로 접근하는 것 자체는 사실상 많은 오류를 만들어낼 수밖에 없다는 생각을 했습니다. 이미 많은 분들이 그렇게 생각을 하고 계실 거라고 생각하는데요, 국가적 관점으로 보기보다는 지역공동체 관점으로서 동아시아를 접근하는 것이 필요하지 않을까라는 그런 생각을 해봤습니다. 이건 정말 개인적인 생각입니다. 중원이라든지 한반도라든지 일본열도, 남중국 즉 장강 이남이 되겠죠. 베트남, 그리고 동북이라고 요즘 표현으로 하면 그렇고 그 당시 용어로 요동이라고 하는 역사적 공간 그리고 몽고 공간 그 다음에 당시는 서역이라고 하는 지금은 내륙아시아, 중앙아시아라고 부르는 공간 그리고 티벳 요런 공간들 자체, 지역사의 하부로서의 동아시아사라고 하는 공간 자체를 설정해 보는 것이 타당하지 않을까라는 생각을 합니다. 최소한 당대(唐代)까지의 생각입니다. 그 밑으로는 잘 모르기 때문에, 그래서 동아시아사가 국가사가 아니라 지역사로서 접근하는 것이 타당하지 않을까 그런 생각을 갖고 있습니다. 개인적인 의견을 물으신 거라 생각하고 개인적인 답변을 했습니다.

두 번째 질문에 대한 답입니다. 말씀하신 것 중에 제일 뜨끔했던 것은 피상적인 걸로 하나의 경향을 말하는 것은 아닌가 하셨는데 사실 그런 경향이 저에게 없었다고 말씀드릴 수는 없겠습니다만 소개해드린 국책 연구 바깥에 존재하는 그리고 국책연구 바깥에서 책봉조공체제라고하는 것들을 철저하게 국제 외교관계로 보는 논문에 한정을 했습니다. 왜 그랬냐하면 동북공정 안에서 지금까지 많은 논문들을 발표했던 분들, 오늘 발표문 보고서 아 땡이다!라는 생각했는데요 왜 그러냐면 조영광 선생님이 만들어 놓으신 연구논저목록을 보시면 기존의 동북공정 안에서 움직였던 사람들이 어떤 논문을 쓰고 있는지 적나라하게 보여주고 있습니다. 사실상 제가 알고 있는 한 이대룡(李大龍)이라든지 황송균(黃松筠), 유자민(劉子敏), 양군(楊軍)이라고 하는 사람들. 동북공정 이후로 국제질서 관련된 논문을 써낸 게 제가 확인한 바로는 없습니다. 대표적으로 이대룡 같은 사람은 번속체제론이라는 글을 쓰기는 했지만 동북공정 이후의 상황을 보게 되면 다 변강문제에 대한 논의로 집중시키고 있습니다. 그래서 이들 안에서는 동아시아 국제질서를 책봉조공을 통해 본다고 하는 생각을 거의 갖고 있지 않다는 생각을 했습니다. 그들 안에서 어떤 동아시아 국제질서와 관련된 논의의 진전된 모습을 보기는 힘들다고 생각해서 아까 말씀드렸던 것처럼 대상 자체를 정확하게, 정확하게라기보다는 가능한 책봉조공을 외교관계로 보고 그걸 통해서 국제관계라고 하는 것을 설명하려고하는 내용에 국한시켰다고 말씀드려야 할 것 같습니다. 그렇게 봤을 때 기존의 책봉조공과 관련된 논문들을 검색했습니다. 검색 결과 확실히 책봉조공과 관련된 논문들이 늘었습니다. 물론 고대사 부분 뿐만 아니라 저 밑에 있는 부분까지 포함하게 된다면 상당 부분 늘어나는데, 고대사 부분 같은 경우는 많지는 않은 상태입니다. 하지만 확실히 그 앞에 있었던 시대와 비교해 볼 때 그런 관심들이 늘고 있다고 하는 것을 포착하는 정도로는 저희가 이 용어들을 사용할 수 있지 않을까하는 생각에서 그런 생각들과 그런 표현들을 좀 사용했습니다. 그래서 오히려 저는 이걸 읽으면서 그런 생각을 했습니다. 국책의 바깥에서 그리고 어쩌면 고구려라든지 발해라든지 하는 이런 관계들 속에서 책봉조공이란 것들을 민족관계사로 파악하지 않고, 국제관계론으로 파악하는 사람들의 내용이기 때문에 비록 양은 적지만 변화의 작은 단초를 보는데 있어서는 오히려 충분한 모습을 갖지 않을까 생각했었고 그래서 또 한편 이들이 지금 제출하고 있는 논의 자체가 오히려 앞으로 국제관계사 관련된 중국학계의 견해를 견인할 수 있는 그런 성격도 좀 갖지 않을까 라고 생각해서 주목해야 한다고 생각했습니다. 두 번 째 답이었습니다.

다음에 세 번째 답은 '동아시아사'에 대한 질문인데요, 이건 지금 대답을 못 드릴 것 같습니다. 사실은 요즘 고민하고 있는 것 중의 하나가 가장 궁극적인 게 이 부분인데요 이 부분은 앞으로 논문을 써가면서 공부를 좀 더 한 다음에 말씀드리는 게 타당하고, 여기서 말씀드릴 수 있는 성격은 아니지 않는가 생각을 해서 죄송하지만 비켜가기로 하겠습니다.

네 마지막 질문에 대한 대답입니다. 일본에 관한 내용 즉 중국에서 하고 있는 책봉조공과 관련한 국제관계 중에서 신라나 백제나 특히 한반도 국가에 대한 것과 관련해서 일본과의 관계를 설명하는 연구는 없는가 질문하셔서 제가 허겁지겁 찾아보았습니다. 많지는 않지만 역시 일본과의 관계에서 가장 많은 것은 명대 감합무역 시기가 가장 많은 내용을 차지하고 있었습니다. 고대와 관련해서도 7~8편의 논문이 2007부터 2011까지 대강 발견이 되었는데요 일단 큰 기조로만 말씀을 드리자면요, 본인 스스로도 그렇게 말합니다. 고대 중국과 일본과의 책봉조공관계 연구가 적은 이유는 우선 관계 자체가 단절적, 단발적이었다, 지속적이지 않았다는 것을 이야기를 하고, 두 번째로는 그들과의 관계는 양식이 정형화되지 않았기 때문에 우리가 이야기하고 있는 책봉조공의 일반적인 상들을 구현해 내고 정형화된 틀 속에서 원리를 파악해 내는데 일본을 분석하는 자체가 연구자들한테 큰 매력이 없었다라고 본인들 스스로가 얘기를 하고 있습니다. 그래서 중국의 영향력이나 지배력을 가지고서 국제관계론을 설명하려고 하는 중국 쪽 연구자들에게 썩

마땅한 도구가 아니었다고 스스로 얘기하면서 분량 자체가 적은 이야기를 하고 있습니다. 그런데 적은 부분이지만 좀 들여다보게 되면 기본적으로 두 가지입니다. 한 가지는 일본도 한대(漢代) 이후로는 중국이 만들어놓은 책봉조공관계 그 질서 안에 편입이 됨으로 인해서 중국의 영향을 받았다라고 하면서 이렇게 간단하게 처리해 버리는 연구가 하나가 아닌가. 책봉조공 관계를 가졌지만 일본은 지리상 독립적인 어떤 위치가 훨씬 더 강했기 때문에 이들은 책봉조공관계 속에 있지만 절대로 중국과 관련해서 신속관계까지는 가지 않았다라고 하는 유보적인 입장을 보이는 이 두 가지 정도의 성향으로 이야기를 나눌 수는 있었다고 말씀드릴 수 있습니다. 대체적으로 이런 내용을 살펴볼 수가 있었는데 요거는 만약에 정리를 하게 된다면 더 첨부를 해서 자세하게 소개하는 걸로 하도록 하겠습니다.

그 다음 중국학계 동아시아 서술과 관련한 일본학계의 반응에 대한 질문을 하셨는데요, 이것은 일주일 동안 열심히 찾아봤는데 사실은 아직까지 발견을 못했습니다. 아마 중국에서의 동아시아 연구는 막 시작하는 단계이기 때문에 일본 측의 반응이 아직 준비되지 않았을 가능성이 있고요 또 한 가지는 일본 측 자료는 앉아서 구할 수 있는 것이 아니라 가서 봐야지만 하는 문제이기 때문에 이것은 준비하려면 시간이 좀 필요하지 않을까라는 생각을 하는데요 이 정도로 제가 대답할 수 있지 않을까 생각합니다. 정말 죄송합니다.

노태돈 (사회) : 아무튼 명료하게 대답하셨습니다(전체 웃음). 권덕영 선생님 추가로 하실 말씀은 없으십니까?

권덕영 : 아니요. 홍 선생님에 대한 말씀보다도 앞서 노태돈 선생님과 비교해서 말씀을 드렸더니만 여호규 선생님이 제일 크게 웃으신 거 같아요. 사실은 그런 뜻이 아니고 저가 1이면 노선생님은 5나 10이 되야겠지요 그러면 너무 주관이 많

이 들어가잖아요. 그래서 가능한 한 객관화하기 위해 예를 들어서 그렇다는 겁니다. 여호규 선생님 섭섭하게 생각하지 마십시오(전체 웃음).

노태돈 : 홍 선생님 발표 내용에 대해 약정 토론해 주셨습니다. 사실 관계 하나만 확인합시다. 김병준 선생님, 앞서 홍 선생님 발표에서 페어뱅크(Fairbank, John King)의 『동아시아사』 중국어 번역이 근래 와서 중국에서 처음 이루어졌다는 게 확실하게 사실입니까?

김병준 : 홍 선생님. 확실하죠?

홍승현 : 아마 그게 재판인가요? 저는 최근 2010년도 그 전에는 논문으로서는 그것에 대한 비평 이런 것들을 발견했는데요 책 자체 완역은 제가 발견 못 했는데 잘 모르겠습니다.

김병준 : 저도 다시 한 번 되묻는 것은 이 책이 책으로서 번역으로 나온 거가 예전부터 있었는지 잘 모르겠습니다. 하지만 홍 선생님과 같은 생각인데요, 이전에 이미 이 글을 읽고 그에 바탕해서 논문을 쓰거나 아니면 서평을 쓴 사람도 있지만 책으로 번역을 해낸 것은 최근이 아닌가 싶습니다. 최근에 이런 완전 6~70년대 미국에서 유행했던 기본적인 책들을 다시 번역해 내는 움직임이 있거든요. 바필드(Thomath J. Barfield) 책이나 최근에 번역해 나오는데 아마 그 일환이 아닌가 싶습니다.

노태돈(사회) : 제가 왜 그 문제를 사실 확인을 했냐면 중국에서는 국제관계사적 측면에서 동아시아의 여러 나라들과의 교섭관계에 있는 관심이 동북공정을 시작한 이후에 드러나는 중요한 현상 중의 하나다 이런 말씀을 하셨습니다. 그와 연관해서 지금부터 논의되어질 주제 하나가 이 한국학계에서의 동북공정에 보이고 있는 역사관에 어떻게 대응할 것이냐 하는 대응논리 중 하나가 동아시아 삼국이 공동으로 사용할 수 있는 역사교과서의 편찬이 필요하다. 이런 식의 입장을 하고 그것을 교과서로 만들어서 집필했던 게 지금 몇 년 되고 하죠. 그만큼 우리 사회 일각에서는 마치 유럽공동체에서 공동체 구성 국가들의 국민들이 공동의 역사교과서를 사용하듯이 동아시아 여러 특히 한·중·일 삼국을 중심한 동아시아 여러 나라의 국민들이 공동의 역사교과서를 사용할 수 있는 날이 온다 그러면 이런 역사분쟁이 없어질 거 아니냐 하는 그런 기대감에서 시민 단체들이 많이 등장을 했습니다. 상당히 진보적인, 미래지향적인 역사인식이라고들 평가를 하고 자부를 하고 합니다. 그런데 거기에 대해서 꾸준히 의문을 가졌던 것이 과연 중국이 자기들을 동아시아의 일원으로 생각할까? 하는 것이었습니다. 다시 말하자면 중국인들이 생각하는 동아시아의 범주가 뭐냐는 것입니다. 오늘 홍 선생님도 발표문에서 예시를 했습니다만, 중국인들이 생각하는 동아시아의 공간적 범주는 우리가 일반적으로 생각하는 동아시아의 범주하고는 다른 것 같습니다. 이 동북아시아 쪽에 오면 동아시아의 일원, 한·중·일 삼국 운운할 것이고 동남아시아 쪽에 가면 중국은 동남아시아의 일원이라 할 것이고, 중앙아시아 쪽에 가면 중국은 중앙아시아의 일원이라 할 것이고 그리고 화북 쪽에 앉아 있으면 중국은 세계의 중심이라 할 겁니다. 이게 중국인들의 일반적인 역사인식이다. 언제 중국 역사에서 중국이 동북아시아의 일원으로서의 자기 정체성을 이야기한 적이 있느냐하는 것입니다. 그런데 우리는 그것을 전제로 해서 교과서까지 편찬하려고 합니다. 그런 식의 역사인식이 과연 바람직한 것인가? 더욱이 그것을 갖다가 오늘 우리가 토론하는 이 동북공정의 대응 논리로서의 의미를 지닐 것인가? 우리 스스로 다시 한 번 생각해 봐야 할 점이 있지 않을까 생각합니다.

이야기는 오늘 여러 가지 다양하게 나왔습니다만 결국에는 이야기의 귀결점은 앞으로 어떻게 대응할 것인가, 어떤 식으로 우리 역사상을 구축해 나갈 것인가. 이에 시종일관 초점이 되어지는데 이 부분에 대해서 앞으로 남은 시간 동안, 한 4시가 되었습니다만 4시 반까지죠? 한 30분 동안 시간이 있으니까 오늘 거기에 대해 논의를 좀 해보겠습니다. 이종수 선생님?

이종수 : 아무도 말씀을 안하시는 거 같아서 제가 먼저 문을 열겠습니다. 저는 사실 뭐 거시적 관점에서 이론적으로 할 수 있는 역량은 안 되고요, 답사를 다니면서 느꼈던 부분들, 이런 현실적인 부분에 대해서 몇 가지만 말씀을 드리도록 하겠습니다. 첫 번째는 일단 가장 중요한 게 제가 토론문에서 이야기한 건데 동북공정에서 가장 성공한 게 뭐냐면 후진양성이라는 거죠. 이미 후진양성을 많이 해놓았다는 게 가장 중요하고요. 그리고 포인트는 뭐냐하면 과거에 선생님[중국학자-녹취자 주]들은 한글을 몰랐습니다. 앞에서도 이야기했지만 위존성(魏存成) 이런 분들은 한글을 몰라가지고요 그 자료를 갖다 써야 하는데 쓸 수가 없어 가지고 항상 주변에 있는 조선족한테 번역을 부탁해서 썼거든요. 그래서 사실 논문의 질이 높을 수가 없었습니다. 그런데 2세대 3세대 가면서 3세대가 지금 누구냐면 논문에서 계속 이야기했던 묘위(苗威)라든지 양군(楊軍) 이들은 한글을 다 안다는 겁니다. 이들이 어디가서 배웠느냐하면 연변대학 가서 배운 사람들이에요. 특히 묘위 같은 이는 동북사대 졸업하고 연변대학에서 교수를 하다가 동북사대로 온 사람입니다. 그러다 보니까 우리나라 한글까지도 다 분석을 할 수 있다는 겁니다. 그러다 보니까 과거에 선생님들이 했던 자료보다 훨씬 좋은 자료들이 나옵니다. 제3세대 조흔(趙欣) 같은 이도 훈춘 출신이라 거기서 조선어를 배워가지고 한글을 분석할 수 있다는 거죠. 우리글을 스스로 분석할 수 있는 한국어 능력을 갖추고 있고요 그리고 또 길림대 고고학과 같은 경우에는 서동량(徐棟梁)이라든지 조준걸(趙

俊杰)이라든지 그런 이들이 한국에 와서 한국어를 배우고 왔거든요. 조준걸 경우에는 중국에서 공식적으로 길림대에서 교수를 시키기 위해 고고학을 앞으로 네가 맡아서 해라라고 가르치기 위해 공식적으로 돈을 주어서 키운 이들이에요. 그런 이들이 앞으로 연구했을 때 과연 지금과 똑같은 결과가 나오겠는가? 아니거든요. 우리와 대등하다고 보면 됩니다. 대등한 상태에서 연구를 하고 세부적으로 들어갈 수 있다는 거죠. 그런데 우리는 사실 고조선 경우만 하더라도 박준형 선생 다음으로 공부할 사람들 있습니까? 거의 아마 고조선도 끊어질 걸로 생각이 되고 있습니다. 그리고 아마 부여도 마찬가지고 저 이후로 부여와 관련해서 글 쓰거나 논문 발표하는 사람은 거의 없는 것 같구요. 저희는 사실 프로젝트 굉장히 많이 했지만 그 밑에 후진양성을 위해 쓴 돈은 하나도 없다는 거죠. 굉장히 중요합니다. 중국쪽에서는 지금까지 밑에 있는 사람들을 위해서 계속해서 돈을 써왔다는 거죠. 공부해라 할 수 있게끔 돈을 주겠다 이런 식으로 해서 그런 친구들에게 돈을 주었다는 거죠. 그런데 우리는 기존 공부하고 있던 연구자들에게만 돈을 투자했죠. 앞으로 그 전에 자리잡은 사람들이 아니라 앞으로 연구할 수 있는 사람에게 도움을 줄 수 있는 그런 방향으로 후진양성 방향을 만들어야 하지 않나 그런 생각이 들구요.

두 번째는 제가 답사를 많이 다니면서 느꼈던 점 하나가 뭐냐면 과거 중국인들이 보면 대체적으로 약간 좀 허술한 면이 있지 않습니까. 일본인들처럼 꼼꼼하게 작업하는 스타일은 아니기 때문에 단적인 예로 요번에 요녕성박물관에 가니까 호산산성 아시죠? 명대 호산장성인데 거기 다 만리장성 쌓아놓았지 않습니까. 그런데 요녕성박물관에 가면 저들이 과거에 찍었던 박작성 사진이 있습니다. 그들이 명대장성이다 해놓고 있거든요 사실 과거에 저들이 해놨던 자료를 수집해 가지고 지금 얘네들이 해놓은 작업을 반박할 수 있는 그런 작업들을 준비해야 하지 않나 그런 생각이 들구요, 그리고 또 하나의 문제점 중의 하나가 뭐냐면 제가 자료를 계속 수집하는데 보니까 길림성문물지도집 같은 경우에는 과거에 조사를 하면서 과

거의 경우 그걸 고구려 것인 경우 고구려거라고 다 얘기했습니다. 한대 봉수지 같은 경우 과거에 다 고구려 거라고 얘길 했는데 이번에 조사하면서 요녕성에서 다 바꿨습니다. 한대(漢代)로 다 바꿔버리고요 의식적으로 고구려라는 말은 잘 안 쓰고 있습니다. 그래서 되도록이면 한대(漢代) 아니면 당대(唐代) 이런 식으로 쓰고요 시대구분에 맞춰 쓰고, 고구려를 싹 사라지게 하는 그런 추세가 보이고 있거든요. 그래서 이런 부분들도 우리가 신경을 써가지고 앞으로 과거에 길림성에서 이렇게 했는데 지금 와서 이런 식으로 해도 되느냐. 저들이 자료를 조사한 거를 보니까 세부적으로 분석해 보니까 한대 군현지라고하는 신빈현에 있는 영릉진고성 경우에도 한대 유구로는 훼기 1기가 나왔습니다. 공식적인 루트는 아닌데요, 그렇지만 공식적으로는 그게 한대 성지라고 이야기하고 있습니다. 적백송고성도 마찬가지입니다. 나온 게 유구가 없습니다. 나온 게 한대 유구가 없습니다. 공식적으로 그런 식으로 계속 밀고 나가고 있거든요. 이런 부분들에 대해 보고서가 나오면 세부적으로 검토를 해가지고 대응을 해야 되지 않나 이런 생각을 갖고 있습니다. 네 이상입니다.

노태돈 (사회) : 이종수 선생께서 하신 말씀 중에서 중국학계에서 후진양성과 연관된 형태로 프로젝트 사업을 진행했다. 그러니까 계속 연속적인 연구가 진행될 수 있다 했는데 그거는 달리 말하면 지속적인 주제를 설정을 해가지고 거기다가 지속적인 일정한 지원과 인원을 배정해서 사업을 진행시켰다 그런 이야기가 되겠죠. 그러면 그것과 연결해서 우리가 가령 국가적인 예산가지고 사업을 진행시킬 때 지속적인 주제로 어떤 것을 상정할 수 있겠는가? 그런 지속적인 주제를 설정할 때에 그 토대가 되는 인식이 뭐가 되어 있느냐 이런 문제로 논의가 진전되어야겠습니다. 노중국 선생님, 하실 말씀 있으십니까?

노중국 : 예. 계명대학 노중국입니다. 어제 저녁에도 얘기했는데 오늘 또 하겠습니다. 이틀에 걸쳐서 발표를 들었습니다. 오늘 오전 것은 못 들었습니다만, 봤을 때 느껴지는 것은 2002년 이후 지금까지 이른바 동북공정을 하고 나서 중국학계가 바뀐 게 뭐가 있느냐 선생님들 발표를 들어보니 바뀐 게 하나도 없고 더 강화되어져간다 이런 걸 느꼈습니다. 그럼 여기에 대해서 중국이 이러이러하고 있다고 확인만 해봐야 그게 무슨 의미가 있냐, 제가 봐서는 아무런 의미가 없다고 봅니다. 거기에 대한 대응이 사실 있어야 되지 않겠는가, 그러면 대응은 어떻게 해야 될 거냐 조금 고민을 해봤습니다. 두 세 가지만 말씀드리겠습니다. 하나는 우리학계에서 인식을 같이 해야 될 필요가 있다는 점인데요, 어제 잠깐 말씀드린대로 중국학계에서 제시한 어떤 용어에 대해서 그냥 받아들이지 말자는 겁니다. 오늘 동북공정 어제이야기에서 아무런 비판없이 받아들였습니다. 받아들인다는 것은 그 논리에 그 용어가 갖고 있는 의미 속에 그대로 빠져 들어간다는 이야기죠. 우리식으로 다시 한 번 재검토할 필요가 있다 이런 각도에서 먼저 하나 말씀드리고 싶은 것은 우선 '동북3성'이란 표현입니다. 중국에서는 당연히 동북3성이죠. 그러나 우리의 고조선이 활동했던 공간, 고구려가 활동했고 부여가 활동했고 아시다시피 발해가 활동했던 이 공간. 이 공간은 중국 쪽에서도 소위 중화민족이 성립되기 이전에는 아시다시피 만주라고 불렀습니다. 그런데 이 만주라는 용어가 어떻게 되어서 그냥 그냥 사라져버리고, 지금 우리 학계에서 아예 동북3성 이렇게 이야기를 많이 합니다. 그런데 이 동북3성이라는 용어를 사용하면 할수록 우리가 반박할 수 있는 근거는 거의 없다고 봅니다. 왜냐하면 동북3성은 중국의 한 지방이기 때문에. 그러나 만주라는 개념을 사용하게 되면 저는 분명히 다르다고 봅니다. 만주라는 개념을 사용하면 그러면 중국이 아닌 거죠. 물론 지금 땅은 중국입니다. 그러나 우리가 역사를 다룰 때 과거로 올라간다고 했을 때 만주라는 용어를 최대한 살려보는 게 좋지 않겠는가. 이렇게 되면 저는 분명히 다르다고 봅니다. 이렇게 되면 만주지

방에서 일어났던 고조선, 부여, 고구려, 발해 그리고 한반도 이것을 하나로 묶어낼 수 있지 않겠느냐. 사실 어제 저녁 뒷풀이 때 이야기하면서 이런 이야기까지 나왔습니다. 이걸 묶어서 부를 때 어떻게 할 거냐. 일제 때는 중국하고 만주를 떼놓기 위해서. 그 다음에 또 하나는 한반도 나라들이 대국에 의존하는, 사대한다는 그런 의미에서 만선사라는 표현을 써왔습니다. 거기서 만선사 원 의도 자체는 안 좋은데요, 오늘날 이른바 동북공정에 대응하는 논리로서는 좋은 논리적 근거가 될 수가 있겠다. 만주와 한반도를 하나로 묶는 거죠. 그래 그걸 만선사로 하면 한반도가 종속적인 면이 되니까 그것을 뒤집어보자. 그래 저는 처음에 조만사로하자 했더니 어떤 분이 조만사로하면 북한사와 관계가 많이 되니까 한만사로하자 이런 이야기가 나왔습니다. 저 개인적으로 한만사로 하는 것도 좋다고 봅니다. 결국 만주와 한반도를 묶어서 하나의 단위로서 생각을 한 번 해보자. 이렇게 하면 고조선사든 부여든 고구려사든 발해든 이것은 중국사가 되지 않는다는 겁니다. 일단 중국사에서 분리시켜 놓아야지 이에 대응을 할 수 있지 않겠느냐 이런 말씀을 드리고 싶습니다.

그 다음에 두 번째는 이런 인식을 가지면서 예를 들어서 우리가 만주에 가서 고구려 유적을 조사할 때 동북3성 지역의 고구려유적이라고 하지 말고 만주지역의 고구려유적을 찾으러 가는 거죠. 만주지역의 발해유적을 찾아가는 거지 동북3성의 발해유적을 찾으러 가는 것은 아니라는 거죠. 이런 형태로 나가면 좋겠다. 오늘 동북아역사재단에서 오신 분들이 많이 있는데 좀 분명하게 이야기해 주시면 좋겠습니다.

말이 좀 길어집니다만, 두 번째는 어제 한 번 물어본 적이 있습니다. 중국의 중등교과서에 고구려 발해사가 어떻게 되느냐 물었더니 고구려사는 아직 안 들어가 있데요. 한국을 의식해서 안 넣었답니다. 계속 우리를 의식하게 만들어야 합니다. 발해는 물었더니 발해는 들어가 있데요 들어가 있는데도 불구하고 우리 정부나 학계가 아무도 항의를 하지 않았습니다. 그러면서도 우리는 발해가 우리 역사니 떠들어대고 있죠. 그런데 학자들이 연구하는데서 발해가 한국사다 아니면 말갈사다 이것은 연구에서는 얼마든지 이야기할 수 있습니다. 그러나 이게 중등학교 교과서에 들어가면 이는 이야기가 달라집니다. 우리가 한일관계 이야기할 때 학자들이 여러 가지를 해도 말을 하지 않습니다. 하지만 교과서에 들어갔을 때 우리가 가만있지 못하죠. 일본에 대해서는 이렇게 강하게 항의하면서 중국의 중등학교 교과서에 발해사가 들어갔는데 아무도 항의를 하지 않았다 하는 것입니다. 여기에 대해서 이의를 제기해야 할 필요가 있지 않겠느냐. 두 가지 방법이 다 가능하다고 봅니다. 하나는 학계에서 제기하고, 하나는 외교적 차원에서도 해야 되고 이런 문제를 좀 떠들어야 되지 않느냐. 그러기 위해서는 정확하게 우리도 충분하게 내부적인 준비를 많이 해야 한다.

그 다음에 세 번째는 지도입니다. 사실 담기양의 지도같은 것을 보면 사실은 어떻게 됩니까? 한반도 안쪽으로 중국영토가 들어와 있습니다. 여기에 대해서 들어와 있다는 것에 대해 변변하게 대응을 하지 못했습니다. 가만 놔두니까 그 지도가 세계지도로 통용이 되고 있다고 합니다. 이것도 참 문제입니다. 그래서 우리도 공식적인 지도가 나와 가지고 고조선과 고구려와 발해의 영토가 이만큼이라고 확실하게 그어주어야만 논증이 되고, 논증이 되어야만 그 다음 뭔가 소득을 얻어낼 수 있지 않느냐. 그래서 이런 각도에서 저는 세 가지 정도로 앞으로 학계나 또는 재단이나 정부가 해야 할 일을 이 세 가지 정도로 좀 말씀드리고 싶습니다.

노태돈 (사회) : 네 고맙습니다. 김현숙 선생, 중국 중등교과서에 발해가 중국사 교과서든 중국의 세계사 교과서든 들어가 있는지 확인 좀 해보세요. 어느 쪽이든 들어가 있는지 사실 확인이 급선무이니까 그걸 한 다음에 노중국 선생님 발언하신 것처럼 그게 만약에 중국교과서에 들어가 있다면 항의를 해야겠습니다.

그 다음에 동북아재단에서 이 문제를 가지고 그 동안에 꾸준히 논의해온 김현숙 선생님, 방금 전에 말씀 앞으로의 대응책으로서 어떤 것이 좋을지. 우선은 결국 지속적인 주제를 설정해서 꾸준하게 후진을 양성해야 된다는 말은 되풀이되고 있는 말입니다만. 그러한 지속적인 주제를 설정한 토대 위에 방향을 설정한다는 말이 되겠습니다. 그런 부분에 대해서 생각하는 바가 있으시면 발언해 주시죠.

김현숙 : 제가 생각해도 이 자리에 이사장님이 계셨으면 좋았을 것을요 . . . . (전체웃음)

노태돈 (사회) : 여기에 오신 분은 다 동북아역사재단 이사장이라 생각하시고 발언하시면 됩니다.

김현숙 : 사실은 저도 동북아역사재단 직원이 아니라 그냥 고대사 학자 한 명으로서 이야기를 할 수 있으면 좋겠다 생각합니다. 노태돈 선생님께서 기회를 주셨으니까 하소연 겸해서 앞서 말씀하신 대책 방안 말씀드리면요, 사실 동북공정을 재단 내에서 담당하는 사람입니다고 이야기하면서도 요즘은 굉장히 좌절감을 느끼는 게 사실입니다. 좌절감을 느끼는 게 여러 가지가 있는데 첫째는 가장 큰 것은 당사자인 중국 측이 사실은 시정 요청을 하건 학술회의를 하건 많은 활동을 해도 일단 모르는 척한다는 거죠. 일단 모르는 척하고 자기들끼리는 내공을 계속 키우고 있으면서 상대가 얘기하는 것에 대해서는 일단 모르는 척 하고 지나가니까 제가 8년째 일을 하고 있는데 그게 계속되니까 지치는 거죠. 지치는 게 하나 있고,

두 번째는 내부적인 성격이 상당히 강합니다. 예를 들면 학계 같은 경우에 한국고대사학회처럼 1박2일간 정말 이렇게 길게 이 문제를 토론하는 경우는 별로 없을 거예요. 이런 경우에 모두 다 그 문제의 심각성을 감지하시고 뭔가 대책을 세워

야한다 이러다간 큰 일 난다 이런 분위기인데, 그냥 일반적으로 동북공정을 한다 하면 학계 내부에서도 아직도 동북공정을 하냐 동북공정에 관한 뭔가를 한다고 그러면 학술적인 차원이 아닌 것처럼 학문적으로 보면 수준이 떨어지는 것처럼 이야기합니다. 그래서 저도 제가 소개를 할 때는 고구려사 전공자입니다 이렇게 이야기하지 동북공정 담당자입니다 이렇게 이야기하고 싶지 않습니다. 그런 측면이 있고요. 그리고 언론과 정치계에서는 장기적으로 기다리거나 아니면 거기에 대한 시스템적인 보완 같은 것은 잘 안 해 주시고 항상 '뭐하고 있냐'라고 이야기합니다. 저희들 사실 뭐 많이 하거든요. 많이 하는데 학문적인 면에서 어차피 정치성이 있건 말건 간에 어쨌든 나타나는 형식은 학문적인 형태로 나타나는데 거기에 대해서 대응을 하는 것이 저희들이 전쟁을 할 수도 없는 거고, 학문적인 면에서 대응을 하자면 어차피 시간이 걸릴 수밖에 없습니다. 그래서 재단에서는 학회를 통해서 많이 활성화를 시킬려고도 하고, 외국같은데 하고 연결해서 국제적인 여론을 환기시킬려고도 하고 그런 것도 있지만, 보다 중요한 것은 저희는 그렇게 생각합니다. 발해 관련이든 고구려 관련이든 어쨌든 재단이 자료 센터로서의 기능은 충분히 할 수 있게 계속해서 자료를 축적해 왔습니다. 여기 여호규 선생님도 계시지만 고구려 유적 같은 경우에도 일본에 있는 거든 뭐든 아마 조금 있으면 중국이나 어디보다도 우리가 관련된 자료는 훨씬 많이 가지고 있다고 자신해도 될 만큼 디지털작업을 확실히 하고 있는데 문제는 이제 그러한 것들을 어떻게 활용을 하느냐 어떻게 현실적으로 대응책이 나올 수 있을 만큼 할 정도로 그 다음 문제하고 관계가 될 텐데요. 지금 계속해서 1박2일간 학회를 하면서 나오는 이야기가 중국에서 동북공정 이후에 중국이 얻은 것, 가장 큰 것은 어쨌든 후진양성을 많이 했다. 석사논문도 많이 나오고 그랬다. 그리고 연구의 질적인 심화가 이루어졌다. 이런 평가가 있습니다. 그러면 우리가 거기에 대해서 우리는 무엇을 했냐 프로젝트 많이 하고 문제는 항상 프로젝트하고 해놓고는 예산…(녹음 상태가 좋지않음) 그 다음 지나면 다 생업으로 돌아갑니다. 선생님들도 프로젝트 받아서 연구결과 내고 할 때까지 그 부분에 신경 많이 쓰시는데 다른 때는 학교에서도 할 일이 많으시고. 이것이 계속 지속적으로 될려면 사실 원로원 같은 게 있어서 다음 과제는 뭘 해라 이렇게 던져주면 되는데 이렇게 안 된다 그거죠. 오히려 이 문제를 처음부터 끝까지 지속적으로 관심을 가지고 화두로 물고 계속 사는 재단 내의 사람들이 담당하면 좋다고 생각합니다. 그렇게 두 가지 방향이 있을 겁니다. 내부 사람이 직접하거나 아니면 후진을 키우는 돈을 금방 성과가 나오는 기성 중진 이상의 연구자들에게 연구비를 주는 것만큼 후진양성에도 주면 좋은 그런 측면이 있죠. 그런데 후진양성에 주는 돈을 처음에 재단에서 그런 게 있었습니다. 여기에도 몇 명 받은 사람이 있는데, 유학가있는 사람들한테 장학금 주는 것, 또 박사논문 쓰는 사람들에게 주는 것 그런 게 있었는데 그런데 그게 한국연구재단 일이기 때문에 재단에서 할 수 없는 일이라고 해서 그게 끊겼습니다. 그래서 아쉬운 측면이 많은 거죠. 연구재단에서 할 수 있는 일이 이렇게 심사를 하다보면 아무래도 소장파 사람들은 연구계획서 잘 못쓰니까 선발이 잘 안됩니다. 그런 측면이 있어서 그런 것도 사실은 법적으로도 시스템 자체를 갖춰 줄 필요도 있고 이것은 좀 전략적으로 사람을 키워야하는 그런 측면이 있지 않은가 그냥 자본주의적 기능에 맡겨서 해라 이렇게 하면 좀 안 되는 측면이 있을 것이라고 생각을 합니다. 그 다음 안으로 와서 재단 내 사람들은 어떻게 하면 좋겠는가. 저 역시 마찬가지입니다만 이 학회를 기획하면서 제가 발표를 하는 것은 사실은 시간적으로 굉장히 어려웠습니다. 하지만 이렇게라도 하지 않으면 학문적 끈이 끊어지겠다. 현실적으로 하루하루 계속 일을 하다보면 고구려사가 지금 연구가 어떻게 진행되고 있는지 제가 계속 잡아내기가 힘듭니다. 그런 정도로 일이 좀 많습니다. 그런 것들을 이제는 재단이 8년 정도 됐으니까 재단의 방향 자체를 전체적으로 한 번 재조정할 필요가 있을 것 같은데 그 얘기를 지금 제가 여기서 왜 하냐면 여기에 자문위원들이 많으시거든요(웃음). 그런 것들을 자문위원들이 힘 있는 분들이 강력하게 이야기를 좀 해주셨으면 좋겠고 그와 관련해서 정책적으로 사람 키운다 이런 측면과 연결해서 재단도 일종의 교육기관으로서의 기능을 갖출 필요도 있지 않겠는가 이런 생각도 조금 해봤습니다. 연구강화와 더불어서 교육기능 강화 이런 것을 하면 사실은 좀 중국처럼 그렇게 전략적으로 키우기는 힘들겠지만 우리도 그런 것이 가능하지 않겠는가 이런 생각을 해봤구요. 사실 중국으로 봐선 넓은 땅에 사람도 많고 이러니까 오히려 전략적으로 덜 키워도 되겠지만 우리는 작은 땅덩어리에 이 고구려 발해 고조선 이런 역사가 사실 흔들리게 되면 우리에게는 아주 치명적인 결과가 온다고 생각합니다. 오히려 중국보다 우리가 더 전략적으로 사람을 키워야 되지 않는가 그런 생각을 하거든요. 그런 점들에 대해서 선생님께서 오늘 학회가 있는 이 날만 말고 다른 때도 개별적으로 연구를 하실 때도 그런 부분들을 생각을 해주시면서 재단에 힘도 좀 주시고, 채찍도 좀 해주시고. 어제 이사장님께서 말씀하신 것처럼 맨 날 뭐하고 있냐 혼만 내시지 말고 이렇게 이렇게 했으면 좋겠다고 같이 아이디어를 좀 모아주시면 저희들에게 훨씬 힘이 될 것 같습니다. 길게 이야기해서 죄송합니다.

노태돈 (사회) : 네. 이 자리에도 아마 동북아재단과 어떠한 형태로든 관계를 맺는 분들이 다수 계시니까 기회가 닿는 대로 오늘 나왔던 이야기를 재단 측에 좀 건의해 주시기 바랍니다. 결국은 여러 가지의 대응 방법이 있습니다만, 그 중에 공통적으로 항상 제기되는 것이 역사교육의 강화, 우리 교육현장에서의 역사교육을 강화해야 된다는 것은 항상 되풀이되는 주제입니다. 이 부분에 대해서 앞으로 회장님께서 기회 닿는 대로 역사교육을 강화할 수 있는 그런 어떤 계기를 좀 마련하시거나 그런 계기가 있으면 적극적으로 활동을 해주실 것을 부탁드리고 싶습니다. 사실 동북아재단에서 도움을 좀 받았습니다만 너무 많이 했죠 좀. 그래서 벌써 네 시 반이 되었습니다. 어제 오늘 이틀 동안에 여러 선생님들 노고가 진짜 많습니다.

김정숙 : 영남 대학의 김정숙입니다. 한 가지 덧붙이고 싶은 게 있는데 아까 노중국 선생님 만선사 계통인데 개화기에 프랑스 선교사가 들어와서 우리나라에서 만주를 연길 쪽으로 해서 조선에서 관리하게 합니다. 왜냐하면 그들이 보기에 만주는 조선과 같다라고 생각을 합니다. 그래서 여러 곳에 같이 참여할 수 있지 않을까 그런 생각이 들고 거기에 또 하나 홍승현 선생님 발표에 노태돈 선생님 말씀을 들으면서 생각했는데, 홍승현 선생님의 그 제목은 '중국의 동아시아관' 이어야한다라는 생각입니다. 조공과 책봉만 가지고 동아시아공동체를 본다는 것은 중국의 시각에 의한 것이기 때문에 이 점은 우리가 검토해 보아야하는 점이 아닌가 이런 생각이 듭니다. 제가 질문하고 싶은 것은 사실 얼마나 한국 사람의 논문을 중국 사람이 읽느냐하는 거였는데 토론과정에서 이야기가 됐거든요.

그래서 제가 하나 말씀드리고 싶은 것이 있습니다. 최근에 삼국사무소라고 하는 게 우리나라 서울에 열리지 않았습니까. 삼국사무소가 대사급인데 중국 일본 한국입니다. 돌아가면서 서로 협조해야 할 일을 하고 있는데 각 직원은 나라마다 파견하는데요 사무실은 언제나 우리나라에 있을 거고, 책임자는 2년마다 돌아가면서 한답니다. 지금 서울대학교 출신인데 대사하던 분이 하거든요, 그래서 그런 것도 또 하나의 기관이 아닌가 그런 생각이 들구요, 그 다음에 일본에서 지금 제의해서 하고 있는 운동 중의 하나가 뭐냐면 한국 중국 일본이 공동 삼국학위를 주자라고 하는 제도를 지금 영남대학과 같이하고 있는데. 여러 가지 문제가 있는데 언어는 어떻게 할 것이며 강의는 어떻게 할 것이며 뭐 이런 건데, 문제는 얼마나 정확히 이해시키느냐고 하는 점에서 서로 대화할 어떤 구조를 가지고 있는 게 필요하다 싶어서 이 두 가지를 한 번 생각해 볼 필요는 있지 않을까 싶어서 이런 말씀 드리고 싶었습니다.

노태돈 (사회) : 네 고맙습니다. 네. 마이크 드리세요.

플로어 참석자 : 감사합니다. 저는 여기 계신 분들처럼 연구를 하는 사람이 아닙니다. 단양에 온달관광지라고 있습니다. 온달산성 밑에서 고구려 이야기를 해주는 문화관광해설사입니다. 그런데 제가 여기 참여하게 된 이유는 물론 참여해서 고구려를 많이 배우고 있습니다. 하루에 한 1000명 정도의 관광객들이 온달관광지에 찾아오십니다. 그런데 찾아오시는 분들 중에서 조금 의식있는 분들이 또 저에게 질문하는 것은 동북공정에 어떻게 대처하고 있느냐 이런 문제를 질문하셔서 이에 대해서 많은 자료를 얻기 위해 이 자리에 참석했습니다. 노태돈 교수님께서 앞으로 어떻게 할 거냐 이런 말씀을 들으니까 제가 그렇다면 학생들을 대상으로 고구려 역사를 이야기해줄 때 보여주는 사진이 한 장 있습니다. 그 사진을 여러분에게 꼭 보여드리고 싶어가지고 그런데 제가 학계에 관련있는 사람이 아니기 때문에 이 사진은 아마 중앙일보에 연재되었던 사진 중에 하나라고 생각됩니다. 지금 홀에 있기 때문에 보여드릴 수 있는데 동아시아 지도를 중국에서 그려가지고 1950년대에 중국 중학생들한테 가르쳤던 지도가 하나 있습니다. 지도 모습을 본다면 동북공정 이후에 우리의 연구경향을 조금 공격적으로 하면 어떨까 그런 생각이 들어가지고, 동아시아 지도를 그려놓고 한반도, 그 다음에 월남, 그리고 신장지역, 몽골지역, 일본은 포함이 안 되어 있습니다. 러시아 지역은 검게 칠해져 있습니다. 그러면서 교과서 안에 뭐라고 쓰여 있냐면 "앞으로 중국이 회복해야 할 영토"라는 말을 쓰고 그 당시에 중국학생들에게 가르쳤던 내용이라고 제가 알고 있습니다. 그런데 저는 오늘 여기 계신 분들이 앞으로 어떻게 할 거냐 하는데 이런 문제를 수비형태가 아니라 공격 형태로 나갔으면 하는 그런 제안이 있을 거라고 생각했는데 그런 이야기를 못 들었기 때문에 아마추어가 한 마디 해봤습니다. 감사합니다.

노태돈 (사회) : 네 고맙습니다. 플로어에서 꼭 한 말씀 꼭 해봐야겠다 하시는 분. 네 회장님.

이영호 회장 : 동북공정에 대해 어떻게 대응해야할 것인가 그런 문제에 대해 저는 우리의 학술적 대응을 좀 더 철저히 해야 되겠다 이런 생각을 하게 되었습니다. 역사연구라는 것은 과학적 분석에 바탕을 두고 이루어져야 된다고 생각합니다. 그런 측면에서 오늘 고조선하고 단군신화 여기의 내용을 보면 중국학계에서 아주 세밀하게 분석을 하고 있습니다. 왕검, 삼부인, 쑥과 마늘에 대해 분석해 나왔을 때 우리가 거기에 대해서 대응할 수 있는 답변이 별로 없었던 것 같습니다. 그래서 우리는 그런 분석에 대해서 그냥 우리가 뭘 가지고 우리가 그것을 동북공정의 연장선이라고 이야기를 하고, 그 다음에 역사왜곡이라고 이야기할 수 있는지, 거기에 대한 우리의 적극적인 답변이 있어야 한다고 생각합니다. 다시 말하면 단군신화와 고조선의 연결고리에 대해서 우리가 좀 분명한 입장을 보여줄 필요가 있다고 생각합니다. 이상입니다.

노태돈 (사회) : 네 고맙습니다. 또 다른 분? 네 윤선생님.

윤용구 : 시간이 다되었습니다만 간단하게 한 말씀드리겠습니다. 동북공정을 떠나서 사실상 근대 한국 이후의 역사 흐름을 봤을 때 결국 만주에 대한 관심의 연장이거든요. 근대 한국의 만주에 대한 첫 번 째 관심은 다 아시는대로 만철조사부(滿鐵調查部)의 조사 지원에 의한 만선역사지리 그 다음에 그 뒤에 각계에서 연구들이 진행된 경험이 있습니다. 시작은 시라토리(白鳥庫吉)가 만철조사부의 사장에게 여러 차례 편지를 보내서 그것을 관철을 시키고 예산을 받아서 진행이 되었구요, 초기에는 역사지리적 측면에서 지명고증부터 시작해서 그다음에 각계 만주와 한반도 여러 역사로 가고, 나중에 몽골까지 확장이 되었습니다. 그런 전통이 사실상 쭉 단절되어 오다가 어떤 면에서는 중국이 개혁개방 이후에 80년대 중반부터 아까 어제도 이야기한 손진기(孫進己)가 만철조사부의 연구를 다시 한 번 답습하

는 그런 식의 작업을 해왔던 것입니다. 그래서 아시는대로 80~90년대 『만주역사지리(滿洲歷史地理)』, 『동북역사지리(東北歷史地理)』 1, 2, 3권 그 다음에 관련 사료집들이 나오게 되었고 그런 기본적인 축적 위에 그 다음 90년대부터 2000년도에 여러 연구들이 진행되었다고 생각합니다. 일제시대 때 만철조사부라고 하는 조직적인 기관이 자금지원을 했고, 중국에서는 어쨌든 간에 프로젝트로 시작했습니다만 중국 국가에서 자금을 지원해서 조직적으로 움직여왔고, 그러면 우리는 과연 만주에 대한 실질적인 연구 역량이 얼마 만큼 축적이 되어 있는가하는 그 부분이예요. 사실상 그런 측면에서 어쨌든 간에 외부적인 요인에 의해서 시작되었지만 동북공정 이후에 아마도 우리가 근대학문 이후로 만주 연구를 이렇게 많이 한 적이 있었는가 그런 생각을 해봅니다. 그런데 일제의 만선사연구나 만철연구나 중국의 동북공정연구는 확실한 전략적 목표와 지향점을 갖고 있었던 반면에 우리는 너무 뭐랄까 보편적 역사를 강조하면서 순진하게 또는 학문적인 것을 내세우면서 조금 더 착하게 뭐 이렇게 표현해야 할까요 그런 측면이 있습니다. 조금 더 공격적으로 진행할 측면이 있었는데, 그 부분이 약하다는 생각을 솔직히 안할 수가 없구요. 동북공정 관련 자료를 기획을 하면서 그 동안의 연구를 많이 섭렵해 봤습니다. 그런데 일본사람들이 동북공정에 대해 쓴 글이 많지 않아요. 많지 않은데 작년 12월 『조선사연구회논문집(朝鮮史硏究會論文集)』49집에 발해사 하시는 사카요리 마사시(酒寄雅志)가 「발해사연구와조선사(渤海史硏究と朝鮮史)」라는 연구사를 집필하시면서 한국의 동북공정에 대해서 두 가지 점을 크게 평가를 했더라고요. 첫째는 조직을 만들었다. 고구려연구재단하고 그에 이은 동북아역사재단의 조직을 만들어서 국가에서 지원해서 대응하고 있다는 점 한 가지. 그 다음 두 번째는 남북이 합작해서 뭔가를 해보려고하는 그런 모습들을 일본에서는 우리 학계가 대응한 것 중에 가장 잘한 것으로 설명을 하고 있습니다. 그 두 부분은 계속해서 여러 가지 방면에서 기초를 다져나가야 한다고 봅니다. 또 하나는 학문후속세대는 사실상 여기 영남에 와서 보니까 신라사하는 사람이 거의 없고 전부다 고구려사를 할 정도로 후속세대는 오히려 다들 걱정하시는 대로 학계가 너무 기형적으로… 제가 2년간 학위논문을 정리해 봐도 가야사 연구는 몇 편 안되고 그렇습니다. 고대 신라사 연구는 뭐 편수만 많은 것 같지 실제로 문헌적인 연구는 그렇게 많지 않고, 고고학쪽 연구라든가 생활사연구 이런 것들이 많이 늘어났지 실제 우리가 생각하는 역사서술의 중심되는 부분에 대해서는 별로 많이 보이지 않습니다. 지금 여러 가지 이야기를 할 수 있지만 회장님 말씀대로 연구의 실질적인 진전을 우리가 만주에 대한 실질적인 연구와 기초를 수준을 높여가는 것이 최선의 대응 아닌가 그런 생각을 하고 그럴 때 일본이나 중국에서 결국은 한국학계를 무시하지 못하는 것이지 다른 어떤 소프트한 트릭을 갖고는 안 되지 않나 생각합니다.

노태돈(사회) : 예 여러 가지로 의견들이 다양하게 나오고 있습니다. 이런 것들을 잘 수렴해서 이번 학회를 후원해주신 동북아재단 쪽에 체계적으로 정리해서 건의해 주시면 고맙겠습니다. 특히 동북공정 문제에서 남북 간의 공동연구의 필요성, 이런 것은 중요한 제안이니까 그런 것도 재단 측에 잘 건의해주시기 바랍니다. 오늘 이 자리에 재단에서 여러분들이 나와 계시니까 잘 전달될 것입니다. 토론을 계속하면 하루를 더해도 모자랄 거니까 이 정도로 종합토론 마치겠습니다. 고맙습니다(전원 박수).

한국고대사 학술총서 ②

중국의 동북공정과 한국고대사

기 획 | 한국고대사학회·동북아역사재단
저 자 | 임기환 외
발 행 | 주류성출판사 www.juluesung.co.kr
서울시 서초구 강남대로 435
전화 02-3481-1024 / 전송 02-3482-0656
발행일 | 2012년 12월 28일

책 값 25,000원
ISBN 978-89-6246-099-5 94910
978-89-6246-099-5 94910(세트)